最新法律适用一本通丛书

最新劳动法适用一本通

第二版

最新法律适用一本通丛书编选组　编

人民法院出版社

图书在版编目（C I P）数据

最新劳动法适用一本通 / 最新法律适用一本通丛书编选组编. -- 2版. -- 北京 : 人民法院出版社, 2023.9
（最新法律适用一本通丛书）
ISBN 978-7-5109-3844-3

Ⅰ. ①最… Ⅱ. ①最… Ⅲ. ①劳动法－法律适用－中国 Ⅳ. ①D922.505

中国国家版本馆CIP数据核字(2023)第135084号

最新劳动法适用一本通（第二版）

最新法律适用一本通丛书编选组　编

策划编辑　赵　刚
责任编辑　杨佳瑞
出版发行　人民法院出版社
地　　址　北京市东城区东交民巷27号（100745）
电　　话　（010）67550638（责任编辑）　67550516（出版部）
67550551（发行部）
客服QQ　2092078039
网　　址　http://www.courtbook.com.cn
E-mail　courtpress@sohu.com
印　　刷　三河市国英印务有限公司
经　　销　新华书店

开　　本　890毫米×1240毫米　A5开本
字　　数　623千字
印　　张　19
版　　次　2023年9月第1版　2023年9月第1次印刷
书　　号　ISBN 978-7-5109-3844-3
定　　价　58.00元

出版说明

习近平总书记指出，法治是国家治理体系和治理能力的重要依托。只有全面依法治国才能有效保障国家治理体系的系统性、规范性、协调性，才能最大限度凝聚社会共识。在统筹推进伟大斗争、伟大工程、伟大事业、伟大梦想的实践中，在全面建设社会主义现代化国家新征程上，我们要更加重视法治、厉行法治，更好发挥法治固根本、稳预期、利长远的重要作用，坚持依法应对重大挑战、抵御重大风险、克服重大阻力、解决重大矛盾。为帮助各级领导干部了解法律、掌握法律，不断提高运用法治思维和法治方式深化改革、推动发展、化解矛盾、维护稳定、应对风险的能力，帮助法治工作队伍和法律服务队伍准确适用法律、规范执法行为、提高法律服务水平，帮助广大人民群众学法用法增强法治观念，我们编辑了《最新法律适用一本通丛书》。

本套丛书涵盖刑事、民事、行政等法律专业领域，品种丰富、门类齐全。丛书以法律规范为主体内容，**立足法律应用，以实现法律规范的“贯通”到“精通”为目标**，对我国法律规范体系按门类进行了系统梳理，通过**【条文要旨】【法律条文】【相关规定】【典型案例要旨】【知识点】**的体例编排，为立法、执法、司法、守法各环节提供法律规范查询与贯通掌握便利。本套丛书具有以下特点：

一、融通为一。本套丛书各分册以基本法律为框架，较为全面地收录了各部门法领域现行有效的法律规范，在有限的篇幅内尽可能拓宽收录法律规范内容的广度。**同步实现法**

律、司法解释、行政法规、部门规章等法律规范内容的连通，每一条基本法律后配以行政执法的具体细化规范与司法工作中的具体适用解释并按效力级别与施行时间分类编排，方便查阅。**通过对基本法律规范衍生出的全部细化规范一体呈现，实现对法律规范内容的融会贯通，全面掌握。**

二、一点而通。本套丛书在重要法律条文后专设**知识点**栏目，收录立法部门、司法解释起草部门对法律条文中关键词的定义及理解与适用要点说明，把法律条文中的歧义点、适用中的难点说清道明讲透。**通过这一"点"帮助读者通晓法律条文的内容，实现对法律规范的透彻理解与精准把握。**

本套丛书立足于法律规范的实用性进行内容编排，读者通过目录中的**条文要旨**可以快速查阅全部相关法律规范内容，找到**法律依据**，并通过**知识点**深化对法律规范的理解。部分条文后所附的**典型案例要旨**来自司法机关的**指导性案例**并列明案例编号与公布时间，这些指导性案例的裁判要点是各级司法机关办理类似案例的参照。本套丛书各分册将各部门法的法律规范体系全部贯通，并实现法律依据与相关指导性案例的同步查询，特别配以知识点的点睛说明，将切实便利读者对法律规范的查阅、学习与应用，**通过一本书精通一部法，通过一套丛书对中国特色社会主义法律体系融会贯通。**

由于编者水平所限，本套丛书内容可能有所疏漏，衷心希望广大读者批评指正。随着我国法律规范体系的进一步发展完善，本套丛书也将不断完善。

北京市第二中级人民法院民事审判第五庭副庭长窦江涛对本书内容进行了专业细致的审核，在此衷心表示感谢！

编　者

2023年9月

目 录

中华人民共和国劳动法

（1994 年 7 月 5 日第八届全国人民代表大会常务委员会第八次会议通过　根据 2009 年 8 月 27 日第十一届全国人民代表大会常务委员会第十次会议《关于修改部分法律的决定》第一次修正　根据 2018 年 12 月 29 日第十三届全国人民代表大会常务委员会第七次会议《关于修改〈中华人民共和国劳动法〉等七部法律的决定》第二次修正）

目　　录

第一章　总　　则

第一条　为了保护劳动者的合法权益，调整劳动关系，建立和维护适应社会主义市场经济的劳动制度，促进经济发展和社会进步，根据宪法，制定本法。

相关规定

【法律】

《中华人民共和国宪法》（2018年3月11日修正）

第六条　中华人民共和国的社会主义经济制度的基础是生产资料的社会主义公有制，即全民所有制和劳动群众集体所有制。社会主义公有制消灭人剥削人的制度，实行各尽所能、按劳分配的原则。

国家在社会主义初级阶段，坚持公有制为主体、多种所有制经济共同发展的基本经济制度，坚持按劳分配为主体、多种分配方式并存的分配制度。

第四十二条　中华人民共和国公民有劳动的权利和义务。

国家通过各种途径，创造劳动就业条件，加强劳动保护，改善劳动条件，并在发展生产的基础上，提高劳动报酬和福利待遇。

劳动是一切有劳动能力的公民的光荣职责。国有企业和城乡集体经济组织的劳动者都应当以国家主人翁的态度对待自己的劳动。国家提倡社会主义劳动竞赛，奖励劳动模范和先进工作者。国家提倡公民从事义务劳动。

国家对就业前的公民进行必要的劳动就业训练。

第四十三条　中华人民共和国劳动者有休息的权利。

国家发展劳动者休息和休养的设施，规定职工的工作时间和休假制度。

第四十四条　国家依照法律规定实行企业事业组织的职工和国家机关

工作人员的退休制度。退休人员的生活受到国家和社会的保障。

第四十五条　中华人民共和国公民在年老、疾病或者丧失劳动能力的情况下，有从国家和社会获得物质帮助的权利。国家发展为公民享受这些权利所需要的社会保险、社会救济和医疗卫生事业。

国家和社会保障残废军人的生活，抚恤烈士家属，优待军人家属。

国家和社会帮助安排盲、聋、哑和其他有残疾的公民的劳动、生活和教育。

第四十八条　中华人民共和国妇女在政治的、经济的、文化的、社会的和家庭的生活等各方面享有同男子平等的权利。

国家保护妇女的权利和利益，实行男女同工同酬，培养和选拔妇女干部。

第五十三条　中华人民共和国公民必须遵守宪法和法律，保守国家秘密，爱护公共财产，遵守劳动纪律，遵守公共秩序，尊重社会公德。

《中华人民共和国劳动合同法》（2012 年 12 月 28 日修正）

第一条　为了完善劳动合同制度，明确劳动合同双方当事人的权利和义务，保护劳动者的合法权益，构建和发展和谐稳定的劳动关系，制定本法。

【司法解释】

《最高人民法院关于审理劳动争议案件适用法律问题的解释（一）》（2020 年 12 月 29 日公布）

第三十二条　用人单位与其招用的已经依法享受养老保险待遇或者领取退休金的人员发生用工争议而提起诉讼的，人民法院应当按劳务关系处理。

企业停薪留职人员、未达到法定退休年龄的内退人员、下岗待岗人员以及企业经营性停产放长假人员，因与新的用人单位发生用工争议而提起诉讼的，人民法院应当按劳动关系处理。

【部门规章与规范性文件】

《劳动部关于〈劳动法〉若干条文的说明》（1994 年 9 月 5 日公布）

本条中的“劳动制度”，此处作广义上理解，不仅仅指用人制度，还包括就业、工资分配、社会保险、职业培训、劳动安全卫生等制度。

知识点

劳动关系，是指用人单位与劳动者之间依法确立的劳动过程中的权利义务关系。司法实践中，认定用人单位与劳动者之间是否建立劳动关系的问题，应当注意以下两点：(1) **劳动关系建立的基本标准。**劳动关系是否成立的判断标准需从用工主体和被用工人双方资格以及是否存在劳动关系来判断。其中，确立劳动关系的基本标准应为用人单位与劳动者之间是否存在管理与被管理、指挥与被指挥、监督与被监督的关系。劳动关系既有法律上的平等性，又具有实现关系的隶属性。平等性只是体现在劳动关系建立的过程中，双方是否建立劳动关系以及劳动关系的条件、内容可在平等自愿、协商一致的基础上确定。劳动关系建立后，劳动者与用人单位之间的平等关系即告结束，劳动者作为用人单位的职工必须服从用人单位的支配或指挥，必须遵守用人单位的各项规章制度，此时双方形成了管理与被管理、领导与被领导的关系。(2) **劳动关系建立的辅助标准。**辅助标准主要包括以下几点：①用人单位和劳动者具有法律、法规规定的主体资格。劳动关系中的一方应是符合法定条件的用人单位，另一方只能是自然人，且必须是符合劳动年龄条件，具有与履行劳动合同义务相适应的能力的自然人。②用人单位须提供劳动条件。劳动条件包括工资、劳动安全卫生、职业培训、社会保险和福利等，其中特殊工作应提供工作服、工作鞋帽等物品。③用人单位须向劳动者支付劳动报酬。劳动报酬是劳动者提供劳动的回报，是劳动合同的主要内容，也是劳动者主要的权利之一。④用人单位依法制定的各项劳动规章制度适用于劳动者，劳动者受用人单位的劳动管理，从事用人单位安排的有报酬的劳动；用人单位应对劳动者进行工作安排、劳动纪律等方面的实质性管理。⑤劳动者提供的劳动是用人单位业务的组成部分。[①]

---

① 人民法院出版社、《法律家》实践教学编委会编：《劳动争议裁判精要与规则适用》，人民法院出版社 2021 年版。

第二条 在中华人民共和国境内的企业、个体经济组织（以下统称用人单位）和与之形成劳动关系的劳动者，适用本法。

国家机关、事业组织、社会团体和与之建立劳动合同关系的劳动者，依照本法执行。

相关规定

【法律】

《中华人民共和国劳动合同法》（2012年12月28日修正）

第二条 中华人民共和国境内的企业、个体经济组织、民办非企业单位等组织（以下称用人单位）与劳动者建立劳动关系，订立、履行、变更、解除或者终止劳动合同，适用本法。

国家机关、事业单位、社会团体和与其建立劳动关系的劳动者，订立、履行、变更、解除或者终止劳动合同，依照本法执行。

第九十六条 事业单位与实行聘用制的工作人员订立、履行、变更、解除或者终止劳动合同，法律、行政法规或者国务院另有规定的，依照其规定；未作规定的，依照本法有关规定执行。

【司法解释】

《最高人民法院关于审理劳动争议案件适用法律问题的解释（一）》（2020年12月29日公布）

第一条 劳动者与用人单位之间发生的下列纠纷，属于劳动争议，当事人不服劳动争议仲裁机构作出的裁决，依法提起诉讼的，人民法院应予受理：

（一）劳动者与用人单位在履行劳动合同过程中发生的纠纷；

（二）劳动者与用人单位之间没有订立书面劳动合同，但已形成劳动关系后发生的纠纷；

（三）劳动者与用人单位因劳动关系是否已经解除或者终止，以及应否支付解除或者终止劳动关系经济补偿金发生的纠纷；

（四）劳动者与用人单位解除或者终止劳动关系后，请求用人单位返还其收取的劳动合同定金、保证金、抵押金、抵押物发生的纠纷，或者办理劳动者的人事档案、社会保险关系等移转手续发生的纠纷；

（五）劳动者以用人单位未为其办理社会保险手续，且社会保险经办机构不能补办导致其无法享受社会保险待遇为由，要求用人单位赔偿损失发生的纠纷；

（六）劳动者退休后，与尚未参加社会保险统筹的原用人单位因追索养老金、医疗费、工伤保险待遇和其他社会保险待遇而发生的纠纷；

（七）劳动者因为工伤、职业病，请求用人单位依法给予工伤保险待遇发生的纠纷；

（八）劳动者依据劳动合同法第八十五条规定，要求用人单位支付加付赔偿金发生的纠纷；

（九）因企业自主进行改制发生的纠纷。

第二条 下列纠纷不属于劳动争议：

（一）劳动者请求社会保险经办机构发放社会保险金的纠纷；

（二）劳动者与用人单位因住房制度改革产生的公有住房转让纠纷；

（三）劳动者对劳动能力鉴定委员会的伤残等级鉴定结论或者对职业病诊断鉴定委员会的职业病诊断鉴定结论的异议纠纷；

（四）家庭或者个人与家政服务人员之间的纠纷；

（五）个体工匠与帮工、学徒之间的纠纷；

（六）农村承包经营户与受雇人之间的纠纷。

第三十三条 外国人、无国籍人未依法取得就业证件即与中华人民共和国境内的用人单位签订劳动合同，当事人请求确认与用人单位存在劳动关系的，人民法院不予支持。

持有《外国专家证》并取得《外国人来华工作许可证》的外国人，与中华人民共和国境内的用人单位建立用工关系的，可以认定为劳动关系。

【行政法规与国务院规范性文件】

◎《中华人民共和国劳动合同法实施条例》（2008年9月18日公布）

第三条 依法成立的会计师事务所、律师事务所等合伙组织和基金会，属于劳动合同法规定的用人单位。

第四条 劳动合同法规定的用人单位设立的分支机构，依法取得营业执照或者登记证书的，可以作为用人单位与劳动者订立劳动合同；未依法取得营业执照或者登记证书的，受用人单位委托可以与劳动者订立劳动合同。

【部门规章与规范性文件】

◎《劳动部关于〈劳动法〉若干条文的说明》（1994年9月5日公布）

本条第一款中的“企业”是指从事产品生产、流通或服务性活动等实行独立经济核算的经济单位，包括各种所有制类型的企业，如工厂、农场、公司等。

本条第二款所指劳动法对劳动者的适用范围，包括三个方面：（1）国家机关、事业组织、社会团体的工勤人员；（2）实行企业化管理的事业组织的非工勤人员；（3）其他通过劳动合同（包括聘用合同）与国家机关、事业单位、社会团体建立劳动关系的劳动者。

本法的适用范围排除了公务员和比照实行公务员制度的事业组织和社会团体的工作人员，以及农业劳动者、现役军人和家庭保姆等。

◎《劳动部关于贯彻执行〈中华人民共和国劳动法〉若干问题的意见》（1995年8月4日公布）

1. 劳动法第二条中的“个体经济组织”是指一般雇工在七人以下的个体工商户。

2. 中国境内的企业、个体经济组织与劳动者之间，只要形成劳动关系，即劳动者事实上已成为企业、个体经济组织的成员，并为其提供有偿劳动，适用劳动法。

3. 国家机关、事业组织、社会团体实行劳动合同制度的以及按规定应实行劳动合同制度的工勤人员；实行企业化管理的事业组织的人员；其他通过劳动合同与国家机关、事业组织、社会团体建立劳动关系的劳动者，适用劳动法。

4. 公务员和比照实行公务员制度的事业组织和社会团体的工作人员，以及农村劳动者（乡镇企业职工和进城务工、经商的农民除外）、现役军人和家庭保姆等不适用劳动法。

5. 中国境内的企业、个体经济组织在劳动法中被称为用人单位。国家机关、事业组织、社会团体和与之建立劳动合同关系的劳动者依照劳动法执行。根据劳动法的这一规定，国家机关、事业组织、社会团体应当视为用人单位。

◎《人事部关于国家机关、事业单位工勤人员依照执行〈劳动法〉有关问题的复函》（1995年4月5日公布）

一、根据《劳动法》第二条第二款的规定和国家机关、事业单位工勤人员的劳动特点，凡与工勤人员普遍签订劳动合同的单位，其工勤人员的管理依照《劳动法》进行。

二、国家机关、事业单位实行劳动合同制的工勤人员，其工资、福利按照国家关于机关、事业单位工资、福利的规定执行。

三、根据《国务院关于职工工作时间的决定》（国务院〔1995〕174号令），国家机关、事业单位实行统一的工作时间。不能实行统一工作时间的事业单位，可以根据实际情况灵活安排周休息日。

四、国家机关、事业单位实行劳动合同制的工勤人员，其养老、医疗、工伤和生育等社会保险按现行管理办法执行。

五、根据《劳动法》第八十七条规定："县级以上各级人民政府有关部门，在各自职责范围内，对用人单位遵守劳动法律、法规的情况进行监督"。国家机关、事业单位普遍实行劳动合同制管理的单位的工勤人员，其管理和依法监督由人事行政部门负责。

知识点

与劳动法领域所涉及的全部社会关系所对应的劳动争议，为广义劳动争议，包括劳动法领域中劳动行政部门、其他行政主管部门、工会、用人单位、劳动者等各种主体相互间的争议，如劳动合同争议、劳动保险争议、劳动行政争议、集体合同争议等。而**属于人民法院受理的劳动争议**仅指劳动关系双方当事人之间关于劳动权利和劳动义务发生的纠纷。

劳动争议的主体也即劳动争议的当事人。根据《劳动合同法》第二条的规定，劳动争议的主体是指用人单位和与之建立劳动关系的劳动者。因此，确定用人单位的范围成为确定劳动争议主体的关键。确定了用人单位的范围，就可以相应地确定与之建立劳动关系的劳动者的范围。

根据《劳动合同法》第二条的规定，**用人单位**包括在我国境内的企业、个体经济组织、民办非企业单位等组织，以及国家机关、事业单位、社会团体。对于《劳动合同法》第二条中"等组织"的范围《劳动合同法实施条例》第三条通过列举的方式，明确会计师事务所、律师事务所等合伙组织属于劳动争议的主体。另外，该条还强调基金会这样的财团法人也属于劳动争议的主体。

但是，随着《民法总则》及《民法典》对我国境内的法人类型作了不同于《民法通则》的新划分，劳动争议的主体范围也应当随之发生变化，在将来，有必要对《劳动合同法》作相应修订，以保持与《民法典》规定的一致性。

劳动法上的劳动者，有广义和狭义之分。广义上的劳动者，指具有劳动能力，但不一定已参与到特定劳动关系中的自然人；狭义上的劳动者，指具有劳动能力且已经依法参与到特定劳动关系中的自然人。

需要注意的是，在一般意义的劳动者之外，还存在一些特殊形态的劳动者：

1. 达到退休年龄的劳动者；
2. 在校生劳动者；
3. 未依法取得就业证件的外国人、无国籍人；
4. 童工。

所谓劳动者与用人单位在履行劳动合同过程中发生的纠纷，并非指向履行劳动合同这个期间内所有的民事纠纷，而是**限定于与履行劳动合同存在牵连性的民事纠纷**，换言之，该纠纷的发生，必须与劳动争议主体行使劳动合同项下的劳动权利、履行劳动义务存在关联。比如，劳动者与用人单位因住房制度改革产生的公有住房转让纠纷，与履行劳动合同并无牵连性，不属于劳动争议，而是平等民事主体之间的普通民事纠纷。又如，劳动者在用人单位开办的商店里购买商品，因此发生的买卖纠纷，与行使劳动权利、履行劳动义务并无关联，也就不属于劳动争议。①

第三条　劳动者享有平等就业和选择职业的权利、取得劳动报酬的权利、休息休假的权利、获得劳动安全卫生保护的权利、接受职业技能培训的权利、享受社会保险和福利的权利、提请劳动争议处理的权利以及法律规定的其他劳动权利。

劳动者应当完成劳动任务，提高职业技能，执行劳动安全卫生规程，遵守劳动纪律和职业道德。

---

① 最高人民法院民事审判第一庭编著：《最高人民法院新劳动争议司法解释（一）理解与适用》，人民法院出版社 2021 年版。

相关规定

【部门规章与规范性文件】

《劳动部关于〈劳动法〉若干条文的说明》（1994 年 9 月 5 日公布）

本条中的“劳动报酬”是指劳动者从用人单位得到的全部工资收入。

本条中“法律规定的其他劳动权利”是指，劳动者依法享有参加和组织工会的权利，参加职工民主管理的权利，参加社会义务劳动的权利，参加劳动竞赛的权利，提出合理化建议的权利，从事科学研究、技术革新、发明创造的权利，依法解除劳动合同的权利，对用人单位管理人员违章指挥、强令冒险作业有拒绝执行的权利，对危害生命安全和身体健康的行为有权提出批评、检举和控告的权利，对违反劳动法的行为进行监督的权利等。

知识点

根据本条规定，劳动者享有以下 8 项权利，应承担以下 4 项义务：

一、劳动者的权利

本条第一款规定劳动者的权利。根据该款规定，劳动者享有下列权利：

（一）平等就业和选择职业的权利

平等就业和选择职业是劳动者的首要权利，是劳动者实现生存权的前提条件。我国《宪法》和《劳动法》规定，劳动者不分民族、性别、宗教信仰等的不同，享有平等的就业权利，劳动者在签订劳动合同时，有权与用人单位平等协商，就有关劳动条件、工资报酬、劳动期限等条件达成合意。劳动者除法律、法规的限制外，可以跨地区进行流动，不受人为的非法干预。

（二）取得劳动报酬的权利

劳动报酬是我国《宪法》和《劳动法》规定的劳动者付出劳动后所取得的回报，是劳动者依劳动合同之约定在其给付劳务（履行其合同义务）之后从用人单位取得的全部工资收入，也是规定的用人单位对职工所承担的最基本的义务之一。禁止任何单位非法侵犯劳动者的获取报酬的权利，单位不得非法克扣工人工资，职工如加班可以获得加班费。

（三）休息休假的权利

劳动者的**休息休假权**是一项重要的权利。从劳动法的产生来看，休息休假权一直是劳动者为之不懈斗争的权利。我国《宪法》第四十三条第一款规定："中华人民共和国劳动者有休息的权利。"国家发展劳动者休息和休养的设施，规定职工的工作时间和休假制度。《劳动法》及多次修订的《全国年节及纪念日放假办法》《职工带薪年休假条例》等法律、法规，多方位、积极规定劳动者这一权利的实现，逐步减少劳动者的工作时间、严格限制加班加点、延长劳动者的休息时间、增加劳动者的休假时间、增设文化娱乐设施、充分保障劳动者的休息权。

（四）获得劳动安全卫生保护的权利

劳动安全卫生保护，对于劳动者的生命安全和身体健康是最直接的保护。在劳动过程中，由于现代高科技设备的普及，劳动过程发生危险的可能性在日益增大。《劳动法》规定，用人单位必须建立、健全劳动安全卫生制度，严格执行国家安全卫生规程和标准，为劳动者提供符合国家规定的劳动安全卫生条件和必要的劳动防护用品，对从事特种作业的人员进行专业培训，防止劳动过程中的事故，减少职业危害，这些都是使劳动者获得劳动安全卫生保护的保障措施。

（五）接受职业技能培训的权利

我国《宪法》规定公民有受教育的权利和义务，《劳动法》规定的接受**职业技能培训的权利**是受教育权利的延伸。劳动者通过参加职业技能培训，不断提高业务知识和操作技能，一方面，使自身的智力、能力、素质得到发展和提高；另一方面，也使其工作能力和选择新职业的能力增强，直接提高工作效率和工作质量，对于发展生产、创造效益有直接的推动作用。虽然职业技术培训对于劳动者来说是一项权利，但实际上劳动者为了获得更高的工作报酬和更多的工作机会，自己也要主动参加职业培训。对于国家和用人单位来说，保证劳动者接受职业培训的权利又是其责任和义务。

（六）享受社会保险和福利的权利

社会保险是国家和用人单位依照法律的规定和合同的约定，对劳动者在暂时或永久丧失劳动能力以及暂时失业时，为保证其基本生活需要而给予物质帮助的一种制度。疾病、年老、意外事件是每一个人都可能遇到的问题，唯此类事件发生之时，国家和社会就要发挥其保障职能，对遇到特殊困难的劳动者给予一定的帮助。此外，国家还要发展**社会福利事业**，兴建福利设施，为劳动者的休息、疗养提供条件。

（七）提请劳动争议处理的权利

劳动争议是指劳动者与用人单位之间发生争议时依法将争议提交到法律规定的机关进行处理的权利。劳动关系中的当事人各自有着不同的利益，虽然在一般情况下双方能够很好地进行协调，但有时不免发生争议，劳动者在此情况下可依法申请调解、仲裁或提起诉讼。

（八）法律规定的其他劳动权利

此处略。

二、劳动者的义务

本条第二款规定劳动者的义务。“没有无义务的权利，也没有无权利的义务。”劳动者在享有法律规定的劳动权利的同时也应当履行自己的劳动义务。根据本条第二款规定，劳动者主要负有如下义务：

（一）完成劳动任务的义务

完成劳动任务是劳动者所应负担的首要义务。劳动者只有完成劳动任务，才能获得相应的劳动报酬，使整个劳动过程得以延续。劳动者只有完成劳动任务，才能被认为尽到了劳动的职责，履行了劳动合同中约定的工作内容。由于劳动具有强烈的人身依附性，因此，劳动者应当自己亲自完成劳动任务，不得私下找人代替。只有在遇到特殊情况无法履行劳动职责并经用人单位同意的情况下，才能替代履行劳动合同义务——完成劳动任务。

（二）提高职业技能的义务

接受劳动培训、提高职业技能不仅是劳动者的权利，也是劳动者的义务。经济发展、社会繁荣同时伴随着知识更新。原来的职业技能如果经过几年不进行更新就会过时。现实的需要使劳动者负有参加培训、提高职业技能的义务。

（三）执行劳动安全卫生规程的义务

劳动安全卫生规程是国家制定的保护劳动者在劳动过程中不受身体健康和生命上的损害的法律保障措施。认真执行劳动安全卫生规程，可以减少直至避免事故的发生。执行劳动安全卫生规程不仅是用人单位的义务，也是劳动者的义务。

（四）遵守劳动纪律和职业道德的义务

劳动纪律是用人单位制定的劳动者在劳动过程中所必须遵守的规章制度。劳动纪律是组织社会劳动的基础，是保证劳动得以正常有序进行的必要条件。职业道德是劳动者在劳动实践中形成的共同的行为准则。遵守职业道德是劳动者进行劳动时的必然要求，也是社会主义精神文明建设的要求。①

第四条　用人单位应当依法建立和完善规章制度，保障劳动者享有劳动权利和履行劳动义务。

相关规定

【法律】

《中华人民共和国工会法》（2021 年 12 月 24 日修正）

第二十条　企业、事业单位、社会组织违反职工代表大会制度和其他民主管理制度，工会有权要求纠正，保障职工依法行使民主管理的权利。

法律、法规规定应当提交职工大会或者职工代表大会审议、通过、决定的事项，企业、事业单位、社会组织应当依法办理。

《中华人民共和国劳动合同法》（2012 年 12 月 28 日修正）

第四条　用人单位应当依法建立和完善劳动规章制度，保障劳动者享有劳动权利、履行劳动义务。

用人单位在制定、修改或者决定有关劳动报酬、工作时间、休息休假、劳动安全卫生、保险福利、职工培训、劳动纪律以及劳动定额管理等直接涉及劳动者切身利益的规章制度或者重大事项时，应当经职工代表大会或者全体职工讨论，提出方案和意见，与工会或者职工代表平等协商确定。

在规章制度和重大事项决定实施过程中，工会或者职工认为不适当的，有权向用人单位提出，通过协商予以修改完善。

用人单位应当将直接涉及劳动者切身利益的规章制度和重大事项决定公示，或者告知劳动者。

第六条　工会应当帮助、指导劳动者与用人单位依法订立和履行劳动合同，并与用人单位建立集体协商机制，维护劳动者的合法权益。

第八条　用人单位招用劳动者时，应当如实告知劳动者工作内容、工

---

① 回沪明、高圣平主编：《劳动法及配套规定新释新解（上）》，人民法院出版社 2004 年版。

作条件、工作地点、职业危害、安全生产状况、劳动报酬，以及劳动者要求了解的其他情况；用人单位有权了解劳动者与劳动合同直接相关的基本情况，劳动者应当如实说明。

第九条 用人单位招用劳动者，不得扣押劳动者的居民身份证和其他证件，不得要求劳动者提供担保或者以其他名义向劳动者收取财物。

第六十条 劳务派遣单位应当将劳务派遣协议的内容告知被派遣劳动者。

劳务派遣单位不得克扣用工单位按照劳务派遣协议支付给被派遣劳动者的劳动报酬。

劳务派遣单位和用工单位不得向被派遣劳动者收取费用。

第六十二条 用工单位应当履行下列义务：

（一）执行国家劳动标准，提供相应的劳动条件和劳动保护；

（二）告知被派遣劳动者的工作要求和劳动报酬；

（三）支付加班费、绩效奖金，提供与工作岗位相关的福利待遇；

（四）对在岗被派遣劳动者进行工作岗位所必需的培训；

（五）连续用工的，实行正常的工资调整机制。

用工单位不得将被派遣劳动者再派遣到其他用人单位。

【司法解释】

◎《最高人民法院关于审理劳动争议案件适用法律问题的解释（一）》（2020年12月29日公布）

第五十条 用人单位根据劳动合同法第四条规定，通过民主程序制定的规章制度，不违反国家法律、行政法规及政策规定，并已向劳动者公示的，可以作为确定双方权利义务的依据。

用人单位制定的内部规章制度与集体合同或者劳动合同约定的内容不一致，劳动者请求优先适用合同约定的，人民法院应予支持。

【部门规章与规范性文件】

◎《劳动部关于〈劳动法〉若干条文的说明》（1994年9月5日公布）

本条中的“依法”应当作广义理解，指所有的法律、法规和规章。包括：宪法、法律、行政法规、地方法规，民族自治地方还要依据该地方的自治条例和单行条例，以及关于劳动方面的行政规章。

典型案例要旨

彭某翔诉南京市城市建设开发（集团）有限责任公司追索劳动报酬纠纷案（指导案例182号，最高人民法院2022年7月4日发布）

用人单位规定劳动者在完成一定绩效后可以获得奖金，其无正当理由拒绝履行审批义务，符合奖励条件的劳动者主张获奖条件成就，用人单位应当按照规定发放奖金的，人民法院应予支持。

常某与某网络公司劳动合同纠纷案［劳动人事争议典型案例（第二批），人力资源社会保障部、最高人民法院2021年6月30日发布］

劳动争议案件的处理，既要保护劳动者的合法权益，亦应促进企业有序发展。合法的规章制度既能规范用人单位用工自主权的行使，又能保障劳动者参与用人单位民主管理，实现构建和谐劳动关系的目的。不合理的规章制度则会导致用人单位的社会声誉差、认同感低，最终引发人才流失，不利于用人单位的长远发展。用人单位制定的合理合法的规章制度，可以作为确定用人单位、劳动者权利义务的依据。一旦用人单位以规章制度形式规避应当承担的用工成本，侵害劳动者的合法权益，仲裁委员会、人民法院应当依法予以审查，充分保护劳动者的合法权益。用人单位应当根据单位实际，制定更为人性化的规章制度，增强劳动者对规章制度的认同感，激发劳动者的工作积极性，从而进一步减少劳动纠纷，为构建和谐劳动关系作出贡献。

张某与某快递公司劳动争议纠纷案［劳动人事争议典型案例（第二批），人力资源社会保障部、最高人民法院2021年6月30日发布］

《劳动法》第四条规定："用人单位应当依法建立和完善规章制度，保障劳动者享有劳动权利和履行劳动义务。"法律在支持用人单位依法行使管理职权的同时，也明确其必须履行保障劳动者权利的义务。用人单位的规章制度以及相应工作安排必须符合法律、行政法规的规定，否则既要承担违法后果，也不利于构建和谐稳定的劳动关系、促进自身健康发展。

知识点

用人单位的规章制度是用人单位制定的组织劳动过程和进行劳动管理的

规则和制度的总和，也称为企业内部劳动规则，是企业内部的“法律”。规章制度内容广泛，包括了用人单位经营管理的各个方面。规章制度主要包括：劳动合同管理、工资管理、社会保险福利待遇、工时休假、职工奖惩以及其他劳动管理规定。用人单位制定规章制度，要严格执行国家法律、法规的规定，保障劳动者的劳动权利，督促劳动者履行劳动义务。制定规章制度应当体现权利与义务一致、奖励与惩罚结合，不得违反法律、法规的规定。①

第五条 国家采取各种措施，促进劳动就业，发展职业教育，制定劳动标准，调节社会收入，完善社会保险，协调劳动关系，逐步提高劳动者的生活水平。

相关规定

【法律】

《中华人民共和国职业教育法》（2022年4月20日修订）

第三条 职业教育是与普通教育具有同等重要地位的教育类型，是国民教育体系和人力资源开发的重要组成部分，是培养多样化人才、传承技术技能、促进就业创业的重要途径。

国家大力发展职业教育，推进职业教育改革，提高职业教育质量，增强职业教育适应性，建立健全适应社会主义市场经济和社会发展需要、符合技术技能人才成长规律的职业教育制度体系，为全面建设社会主义现代化国家提供有力人才和技能支撑。

第四条 职业教育必须坚持中国共产党的领导，坚持社会主义办学方向，贯彻国家的教育方针，坚持立德树人、德技并修，坚持产教融合、校企合作，坚持面向市场、促进就业，坚持面向实践、强化能力，坚持面向人人、因材施教。

实施职业教育应当弘扬社会主义核心价值观，对受教育者进行思想政治教育和职业道德教育，培育劳模精神、劳动精神、工匠精神，传授科学

① 信春鹰、阚珂主编：《中华人民共和国劳动合同法释义》，法律出版社2013年版。

文化与专业知识，培养技术技能，进行职业指导，全面提高受教育者的素质。

第五条　公民有依法接受职业教育的权利。

第六条　职业教育实行政府统筹、分级管理、地方为主、行业指导、校企合作、社会参与。

第七条　各级人民政府应当将发展职业教育纳入国民经济和社会发展规划，与促进就业创业和推动发展方式转变、产业结构调整、技术优化升级等整体部署、统筹实施。

第八条　国务院建立职业教育工作协调机制，统筹协调全国职业教育工作。

国务院教育行政部门负责职业教育工作的统筹规划、综合协调、宏观管理。国务院教育行政部门、人力资源社会保障行政部门和其他有关部门在国务院规定的职责范围内，分别负责有关的职业教育工作。

省、自治区、直辖市人民政府应当加强对本行政区域内职业教育工作的领导，明确设区的市、县级人民政府职业教育具体工作职责，统筹协调职业教育发展，组织开展督导评估。

县级以上地方人民政府有关部门应当加强沟通配合，共同推进职业教育工作。

第九条　国家鼓励发展多种层次和形式的职业教育，推进多元办学，支持社会力量广泛、平等参与职业教育。

国家发挥企业的重要办学主体作用，推动企业深度参与职业教育，鼓励企业举办高质量职业教育。

有关行业主管部门、工会和中华职业教育社等群团组织、行业组织、企业、事业单位等应当依法履行实施职业教育的义务，参与、支持或者开展职业教育。

第十条　国家采取措施，大力发展技工教育，全面提高产业工人素质。

国家采取措施，支持举办面向农村的职业教育，组织开展农业技能培训、返乡创业就业培训和职业技能培训，培养高素质乡村振兴人才。

国家采取措施，扶持革命老区、民族地区、边远地区、欠发达地区职业教育的发展。

国家采取措施，组织各类转岗、再就业、失业人员以及特殊人群等接受各种形式的职业教育，扶持残疾人职业教育的发展。

国家保障妇女平等接受职业教育的权利。

第十一条 实施职业教育应当根据经济社会发展需要，结合职业分类、职业标准、职业发展需求，制定教育标准或者培训方案，实行学历证书及其他学业证书、培训证书、职业资格证书和职业技能等级证书制度。

国家实行劳动者在就业前或者上岗前接受必要的职业教育的制度。

第十二条 国家采取措施，提高技术技能人才的社会地位和待遇，弘扬劳动光荣、技能宝贵、创造伟大的时代风尚。

国家对在职业教育工作中做出显著成绩的单位和个人按照有关规定给予表彰、奖励。

每年5月的第二周为职业教育活动周。

第十三条 国家鼓励职业教育领域的对外交流与合作，支持引进境外优质资源发展职业教育，鼓励有条件的职业教育机构赴境外办学，支持开展多种形式的职业教育学习成果互认。

《中华人民共和国社会保险法》（2018年12月29日修正）

第一条 为了规范社会保险关系，维护公民参加社会保险和享受社会保险待遇的合法权益，使公民共享发展成果，促进社会和谐稳定，根据宪法，制定本法。

第二条 国家建立基本养老保险、基本医疗保险、工伤保险、失业保险、生育保险等社会保险制度，保障公民在年老、疾病、工伤、失业、生育等情况下依法从国家和社会获得物质帮助的权利。

第三条 社会保险制度坚持广覆盖、保基本、多层次、可持续的方针，社会保险水平应当与经济社会发展水平相适应。

第四条 中华人民共和国境内的用人单位和个人依法缴纳社会保险费，有权查询缴费记录、个人权益记录，要求社会保险经办机构提供社会保险咨询等相关服务。

个人依法享受社会保险待遇，有权监督本单位为其缴费情况。

第九十五条 进城务工的农村居民依照本法规定参加社会保险。

第九十六条 征收农村集体所有的土地，应当足额安排被征地农民的社会保险费，按照国务院规定将被征地农民纳入相应的社会保险制度。

第九十七条 外国人在中国境内就业的，参照本法规定参加社会保险。

《中华人民共和国就业促进法》（2015年4月24日修正）

第四十四条 国家依法发展职业教育，鼓励开展职业培训，促进劳动者提高职业技能，增强就业能力和创业能力。

第四十五条 县级以上人民政府根据经济社会发展和市场需求，制定并实施职业能力开发计划。

第四十六条 县级以上人民政府加强统筹协调，鼓励和支持各类职业院校、职业技能培训机构和用人单位依法开展就业前培训、在职培训、再就业培训和创业培训；鼓励劳动者参加各种形式的培训。

第四十七条 县级以上地方人民政府和有关部门根据市场需求和产业发展方向，鼓励、指导企业加强职业教育和培训。

职业院校、职业技能培训机构与企业应当密切联系，实行产教结合，为经济建设服务，培养实用人才和熟练劳动者。

企业应当按照国家有关规定提取职工教育经费，对劳动者进行职业技能培训和继续教育培训。

第四十八条 国家采取措施建立健全劳动预备制度，县级以上地方人民政府对有就业要求的初高中毕业生实行一定期限的职业教育和培训，使其取得相应的职业资格或者掌握一定的职业技能。

第四十九条 地方各级人民政府鼓励和支持开展就业培训，帮助失业人员提高职业技能，增强其就业能力和创业能力。失业人员参加就业培训的，按照有关规定享受政府培训补贴。

第五十条 地方各级人民政府采取有效措施，组织和引导进城就业的农村劳动者参加技能培训，鼓励各类培训机构为进城就业的农村劳动者提供技能培训，增强其就业能力和创业能力。

第五十一条 国家对从事涉及公共安全、人身健康、生命财产安全等特殊工种的劳动者，实行职业资格证书制度，具体办法由国务院规定。

◎**《中华人民共和国劳动合同法》**（2012年12月28日修正）

第四十九条 国家采取措施，建立健全劳动者社会保险关系跨地区转移接续制度。

【部门规章与规范性文件】

◎**《劳动部关于〈劳动法〉若干条文的说明》**（1994年9月5日公布）

本条中的“调节社会收入”，是指国家通过宏观调控措施调节全社会收入的总量以及不同地区、不同部门、不同单位、不同人员之间的收入关系，其目的是使全社会个人收入总量在国民收入中保持合理的比重，保证社会公平，促进社会进步。

知识点

一、促进劳动就业

就业就是劳动者与用人单位签订劳动合同而进入劳动领域。劳动者要实现劳动权利就要首先落实就业权。国家利用资金和其他资源，应当在宏观上为劳动者就业提供政策上和物质上的帮助。

二、发展职业教育

职业教育的重点是向受教育者传授职业知识，培养受教育者的职业技能。职业知识和职业技能是受教育者从事一定职业的必备基础。职业教育的主要任务就是要使受教育者具备从事一定职业所必备的专业知识和职业技能。在实施职业教育过程中，确定一定职业的必备职业知识和职业技能的要求，应当依据一定职业的国家职业等级标准；同时，应当适应职业的实际需要，突出职业技能的培养，加强操作技能的训练，使受教育者能够直接上岗工作。①

三、制定劳动标准

劳动关系的种类繁多，涉及社会各个领域，国家的管理不可能深入到每一个劳动关系之中去。但是国家基于对整个社会现状的分析和劳资双方利益的平衡，可以制定出有关的劳动标准对劳动关系进行调整。这些标准为保障劳动者的权利提供了依据。在劳动标准中有普遍适用的劳动标准，如工时的限制。也有在某一领域、某一行业、某一地域适用的劳动标准，如北京市制定的最低工资标准。

四、调整社会收入

劳动者和用人单位之间存在着客观上的不平等。如果纯粹按契约自由的原则对劳动合同进行管理，对其后果不加控制的话，就会使贫富差距迅速增大，走向两极分化，危及社会公平。国家有义务在保证社会生产力增长的前提下对收入差距进行控制，常见的方法有征税、最低工资制等方法。本条中的“调节社会收入”，是指国家通过宏观调控措施调节全社会收入的总量以及不同地区、不同部门、不同单位、不同人员之间的收入关系，其目的是使全社会个人收入总量在国民收入中保持合理的比重，保证社会公

---

① 唐德华、高圣平主编：《公司法及配套规定新释新解（上）》，人民法院出版社 2005 年版。

平，促进社会进步。

五、完善社会保险

随着社会主义市场经济体制的逐步建立，劳动者的终身雇佣制逐步被打破。在这种状况下，原来由用人单位对职工一包到底的做法已经不能适应时代的要求，原来用人单位承担的职工生、老、病、死的任务要由社会机构来承担。社会承担职工伤病、失业、退休负担的途径就是社会保险制度。现在我国的社会保险制度才初步建立，还远远谈不上完善。①

六、协调劳动关系

国家建立健全协调劳动关系三方机制。协调劳动关系三方机制是指县以上政府劳动行政部门、工会和用人单位三方代表就有关制定劳动规范、调整劳动关系、处理劳动争议等方面进行协商对话，消除误解，解决或者减弱有关争议，增加达成协议的机会，共同协调劳动关系的机制。这一机制是社会主义市场经济条件下协调劳动关系的有效途径，对于维护劳动关系双方的权益，保障劳动关系和谐稳定，推动经济社会发展具有重要意义。②

第六条 国家提倡劳动者参加社会义务劳动，开展劳动竞赛和合理化建议活动，鼓励和保护劳动者进行科学研究、技术革新和发明创造，表彰和奖励劳动模范和先进工作者。

相关规定

【行政法规与国务院规范性文件】

《国家科学技术奖励条例》（2020年10月7日修订）

第十条 国家技术发明奖授予运用科学技术知识做出产品、工艺、材料、器件及其系统等重大技术发明的个人。

---

① 回沪明、高圣平主编：《劳动法及配套规定新释新解（上）》，人民法院出版社2004年版。

② 吴高盛主编：《〈中华人民共和国劳动合同法〉条文释义与适用》，人民法院出版社2007年版，第34~35页。

前款所称重大技术发明，应当具备下列条件：

（一）前人尚未发明或者尚未公开；

（二）具有先进性、创造性、实用性；

（三）经实施，创造显著经济效益、社会效益、生态环境效益或者对维护国家安全做出显著贡献，且具有良好的应用前景。

第十一条 国家科学技术进步奖授予完成和应用推广创新性科学技术成果，为推动科学技术进步和经济社会发展做出突出贡献的个人、组织。

前款所称创新性科学技术成果，应当具备下列条件：

（一）技术创新性突出，技术经济指标先进；

（二）经应用推广，创造显著经济效益、社会效益、生态环境效益或者对维护国家安全做出显著贡献；

（三）在推动行业科学技术进步等方面有重大贡献。

《合理化建议和技术改进奖励条例》（1986 年 6 月 4 日修订）

第五条 职工（集体或者个人）提出的合理化建议或者进行的技术改进，必须经过试验研究和实际应用，并在企业、事业单位的生产或者工作中取得成效，方能获得奖励。

第十四条 各企业、事业单位的有关科室或者管理人员，应当及时对合理化建议和技术改进项目做出采纳或者不采纳的结论，并连同作结论的说明以书面形式送给主管建议工作的机构或者人员，提交评审委员会或者评审小组审批。

有关单位对已采用的合理化建议和技术改进项目，应当根据规定及时实施奖励；对未采纳的合理化建议和技术改进项目，必须向建议人说明未采纳的原因。

第十六条 奖金由采用单位支付。企业单位支付的奖金，计入生产成本；事业单位支付的奖金，在事业费或者收入提成中列支。

第七条 劳动者有权依法参加和组织工会。

工会代表和维护劳动者的合法权益，依法独立自主地开展活动。

相关规定

【法律】

《中华人民共和国工会法》（2021 年 12 月 24 日修正）

第二条 工会是中国共产党领导的职工自愿结合的工人阶级群众组织，是中国共产党联系职工群众的桥梁和纽带。

中华全国总工会及其各工会组织代表职工的利益，依法维护职工的合法权益。

第三条 在中国境内的企业、事业单位、机关、社会组织（以下统称用人单位）中以工资收入为主要生活来源的劳动者，不分民族、种族、性别、职业、宗教信仰、教育程度，都有依法参加和组织工会的权利。任何组织和个人不得阻挠和限制。

工会适应企业组织形式、职工队伍结构、劳动关系、就业形态等方面的发展变化，依法维护劳动者参加和组织工会的权利。

第五条 工会组织和教育职工依照宪法和法律的规定行使民主权利，发挥国家主人翁的作用，通过各种途径和形式，参与管理国家事务、管理经济和文化事业、管理社会事务；协助人民政府开展工作，维护工人阶级领导的、以工农联盟为基础的人民民主专政的社会主义国家政权。

第六条 维护职工合法权益、竭诚服务职工群众是工会的基本职责。工会在维护全国人民总体利益的同时，代表和维护职工的合法权益。

工会通过平等协商和集体合同制度等，推动健全劳动关系协调机制，维护职工劳动权益，构建和谐劳动关系。

工会依照法律规定通过职工代表大会或者其他形式，组织职工参与本单位的民主选举、民主协商、民主决策、民主管理和民主监督。

工会建立联系广泛、服务职工的工会工作体系，密切联系职工，听取和反映职工的意见和要求，关心职工的生活，帮助职工解决困难，全心全意为职工服务。

第七条 工会动员和组织职工积极参加经济建设，努力完成生产任务和工作任务。教育职工不断提高思想道德、技术业务和科学文化素质，建设有理想、有道德、有文化、有纪律的职工队伍。

第八条 工会推动产业工人队伍建设改革，提高产业工人队伍整体素质，发挥产业工人骨干作用，维护产业工人合法权益，保障产业工人主人翁地位，造就一支有理想守信念、懂技术会创新、敢担当讲奉献的宏大产业工人队伍。

第十条 工会各级组织按照民主集中制原则建立。

各级工会委员会由会员大会或者会员代表大会民主选举产生。企业主要负责人的近亲属不得作为本企业基层工会委员会成员的人选。

各级工会委员会向同级会员大会或者会员代表大会负责并报告工作，接受其监督。

工会会员大会或者会员代表大会有权撤换或者罢免其所选举的代表或者工会委员会组成人员。

上级工会组织领导下级工会组织。

第十一条 用人单位有会员二十五人以上的，应当建立基层工会委员会；不足二十五人的，可以单独建立基层工会委员会，也可以由两个以上单位的会员联合建立基层工会委员会，也可以选举组织员一人，组织会员开展活动。女职工人数较多的，可以建立工会女职工委员会，在同级工会领导下开展工作；女职工人数较少的，可以在工会委员会中设女职工委员。

企业职工较多的乡镇、城市街道，可以建立基层工会的联合会。

县级以上地方建立地方各级总工会。

同一行业或者性质相近的几个行业，可以根据需要建立全国的或者地方的产业工会。

全国建立统一的中华全国总工会。

第二十条 企业、事业单位、社会组织违反职工代表大会制度和其他民主管理制度，工会有权要求纠正，保障职工依法行使民主管理的权利。

法律、法规规定应当提交职工大会或者职工代表大会审议、通过、决定的事项，企业、事业单位、社会组织应当依法办理。

第二十一条 工会帮助、指导职工与企业、实行企业化管理的事业单位、社会组织签订劳动合同。

工会代表职工与企业、实行企业化管理的事业单位、社会组织进行平等协商，依法签订集体合同。集体合同草案应当提交职工代表大会或者全体职工讨论通过。

工会签订集体合同，上级工会应当给予支持和帮助

企业、事业单位、社会组织违反集体合同，侵犯职工劳动权益的，工会可以依法要求企业、事业单位、社会组织予以改正并承担责任；因履行

集体合同发生争议，经协商解决不成的，工会可以向劳动争议仲裁机构提请仲裁，仲裁机构不予受理或者对仲裁裁决不服的，可以向人民法院提起诉讼

第二十二条 企业、事业单位、社会组织处分职工，工会认为不适当的，有权提出意见。

用人单位单方面解除职工劳动合同时，应当事先将理由通知工会，工会认为用人单位违反法律、法规和有关合同，要求重新研究处理时，用人单位应当研究工会的意见，并将处理结果书面通知工会。

职工认为用人单位侵犯其劳动权益而申请劳动争议仲裁或者向人民法院提起诉讼的，工会应当给予支持和帮助。

第二十三条 企业、事业单位、社会组织违反劳动法律法规规定，有下列侵犯职工劳动权益情形，工会应当代表职工与企业、事业单位、社会组织交涉，要求企业、事业单位、社会组织采取措施予以改正；企业、事业单位、社会组织应当予以研究处理，并向工会作出答复；企业、事业单位、社会组织拒不改正的，工会可以提请当地人民政府依法作出处理：

（一）克扣、拖欠职工工资的；

（二）不提供劳动安全卫生条件的；

（三）随意延长劳动时间的；

（四）侵犯女职工和未成年工特殊权益的

（五）其他严重侵犯职工劳动权益的。

第二十四条 工会依照国家规定对新建、扩建企业和技术改造工程中的劳动条件和安全卫生设施与主体工程同时设计、同时施工、同时投产使用进行监督。对工会提出的意见，企业或者主管部门应当认真处理，并将处理结果书面通知工会。

第二十五条 工会发现企业违章指挥、强令工人冒险作业，或者生产过程中发现明显重大事故隐患和职业危害，有权提出解决的建议，企业应当及时研究答复；发现危及职工生命安全的情况时，工会有权向企业建议组织职工撤离危险现场，企业必须及时作出处理决定。

第二十六条 工会有权对企业、事业单位、社会组织侵犯职工合法权益的问题进行调查，有关单位应当予以协助。

第二十七条 职工因工伤亡事故和其他严重危害职工健康问题的调查处理，必须有工会参加。工会应当向有关部门提出处理意见，并有权要求

追究直接负责的主管人员和有关责任人员的责任。对工会提出的意见，应当及时研究，给予答复。

第二十八条 企业、事业单位、社会组织发生停工、怠工事件，工会应当代表职工同企业、事业单位、社会组织或者有关方面协商，反映职工的意见和要求并提出解决意见。对于职工的合理要求，企业、事业单位、社会组织应当予以解决。工会协助企业、事业单位、社会组织做好工作，尽快恢复生产、工作秩序。

第二十九条 工会参加企业的劳动争议调解工作。

地方劳动争议仲裁组织应当有同级工会代表参加。

第三十条 县级以上各级总工会依法为所属工会和职工提供法律援助等法律服务。

第三十一条 工会协助用人单位办好职工集体福利事业，做好工资、劳动安全卫生和社会保险工作。

第三十二条 工会会同用人单位加强对职工的思想政治引领，教育职工以国家主人翁态度对待劳动，爱护国家和单位的财产；组织职工开展群众性的合理化建议、技术革新、劳动和技能竞赛活动，进行业余文化技术学习和职工培训，参加职业教育和文化体育活动，推进职业安全健康教育和劳动保护工作。

第三十三条 根据政府委托，工会与有关部门共同做好劳动模范和先进生产（工作）者的评选、表彰、培养和管理工作。

第三十四条 国家机关在组织起草或者修改直接涉及职工切身利益的法律、法规、规章时，应当听取工会意见。

县级以上各级人民政府制定国民经济和社会发展计划，对涉及职工利益的重大问题，应当听取同级工会的意见。

县级以上各级人民政府及其有关部门研究制定劳动就业、工资、劳动安全卫生、社会保险等涉及职工切身利益的政策、措施时，应当吸收同级工会参加研究，听取工会意见。

第三十五条 县级以上地方各级人民政府可以召开会议或者采取适当方式，向同级工会通报政府的重要的工作部署和与工会工作有关的行政措施，研究解决工会反映的职工群众的意见和要求。

各级人民政府劳动行政部门应当会同同级工会和企业方面代表，建立劳动关系三方协商机制，共同研究解决劳动关系方面的重大问题。

第三十九条　企业、事业单位、社会组织研究经营管理和发展的重大问题应当听取工会的意见；召开会议讨论有关工资、福利、劳动安全卫生、工作时间、休息休假、女职工保护和社会保险等涉及职工切身利益的问题，必须有工会代表参加。

企业、事业单位、社会组织应当支持工会依法开展工作，工会应当支持企业、事业单位、社会组织依法行使经营管理权。

第四十六条　各级人民政府和用人单位应当为工会办公和开展活动，提供必要的设施和活动场所等物质条件。

第四十七条　工会的财产、经费和国家拨给工会使用的不动产，任何组织和个人不得侵占、挪用和任意调拨。

第四十八条　工会所属的为职工服务的企业、事业单位，其隶属关系不得随意改变。

第四十九条　县级以上各级工会的离休、退休人员的待遇，与国家机关工作人员同等对待。

第五十条　工会对违反本法规定侵犯其合法权益的，有权提请人民政府或者有关部门予以处理，或者向人民法院提起诉讼。

▢**《中华人民共和国外商投资法》**（2019 年 3 月 15 日公布）

第八条　外商投资企业职工依法建立工会组织，开展工会活动，维护职工的合法权益。外商投资企业应当为本企业工会提供必要的活动条件。

▢**《中华人民共和国公司法》**（2018 年 10 月 26 日修正）

第十八条　公司职工依照《中华人民共和国工会法》组织工会，开展工会活动，维护职工合法权益。公司应当为本公司工会提供必要的活动条件。公司工会代表职工就职工的劳动报酬、工作时间、福利、保险和劳动安全卫生等事项依法与公司签订集体合同。

公司依照宪法和有关法律的规定，通过职工代表大会或者其他形式，实行民主管理。

公司研究决定改制以及经营方面的重大问题、制定重要的规章制度时，应当听取公司工会的意见，并通过职工代表大会或者其他形式听取职工的意见和建议。

▢**《中华人民共和国劳动合同法》**（2012 年 12 月 28 日修正）

第四条　用人单位应当依法建立和完善劳动规章制度，保障劳动者享有劳动权利、履行劳动义务。

用人单位在制定、修改或者决定有关劳动报酬、工作时间、休息休假、劳动安全卫生、保险福利、职工培训、劳动纪律以及劳动定额管理等直接涉及劳动者切身利益的规章制度或者重大事项时，应当经职工代表大会或者全体职工讨论，提出方案和意见，与工会或者职工代表平等协商确定。

在规章制度和重大事项决定实施过程中，工会或者职工认为不适当的，有权向用人单位提出，通过协商予以修改完善。

用人单位应当将直接涉及劳动者切身利益的规章制度和重大事项决定公示，或者告知劳动者。

第六条 工会应当帮助、指导劳动者与用人单位依法订立和履行劳动合同，并与用人单位建立集体协商机制，维护劳动者的合法权益。

第六十四条 被派遣劳动者有权在劳务派遣单位或者用工单位依法参加或者组织工会，维护自身的合法权益。

◎《中华人民共和国个人独资企业法》（1999 年 8 月 30 日公布）

第六条 个人独资企业应当依法招用职工。职工的合法权益受法律保护。

个人独资企业职工依法建立工会，工会依法开展活动。

【行政法规与国务院规范性文件】

◎《劳动保障监察条例》（2004 年 11 月 1 日公布）

第二十九条 用人单位违反《中华人民共和国工会法》，有下列行为之一的，由劳动保障行政部门责令改正：

（一）阻挠劳动者依法参加和组织工会，或者阻挠上级工会帮助、指导劳动者筹建工会的；

（二）无正当理由调动依法履行职责的工会工作人员的工作岗位，进行打击报复的；

（三）劳动者因参加工会活动而被解除劳动合同的；

（四）工会工作人员因依法履行职责被解除劳动合同的。

【部门规章与规范性文件】

◎《劳动部关于〈劳动法〉若干条文的说明》（1994 年 9 月 5 日公布）

本条中的“依法”具体指我国宪法和《中华人民共和国工会法》等。

【其他规定】

◎《工会劳动法律监督办法》（2021 年 3 月 31 日公布）

第二条 工会劳动法律监督，是工会依法对劳动法律法规执行情况进行的有组织的群众监督，是我国劳动法律监督体系的重要组成部分。

第三条　工会劳动法律监督工作应当遵循依法规范、客观公正、依靠职工、协调配合的原则。

第四条　全国总工会负责全国的工会劳动法律监督工作。

县级以上地方总工会负责本行政区域内的工会劳动法律监督工作。

乡镇（街道）工会、开发区（工业园区）工会、区域性、行业性工会联合会等负责本区域或本行业的工会劳动法律监督工作。用人单位工会负责本单位的工会劳动法律监督工作。

第五条　上级工会应当加强对下级工会劳动法律监督工作的指导和督促检查。

涉及工会劳动法律监督的重大事项，下级工会应当及时向上级工会报告，上级工会应当及时给予指导帮助。对上级工会交办的劳动法律监督事项，下级工会应当及时办理并报告。

第六条　工会应当积极配合有关部门，对政府部门贯彻实施劳动法律法规的情况进行监督。

◘《工会参加平等协商和签订集体合同试行办法》（1995 年 8 月 17 日公布）

第三条　平等协商是指企业工会代表职工与企业就涉及职工合法权益等事项进行商谈的行为。

企业工会应当与企业建立平等协商制度，定期或不定期就涉及职工合法权益等事项进行平等协商。

第七条　企业工会应当就下列涉及职工合法权益的事项与企业进行平等协商：

（一）集体合同和劳动合同的订立、变更、续订、解除，已订立的集体合同和劳动合同的履行监督检查；

（二）企业涉及职工利益的规章制度的制定和修改；

（三）企业职工的劳动报酬、工作时间和休息休假、保险、福利、劳动安全卫生、女职工和未成年工的特殊保护、职业培训及职工文化体育生活；

（四）劳动争议的预防和处理；

（五）职工民主管理；

（六）双方认为需要协商的其他事项。

第十一条　工会应当按照以下程序与企业进行平等协商：

（一）建立定期协商机制的企业，双方首席代表应当在协商前一周，将拟定协商的事项通知对方，属不定期协商的事项，提议方应当与对方共同商定平等协商的内容、时间和地点；

（二）协商开始时，由提议方将协商事项按双方议定的程序，逐一提交协商会议讨论；

（三）一般问题，经双方代表协商一致，协议即可成立，重大问题的协议草案，应当提交职工代表大会或全体职工审议通过；

（四）协商中如有临时提议，应当在各项议程讨论完毕后始得提出，取得对方同意后方可列入协商程序；

（五）经协商形成一致意见，由双方代表分别在有关人员及职工中传达或共同召集会议传达；

（六）平等协商未达成一致或出现事先未预料的问题时，经双方同意，可以暂时中止协商，协商中止期限最长不超过60天，具体中止期限及下次协商的具体时间、地点、内容由双方共同商定。

第十二条 在不违反法律、法规规定的情况下，工会有权要求企业提供与平等协商有关的情况和资料。

第十三条 平等协商意见一致，应当订立单项协议或集体合同。

《工会参与劳动争议处理试行办法》（1995年8月17日公布）

第四条 工会依法参加劳动争议协商、调解、仲裁工作。

职工因劳动权益受到侵犯向人民法院起诉的，工会应当给予支持和帮助。

第七条 发生劳动争议，工会可以接受职工及用人单位请求参与协商，促进争议解决。

第八条 工会发现劳动争议，应主动参与协商，及时化解矛盾。

第九条 劳动争议双方当事人经协商达成协议的，工会应当督促其自觉履行。

第十条 劳动争议双方当事人不愿协商或协商不成的，工会可以告知当事人依法申请调解或仲裁。

第二十三条 县和县以上各级工会组织可以建立法律咨询服务机构，为保护职工和工会组织的合法权益提供服务。

第二十四条 工会法律服务机构可以接受职工当事人的委托，代理职工参与劳动争议诉讼。

工会法律服务机构接受职工当事人的代理申请后，应当指派代理人，指派的代理人应征得委托人同意。

第二十五条 工会法律服务机构代理职工参与诉讼，应当由委托人向仲裁委员会或人民法院提交由委托人签名或盖章的授权委托书。

第二十六条 发生集体劳动争议，用人单位工会应当及时向上级工会报告，依法参与处理。

工会参与处理集体劳动争议，应积极反映职工的正当要求，维护职工合法权益。

第二十七条 因集体劳动争议导致停工、怠工的，工会应当及时与有关方面协商解决，协商不成的，按集体劳动争议处理程序解决。

知识点

根据《工会法》的规定，工会各级组织按照民主集中制原则建立。各级工会委员会由会员大会或者会员代表大会民主选举产生。各级工会委员向同级会员大会或者会员代表大会负责并报告工作，接受其监督。工会会员大会或者会员代表大会有权撤换或者罢免其所选举的代表或者工会委员会组成人员。上级工会组织领导下级工会组织。

工会应当在以下几个方面维护劳动者的合法权益：

一、维护职工参加企业民主管理的权利

在企业、事业单位、社会组织违反职工代表大会制度和其他民主管理制度时，工会有权提出意见，保障职工依法行使民主管理的权利。工会是工人自己的组织，应当为职工说话。在职工的权益受到侵害时，工会可以派出代表对所属工会组织所在的企事业单位、社会组织就侵犯职工合法权益的问题进行调查，有关单位应当进行协助。

二、要求有关单位认真处理侵犯职工合法权益事件的权利

企业、事业单位、社会组织违反劳动法律、法规，侵犯职工合法权益的，工会有权要求企业、事业单位、社会组织采取措施认真处理。

三、组织职工参与国家社会事务管理的权利

工会不仅要在现行法律的范围内对职工进行保护，而且还要努力去影响立法部门和行政部门，影响法律和政策的制定，为劳动者争取更多的合法权益，使法律对劳动者的救济更加完善。

四、在劳动法律关系成立、持续、变更的过程中维护劳动者的合法权益

1. 在劳动合同签订时，工会要帮助、指导职工与企业、事业单位签订劳动合同。工会也可以代表职工与企业、事业单位、社会组织签订集体合同。

2. 企业、事业单位、社会组织辞退、处分职工，工会认为不适当的，有权提出意见。用人单位单方面解除职工劳动合同时，应当事先将理由通知工会，工会认为企业、事业单位、社会组织违反法律、法规和有关合同，要求重新研究处理时，企业、事业单位、社会组织应当研究工会的意见，并将处理结果书面通知工会。职工认为企业、事业单位、社会组织侵犯其劳动权益而申请劳动争议仲裁或者向人民法院提起诉讼的，工会应当给予支持和帮助。

3. 企业、事业单位、社会组织侵犯职工劳动权益的，工会可以提出意见调解处理；职工向人民法院起诉的，工会应当给予支持和帮助。

4. 工会发现企业违章指挥、强令工人冒险作业或者在生产过程中发生重大事故隐患和职业危害，有权提出解决方法的建议；当发现危及职工生命安全的情况时，有权向企业建议组织职工撤离危险现场，企业必须及时作出处理决定。

五、在发生劳动争议和纠纷时，积极参与，做好协调工作

1. 工会要参加企业的劳动争议调解工作，地方劳动争议仲裁组织应当有同级工会代表参加。

2. 企业、事业单位、社会组织发生停工、怠工事件，工会应当代表职工同企业、事业单位、社会组织或者有关方面协商，反映职工的意见和要求并提出解决意见。对于职工的合理要求，企业、事业单位、社会组织应当予以解决。

六、提高劳动者素质

工会应当会同用人单位组织职工开展业余文化、技术学习和职工培训，提高职工的文化、业务素质，组织职工开展文艺、体育活动。①

---

① 回沪明、高圣平主编：《劳动法及配套规定新释新解（下）》，人民法院出版社2004年版。

第八条　劳动者依照法律规定，通过职工大会、职工代表大会或者其他形式，参与民主管理或者就保护劳动者合法权益与用人单位进行平等协商。

相关规定

【法律】

《中华人民共和国工会法》（2021年12月24日修正）

第六条　维护职工合法权益、竭诚服务职工群众是工会的基本职责。工会在维护全国人民总体利益的同时，代表和维护职工的合法权益。

工会通过平等协商和集体合同制度等，推动健全劳动关系协调机制，维护职工劳动权益，构建和谐劳动关系。

工会依照法律规定通过职工代表大会或者其他形式，组织职工参与本单位的民主选举、民主协商、民主决策、民主管理和民主监督。

工会建立联系广泛、服务职工的工会工作体系，密切联系职工，听取和反映职工的意见和要求，关心职工的生活，帮助职工解决困难，全心全意为职工服务。

第二十条　企业、事业单位、社会组织违反职工代表大会制度和其他民主管理制度，工会有权要求纠正，保障职工依法行使民主管理的权利。

法律、法规规定应当提交职工大会或者职工代表大会审议、通过、决定的事项，企业、事业单位、社会组织应当依法办理。

第三十六条　国有企业职工代表大会是企业实行民主管理的基本形式，是职工行使民主管理权力的机构，依照法律规定行使职权。

国有企业的工会委员会是职工代表大会的工作机构，负责职工代表大会的日常工作，检查、督促职工代表大会决议的执行。

第三十七条　集体企业的工会委员会，应当支持和组织职工参加民主管理和民主监督，维护职工选举和罢免管理人员、决定经营管理的重大问题的权力。

第三十八条　本法第三十六条、第三十七条规定以外的其他企业、事业单位的工会委员会，依照法律规定组织职工采取与企业、事业单位相适应的形式，参与企业、事业单位民主管理。

第三十九条 企业、事业单位、社会组织研究经营管理和发展的重大问题应当听取工会的意见；召开会议讨论有关工资、福利、劳动安全卫生、工作时间、休息休假、女职工保护和社会保险等涉及职工切身利益的问题，必须有工会代表参加。

企业、事业单位、社会组织应当支持工会依法开展工作，工会应当支持企业、事业单位、社会组织依法行使经营管理权。

《中华人民共和国劳动合同法》（2012 年 12 月 28 日修正）

第五条 县级以上人民政府劳动行政部门会同工会和企业方面代表，建立健全协调劳动关系三方机制，共同研究解决有关劳动关系的重大问题。

《中华人民共和国全民所有制工业企业法》（2009 年 8 月 27 日修正）

第十条 企业通过职工代表大会和其他形式，实行民主管理。

第十一条 企业工会代表和维护职工利益，依法独立自主地开展工作。企业工会组织职工参加民主管理和民主监督。

企业应当充分发挥青年职工、女职工和科学技术人员的作用。

第四十九条 职工有参加企业民主管理的权利，有对企业的生产和工作提出意见和建议的权利；有依法享受劳动保护、劳动保险、休息、休假的权利；有向国家机关反映真实情况，对企业领导干部提出批评和控告的权利。女职工有依照国家规定享受特殊劳动保护和劳动保险的权利。

第五十一条 职工代表大会是企业实行民主管理的基本形式，是职工行使民主管理权力的机构。

职工代表大会的工作机构是企业的工会委员会。企业工会委员会负责职工代表大会的日常工作。

第五十二条 职工代表大会行使下列职权：

（一）听取和审议厂长关于企业的经营方针、长远规划、年度计划、基本建设方案、重大技术改造方案、职工培训计划、留用资金分配和使用方案、承包和租赁经营责任制方案的报告，提出意见和建议。

（二）审查同意或者否决企业的工资调整方案、奖金分配方案、劳动保护措施、奖惩办法以及其他重要的规章制度。

（三）审议决定职工福利基金使用方案、职工住宅分配方案和其他有关职工生活福利的重大事项。

（四）评议、监督企业各级行政领导干部，提出奖惩和任免的建议。

（五）根据政府主管部门的决定选举厂长，报政府主管部门批准。

第五十三条　车间通过职工大会、职工代表组或者其他形式实行民主管理；工人直接参加班组的民主管理。

第五十四条　职工代表大会应当支持厂长依法行使职权，教育职工履行本法规定的义务。

【行政法规与国务院规范性文件】

◎**《国务院办公厅关于进一步完善国有企业法人治理结构的指导意见》**（2017 年 4 月 24 日公布）

二、规范主体权责

健全以公司章程为核心的企业制度体系，充分发挥公司章程在企业治理中的基础作用，依照法律法规和公司章程，严格规范履行出资人职责的机构（以下简称出资人机构）、股东会（包括股东大会，下同）、董事会、经理层、监事会、党组织和职工代表大会的权责，强化权利责任对等，保障有效履职，完善符合市场经济规律和我国国情的国有企业法人治理结构，进一步提升国有企业运行效率。

（一）理顺出资人职责，转变监管方式。

1. 股东会是公司的权力机构。股东会主要依据法律法规和公司章程，通过委派或更换董事、监事（不含职工代表），审核批准董事会、监事会年度工作报告，批准公司财务预决算、利润分配方案等方式，对董事会、监事会以及董事、监事的履职情况进行评价和监督。出资人机构根据本级人民政府授权对国家出资企业依法享有股东权利。

◎**《全民所有制工业企业承包经营责任制暂行条例》**（2011 年 1 月 8 日修订）

第四十条　承包经营企业应当加强民主管理，健全职工代表大会制度，充分发挥工会的作用，切实保障职工的民主权利。

◎**《全民所有制工业企业职工代表大会条例》**（1986 年 9 月 15 日公布）

第三条　职工代表大会是企业实行民主管理的基本形式，是职工行使民主管理权力的机构。

企业工会委员会是职工代表大会的工作机构，负责职工代表大会的日常工作。

第四条　职工代表大会接受企业党的基层委员会（含不设基层委员会的党总支部委员会、支部委员会，以下简称党委）的思想政治领导，贯彻执行党和国家的方针、政策，正确处理国家、企业和职工三者利益关系，在法律规定的范围内行使职权。

第七条 职工代表大会行使下列职权：

一、定期听取厂长的工作报告，审议企业的经营方针、长远和年度计划、重大技术改造和技术引进计划、职工培训计划、财务预决算、自有资金分配和使用方案，提出意见和建议，并就上述方案的实施作出决议；

二、审议通过厂长提出的企业的经济责任制方案、工资调整计划、奖金分配方案、劳动保护措施方案、奖惩办法及其他重要的规章制度；

三、审议决定职工福利基金使用方案、职工住宅分配方案和其他有关职工生活福利的重大事项；

四、评议、监督企业各级领导干部，并提出奖惩和任免的建议。

对工作卓有成绩的干部，可以建议给予奖励，包括晋级、提职。对不称职的干部，可以建议免职或降职。

对工作不负责任或者以权谋私，造成严重后果的干部，可以建议给予处分，直至撤职。

五、主管机关任命或者免除企业行政领导人员的职务时，必须充分考虑职工代表大会的意见。职工代表大会根据主管机关的部署，可以民主推荐厂长人选，也可以民主选举厂长，报主管机关审批。

【部门规章与规范性文件】

《劳动部关于〈劳动法〉若干条文的说明》（1994年9月5日公布）

本条中的"依照法律规定"，法律指：《中华人民共和国外资企业法》、《中华人民共和国中外合资企业法》、《中华人民共和国中外合作企业法》、《中华人民共和国全民所有制工业企业法》等。其中"通过职工大会、职工代表大会"，"参与民主管理"，主要适用于国有企业；"其他形式"指通过工会或推举代表；"与用人单位进行平等协商"，主要适用于非国有企业。

知识点

职工民主管理，又称职工参与管理，是指职工直接或间接参与其所在单位事务的管理。

职工代表大会是用人单位制度的重要组成部分，是用人单位实行民主管理的基本形式。就其性质来讲，它是职工行使民主管理权力的机构。

根据《全民所有制工业企业职工代表大会条例》《全民所有制工业企业法》等法律、法规的规定，我国职工代表大会享有以下职权：

(1) 审议建议权。职工代表大会对企业重大决策行使审议权，一方面保证职工群众参与企业管理的权力，另一方面保证企业决策的科学化。

(2) 审查同意或否决权。职工代表大会有权审查同意或否决企业行政的工资调整方案、奖金分配方案、劳动保护措施计划、奖惩办法及其他重要规章制度。

(3) 审议决定权。职工代表大会有权审议厂长和有关行政人员就职工福利基金的使用、职工住宅分配及其他有关职工生活福利的重大事项所提出的方案，并可以作出决定，交企业行政部门执行。

(4) 评议监督权。职工代表大会依《全民所有制工业企业法》规定：有权对企业各级行政领导人、职能部门、车间负责人进行评议监督，提出奖惩和任免的建议。

(5) 选举聘用权。职工代表大会有权根据政府主管部门的决定选举厂长，并报主管部门批准，政府主管部门委任或招聘的厂长，由主管部门免职或解聘，须征求职工代表大会的意见；企业职工代表大会选举的厂长，由职工代表大会罢免并报政府主管部门批准。

在企业层面，职工代表大会（职工大会）参与民主管理的形式一般只适用于国有企业，在其他企业形态中，劳动者参与民主管理主要是通过工会或推举代表的形式进行的。①

第九条 国务院劳动行政部门主管全国劳动工作。

县级以上地方人民政府劳动行政部门主管本行政区域内的劳动工作。

---

① 回沪明、高圣平主编：《劳动法及配套规定新释新解（上）》，人民法院出版社 2004 年版。

相关规定

【法律】

《中华人民共和国就业促进法》（2015 年 4 月 24 日修正）

第六条 国务院建立全国促进就业工作协调机制，研究就业工作中的重大问题，协调推动全国的促进就业工作。国务院劳动行政部门具体负责全国的促进就业工作。

省、自治区、直辖市人民政府根据促进就业工作的需要，建立促进就业工作协调机制，协调解决本行政区域就业工作中的重大问题。

县级以上人民政府有关部门按照各自的职责分工，共同做好促进就业工作。

《中华人民共和国劳动合同法》（2012 年 12 月 28 日修正）

第五条 县级以上人民政府劳动行政部门会同工会和企业方面代表，建立健全协调劳动关系三方机制，共同研究解决有关劳动关系的重大问题。

第七十三条 国务院劳动行政部门负责全国劳动合同制度实施的监督管理。

县级以上地方人民政府劳动行政部门负责本行政区域内劳动合同制度实施的监督管理。

县级以上各级人民政府劳动行政部门在劳动合同制度实施的监督管理工作中，应当听取工会、企业方面代表以及有关行业主管部门的意见。

【行政法规与国务院规范性文件】

《中华人民共和国劳动合同法实施条例》（2008 年 9 月 18 日公布）

第二条 各级人民政府和县级以上人民政府劳动行政等有关部门以及工会等组织，应当采取措施，推动劳动合同法的贯彻实施，促进劳动关系的和谐。

《劳动保障监察条例》（2004 年 11 月 1 日公布）

第三条 国务院劳动保障行政部门主管全国的劳动保障监察工作。县级以上地方各级人民政府劳动保障行政部门主管本行政区域内的劳动保障监察工作。

县级以上各级人民政府有关部门根据各自职责，支持、协助劳动保障行政部门的劳动保障监察工作。

【部门规章与规范性文件】

《劳动部关于〈劳动法〉若干条文的说明》（1994 年 9 月 5 日公布）

本条第一款，以法律形式明确了国务院劳动行政部门的地位和职责。第二款明确了县级以上各级地方劳动行政部门的地位和职责。

本条中的“劳动工作”包括劳动就业、劳动合同和集体合同、工时和休息休假、工资、劳动安全卫生、女职工和未成年工特殊保护、职业培训、社会保险和福利、劳动争议处理、劳动监督检查以及依照法律责任追究违法后果等，与国务院批准的劳动部“三定”方案是一致的。

知识点

国家劳动行政部门的主要职责是：综合管理全社会劳动力、职工工资、社会保险和福利、职业培训、劳动保护监察等工作，制定有关劳动工作的政策、规划、改革方案、规章、条例等劳动法规；监督和协调全国的劳动工作。地方各级劳动行政机关负责本辖区的劳动管理、监督、协调和服务工作，有权对本地区企业、事业单位贯彻执行劳动法的情况进行监督、检查。①

① 回沪明、梁书文主编：《劳动法及配套规定新释新解（下）》，人民法院出版社 2004 年版。

第二章　促进就业

> **第十条**　国家通过促进经济和社会发展，创造就业条件，扩大就业机会。
>
> 国家鼓励企业、事业组织、社会团体在法律、行政法规规定的范围内兴办产业或者拓展经营，增加就业。
>
> 国家支持劳动者自愿组织起来就业和从事个体经营实现就业。

相关规定

【法律】

《中华人民共和国就业促进法》（2015年4月24日修正）

第二条　国家把扩大就业放在经济社会发展的突出位置，实施积极的就业政策，坚持劳动者自主择业、市场调节就业、政府促进就业的方针，多渠道扩大就业。

第四条　县级以上人民政府把扩大就业作为经济和社会发展的重要目标，纳入国民经济和社会发展规划，并制定促进就业的中长期规划和年度工作计划。

第五条　县级以上人民政府通过发展经济和调整产业结构、规范人力资源市场、完善就业服务、加强职业教育和培训、提供就业援助等措施，创造就业条件，扩大就业。

第六条　国务院建立全国促进就业工作协调机制，研究就业工作中的重大问题，协调推动全国的促进就业工作。国务院劳动行政部门具体负责全国的促进就业工作。

省、自治区、直辖市人民政府根据促进就业工作的需要，建立促进就业工作协调机制，协调解决本行政区域就业工作中的重大问题。

县级以上人民政府有关部门按照各自的职责分工，共同做好促进就业工作。

第七条　国家倡导劳动者树立正确的择业观念，提高就业能力和创业能力；鼓励劳动者自主创业、自谋职业。

各级人民政府和有关部门应当简化程序，提高效率，为劳动者自主创业、自谋职业提供便利。

第八条　用人单位依法享有自主用人的权利。

用人单位应当依照本法以及其他法律、法规的规定，保障劳动者的合法权益。

第九条　工会、共产主义青年团、妇女联合会、残疾人联合会以及其他社会组织，协助人民政府开展促进就业工作，依法维护劳动者的劳动权利。

第十条　各级人民政府和有关部门对在促进就业工作中作出显著成绩的单位和个人，给予表彰和奖励。

第十一条　县级以上人民政府应当把扩大就业作为重要职责，统筹协调产业政策与就业政策。

第十二条　国家鼓励各类企业在法律、法规规定的范围内，通过兴办产业或者拓展经营，增加就业岗位。

国家鼓励发展劳动密集型产业、服务业，扶持中小企业，多渠道、多方式增加就业岗位。

国家鼓励、支持、引导非公有制经济发展，扩大就业，增加就业岗位。

第十三条　国家发展国内外贸易和国际经济合作，拓宽就业渠道。

第十四条　县级以上人民政府在安排政府投资和确定重大建设项目时，应当发挥投资和重大建设项目带动就业的作用，增加就业岗位。

第十五条　国家实行有利于促进就业的财政政策，加大资金投入，改善就业环境，扩大就业。

县级以上人民政府应当根据就业状况和就业工作目标，在财政预算中安排就业专项资金用于促进就业工作。

就业专项资金用于职业介绍、职业培训、公益性岗位、职业技能鉴定、特定就业政策和社会保险等的补贴，小额贷款担保基金和微利项目的小额担保贷款贴息，以及扶持公共就业服务等。就业专项资金的使用管理办法由国务院财政部门和劳动行政部门规定。

第十六条 国家建立健全失业保险制度，依法确保失业人员的基本生活，并促进其实现就业。

第十七条 国家鼓励企业增加就业岗位，扶持失业人员和残疾人就业，对下列企业、人员依法给予税收优惠：

（一）吸纳符合国家规定条件的失业人员达到规定要求的企业；

（二）失业人员创办的中小企业；

（三）安置残疾人员达到规定比例或者集中使用残疾人的企业；

（四）从事个体经营的符合国家规定条件的失业人员；

（五）从事个体经营的残疾人；

（六）国务院规定给予税收优惠的其他企业、人员。

第十八条 对本法第十七条第四项、第五项规定的人员，有关部门应当在经营场地等方面给予照顾，免除行政事业性收费。

第十九条 国家实行有利于促进就业的金融政策，增加中小企业的融资渠道；鼓励金融机构改进金融服务，加大对中小企业的信贷支持，并对自主创业人员在一定期限内给予小额信贷等扶持。

第二十条 国家实行城乡统筹的就业政策，建立健全城乡劳动者平等就业的制度，引导农业富余劳动力有序转移就业。

县级以上地方人民政府推进小城镇建设和加快县域经济发展，引导农业富余劳动力就地就近转移就业；在制定小城镇规划时，将本地区农业富余劳动力转移就业作为重要内容。

县级以上地方人民政府引导农业富余劳动力有序向城市异地转移就业；劳动力输出地和输入地人民政府应当互相配合，改善农村劳动者进城就业的环境和条件。

第二十一条 国家支持区域经济发展，鼓励区域协作，统筹协调不同地区就业的均衡增长。

国家支持民族地区发展经济，扩大就业。

第二十二条 各级人民政府统筹做好城镇新增劳动力就业、农业富余劳动力转移就业和失业人员就业工作。

第二十三条 各级人民政府采取措施，逐步完善和实施与非全日制用工等灵活就业相适应的劳动和社会保险政策，为灵活就业人员提供帮助和服务。

第二十四条 地方各级人民政府和有关部门应当加强对失业人员从事

个体经营的指导，提供政策咨询、就业培训和开业指导等服务。

《中华人民共和国劳动合同法》（2012 年 12 月 28 日修正）

第六十六条　劳动合同用工是我国的企业基本用工形式。劳务派遣用工是补充形式，只能在临时性、辅助性或者替代性的工作岗位上实施。

前款规定的临时性工作岗位是指存续时间不超过六个月的岗位；辅助性工作岗位是指为主营业务岗位提供服务的非主营业务岗位；替代性工作岗位是指用工单位的劳动者因脱产学习、休假等原因无法工作的一定期间内，可以由其他劳动者替代工作的岗位。

用工单位应当严格控制劳务派遣用工数量，不得超过其用工总量的一定比例，具体比例由国务院劳动行政部门规定。

第六十七条　用人单位不得设立劳务派遣单位向本单位或者所属单位派遣劳动者。

【行政法规与国务院规范性文件】

《国务院关于做好当前和今后一个时期促进就业工作的若干意见》（2018 年 11 月 16 日公布）

各省、自治区、直辖市人民政府，国务院各部委、各直属机构：

就业是最大的民生，也是经济发展的重中之重。当前，我国就业局势保持总体稳定，但经济运行稳中有变，经济下行压力有所加大，对就业的影响应高度重视。必须把稳就业放在更加突出位置，深入贯彻习近平新时代中国特色社会主义思想和党的十九大精神，全面落实党中央、国务院关于稳就业工作的决策部署，坚持实施就业优先战略和更加积极的就业政策，支持企业稳定岗位，促进就业创业，强化培训服务，确保当前和今后一个时期就业目标任务完成和就业局势持续稳定。为此，提出以下意见：

一、支持企业稳定发展

（一）加大稳岗支持力度。对不裁员或少裁员的参保企业，可返还其上年度实际缴纳失业保险费的 50%。2019 年 1 月 1 日至 12 月 31 日，对面临暂时性生产经营困难且恢复有望、坚持不裁员或少裁员的参保企业，返还标准可按 6 个月的当地月人均失业保险金和参保职工人数确定，或按 6 个月的企业及其职工应缴纳社会保险费 50%的标准确定。上述资金由失业保险基金列支。（人力资源社会保障部、财政部负责。列第一位者为牵头单位，下同）

（二）发挥政府性融资担保机构作用支持小微企业。充分发挥国家融资担保基金作用，引导更多金融资源支持创业就业。各地政府性融资担保基金应优先为符合条件的小微企业提供低费率的担保支持，提高小微企业贷款可获得性。（财政部、工业和信息化部、人民银行、银保监会负责）

二、鼓励支持就业创业

（三）加大创业担保贷款贴息及奖补政策支持力度。符合创业担保贷款申请条件的人员自主创业的，可申请最高不超过15万元的创业担保贷款。小微企业当年新招用符合创业担保贷款申请条件的人员数量达到企业现有在职职工人数25%（超过100人的企业达到15%）并与其签订1年以上劳动合同的，可申请最高不超过300万元的创业担保贷款。各地可因地制宜适当放宽创业担保贷款申请条件，由此产生的贴息资金由地方财政承担。推动奖补政策落到实处，按各地当年新发放创业担保贷款总额的一定比例，奖励创业担保贷款基金运营管理机构等单位，引导其进一步提高服务创业就业的积极性。（财政部、人力资源社会保障部、人民银行、银保监会负责）

（四）支持创业载体建设。鼓励各地加快建设重点群体创业孵化载体，为创业者提供低成本场地支持、指导服务和政策扶持，根据入驻实体数量、孵化效果和带动就业成效，对创业孵化基地给予一定奖补。支持稳定就业压力较大地区为失业人员自主创业免费提供经营场地。（人力资源社会保障部、科技部、财政部、住房城乡建设部、市场监管总局，各省级人民政府按职责分工负责）

（五）扩大就业见习补贴范围。从2019年1月1日起，实施三年百万青年见习计划；将就业见习补贴范围由离校未就业高校毕业生扩展至16-24岁失业青年；组织失业青年参加3-12个月的就业见习，按规定给予就业见习补贴，并适当提高补贴标准。（人力资源社会保障部等有关部门和单位负责）

三、积极实施培训

（六）支持困难企业开展职工在岗培训。2019年1月1日至12月31日，困难企业可组织开展职工在岗培训，所需经费按规定从企业职工教育经费中列支，不足部分经所在地人力资源社会保障部门审核评估合格后，可由就业补助资金予以适当支持。（人力资源社会保障部、财政部负责）

（七）开展失业人员培训。支持各类职业院校（含技工院校）、普通高等学校、职业培训机构和符合条件的企业承担失业人员职业技能培训或创业培训。对培训合格的失业人员给予职业培训补贴，补贴标准根据培训成本、培训时长、市场需求和取得相关证书情况等确定；2019 年 1 月 1 日至 2020 年 12 月 31 日，对其中就业困难人员和零就业家庭成员在培训期间再给予生活费补贴。生活费补贴政策每人每年只享受一次，且不可同时领取失业保险金。（人力资源社会保障部、财政部、教育部等有关部门和单位负责）

（八）放宽技术技能提升补贴申领条件。2019 年 1 月 1 日至 2020 年 12 月 31 日，将技术技能提升补贴申领条件由企业在职职工参加失业保险 3 年以上放宽至参保 1 年以上。参保职工取得职业资格证书或职业技能等级证书的，可在参保地申请技术技能提升补贴。所需资金由失业保险基金列支。（人力资源社会保障部、财政部负责）

《外国人在中国就业管理规定》（2017 年 3 月 13 日修订）

第五条 用人单位聘用外国人须为该外国人申请就业许可，经获准并取得《中华人民共和国外国人就业许可证书》（以下简称许可证书）后方可聘用。

第六条 用人单位聘用外国人从事的岗位应是有特殊需要，国内暂缺适当人选，且不违反国家有关规定的岗位。用人单位不得聘用外国人从事营业性文艺演出，但符合本规定第九条第三项规定的人员除外。

第七条 外国人在中国就业须具备下列条件：

（一）年满 18 周岁，身体健康；

（二）具有从事其工作所必需的专业技能和相应的工作经历；

（三）无犯罪记录；

（四）有确定的聘用单位；

（五）持有有效护照或能代替护照的其他国际旅行证件（以下简称代替护照的证件）。

第八条 在中国就业的外国人应持 Z 字签证入境（有互免签证协议的，按协议办理），入境后取得《外国人就业证》（以下简称就业证）和外国人居留证件，方可在中国境内就业。

未取得居留证件的外国人（即持 F、L、C、G 字签证者）、在中国留学、实习的外国人及持 Z 字签证外国人的随行家属不得在中国就业。特殊情况，应由用人单位按本规定规定的审批程序申领许可证书，被聘用的外国人凭许可证书到公安机关改变身份，办理就业证、居留证后方可就业。

外国驻中国使、领馆和联合国系统、其他国际组织驻中国代表机构人员的配偶在中国就业，应按《中华人民共和国外交部关于外国驻中国使领馆和联合国系统组织驻中国代表机构人员的配偶在中国任职的规定》执行，并按本条第二款规定的审批程序办理有关手续。

许可证书和就业证由劳动部统一制作。

【部门规章与规范性文件】

《劳动部关于〈劳动法〉若干条文的说明》（1994年9月5日公布）

本条中的“就业”是指具有劳动能力的公民在法定劳动年龄内，依法从事某种有报酬或劳动收入的社会活动。

《人力资源社会保障部、民政部、财政部、中国人民银行关于促进失业人员就业创业的通知》（2022年9月27日公布）

促进失业人员就业创业，关系民生底线，关系社会稳定。为深入贯彻落实党中央、国务院决策部署，持续做好稳就业保就业工作，进一步提升失业人员就业服务水平，努力控制失业规模、缩短失业周期、保障基本生活，确保就业大局持续稳定，现将有关事项通知如下：

一、畅通失业求助渠道。充分运用多种方式，集中推介公共就业服务机构、失业登记全国统一服务平台等线上线下求助渠道，广泛公布登记失业办理入口、凭证程序、服务清单等。及时受理登记失业申请，在规定时间内办结并以适当方式反馈结果。要确定专人主动联系，详细了解失业原因、技能水平、就业意愿，对就业困难人员、离校未就业高校毕业生、脱贫人口同步标注，建立基础台账，做到人员底数清、基本信息清、服务需求清。对不符合失业登记条件、超出失业登记年龄但有求职培训需求的，及时办理求职登记。

二、即时精准提供服务。健全分级分类服务机制，根据登记失业人员就业需求和能力素质，及时提供有针对性的公共就业服务。对有就业意愿的，开展求职技巧指导，组织参加招聘活动，精准匹配岗位信息或零工信息。对有自主经营意愿的，提供政策咨询、开业指导等创业服务。对就业意向尚不清晰的，提供职业指导、心理疏导，组织参加职业体验、就业见习等就业准备活动。完善跟踪服务机制，通过信息比对、实地走访、电话调查，每月至少进行1次跟踪回访，了解求职就业进展，更新台账信息，按需调整服务。

三、支持提升就业能力。健全培训就业联动机制，对接市场需求、产业发展和登记失业人员结构，完善与就业创业相衔接的培训课程和内容。建立职业技能培训项目清单，及时向社会公布并动态调整。动员各类培训机构、技工院校和符合条件的企业，广泛开展面向登记失业人员的订单、定向式培训，符合条件的落实职业培训补贴、生活费补贴。对纳入重点产业职业资格评价和职业技能等级认定目录的，可适当提高补贴标准。

四、支持用人单位吸纳就业。建立重点企业用工保障、重大项目用工需求与登记失业人员求职需求比对机制，优先向登记失业人员推荐，引导用人单位优先吸纳。对企业吸纳符合条件登记失业人员的，按规定落实税收减免、创业担保贷款及贴息、职业培训补贴等政策。有条件的地方可对企业吸纳登记失业半年以上人员就业且签订 1 年以上劳动合同的，给予一次性吸纳就业补贴，政策申请期限截至 2022 年 12 月 31 日。

五、支持自主创业和灵活就业。提供经营场地支持，政府投资开发的孵化基地等创业载体应安排一定比例场地，免费向登记失业人员提供。加大创业政策实施力度，按规定落实税收减免、创业担保贷款及贴息、创业补贴等政策，对 10 万元以下的创业担保贷款免除反担保要求。强化零工市场建设，组织有灵活就业意愿的登记失业人员与用人主体“点对点”对接，实施好新就业形态就业人员职业伤害保障试点。

六、强化困难人员援助兜底。合理确定并动态调整就业困难人员认定条件，及时将登记失业人员中符合条件的零就业家庭、低保家庭、脱贫人口、大龄、残疾、长期失业等人员纳入就业援助范围，开展“一对一”就业援助，制定个性化援助方案，优先提供职业指导、岗位推荐，打包兑现就业补贴政策。通过市场化渠道难以实现就业的，运用公益性岗位托底安置。及时将生活困难的登记失业人员，转介当地民政部门，符合条件的纳入临时救助或最低生活保障范围。强化生活保障与就业促进衔接，对已就业的低保对象，在核算其家庭收入时扣减必要的就业成本，并在其家庭成员人均收入超过当地低保标准后给予一定时间的渐退期。

七、强化重点地区就业帮扶。失业率攀升快、失业人员集中地区，要客观分析原因，及时掌握失业人员数量情况、问题诉求，推出必要的超常规应对举措。本地岗位不足地区，加速推动重大项目落地，加快岗位释放，视情组织跨地区劳务对接。疫情严重地区，及时切换线上线下服务模式，确保服务不断档。疫情严重地区的创业担保贷款借款人，因停工停产导致还款困难的，可申请展期还款，期限原则上不超过 1 年。严肃处理对疫情严重地区求职者和曾经新冠病毒核酸检测阳性的康复者的就业歧视现象，营造公平就业环境。

知识点

不同群体的就业政策：

1. 对于城镇新增劳动力，主要为其提供职业介绍、就业训练等项服务，引导其通过市场实现就业。

2. 对于下岗职工，主要通过建立再就业服务中心来保障其基本生活，指导和帮助他们实现再就业。

3. 对于农村剩余劳动力：

（1）在农业内部挖潜，在搞好种植业的同时，发展林业、畜牧业、水产业，向深度开发；

（2）发展乡镇企业和农村第三产业，就地就近向非农产业转移；

（3）发展小城镇，吸纳农村剩余劳动力；

（4）引导一部分农村劳动力按需有序异地就业，以满足城市经济发展的需要。

4. 对特殊就业群体，采取不同的促进就业措施：

（1）妇女就业。《宪法》《妇女权益保障法》《劳动法》《企业职工生育保险试行办法》等法律法规制定了专门条款，保障妇女劳动就业权利，促进妇女就业发展。与此同时，社会各界努力加强妇女的职业技能培训，开发和扩大适合妇女就业的领域和行业，实行更加灵活的就业形式，为不同就业需求的妇女提供就业机会。

（2）残疾人就业。实行集中与分散相结合、鼓励自谋职业的方针。①

第十一条 地方各级人民政府应当采取措施，发展多种类型的职业介绍机构，提供就业服务。

---

① 万鄂湘、张军主编：《最新劳动与社会保障法律文件解读（2006 年第 10 辑）》（总第 22 辑），人民法院出版社 2006 年版，第 140 页。

相关规定

【法律】

□《中华人民共和国就业促进法》（2015 年 4 月 24 日公布）

第三十条 用人单位招用人员，不得以是传染病病原携带者为由拒绝录用。但是，经医学鉴定传染病病原携带者在治愈前或者排除传染嫌疑前，不得从事法律、行政法规和国务院卫生行政部门规定禁止从事的易使传染病扩散的工作。

第三十一条 农村劳动者进城就业享有与城镇劳动者平等的劳动权利，不得对农村劳动者进城就业设置歧视性限制。

第三十二条 县级以上人民政府培育和完善统一开放、竞争有序的人力资源市场，为劳动者就业提供服务。

第三十三条 县级以上人民政府鼓励社会各方面依法开展就业服务活动，加强对公共就业服务和职业中介服务的指导和监督，逐步完善覆盖城乡的就业服务体系。

第三十四条 县级以上人民政府加强人力资源市场信息网络及相关设施建设，建立健全人力资源市场信息服务体系，完善市场信息发布制度。

第三十五条 县级以上人民政府建立健全公共就业服务体系，设立公共就业服务机构，为劳动者免费提供下列服务：

（一）就业政策法规咨询；

（二）职业供求信息、市场工资指导价位信息和职业培训信息发布；

（三）职业指导和职业介绍；

（四）对就业困难人员实施就业援助；

（五）办理就业登记、失业登记等事务；

（六）其他公共就业服务。

公共就业服务机构应当不断提高服务的质量和效率，不得从事经营性活动。

公共就业服务经费纳入同级财政预算。

第三十六条 县级以上地方人民政府对职业中介机构提供公益性就业服务的，按照规定给予补贴。

国家鼓励社会各界为公益性就业服务提供捐赠、资助。

第三十七条 地方各级人民政府和有关部门不得举办或者与他人联合

举办经营性的职业中介机构。

地方各级人民政府和有关部门、公共就业服务机构举办的招聘会，不得向劳动者收取费用。

第三十八条 县级以上人民政府和有关部门加强对职业中介机构的管理，鼓励其提高服务质量，发挥其在促进就业中的作用。

第三十九条 从事职业中介活动，应当遵循合法、诚实信用、公平、公开的原则。

用人单位通过职业中介机构招用人员，应当如实向职业中介机构提供岗位需求信息。

禁止任何组织或者个人利用职业中介活动侵害劳动者的合法权益。

第四十条 设立职业中介机构应当具备下列条件：

（一）有明确的章程和管理制度；

（二）有开展业务必备的固定场所、办公设施和一定数额的开办资金；

（三）有一定数量具备相应职业资格的专职工作人员；

（四）法律、法规规定的其他条件。

设立职业中介机构应当在工商行政管理部门办理登记后，向劳动行政部门申请行政许可。

未经依法许可和登记的机构，不得从事职业中介活动。

国家对外商投资职业中介机构和向劳动者提供境外就业服务的职业中介机构另有规定的，依照其规定。

第四十一条 职业中介机构不得有下列行为：

（一）提供虚假就业信息；

（二）为无合法证照的用人单位提供职业中介服务；

（三）伪造、涂改、转让职业中介许可证；

（四）扣押劳动者的居民身份证和其他证件，或者向劳动者收取押金；

（五）其他违反法律、法规规定的行为。

第四十二条 县级以上人民政府建立失业预警制度，对可能出现的较大规模的失业，实施预防、调节和控制。

第四十三条 国家建立劳动力调查统计制度和就业登记、失业登记制度，开展劳动力资源和就业、失业状况调查统计，并公布调查统计结果。

统计部门和劳动行政部门进行劳动力调查统计和就业、失业登记时，用人单位和个人应当如实提供调查统计和登记所需要的情况。

【行政法规与国务院规范性文件】

《国务院关于做好当前和今后一个时期促进就业工作的若干意见》（2018年11月16日公布）

五、落实各方责任

（十二）落实地方政府主体责任。地方各级人民政府要切实承担本地区促进就业工作的主体责任，建立由政府负责人牵头、相关部门共同参与的工作机制，因地制宜，多措并举，统筹做好本地区促进就业工作，分级预警、分层响应、分类施策。各省、自治区、直辖市人民政府要在本意见印发之日起30日内，制定出台具体实施办法，组织有关部门结合本地实际和财力水平合理确定享受政策的困难企业范围，突出重点帮扶对象，合理确定补贴等标准，确保各项政策尽快落地。（各省级人民政府负责）

【部门规章与规范性文件】

《劳动部关于〈劳动法〉若干条文的说明》（1994年9月5日公布）

本条中的"多种类型的职业介绍机构"指：劳动部门、非劳动部门和个人开办的职业介绍机构，各级劳动就业服务机构开办的职业介绍机构，非劳动部门针对不同的求职对象开办的职业介绍机构等。各种类型的职业介绍机构其业务范围不同。

本条中的"就业服务"主要包括：（1）为劳动力供求双方相互选择，实现就业而提供的各类职业介绍服务；（2）为提高劳动者职业技术和就业能力的多层次、多形式的就业训练和转业训练服务；（3）为保障失业者基本生活和帮助其再就业的失业保险服务；（4）组织劳动者开展生产自救和创业的劳动就业服务企业。就业服务的四项工作应做到有机结合，发挥整体作用，为劳动者就业提供全面、高效、便捷的服务。

《就业服务与就业管理规定》（2022年1月7日修订）

第四章　公共就业服务

第二十四条　县级以上劳动保障行政部门统筹管理本行政区域内的公共就业服务工作，根据政府制定的发展计划，建立健全覆盖城乡的公共就业服务体系。

公共就业服务机构根据政府确定的就业工作目标任务，制定就业服务计划，推动落实就业扶持政策，组织实施就业服务项目，为劳动者和用人单位提供就业服务，开展人力资源市场调查分析，并受劳动保障行政部门委托经办促进就业的相关事务。

第二十五条　公共就业服务机构应当免费为劳动者提供以下服务：

（一）就业政策法规咨询；

（二）职业供求信息、市场工资指导价位信息和职业培训信息发布；

（三）职业指导和职业介绍；

（四）对就业困难人员实施就业援助；

（五）办理就业登记、失业登记等事务；

（六）其他公共就业服务。

第二十六条　公共就业服务机构应当积极拓展服务功能，根据用人单位需求提供以下服务：

（一）招聘用人指导服务；

（二）代理招聘服务；

（三）跨地区人员招聘服务；

（四）企业人力资源管理咨询等专业性服务；

（五）劳动保障事务代理服务；

（六）为满足用人单位需求开发的其他就业服务项目。

第二十七条　公共就业服务机构应当加强职业指导工作，配备专（兼）职职业指导工作人员，向劳动者和用人单位提供职业指导服务。

公共就业服务机构应当为职业指导工作提供相应的设施和条件，推动职业指导工作的开展，加强对职业指导工作的宣传。

第二十八条　职业指导工作包括以下内容：

（一）向劳动者和用人单位提供国家有关劳动保障的法律法规和政策、人力资源市场状况咨询；

（二）帮助劳动者了解职业状况，掌握求职方法，确定择业方向，增强择业能力；

（三）向劳动者提出培训建议，为其提供职业培训相关信息；

（四）开展对劳动者个人职业素质和特点的测试，并对其职业能力进行评价；

（五）对妇女、残疾人、少数民族人员及退出现役的军人等就业群体提供专门的职业指导服务；

（六）对大中专学校、职业院校、技工学校学生的职业指导工作提供咨询和服务；

（七）对准备从事个体劳动或开办私营企业的劳动者提供创业咨询

服务；

（八）为用人单位提供选择招聘方法、确定用人条件和标准等方面的招聘用人指导；

（九）为职业培训机构确立培训方向和专业设置等提供咨询参考。

第二十九条　公共就业服务机构在劳动保障行政部门的指导下，组织实施劳动力资源调查和就业、失业状况统计工作。

第三十条　公共就业服务机构应当针对特定就业群体的不同需求，制定并组织实施专项计划。

公共就业服务机构应当根据服务对象的特点，在一定时期内为不同类型的劳动者、就业困难对象或用人单位集中组织活动，开展专项服务。

公共就业服务机构受劳动保障行政部门委托，可以组织开展促进就业的专项工作。

第三十一条　县级以上公共就业服务机构建立综合性服务场所，集中为劳动者和用人单位提供一站式就业服务，并承担劳动保障行政部门安排的其他工作。

街道、乡镇、社区公共就业服务机构建立基层服务窗口，开展以就业援助为重点的公共就业服务，实施劳动力资源调查统计，并承担上级劳动保障行政部门安排的其他就业服务工作。

公共就业服务机构使用全国统一标识。

第三十二条　公共就业服务机构应当不断提高服务的质量和效率。

公共就业服务机构应当加强内部管理，完善服务功能，统一服务流程，按照国家制定的服务规范和标准，为劳动者和用人单位提供优质高效的就业服务。

公共就业服务机构应当加强工作人员的政策、业务和服务技能培训，组织职业指导人员、职业信息分析人员、劳动保障协理员等专业人员参加相应职业资格培训。

公共就业服务机构应当公开服务制度，主动接受社会监督。

第三十三条　县级以上劳动保障行政部门和公共就业服务机构应当按照劳动保障信息化建设的统一规划、标准和规范，建立完善人力资源市场信息网络及相关设施。

公共就业服务机构应当逐步实行信息化管理与服务，在城市内实现就业服务、失业保险、就业培训信息共享和公共就业服务全程信息化管理，并逐步实现与劳动工资信息、社会保险信息的互联互通和信息共享。

第三十四条 公共就业服务机构应当建立健全人力资源市场信息服务体系，完善职业供求信息、市场工资指导价位信息、职业培训信息、人力资源市场分析信息的发布制度，为劳动者求职择业、用人单位招用人员以及培训机构开展培训提供支持。

第三十五条 县级以上劳动保障行政部门应当按照信息化建设统一要求，逐步实现全国人力资源市场信息联网。其中，城市应当按照劳动保障数据中心建设的要求，实现网络和数据资源的集中和共享；省、自治区应当建立人力资源市场信息网省级监测中心，对辖区内人力资源市场信息进行监测；劳动保障部设立人力资源市场信息网全国监测中心，对全国人力资源市场信息进行监测和分析。

第三十六条 县级以上劳动保障行政部门应当对公共就业服务机构加强管理，定期对其完成各项任务情况进行绩效考核。

第三十七条 公共就业服务经费纳入同级财政预算。各级劳动保障行政部门和公共就业服务机构应当根据财政预算编制的规定，依法编制公共就业服务年度预算，报经同级财政部门审批后执行。

公共就业服务机构可以按照就业专项资金管理相关规定，依法申请公共就业服务专项扶持经费。

公共就业服务机构接受社会各界提供的捐赠和资助，按照国家有关法律法规管理和使用。

公共就业服务机构为用人单位提供的服务，应当规范管理，严格控制服务收费。确需收费的，具体项目由省级劳动保障行政部门会同相关部门规定。

第三十八条 公共就业服务机构不得从事经营性活动。

公共就业服务机构举办的招聘会，不得向劳动者收取费用。

第三十九条 各级残疾人联合会所属的残疾人就业服务机构是公共就业服务机构的组成部分，负责为残疾劳动者提供相关就业服务，并经劳动保障行政部门委托，承担残疾劳动者的就业登记、失业登记工作。

第五章 就业援助

第四十条 公共就业服务机构应当制定专门的就业援助计划，对就业援助对象实施优先扶持和重点帮助。

本规定所称就业援助对象包括就业困难人员和零就业家庭。就业困难对象是指因身体状况、技能水平、家庭因素、失去土地等原因难以实现就业，以及连续失业一定时间仍未能实现就业的人员。零就业家庭是指法定劳动年龄内的家庭人员均处于失业状况的城市居民家庭。

对援助对象的认定办法，由省级劳动保障行政部门依据当地人民政府规定的就业援助对象范围制定。

第四十一条　就业困难人员和零就业家庭可以向所在地街道、社区公共就业服务机构申请就业援助。经街道、社区公共就业服务机构确认属实的，纳入就业援助范围。

第四十二条　公共就业服务机构应当建立就业困难人员帮扶制度，通过落实各项就业扶持政策、提供就业岗位信息、组织技能培训等有针对性的就业服务和公益性岗位援助，对就业困难人员实施优先扶持和重点帮助。

在公益性岗位上安置的就业困难人员，按照国家规定给予岗位补贴。

第四十三条　公共就业服务机构应当建立零就业家庭即时岗位援助制度，通过拓宽公益性岗位范围，开发各类就业岗位等措施，及时向零就业家庭中的失业人员提供适当的就业岗位，确保零就业家庭至少有一人实现就业。

第四十四条　街道、社区公共就业服务机构应当对辖区内就业援助对象进行登记，建立专门台账，实行就业援助对象动态管理和援助责任制度，提供及时、有效的就业援助。

第六章　职业中介服务

第四十五条　县级以上劳动保障行政部门应当加强对职业中介机构的管理，鼓励其提高服务质量，发挥其在促进就业中的作用。

本规定所称职业中介机构，是指由法人、其他组织和公民个人举办，为用人单位招用人员和劳动者求职提供中介服务以及其他相关服务的经营性组织。

政府部门不得举办或者与他人联合举办经营性的职业中介机构。

第四十六条　从事职业中介活动，应当遵循合法、诚实信用、公平、公开的原则。

禁止任何组织或者个人利用职业中介活动侵害劳动者和用人单位的合法权益。

第四十七条　职业中介实行行政许可制度。设立职业中介机构或其他机构开展职业中介活动，须经劳动保障行政部门批准，并获得职业中介许可证。

未经依法许可和登记的机构，不得从事职业中介活动。

职业中介许可证由劳动保障部统一印制并免费发放。

第四十八条 设立职业中介机构应当具备下列条件：

（一）有明确的机构章程和管理制度；

（二）有开展业务必备的固定场所、办公设施和一定数额的开办资金；

（三）有一定数量具备相应职业资格的专职工作人员；

（四）法律、法规规定的其他条件。

第四十九条 设立职业中介机构，应当向当地县级以上劳动保障行政部门提出申请，提交下列文件：

（一）设立申请书；

（二）机构章程和管理制度草案；

（三）场所使用权证明；

（四）拟任负责人的基本情况、身份证明；

（五）具备相应职业资格的专职工作人员的相关证明；

（六）工商营业执照（副本）；

（七）法律、法规规定的其他文件。

第五十条 劳动保障行政部门接到设立职业中介机构的申请后，应当自受理申请之日起20日内审理完毕。对符合条件的，应当予以批准；不予批准的，应当说明理由。

劳动保障行政部门对经批准设立的职业中介机构实行年度审验。

职业中介机构的具体设立条件、审批和年度审验程序，由省级劳动保障行政部门统一规定。

第五十一条 职业中介机构变更名称、住所、法定代表人等或者终止的，应当按照设立许可程序办理变更或者注销登记手续。

设立分支机构的，应当在征得原审批机关的书面同意后，由拟设立分支机构所在地县级以上劳动保障行政部门审批。

第五十二条 职业中介机构可以从事下列业务：

（一）为劳动者介绍用人单位；

（二）为用人单位和居民家庭推荐劳动者；

（三）开展职业指导、人力资源管理咨询服务；

（四）收集和发布职业供求信息；

（五）根据国家有关规定从事互联网职业信息服务；

（六）组织职业招聘洽谈会；

（七）经劳动保障行政部门核准的其他服务项目。

第五十三条　职业中介机构应当在服务场所明示营业执照、职业中介许可证、服务项目、收费标准、监督机关名称和监督电话等，并接受劳动保障行政部门及其他有关部门的监督检查。

第五十四条　职业中介机构应当建立服务台账，记录服务对象、服务过程、服务结果和收费情况等，并接受劳动保障行政部门的监督检查。

第五十五条　职业中介机构提供职业中介服务不成功的，应当退还向劳动者收取的中介服务费。

第五十六条　职业中介机构租用场地举办大规模职业招聘洽谈会，应当制定相应的组织实施办法和安全保卫工作方案，并向批准其设立的机关报告。

职业中介机构应当对入场招聘用人单位的主体资格真实性和招用人员简章真实性进行核实。

第五十七条　职业中介机构为特定对象提供公益性就业服务的，可以按照规定给予补贴。可以给予补贴的公益性就业服务的范围、对象、服务效果和补贴办法，由省级劳动保障行政部门会同有关部门制定。

第五十八条　禁止职业中介机构有下列行为：

（一）提供虚假就业信息；

（二）发布的就业信息中包含歧视性内容；

（三）伪造、涂改、转让职业中介许可证；

（四）为无合法证照的用人单位提供职业中介服务；

（五）介绍未满16周岁的未成年人就业；

（六）为无合法身份证件的劳动者提供职业中介服务；

（七）介绍劳动者从事法律、法规禁止从事的职业；

（八）扣押劳动者的居民身份证和其他证件，或者向劳动者收取押金；

（九）以暴力、胁迫、欺诈等方式进行职业中介活动；

（十）超出核准的业务范围经营；

（十一）其他违反法律、法规规定的行为。

第五十九条　县级以上劳动保障行政部门应当依法对经审批设立的职

业中介机构开展职业中介活动进行监督指导，定期组织对其服务信用和服务质量进行评估，并将评估结果向社会公布。

县级以上劳动保障行政部门应当指导职业中介机构开展工作人员培训，提高服务质量。

县级以上劳动保障行政部门对在诚信服务、优质服务和公益性服务等方面表现突出的职业中介机构和个人，报经同级人民政府批准后，给予表彰和奖励。

第六十条 设立外商投资职业中介机构以及职业中介机构从事境外就业中介服务的，按照有关规定执行。

《外商投资职业介绍机构设立管理暂行规定》（2019年12月31日修订）

第三条 劳动保障行政部门、外经贸行政部门和工商行政管理部门在各自职权范围内负责外商投资职业介绍机构的审批、登记、管理和监督检查工作。

设立外商投资职业介绍机构应当到企业住所地国家工商行政管理总局授权的地方工商行政管理局进行登记注册后，由县级以上人民政府劳动保障行政部门（以下简称县级以上劳动保障行政部门）批准。

外国企业常驻中国代表机构和在中国成立的外国商会不得在中国从事职业介绍服务。

第四条 外商投资职业介绍机构应当依法开展经营活动，其依法开展的经营活动受中国法律保护。

第五条 外商投资职业介绍机构可以从事下列业务：

（一）为中外求职者和用人单位、居民家庭提供职业介绍服务；

（二）提供职业指导、咨询服务；

（三）收集和发布劳动力市场信息；

（四）举办职业招聘洽谈会

（五）根据国家有关规定从事互联网职业信息服务；

（六）经县级以上劳动保障行政部门核准的其他服务项目。

外商投资职业介绍机构介绍中国公民出境就业和外国企业常驻中国代表机构聘用中方雇员按照国家有关规定执行。

第六条 拟设立的外商投资职业介绍机构应当具有一定数量具备职业介绍资格的专职工作人员，有明确的业务范围、机构章程、管理制度，有与开展业务相适应的固定场所、办公设施。

第七条　设立外商投资职业介绍机构，应当依法到拟设立企业住所所在地国家工商行政管理总局授权的地方工商行政管理局申请登记注册，领取营业执照。

第八条　外商投资职业介绍机构应当到县级以上劳动保障行政部门提出申请，并提交下列材料：

（一）设立申请书；

（二）机构章程和管理制度草案；

（三）拟任专职工作人员的简历和职业资格证明；

（四）住所使用证明；

（五）拟任负责人的基本情况、身份证明；

（六）工商营业执照（副本）；

（七）法律、法规规定的其他文件。

第九条　县级以上劳动保障行政部门应当在接到申请之日起20个工作日内审核完毕。批准同意的，发给职业介绍许可；不予批准的，应当通知申请者。

第十条　外商投资职业介绍机构设立分支机构，应当自工商登记办理完毕之日起15日内，书面报告劳动保障行政部门。

第十一条　外商投资职业介绍机构的管理适用《就业服务与就业管理规定》和外商投资企业的有关管理规定。

《境外就业中介管理规定》（2002年5月14日公布）

第二条　本规定适用于在中国境内从事境外就业中介活动的管理。

本规定所称境外就业，是指中国公民与境外雇主签订劳动合同，在境外提供劳动并获取劳动报酬的就业行为。

本规定所称境外就业中介，是指为中国公民境外就业或者为境外雇主在中国境内招聘中国公民到境外就业提供相关服务的活动。经批准，从事该项活动的机构为境外就业中介机构。

第三条　境外就业中介实行行政许可制度。未经批准及登记注册，任何单位和个人不得从事境外就业中介活动。

第九条　境外就业中介机构依法从事下列业务：

（一）为中国公民提供境外就业信息、咨询；

（二）接受境外雇主的委托，为其推荐所需招聘人员；

（三）为境外就业人员进行出境前培训，并协助其办理有关职业资格证书公证等手续；

（四）协助境外就业人员办理出境所需要护照、签证、公证材料、体检、防疫注射等手续和证件；

（五）为境外就业人员代办社会保险；

（六）协助境外就业人员通过调解、仲裁、诉讼等程序维护其合法权益。

第十条 境外就业中介机构应当依法履行下列义务：

（一）核查境外雇主的合法开业证明、资信证明、境外雇主所在国家或者地区移民部门或者其他有关政府主管部门批准的招聘外籍人员许可证明等有关资料；

（二）协助、指导境外就业人员同境外雇主签订劳动合同，并对劳动合同的内容进行确认。

劳动合同内容应当包括合同期限、工作地点、工作内容、工作时间、劳动条件、劳动报酬、社会保险、劳动保护、休息休假、食宿条件、变更或者解除合同的条件以及劳动争议处理、违约责任等条款。

第十一条 境外就业中介机构应当依法与境外就业人员签订境外就业中介服务协议书。协议书应当对双方的权利和义务、服务项目、收费标准、违约责任、赔偿条款等内容作出明确规定。

知识点

职业介绍机构分为非营利性职业介绍机构和营利性职业介绍机构。其中，非营利性职业介绍机构包括公共职业介绍机构和其他非营利性职业介绍机构。公共职业介绍机构，是指各级劳动保障行政部门举办，承担公共就业服务职能的公益性服务机构。公共职业介绍机构使用全国统一标识；其他非营利性职业介绍机构，是指由劳动保障行政部门以外的其他政府部门、企事业单位、社会团体和其他社会力量举办，从事非营利性职业介绍活动的服务机构；营利性职业介绍机构，是指由法人、其他组织和公民个人举办，从事营利性职业介绍活动的服务机构。

职业介绍机构可以从事下列业务：（1）为求职者介绍用人单位；（2）为用人单位和居民家庭推荐求职者；（3）开展职业指导、咨询服务；（4）收集和发布职业供求信息；（5）根据国家有关规定，从事互联网职业信息服务；（6）经劳动保障行政部门批准，组织职业招聘洽谈会；（7）具备相应资格的，从事劳动力跨省流动就业中介服务；（8）经劳动保障行政部门核准的其他服务项目。①

第十二条　劳动者就业，不因民族、种族、性别、宗教信仰不同而受歧视。

相关规定

【法律】

《中华人民共和国就业促进法》（2015 年 4 月 24 日公布）

第三条　劳动者依法享有平等就业和自主择业的权利。

劳动者就业，不因民族、种族、性别、宗教信仰等不同而受歧视。

第二十五条　各级人民政府创造公平就业的环境，消除就业歧视，制定政策并采取措施对就业困难人员给予扶持和援助。

第二十六条　用人单位招用人员、职业中介机构从事职业中介活动，应当向劳动者提供平等的就业机会和公平的就业条件，不得实施就业歧视。

第二十八条　各民族劳动者享有平等的劳动权利。

用人单位招用人员，应当依法对少数民族劳动者给予适当照顾。

第三十条　用人单位招用人员，不得以是传染病病原携带者为由拒绝录用。但是，经医学鉴定传染病病原携带者在治愈前或者排除传染嫌疑前，不得从事法律、行政法规和国务院卫生行政部门规定禁止从事的易使传染病扩散的工作。

第三十一条　农村劳动者进城就业享有与城镇劳动者平等的劳动权利，不得对农村劳动者进城就业设置歧视性限制。

① 回沪明、高圣平主编：《劳动法及配套规定新释新解（上）》，人民法院出版社 2004 年版。

【部门规章与规范性文件】

《就业服务与就业管理规定》（2022 年 1 月 7 日修订）

第四条 劳动者依法享有平等就业的权利。劳动者就业，不因民族、种族、性别、宗教信仰等不同而受歧视。

第五条 农村劳动者进城就业享有与城镇劳动者平等的就业权利，不得对农村劳动者进城就业设置歧视性限制。

第六条 劳动者依法享有自主择业的权利。劳动者年满 16 周岁，有劳动能力且有就业愿望的，可凭本人身份证件，通过公共就业服务机构、职业中介机构介绍或直接联系用人单位等渠道求职。

第七条 劳动者求职时，应当如实向公共就业服务机构或职业中介机构、用人单位提供个人基本情况以及与应聘岗位直接相关的知识技能、工作经历、就业现状等情况，并出示相关证明。

第八条 劳动者应当树立正确的择业观念，提高就业能力和创业能力。

国家鼓励劳动者在就业前接受必要的职业教育或职业培训，鼓励城镇初高中毕业生在就业前参加劳动预备制培训。

国家鼓励劳动者自主创业、自谋职业。各级劳动保障行政部门应当会同有关部门，简化程序，提高效率，为劳动者自主创业、自谋职业提供便利和相应服务。

典型案例要旨

闫某某诉浙江喜来登度假村有限公司平等就业权纠纷案（指导案例 185 号，最高人民法院 2022 年 7 月 4 日发布）

平等就业权是劳动者依法享有的一项基本权利，既具有社会权利的属性，亦具有民法上的私权属性，劳动者享有平等就业权是其人格独立和意志自由的表现，侵害平等就业权在民法领域侵害的是一般人格权的核心内容——人格尊严，人格尊严重要的方面就是要求平等对待，就业歧视往往会使人产生一种严重的受侮辱感，对人的精神健康甚至身体健康造成损害。据此，劳动者可以在其平等就业权受到侵害时向人民法院提起民事诉讼，寻求民事侵权救济。

用人单位在招用人员时，基于地域、性别等与“工作内在要求”无必然联系的因素，对劳动者进行无正当理由的差别对待的，构成就业歧视，劳动者以平等就业权受到侵害，请求用人单位承担相应法律责任的，人民法院应予支持。

知识点

就业平等权又称平等就业权，是指公民平等获得就业机会的权利。就业平等权是宪法上平等权在劳动就业领域的具体化，具有崇高的地位。我国《宪法》第三十三条规定："中华人民共和国公民在法律面前一律平等。"第四十二条规定："中华人民共和国公民有劳动的权利和义务。"这些宪法规范是所有反就业歧视法律规范的立法基础，其中公民的平等权内在地包括就业平等权。①

对于因就业歧视致使劳动者的平等就业权利遭受侵害而发生的争议是否应当纳入劳动争议的范围，实践中一直分歧较大。对此笔者认为，在《就业促进法》实施之前，《劳动法》规定的保护劳动者平等就业的权利，应属于倡导性和引致性的规定，因劳动就业歧视发生的争议涉及面广、政策性强，在民事诉讼理论上缺乏可诉性，况且依靠司法手段解决劳动者就业问题无助于从根本上消除劳动者就业中存在的各种矛盾，而且将此类争议纳入司法救济渠道也缺乏实体法依据。《就业促进法》第六十二条规定："违反本法规定，实施就业歧视的，劳动者可以向人民法院提起诉讼。"该规定赋予了劳动者在遭遇就业歧视时可以请求人民法院予以司法保护的权利，用以对抗用人单位违反《就业促进法》规定的就业歧视行为，这是我国第一次在立法层面为遭遇就业歧视的劳动者提供诉讼救济途径。②

---

① 林嘉主编：《劳动法和社会保障法（第四版）》，中国人民大学出版社 2016 年版。

② 王永起：《劳动争议类案裁判规则与法律适用》，人民法院出版社 2011 年版。

> **第十三条** 妇女享有与男子平等的就业权利。在录用职工时，除国家规定的不适合妇女的工种或者岗位外，不得以性别为由拒绝录用妇女或者提高对妇女的录用标准。

相关规定

【法律】

《中华人民共和国妇女权益保障法》（2022年10月30日修订）

第四十一条 国家保障妇女享有与男子平等的劳动权利和社会保障权利。

第四十二条 各级人民政府和有关部门应当完善就业保障政策措施，防止和纠正就业性别歧视，为妇女创造公平的就业创业环境，为就业困难的妇女提供必要的扶持和援助。

第四十三条 用人单位在招录（聘）过程中，除国家另有规定外，不得实施下列行为：

（一）限定为男性或者规定男性优先；

（二）除个人基本信息外，进一步询问或者调查女性求职者的婚育情况；

（三）将妊娠测试作为入职体检项目；

（四）将限制结婚、生育或者婚姻、生育状况作为录（聘）用条件；

（五）其他以性别为由拒绝录（聘）用妇女或者差别化地提高对妇女录（聘）用标准的行为。

第四十四条 用人单位在录（聘）用女职工时，应当依法与其签订劳动（聘用）合同或者服务协议，劳动（聘用）合同或者服务协议中应当具备女职工特殊保护条款，并不得规定限制女职工结婚、生育等内容。

职工一方与用人单位订立的集体合同中应当包含男女平等和女职工权益保护相关内容，也可以就相关内容制定专章、附件或者单独订立女职工权益保护专项集体合同。

第四十五条 实行男女同工同酬。妇女在享受福利待遇方面享有与男子平等的权利。

第四十六条 在晋职、晋级、评聘专业技术职称和职务、培训等方面，应当坚持男女平等的原则，不得歧视妇女。

第四十七条 用人单位应当根据妇女的特点，依法保护妇女在工作和劳动时的安全、健康以及休息的权利。

妇女在经期、孕期、产期、哺乳期受特殊保护。

第四十八条 用人单位不得因结婚、怀孕、产假、哺乳等情形，降低女职工的工资和福利待遇，限制女职工晋职、晋级、评聘专业技术职称和职务，辞退女职工，单方解除劳动（聘用）合同或者服务协议。

女职工在怀孕以及依法享受产假期间，劳动（聘用）合同或者服务协议期满的，劳动（聘用）合同或者服务协议期限自动延续至产假结束。但是，用人单位依法解除、终止劳动（聘用）合同、服务协议，或者女职工依法要求解除、终止劳动（聘用）合同、服务协议的除外。

用人单位在执行国家退休制度时，不得以性别为由歧视妇女。

第四十九条 人力资源和社会保障部门应当将招聘、录取、晋职、晋级、评聘专业技术职称和职务、培训、辞退等过程中的性别歧视行为纳入劳动保障监察范围。

第五十条 国家发展社会保障事业，保障妇女享有社会保险、社会救助和社会福利等权益。

国家提倡和鼓励为帮助妇女而开展的社会公益活动。

第五十一条 国家实行生育保险制度，建立健全婴幼儿托育服务等与生育相关的其他保障制度。

国家建立健全职工生育休假制度，保障孕产期女职工依法享有休息休假权益。

地方各级人民政府和有关部门应当按照国家有关规定，为符合条件的困难妇女提供必要的生育救助。

第五十二条 各级人民政府和有关部门应当采取必要措施，加强贫困妇女、老龄妇女、残疾妇女等困难妇女的权益保障，按照有关规定为其提供生活帮扶、就业创业支持等关爱服务。

◎《中华人民共和国就业促进法》（2015年4月24日公布）

第二十七条 国家保障妇女享有与男子平等的劳动权利。

用人单位招用人员，除国家规定的不适合妇女的工种或者岗位外，不得以性别为由拒绝录用妇女或者提高对妇女的录用标准。

用人单位录用女职工，不得在劳动合同中规定限制女职工结婚、生育的内容。

【行政法规与国务院规范性文件】

《女职工劳动保护特别规定》（2012 年 4 月 28 日公布）

第三条 用人单位应当加强女职工劳动保护，采取措施改善女职工劳动安全卫生条件，对女职工进行劳动安全卫生知识培训。

第四条 用人单位应当遵守女职工禁忌从事的劳动范围的规定。用人单位应当将本单位属于女职工禁忌从事的劳动范围的岗位书面告知女职工。

女职工禁忌从事的劳动范围由本规定附录列示。国务院安全生产监督管理部门会同国务院人力资源社会保障行政部门、国务院卫生行政部门根据经济社会发展情况，对女职工禁忌从事的劳动范围进行调整。

第五条 用人单位不得因女职工怀孕、生育、哺乳降低其工资、予以辞退、与其解除劳动或者聘用合同。

【部门规章与规范性文件】

《劳动部关于〈劳动法〉若干条文的说明》（1994 年 9 月 5 日公布）

本条中的“平等的就业权利”是指劳动者的就业地位、就业机会和就业条件平等。

本条中的“国家规定的不适合妇女的工种或者岗位”具体规定在劳动部颁布的《女职工禁忌劳动范围的规定》（劳安字〔1990〕2 号）中。

知识点

所谓**“平等的就业权利”**是指劳动者的就业地位、就业机会和就业条件平等。《妇女权益保障法》《女职工劳动保护特别规定》等法律、法规对保障妇女平等的就业权利提出了要求，其主要内容是：用人单位不得在招工时歧视妇女，凡适合妇女从事劳动的单位，不得以性别为由拒绝招收女工或提高妇女的就业标准；各单位不得以妇女已婚、怀孕、生育、哺乳等理由拒绝招用女职工；不得在女职工的孕期、产期和哺乳期降低其基本工资，或者解除劳动合同。这些规定都与《劳动法》的本条规定一脉相承。①

① 回沪明、高圣平主编：《劳动法及配套规定新释新解（上）》，人民法院出版社 2004 年版。

妇女与男子平等就业，就是妇女以与男子平等的身份，在同等录用条件下竞争就业。凡具有劳动能力的妇女，不分种族、民族、性别、年龄、家庭出身、政治面貌和宗教信仰等，都有与男子平等竞争从事一定的社会劳动的权利。各单位在录用职工时不得歧视妇女。妇女享有与男子平等就业的权利，是宪法规定的男女平等的原则在就业方面的体现，是妇女享有与男子平等的劳动权利的核心内容。①

第十四条　残疾人、少数民族人员、退出现役的军人的就业，法律、法规有特别规定的，从其规定。

相关规定

【法律】

《中华人民共和国残疾人保障法》（2018 年 10 月 26 日修正）

第二条　残疾人是指在心理、生理、人体结构上，某种组织、功能丧失或者不正常，全部或者部分丧失以正常方式从事某种活动能力的人。

残疾人包括视力残疾、听力残疾、言语残疾、肢体残疾、智力残疾、精神残疾、多重残疾和其他残疾的人。

残疾标准由国务院规定。

第二十七条　政府有关部门、残疾人所在单位和有关社会组织应当对残疾人开展扫除文盲、职业培训、创业培训和其他成人教育，鼓励残疾人自学成才。

第二十八条　国家有计划地举办各级各类特殊教育师范院校、专业，在普通师范院校附设特殊教育班，培养、培训特殊教育师资。普通师范院校开设特殊教育课程或者讲授有关内容，使普通教师掌握必要的特殊教育知识。

特殊教育教师和手语翻译，享受特殊教育津贴。

第二十九条　政府有关部门应当组织和扶持盲文、手语的研究和应用，

---

① 汪琼枝编著：《妇女权益保障法条文释义》，人民法院出版社 2006 年版，第 161 页。

特殊教育教材的编写和出版，特殊教育教学用具及其他辅助用品的研制、生产和供应。

第三十条 国家保障残疾人劳动的权利。

各级人民政府应当对残疾人劳动就业统筹规划，为残疾人创造劳动就业条件。

第三十一条 残疾人劳动就业，实行集中与分散相结合的方针，采取优惠政策和扶持保护措施，通过多渠道、多层次、多种形式，使残疾人劳动就业逐步普及、稳定、合理。

第三十二条 政府和社会举办残疾人福利企业、盲人按摩机构和其他福利性单位，集中安排残疾人就业。

第三十三条 国家实行按比例安排残疾人就业制度。

国家机关、社会团体、企业事业单位、民办非企业单位应当按照规定的比例安排残疾人就业，并为其选择适当的工种和岗位。达不到规定比例的，按照国家有关规定履行保障残疾人就业义务。国家鼓励用人单位超过规定比例安排残疾人就业。

残疾人就业的具体办法由国务院规定。

第三十四条 国家鼓励和扶持残疾人自主择业、自主创业。

第三十五条 地方各级人民政府和农村基层组织，应当组织和扶持农村残疾人从事种植业、养殖业、手工业和其他形式的生产劳动。

第三十九条 残疾职工所在单位应当对残疾职工进行岗位技术培训，提高其劳动技能和技术水平。

《中华人民共和国就业促进法》（2015 年 4 月 24 日公布）

第二十九条 国家保障残疾人的劳动权利。

各级人民政府应当对残疾人就业统筹规划，为残疾人创造就业条件。

用人单位招用人员，不得歧视残疾人。

【行政法规与国务院规范性文件】

《残疾人就业条例》（2007 年 2 月 25 日公布）

第一条 为了促进残疾人就业，保障残疾人的劳动权利，根据《中华人民共和国残疾人保障法》和其他有关法律，制定本条例。

第二条 国家对残疾人就业实行集中就业与分散就业相结合的方针，促进残疾人就业。

县级以上人民政府应当将残疾人就业纳入国民经济和社会发展规划，

并制定优惠政策和具体扶持保护措施，为残疾人就业创造条件。

第三条 机关、团体、企业、事业单位和民办非企业单位（以下统称用人单位）应当依照有关法律、本条例和其他有关行政法规的规定，履行扶持残疾人就业的责任和义务。

第四条 国家鼓励社会组织和个人通过多种渠道、多种形式，帮助、支持残疾人就业，鼓励残疾人通过应聘等多种形式就业。禁止在就业中歧视残疾人。

残疾人应当提高自身素质，增强就业能力。

第五条 各级人民政府应当加强对残疾人就业工作的统筹规划，综合协调。县级以上人民政府负责残疾人工作的机构，负责组织、协调、指导、督促有关部门做好残疾人就业工作。

县级以上人民政府劳动保障、民政等有关部门在各自的职责范围内，做好残疾人就业工作。

第八条 用人单位应当按照一定比例安排残疾人就业，并为其提供适当的工种、岗位。

用人单位安排残疾人就业的比例不得低于本单位在职职工总数的1.5%。具体比例由省、自治区、直辖市人民政府根据本地区的实际情况规定。

用人单位跨地区招用残疾人的，应当计入所安排的残疾人职工人数之内。

第九条 用人单位安排残疾人就业达不到其所在地省、自治区、直辖市人民政府规定比例的，应当缴纳残疾人就业保障金。

第十条 政府和社会依法兴办的残疾人福利企业、盲人按摩机构和其他福利性单位（以下统称集中使用残疾人的用人单位），应当集中安排残疾人就业。

集中使用残疾人的用人单位的资格认定，按照国家有关规定执行。

第十一条 集中使用残疾人的用人单位中从事全日制工作的残疾人职工，应当占本单位在职职工总数的25%以上。

第十二条 用人单位招用残疾人职工，应当依法与其签订劳动合同或者服务协议。

第十三条 用人单位应当为残疾人职工提供适合其身体状况的劳动条件和劳动保护，不得在晋职、晋级、评定职称、报酬、社会保险、生活福利等方面歧视残疾人职工。

第十四条 用人单位应当根据本单位残疾人职工的实际情况，对残疾人职工进行上岗、在岗、转岗等培训。

第十五条 县级以上人民政府应当采取措施，拓宽残疾人就业渠道，开发适合残疾人就业的公益性岗位，保障残疾人就业。

县级以上地方人民政府发展社区服务事业，应当优先考虑残疾人就业。

第十六条 依法征收的残疾人就业保障金应当纳入财政预算，专项用于残疾人职业培训以及为残疾人提供就业服务和就业援助，任何组织或者个人不得贪污、挪用、截留或者私分。残疾人就业保障金征收、使用、管理的具体办法，由国务院财政部门会同国务院有关部门规定。

财政部门和审计机关应当依法加强对残疾人就业保障金使用情况的监督检查。

第十七条 国家对集中使用残疾人的用人单位依法给予税收优惠，并在生产、经营、技术、资金、物资、场地使用等方面给予扶持。

第十八条 县级以上地方人民政府及其有关部门应当确定适合残疾人生产、经营的产品、项目，优先安排集中使用残疾人的用人单位生产或者经营，并根据集中使用残疾人的用人单位的生产特点确定某些产品由其专产。

政府采购，在同等条件下，应当优先购买集中使用残疾人的用人单位的产品或者服务。

第十九条 国家鼓励扶持残疾人自主择业、自主创业。对残疾人从事个体经营的，应当依法给予税收优惠，有关部门应当在经营场地等方面给予照顾，并按照规定免收管理类、登记类和证照类的行政事业性收费。

国家对自主择业、自主创业的残疾人在一定期限内给予小额信贷等扶持。

第二十条 地方各级人民政府应当多方面筹集资金，组织和扶持农村残疾人从事种植业、养殖业、手工业和其他形式的生产劳动。

有关部门对从事农业生产劳动的农村残疾人，应当在生产服务、技术指导、农用物资供应、农副产品收购和信贷等方面给予帮助。

《国务院、中央军委批转民政部、劳动部、总参谋部关于退伍义务兵安置工作随用工单位改革实行劳动合同制意见的通知》（1993 年 7 月 21 日公布）

二、依法保障退伍义务兵的第一次就业。符合安排工作条件的义务兵退出现役后，仍按《中华人民共和国兵役法》和《退伍义务兵安置条例》的规定，由当地政府负责安排工作，实行“按系统分配任务，包干安置”的办法，保证退伍义务兵的第一次就业。同时，对自愿到劳务市场竞争就业和自谋职业的应予支持和鼓励。各级政府的安置部门要根据企事业单位的实际情况，合理制定安置计划，各级劳动部门要积极予以协助；各部门、各企事业单位对当地政府分配的任务，要作为一项应尽的国防义务保证完成，不得拒绝。

三、在签订合同、培训等方面给予优待。分配到实行全员劳动合同制企事业单位的退伍义务兵，与用工单位签订无固定期限合同。如退伍义务兵自愿签订有期限合同，则应当允许。在合同期内，用工单位不得随意辞退。鉴于义务兵在部队服役几年，退伍后转换职业需要有一个适应过程，因此应给予一年以上熟悉业务、技术的时间。在此期间内，接收单位不得以优化劳动组合为由使其离岗，应组织他们进行技术培训，提高他们的劳动技能；退伍义务兵的工资、福利和其他待遇不得低于他们入伍时参加工作的同工龄、同工种职工的平均水平；退伍义务兵自愿终止合同或合同期满后需要再就业时，劳动部门在同等条件下，应优先介绍就业。

四、妥善安置伤病残退伍义务兵。对按国家政策规定需要安排工作的伤病残退伍义务兵，中央和地方各企事业单位要按照《退伍义务兵安置条例》《军人抚恤优待条例》和《国务院、中央军委批转民政部、总参谋部等部门关于进一步做好伤病残义务兵退伍和安置工作意见的通知》（国发〔1992〕4号文件）精神，自觉接受当地政府分配的安置任务，为伤病残退伍义务兵安排力所能及的工作，他们的工资、福利和其他待遇应视同本单位因公致残的职工，无特殊理由不得辞退。对拒不接收伤病残退伍义务兵的单位，当地政府要依法追究其领导者的责任。

五、妥善解决养老、待业保险、住房等待遇。退伍义务兵的军龄连同待分配时间应一并计算为所在单位的连续工龄和待业、养老保险投保年限，并在工资、住房和其他方面享受同工龄、同工种职工待遇。

【部门规章与规范性文件】

《劳动部关于〈劳动法〉若干条文的说明》（1994年9月5日公布）

本条中的“法律、法规”指：《中华人民共和国残疾人保障法》，《中国人民解放军志愿兵退出现役安置暂行办法》，《退伍义务兵安置条例》，以及《民族区域自治法》等。

《退役军人事务部等12部门关于引导和鼓励民营企业招用自主就业退役军人的意见》（2022年1月6日公布）

二、加大政策支持力度

（一）加大职业培训力度。鼓励符合条件、积极吸纳自主就业退役军人的民营企业与职业院校合作开展“现代学徒制”培养，引导其用好职业院校、自身培训机构（基地）和培训资源对自主就业退役军人开展订单、定岗、定向式职业技能培训。鼓励民营企业通过“企业新型学徒制”模式吸纳更多自主就业退役军人，按规定享受职业培训补贴。对符合条件的民营企业，招用自主就业退役军人达到一定比例的，在同等条件下优先入选退役军人教育培训承训机构黄页（目录），提高社会影响力。

（二）加强项目扶持。鼓励符合条件的退役军人创办中小企业和积极招用自主就业退役军人的民营中小企业参与“专精特新”中小企业培育及科技型中小企业评价等，并按规定享受相关政策。军队系统在更新完善有关供应商目录时，招用自主就业退役军人达到一定比例的企业和退役军人创办并积极招用自主就业退役军人就业的企业，可在同等条件下优先入围。

（三）优化供地保障。各地在认定民营重大产业项目时，符合条件且招用自主就业退役军人达到一定比例的民营企业，同等条件下优先考虑，并按规定享受相关政策，优先使用相关土地计划指标。鼓励各地制定细则，将农村整治用地指标，优先用于符合条件的返乡入乡退役军人和招用自主就业退役军人达到一定比例的民营企业。积极推进工业用地弹性年期出让、长期租赁、先租后让、租让结合等供地方式，优先支持退役军人创办企业和招用自主就业退役军人达一定比例的民营企业发展，到期后同等条件下优先续约。

（四）降低要素成本。充分发挥全国退役军人就业创业信息平台作用，建立健全精准供需对接机制，定期举办民营企业线上线下招聘活动，为招用自主就业退役军人的民营企业设置专区，节约企业招聘成本。对招用自主就业退役军人达到一定比例的民营企业，按规定适当降低相关水、电、租金等费用，支持符合条件的民营企业参与电力直接交易，降低企业生产成本。

（五）强化金融支持。对退役军人自主创业符合条件的，按规定落实创业担保贷款政策。鼓励各地设立退役军人就业创业发展基金，积极发挥国家和地方中小企业发展基金作用，为招用自主就业退役军人达到一定比例的民营企业提供资金支持。鼓励商业银行发行小微企业专项金融债，拓宽小微信贷资金来源渠道，积极支持符合条件的退役军人创业就业相关小微企业。鼓励有条件的地方建立地方政府融资担保和风险补偿机制，为退役军人自主创业和吸纳自主就业退役军人比例较高的小微企业提供融资配套支持。

（六）落实税收优惠。各级退役军人事务部门要广泛深入宣传现行政策，深化与相关部门的沟通协作，充分发挥各级服务中心（站）就业创业扶持作用，依据《财政部 税务总局 退役军人部关于进一步扶持自主就业退役士兵创业就业有关税收政策的通知》（财税〔2019〕21号）等政策文件，支持符合条件的自主就业退役军人创业企业和招用自主就业退役军人的民营企业按规定享受税收优惠。若相关政策调整，则按新的政策文件规定执行。

典型案例要旨

牛某某诉某物流公司劳动合同纠纷案（残疾人权益保护十大典型案例，最高人民法院、中国残疾人联合会2021年12月2日发布）

用人单位可以对劳动者进行管理，有权了解劳动者的基本情况，但该知情权应当是基于劳动合同能否履行的考量，与此无关的事项，用人单位不应享有过于宽泛的知情权。而且，劳动者身体残疾的原因不一而足，对工作的影响也不可一概而论。随着社会越来越重视对个人隐私的保护，在残疾不影响工作的情况下，劳动者可以不主动向用人单位披露其身有残疾的事实，而是作为一名普通人付出劳动，获得劳动报酬，这是现代社会应有的价值理念。用人单位本身承担着吸纳就业的社会责任，对残疾劳动者应当有必要的包容而不是歧视，更不能以此为由解除劳动合同。本案判决对维护残疾人劳动权益，保障残疾人平等参与社会生活起到了重要示范引领作用。

孔某与北京某物业管理公司劳动争议纠纷案（十起残疾人权益保障典型案例之四，最高人民法院2016年5月14日发布）

《残疾人保障法》第三十条规定，国家保障残疾人劳动的权利。第三十八条规定，在职工的招用、转正、晋级、职称评定、劳动报酬、生活福利、休息休假、社会保险等方面，不得歧视残疾人。残疾人群体自强不息、自尊自立，参加适合其自身能力的劳动，应当予以支持。一级智力残疾人的代理人对其签署离职申请的行为不予认可的，其签署离职申请的行为应属无效，劳动合同应继续履行至合同期限终止。

知识点

一、国家实行按比例安排残疾人就业制度

按比例安排残疾人就业制度是指，国家机关、社会团体、企业事业单位、民办非企业单位应当按照国家规定的比例安排残疾人就业，并为其选择适当的工种和岗位。实行按比例安排残疾人就业制度，对残疾人实施就业援助，保障残疾人的劳动就业权，是国家和社会的责任，具有重要的现实意义。残疾人由于其身体、心理、生理上的残疾引起的功能障碍，本身在学习、工作、生活上就存在很多困难，而且往往存在受教育程度较低，劳动技能较差等问题，这些使残疾人在激烈的劳动力市场竞争中普遍处于弱势地位，就业率较低。因此，国家有必要实行按比例安排残疾人就业制度，对残疾人这一特殊的就业困难群体，实行特别保护，给予就业援助，保障残疾人劳动就业权的实现，使其通过劳动，实现自强自立，实现自己的人生价值，也能让他们更好地参与到社会生活中，为社会创造财富。

二、按比例就业制度的具体内容

根据《残疾人就业条例》的规定，各用人单位安排残疾人就业的比例不得低于本单位在职职工总数的1.5%，这是结合当前社会经济发展现状，以及残疾劳动者的比例、用人单位的承受力，对安排残疾人就业最低比例的规定，各省、自治区、直辖市人民政府根据本地区的经济、社会发展的实际情况，以及当地残疾人教育、培训、就业情况，在不低于1.5%的基础上作出具体的规定。但是，政府和社会依法兴办的残疾人福利企业、盲人按摩机构和其他福利性单位，应当集中安排残疾人就业，这些单位中从事全日制工作的残疾人职工，应当占本单位在职职工总数的25%以上。

各单位安排残疾人就业达不到规定比例的，应当按照国家有关规定履行保障残疾人就业义务。同时，考虑到一些单位的特殊情况，如单位规模、工作性质、工作环境、设施设备，以及学历技能的要求，无法安排其所在地省、自治区、直辖市人民政府规定比例的残疾人在其单位就业，《残疾人

就业条例》第九条规定："用人单位安排残疾人就业达不到其所在地省、自治区、直辖市人民政府规定比例的，应当缴纳残疾人就业保障金。"一方面，这一规定保障了各单位履行法律责任的严肃性；另一方面，又考虑到现实情况，体现出各单位履行责任的灵活性。

三、关于制定残疾人就业具体办法的规定

《残疾人保障法》第三十三条第三款明确规定，残疾人就业的具体办法由国务院规定。这是一项授权性规定，国务院可以根据这一条款制定有关残疾人就业的具体办法。2007 年 2 月，国务院发布《残疾人就业条例》，对实行按比例安排残疾人就业制度作出规定。①

第十五条　禁止用人单位招用未满十六周岁的未成年人。

文艺、体育和特种工艺单位招用未满十六周岁的未成年人，必须遵守国家有关规定，并保障其接受义务教育的权利。

》相关规定

【法律】

《中华人民共和国未成年人保护法》（2020 年 10 月 17 日修订）

第二条　本法所称未成年人是指未满十八周岁的公民。

第六十一条　任何组织或者个人不得招用未满十六周岁未成年人，国家另有规定的除外。

营业性娱乐场所、酒吧、互联网上网服务营业场所等不适宜未成年人活动的场所不得招用已满十六周岁的未成年人。

招用已满十六周岁未成年人的单位和个人应当执行国家在工种、劳动时间、劳动强度和保护措施等方面的规定，不得安排其从事过重、有毒、有害等危害未成年人身心健康的劳动或者危险作业。

第六十二条　密切接触未成年人的单位招聘工作人员时，应当向公安机关、人民检察院查询应聘者是否具有性侵害、虐待、拐卖、暴力伤害等

① 全国人大常委会法制工作委员会行政法室编：《中华人民共和国残疾人保障法解读》，中国法制出版社 2008 年版，第 96~99 页。

违法犯罪记录；发现其具有前述行为记录的，不得录用。

密切接触未成年人的单位应当每年定期对工作人员是否具有上述违法犯罪记录进行查询。通过查询或者其他方式发现其工作人员具有上述行为的，应当及时解聘。

第一百二十五条 违反本法第六十一条规定的，由文化和旅游、人力资源和社会保障、市场监督管理等部门按照职责分工责令限期改正，给予警告，没收违法所得，可以并处十万元以下罚款；拒不改正或者情节严重的，责令停产停业或者吊销营业执照、吊销相关许可证，并处十万元以上一百万元以下罚款。

第一百二十六条 密切接触未成年人的单位违反本法第六十二条规定，未履行查询义务，或者招用、继续聘用具有相关违法犯罪记录人员的，由教育、人力资源和社会保障、市场监督管理等部门按照职责分工责令限期改正，给予警告，并处五万元以下罚款；拒不改正或者造成严重后果的，责令停业整顿或者吊销营业执照、吊销相关许可证，并处五万元以上五十万元以下罚款，对直接负责的主管人员和其他直接责任人员依法给予处分。

第一百三十条第一项 本法中下列用语的含义：

（一）密切接触未成年人的单位，是指学校、幼儿园等教育机构；校外培训机构；未成年人救助保护机构、儿童福利机构等未成年人安置、救助机构；婴幼儿照护服务机构、早期教育服务机构；校外托管、临时看护机构；家政服务机构；为未成年人提供医疗服务的医疗机构；其他对未成年人负有教育、培训、监护、救助、看护、医疗等职责的企业事业单位、社会组织等。

【行政法规与国务院规范性文件】

◎**《中华人民共和国乡村集体所有制企业条例》**（2011年1月8日修订）

第二十九条 企业不得招用未满16周岁的童工。

◎**《工伤保险条例》**（2010年12月20日修订）

第六十六条 无营业执照或者未经依法登记、备案的单位以及被依法吊销营业执照或者撤销登记、备案的单位的职工受到事故伤害或者患职业病的，由该单位向伤残职工或者死亡职工的近亲属给予一次性赔偿，赔偿标准不得低于本条例规定的工伤保险待遇；用人单位不得使用童工，用人单位使用童工造成童工伤残、死亡的，由该单位向童工或者童工的近亲属给予一次性赔偿，赔偿标准不得低于本条例规定的工伤保险待遇。具体办法由国务院社会保险行政部门规定。

前款规定的伤残职工或者死亡职工的近亲属就赔偿数额与单位发生争议的，以及前款规定的童工或者童工的近亲属就赔偿数额与单位发生争议的，按照处理劳动争议的有关规定处理。

▢《禁止使用童工规定》（2002 年 10 月 1 日公布）

第二条　国家机关、社会团体、企业事业单位、民办非企业单位或者个体工商户（以下统称用人单位）均不得招用不满 16 周岁的未成年人（招用不满 16 周岁的未成年人，以下统称使用童工）。

禁止任何单位或者个人为不满 16 周岁的未成年人介绍就业。

禁止不满 16 周岁的未成年人开业从事个体经营活动。

第三条　不满 16 周岁的未成年人的父母或者其他监护人应当保护其身心健康，保障其接受义务教育的权利，不得允许其被用人单位非法招用。

不满 16 周岁的未成年人的父母或者其他监护人允许其被用人单位非法招用的，所在地的乡（镇）人民政府、城市街道办事处以及村民委员会、居民委员会应当给予批评教育。

第四条　用人单位招用人员时，必须核查被招用人员的身份证；对不满 16 周岁的未成年人，一律不得录用。用人单位录用人员的录用登记、核查材料应当妥善保管。

第五条　县级以上各级人民政府劳动保障行政部门负责本规定执行情况的监督检查。

县级以上各级人民政府公安、工商行政管理、教育、卫生等行政部门在各自职责范围内对本规定的执行情况进行监督检查，并对劳动保障行政部门的监督检查给予配合。

工会、共青团、妇联等群众组织应当依法维护未成年人的合法权益。

任何单位或者个人发现使用童工的，均有权向县级以上人民政府劳动保障行政部门举报。

第六条　用人单位使用童工的，由劳动保障行政部门按照每使用一名童工每月处 5000 元罚款的标准给予处罚；在使用有毒物品的作业场所使用童工的，按照《使用有毒物品作业场所劳动保护条例》规定的罚款幅度，或者按照每使用一名童工每月处 5000 元罚款的标准，从重处罚。劳动保障行政部门并应当责令用人单位限期将童工送回原居住地交其父母或者其他监护人，所需交通和食宿费用全部由用人单位承担。

用人单位经劳动保障行政部门依照前款规定责令限期改正，逾期仍不将童工送交其父母或者其他监护人的，从责令限期改正之日起，由劳动保障行政部门按照每使用一名童工每月处 1 万元罚款的标准处罚，并由工商行政管理部门吊销其营业执照或者由民政部门撤销民办非企业单位登记；用人单位是国家机关、事业单位的，由有关单位依法对直接负责的主管人员和其他直接责任人员给予降级或者撤职的行政处分或者纪律处分。

第七条 单位或者个人为不满 16 周岁的未成年人介绍就业的，由劳动保障行政部门按照每介绍一人处 5000 元罚款的标准给予处罚；职业中介机构为不满 16 周岁的未成年人介绍就业的，并由劳动保障行政部门吊销其职业介绍许可证。

第八条 用人单位未按照本规定第四条的规定保存录用登记材料，或者伪造录用登记材料的，由劳动保障行政部门处 1 万元的罚款。

第九条 无营业执照、被依法吊销营业执照的单位以及未依法登记、备案的单位使用童工或者介绍童工就业的，依照本规定第六条、第七条、第八条规定的标准加一倍罚款，该非法单位由有关的行政主管部门予以取缔。

第十条 童工患病或者受伤的，用人单位应当负责送到医疗机构治疗，并负担治疗期间的全部医疗和生活费用。

童工伤残或者死亡的，用人单位由工商行政管理部门吊销营业执照或者由民政部门撤销民办非企业单位登记；用人单位是国家机关、事业单位的，由有关单位依法对直接负责的主管人员和其他直接责任人员给予降级或者撤职的行政处分或者纪律处分；用人单位还应当一次性地对伤残的童工、死亡童工的直系亲属给予赔偿，赔偿金额按照国家工伤保险的有关规定计算。

第十一条 拐骗童工，强迫童工劳动，使用童工从事高空、井下、放射性、高毒、易燃易爆以及国家规定的第四级体力劳动强度的劳动，使用不满 14 周岁的童工，或者造成童工死亡或者严重伤残的，依照刑法关于拐卖儿童罪、强迫劳动罪或者其他罪的规定，依法追究刑事责任。

第十二条 国家行政机关工作人员有下列行为之一的，依法给予记大过或者降级的行政处分；情节严重的，依法给予撤职或者开除的行政处分；构成犯罪的，依照刑法关于滥用职权罪、玩忽职守罪或者其他罪的规定，依法追究刑事责任：

（一）劳动保障等有关部门工作人员在禁止使用童工的监督检查工作中发现使用童工的情况，不予制止、纠正、查处的；

（二）公安机关的人民警察违反规定发放身份证或者在身份证上登录虚假出生年月的；

（三）工商行政管理部门工作人员发现申请人是不满16周岁的未成年人，仍然为其从事个体经营发放营业执照的。

第十三条　文艺、体育单位经未成年人的父母或者其他监护人同意，可以招用不满16周岁的专业文艺工作者、运动员。用人单位应当保障被招用的不满16周岁的未成年人的身心健康，保障其接受义务教育的权利。文艺、体育单位招用不满16周岁的专业文艺工作者、运动员的办法，由国务院劳动保障行政部门会同国务院文化、体育行政部门制定。

学校、其他教育机构以及职业培训机构按照国家有关规定组织不满16周岁的未成年人进行不影响其人身安全和身心健康的教育实践劳动、职业技能培训劳动，不属于使用童工。

【部门规章与规范性文件】

《使用童工罚款标准的规定》（1992年5月13日公布）

第一条　根据国务院《禁止使用童工规定》制定本规定。

第二条　有下列行为之一的适用本规定：

（一）国家机关、社会团体、企业事业单位（以下统称单位）或者个体工商户、农户、城镇居民（以下统称个人）使用童工的；

（二）父母或者其他监护人允许少年、儿童做童工，经批评教育仍不改正的；

（三）职业介绍机构以及其他单位或者个人为未满16周岁的少年、儿童介绍职业的；

（四）单位或者个人为少年、儿童做童工出具假证明的。

第五条　有下列行为之一的，在原罚款标准基础上再加重罚款三倍：

（一）数次（两次及其以上，下同）使用童工的；

（二）长期（三个月及其以上）使用或者使用多名（三名及其以上，下同）童工的；

（三）数次介绍或者一次介绍多名童工的；

（四）数次为童工出具假证明的。

第六条 罚款一律上缴国库，并使用财政部门统一制定的罚款票据。

第七条 各省、自治区、直辖市劳动部门可根据本规定商同级财政部门制定具体罚款标准。

第八条 本规定由县以上（含县）劳动行政部门负责执行。

知识点

未成年人是指没有达到18周岁的公民。未成年人还处于生长发育阶段，其生理、心理状态还未完全成熟，如果过早地进入劳动领域对其身心发育不利，而且也影响社会上未来劳动力的供给水平。未成年人从事劳动活动有两种情况，一种是未成年工，另一种是童工。

一、未成年工

未成年工是指已满16周岁不满18周岁的就业人员。企业招用的职工，必须是年满16周岁，身体健康，具有初中以上文化程度，现实表现好的劳动者。由于未成年工在身体方面尚待完全发育，还没有完全定型，而且还没有从事某些工作所需的体力和心理素质，对于职业灾害的抵御和认识能力还有待提高。所以国家对招用未成年工进行了一些限制。

二、童工

国家对于童工招用的禁止和限制性规定如下：

（一）禁止性规定

禁止国家机关、社会团体、企业事业单位、民办非企业单位和个体工商户使用童工。禁止任何单位或者个人为不满16周岁的未成年人介绍就业。禁止不满16周岁的未成年人开业从事个体经营活动。不满16周岁的未成年人的父母或者其他监护人应当保护其身心健康，保障其接受义务教育的权利，不得允许其被用人单位非法招用。不得招用童工是本法的一个一般原则，除法律、法规有明文规定的情况外，任何人不得以任何名义使用童工。

（二）限制性规定

国家同时考虑到一些特殊情况，对使用童工不能完全地加以禁止。在一些例外的情况下允许用人单位让未满16周岁的少年儿童参加劳动：

1. 文艺、体育单位经未成年人的父母或者其他监护人同意，可以招用不满16周岁的专业文艺工作者、运动员。用人单位应当保障被招用的不满

16 周岁的未成年人的身心健康，保障其接受义务教育的权利。文艺、体育单位招用不满 16 周岁的专业文艺工作者、运动员的办法，由国务院劳动保障行政部门会同国务院文化、体育行政部门制定。

2. 学校、其他教育机构以及职业培训机构按照国家有关规定组织不满 16 周岁的未成年人进行不影响其人身安全和身心健康的教育实践劳动、职业技能培训劳动，不属于使用童工。①

① 回沪明、高圣平主编：《劳动法及配套规定新释新解（上）》，人民法院出版社 2004 年版。

第三章 劳动合同和集体合同

第十六条 劳动合同是劳动者与用人单位确立劳动关系、明确双方权利和义务的协议。

建立劳动关系应当订立劳动合同。

相关规定

【法律】

《中华人民共和国劳动合同法》（2012年12月28日修正）

第二条 中华人民共和国境内的企业、个体经济组织、民办非企业单位等组织（以下称用人单位）与劳动者建立劳动关系，订立、履行、变更、解除或者终止劳动合同，适用本法。

国家机关、事业单位、社会团体和与其建立劳动关系的劳动者，订立、履行、变更、解除或者终止劳动合同，依照本法执行。

第七条 用人单位自用工之日起即与劳动者建立劳动关系。用人单位应当建立职工名册备查。

第十条 建立劳动关系，应当订立书面劳动合同。

已建立劳动关系，未同时订立书面劳动合同的，应当自用工之日起一个月内订立书面劳动合同。

用人单位与劳动者在用工前订立劳动合同的，劳动关系自用工之日起建立。

第五十七条 经营劳务派遣业务应当具备下列条件：

（一）注册资本不得少于人民币二百万元；

（二）有与开展业务相适应的固定的经营场所和设施；

（三）有符合法律、行政法规规定的劳务派遣管理制度；

（四）法律、行政法规规定的其他条件。

经营劳务派遣业务，应当向劳动行政部门依法申请行政许可；经许可的，依法办理相应的公司登记。未经许可，任何单位和个人不得经营劳务派遣业务。

第五十八条　劳务派遣单位是本法所称用人单位，应当履行用人单位对劳动者的义务。劳务派遣单位与被派遣劳动者订立的劳动合同，除应当载明本法第十七条规定的事项外，还应当载明被派遣劳动者的用工单位以及派遣期限、工作岗位等情况。

劳务派遣单位应当与被派遣劳动者订立二年以上的固定期限劳动合同，按月支付劳动报酬；被派遣劳动者在无工作期间，劳务派遣单位应当按照所在地人民政府规定的最低工资标准，向其按月支付报酬。

第五十九条　劳务派遣单位派遣劳动者应当与接受以劳务派遣形式用工的单位（以下称用工单位）订立劳务派遣协议。劳务派遣协议应当约定派遣岗位和人员数量、派遣期限、劳动报酬和社会保险费的数额与支付方式以及违反协议的责任。

用工单位应当根据工作岗位的实际需要与劳务派遣单位确定派遣期限，不得将连续用工期限分割订立数个短期劳务派遣协议。

《中华人民共和国劳动争议调解仲裁法》（2007年12月29日公布）

第二条　中华人民共和国境内的用人单位与劳动者发生的下列劳动争议，适用本法：

（一）因确认劳动关系发生的争议；

（二）因订立、履行、变更、解除和终止劳动合同发生的争议；

（三）因除名、辞退和辞职、离职发生的争议；

（四）因工作时间、休息休假、社会保险、福利、培训以及劳动保护发生的争议；

（五）因劳动报酬、工伤医疗费、经济补偿或者赔偿金等发生的争议；

（六）法律、法规规定的其他劳动争议。

【行政法规与国务院规范性文件】

《中华人民共和国劳动合同法实施条例》（2008年9月18日公布）

第三条　依法成立的会计师事务所、律师事务所等合伙组织和基金会，属于劳动合同法规定的用人单位。

第四条　劳动合同法规定的用人单位设立的分支机构，依法取得营业执照或者登记证书的，可以作为用人单位与劳动者订立劳动合同；未依法取得营业执照或者登记证书的，受用人单位委托可以与劳动者订立劳动合同。

第五条 自用工之日起一个月内，经用人单位书面通知后，劳动者不与用人单位订立书面劳动合同的，用人单位应当书面通知劳动者终止劳动关系，无需向劳动者支付经济补偿，但是应当依法向劳动者支付其实际工作时间的劳动报酬。

第六条 用人单位自用工之日起超过一个月不满一年未与劳动者订立书面劳动合同的，应当依照劳动合同法第八十二条的规定向劳动者每月支付两倍的工资，并与劳动者补订书面劳动合同；劳动者不与用人单位订立书面劳动合同的，用人单位应当书面通知劳动者终止劳动关系，并依照劳动合同法第四十七条的规定支付经济补偿。

前款规定的用人单位向劳动者每月支付两倍工资的起算时间为用工之日起满一个月的次日，截止时间为补订书面劳动合同的前一日。

第七条 用人单位自用工之日起满一年未与劳动者订立书面劳动合同的，自用工之日起满一个月的次日至满一年的前一日应当依照劳动合同法第八十二条的规定向劳动者每月支付两倍的工资，并视为自用工之日起满一年的当日已经与劳动者订立无固定期限劳动合同，应当立即与劳动者补订书面劳动合同。

第八条 劳动合同法第七条规定的职工名册，应当包括劳动者姓名、性别、公民身份号码、户籍地址及现住址、联系方式、用工形式、用工起始时间、劳动合同期限等内容。

第二十八条 用人单位或者其所属单位出资或者合伙设立的劳务派遣单位，向本单位或者所属单位派遣劳动者的，属于劳动合同法第六十七条规定的不得设立的劳务派遣单位。

第二十九条 用工单位应当履行劳动合同法第六十二条规定的义务，维护被派遣劳动者的合法权益。

第三十条 劳务派遣单位不得以非全日制用工形式招用被派遣劳动者。

第三十一条 劳务派遣单位或者被派遣劳动者依法解除、终止劳动合同的经济补偿，依照劳动合同法第四十六条、第四十七条的规定执行。

第三十二条 劳务派遣单位违法解除或者终止被派遣劳动者的劳动合同的，依照劳动合同法第四十八条的规定执行。

第三十四条 用人单位依照劳动合同法的规定应当向劳动者每月支付

两倍的工资或者应当向劳动者支付赔偿金而未支付的，劳动行政部门应当责令用人单位支付。

第三十五条　用工单位违反劳动合同法和本条例有关劳务派遣规定的，由劳动行政部门和其他有关主管部门责令改正；情节严重的，以每位被派遣劳动者1000元以上5000元以下的标准处以罚款；给被派遣劳动者造成损害的，劳务派遣单位和用工单位承担连带赔偿责任。

▢**《劳动保障监察条例》**（2004年11月1日公布）

第二十四条　用人单位与劳动者建立劳动关系不依法订立劳动合同的，由劳动保障行政部门责令改正。

【部门规章与规范性文件】

▢**《劳动部关于〈劳动法〉若干条文的说明》**（1994年9月5日公布）

此条明确：建立劳动关系的所有劳动者，不论是管理人员，技术人员还是原来所称的固定工，都必须订立劳动合同。"应当"在这里是"必须"的含义。

▢**《人力资源社会保障部关于实施〈劳动保障监察条例〉若干规定》**（2022年1月7日修订）

第十六条　下列因用人单位违反劳动保障法律行为对劳动者造成损害，劳动者与用人单位就赔偿发生争议的，依照国家有关劳动争议处理的规定处理：

（一）因用人单位制定的劳动规章制度违反法律、法规规定，对劳动者造成损害的；

（二）因用人单位违反对女职工和未成年工的保护规定，对女职工和未成年工造成损害的；

（三）因用人单位原因订立无效合同，对劳动者造成损害的；

（四）因用人单位违法解除劳动合同或者故意拖延不订立劳动合同，对劳动者造成损害的；

（五）法律、法规和规章规定的其他因用人单位违反劳动保障法律的行为，对劳动者造成损害的。

▢**《人力资源社会保障部、国家发展改革委、交通运输部、应急部、市场监管总局、国家医保局、最高人民法院、全国总工会关于维护新就业形态劳动者劳动保障权益的指导意见》**（2021年7月16日公布）

一、规范用工，明确劳动者权益保障责任

（二）符合确立劳动关系情形的，企业应当依法与劳动者订立劳动合同。不完全符合确立劳动关系情形但企业对劳动者进行劳动管理（以下简称不完全符合确立劳动关系情形）的，指导企业与劳动者订立书面协议，合理确定企业与劳动者的权利义务。个人依托平台自主开展经营活动、从事自由职业等，按照民事法律调整双方的权利义务。

《劳动和社会保障部关于确立劳动关系有关事项的通知》（2005年5月25日公布）

一、用人单位招用劳动者未订立书面劳动合同，但同时具备下列情形的，劳动关系成立。

（一）用人单位和劳动者符合法律、法规规定的主体资格；

（二）用人单位依法制定的各项劳动规章制度适用于劳动者，劳动者受用人单位的劳动管理，从事用人单位安排的有报酬的劳动；

（三）劳动者提供的劳动是用人单位业务的组成部分。

二、用人单位未与劳动者签订劳动合同，认定双方存在劳动关系时可参照下列凭证：

（一）工资支付凭证或记录（职工工资发放花名册）、缴纳各项社会保险费的记录；

（二）用人单位向劳动者发放的"工作证"、"服务证"等能够证明身份的证件；

（三）劳动者填写的用人单位招工招聘"登记表"、"报名表"等招用记录；

（四）考勤记录；

（五）其他劳动者的证言等。

其中，（一）、（三）、（四）项的有关凭证由用人单位负举证责任。

三、用人单位招用劳动者符合第一条规定的情形的，用人单位应当与劳动者补签劳动合同，劳动合同期限由双方协商确定。协商不一致的，任何一方均可提出终止劳动关系，但对符合签订无固定期限劳动合同条件的劳动者，如果劳动者提出订立无固定期限劳动合同，用人单位应当订立。

用人单位提出终止劳动关系的，应当按照劳动者在本单位工作年限每满一年支付一个月工资的经济补偿金。

《劳动部关于实行劳动合同制度若干问题的通知》（1996年10月31日公布）

5. 劳动合同可以规定合同的生效时间。没有规定劳动合同生效时间的，当事人签字之日即视为该劳动合同生效时间。

劳动合同的终止时间，应当以劳动合同期限最后一日的二十四时为准。

6. 生产经营发生严重困难的企业应当与劳动者签订劳动合同，但劳动合同中有关工作岗位、劳动报酬等内容可在协商一致的基础上通过签订专项协议来规定。专项协议作为劳动合同的附件，具有与劳动合同同等的约束力。

7. “停薪留职”的职工愿意回原单位工作的，用人单位应当与其签订劳动合同，明确权利义务关系。如果用人单位不能安排工作岗位，而职工又愿意到其他单位工作并继续与原单位保留劳动关系的，应当按照劳动部《关于贯彻实施〈中华人民共和国劳动法〉若干问题的意见》第 7 条规定办理，即职工与原单位保持劳动关系但不在岗的，可以变更劳动合同相关内容。

8. 用人单位应与本单位富余人员签订劳动合同，对待岗或放长假的应当变更劳动合同相关内容，并就有关内容协商签订专项协议。

9. 企业法定代表人的变更，不影响劳动合同的履行，用人单位和劳动者不需因此重新签订劳动合同。

10. 在固定工制度向劳动合同制度转变过程中，对已经患有精神病但病情得到控制的职工，用人单位应当安排适当工作，签订劳动合同；对病情严重不能控制的，应当送医院治疗。医疗终结后，按照国家有关规定办理退休或退职手续。

《劳动部实施〈劳动法〉中有关劳动合同问题的解答》（1995 年 4 月 27 日公布）

一、关于厂长、经理签订劳动合同的问题

按照劳动部劳部发〔1994〕360 号文的规定，厂长、经理是由其上级部门聘任（委任）的，应与聘任（委任）部门签订劳动合同。实行公司制的企业厂长、经理和有关经营管理人员，应根据《中华人民共和国公司法》中有关经理和经营管理人员的规定与董事会签订劳动合同。

二、关于党委书记、工会主席签订劳动合同的问题

按照劳动部劳办发〔1995〕19 号和 33 号文件的规定，党委书记、工会主席等党群专职人员也是职工的一员，按照《劳动法》的规定，应当与用人单位签订劳动合同。对于有特殊规定的，可以按有关规定办理。

三、关于固定工签订劳动合同的问题

按照劳动部劳部发〔1994〕360 号文件和劳动部劳办发〔1995〕19 号

文件的规定，为使固定工制度向劳动合同制度平稳过渡，应根据《劳动法》规定的不同合同期限，对工作时间较长，距退休年龄10年以内的老职工，如本人提出要求，可签订无固定期限的劳动合同。对其他固定职工，在当前新旧用人制度转换过程中，作为一次性的过渡办法，各省、自治区、直辖市可以根据当地情况，从保护工作时间较长职工的利益出发，作出一些特别规定。

四、关于长期病休、放长假和提前退养职工签订劳动合同的问题

企业中长期病休、放长假和提前退养的职工，仍是企业职工，与用人单位保持着劳动关系，按照《劳动法》关于建立劳动关系应当订立劳动合同的规定，上述职工也应与企业签订劳动合同。

典型案例要旨

宋某与某家政公司劳动争议纠纷案［劳动人事争议典型案例（第三批），人力资源社会保障部、最高人民法院2023年4月24日发布］

在传统家政企业运营模式中，家政企业主要在家政服务人员与客户之间起中介作用，通过介绍服务人员为客户提供家政服务收取中介费；家政企业与服务人员之间建立民事合作关系，企业不对服务人员进行培训和管理、不支付劳动报酬，家政服务工作内容及服务费用由服务人员与客户自行协商确定。为有效解决传统家政行业发展不规范等问题，《关于促进家政服务业提质扩容的意见》（国办发〔2019〕30号）指出，员工制家政企业应依法与招用的家政服务人员签订劳动合同，按月足额缴纳城镇职工社会保险费；家政服务人员不符合签订劳动合同情形的，员工制家政企业应与其签订服务协议，家政服务人员可作为灵活就业人员按规定自愿参加城镇职工社会保险或城乡居民社会保险。各地落实该意见要求积极支持发展员工制家政企业。在此类企业中，家政企业与客户直接订立服务合同，与家政服务人员依法签订劳动合同或服务协议，统一安排服务人员为客户提供服务，直接支付或代发服务人员不低于当地最低工资标准的劳动报酬，并对服务人员进行持续培训管理。在仲裁与司法实践中，对于家政企业与家政服务人员之间发生的确认劳动关系争议，应当充分考虑家政服务行业特殊性，明确企业运营模式，查明企业与家政服务人员是否具备建立劳动关系的法律主体资格，严格审查双方之间是否存在较强程度的劳动管理，以此对签订劳动合同和签订服务协议的情形作出区分，据实认定劳动关系。

▢ 聂某兰诉北京林氏兄弟文化有限公司确认劳动关系案（指导案例179号，最高人民法院2022年7月4日发布）

1. 劳动关系适格主体以“合作经营”等为名订立协议，但协议约定的双方权利义务内容、实际履行情况等符合劳动关系认定标准，劳动者主张与用人单位存在劳动关系的，人民法院应予支持。

2. 用人单位与劳动者签订的书面协议中包含工作内容、劳动报酬、劳动合同期限等符合《劳动合同法》第十七条规定的劳动合同条款，劳动者以用人单位未订立书面劳动合同为由要求支付二倍工资的，人民法院不予支持。

▢ 北京泛太物流有限公司诉单某晶劳动争议纠纷案（摘自《最高人民法院公报》2013年第12期）

《劳动合同法》第八十二条关于用人单位未与劳动者订立书面劳动合同的，应当向劳动者每月支付二倍工资的规定，是对用人单位违反法律规定的惩戒。如用人单位与劳动者未订立书面劳动合同，但双方之间签署的其他有效书面文件的内容已经具备了劳动合同的各项要件，明确了双方的劳动关系和权利义务，具有了书面劳动合同的性质，则该文件应视为双方的书面劳动合同，对于劳动者提出因未订立书面劳动合同而要求二倍工资的诉讼请求不应予以支持。

» 知识点

劳动合同是劳动者与用人单位确立劳动关系、明确双方权利义务的协议。因此，劳动者与用人单位一经建立劳动关系，就应该订立劳动合同。

社会主义市场经济条件下的劳动关系，在法律上必然表现为体现用人单位和劳动者之间权利与义务的劳动合同关系。劳动合同是商品经济发展的必然产物，是我国劳动关系市场化的客观要求。劳动合同行为包括劳动合同的订立、履行、变更、终止、解除等，其中劳动合同的订立是规范劳动合同行为的首要问题。规范订立劳动合同，有利于劳动合同的良好履行，维护劳动合同双方当事人的合法权益，建立良好的劳动关系，减少和防止劳动争议，促进企业的稳定和发展。

建立劳动关系就应当订立劳动合同。劳动合同是用人单位和劳动者之间确立劳动关系的法律凭证。从理论上讲，劳动关系是劳动合同的前提，只要用人单位和劳动者之间事实上存在劳动关系，就应当承认其劳动合同关系。

第十七条 订立和变更劳动合同，应当遵循平等自愿、协商一致的原则，不得违反法律、行政法规的规定。

劳动合同依法订立即具有法律约束力，当事人必须履行劳动合同规定的义务。

相关规定

【法律】

《中华人民共和国职业病防治法》（2018年12月29日修正）

第三十三条 用人单位与劳动者订立劳动合同（含聘用合同，下同）时，应当将工作过程中可能产生的职业病危害及其后果、职业病防护措施和待遇等如实告知劳动者，并在劳动合同中写明，不得隐瞒或者欺骗。

劳动者在已订立劳动合同期间因工作岗位或者工作内容变更，从事与所订立劳动合同中未告知的存在职业病危害的作业时，用人单位应当依照前款规定，向劳动者履行如实告知的义务，并协商变更原劳动合同相关条款。

用人单位违反前两款规定的，劳动者有权拒绝从事存在职业病危害的作业，用人单位不得因此解除与劳动者所订立的劳动合同。

《中华人民共和国劳动合同法》（2012年12月28日修正）

第三条 订立劳动合同，应当遵循合法、公平、平等自愿、协商一致、诚实信用的原则。

依法订立的劳动合同具有约束力，用人单位与劳动者应当履行劳动合同约定的义务。

第二十九条 用人单位与劳动者应当按照劳动合同的约定，全面履行各自的义务。

第三十三条 用人单位变更名称、法定代表人、主要负责人或者投资人等事项，不影响劳动合同的履行。

第三十四条　用人单位发生合并或者分立等情况，原劳动合同继续有效，劳动合同由承继其权利和义务的用人单位继续履行。

第三十五条　用人单位与劳动者协商一致，可以变更劳动合同约定的内容。变更劳动合同，应当采用书面形式。

变更后的劳动合同文本由用人单位和劳动者各执一份。

【部门规章与规范性文件】

◎《劳动部关于〈劳动法〉若干条文的说明》（1994年9月5日公布）

本条第一款中的“法律、行政法规”既包括现行的法律、行政法规，也包括以后颁布实行的法律、行政法规，既包括劳动法律、法规，也包括民事、经济方面的法律、法规。

本条第二款中的“依法”是指订立劳动合同时所依据的现行法律和法规。

劳动合同依法订立即具有法律约束力，任何第三方不得非法干预劳动合同的履行。

◎《劳动部关于贯彻执行〈中华人民共和国劳动法〉若干问题的意见》（1995年8月4日公布）

二、劳动合同和集体合同

（一）劳动合同的订立

6. 用人单位应与其富余人员、放长假的职工，签订劳动合同，但其劳动合同与在岗职工的劳动合同在内容上可以有所区别。用人单位与劳动者经协商一致可以在劳动合同中就不在岗期间的有关事项作出规定。

7. 用人单位应与其长期被外单位借用的人员、带薪上学人员、以及其他非在岗但仍保持劳动关系的人员签订劳动合同，但在外借和上学期间，劳动合同中的某些相关条款经双方协商可以变更。

8. 请长病假的职工，在病假期间与原单位保持着劳动关系，用人单位应与其签订劳动合同。

9. 原固定工中经批准的停薪留职人员，愿意回原单位继续工作的，原单位应与其签订劳动合同；不愿回原单位继续工作的，原单位可以与其解除劳动关系。

10. 根据劳动部《实施〈劳动法〉中有关劳动合同问题的解答》（劳部发〔1995〕202号）的规定，党委书记、工会主席等党群专职人员也是职工的一员，依照劳动法的规定，与用人单位签订劳动合同。对于有特殊规定的，可以按有关规定办理。

11. 根据劳动部《实施〈劳动法〉中有关劳动合同问题的解答》（劳部发〔1995〕202号）的规定，经理由其上级部门聘任（委任）的，应与聘任（委任）部门签订劳动合同。实行公司制的经理和有关经营管理人员，应依照《中华人民共和国公司法》的规定与董事会签订劳动合同。

12. 在校生利用业余时间勤工助学，不视为就业，未建立劳动关系，可以不签订劳动合同。

13. 用人单位发生分立或合并后，分立或合并后的用人单位可依据其实际情况与原用人单位的劳动者遵循平等自愿、协商一致的原则变更原劳动合同。①

14. 派出到合资、参股单位的职工如果与原单位仍保持着劳动关系，应当与原单位签订劳动合同，原单位可就劳动合同的有关内容在与合资、参股单位订立的劳务合同时，明确职工的工资、保险、福利、休假等有关待遇。

15. 租赁经营（生产）、承包经营（生产）的企业，所有权并没有发生改变，法人名称未变，在与职工订立劳动合同时，该企业仍为用人单位一方。依照租赁合同或承包合同，租赁人、承包人如果作为该企业的法定代表人或者该法定代表人的授权委托人时，可代表该企业（用人单位）与劳动者订立劳动合同。

16. 用人单位与劳动者签订劳动合同时，劳动合同可以由用人单位拟定，也可以由双方当事人共同拟定，但劳动合同必须经双方当事人协商一致后才能签订，职工被迫签订的劳动合同或未经协商一致签订的劳动合同为无效劳动合同。②

17. 用人单位与劳动者之间形成了事实劳动关系，而用人单位故意拖延不订立劳动合同，劳动行政部门应予以纠正。用人单位因此给劳动者造成损害的，应按劳动部《违反〈劳动法〉有关劳动合同规定的赔偿办法》（劳部发〔1995〕223号）的规定进行赔偿。③

24. 用人单位在与劳动者订立劳动合同时，不得以任何形式向劳动者

---

① 原劳动合同继续有效的，也可不变更。

② 参见《劳动合同法》第二十六条相关规定。

③ 参见《劳动合同法》第八十二条相关规定。

收取定金、保证金（物）或抵押金（物）。对违反以上规定的，应按照劳动部、公安部、全国总工会《关于加强外商投资企业和私营企业劳动管理切实保障职工合法权益的通知》（劳部发〔1994〕118号）和劳动部办公厅《对“关于国有企业和集体所有制企业能否参照执行劳部发〔1994〕118号文件中的有关规定的请示”的复函》（劳办发〔1994〕256号）的规定，由公安部门和劳动行政部门责令用人单位立即退还给劳动者本人。①

46. 关于在企业内录干、聘干问题，劳动法规定用人单位内的全体职工统称为劳动者，在同一用人单位内，各种不同的身份界限随之打破。应该按照劳动法的规定，通过签订劳动合同来明确劳动者的工作内容、岗位等。用人单位根据工作需要，调整劳动者的工作岗位时，可以与劳动者协商一致，变更劳动合同的相关内容。

《劳动部关于企业工会主席签订劳动合同问题的通知》（1996年4月12日公布）

《劳动法》规定：“劳动合同是劳动者与用人单位确立劳动关系、明确双方权利和义务的协议。建立劳动关系应当订立劳动合同。”订立劳动合同的目的是为了更好地保证劳动者的合法权益，使劳动关系纳入法制管理的轨道。企业工会主席作为劳动者，也应当与用人单位签订劳动合同。但考虑到劳动制度转轨时期的实际情况，在订立劳动合同的方式上，对尚未签订劳动合同的工会主席，可以和党委书记、厂长、经理一样，与企业的上级主管部门签订劳动合同。已经与企业签订了劳动合同的工会主席，双方应继续履行劳动合同，不经本单位工会委员会和上级工会同意，企业不得解除劳动合同。

《劳动部办公厅对〈关于劳动用工管理有关问题的请示〉的复函》（1996年1月16日公布）

三、关于学徒期与试用期。学徒期是对进入某些工作岗位的新招工人熟悉业务、提高工作技能的一种培训方式，在实行劳动合同制度后，这一培训方式仍应继续采用，并按照技术等级标准规定的期限执行。试用期是用人单位和劳动者建立劳动关系后为相互了解、选择而约定的不超过六个月的考察期。试用期和学徒期包含在劳动合同期限内，试用期和学徒期可以同时约定，但试用期不得超过半年。

---

① 参见《劳动合同法》第八十四条相关规定。

四、关于见习期与试用期。大中专、技校毕业生新分配到用人单位工作的，仍应按原规定执行为期一年的见习期制度，见习期内可以约定不超过半年的试用期。

五、关于被判监外执行的原固定工是否签订劳动合同问题。在实行劳动合同制度过程中，被判监外执行交企业负责管理的原固定工，服刑期间暂不签订劳动合同。

典型案例要旨

张某与某报刊公司劳动合同纠纷案［劳动人事争议典型案例（第二批），人力资源社会保障部、最高人民法院2021年6月30日发布］

允许用人单位与劳动者协商一致变更劳动合同，有利于保障用人单位根据生产经营需要合理调整用工安排的权利。但要注意的是，变更劳动合同要遵循合法、公平、平等自愿、协商一致、诚实信用的原则。工作量、工作时间的变更直接影响劳动者休息权的实现，用人单位对此进行大幅调整，应与劳动者充分协商，而不应采取强迫或者变相强迫的方式，更不得违反相关法律规定。

知识点

订立劳动合同应注意下列问题：签订劳动合同要遵循平等自愿、协商一致的原则；签订劳动合同要符合法律、法规的规定；合同内容要尽量全面；合同的语言表达要明确、易懂等。

平等自愿、协商一致是劳动合同订立的原则，也是其变更应遵循的原则。劳动合同关系，是通过劳动者与用人单位协商一致而形成的，其变更当然应当通过双方协商一致才能进行。

具体来说，订立劳动合同的要遵循的原则的主要内容有：

1. 合法原则

包括三个方面：一是主体合法。即劳动者是依法与《劳动合同法》第二条规定的用人单位签订劳动合同的劳动者，用人单位是符合《劳动合同法》第二条规定的主体。二是形式合法。劳动合同的形式必须符合法律规定的形式，按照《劳动合同法》的规定，劳动合同订立应当采用书面形式。三是内容合法。是指双方当事人在劳动合同中设立的权利义务必须符合国家法律、法规的规定。

2. 公平原则

就是要求劳动合同的内容要公平、合理，力求双方当事人的利益达到平衡。劳动法意义上的公平，强调的不是形式上的公平，而是实质上的公平。用人单位不得以强势地位压制劳动者而制定显失公平的合同条款。公平原则强调了劳动合同当事人在订立劳动合同时，对劳动合同内容的约定，双方承担的权利义务中不能要求一方承担不公平的义务。

3. 平等自愿原则

平等自愿原则，是指劳动者和用人单位在订立劳动合同时法律地位平等，订立劳动合同完全是出于劳动者和用人单位双方真实的意思表示，自愿签订。

4. 协商一致原则

协商一致原则，是指合同条款经用人单位和劳动者协商一致达成，任何一方不得把自己的意志强加给另一方，不得强迫订立劳动合同。

5. 诚实信用原则

诚实信用原则是一项社会基本道德原则，是道德观念的法律化。要求劳动合同双方在进行劳动合同订立等活动时，要诚实、守信、善意，行使权利不得侵害他人和社会的利益，履行义务信守承诺和法律规定。诚实信用，是合同订立和履行过程中都应遵循的原则。①

第十八条　下列劳动合同无效：

（一）违反法律、行政法规的劳动合同；

（二）采取欺诈、威胁等手段订立的劳动合同。

无效的劳动合同，从订立的时候起，就没有法律约束力。确认劳动合同部分无效的，如果不影响其余部分的效力，其余部分仍然有效。

劳动合同的无效，由劳动争议仲裁委员会或者人民法院确认。

---

①　回沪明、高圣平编：《劳动法及配套规定新释新解（上）》，人民法院出版社2004年版。

相关规定

【法律】

《中华人民共和国劳动合同法》（2012年12月28日修正）

第二十六条 下列劳动合同无效或者部分无效：

（一）以欺诈、胁迫的手段或者乘人之危，使对方在违背真实意思的情况下订立或者变更劳动合同的；

（二）用人单位免除自己的法定责任、排除劳动者权利的；

（三）违反法律、行政法规强制性规定的。

对劳动合同的无效或者部分无效有争议的，由劳动争议仲裁机构或者人民法院确认。

第二十七条 劳动合同部分无效，不影响其他部分效力的，其他部分仍然有效。

第二十八条 劳动合同被确认无效，劳动者已付出劳动的，用人单位应当向劳动者支付劳动报酬。劳动报酬的数额，参照本单位相同或者相近岗位劳动者的劳动报酬确定。

【司法解释】

《最高人民法院关于审理劳动争议案件适用法律问题的解释（一）》（2020年12月29日公布）

第四十一条 劳动合同被确认为无效，劳动者已付出劳动的，用人单位应当按照劳动合同法第二十八条、第四十六条、第四十七条的规定向劳动者支付劳动报酬和经济补偿。

由于用人单位原因订立无效劳动合同，给劳动者造成损害的，用人单位应当赔偿劳动者因合同无效所造成的经济损失。

【部门规章与规范性文件】

《劳动部关于〈劳动法〉若干条文的说明》（1994年9月5日公布）

本条第一款第（一）项中“法律、行政法规”与本法第十七条解释相同。第（二）项中，“欺诈”是指：一方当事人故意告知对方当事人虚假的情况，或者故意隐瞒真实的情况，诱使对方当事人作出错误意思表示的行为；“威胁”是指以给公民及其亲友的生命健康、荣誉、名誉、财产等造成损害为要挟、迫使对方作出违背真实的意思表示的行为。

劳动合同的无效，经仲裁未引起诉讼的，由劳动争议仲裁委员会认定；

经仲裁引起诉讼的，由人民法院认定。

◻《劳动部关于贯彻执行〈中华人民共和国劳动法〉若干问题的意见》（1995 年 8 月 4 日公布）

27. 无效劳动合同是指所订立的劳动合同不符合法定条件，不能发生当事人预期的法律后果的劳动合同。劳动合同的无效由人民法院或劳动争议仲裁委员会确认，不能由合同双方当事人决定。

典型案例要旨

◻ 上海冠龙阀门机械有限公司诉唐某林劳动合同纠纷案（摘自《最高人民法院公报》2012 年第 9 期）

用人单位在招聘时对应聘者学历有明确要求，而应聘者提供虚假学历证明并与用人单位签订劳动合同的，属于《劳动合同法》第二十六条规定的以欺诈手段订立劳动合同应属无效的情形，用人单位可以根据《劳动合同法》第三十九条的规定解除该劳动合同。

知 识 点

无效劳动合同，从订立的时候起，就没有法律约束力。确认劳动合同部分无效的，如果不影响其余部分的效力，其余部分仍然有效。根据这一规定，某一劳动合同被确认为无效以后，该劳动合同并非从确认无效之日起开始无效，而是从订立起就没有法律效力，合同双方当事人依原合同享有的权利和应履行的义务都归于消灭。因劳动合同无效造成的损失，由过错方承担，双方都有过错的，各自承担相应的责任。

劳动合同被确认为部分无效的，如果被确认的部分不影响其余部分的效力，其余的部分仍然有效，如一项劳动合同中有关保守商业秘密的条款无效，并不影响其他条款的效力，其他条款仍然有效。①

① 回沪明、高圣平主编：《劳动法及配套规定新释新解（上）》，人民法院出版社 2004 年版。

第十九条 劳动合同应当以书面形式订立，并具备以下条款：
（一）劳动合同期限；
（二）工作内容；
（三）劳动保护和劳动条件；
（四）劳动报酬；
（五）劳动纪律；
（六）劳动合同终止的条件；
（七）违反劳动合同的责任。

劳动合同除前款规定的必备条款外，当事人可以协商约定其他内容。

相关规定

【法律】

《中华人民共和国安全生产法》（2021年6月10日修正）

第五十二条 生产经营单位与从业人员订立的劳动合同，应当载明有关保障从业人员劳动安全、防止职业危害的事项，以及依法为从业人员办理工伤保险的事项。

生产经营单位不得以任何形式与从业人员订立协议，免除或者减轻其对从业人员因生产安全事故伤亡依法应承担的责任。

《中华人民共和国职业病防治法》（2018年12月29日修正）

第三十三条 用人单位与劳动者订立劳动合同（含聘用合同，下同）时，应当将工作过程中可能产生的职业病危害及其后果、职业病防护措施和待遇等如实告知劳动者，并在劳动合同中写明，不得隐瞒或者欺骗。

劳动者在已订立劳动合同期间因工作岗位或者工作内容变更，从事与所订立劳动合同中未告知的存在职业病危害的作业时，用人单位应当依照前款规定，向劳动者履行如实告知的义务，并协商变更原劳动合同相关条款。

用人单位违反前两款规定的，劳动者有权拒绝从事存在职业病危害的作业，用人单位不得因此解除与劳动者所订立的劳动合同。

《中华人民共和国劳动合同法》（2012年12月28日修正）

第十一条　用人单位未在用工的同时订立书面劳动合同，与劳动者约定的劳动报酬不明确的，新招用的劳动者的劳动报酬按照集体合同规定的标准执行；没有集体合同或者集体合同未规定的，实行同工同酬。

第十六条　劳动合同由用人单位与劳动者协商一致，并经用人单位与劳动者在劳动合同文本上签字或者盖章生效。

劳动合同文本由用人单位和劳动者各执一份。

第十七条　劳动合同应当具备以下条款：

（一）用人单位的名称、住所和法定代表人或者主要负责人；

（二）劳动者的姓名、住址和居民身份证或者其他有效身份证件号码；

（三）劳动合同期限；

（四）工作内容和工作地点；

（五）工作时间和休息休假；

（六）劳动报酬；

（七）社会保险；

（八）劳动保护、劳动条件和职业危害防护；

（九）法律、法规规定应当纳入劳动合同的其他事项。

劳动合同除前款规定的必备条款外，用人单位与劳动者可以约定试用期、培训、保守秘密、补充保险和福利待遇等其他事项。

第十八条　劳动合同对劳动报酬和劳动条件等标准约定不明确，引发争议的，用人单位与劳动者可以重新协商；协商不成的，适用集体合同规定；没有集体合同或者集体合同未规定劳动报酬的，实行同工同酬；没有集体合同或者集体合同未规定劳动条件等标准的，适用国家有关规定。

第二十二条　用人单位为劳动者提供专项培训费用，对其进行专业技术培训的，可以与该劳动者订立协议，约定服务期。

劳动者违反服务期约定的，应当按照约定向用人单位支付违约金。违约金的数额不得超过用人单位提供的培训费用。用人单位要求劳动者支付的违约金不得超过服务期尚未履行部分所应分摊的培训费用。

用人单位与劳动者约定服务期的，不影响按照正常的工资调整机制提高劳动者在服务期期间的劳动报酬。

第五十八条　劳务派遣单位是本法所称用人单位，应当履行用人单位对劳动者的义务。劳务派遣单位与被派遣劳动者订立的劳动合同，除应当载明本法第十七条规定的事项外，还应当载明被派遣劳动者的用工单位以及派遣期限、工作岗位等情况。

劳务派遣单位应当与被派遣劳动者订立二年以上的固定期限劳动合同，按月支付劳动报酬；被派遣劳动者在无工作期间，劳务派遣单位应当按照所在地人民政府规定的最低工资标准，向其按月支付报酬。

第六十九条 非全日制用工双方当事人可以订立口头协议。

从事非全日制用工的劳动者可以与一个或者一个以上用人单位订立劳动合同；但是，后订立的劳动合同不得影响先订立的劳动合同的履行。

【司法解释】

《最高人民法院关于审理劳动争议案件适用法律问题的解释（一）》（2020年12月29日公布））

第四十三条 用人单位与劳动者协商一致变更劳动合同，虽未采用书面形式，但已经实际履行了口头变更的劳动合同超过一个月，变更后的劳动合同内容不违反法律、行政法规且不违背公序良俗，当事人以未采用书面形式为由主张劳动合同变更无效的，人民法院不予支持。

【行政法规与国务院规范性文件】

《中华人民共和国劳动合同法实施条例》（2008年9月18日公布）

第十四条 劳动合同履行地与用人单位注册地不一致的，有关劳动者的最低工资标准、劳动保护、劳动条件、职业危害防护和本地区上年度职工月平均工资标准等事项，按照劳动合同履行地的有关规定执行；用人单位注册地的有关标准高于劳动合同履行地的有关标准，且用人单位与劳动者约定按照用人单位注册地的有关规定执行的，从其约定。

第十六条 劳动合同法第二十二条第二款规定的培训费用，包括用人单位为了对劳动者进行专业技术培训而支付的有凭证的培训费用、培训期间的差旅费用以及因培训产生的用于该劳动者的其他直接费用。

《使用有毒物品作业场所劳动保护条例》（2002年5月12日公布）

第十八条 用人单位应当与劳动者订立劳动合同，将工作过程中可能产生的职业中毒危害及其后果、职业中毒危害防护措施和待遇等如实告知劳动者，并在劳动合同中写明，不得隐瞒或者欺骗。

劳动者在已订立劳动合同期间因工作岗位或者工作内容变更，从事劳动合同中未告知的存在职业中毒危害的作业时，用人单位应当依照前款规定，如实告知劳动者，并协商变更原劳动合同有关条款。

用人单位违反前两款规定的，劳动者有权拒绝从事存在职业中毒危害的作业，用人单位不得因此单方面解除或者终止与劳动者所订立的劳动合同。

【部门规章与规范性文件】

《劳动部关于〈劳动法〉若干条文的说明》（1994年9月5日公布）

劳动合同的必备条款中没有规定社会保险一项，原因在于：社会保险在全社会范围内依法执行，并不是订立合同双方当事人所能协商解决的。

“协商约定其他内容”是指劳动合同中的约定条款，即劳动合同双方当事人除依据本法就劳动合同的必备条款达成一致外，如果认为某些方面与劳动合同有关的内容仍需协调，便可将协商一致的内容写进合同，这些内容是合同当事人自愿协商确定的，而不是法定的。

《劳动部关于贯彻执行〈中华人民共和国劳动法〉若干问题的意见》（1995年8月4日公布）

23. 用人单位用于劳动者职业技能培训费用的支付和劳动者违约时培训费的赔偿可以在劳动合同中约定，但约定劳动者违约时负担的培训费和赔偿金的标准不得违反劳动部《违反〈劳动法〉有关劳动合同规定的赔偿办法》（劳部发〔1995〕223号）等有关规定。

典型案例要旨

刘某萍与南京仁创物资有限公司劳动争议纠纷案（摘自《最高人民法院公报》2018年第7期）

用人单位未与人事主管订立书面劳动合同，人事主管诉请用人单位支付因未订立书面劳动合同的二倍工资赔偿，因订立书面劳动合同系人事主管的工作职责，人事主管有义务提示用人单位与其订立书面劳动合同，人事主管如不能举证证明其曾提示用人单位与其订立书面劳动合同，则不应支持其诉讼请求。

知识点

劳动合同的形式是指劳动者和用人单位达成双方权利、义务之合意的表现形式，亦即订立劳动合同的方式。劳动合同的形式有书面和口头两种。当事人以口头形式订立劳动合同，具有灵活和简便的优点，但不便于劳动行政主管部门监督和检查。同时，在争议发生后亦会发生举证困难的问题，因之，劳动合同多采用书面形式。劳动合同采用书面形式，有利于当事人正确履行义务，也便于劳动合同管理机关实施监督，发生争议后也有据可查，利于分清是非，明确责任，及时处理。

劳动合同的内容是指劳动者与用人单位之间设定劳动权利与义务的具体规定。根据条款内容是否为劳动合同所必需，可将劳动合同的内容分为法定必备条款和约定条款两部分。法定必备条款是劳动合同必须具备的内容，欠缺了必备条款，劳动合同就不能成立。我国《劳动法》第十九条和《劳动合同法》第十七条对此作了明确规定，劳动合同应具备以下条款：(1) 劳动合同期限；(2) 工作内容和工作地点；(3) 劳动报酬；(4) 劳动保护、劳动条件和职业危害防护；(5) 社会保险；(6) 工作时间和休息休假。

约定条款是指劳动者和用人单位之间在法定条款之外，根据双方的具体情况，协商约定的权利义务条款。①

第二十条 劳动合同的期限分为有固定期限、无固定期限和以完成一定的工作为期限。

劳动者在同一用人单位连续工作满十年以上，当事人双方同意续延劳动合同的，如果劳动者提出订立无固定期限的劳动合同，应当订立无固定期限的劳动合同。

---

① 回沪明、高圣平主编：《劳动法及配套规定新释新解（上）》，人民法院出版社 2004 年版。

相关规定

【法律】

《中华人民共和国劳动合同法》（2012年12月28日修正）

第十二条　劳动合同分为固定期限劳动合同、无固定期限劳动合同和以完成一定工作任务为期限的劳动合同。

第十三条　固定期限劳动合同，是指用人单位与劳动者约定合同终止时间的劳动合同。

用人单位与劳动者协商一致，可以订立固定期限劳动合同。

第十四条　无固定期限劳动合同，是指用人单位与劳动者约定无确定终止时间的劳动合同。

用人单位与劳动者协商一致，可以订立无固定期限劳动合同。有下列情形之一，劳动者提出或者同意续订、订立劳动合同的，除劳动者提出订立固定期限劳动合同外，应当订立无固定期限劳动合同：

（一）劳动者在该用人单位连续工作满十年的；

（二）用人单位初次实行劳动合同制度或者国有企业改制重新订立劳动合同时，劳动者在该用人单位连续工作满十年且距法定退休年龄不足十年的；

（三）连续订立二次固定期限劳动合同，且劳动者没有本法第三十九条和第四十条第一项、第二项规定的情形，续订劳动合同的。

用人单位自用工之日起满一年不与劳动者订立书面劳动合同的，视为用人单位与劳动者已订立无固定期限劳动合同。

第十五条　以完成一定工作任务为期限的劳动合同，是指用人单位与劳动者约定以某项工作的完成为合同期限的劳动合同。

用人单位与劳动者协商一致，可以订立以完成一定工作任务为期限的劳动合同。

第五十八条　劳务派遣单位是本法所称用人单位，应当履行用人单位对劳动者的义务。劳务派遣单位与被派遣劳动者订立的劳动合同，除应当载明本法第十七条规定的事项外，还应当载明被派遣劳动者的用工单位以及派遣期限、工作岗位等情况。

劳务派遣单位应当与被派遣劳动者订立二年以上的固定期限劳动合同，按月支付劳动报酬；被派遣劳动者在无工作期间，劳务派遣单位应当按照所在地人民政府规定的最低工资标准，向其按月支付报酬。

【行政法规与国务院规范性文件】

◎《中华人民共和国劳动合同法实施条例》（2008年9月18日公布）

第九条 劳动合同法第十四条第二款规定的连续工作满10年的起始时间，应当自用人单位用工之日起计算，包括劳动合同法施行前的工作年限。

第十条 劳动者非因本人原因从原用人单位被安排到新用人单位工作的，劳动者在原用人单位的工作年限合并计算为新用人单位的工作年限。原用人单位已经向劳动者支付经济补偿的，新用人单位在依法解除、终止劳动合同计算支付经济补偿的工作年限时，不再计算劳动者在原用人单位的工作年限。

第十一条 除劳动者与用人单位协商一致的情形外，劳动者依照劳动合同法第十四条第二款的规定，提出订立无固定期限劳动合同的，用人单位应当与其订立无固定期限劳动合同。对劳动合同的内容，双方应当按照合法、公平、平等自愿、协商一致、诚实信用的原则协商确定；对协商不一致的内容，依照劳动合同法第十八条的规定执行。

第十二条 地方各级人民政府及县级以上地方人民政府有关部门为安置就业困难人员提供的给予岗位补贴和社会保险补贴的公益性岗位，其劳动合同不适用劳动合同法有关无固定期限劳动合同的规定以及支付经济补偿的规定。

【部门规章与规范性文件】

◎《劳动部关于〈劳动法〉若干条文的说明》（1994年9月5日公布）

本条中的“当事人双方同意续延劳动合同的”，是指已有劳动合同到期，双方同意续延的。并非指原固定工同意而一律订立无固定期限的劳动合同。

◎《劳动部关于贯彻执行〈中华人民共和国劳动法〉若干问题的意见》（1995年8月4日公布）

20. 无固定期限的劳动合同是指不约定终止日期的劳动合同。按照平等自愿、协商一致的原则，用人单位和劳动者只要达成一致，无论初次就业的，还是由固定工转制的，都可以签订无固定期限的劳动合同。

无固定期限的劳动合同不得将法定解除条件约定为终止条件，以规避解除劳动合同时用人单位应承担支付劳动者经济补偿的义务。

21. 用人单位经批准招用农民工，其劳动合同期限可以由用人单位和劳动者协商确定。

从事矿山井下以及在其他有害身体健康的工种、岗位工作的农民工，实行定期轮换制度，合同期限最长不超过八年。

22. 劳动法第二十条中的“在同一用人单位连续工作满十年以上”是指劳动者与同一用人单位签订的劳动合同的期限不间断达到十年，劳动合同期满双方同意续订劳动合同时，只要劳动者提出签订无固定期限劳动合同的，用人单位应当与其签订无固定期限的劳动合同。在固定工转制中各地如有特殊规定的，从其规定。

◎《劳动部办公厅对〈关于实行劳动合同制若干问题的请示〉的复函》（1997年9月15日公布）

一、关于临时工订立无固定期限劳动合同问题。全面实行劳动合同制度以后，用人单位在临时性岗位上用工，应当与劳动者签订劳动合同并依法为其建立各种社会保险。对于在本企业连续工作已满10年的临时工，续订劳动合同时，也应当按照《劳动法》的规定，如果本人要求，应当订立无固定期限的劳动合同，并在劳动合同中明确其工资、保险福利待遇。用人单位及其本人应当按照国家规定缴纳社会保险费用，并享受有关保险福利待遇。

◎《劳动部关于实行劳动合同制度若干问题的通知》（1996年10月31日公布）

1. 在签订劳动合同时，按照《劳动法》的规定，只要当事人双方协商一致，即可签订有固定期限、无固定期限或以完成一定工作为期限的劳动合同。

2. 在固定工制度向劳动合同制度转变过程中，用人单位对符合下列条件之一的劳动者，如果其提出订立无固定期限的劳动合同，应当与其订立无固定期限的劳动合同：

（1）按照《劳动法》的规定，在同一用人单位连续工作满十年以上，当事人双方同意续延劳动合同的；

（2）工作年限较长，且距法定退休年龄十年以内的；

（3）复员、转业军人初次就业的；

（4）法律、法规规定的其他情形。

◎《劳动部办公厅对〈关于如何理解“同一用人单位连续工作时间”和“本单位工作年限”的请示〉的复函》（1996年9月16日公布）

一、“同一用人单位连续工作时间”是指劳动者与同一用人单位保持劳动关系的时间。

二、按照《劳动法》及有关配套规章的规定，劳动者患病或非因工负伤，依法享有医疗期，因此在计算“同一用人单位连续工作时间”时，不应扣除劳动者依法享有的医疗期时间。

三、在计算医疗期、经济补偿时，“本单位工作年限”与“同一用人单位连续工作时间”为同一概念，也不应扣除劳动者此前依法享有的医疗期时间。

典型案例要旨

万某与某食品公司劳动合同纠纷案［劳动人事争议典型案例（第一批），人力资源社会保障部、最高人民法院2020年7月10日发布］

无固定期限劳动合同是指用人单位与劳动者约定无确定终止时间的劳动合同。为了保障劳动关系稳定性，《劳动合同法》第十四条规定了“可以”“应当”“视为”三类订立无固定期限劳动合同的情形，其中“视为”签订无固定期限劳动合同的规定，主要目的是为解决一些用人单位不愿与劳动者签订劳动合同，造成劳动者合法权益无法得到保障的问题。未依法签订劳动合同所应承担的第二倍工资责任在法律性质上是惩罚性赔偿，该责任设定与拟制无固定期限劳动合同的签订相结合，既保障了劳动者合法权益又限制了用人单位赔偿责任的无限扩大，有效地平衡了各方利益。

李某某诉北京松下彩色显像管有限公司劳动争议案［摘自《人民法院案例选》2010年第2辑（总第72辑），人民法院出版社2010年版］

劳动者在符合《劳动合同法》第十四条第二款规定的情形时，提出或者同意续订、订立劳动合同的，除劳动者提出订立固定期限劳动合同外，应当订立无固定期限劳动合同。本案中，劳动者与用人单位终止劳动合同并办理了离职手续领取了经济补偿金后，劳动者与用人单位再次签订的《劳动合同书》与此前签订的劳动合同书之间不具有连续性，劳动者不具备在该用人单位连续工作满十年的条件，故无权依据《劳动合同法》第十四条第二款规定要求用人单位与其签订无固定期限劳动合同。

知识点

一、有固定期限劳动合同

有固定期限的劳动合同一般由当事人在合同中明确约定劳动合同有效的起止日期，合同约定的期限届至，劳动合同即告终止。

二、无固定期限劳动合同

有下列情形之一，劳动者提出或者同意续订、订立劳动合同的，除劳动者提出订立固定期限劳动合同外，应当订立无固定期限劳动合同：(1) 劳动者在该用人单位连续工作满 10 年的；(2) 用人单位初次实行劳动合同制度或者国有企业改制重新订立劳动合同时，劳动者在该用人单位连续工作满 10 年且距法定退休年龄不足 10 年的；(3) 连续订立两次固定期限劳动合同，且劳动者没有《劳动合同法》第三十九条和第四十条第一项、第二项规定的情形，续订劳动合同的。用人单位自用工之日起满 1 年不与劳动者订立书面劳动合同的，视为用人单位与劳动者已订立无固定期限劳动合同。

三、以完成一定工作任务为期限的劳动合同

是指用人单位与劳动者约定以某项工作的完成为合同期限的劳动合同。用人单位与劳动者协商一致，可以订立以完成一定工作任务为期限的劳动合同。①

第二十一条　劳动合同可以约定试用期。试用期最长不得超过六个月。

相关规定

【法律】

《中华人民共和国劳动合同法》（2012 年 12 月 28 日修正）

第十九条　劳动合同期限三个月以上不满一年的，试用期不得超过一个月；劳动合同期限一年以上不满三年的，试用期不得超过二个月；三年

---

①　最高人民法院民事案件案由规定课题小组编著：《最高人民法院民事案件案由规定理解与适用（2011 年修订版）》，人民法院出版社 2011 年版，第 293 页。

以上固定期限和无固定期限的劳动合同，试用期不得超过六个月。

同一用人单位与同一劳动者只能约定一次试用期。

以完成一定工作任务为期限的劳动合同或者劳动合同期限不满三个月的，不得约定试用期。

试用期包含在劳动合同期限内。劳动合同仅约定试用期的，试用期不成立，该期限为劳动合同期限。

第二十条 劳动者在试用期的工资不得低于本单位相同岗位最低档工资或者劳动合同约定工资的百分之八十，并不得低于用人单位所在地的最低工资标准。

第二十一条 在试用期中，除劳动者有本法第三十九条和第四十条第一项、第二项规定的情形外，用人单位不得解除劳动合同。用人单位在试用期解除劳动合同的，应当向劳动者说明理由。

第七十条 非全日制用工双方当事人不得约定试用期。

第八十三条 用人单位违反本法规定与劳动者约定试用期的，由劳动行政部门责令改正；违法约定的试用期已经履行的，由用人单位以劳动者试用期满月工资为标准，按已经履行的超过法定试用期的期间向劳动者支付赔偿金。

【行政法规与国务院规范性文件】

《中华人民共和国劳动合同法实施条例》（2008年9月18日公布）

第十五条 劳动者在试用期的工资不得低于本单位相同岗位最低档工资的80%或者不得低于劳动合同约定工资的80%，并不得低于用人单位所在地的最低工资标准。

【部门规章与规范性文件】

《劳动部关于〈劳动法〉若干条文的说明》（1994年9月5日公布）

本条中规定的“试用期”适用于初次就业或再次就业时改变劳动岗位或工种的劳动者。

《劳动部关于贯彻执行〈中华人民共和国劳动法〉若干问题的意见》（1995年8月4日公布）

18. 劳动者被用人单位录用后，双方可以在劳动合同中约定试用期，试用期应包括在劳动合同期限内。

19. 试用期是用人单位和劳动者为相互了解、选择而约定的不超过六个月的考察期。一般对初次就业或再次就业的职工可以约定。在原固定工进行劳动合同制度的转制过程中，用人单位与原固定工签订劳动合同时，可以不再约定试用期。

知识点

试用期是劳动合同当事人在合同中约定的试用工作的期限。劳动合同中规定试用期的目的，是为了维护劳资双方的利益。从用人单位来讲，用人单位可在试用期内考察职工所具备的基本素质和品行，看其是否与劳动职责相称。如发现其不称职或不符合招工条件，用人单位可随时解除劳动合同。对于劳动者来说，劳动者可利用试用期进一步了解用人单位的状况，看其工作条件和福利待遇是否如招工时所说，再检查自己是否适合目前的工作，是否对工作有兴趣并愿意长期从事此项工作。如发现自己不适合此项工作或发现用人单位的情况与自己希望的不符，劳动者也可随时提出解除合同。

《劳动法》将试用期规定在6个月以下。与以前相比，这样规定更有利于保护劳动者的权利。劳动者与用人单位双方可以约定不长于6个月的试用期限。同时，应注意，试用期应包括在劳动合同期限内。①

第二十二条 劳动合同当事人可以在劳动合同中约定保守用人单位商业秘密的有关事项。

相关规定

【法律】

《中华人民共和国反不正当竞争法》（2019年4月23日修正）

第九条 经营者不得实施下列侵犯商业秘密的行为：

（一）以盗窃、贿赂、欺诈、胁迫、电子侵入或者其他不正当手段获取

---

① 回沪明、高圣平主编：《劳动法及配套规定新释新解（上）》，人民法院出版社2004年版。

权利人的商业秘密；

（二）披露、使用或者允许他人使用以前项手段获取的权利人的商业秘密；

（三）违反保密义务或者违反权利人有关保守商业秘密的要求，披露、使用或者允许他人使用其所掌握的商业秘密；

（四）教唆、引诱、帮助他人违反保密义务或者违反权利人有关保守商业秘密的要求，获取、披露、使用或者允许他人使用权利人的商业秘密。

经营者以外的其他自然人、法人和非法人组织实施前款所列违法行为的，视为侵犯商业秘密。

第三人明知或者应知商业秘密权利人的员工、前员工或者其他单位、个人实施本条第一款所列违法行为，仍获取、披露、使用或者允许他人使用该商业秘密的，视为侵犯商业秘密。

本法所称的商业秘密，是指不为公众所知悉、具有商业价值并经权利人采取相应保密措施的技术信息、经营信息等商业信息。

《中华人民共和国劳动合同法》（2012年12月28日修正）

第二十三条 用人单位与劳动者可以在劳动合同中约定保守用人单位的商业秘密和与知识产权相关的保密事项。

对负有保密义务的劳动者，用人单位可以在劳动合同或者保密协议中与劳动者约定竞业限制条款，并约定在解除或者终止劳动合同后，在竞业限制期限内按月给予劳动者经济补偿。劳动者违反竞业限制约定的，应当按照约定向用人单位支付违约金。

第二十四条 竞业限制的人员限于用人单位的高级管理人员、高级技术人员和其他负有保密义务的人员。竞业限制的范围、地域、期限由用人单位与劳动者约定，竞业限制的约定不得违反法律、法规的规定。

在解除或者终止劳动合同后，前款规定的人员到与本单位生产或者经营同类产品、从事同类业务的有竞争关系的其他用人单位，或者自己开业生产或者经营同类产品、从事同类业务的竞业限制期限，不得超过二年。

第二十五条 除本法第二十二条和第二十三条规定的情形外，用人单位不得与劳动者约定由劳动者承担违约金。

【行政法规与国务院规范性文件】

《中华人民共和国劳动合同法实施条例》（2008年9月18日公布）

第十七条 劳动合同期满，但是用人单位与劳动者依照劳动合同法第二十二条的规定约定的服务期尚未到期的，劳动合同应当续延至服务期满；双方另有约定的，从其约定。

【部门规章与规范性文件】

《劳动部关于〈劳动法〉若干条文的说明》（1994年9月5日公布）

根据《反不正当竞争法》第十条规定，商业秘密指不为公众所知悉，能为用人单位带来经济利益，具有实用性并经用人单位采取保密措施的技术信息和经营信息。

《劳动和社会保障部办公厅关于劳动争议案中涉及商业秘密侵权问题的函》（1999年7月7日公布）

一、《中华人民共和国反不正当竞争法》第二十条第一款规定了被侵害的经营者的损失难以计算时，确定侵权人的赔偿项目；第二款规定了被侵害的经营者的合法权益受到侵害，可以向人民法院提起诉讼。原劳动部《违反〈劳动法〉有关劳动合同规定的赔偿办法》（劳部发〔1995〕223号）第五、六条关于按《反不正当竞争法》第二十条规定执行的含义，是指适用第一款的规定。

二、劳动合同中如果明确约定了有关保守商业秘密的内容，由于劳动者未履行，造成用人单位商业秘密被侵害而发生劳动争议，当事人向劳动争议仲裁委员会申请仲裁的，仲裁委员会应当受理，并依据有关规定和劳动合同的约定作出裁决。

《国家工商行政管理局关于禁止侵犯商业秘密行为的若干规定》（1998年12月3日修订）

第二条　本规定所称商业秘密，是指不为公众所知悉、能为权利人带来经济利益、具有实用性并经权利人采取保密措施的技术信息和经营信息。

本规定所称不为公众所知悉，是指该信息是不能从公开渠道直接获取的。

本规定所称能为权利人带来经济利益、具有实用性，是指该信息具有确定的可应用性，能为权利人带来现实的或者潜在的经济利益或者竞争优势。

本规定所称权利人采取保密措施，包括订立保密协议，建立保密制度及采取其他合理的保密措施。

本规定所称技术信息和经营信息，包括设计、程序、产品配方、制作工艺、制作方法、管理诀窍、客户名单、货源情报、产销策略、招投标中的标底及标书内容等信息。

本规定所称权利人，是指依法对商业秘密享有所有权或者使用权的公民、法人或者其他组织。

第三条 禁止下列侵犯商业秘密的行为：

（一）以盗窃、利诱、胁迫或者其他不正当手段获取的权利人的商业秘密；

（二）披露、使用或者允许他人使用以前项手段获取的权利人的商业秘密；

（三）与权利人有业务关系的单位和个人违反合同约定或者违反权利人保守商业秘密的要求，披露、使用或者允许他人使用其所掌握的权利人的商业秘密；

（四）权利人的职工违反合同约定或者违反权利人保守商业秘密的要求，披露、使用或者允许他人使用其所掌握的权利人的商业秘密。

第三人明知或者应知前款所列违法行为，获取、使用或者披露他人的商业秘密，视为侵犯商业秘密。

第四条 侵犯商业秘密行为由县级以上工商行政管理机关认定处理。

第五条 权利人（申请人）认为其商业秘密受到侵害，向工商行政管理机关申请查处侵权行为时，应当提供商业秘密及侵权行为存在的有关证据。

被检查的单位和个人（被申请人）及利害关系人、证明人，应当如实向工商行政管理机关提供有关证据。

权利人能证明被申请人所使用的信息与自己的商业秘密具有一致性或者相同性，同时能证明被申请人有获取其商业秘密的条件，而被申请人不能提供或者拒不提供其所使用的信息是合法获得或者使用的证据的，工商行政管理机关可以根据有关证据，认定被申请人有侵权行为。

《国家工商行政管理局关于商业秘密构成要件问题的答复》（1998年6月12日公布）

商业秘密的构成要件有三：一是该信息不为公众所知悉，即该信息是不能从公开渠道直接获取的；二是该信息能为权利人带来经济利益，具有实用性；三是权利人对该信息采取了保密措施。概括地说，不能从公开渠道直接获取的，能为权利人带来经济利益，具有实用性，并经权利人采取保密措施的信息，即为《反不正当竞争法》所保护的商业秘密。

权利人采取保密措施，包括口头或书面的保密协议、对商业秘密权利人的职工或与商业秘密权利人有业务关系的他人提出保密要求等合理措施。只要权利人提出了保密要求，商业秘密权利人的职工或与商业秘密权利人有业务关系的他人知道或应该知道存在商业秘密，即为权利人采取了合理的保密措施，职工或他人就对权利人承担保密义务。

知识点

商业秘密，是指不为公众所知悉，能为权利人带来经济利益，具有实用性并经权利人采取保密措施予以限制使用范围的技术信息和经济信息，包括专利技术、非专利技术秘密、生产技巧、工艺流程、材料配方、客户名单等。

商业秘密必须具备以下几个特征：

1. 秘密性，即不为公众所知悉。已为社会公知公用的通用技术和普通的经营方法不属于商业秘密的范畴。商业秘密的这种秘密性是商业秘密持有人有意采取保密措施而达到的。

2. 财产性，即具有价值和使用价值。商业秘密能为持有人带来经济利益，商业秘密一旦泄露，就会给持有人造成经济损失。

3. 可分享性，即商业秘密可能为多人所同时掌握。可能存在同时有两个以上的持有人分别地、独立地掌握同一商业秘密，但他们之间并未（或尚未）发生横向关系，因此，自己都以为自己是该商业秘密的唯一所有人。①

第二十三条 劳动合同期满或者当事人约定的劳动合同终止条件出现，劳动合同即行终止。

① 李国光、高圣平主编：《金融法及配套规定新释新解（下）》，人民法院出版社2006年版，第1706~1712页。

相关规定

【法律】

《中华人民共和国劳动合同法》（2012 年 12 月 28 日修正）

第四十四条 有下列情形之一的，劳动合同终止：

（一）劳动合同期满的；

（二）劳动者开始依法享受基本养老保险待遇的；

（三）劳动者死亡，或者被人民法院宣告死亡或者宣告失踪的；

（四）用人单位被依法宣告破产的；

（五）用人单位被吊销营业执照、责令关闭、撤销或者用人单位决定提前解散的；

（六）法律、行政法规规定的其他情形。

第四十五条 劳动合同期满，有本法第四十二条规定情形之一的，劳动合同应当续延至相应的情形消失时终止。但是，本法第四十二条第二项规定丧失或者部分丧失劳动能力劳动者的劳动合同的终止，按照国家有关工伤保险的规定执行。

第七十一条 非全日制用工双方当事人任何一方都可以随时通知对方终止用工。终止用工，用人单位不向劳动者支付经济补偿。

【司法解释】

《最高人民法院关于审理劳动争议案件适用法律问题的解释（一）》（2020 年 12 月 29 日公布）

第三十四条 劳动合同期满后，劳动者仍在原用人单位工作，原用人单位未表示异议的，视为双方同意以原条件继续履行劳动合同。一方提出终止劳动关系的，人民法院应予支持。

根据劳动合同法第十四条规定，用人单位应当与劳动者签订无固定期限劳动合同而未签订的，人民法院可以视为双方之间存在无固定期限劳动合同关系，并以原劳动合同确定双方的权利义务关系。

【行政法规与国务院规范性文件】

《中华人民共和国劳动合同法实施条例》（2008 年 9 月 18 日公布）

第十三条 用人单位与劳动者不得在劳动合同法第四十四条规定的劳动合同终止情形之外约定其他的劳动合同终止条件。

第二十一条　劳动者达到法定退休年龄的，劳动合同终止。

第二十二条　以完成一定工作任务为期限的劳动合同因任务完成而终止的，用人单位应当依照劳动合同法第四十七条的规定向劳动者支付经济补偿。

第二十三条　用人单位依法终止工伤职工的劳动合同的，除依照劳动合同法第四十七条的规定支付经济补偿外，还应当依照国家有关工伤保险的规定支付一次性工伤医疗补助金和伤残就业补助金。

【部门规章与规范性文件】

▢《劳动和社会保障部办公厅关于对事实劳动关系解除是否应该支付经济补偿金问题的复函》（2001年11月26日公布）

最高人民法院《关于审理劳动争议案件适用法律若干问题的解释》（法释〔2001〕14号）第十六条规定："劳动合同期满后，劳动者仍在原用人单位工作，原用人单位未表示异议的，视为双方同意以原条件继续履行劳动合同。一方提出终止劳动关系的，人民法院应当支持"。该规定中的"终止"，是指劳动合同期满后，劳动者仍在原用人单位工作，用人单位未表示异议的，劳动者和原用人单位之间存在的是一种事实上的劳动关系，而不等于双方按照原劳动合同约定的期限续签了一个新的劳动合同。一方提出终止劳动关系的，应认定为终止事实上的劳动关系。

▢《劳动部关于实行劳动合同制度若干问题的通知》（1996年10月31日公布）

5. 劳动合同可以规定合同的生效时间。没有规定劳动合同生效时间的，当事人签字之日即视为该劳动合同生效时间。

劳动合同的终止时间，应当以劳动合同期限最后一日的二十四时为准。

典型案例要旨

▢ 包某英诉上海申美饮料食品有限公司劳动合同纠纷案（摘自《最高人民法院公报》2016年第12期）

劳动者仍在原工作场所、工作岗位工作，劳动合同主体由原用人单位变更为新用人单位的，应当认定属于"劳动者非因本人原因从原用人单位被安排到新用人单位工作"，工作年限应当连续计算。劳动者用人单位发生

变动，对于如何界定是否因劳动者本人原因，不应将举证责任简单地归于新用人单位，而应从该变动的原因着手，查清是哪一方主动引起了此次变动。劳务派遣公司亦不应成为工作年限连续计算的阻却因素。

知识点

劳动合同的终止是劳动合同因一定法律事实的出现而终结。其后果表现为劳动者与用人单位之间的权利义务归于消灭。劳动合同终止的情形有：

1. 劳动合同期满

此项一般用于固定期限的劳动合同，即当事人双方明确约定劳动合同关系存续时间的劳动合同。当劳动合同期满时，劳动关系因双方的约定而自动消失。

2. 劳动者开始依法享受基本养老保险待遇

享受养老保险待遇应符合以下条件：劳动者达到法定退休年龄；劳动者达到规定的工龄年限。通过上述条件可以看出，开始依法享受基本养老保险待遇的劳动者，已达到法定退休年龄，因而劳动合同终止。

3. 劳动者死亡，或者被人民法院宣告死亡或者宣告失踪

无论劳动者是自然死亡还是被人民法院宣告死亡或是宣告失踪，其后果是作为自然人的主体在法律上不复存在或者下落不明，致使劳动者一方不可能完成劳动合同所约定的内容，因而劳动关系终止。

4. 用人单位被依法宣告破产

用人单位作为劳动合同的一方当事人由于不能清偿到期债务，并且资产不足以清偿全部债务或者明显缺乏清偿能力，被依法宣告破产的，应当依法注销登记，所以劳动合同终止。

5. 用人单位依法被吊销营业执照、责令关闭、撤销或者用人单位决定提前解散

无论是被法定撤销、关闭，还是约定解散，其结果都是用人单位不能作为劳动关系的主体继续存在，所以劳动合同终止。

6. 法律、行政法规规定的其他情形

这项规定是指除本法规定的情形外，其他法律、法规对劳动合同终止

的情形作出规定的，劳动合同可以依照其规定终止。① 其他情形目前主要指《劳动合同法实施条例》第二十一条。

第二十四条　经劳动合同当事人协商一致，劳动合同可以解除。

相关规定

【法律】

《中华人民共和国劳动合同法》（2012 年 12 月 28 日修正）

第三十六条　用人单位与劳动者协商一致，可以解除劳动合同。

【部门规章与规范性文件】

《劳动部关于贯彻执行〈中华人民共和国劳动法〉若干问题的意见》（1995 年 8 月 4 日公布）

26. 劳动合同的解除是指劳动合同订立后，尚未全部履行以前，由于某种原因导致劳动合同一方或双方当事人提前消灭劳动关系的法律行为。劳动合同的解除分为法定解除和约定解除两种。根据劳动法的规定，劳动合同既可以由单方依法解除，也可以双方协商解除。劳动合同的解除，只对未履行的部分发生效力，不涉及已履行的部分。

《劳动部办公厅对〈关于实行劳动合同制若干问题的请示〉的复函》（1997 年 9 月 15 日公布）

二、关于离退休人员的再次聘用问题……对被再次聘用的已享受养老保险待遇的离退休人员，根据劳动部《关于实行劳动合同制度若干问题的通知》（劳部发〔1996〕354 号）第 13 条的规定，其聘用协议可以明确工作内容、报酬、医疗、劳动保护待遇等权利、义务。离退休人员与用人单位应当按照聘用协议的约定履行义务，聘用协议约定提前解除书面协议的，应当按照双方约定办理，未约定的，应当协商解决。离退休人员聘用协议的解除不能依据《劳动法》第 28 条执行。离退休人员与用人单位发生争

---

①　吴高盛主编：《〈中华人民共和国劳动合同法〉条文释义与适用》，人民法院出版社 2007 年版，第 94~96 页。

议，如果属于劳动争议仲裁委员会受案范围的，劳动争议仲裁委员会应予受理。

知识点

劳动合同依法签订并生效后，用人单位和劳动者都必须履行劳动合同约定的义务，任何一方不得擅自解除劳动合同。但在劳动合同约定的期限届满前，由于主客观情况的变化，法律允许用人单位与劳动者在不损害国家利益和社会公共利益的前提下可以协商解除劳动合同，对此，《劳动法》第二十四条和《劳动合同法》第三十六条作出了明确规定。

审判实践中适用该规则应当注意以下问题：

1. 合意解除劳动合同无需任何法定要件，且不受解除劳动合同禁止性条件的影响。**协商解除劳动合同**，亦即约定解除，是指用人单位和劳动者在平等协商的基础上提前终止劳动关系的行为。劳动合同基于当事人之间的合意成立，基于合同自由的原则，无论固定期限劳动合同，还是无固定期限劳动合同，只要当事人双方彼此协商一致即可以解除劳动合同。

2. 解除劳动合同的合意本质上属于一种新的合同。用人单位与劳动者在协商一致的基础上达成的解除劳动合同的协议，不论采取何种形式要件，该协议从性质上属于一种新的合同，既非原劳动合同的组成部分，亦非劳动合同的变更，其主要内容就是消灭原有的劳动合同。

3. 合意解除劳动合同的法律效果是使原有的劳动合同向将来消灭。由于劳动合同属于继续性合同，按照合同法的原理，解除行为原则上不具有溯及力，即解除劳动合同不涉及已经履行的部分劳动合同内容，只是劳动合同向将来消灭。

4. 用人单位提出动议协议解除劳动合同的，应当向劳动者支付经济补偿金。根据《劳动合同法》第四十六条的补偿性规定，用人单位按照《劳动合同法》第三十六条的规定向劳动者提出并与劳动者协商解除劳动合同的，应当向劳动者支付经济补偿金。①

---

① 王永起：《劳动争议类案裁判规则与法律适用》，人民法院出版社 2011 年版。

第二十五条　劳动者有下列情形之一的，用人单位可以解除劳动合同： （一）在试用期间被证明不符合录用条件的； （二）严重违反劳动纪律或者用人单位规章制度的； （三）严重失职，营私舞弊，对用人单位利益造成重大损害的； （四）被依法追究刑事责任的。

相关规定

【法律】

《中华人民共和国劳动合同法》（2012年12月28日修正）

第三十九条　劳动者有下列情形之一的，用人单位可以解除劳动合同：

（一）在试用期间被证明不符合录用条件的；

（二）严重违反用人单位的规章制度的；

（三）严重失职，营私舞弊，给用人单位造成重大损害的；

（四）劳动者同时与其他用人单位建立劳动关系，对完成本单位的工作任务造成严重影响，或者经用人单位提出，拒不改正的；

（五）因本法第二十六条第一款第一项规定的情形致使劳动合同无效的；

（六）被依法追究刑事责任的。

第六十九条　非全日制用工双方当事人可以订立口头协议。

从事非全日制用工的劳动者可以与一个或者一个以上用人单位订立劳动合同；但是，后订立的劳动合同不得影响先订立的劳动合同的履行。

【司法解释】

《最高人民法院关于审理劳动争议案件适用法律问题的解释（一）》（2020年12月29日公布）

第四十四条　因用人单位作出的开除、除名、辞退、解除劳动合同、减少劳动报酬、计算劳动者工作年限等决定而发生的劳动争议，用人单位负举证责任。

第五十三条　用人单位对劳动者作出的开除、除名、辞退等处理，或者因其他原因解除劳动合同确有错误的，人民法院可以依法判决予以撤销。

对于追索劳动报酬、养老金、医疗费以及工伤保险待遇、经济补偿金、培训费及其他相关费用等案件，给付数额不当的，人民法院可以予以变更。

【行政法规与国务院规范性文件】

《中华人民共和国劳动合同法实施条例》（2008 年 9 月 18 日公布）

第十九条 有下列情形之一的，依照劳动合同法规定的条件、程序，用人单位可以与劳动者解除固定期限劳动合同、无固定期限劳动合同或者以完成一定工作任务为期限的劳动合同：

（一）用人单位与劳动者协商一致的；

（二）劳动者在试用期间被证明不符合录用条件的；

（三）劳动者严重违反用人单位的规章制度的；

（四）劳动者严重失职，营私舞弊，给用人单位造成重大损害的；

（五）劳动者同时与其他用人单位建立劳动关系，对完成本单位的工作任务造成严重影响，或者经用人单位提出，拒不改正的；

（六）劳动者以欺诈、胁迫的手段或者乘人之危，使用人单位在违背真实意思的情况下订立或者变更劳动合同的；

（七）劳动者被依法追究刑事责任的；

（八）劳动者患病或者非因工负伤，在规定的医疗期满后不能从事原工作，也不能从事由用人单位另行安排的工作的；

（九）劳动者不能胜任工作，经过培训或者调整工作岗位，仍不能胜任工作的；

（十）劳动合同订立时所依据的客观情况发生重大变化，致使劳动合同无法履行，经用人单位与劳动者协商，未能就变更劳动合同内容达成协议的；

（十一）用人单位依照企业破产法规定进行重整的；

（十二）用人单位生产经营发生严重困难的；

（十三）企业转产、重大技术革新或者经营方式调整，经变更劳动合同后，仍需裁减人员的；

（十四）其他因劳动合同订立时所依据的客观经济情况发生重大变化，致使劳动合同无法履行的。

第二十四条 用人单位出具的解除、终止劳动合同的证明，应当写明劳动合同期限、解除或者终止劳动合同的日期、工作岗位、在本单位的工作年限。

第二十五条　用人单位违反劳动合同法的规定解除或者终止劳动合同，依照劳动合同法第八十七条的规定支付了赔偿金的，不再支付经济补偿。赔偿金的计算年限自用工之日起计算。

第二十六条　用人单位与劳动者约定了服务期，劳动者依照劳动合同法第三十八条的规定解除劳动合同的，不属于违反服务期的约定，用人单位不得要求劳动者支付违约金。

有下列情形之一，用人单位与劳动者解除约定服务期的劳动合同的，劳动者应当按照劳动合同的约定向用人单位支付违约金：

（一）劳动者严重违反用人单位的规章制度的；

（二）劳动者严重失职，营私舞弊，给用人单位造成重大损害的；

（三）劳动者同时与其他用人单位建立劳动关系，对完成本单位的工作任务造成严重影响，或者经用人单位提出，拒不改正的；

（四）劳动者以欺诈、胁迫的手段或者乘人之危，使用人单位在违背真实意思的情况下订立或者变更劳动合同的；

（五）劳动者被依法追究刑事责任的。

第二十七条　劳动合同法第四十七条规定的经济补偿的月工资按照劳动者应得工资计算，包括计时工资或者计件工资以及奖金、津贴和补贴等货币性收入。劳动者在劳动合同解除或者终止前12个月的平均工资低于当地最低工资标准的，按照当地最低工资标准计算。劳动者工作不满12个月的，按照实际工作的月数计算平均工资。

【部门规章与规范性文件】

《劳动部关于〈劳动法〉若干条文的说明》（1994年9月5日公布）

本条中“严重违反劳动纪律”的行为，可根据《企业职工奖励条例》① 和《国营企业辞退违纪职工暂行规定》等有关法规认定。

本条中的“重大损害”由企业内部规章来规定。因为企业类型各有不同，对重大损害的界定也千差万别，故不便对重大损害作统一解释。若由此发生劳动争议，可以通过劳动争议仲裁委员会对其规章规定的重大损害进行认定。

本条中“被依法追究刑事责任”，具体指：（1）被人民检察院免予起

① 该条例已废止。

诉的；（2）被人民法院判处刑罚（刑罚包括：主型：管制、拘役、有期徒刑、无期徒刑、死刑；附加刑：罚金、剥夺政治权利、没收财产）的；（3）被人民法院依据刑法第32条免予刑事处分的。

◎《劳动部关于贯彻执行〈中华人民共和国劳动法〉若干问题的意见》（1995年8月4日公布）

28. 劳动者涉嫌违法犯罪被有关机关收容审查、拘留或逮捕的，用人单位在劳动者被限制人身自由期间，可与其暂时停止劳动合同的履行。

暂时停止履行劳动合同期间，用人单位不承担劳动合同规定的相应义务。劳动者经证明被错误限制人身自由的，暂时停止履行劳动合同期间劳动者的损失，可由其依据《国家赔偿法》要求有关部门赔偿。

29. 劳动者被依法追究刑事责任的，用人单位可依据劳动法第二十五条解除劳动合同。

“被依法追究刑事责任”是指：被人民检察院免予起诉的、被人民法院判处处罚的、被人民法院依据刑法第三十二条免予刑事处分的。

劳动者被人民法院判处拘役、三年以下有期徒刑缓刑的，用人单位可以解除劳动合同。

30. 劳动法第二十五条用人单位可以解除劳动合同的条款，即使存在第二十九条规定的情况，只要劳动者同时存在第二十五条规定的四种情形之一，用人单位也可以根据第二十五条的规定解除劳动合同。

31. 劳动者被劳动教养①的，用人单位可以依据被劳教的事实解除与该劳动者的劳动合同。

39. 用人单位依据劳动法第二十五条解除劳动合同，可以不支付劳动者经济补偿金。

◎《劳动部办公厅关于企业职工被错判宣告无罪释放后，是否应恢复与企业的劳动关系等有关问题的复函》（1997年4月29日公布）

职工于《国家赔偿法》实施以前被判犯罪，后经司法机关改判无罪的，如企业仅因其被判刑而解除劳动关系的，企业应恢复与该职工的劳动关系，并按照原劳动人事部《关于受处分人员的工资待遇问题给天津市劳动局的复文》（劳人薪局〔1985〕第12号）的规定，恢复其原工资待遇，并补发在押期间的工资。

---

① 劳动教养制度已于2013年12月28日废除。

《劳动部办公厅对〈关于取保候审的原固定工不签订劳动合同的请示〉的复函》（1997年3月3日公布）

关于用人单位对取保候审的原固定工是否与其签订劳动合同以及可否予以辞退处理的问题，可参照《关于贯彻执行〈中华人民共和国劳动法〉若干问题的意见》（劳部发〔1995〕309号）第28条有关规定办理。即："劳动者涉嫌违法犯罪被有关机关收容审查、拘留或逮捕的，用人单位在劳动者被限制人身自由期间，可与其暂时停止劳动合同的履行。"对原固定工在取保候审期间，用人单位可以暂缓与其签订劳动合同，但不能以此为由予以辞退。在审理结束后，可视具体情况，依据有关法律法规进行处理。

典型案例要旨

孙某某诉淮安西区人力资源开发有限公司劳动合同纠纷案（指导案例180号，最高人民法院2022年7月4日发布）

人民法院在判断用人单位单方解除劳动合同行为的合法性时，应当以用人单位向劳动者发出的解除通知的内容为认定依据。在案件审理过程中，用人单位超出解除劳动合同通知中载明的依据及事由，另行提出劳动者在履行劳动合同期间存在其他严重违反用人单位规章制度的情形，并据此主张符合解除劳动合同条件的，人民法院不予支持。

郑某诉霍尼韦尔自动化控制（中国）有限公司劳动合同纠纷案（指导案例181号，最高人民法院2022年7月4日发布）

用人单位的管理人员对被性骚扰员工的投诉，应采取合理措施进行处置。管理人员未采取合理措施或者存在纵容性骚扰行为、干扰对性骚扰行为调查等情形，用人单位以管理人员未尽岗位职责，严重违反规章制度为由解除劳动合同，管理人员主张解除劳动合同违法的，人民法院不予支持。

喜某诉公汽公司劳动合同纠纷案［摘自《民事审判指导与参考（2012年第1辑）》，人民法院出版社2012年版，第123~130页］

用人单位以严重违反用人单位规章制度为由解除与劳动者的劳动合同是否合法，不能单纯依据规章制度对该行为是否达到严重程度的认定，而应综合考量用人单位解除与劳动者劳动合同所依据的规章制度制定程序、规定内容是否违反现行法律法规、政策、司法解释和双方签订的劳动合同约定。除了规章制度本身合法性要求之外，人民法院在具体审理相关劳动争议案件时，如果劳资双方对违纪行为是否达到严重程度产生分歧，还可在个案中综合考量下列因素：(1) 劳动者实施违纪行为的主观过错程度；(2) 劳动者实施违纪行为的重复频率；(3) 劳动者违纪行为给用人单位造成损失的大小。

知识点

过失性解除主要指劳动者有下列情形之一的，用人单位可以解除劳动合同：(1) 在试用期间被证明不符合录用条件的；(2) 严重违反用人单位的规章制度的；(3) 严重失职，营私舞弊，给用人单位造成重大损害的；(4) 劳动者同时与其他用人单位建立劳动关系，对完成本单位的工作任务造成严重影响，或者经用人单位提出，拒不改正的；(5) 以欺诈、胁迫手段或者乘人之危，使用人单位在违背真实意思的情况下订立或者变更劳动合同，致使劳动合同无效的；(6) 被依法追究刑事责任的。在过失性解除的情形下，用人单位无须支付经济补偿金。

对于用人单位作出开除、除名、辞退决定引发的争议如何适用法律问题。开除、除名、辞退等属于在计划经济时期，我国国企对职工实行过失性及非过失性解除劳动合同的特定处理方式。随着国企全员劳动合同制改革推行①以及《企业职工奖惩条例》和《国营企业辞退违纪职工暂行规定》及其配套规定废止，开除、除名、辞退等概念已经几乎不被企业作为解除劳动合同的一种手段，而是直接适用《劳动合同法》实行过失性解除劳动合同。目前开除、除名、辞退等概念多为企业实行过失性解除劳动合同时的不规范称谓，或者对此前招用的老职工实行过失性解除劳动合同时使用。部分国有企业有可能继续参照已废止的《企业职工奖惩条例》和《国营企业辞退违纪职工暂行规定》及其配套规定对老职工实行过失性或非过失性解除劳动合同。在审理因用人单位作出开除、除名、辞退决定引发的劳动

① 1986年7月12日国务院发布《国营企业实行劳动合同制暂行规定》《国营企业招用工人暂行规定》《国营企业辞退违纪职工暂行规定》和《国营企业职工待业保险暂行规定》，从10月1日起施行，这是中华人民共和国成立以来劳动制度的一次重大改革，这标志着实行达30年的“铁饭碗”的劳资关系的改变。

争议时，虽然《企业职工奖惩条例》和《国营企业辞退违纪职工暂行规定》已经废止，由于对比相关规定，从条件和程序要求来看，《企业职工奖惩条例》和《国营企业辞退违纪职工暂行规定》较《劳动法》《劳动合同法》解除规定更为严格，因此，对于此类争议，如果属于用人单位解除劳动合同时的不规范用词，应适用《劳动法》《劳动合同法》相关规定；如果属于国企老职工，[①] 除适用《劳动法》《劳动合同法》相关规定外，可参照《企业职工奖惩条例》和《国营企业辞退违纪职工暂行规定》规定的条件和程序进行审查认定。[②]

第二十六条　有下列情形之一的，用人单位可以解除劳动合同，但是应当提前三十日以书面形式通知劳动者本人：

（一）劳动者患病或者非因工负伤，医疗期满后，不能从事原工作也不能从事由用人单位另行安排的工作的；

（二）劳动者不能胜任工作，经过培训或者调整工作岗位，仍不能胜任工作的；

（三）劳动合同订立时所依据的客观情况发生重大变化，致使原劳动合同无法履行，经当事人协商不能就变更劳动合同达成协议的。

相关规定

【法律】

《中华人民共和国劳动合同法》（2012 年 12 月 28 日修正）

第四十条　有下列情形之一的，用人单位提前三十日以书面形式通知劳动者本人或者额外支付劳动者一个月工资后，可以解除劳动合同：

（一）劳动者患病或者非因工负伤，在规定的医疗期满后不能从事原工作，也不能从事由用人单位另行安排的工作的；

---

① 指《企业职工奖惩条例》《国营企业辞退违纪职工暂行规定》废止前签订无固定期限劳动合同，《劳动合同法》实施后未再签订劳动合同的职工。

② 最高人民法院民事审判第一庭编著：《最高人民法院新劳动争议司法解释（一）理解与适用》，人民法院出版社 2021 年版。

（二）劳动者不能胜任工作，经过培训或者调整工作岗位，仍不能胜任工作的；

（三）劳动合同订立时所依据的客观情况发生重大变化，致使劳动合同无法履行，经用人单位与劳动者协商，未能就变更劳动合同内容达成协议的。

【行政法规与国务院规范性文件】

《中华人民共和国劳动合同法实施条例》（2008年9月18日公布）

第二十条 用人单位依照劳动合同法第四十条的规定，选择额外支付劳动者一个月工资解除劳动合同的，其额外支付的工资应当按照该劳动者上一个月的工资标准确定。

【部门规章与规范性文件】

《劳动部关于〈劳动法〉若干条文的说明》（1994年9月5日公布）

本条第（一）项指劳动者医疗期满后，不能从事原工作的，由原用人单位另行安排适当工作之后，仍不能从事另行安排的工作的，可以解除劳动合同。

本条第（二）项中的“不能胜任工作”，是指不能按要求完成劳动合同中约定的任务或者同工种，同岗位人员的工作量。用人单位不得故意提高定额标准，使劳动者无法完成。

本条中的“客观情况”指：发生不可抗力或出现致使劳动合同全部或部分条款无法履行的其他情况，如企业迁移、被兼并、企业资产转移等，并且排除本法第二十七条所列的客观情况。

《劳动部关于企业实施股份制和股份合作制改造中履行劳动合同问题的通知》（1998年1月26日公布）

一、在企业实施股份制或股份合作制改造后，用人单位主体发生变化后，应当由变化后的用工主体继续与职工履行原劳动合同。由于企业改制导致原劳动合同不能履行的，企业与职工应当依法变更劳动合同。

二、在企业实施股份制或股份合作制改革过程中，与职工经协商确定不能就变更劳动合同达到一致意见的，可以按照《劳动法》第二十六条（三）项的规定办理。

三、按照国家体改委《关于发展城市股份合作制企业的指导意见》（体改字［1997］96号）以及国家有关企业改革的精神，实施股份合作制的企业，在职工投资入股方面，鼓励职工在自愿的基础上人人投资入股，允许少数职工不入股。因此，在股份合作制改造中，企业不得强迫职工入股，不得因职工不入股而降低劳动报酬、停发工资或硬性安排下岗，更不得以此为由解除与职工的劳动关系。

四、在企业实施股份制和股份合作制改革过程中，凡涉及职工切身利益的劳动关系重大问题，如集体变更或解除劳动关系等，要发挥职工代表大会的民主管理、民主监督作用，保持劳动关系的和谐稳定。

《企业职工患病或非因工负伤医疗期规定》（1994 年 12 月 1 日公布）

第一条　为了保障企业职工在患病或非因工负伤期间的合法权益，根据《中华人民共和国劳动法》第二十六、二十九条规定，制定本规定。

第二条　医疗期是指企业职工因患病或非因工负伤停止工作治病休息不得解除劳动合同的时限。

第三条　企业职工因患病或非因工负伤，需要停止工作医疗时，根据本人实际参加工作年限和在本单位工作年限，给予三个月到二十四个月的医疗期：

（一）实际工作年限十年以下的，在本单位工作年限五年以下的为三个月；五年以上的为六个月。

（二）实际工作年限十年以上的，在本单位工作年限五年以下的为六个月；五年以上十年以下的为九个月；十年以上十五年以下的为十二个月；十五年以上二十年以下的为十八个月；二十年以上的为二十四个月。

第四条　医疗期三个月的按六个月内累计病休时间计算；六个月的按十二个月内累计病休时间计算；九个月的按十五个月内累计病休时间计算；十二个月的按十八个月内累计病休时间计算；十八个月的按二十四个月内累计病休时间计算；二十四个月的按三十个月内累计病休时间计算。

第五条　企业职工在医疗期内，其病假工资、疾病救济费和医疗待遇按照有关规定执行。

第六条　企业职工非因工致残和经医生或医疗机构认定患有难以治疗的疾病，在医疗期内医疗终结，不能从事原工作，也不能从事用人单位另行安排的工作的，应当由劳动鉴定委员会参照工伤与职业病致残程度鉴定标准进行劳动能力的鉴定。被鉴定为一至四级的，应当退出劳动岗位，终止劳动关系，办理退休、退职手续，享受退休、退职待遇；被鉴定为五至十级的，医疗期内不得解除劳动合同。

第七条　企业职工非因工致残和经医生或医疗机构认定患有难以治疗

的疾病，医疗期满，应当由劳动鉴定委员会参照工伤与职业病致残程度鉴定标准进行劳动能力的鉴定。被鉴定为一至四级的，应当退出劳动岗位，解除劳动关系，并办理退休、退职手续，享受退休、退职待遇。

第八条 医疗期满尚未痊愈者，被解除劳动合同的经济补偿问题按照有关规定执行。

典型案例要旨

中兴通讯（杭州）有限责任公司诉王某劳动合同纠纷案（指导案例18号，最高人民法院2013年11月8日发布）

本案例系因“末位淘汰制”引发的劳动合同解除典型案例，具有一定的典型性。该指导案例旨在明确用人单位不能仅因劳动者在考核中居于末位等次而单方解除劳动合同。该案例裁判要点贯彻了《劳动法》和《劳动合同法》的有关规定，强调了单方解除劳动合同必须符合法定条件，对于严格把握用人单位单方解除劳动合同的条件，保护劳动者合法权益具有普遍指导意义。发布该指导性案例，一方面有利于依法促进就业，保护劳动者合法权益；另一方面也能够促使用人单位在遵守《劳动法》《劳动合同法》的前提下，制定合法合理的绩效考核体系和内部管理规章制度，从而维护和谐稳定的劳动关系，防范和减少劳动纠纷的发生，促进经济协调健康发展。

劳动者在用人单位等级考核中居于末位等次，不等同于“不能胜任工作”，不符合单方解除劳动合同的法定条件，用人单位不能据此单方解除劳动合同。该裁判要点针对法律和司法解释没有规定的“末位淘汰制”热点问题，以劳动法、劳动合同法为依据，根据《劳动合同法》第四十七条、第四十八条、第八十七条等规定，重点分析了“末位淘汰制”不符合《劳动合同法》规定的“劳动者不能胜任工作，经过培训或者调整工作岗位，仍不能胜任工作的”情形，用人单位不能以此单方解除劳动合同。

梁某某诉南京乐府餐饮管理有限公司劳动争议案（摘自《最高人民法院公报》2013年第6期）

医疗期内劳动合同期满，劳动合同应当延续至医疗期满时终止。用人单位在医疗期内违法解除或者终止劳动合同，劳动者起诉要求继续履行劳动合同的，人民法院应当判决撤销用人单位的解除或者终止通知书。

刘某与科技公司劳动合同纠纷案［摘自《民事审判指导与参考（2013年第3辑）》，人民法院出版社2014年版，第105~107页］

“末位”总是存在的，用人单位必须将“不能胜任工作而处于末位”和“胜任工作却处于末位”区分开来。如果劳动者确实不能胜任工作，用人单位须对其进行培训或调整工作岗位，劳动者仍不能胜任工作，则用人单位可以依法解除劳动合同；如果劳动者仅是业绩居于“末位”而并非不胜任工作，则用人单位不能依据“末位淘汰制”单方解除劳动合同。

知识点

对于非因劳动过失而与之解除劳动合同的情形主要包括以下几种情况：

1. **劳动者患病或者非因工负伤**，在规定的医疗期满后不能从事原工作也不能从事由用人单位另行安排的工作的。根据原劳动部颁发的《企业职工患病或非因工负伤医疗期规定》第二条的规定：“医疗期是指企业职工因患病或非因工负伤停止工作治病休息不得解除劳动合同的时限。”这里的医疗期，是指劳动者根据其工龄等条件，依法可以享受的停工医疗并发给病假工资的期间，而不是劳动者病伤治愈实际需要的医疗期。

2. **劳动者不能胜任工作**，经过培训或者调整工作岗位，仍不能胜任工作的。这里所谓“不能胜任工作”，是指不能按要求完成劳动合同中约定的任务或者同工种、同岗位人员的工作量。但用人单位不得故意提高定额标准，使劳动者无法完成。

3. **劳动合同订立时所依据的客观情况发生重大变化**，致使劳动合同无法履行，经用人单位与劳动者协商，未能就变更劳动合同内容达成协议的。客观情况是指发生不可抗力或出现致使劳动合同全部或部分条款无法履行的其他情况，如企业迁移、被兼并或企业资产转移等。劳动者与用人单位协商不能就变更劳动合同内容达成协议的，才可以解除劳动合同。①

---

① 关怀、郑爱青主编：《劳动合同法及其实施条例解读》，人民法院出版社2009年版，第86~86页。

第二十七条 用人单位濒临破产进行法定整顿期间或者生产经营状况发生严重困难，确需裁减人员的，应当提前三十日向工会或者全体职工说明情况，听取工会或者职工的意见，经向劳动行政部门报告后，可以裁减人员。

用人单位依据本条规定裁减人员，在六个月内录用人员的，应当优先录用被裁减的人员。

相关规定

【法律】

《中华人民共和国劳动合同法》（2012年12月28日修正）

第四十一条 有下列情形之一，需要裁减人员二十人以上或者裁减不足二十人但占企业职工总数百分之十以上的，用人单位提前三十日向工会或者全体职工说明情况，听取工会或者职工的意见后，裁减人员方案经向劳动行政部门报告，可以裁减人员：

（一）依照企业破产法规定进行重整的；

（二）生产经营发生严重困难的；

（三）企业转产、重大技术革新或者经营方式调整，经变更劳动合同后，仍需裁减人员的；

（四）其他因劳动合同订立时所依据的客观经济情况发生重大变化，致使劳动合同无法履行的。

裁减人员时，应当优先留用下列人员：

（一）与本单位订立较长期限的固定期限劳动合同的；

（二）与本单位订立无固定期限劳动合同的；

（三）家庭无其他就业人员，有需要扶养的老人或者未成年人的。

用人单位依照本条第一款规定裁减人员，在六个月内重新招用人员的，应当通知被裁减的人员，并在同等条件下优先招用被裁减的人员。

【行政法规与国务院规范性文件】

◎《国务院关于进一步做好稳就业工作的意见》（2019年12月13日公布）

二、支持企业稳定岗位

（四）规范企业裁员行为。支持企业与职工集体协商，采取协商薪酬、调整工时、轮岗轮休、在岗培训等措施，保留劳动关系。对拟进行经济性裁员的企业，指导其依法依规制定和实施职工安置方案，提前30日向工会或全体职工说明相关情况，依法依规支付经济补偿，偿还拖欠的职工工资，补缴欠缴的社会保险费。

◎《烈士褒扬条例》（2019年8月1日修订）

第二十二条第三款　烈士遗属符合就业条件的，由当地人民政府人力资源社会保障部门优先提供就业服务。烈士遗属已经就业，用人单位经济性裁员时，应当优先留用。烈士遗属从事个体经营的，市场监督管理、税务等部门应当优先办理证照，烈士遗属在经营期间享受国家和当地人民政府规定的优惠政策。

【部门规章与规范性文件】

◎《劳动部关于〈劳动法〉若干条文的说明》（1994年9月5日公布）

本条中的"法定整顿期间"指依据《中华人民共和国破产法》和《民事诉讼法》的破产程序进入的整顿期间。"生产经营状况发生严重困难"可以根据地方政府规定的困难企业标准来界定。"报告"仅指说明情况，无批准的含义。"优先录用"指同等条件下优先录用。

◎《劳动部关于贯彻执行〈中华人民共和国劳动法〉若干问题的意见》（1995年8月4日公布）

25. 依据劳动法第二十七条和劳动部《企业经济性裁减人员规定》（劳部发〔1994〕447号）第四条的规定，用人单位确需裁减人员，应按下列程序进行：

（1）提前三十日向工会或全体职工说明情况，并提供有关生产经营状况的资料；

（2）提出裁减人员方案，内容包括：被裁减人员名单、裁减时间及实施步骤，符合法律、法规规定和集体合同约定的被裁减人员的经济补偿办法；

（3）将裁减人员方案征求工会或者全体职工的意见，并对方案进行修改和完善；

（4）向当地劳动行政部门报告裁减人员方案以及工会或者全体职工的意见，并听取劳动行政部门的意见；

（5）由用人单位正式公布裁减人员方案，与被裁减人员办理解除劳动合同手续，按照有关规定向被裁减人员本人支付经济补偿金，并出具裁减人员证明书。

《企业经济性裁减人员规定》（1994年11月14日公布）

第二条 用人单位濒临破产，被人民法院宣告进入法定整顿期间或生产经营发生严重困难，达到当地政府规定的严重困难企业标准，确需裁减人员的，可以裁员。

第三条 用人单位有条件的，应为被裁减的人员提供培训或就业帮助。

第四条 用人单位确需裁减人员，应按下列程序进行：

（一）提前三十日向工会或者全体职工说明情况，并提供有关生产经营状况的资料；

（二）提出裁减人员方案，内容包括：被裁减人员名单，裁减时间及实施步骤，符合法律、法规规定和集体合同约定的被裁减人员经济补偿办法；

（三）将裁减人员方案征求工会或者全体职工的意见，并对方案进行修改和完善；

（四）向当地劳动行政部门报告裁减人员方案以及工会或者全体职工的意见，并听取劳动行政部门的意见；

（五）由用人单位正式公布裁减人员方案，与被裁减人员办理解除劳动合同手续，按照有关规定向被裁减人员本人支付经济补偿金，出具裁减人员证明书。

第五条 用人单位不得裁减下列人员：

（一）患职业病或者因工负伤并被确认丧失或者部分丧失劳动能力的；

（二）患病或者负伤，在规定的医疗期内的；

（三）女职工在孕期、产期、哺乳期内的；

（四）法律、行政法规规定的其他情形。

第六条 对于被裁减而失业的人员，参加失业保险的，可到当地劳动就业服务机构登记，申领失业救济金。

第七条 用人单位从裁减人员之日起，六个月内需要新招人员的，必须优先从本单位裁减的人员中录用，并向当地劳动行政部门报告录用人员的数量、时间、条件以及优先录用人员的情况。

第八条 劳动行政部门对用人单位违反法律、法规和有关规定裁减人员的，应依法制止和纠正。

第九条 工会或职工对裁员提出的合理意见，用人单位应认真听取。

用人单位违反法律、法规规定和集体合同约定裁减人员的，工会有权要求重新处理。

典型案例要旨

伊春某旅游酒店有限公司诉张某某劳动争议纠纷案（十起关于弘扬社会主义核心价值观典型案例，最高人民法院2016年8月22日发布）

企业停薪留职、未达到法定退休年龄的内退人员因与新用人单位发生用工争议提起诉讼的，应按劳动关系处理。

知识点

一、用人单位经济性裁员的条件

经济性裁员是市场经济环境下企业经营要面临的一种正常的现象，由于裁减人员是用人单位成批地解除职工的劳动合同，涉及面较广，一旦处理不妥当，将对劳动者的生活和社会稳定带来不利影响，因此，法律规定的裁减人员的条件也更为严格。经济性裁员只能适用于以下四种情形：

（1）依照企业破产法规定进行重整的。

（2）生产经营发生严重困难，确需裁员。

（3）企业转产、重大技术革新或者经营方式调整，经变更劳动合同后，仍需裁减人员的。

（4）其他因劳动合同订立时依据的客观经济情况发生重大变化，致使劳动合同无法履行的。

二、用人单位经济性裁员的程序

用人单位需要适用经济性裁员方式必须遵循严格法定程序。首先，用人单位确需裁减人员在20人以上或者虽裁减不足20人但占企业职工总数10%以上的，应当提前30日向工会或全体职工说明情况，听取工会或者职工的意见，并提供有关生产经营状况的资料，以便于工会和劳动者了解裁减人员方案及裁减理由，并获得工会和劳动者对经济性裁员行为的理解和认同。其次，提出裁减人员方案，内容包括：被裁减人员名单，裁减时间及实施步骤，符合法律、法规规定和集体合同约定的被裁减人员经济补偿办法。再次，将裁减人员方案征求工会或全体职工的意见，并对方案进行修改和完善。最后，向劳动行政部门报告裁减人员方案以及工会或者全体职工的意见，劳动行政部门对用人单位的裁减行为进行了解并提出意见，必要时采取相应措施，防止出现意外情况，监督经济性裁员合法进行。用人单位正式公布裁减人员方案，与被裁减人员办理解除劳动合同手续，按照法律法规规定向被裁减人员本人支付经济补偿金、出具裁减人员证明书。①

第二十八条 用人单位依据本法第二十四条、第二十六条、第二十七条的规定解除劳动合同的，应当依照国家有关规定给予经济补偿。

相关规定

【法律】

《中华人民共和国劳动合同法》（2012 年 12 月 28 日修正）

第三十六条 用人单位与劳动者协商一致，可以解除劳动合同。

第三十八条 用人单位有下列情形之一的，劳动者可以解除劳动合同：

（一）未按照劳动合同约定提供劳动保护或者劳动条件的；

（二）未及时足额支付劳动报酬的；

（三）未依法为劳动者缴纳社会保险费的；

（四）用人单位的规章制度违反法律、法规的规定，损害劳动者权益的；

（五）因本法第二十六条第一款规定的情形致使劳动合同无效的；

（六）法律、行政法规规定劳动者可以解除劳动合同的其他情形。

---

① 吴高盛主编：《〈中华人民共和国劳动合同法〉条文释义与适用》，人民法院出版社 2007 年版。

用人单位以暴力、威胁或者非法限制人身自由的手段强迫劳动者劳动的，或者用人单位违章指挥、强令冒险作业危及劳动者人身安全的，劳动者可以立即解除劳动合同，不需事先告知用人单位。

第四十条　有下列情形之一的，用人单位提前三十日以书面形式通知劳动者本人或者额外支付劳动者一个月工资后，可以解除劳动合同：

（一）劳动者患病或者非因工负伤，在规定的医疗期满后不能从事原工作，也不能从事由用人单位另行安排的工作的；

（二）劳动者不能胜任工作，经过培训或者调整工作岗位，仍不能胜任工作的；

（三）劳动合同订立时所依据的客观情况发生重大变化，致使劳动合同无法履行，经用人单位与劳动者协商，未能就变更劳动合同内容达成协议的。

第四十一条　有下列情形之一，需要裁减人员二十人以上或者裁减不足二十人但占企业职工总数百分之十以上的，用人单位提前三十日向工会或者全体职工说明情况，听取工会或者职工的意见后，裁减人员方案经向劳动行政部门报告，可以裁减人员：

（一）依照企业破产法规定进行重整的；

（二）生产经营发生严重困难的；

（三）企业转产、重大技术革新或者经营方式调整，经变更劳动合同后，仍需裁减人员的；

（四）其他因劳动合同订立时所依据的客观经济情况发生重大变化，致使劳动合同无法履行的。

裁减人员时，应当优先留用下列人员：

（一）与本单位订立较长期限的固定期限劳动合同的；

（二）与本单位订立无固定期限劳动合同的；

（三）家庭无其他就业人员，有需要扶养的老人或者未成年人的。

用人单位依照本条第一款规定裁减人员，在六个月内重新招用人员的，应当通知被裁减的人员，并在同等条件下优先招用被裁减的人员。

第四十六条　有下列情形之一的，用人单位应当向劳动者支付经济补偿：

（一）劳动者依照本法第三十八条规定解除劳动合同的；

（二）用人单位依照本法第三十六条规定向劳动者提出解除劳动合同并

与劳动者协商一致解除劳动合同的；

（三）用人单位依照本法第四十条规定解除劳动合同的；

（四）用人单位依照本法第四十一条第一款规定解除劳动合同的；

（五）除用人单位维持或者提高劳动合同约定条件续订劳动合同，劳动者不同意续订的情形外，依照本法第四十四条第一项规定终止固定期限劳动合同的；

（六）依照本法第四十四条第四项、第五项规定终止劳动合同的；

（七）法律、行政法规规定的其他情形。

第四十七条 经济补偿按劳动者在本单位工作的年限，每满一年支付一个月工资的标准向劳动者支付。六个月以上不满一年的，按一年计算；不满六个月的，向劳动者支付半个月工资的经济补偿。

劳动者月工资高于用人单位所在直辖市、设区的市级人民政府公布的本地区上年度职工月平均工资三倍的，向其支付经济补偿的标准按职工月平均工资三倍的数额支付，向其支付经济补偿的年限最高不超过十二年。

本条所称月工资是指劳动者在劳动合同解除或者终止前十二个月的平均工资。

第五十条 用人单位应当在解除或者终止劳动合同时出具解除或者终止劳动合同的证明，并在十五日内为劳动者办理档案和社会保险关系转移手续。

劳动者应当按照双方约定，办理工作交接。用人单位依照本法有关规定应当向劳动者支付经济补偿的，在办结工作交接时支付。

用人单位对已经解除或者终止的劳动合同的文本，至少保存二年备查。

【司法解释】

《最高人民法院关于审理劳动争议案件适用法律问题的解释（一）》（2020年12月29日公布）

第三十五条 劳动者与用人单位就解除或者终止劳动合同办理相关手续、支付工资报酬、加班费、经济补偿或者赔偿金等达成的协议，不违反法律、行政法规的强制性规定，且不存在欺诈、胁迫或者乘人之危情形的，应当认定有效。

前款协议存在重大误解或者显失公平情形，当事人请求撤销的，人民法院应予支持。

第四十一条 劳动合同被确认为无效，劳动者已付出劳动的，用人单位应当按照劳动合同法第二十八条、第四十六条、第四十七条的规定向劳动者支付劳动报酬和经济补偿。

由于用人单位原因订立无效劳动合同，给劳动者造成损害的，用人单位应当赔偿劳动者因合同无效所造成的经济损失。

第四十五条　用人单位有下列情形之一，迫使劳动者提出解除劳动合同的，用人单位应当支付劳动者的劳动报酬和经济补偿，并可支付赔偿金：

（一）以暴力、威胁或者非法限制人身自由的手段强迫劳动的；

（二）未按照劳动合同约定支付劳动报酬或者提供劳动条件的；

（三）克扣或者无故拖欠劳动者工资的；

（四）拒不支付劳动者延长工作时间工资报酬的；

（五）低于当地最低工资标准支付劳动者工资的。

第四十六条　劳动者非因本人原因从原用人单位被安排到新用人单位工作，原用人单位未支付经济补偿，劳动者依据劳动合同法第三十八条规定与新用人单位解除劳动合同，或者新用人单位向劳动者提出解除、终止劳动合同，在计算支付经济补偿或赔偿金的工作年限时，劳动者请求把在原用人单位的工作年限合并计算为新用人单位工作年限的，人民法院应予支持。

用人单位符合下列情形之一的，应当认定属于“劳动者非因本人原因从原用人单位被安排到新用人单位工作”：

（一）劳动者仍在原工作场所、工作岗位工作，劳动合同主体由原用人单位变更为新用人单位；

（二）用人单位以组织委派或任命形式对劳动者进行工作调动；

（三）因用人单位合并、分立等原因导致劳动者工作调动；

（四）用人单位及其关联企业与劳动者轮流订立劳动合同；

（五）其他合理情形。

【行政法规与国务院规范性文件】

《中华人民共和国劳动合同法实施条例》（2008年9月18日公布）

第二十五条　用人单位违反劳动合同法的规定解除或者终止劳动合同，依照劳动合同法第八十七条的规定支付了赔偿金的，不再支付经济补偿。赔偿金的计算年限自用工之日起计算。

第二十七条　劳动合同法第四十七条规定的经济补偿的月工资按照劳动者应得工资计算，包括计时工资或者计件工资以及奖金、津贴和补贴等货币性收入。劳动者在劳动合同解除或者终止前 12 个月的平均工资低于当地最低工资标准的，按照当地最低工资标准计算。劳动者工作不满 12 个月的，按照实际工作的月数计算平均工资。

第三十四条 用人单位依照劳动合同法的规定应当向劳动者每月支付两倍的工资或者应当向劳动者支付赔偿金而未支付的，劳动行政部门应当责令用人单位支付。

【部门规章与规范性文件】

《劳动部关于〈劳动法〉若干条文的说明》（1994 年 9 月 5 日公布）

本条中的“依据国家有关规定”是指国家法律、法规和劳动部制定的规章及其他规范性文件。

《劳动部关于贯彻执行〈中华人民共和国劳动法〉若干问题的意见》（1995 年 8 月 4 日公布）

36. 用人单位依据劳动法第二十四条、第二十六条、第二十七条的规定解除劳动合同，应当按照劳动法和劳动部《违反和解除劳动合同的经济补偿办法》（劳部发〔1994〕481 号）支付劳动者经济补偿金。

37. 根据《民法通则》第四十四条第二款“企业法人分立、合并，它的权利和义务由变更后的法人享有和承担”的规定，用人单位发生分立或合并后，分立或合并后的用人单位可依据其实际情况与原用人单位的劳动者遵循平等自愿、协商一致的原则变更、解除或重新签订劳动合同。在此种情况下的重新签订劳动合同视为原劳动合同的变更，用人单位变更劳动合同，劳动者不能依据劳动法第二十八条要求经济补偿。

41. 在原固定工实行劳动合同制度的过程中，企业富余职工辞职，经企业同意可以不与企业签订劳动合同的，企业应根据《国有企业富余职工安置规定》（国务院令第 111 号，1993 年公布）发给劳动者一次性生活补助费。

42. 职工在接近退休年龄（按有关规定一般为五年以内）时因劳动合同到期终止劳动合同的，如果符合退休、退职条件，可以办理退休、退职手续；不符合退休、退职条件的，在终止劳动合同后按规定领取失业救济金。享受失业救济金的期限届满后仍未就业，符合社会救济条件的，可以按规定领取社会救济金，达到退休年龄时办理退休手续，领取养老保险金。

43. 劳动合同解除后，用人单位对符合规定的劳动者应支付经济补偿金。不能因劳动者领取了失业救济金而拒付或克扣经济补偿金，失业保险机构也不得以劳动者领取了经济补偿金为由，停发或减发失业救济金。

◎《劳动和社会保障部关于职工全年月平均工作时间和工资折算问题的通知》（2008 年 1 月 3 日公布）

一、制度工作时间的计算

年工作日：365 天−104 天（休息日）−11 天（法定节假日）= 250 天

季工作日：250 天÷4 季 = 62.5 天/季

月工作日：250 天÷12 月 = 20.83 天/月

工作小时数的计算：以月、季、年的工作日乘以每日的 8 小时。

◎《劳动部办公厅关于对解除劳动合同经济补偿问题的复函》（1997 年 10 月 10 日公布）

一、关于对《违反和解除劳动合同的经济补偿办法》（劳部发〔1994〕481 号）第五条中的“工作时间不满一年的按一年的标准发给经济补偿金”的理解问题。这里的“工作时间不满一年”是指两种情形，第一种是指职工在本单位的工作时间不满一年的；第二种是指职工在本单位的工作时间超过一年但余下的工作时间不满一年的。计发经济补偿金时对上述不满一年的工作时间都按工作一年的标准计算。

二、《违反和解除劳动合同的经济补偿办法》第五条关于“工作时间不满一年的按一年的标准发给经济补偿金”的规定，适用于该办法中的第六条、第七条、第八条和第九条。①

◎《劳动部办公厅对〈关于实行劳动合同制若干问题的请示〉的复函》（1997 年 9 月 15 日公布）

二、关于离退休人员的再次聘用问题。各地应采取适当的调控措施，优先解决适龄劳动者的就业和再就业问题。对被再次聘用的已享受养老保险待遇的离退休人员，根据劳动部《关于实行劳动合同制度若干问题的通知》（劳部发〔1996〕354 号）第 13 条的规定，其聘用协议可以明确工作内容、报酬、医疗、劳动保护待遇等权利、义务。离退休人员与用人单位应当按照聘用协议的约定履行义务，聘用协议约定提前解除书面协议的，应当按照双方约定办理，未约定的，应当协商解决。离退休人员聘用协议

---

① 参见《劳动合同法》第四十七条的规定：“经济补偿按劳动者在本单位工作的年限，每满一年支付一个月工资的标准向劳动者支付。六个月以上不满一年的，按一年计算；不满六个月的，向劳动者支付半个月工资的经济补偿。”

的解除不能依据《劳动法》第 28 条执行。离退休人员与用人单位发生争议，如果属于劳动争议仲裁委员会受案范围的，劳动争议仲裁委员会应予受理。

典型案例要旨

刘某某与武汉秉信纸业有限公司劳动争议纠纷再审案［摘自《审判监督指导（2014 年第 1 辑）》，人民法院出版社 2014 年版，第 199~214 页］

销售提成确属劳动者工资报酬的一部分，但是销售提成能否计算至劳动者的月平均工资之中，从而计算经济补偿金及额外经济补偿金，法律法规对此并无明确规定，在此情况下，须结合经济补偿金的性质、用人单位的支付能力以及公平合理的原则来进行处理。

知识点

所谓解除劳动合同的**经济补偿**，是指解除劳动合同后，用人单位给劳动者的经济上的补助。用人单位给劳动者的经济补偿一般包括两方面：一是生活补助费，二是医疗补助费。实行解除劳动合同经济补偿制度，是为了使劳动者在被解除劳动合同以后，寻找到新的工作以前，基本生活开支有必要的保障，或者有能力继续医治疾病。并不是所有被解除劳动合同的劳动者都可以享受用人单位的经济补偿，从本条规定可以看出，除了因劳动者违纪、违法用人单位提出解除劳动合同的以外，用人单位都应当依法对劳动者给予经济补偿。①

我国的经济补偿制度有以下特点：一是由用人单位单方向劳动者支付；二是经济补偿金是以法定的形式规范其支付标准和支付条件。

用人单位向劳动者支付经济补偿金的条件可分为两种类型：第一类是作为违约责任的经济补偿金，也就是因用人单位违反劳动合同而支付的经济补偿金，此项经济补偿金可以看作是对用人单位违约的惩罚，是法律责

---

① 回沪明、高圣平主编：《劳动法及配套规定新释新解（上）》，人民法院出版社 2004 年版。

任的组成部分，也叫赔偿金。

第二类是作为合法解除劳动合同的经济补偿金。这种经济补偿金的支付不是因为用人单位的过错，不具有惩罚的性质，只是法律规定的用人单位对劳动者在特定情况下承担的经济补偿义务，体现了经济补偿金的平衡功能。这类补偿金的适用范围主要有：(1) 用人单位向劳动者提出并与劳动者协商一致解除劳动合同的；(2) 劳动者患病或者非因工负伤，在规定的医疗期满后不能从事原工作，也不能从事由用人单位另行安排的工作的；(3) 劳动者不能胜任工作，经过培训或者调整工作岗位，仍不能胜任工作的等法律规定的几种情形。①

第二十九条　劳动者有下列情形之一的，用人单位不得依据本法第二十六条、第二十七条的规定解除劳动合同：

（一）患职业病或者因工负伤并被确认丧失或者部分丧失劳动能力的；

（二）患病或者负伤，在规定的医疗期内的；

（三）女职工在孕期、产期、哺乳期内的；

（四）法律、行政法规规定的其他情形。

相关规定

【法律】

《中华人民共和国职业病防治法》（2018年12月29日修正）

第三十三条　用人单位与劳动者订立劳动合同（含聘用合同，下同）时，应当将工作过程中可能产生的职业病危害及其后果、职业病防护措施和待遇等如实告知劳动者，并在劳动合同中写明，不得隐瞒或者欺骗。

劳动者在已订立劳动合同期间因工作岗位或者工作内容变更，从事与所订立劳动合同中未告知的存在职业病危害的作业时，用人单位应当依照前款规定，向劳动者履行如实告知的义务，并协商变更原劳动合同相关

---

① 吴高盛主编：《〈中华人民共和国劳动合同法〉条文释义与适用》，人民法院出版社2007年版。

条款。

用人单位违反前两款规定的，劳动者有权拒绝从事存在职业病危害的作业，用人单位不得因此解除与劳动者所订立的劳动合同。

第三十五条 对从事接触职业病危害的作业的劳动者，用人单位应当按照国务院卫生行政部门的规定组织上岗前、在岗期间和离岗时的职业健康检查，并将检查结果书面告知劳动者。职业健康检查费用由用人单位承担。

用人单位不得安排未经上岗前职业健康检查的劳动者从事接触职业病危害的作业；不得安排有职业禁忌的劳动者从事其所禁忌的作业；对在职业健康检查中发现有与所从事的职业相关的健康损害的劳动者，应当调离原工作岗位，并妥善安置；对未进行离岗前职业健康检查的劳动者不得解除或者终止与其订立的劳动合同。

职业健康检查应当由取得《医疗机构执业许可证》的医疗卫生机构承担。卫生行政部门应当加强对职业健康检查工作的规范管理，具体管理办法由国务院卫生行政部门制定。

第三十九条 劳动者享有下列职业卫生保护权利：

（一）获得职业卫生教育、培训；

（二）获得职业健康检查、职业病诊疗、康复等职业病防治服务；

（三）了解工作场所产生或者可能产生的职业病危害因素、危害后果和应当采取的职业病防护措施；

（四）要求用人单位提供符合防治职业病要求的职业病防护设施和个人使用的职业病防护用品，改善工作条件；

（五）对违反职业病防治法律、法规以及危及生命健康的行为提出批评、检举和控告；

（六）拒绝违章指挥和强令进行没有职业病防护措施的作业；

（七）参与用人单位职业卫生工作的民主管理，对职业病防治工作提出意见和建议。

用人单位应当保障劳动者行使前款所列权利。因劳动者依法行使正当权利而降低其工资、福利等待遇或者解除、终止与其订立的劳动合同的，其行为无效。

第五十五条 医疗卫生机构发现疑似职业病病人时，应当告知劳动者本人并及时通知用人单位。

用人单位应当及时安排对疑似职业病病人进行诊断；在疑似职业病病人诊断或者医学观察期间，不得解除或者终止与其订立的劳动合同。

疑似职业病病人在诊断、医学观察期间的费用，由用人单位承担。

《中华人民共和国劳动合同法》（2012 年 12 月 28 日修正）

第二十一条　在试用期中，除劳动者有本法第三十九条和第四十条第一项、第二项规定的情形外，用人单位不得解除劳动合同。用人单位在试用期解除劳动合同的，应当向劳动者说明理由。

第四十二条　劳动者有下列情形之一的，用人单位不得依照本法第四十条、第四十一条的规定解除劳动合同：

（一）从事接触职业病危害作业的劳动者未进行离岗前职业健康检查，或者疑似职业病病人在诊断或者医学观察期间的；

（二）在本单位患职业病或者因工负伤并被确认丧失或者部分丧失劳动能力的；

（三）患病或者非因工负伤，在规定的医疗期内的；

（四）女职工在孕期、产期、哺乳期的；

（五）在本单位连续工作满十五年，且距法定退休年龄不足五年的；

（六）法律、行政法规规定的其他情形。

【行政法规与国务院规范性文件】

《女职工劳动保护特别规定》（2012 年 4 月 28 日公布）

第五条　用人单位不得因女职工怀孕、生育、哺乳降低其工资、予以辞退、与其解除劳动或者聘用合同。

《工伤保险条例》（2010 年 12 月 20 日修订）

第三章　工伤认定

第十四条　职工有下列情形之一的，应当认定为工伤：

（一）在工作时间和工作场所内，因工作原因受到事故伤害的；

（二）工作时间前后在工作场所内，从事与工作有关的预备性或者收尾性工作受到事故伤害的；

（三）在工作时间和工作场所内，因履行工作职责受到暴力等意外伤害的；

（四）患职业病的；

（五）因工外出期间，由于工作原因受到伤害或者发生事故下落不明的；

（六）在上下班途中，受到非本人主要责任的交通事故或者城市轨道交通、客运轮渡、火车事故伤害的；

（七）法律、行政法规规定应当认定为工伤的其他情形。

第十五条 职工有下列情形之一的，视同工伤：

（一）在工作时间和工作岗位，突发疾病死亡或者在 48 小时之内经抢救无效死亡的；

（二）在抢险救灾等维护国家利益、公共利益活动中受到伤害的；

（三）职工原在军队服役，因战、因公负伤致残，已取得革命伤残军人证，到用人单位后旧伤复发的。

职工有前款第（一）项、第（二）项情形的，按照本条例的有关规定享受工伤保险待遇；职工有前款第（三）项情形的，按照本条例的有关规定享受除一次性伤残补助金以外的工伤保险待遇。

第十六条 职工符合本条例第十四条、第十五条的规定，但是有下列情形之一的，不得认定为工伤或者视同工伤：

（一）故意犯罪的；

（二）醉酒或者吸毒的；

（三）自残或者自杀的。

第十七条 职工发生事故伤害或者按照职业病防治法规定被诊断、鉴定为职业病，所在单位应当自事故伤害发生之日或者被诊断、鉴定为职业病之日起 30 日内，向统筹地区社会保险行政部门提出工伤认定申请。遇有特殊情况，经报社会保险行政部门同意，申请时限可以适当延长。

用人单位未按前款规定提出工伤认定申请的，工伤职工或者其近亲属、工会组织在事故伤害发生之日或者被诊断、鉴定为职业病之日起 1 年内，可以直接向用人单位所在地统筹地区社会保险行政部门提出工伤认定申请。

按照本条第一款规定应当由省级社会保险行政部门进行工伤认定的事项，根据属地原则由用人单位所在地的设区的市级社会保险行政部门办理。

用人单位未在本条第一款规定的时限内提交工伤认定申请，在此期间发生符合本条例规定的工伤待遇等有关费用由该用人单位负担。

第十八条 提出工伤认定申请应当提交下列材料：

（一）工伤认定申请表；

（二）与用人单位存在劳动关系（包括事实劳动关系）的证明材料；

（三）医疗诊断证明或者职业病诊断证明书（或者职业病诊断鉴定书）。

工伤认定申请表应当包括事故发生的时间、地点、原因以及职工伤害程度等基本情况。

工伤认定申请人提供材料不完整的，社会保险行政部门应当一次性书面告知工伤认定申请人需要补正的全部材料。申请人按照书面告知要求补正材料后，社会保险行政部门应当受理。

第十九条　社会保险行政部门受理工伤认定申请后，根据审核需要可以对事故伤害进行调查核实，用人单位、职工、工会组织、医疗机构以及有关部门应当予以协助。职业病诊断和诊断争议的鉴定，依照职业病防治法的有关规定执行。对依法取得职业病诊断证明书或者职业病诊断鉴定书的，社会保险行政部门不再进行调查核实。

职工或者其近亲属认为是工伤，用人单位不认为是工伤的，由用人单位承担举证责任。

第二十条　社会保险行政部门应当自受理工伤认定申请之日起 60 日内作出工伤认定的决定，并书面通知申请工伤认定的职工或者其近亲属和该职工所在单位。

社会保险行政部门对受理的事实清楚、权利义务明确的工伤认定申请，应当在 15 日内作出工伤认定的决定。

作出工伤认定决定需要以司法机关或者有关行政主管部门的结论为依据的，在司法机关或者有关行政主管部门尚未作出结论期间，作出工伤认定决定的时限中止。

社会保险行政部门工作人员与工伤认定申请人有利害关系的，应当回避。

第四章　劳动能力鉴定

第二十一条　职工发生工伤，经治疗伤情相对稳定后存在残疾、影响劳动能力的，应当进行劳动能力鉴定。

第二十二条　劳动能力鉴定是指劳动功能障碍程度和生活自理障碍程度的等级鉴定。

劳动功能障碍分为十个伤残等级，最重的为一级，最轻的为十级。

生活自理障碍分为三个等级：生活完全不能自理、生活大部分不能自理和生活部分不能自理。

劳动能力鉴定标准由国务院社会保险行政部门会同国务院卫生行政部门等部门制定。

第二十三条 劳动能力鉴定由用人单位、工伤职工或者其近亲属向设区的市级劳动能力鉴定委员会提出申请，并提供工伤认定决定和职工工伤医疗的有关资料。

第二十四条 省、自治区、直辖市劳动能力鉴定委员会和设区的市级劳动能力鉴定委员会分别由省、自治区、直辖市和设区的市级社会保险行政部门、卫生行政部门、工会组织、经办机构代表以及用人单位代表组成。

劳动能力鉴定委员会建立医疗卫生专家库。列入专家库的医疗卫生专业技术人员应当具备下列条件：

（一）具有医疗卫生高级专业技术职务任职资格；

（二）掌握劳动能力鉴定的相关知识；

（三）具有良好的职业品德。

第二十五条 设区的市级劳动能力鉴定委员会收到劳动能力鉴定申请后，应当从其建立的医疗卫生专家库中随机抽取 3 名或者 5 名相关专家组成专家组，由专家组提出鉴定意见。设区的市级劳动能力鉴定委员会根据专家组的鉴定意见作出工伤职工劳动能力鉴定结论；必要时，可以委托具备资格的医疗机构协助进行有关的诊断。

设区的市级劳动能力鉴定委员会应当自收到劳动能力鉴定申请之日起 60 日内作出劳动能力鉴定结论，必要时，作出劳动能力鉴定结论的期限可以延长 30 日。劳动能力鉴定结论应当及时送达申请鉴定的单位和个人。

第二十六条 申请鉴定的单位或者个人对设区的市级劳动能力鉴定委员会作出的鉴定结论不服的，可以在收到该鉴定结论之日起 15 日内向省、自治区、直辖市劳动能力鉴定委员会提出再次鉴定申请。省、自治区、直辖市劳动能力鉴定委员会作出的劳动能力鉴定结论为最终结论。

第二十七条 劳动能力鉴定工作应当客观、公正。劳动能力鉴定委员会组成人员或者参加鉴定的专家与当事人有利害关系的，应当回避。

第二十八条 自劳动能力鉴定结论作出之日起 1 年后，工伤职工或者其近亲属、所在单位或者经办机构认为伤残情况发生变化的，可以申请劳动能力复查鉴定。

【部门规章与规范性文件】

◎《劳动部关于〈劳动法〉若干条文的说明》（1994 年 9 月 5 日公布）

本条第（一）项、第（二）项、第（三）项之所以以法律的形式规定不得解除劳动合同，是为了保证劳动者在特殊情况下的权益不受侵害。在第（二）项、第（三）项规定的情形下劳动合同到期的，应延续劳动合同到医疗期满或女职工“三期”届满为止。

本条第（四）项中的“法律、法规规定的其他情形”，这类规定是立法时经常采用的技术性手段，其立法用意是：（1）在该条款列举情况时，为避免遗漏现行法律、法规规定的其他情况，采用此种办法使该法与其他法相衔接。（2）便于以后颁布的法律相衔接，即与新法相衔接。本法第四十二条第（三）项的解释与此相同。

《劳动部关于贯彻执行〈中华人民共和国劳动法〉若干问题的意见》（1995年8月4日公布）

34. 除劳动法第二十五条规定的情形外，劳动者在医疗期、孕期、产期和哺乳期内，劳动合同期限届满时，用人单位不得终止劳动合同。劳动合同的期限应自动延续至医疗期、孕期、产期和哺乳期期满为止。

35. 请长病假的职工在医疗期满后，能从事原工作的，可以继续履行劳动合同；医疗期满后仍不能从事原工作也不能从事由单位另行安排的工作的，由劳动鉴定委员会参照工伤与职业病致残程度鉴定标准进行劳动能力鉴定。被鉴定为一至四级的，应当退出劳动岗位，解除劳动关系，办理因病或非因工负伤退休退职手续，享受相应的退休退职待遇；被鉴定为五至十级的，用人单位可以解除劳动合同，并按规定支付经济补偿金和医疗补助费。

《劳务派遣暂行规定》（2014年1月24日公布）

第十五条　被派遣劳动者因本规定第十二条规定被用工单位退回，劳务派遣单位重新派遣时维持或者提高劳动合同约定条件，被派遣劳动者不同意的，劳务派遣单位可以解除劳动合同。

被派遣劳动者因本规定第十二条规定被用工单位退回，劳务派遣单位重新派遣时降低劳动合同约定条件，被派遣劳动者不同意的，劳务派遣单位不得解除劳动合同。但被派遣劳动者提出解除劳动合同的除外。

《工伤认定办法》（2010年12月31日公布）

第四条　职工发生事故伤害或者按照职业病防治法规定被诊断、鉴定为职业病，所在单位应当自事故伤害发生之日或者被诊断、鉴定为职业病之日起30日内，向统筹地区劳动保障行政部门提出工伤认定申请。遇有特殊情况，经报劳动保障行政部门同意，申请时限可以适当延长。

按照前款规定应当向省级劳动保障行政部门提出工伤认定申请的，根据属地原则应向用人单位所在地设区的市级劳动保障行政部门提出。

第五条 用人单位未在规定的期限内提出工伤认定申请的，受伤害职工或者其近亲属、工会组织在事故伤害发生之日或者被诊断、鉴定为职业病之日起1年内，可以直接按照本办法第四条规定提出工伤认定申请。

第六条 提出工伤认定申请应当填写《工伤认定申请表》，并提交下列材料：

（一）劳动、聘用合同文本复印件或者与用人单位存在劳动关系（包括事实劳动关系）、人事关系的其他证明材料；

（二）医疗机构出具的受伤后诊断证明书或者职业病诊断证明书（或者职业病诊断鉴定书）。

第七条 工伤认定申请人提交的申请材料符合要求，属于社会保险行政部门管辖范围且在受理时限内的，社会保险行政部门应当受理。

第八条 社会保险行政部门收到工伤认定申请后，应当在15日内对申请人提交的材料进行审核，材料完整的，作出受理或者不予受理的决定；材料不完整的，应当以书面形式一次性告知申请人需要补正的全部材料。社会保险行政部门收到申请人提交的全部补正材料后，应当在15日内作出受理或者不予受理的决定。

社会保险行政部门决定受理的，应当出具《工伤认定申请受理决定书》；决定不予受理的，应当出具《工伤认定申请不予受理决定书》。

第九条 社会保险行政部门受理工伤认定申请后，可以根据需要对申请人提供的证据进行调查核实。

第十一条 社会保险行政部门工作人员在工伤认定中，可以进行以下调查核实工作：

（一）根据工作需要，进入有关单位和事故现场；

（二）依法查阅与工伤认定有关的资料，询问有关人员并作出调查笔录；

（三）记录、录音、录像和复制与工伤认定有关的资料。

调查核实工作的证据收集参照行政诉讼证据收集的有关规定执行。

第十二条 社会保险行政部门工作人员进行调查核实时，有关单位和个人应当予以协助。用人单位、工会组织、医疗机构以及有关部门应当负责安排相关人员配合工作，据实提供情况和证明材料。

第十三条 社会保险行政部门在进行工伤认定时，对申请人提供的符合国家有关规定的职业病诊断证明书或者职业病诊断鉴定书，不再进行调查核实。职业病诊断证明书或者职业病诊断鉴定书不符合国家规定的要求和格式的，社会保险行政部门可以要求出具证据部门重新提供。

第十四条　社会保险行政部门受理工伤认定申请后，可以根据工作需要，委托其他统筹地区的社会保险行政部门或者相关部门进行调查核实。

第十五条　社会保险行政部门工作人员进行调查核实时，应当履行下列义务：

（一）保守有关单位商业秘密以及个人隐私；

（二）为提供情况的有关人员保密。

第十六条　社会保险行政部门工作人员与工伤认定申请人有利害关系的，应当回避。

第十七条　职工或者其近亲属认为是工伤，用人单位不认为是工伤的，由该用人单位承担举证责任。用人单位拒不举证的，社会保险行政部门可以根据受伤害职工提供的证据或者调查取得的证据，依法作出工伤认定决定。

第十八条　社会保险行政部门应当自受理工伤认定申请之日起 60 日内作出工伤认定决定，出具《认定工伤决定书》或者《不予认定工伤决定书》。

第十九条　《认定工伤决定书》应当载明下列事项：

（一）用人单位全称；

（二）职工的姓名、性别、年龄、职业、身份证号码；

（三）受伤害部位、事故时间和诊断时间或职业病名称、受伤害经过和核实情况、医疗救治的基本情况和诊断结论；

（四）认定工伤或者视同工伤的依据；

（五）不服认定决定申请行政复议或者提起行政诉讼的部门和时限；

（六）作出认定工伤或者视同工伤决定的时间。

《不予认定工伤决定书》应当载明下列事项：

（一）用人单位全称；

（二）职工的姓名、性别、年龄、职业、身份证号码；

（三）不予认定工伤或者不视同工伤的依据；

（四）不服认定决定申请行政复议或者提起行政诉讼的部门和时限；

（五）作出不予认定工伤或者不视同工伤决定的时间。

《认定工伤决定书》和《不予认定工伤决定书》应当加盖社会保险行

政部门工伤认定专用印章。

第二十条 社会保险行政部门受理工伤认定申请后，作出工伤认定决定需要以司法机关或者有关行政主管部门的结论为依据的，在司法机关或者有关行政主管部门尚未作出结论期间，作出工伤认定决定的时限中止，并书面通知申请人。

第二十一条 社会保险行政部门对于事实清楚、权利义务明确的工伤认定申请，应当自受理工伤认定申请之日起15日内作出工伤认定决定。

第二十二条 社会保险行政部门应当自工伤认定决定作出之日起20日内，将《认定工伤决定书》或者《不予认定工伤决定书》送达受伤害职工（或者其近亲属）和用人单位，并抄送社会保险经办机构。

《认定工伤决定书》和《不予认定工伤决定书》的送达参照民事法律有关送达的规定执行。

第二十三条 职工或者其近亲属、用人单位对不予受理决定不服或者对工伤认定决定不服的，可以依法申请行政复议或者提起行政诉讼。

第二十四条 工伤认定结束后，社会保险行政部门应当将工伤认定的有关资料保存50年。

《劳动部关于贯彻〈企业职工患病或非因工负伤医疗期规定〉的通知》（1995年5月23日公布）

一、关于医疗期的计算问题

1. 医疗期计算应从病休第一天开始，累计计算。如：应享受三个月医疗期的职工，如果从1995年3月5日起第一次病休，那么，该职工的医疗期应在3月5日到9月5日之间确定，在此期间累计病休三个月即视为医疗期满。其它依此类推。

2. 病休期间，公休、假日和法定节日包括在内。

二、关于特殊疾病的医疗期问题

根据目前的实际情况，对某些患特殊疾病（如癌症、精神病、瘫痪等）的职工，在24个月内尚不能痊愈的，经企业和劳动主管部门批准，可以适当延长医疗期。

《企业职工患病或非因工负伤医疗期规定》（1994年12月1日公布）

第一条 为了保障企业职工在患病或非因工负伤期间的合法权益，根据《中华人民共和国劳动法》第二十六、二十九条规定，制定本规定。

第三条 企业职工因患病或非因工负伤，需要停止工作医疗时，根据本人实际参加工作年限和在本单位工作年限，给予三个月到二十四个月的医疗期：

（一）实际工作年限十年以下的，在本单位工作年限五年以下的为三个月；五年以上的为六个月。

（二）实际工作年限十年以上的，在本单位工作年限五年以下的为六个月；五年以上十年以下的为九个月；十年以上十五年以下的为十二个月；十五年以上二十年以下的为十八个月；二十年以上的为二十四个月。

第四条　医疗期三个月的按六个月内累计病休时间计算；六个月的按十二个月内累计病休时间计算；九个月的按十五个月内累计病休时间计算；十二个月的按十八个月内累计病休时间计算；十八个月的按二十四个月内累计病休时间计算；二十四个月的按三十个月内累计病休时间计算。

第六条　企业职工非因工致残和经医生或医疗机构认定患有难以治疗的疾病，在医疗期内医疗终结，不能从事原工作，也不能从事用人单位另行安排的工作的，应当由劳动鉴定委员会参照工伤与职业病致残程度鉴定标准进行劳动能力的鉴定。被鉴定为一至四级的，应当退出劳动岗位，终止劳动关系，办理退休、退职手续，享受退休、退职待遇；被鉴定为五至十级的，医疗期内不得解除劳动合同。

第七条　企业职工非因工致残和经医生或医疗机构认定患有难以治疗的疾病，医疗期满，应当由劳动鉴定委员会参照工伤与职业病致残程度鉴定标准进行劳动能力的鉴定。被鉴定为一至四级的，应当退出劳动岗位，解除劳动关系，并办理退休、退职手续，享受退休、退职待遇。

第八条　医疗期满尚未痊愈者，被解除劳动合同的经济补偿问题按照有关规定执行。

典型案例要旨

张某杰诉上海敬豪劳务服务有限公司等劳动合同纠纷案（摘自《最高人民法院公报》2017 年第 5 期）

从事接触职业病危害的作业的劳动者未进行离岗前职业健康检查的，用人单位不得解除或终止与其订立的劳动合同。即使用人单位与劳动者已协商一致解除劳动合同，解除协议也应认定为无效。

知识点

一、患职业病或者因工负伤并被确认丧失或部分丧失劳动能力的

职业病是指劳动者在生产劳动及其他职业中，接触职业性有害因素引起的疾病。职业病的确定，要由指定的职业病诊断医院或者职业病科确诊后作出。所谓因工负伤，是指在因工伤亡事故中负伤，或者属于劳动法规规定范围内的其他原因造成的因工负伤，包括由于执行日常工作以及执行企业行政方面临时指定或者同意的工作、在紧急情况下未经企业行政方面指定而从事对企业有利的工作、由于从事发明或者技术改进的工作和在从事对社会有利的工作情况下负伤等，都属于因工负伤。

二、患病或者负伤，在规定的医疗期之内的

这里的“患病”，是指患职业病以外的疾病，“负伤”是指非因工负伤。劳动者患病或者负伤，用人单位应当给其一定的医疗期限以保证劳动者治病和疗伤的需要。在此期限之内，劳动者身体还未康复，无法重新寻找工作。如果用人单位解除劳动合同，可能会影响劳动者的身体健康和生活状况。在这种情况下，即使出现特殊的经营困难，用人单位也不得解除劳动合同。

三、女职工在孕期、产期、哺乳期之内的

孕期是指怀孕期间，产期是指生育期间，哺乳期是指女职工哺乳其婴幼儿的时间。为了充分保护妇女的合法权益，为了保障女职工在为人类再生产中不可避免或必需的条件，为了保护下一代的身心健康，即使具备了解除合同的条件，用人单位也不得解除劳动合同；即使劳动合同期限届满，用人单位也不得解除劳动合同。

四、法律法规规定的其他情形

1. 从事接触职业病危害作业的劳动者未进行离岗前职业病健康检查，或者疑似职业病病人在诊断或者医学观察期间的。

2. 在本单位患职业病或者因工负伤并被确认丧失或者部分丧失劳动能力的。

3. 患病或者非因工负伤，在规定的医疗期内的。

4. 女职工在孕期、产期、哺乳期的。

5. 在本单位连续工作满 15 年，且距法定退休年龄不足 5 年的。①

第三十条 用人单位解除劳动合同，工会认为不适当的，有权提出意见。如果用人单位违反法律、法规或者劳动合同，工会有权要求重新处理；劳动者申请仲裁或者提起诉讼的，工会应当依法给予支持和帮助。

相关规定

【法律】

《中华人民共和国工会法》（2021 年 12 月 24 日修正）

第二十二条 企业、事业单位、社会组织处分职工，工会认为不适当的，有权提出意见。

用人单位单方面解除职工劳动合同时，应当事先将理由通知工会，工会认为用人单位违反法律、法规和有关合同，要求重新研究处理时，用人单位应当研究工会的意见，并将处理结果书面通知工会。

职工认为用人单位侵犯其劳动权益而申请劳动争议仲裁或者向人民法院提起诉讼的，工会应当给予支持和帮助。

第二十五条 工会有权对企业、事业单位侵犯职工合法权益的问题进行调查，有关单位应当予以协助。

第五十三条 违反本法规定，有下列情形之一的，由劳动行政部门责令恢复其工作，并补发被解除劳动合同期间应得的报酬，或者责令给予本人年收入二倍的赔偿：

（一）职工因参加工会活动而被解除劳动合同的；

（二）工会工作人员因履行本法规定的职责而被解除劳动合同的。

《中华人民共和国劳动合同法》（2012 年 12 月 28 日修正）

第四十三条 用人单位单方解除劳动合同，应当事先将理由通知工会。用人单位违反法律、行政法规规定或者劳动合同约定的，工会有权要求用

① 回沪明、高圣平主编：《劳动法及配套规定新释新解（上）》，人民法院出版社 2004 年版。

人单位纠正。用人单位应当研究工会的意见，并将处理结果书面通知工会。

【司法解释】

《最高人民法院关于审理劳动争议案件适用法律问题的解释（一）》（2020年12月29日公布）

第四十七条 建立了工会组织的用人单位解除劳动合同符合劳动合同法第三十九条、第四十条规定，但未按照劳动合同法第四十三条规定事先通知工会，劳动者以用人单位违法解除劳动合同为由请求用人单位支付赔偿金的，人民法院应予支持，但起诉前用人单位已经补正有关程序的除外。

【部门规章与规范性文件】

《劳动部关于〈劳动法〉若干条文的说明》（1994年9月5日公布）

本条中的"法律、法规"是指与解除劳动合同有关的现行法律、法规。

知识点

为了充分发挥工会的作用，缓减矛盾，减少劳动争议的发生，工会对用人单位单方解除劳动合同的行为有知情权。用人单位凡是要单方解除劳动合同的，都必须将解除理由通知工会。为了更好地保护工会的知情权，使工会能及时发挥法定职责，用人单位还必须事先提前将理由通知工会。

劳动合同与一般的民事合同有所区别，一般民事合同的主体具有平等性，但劳动合同双方当事人所形成的劳动关系中，用人单位对劳动者具有管理权和指挥权，并且对违反劳动纪律的劳动者具有惩戒权，因而劳动者和用人单位处于不平等地位，劳动者处于明显的弱势。为了防止用人单位动辄以劳动者违反劳动纪律和规章制度为由单方任意解除劳动合同，法律对用人单位单方解除劳动合同给予严格的限制，以保护劳动者的合法权益不受损害。

考虑到由用人单位单方解除劳动合同会给劳动者的切身利益带来不利影响，本条规定了工会在用人单位单方解除劳动合同问题上的作用。因为工会是职工利益的代表，用人单位单方解除劳动合同，应当事先将理由通知工会，工会对此有知情权。如果用人单位违反法律、行政法规规定或者劳动合同约定的，工会有权要求用人单位予以纠正。用人单位应当研究工会的意见，并将处理结果书面通知工会。我国工会法对此也有相同的规定。①

> **第三十一条**　劳动者解除劳动合同，应当提前三十日以书面形式通知用人单位。

相关规定

【法律】

《中华人民共和国劳动合同法》（2012年12月28日修正）

第三十七条　劳动者提前三十日以书面形式通知用人单位，可以解除劳动合同。劳动者在试用期内提前三日通知用人单位，可以解除劳动合同。

第三十八条　用人单位有下列情形之一的，劳动者可以解除劳动合同：

（一）未按照劳动合同约定提供劳动保护或者劳动条件的；

（二）未及时足额支付劳动报酬的；

（三）未依法为劳动者缴纳社会保险费的；

（四）用人单位的规章制度违反法律、法规的规定，损害劳动者权益的；

（五）因本法第二十六条第一款规定的情形致使劳动合同无效的；

（六）法律、行政法规规定劳动者可以解除劳动合同的其他情形。

用人单位以暴力、威胁或者非法限制人身自由的手段强迫劳动者劳动的，或者用人单位违章指挥、强令冒险作业危及劳动者人身安全的，劳动者可以立即解除劳动合同，不需事先告知用人单位。

第六十五条　被派遣劳动者可以依照本法第三十六条、第三十八条的规定与劳务派遣单位解除劳动合同。

被派遣劳动者有本法第三十九条和第四十条第一项、第二项规定情形的，用工单位可以将劳动者退回劳务派遣单位，劳务派遣单位依照本法有关规定，可以与劳动者解除劳动合同。

---

①　吴高盛主编：《〈中华人民共和国劳动合同法〉条文释义与适用》，人民法院出版社2007年版，第93~94页。

【行政法规与国务院规范性文件】

◎《中华人民共和国劳动合同法实施条例》（2008 年 9 月 18 日公布）

第十八条 有下列情形之一的，依照劳动合同法规定的条件、程序，劳动者可以与用人单位解除固定期限劳动合同、无固定期限劳动合同或者以完成一定工作任务为期限的劳动合同：

（一）劳动者与用人单位协商一致的；

（二）劳动者提前 30 日以书面形式通知用人单位的；

（三）劳动者在试用期内提前 3 日通知用人单位的；

（四）用人单位未按照劳动合同约定提供劳动保护或者劳动条件的；

（五）用人单位未及时足额支付劳动报酬的；

（六）用人单位未依法为劳动者缴纳社会保险费的；

（七）用人单位的规章制度违反法律、法规的规定，损害劳动者权益的；

（八）用人单位以欺诈、胁迫的手段或者乘人之危，使劳动者在违背真实意思的情况下订立或者变更劳动合同的；

（九）用人单位在劳动合同中免除自己的法定责任、排除劳动者权利的；

（十）用人单位违反法律、行政法规强制性规定的；

（十一）用人单位以暴力、威胁或者非法限制人身自由的手段强迫劳动者劳动的；

（十二）用人单位违章指挥、强令冒险作业危及劳动者人身安全的；

（十三）法律、行政法规规定劳动者可以解除劳动合同的其他情形。

【部门规章与规范性文件】

◎《劳动部关于〈劳动法〉若干条文的说明》（1994 年 9 月 5 日公布）

本条规定了劳动者的辞职权，除此条规定的程序外，对劳动者行使辞职权不附加任何条件。但违反劳动合同约定者要依法承担责任。

◎《劳动部关于贯彻执行〈中华人民共和国劳动法〉若干问题的意见》（1995 年 8 月 4 日公布）

32. 按照劳动法第三十一条的规定，劳动者解除劳动合同，应当提前三十日以书面形式通知用人单位。超过三十日，劳动者可以向用人单位提出办理解除劳动合同手续，用人单位予以办理。如果劳动者违法解除劳动合同给原用人单位造成经济损失，应当承担赔偿责任。

33. 劳动者违反劳动法规定或劳动合同的约定解除劳动合同（如擅自离职），给用人单位造成经济损失的，应当根据劳动法第一百零二条和劳动部《违反〈劳动法〉有关劳动合同规定的赔偿办法》（劳部发〔1995〕223号）的规定，承担赔偿责任。

◎《劳动部办公厅关于劳动者解除劳动合同有关问题的复函》（1995年12月19日公布）

按照《劳动法》第三十一条的规定："劳动者解除劳动合同，应当提前30日以书面形式通知用人单位"。劳动者提前30日以书面形式通知用人单位，既是解除劳动合同的程序，也是解除劳动合同的条件。劳动者提前30日以书面形式通知用人单位，解除劳动合同，无需征得用人单位的同意。超过30日，劳动者向用人单位提出办理解除劳动合同的手续，用人单位应予以办理。但由于劳动者违反劳动合同有关约定而给用人单位造成经济损失的，应依据有关法律、法规、规章的规定和劳动合同的约定，由劳动者承担赔偿责任。

劳动者违反提前30日以书面形式通知用人单位的规定，而要求解除劳动合同，用人单位可以不予办理。劳动者违法解除劳动合同而给原用人单位造成经济损失，应当依据有关法律、法规、规章的规定和劳动合同的约定承担赔偿责任。

《违反〈劳动法〉有关劳动合同规定的赔偿办法》（劳部发〔1995〕223号）第六条规定的"用人单位招用尚未解除劳动合同的劳动者，对原用人单位造成经济损失的，该用人单位应当承担连带赔偿责任"，是对用人单位承担连带赔偿责任的规定，与劳动者提前30日提出解除劳动合同没有关系。

◎《违反〈劳动法〉有关劳动合同规定的赔偿办法》（1995年5月10日公布）

第四条　劳动者违反规定或劳动合同的约定解除劳动合同，对用人单位造成损失的，劳动者应赔偿用人单位下列损失：

（一）用人单位招收录用其所支付的费用；

（二）用人单位为其支付的培训费用，双方另有约定的按约定办理；

（三）对生产、经营和工作造成的直接经济损失；

（四）劳动合同约定的其他赔偿费用。

知识点

从保护劳动者权益出发，法律赋予了劳动者单方解除劳动合同的权利。《劳动合同法》对此项权利也作了规定，从而以立法的形式原则性规定了**劳动者单方解除劳动合同**的权利。主要体现在两个方面：

一、遵守解除预告期

劳动合同的解除预告期是各国劳动立法的通行做法。劳动者在享有解除劳动合同自主权的同时，也应当遵守解除合同预告期，即应当提前30天通知用人单位才能有效，也就是说，劳动者在书面通知用人单位后还应继续工作至少30天。这样便于用人单位及时安排人员接替其工作，保持劳动过程的连续性，确保正常的工作秩序，避免因解除劳动合同而影响企业的生产经营活动，给用人单位造成不必要的损失。

二、书面形式通知用人单位

无论是劳动者还是用人单位在解除劳动合同时，都必须以书面形式告知对方。因为这一时间的确定直接关系到解除预告期的起算时间，也关系到劳动者的工资等利益，所以必须采用慎重的方式来表达。

《劳动合同法》还对劳动者在试用期内与用人单位解除劳动合同作了规定。试用期既是用人单位对新招收职工各方面的情况进行考察的期限，看劳动者是否具备录用条件，也是新招收职工用以考察用人单位的劳动条件、劳动报酬是否符合劳动合同规定的选择期限。在试用期内，劳动者与用人单位的劳动关系处于一种不确定状态，劳动者对是否与用人单位建立正式的劳动关系仍有选择的权利。为此，劳动者在试用期内，发现用人单位的实际情况与订立劳动合同时所介绍的实际情况不相符合，或者发现自己不适于从事该工种工作，以及存在其他不能履行劳动合同的情况，劳动者无须任何理由，只要提前3天，便可以通知用人单位予以解除劳动合同。①

---

① 全国人大常委会法制工作委员会行政法室编著：《最新〈中华人民共和国劳动合同法〉解读与案例》，人民出版社2013年版。

> **第三十二条**　有下列情形之一的，劳动者可以随时通知用人单位解除劳动合同：
>
> （一）在试用期内的；
>
> （二）用人单位以暴力、威胁或者非法限制人身自由的手段强迫劳动的；
>
> （三）用人单位未按照劳动合同约定支付劳动报酬或者提供劳动条件的。

相关规定

【法律】

《中华人民共和国劳动合同法》（2012 年 12 月 28 日修正）

第三十七条　劳动者提前三十日以书面形式通知用人单位，可以解除劳动合同。劳动者在试用期内提前三日通知用人单位，可以解除劳动合同。

第三十八条　用人单位有下列情形之一的，劳动者可以解除劳动合同：

（一）未按照劳动合同约定提供劳动保护或者劳动条件的；

（二）未及时足额支付劳动报酬的；

（三）未依法为劳动者缴纳社会保险费的；

（四）用人单位的规章制度违反法律、法规的规定，损害劳动者权益的；

（五）因本法第二十六条第一款规定的情形致使劳动合同无效的；

（六）法律、行政法规规定劳动者可以解除劳动合同的其他情形。

用人单位以暴力、威胁或者非法限制人身自由的手段强迫劳动者劳动的，或者用人单位违章指挥、强令冒险作业危及劳动者人身安全的，劳动者可以立即解除劳动合同，不需事先告知用人单位。

【司法解释】

《最高人民法院关于审理劳动争议案件适用法律问题的解释（一）》（2020 年 12 月 29 日公布）

第四十五条　用人单位有下列情形之一，迫使劳动者提出解除劳动合同的，用人单位应当支付劳动者的劳动报酬和经济补偿，并可支付赔偿金：

（一）以暴力、威胁或者非法限制人身自由的手段强迫劳动的；

（二）未按照劳动合同约定支付劳动报酬或者提供劳动条件的；

（三）克扣或者无故拖欠劳动者工资的；

（四）拒不支付劳动者延长工作时间工资报酬的；

（五）低于当地最低工资标准支付劳动者工资的。

【行政法规与国务院规范性文件】

《中华人民共和国劳动合同法实施条例》（2008 年 9 月 18 日公布）

第十八条 有下列情形之一的，依照劳动合同法规定的条件、程序，劳动者可以与用人单位解除固定期限劳动合同、无固定期限劳动合同或者以完成一定工作任务为期限的劳动合同：

（一）劳动者与用人单位协商一致的；

（二）劳动者提前 30 日以书面形式通知用人单位的；

（三）劳动者在试用期内提前 3 日通知用人单位的；

（四）用人单位未按照劳动合同约定提供劳动保护或者劳动条件的；

（五）用人单位未及时足额支付劳动报酬的；

（六）用人单位未依法为劳动者缴纳社会保险费的；

（七）用人单位的规章制度违反法律、法规的规定，损害劳动者权益的；

（八）用人单位以欺诈、胁迫的手段或者乘人之危，使劳动者在违背真实意思的情况下订立或者变更劳动合同的；

（九）用人单位在劳动合同中免除自己的法定责任、排除劳动者权利的；

（十）用人单位违反法律、行政法规强制性规定的；

（十一）用人单位以暴力、威胁或者非法限制人身自由的手段强迫劳动者劳动的；

（十二）用人单位违章指挥、强令冒险作业危及劳动者人身安全的；

（十三）法律、行政法规规定劳动者可以解除劳动合同的其他情形。

【部门规章与规范性文件】

《劳动部关于〈劳动法〉若干条文的说明》（1994 年 9 月 5 日公布）

本条中的“非法限制人身自由”是指采用拘留、禁闭或其他强制方法非法剥夺或限制他人按照自己的意志支配自己的身体活动的自由的行为。

《劳动部关于贯彻执行〈中华人民共和国劳动法〉若干问题的意见》（1995年8月4日公布）

40. 劳动者依据劳动法第三十二条第（一）项解除劳动合同，用人单位可以不支付经济补偿金，但应按照劳动者的实际工作天数支付工资。

典型案例要旨

胡某金拒不支付劳动报酬案（指导案例28号，最高人民法院2014年6月26日发布）

1. 不具备用工主体资格的单位或者个人（包工头），违法用工且拒不支付劳动者报酬，数额较大，经政府有关部门责令支付仍不支付的，应当以拒不支付劳动报酬罪追究刑事责任。

2. 不具备用工主体资格的单位或者个人（包工头）拒不支付劳动报酬，即使其他单位或者个人在刑事立案前为其垫付了劳动报酬的，也不影响追究该用工单位或者个人（包工头）拒不支付劳动报酬罪的刑事责任。

知识点

《劳动法》本条和第三十一条都是规定劳动者单方解除劳动合同的情形，但两者存有明显之区别，在第三十一条情形，劳动者须提前通知用人单位，而且如果有违反劳动合同的情形，还须承担违反劳动合同的责任。而依本条情形解除劳动合同，劳动者无须提前通知，并不承担任何责任。

在发生下列情形之一的，**劳动者可以提前3日通知用人单位解除劳动合同**：

一、在试用期内的

在试用期内，如果劳动者发现用人单位的实际情况与用人单位所介绍的情况不符，或认为工作岗位不适合自己的特长、爱好，或出于其他原因，都可以提前3日通知解除劳动合同。

二、用人单位以暴力、威胁或非法限制人身自由的方式强迫劳动的

劳动者与用人单位之间的劳动关系，是建立在平等自愿、协商一致基础上的合同关系，因此，用人单位必须严格执行劳动合同的约定，安排劳动任务，劳动者也必须严格执行劳动合同的约定，努力完成工作任务。不允许用人单位以暴力、威胁或者非法限制人身自由的手段强迫劳动，即便是劳动者没有严格执行劳动合同完成工作任务的情况下。

三、用人单位未按劳动合同的约定支付劳动报酬或提供劳动条件的

劳动报酬是劳动者付出劳动应得的经济收入，也是劳动者得以维持生活需要的主要来源，不支付劳动报酬或不按合同约定支付劳动报酬，劳动者就难以维持劳动力的再生产，用人单位构成严重违约。劳动条件（包括劳动保护条件），是劳动者在保证生命健康安全的情况下，从事生产劳动的必不可少的条件，不提供劳动条件，劳动就无法正常进行，劳动者的安全就得不到保障。因此，用人单位必须严格执行劳动合同的约定，向劳动者支付劳动报酬和提供劳动条件。①

第三十三条 企业职工一方与企业可以就劳动报酬、工作时间、休息休假、劳动安全卫生、保险福利等事项，签订集体合同。集体合同草案应当提交职工代表大会或者全体职工讨论通过。

集体合同由工会代表职工与企业签订；没有建立工会的企业，由职工推举的代表与企业签订。

相关规定

【法律】

《中华人民共和国劳动合同法》（2012年12月28日修正）

第五十一条 企业职工一方与用人单位通过平等协商，可以就劳动报酬、工作时间、休息休假、劳动安全卫生、保险福利等事项订立集体合同。集体合同草案应当提交职工代表大会或者全体职工讨论通过。

集体合同由工会代表企业职工一方与用人单位订立；尚未建立工会的用人单位，由上级工会指导劳动者推举的代表与用人单位订立。

第五十二条 企业职工一方与用人单位可以订立劳动安全卫生、女职工权益保护、工资调整机制等专项集体合同。

---

① 回沪明、高圣平主编：《劳动法及配套规定新释新解（上）》，人民法院出版社2004年版。

第五十三条　在县级以下区域内，建筑业、采矿业、餐饮服务业等行业可以由工会与企业方面代表订立行业性集体合同，或者订立区域性集体合同。

第五十四条　集体合同订立后，应当报送劳动行政部门；劳动行政部门自收到集体合同文本之日起十五日内未提出异议的，集体合同即行生效。

依法订立的集体合同对用人单位和劳动者具有约束力。行业性、区域性集体合同对当地本行业、本区域的用人单位和劳动者具有约束力。

【行政法规与国务院规范性文件】

《国务院关于印发中国妇女发展纲要和中国儿童发展纲要的通知》（2021年9月8日公布）

9. 保障女职工劳动权益。督促用人单位规范用工行为，依法与女职工签订劳动合同，推动签订女职工权益保护专项集体合同。加强劳动保障法律监督。指导用人单位建立预防和制止性骚扰工作机制，完善相关执法措施。加强劳动用工领域信用建设，加大对侵犯女职工劳动权益行为的失信惩戒力度。推动有条件的劳动人事争议仲裁机构设立女职工维权仲裁庭，依法处理女职工劳动争议案件。

【部门规章与规范性文件】

《劳动部关于〈劳动法〉若干条文的说明》（1994年9月5日公布）

本条中的“企业职工一方”是指企业工会或者职工推举的代表（没有建立工会的企业）。

本条中的“保险福利”主要是指国家基本社会保险之外的企业补充保险和职工福利。国家基本社会保险依照法律法规规定执行。

《劳动部关于贯彻执行〈中华人民共和国劳动法〉若干问题的意见》（1995年8月4日公布）

52. 关于国有企业在承包制条件下签订的“共保合同”，凡内容符合劳动法和有关法律、法规和规章关于集体合同规定的，应按照有关规定办理集体合同送审、备案手续；凡不符合劳动法和有关法律、法规和规章规定的，应积极创造条件逐步向规范的集体合同过渡。

《人力资源社会保障部、中央综治办、最高人民法院等关于进一步加强劳动人事争议调解仲裁完善多元处理机制的意见》（2017年3月21日）

二、健全劳动人事争议预防协商解决机制

（四）指导用人单位加强劳动人事争议源头预防。加大法律法规政策宣传力度，推动用人单位全面实行劳动合同或者聘用合同制度，完善民主管理制度，推行集体协商和集体合同制度，保障职工对用人单位重大决策和重大事项的知情权、参与权、表达权、监督权，加强对职工的人文关怀。指导企业与职工建立多种方式的对话沟通机制，完善劳动争议预警机制，特别是在分流安置职工等涉及劳动关系重大调整时，广泛听取职工意见，依法保障职工合法权益。探索建立符合事业单位和社会团体工作人员、聘任制公务员和军队文职人员管理特点的单位内部人事争议预防机制。切实发挥企业事业单位法律顾问、公司律师在预防化解劳动人事争议方面的作用。推行劳动人事争议仲裁建议书、司法建议书制度，促进用人单位有效预防化解矛盾纠纷。

《人力资源和社会保障部、中华全国总工会、中国企业联合会、中华全国工商业联合会关于推进实施集体合同制度攻坚计划的通知》（2014年4月14日公布）

一、明确目标任务

攻坚计划的总目标是，不断扩大集体协商和集体合同覆盖范围，确保2015年末集体合同签订率达到80%，2016年继续巩固和提高；着力提升集体协商质量、增强集体合同实效，逐步形成规范有效的集体协商机制，畅通职工利益诉求表达渠道，促进企业发展、维护职工权益，更好地发挥集体协商和集体合同制度对调整劳动关系的基础性作用。

二、完善工作措施

（一）加强集体协商工作分类指导。继续以非公有制企业为重点对象，积极推进工资集体协商；同时，引导女职工较多和职业危害较大的企业开展专项协商，签订女职工特殊保护或劳动安全卫生保护专项集体合同。实施分类指导，做到因企制宜、分企施策，努力增强集体协商针对性和实效性。对生产经营正常的企业，推动其与职工重点就工资增长幅度、津贴补贴、奖金分配办法、福利和劳动条件等进行协商，推动建立健全企业工资决定和正常增长机制，努力实现劳动报酬增长与劳动生产率提高同步；对生产经营困难的企业，推动其与职工重点围绕工资按时支付以及稳岗增效措施等内容进行协商，促进双方共克时艰、共谋发展；对实行工资总额管理的国有企业，重点就企业内部分配制度、分配形式和分配差距进行协商，发挥好职工的民主参与作用。

（二）加大行业集体协商推进力度。在积极推进企业集体协商的基础上，把行业集体协商作为深入推进集体合同制度建设的重点形式和主攻方向。在县级以下区域内大力推进建筑业、采矿业、餐饮服务业、服装制造业等劳动密集型行业开展集体协商，重点就行业最低工资标准、主要工种计件单价、劳动定额及工资调整幅度等职工普遍关心的事项签订行业集体合同。从推动本地经济社会发展出发，将行业集体协商逐步向知识密集型产业、新兴产业拓展。具备条件的地区，可以继续稳妥探索在县级以上区域内开展行业集体协商工作。

（三）积极开展集体协商要约行动。每年适时集中部署开展协商要约行动，大力支持工会提出要约，引导企业或企业代表组织主动提出要约。基层工会要主动提出要约，对提出要约尚有困难的，上级工会要给予帮助和指导，必要时可依法代替基层工会行使要约权。在尚未建立工会的企业，上级工会要指导职工依法推举协商代表，并向企业提出协商要约。开展行业集体协商的，由行业工会组织向相应的行业性企业组织或直接向行业所属企业提出协商要约。可针对重点行业以及国有企业、世界500强在华企业中未建制企业开展专项要约。一方提出集体协商要约的，另一方应当在法律规定时间内及时给予回应。一方不按时回应的，另一方可以提请当地人力资源社会保障部门责令其限期改正。

（四）严格规范集体协商程序。将依法规范协商程序作为增强集体协商和集体合同实效的有力举措抓细抓实。规范协商代表产生程序，企业集体协商要重点规范职工代表产生程序，行业集体协商要重点规范企业方代表产生程序，民主推选要公开透明，授权委托要依法合规。规范集体协商程序，指导协商双方代表认真做好协商前收集资料、征求意见、拟定议题等准备工作，并召开集体协商会议进行充分讨论。准备过程中要广泛征求协商双方，尤其是职工方的意愿和诉求，将双方最关心的突出问题纳入协商议题；要督促企业经营者向职工方及时提供企业劳动生产率、经济效益、财务状况等与协商有关的真实资料和信息，确保协商有效开展。规范审议备案公布程序，集体合同草案应依法提交职代会或者全体职工大会审议通过，企业或企业组织应将签订的集体合同在规定时间内报送人力资源社会保障部门审查备案，生效的集体合同应及时向全体职工公布。

（五）强化对集体协商的指导、服务和管理。组织力量深入企业、深入基层，对集体协商提供全程指导，制定推广企业和行业集体合同示范文本、要约示范文本及指导手册，为集体协商双方提供参考。积极创造条件加强集体协商专家指导机构和指导员队伍建设，不断扩大由专业人员担任的专兼职指导员队伍，充分发挥集体协商指导员在参与协商、宣传指导、业务培训、技术支持等方面的积极作用。适时合理调整最低工资标准，及时发布工资指导线、市场工资指导价位、行业人工成本等指导信息，为开展集体协商提供参考依据。探索完善集体协商争议调处机制，及时协调处理协商过程中发生的争议，确保集体协商规范有序开展。加强对履行集体合同情况的监督检查和争议处理工作，督促企业通过职工代表大会、厂务公开、开展集体协商指导员调查走访等形式，向全体职工公开集体合同履行情况，接受职工监督。对企业违反集体合同、侵犯职工权益的行为，要督促企业限时整改。对因履行集体合同发生的争议，引导双方依法通过协商、申请仲裁和提起诉讼解决。建立健全集体合同管理台账制度，改进和加强集体合同统计基础工作，统一规范统计口径。

（六）着力推进集体协商主体建设。进一步加强基层工会组织建设，大力推进非公有制企业建立工会，在中小企业比较集中的乡镇（街道）和工业园区，加快行业工会组织建设，加强和创新基层工会干部队伍职业化建设。加大对基层工会干部和职工方协商代表合法权益的保护，通过健全制度机制、明确救济渠道和措施等解除其后顾之忧，对侵犯其合法权益的行为坚决依法予以纠正和查处。进一步加强县级以下行业协会、商会等企业组织建设，大力培育企业方行业集体协商主体。加强对职工代表、企业负责人、工会和企业组织相关工作人员的培训，建立常态化培训机制，将集体协商法律法规、策略技巧等理论培训与案例分析、模拟协商、现场观摩等实务操作学习相结合，不断提高协商代表的政策水平和协商能力。

（七）增强宣传工作的针对性和实效性。拓宽宣传渠道，创新宣传形式，在继续充分利用广播、电视、报刊等各类新闻媒体的同时，注重借助微博、微信、手机短信等新兴媒介，广泛深入宣传实施集体协商和集体合同制度的重要性和必要性，宣传开展集体协商签订集体合同的先进典型，为推进实施攻坚计划营造良好社会氛围。主动深入企业和工业园区、街道（社区），通过现场咨询、以案说法、举办专题讲座等方式释疑解惑，重点宣传社会主义市场经济条件下集体协商和集体合同制度的性质，宣传开展集体协商对促进企业发展、维护职工权益、构建和谐劳动关系的重要作用，最大限度地凝聚社会共识，增强企业和工会组织参与集体协商的自觉性、主动性。

三、狠抓工作落实

各级协调劳动关系三方要把实施攻坚计划摆上重要议事日程，争取当地党委、政府的重视和支持，切实加强领导，落实责任，进一步形成党委领导、政府主导、三方协同、工会力推、企业和职工积极参与的工作格局，采取有力有效措施狠抓计划落实。各地人力资源社会保障部门要会同工会、企业联合会和工商联，全面摸清本地区企业数量、职工人数和已开展集体协商签订集体合同情况，从当地实际出发，制定切实可行的工作规划和实施方案，明确年度目标任务、具体措施和时间进度。要争取将工作任务完成情况列入当地政府目标责任考核内容，加强督促检查和考核，形成层层抓落实的目标责任制。

各级协调劳动关系三方要各司其职，密切配合，进一步形成工作合力。人力资源社会保障部门要发挥好主导作用，加强宏观调控和指导，重点做好规划协调、完善政策、信息引导、集体合同审查和协商争议调处等工作。工会组织要重点做好宣传发动职工、指导协商要约、培训职工协商代表、监督集体合同履行和加强基层工会组织建设等工作；企业联合会、工商联要重点做好引导企业经营管理者树立协商理念、督促企业切实履行社会责任、指导企业提出要约和应约、督促履行集体合同和加强基层企业组织建设等工作。各级协调劳动关系三方办公室要具体承担组织实施工作，建立健全沟通协调机制，组织三方共同开展调查研究，共同推广典型经验，共同加强监督检查，及时研究解决推进工作中的问题，合力推进攻坚计划顺利实施。

◎《人力资源和社会保障部、中华全国总工会、中国企业联合会/中国企业家协会关于深入推进集体合同制度实施彩虹计划的通知》（2010 年 5 月 5 日公布）

（一）进一步加大集体合同法律法规宣传力度。充分利用广播、电视、报刊和互联网等新闻媒体，广泛宣传实施集体协商和集体合同制度对维护企业和职工合法权益的重要作用，深入宣传集体合同法律法规和政策，积极宣传开展集体协商签订集体合同的先进典型。创新宣传方式和宣传活动组织形式，增强宣传工作的针对性和实际效果。通过加强宣传引导，进一步提高企业、职工和社会各界对集体协商和集体合同制度重要性的认识，增强企业与职工开展平等协商的意识和自觉性，为推进集体合同制度实施营造良好的舆论氛围。

（二）进一步增强集体协商的针对性和实效性。把深化“共同约定行动”与加强集体合同制度建设结合起来。继续以工资集体协商为重点内容，以非公有制企业和劳动密集型企业为重点对象，推动企业与职工就工资水平（计件单价）、劳动定额等涉及劳动报酬的事项开展集体协商并订立专项集体合同，推进建立完善企业工资分配共决机制、职工工资正常增长机制和支付保障机制。加强对工资集体协商工作的分类指导，对生产经营正常、经济效益较好的企业，引导其重点就职工工资水平和增长幅度进行集体协商，实现职工工资随企业经济效益的提高相应增长；对生产经营遇到困难的企业，引导其重点通过协商薪酬努力稳定工作岗位、保障工资支付，鼓励和支持工会组织职工与企业开展以稳员增效、协商薪酬为重点内容的“共同约定行动”，促进双方共同应对困难，稳定劳动关系；对实行计件工资制的企业，引导其重点就劳动定额标准和计件单价进行集体协商，保障职工取得合理劳动报酬的权益和休息权。同时，要针对当前劳动关系中存在的女职工权益保护、劳动安全卫生等突出问题，推动开展集体协商，签订专项集体合同。

（三）进一步扩大集体协商和集体合同制度覆盖范围。积极推进企业集体协商工作，由企业工会代表职工或者上级工会指导企业职工推举的代表与企业开展平等协商，订立集体合同。同时，要大力推进行业性、区域性集体协商工作。在县级以下区域内非公有制小型企业、劳动密集型企业比较集中的乡镇、街道、社区和工业园区（经济技术开发区、高新技术产业园区），推动开展区域性集体协商，签订区域性集体合同。在同行业企业特别是建筑、采矿、餐饮服务等行业企业相对集中的县级以下区域内，要重点推动开展行业性集体协商，订立行业性集体合同；具备条件的地区可以根据实际情况，在县（市、区）一级积极探索开展行业性集体协商工作。

（四）进一步广泛开展集体协商“要约行动”。积极引导支持企业和工会开展“要约行动”，重点支持工会提出要约。基层工会要主动开展协商要约，上级工会要帮助和指导基层工会依法行使要约权。当前应把开展集体协商要约的重点放在五类企业，即没有开展集体协商和签订集体合同的企业；集体合同已经到期需要续签或重新签订的企业；没有开展工资集体协商和签订工资协议的企业；职工工资长期不增长、低增长，或50%职工工资低于当地职工平均工资50%的企业；实行经营者年薪制的国有和国有控股企业、集体企业。企业工会组织提出协商要约有困难的，上一级工会可依法代替企业工会提出协商要约。在未建工会的企业，上级工会要指导职工推举协商代表，并向企业提出协商要约。在非公有制小企业或同行业企业相对集中的县级以下区域内，可由区域工会组织或行业工会组织向相应的区域企业组织、行业协会提出协商要约；尚未建立基层企业组织的，也可直接向区域、行业所属企业提出协商要约。企业或企业组织也可就有关问题向职工方提出集体协商要约。

（五）进一步规范集体协商程序。要把依法规范集体协商程序作为增强集体合同实效性的重要措施，保证集体协商双方代表具有合法性，协商过程充分表达职工和企业方的意愿和要求，协商内容得到双方一致认可。一是要规范集体协商代表产生程序，指导双方严格按照法定程序产生协商代表，赋予其代表本方利益进行集体协商的权力。二是要规范集体协商启动程序，指导职工方或企业方协商代表以书面形式向对方提出协商要求，另一方积极予以回应。三是要规范集体协商会议程序，指导双方协商代表采取召开集体协商会议的形式，就协商事项进行充分讨论，形成集体合同草案。四是要规范审议通过程序，指导企业将经双方协商一致形成的集体合同草案依法提交职代会或者全体职工讨论通过，并由双方首席代表签字盖章。

（八）进一步加强集体合同的审查管理和履约监督。加强集体合同审查备案工作，督促企业或企业组织将经双方首席代表签字的集体合同在规定时间内报送人力资源社会保障部门审查。人力资源社会保障部门要依法办理登记手续，及时对集体合同进行合法性审查并出具《审查意见书》，同时做好集体合同审查情况统计上报和审查资料存档工作。加强对集体合同履行情况的监督，指导集体协商双方代表及时将生效的集体合同以适当形式向本方全体人员公布，督促企业定期向职代会或全体职工报告集体合同履行情况，接受职工监督。对企业违反集体合同，侵犯职工权益的，工会要及时提出整改意见，督促企业纠正。对因履行集体合同发生争议的，工会应与企业协商解决；经协商解决不成的，工会可以依法申请仲裁、提起诉讼。

▢《集体合同规定》（2004 年 1 月 20 日公布）

第三条　本规定所称集体合同，是指用人单位与本单位职工根据法律、法规、规章的规定，就劳动报酬、工作时间、休息休假、劳动安全卫生、职业培训、保险福利等事项，通过集体协商签订的书面协议；所称专项集体合同，是指用人单位与本单位职工根据法律、法规、规章的规定，就集体协商的某项内容签订的专项书面协议。

第四条 用人单位与本单位职工签订集体合同或专项集体合同，以及确定相关事宜，应当采取集体协商的方式。集体协商主要采取协商会议的形式。

第八条 集体协商双方可以就下列多项或某项内容进行集体协商，签订集体合同或专项集体合同：

（一）劳动报酬；

（二）工作时间；

（三）休息休假；

（四）劳动安全与卫生；

（五）补充保险和福利；

（六）女职工和未成年工特殊保护；

（七）职业技能培训；

（八）劳动合同管理；

（九）奖惩；

（十）裁员；

（十一）集体合同期限；

（十二）变更、解除集体合同的程序；

（十三）履行集体合同发生争议时的协商处理办法；

（十四）违反集体合同的责任；

（十五）双方认为应当协商的其他内容。

第三十二条 集体协商任何一方均可就签订集体合同或专项集体合同以及相关事宜，以书面形式向对方提出进行集体协商的要求。

一方提出进行集体协商要求的，另一方应当在收到集体协商要求之日起 20 日内以书面形式给以回应，无正当理由不得拒绝进行集体协商。

第三十五条 集体协商未达成一致意见或出现事先未预料的问题时，经双方协商，可以中止协商。中止期限及下次协商时间、地点、内容由双方商定。

第三十六条 经双方协商代表协商一致的集体合同草案或专项集体合同草案应当提交职工代表大会或者全体职工讨论。

职工代表大会或者全体职工讨论集体合同草案或专项集体合同草案，

应当有三分之二以上职工代表或者职工出席，且须经全体职工代表半数以上或者全体职工半数以上同意，集体合同草案或专项集体合同草案方获通过。

第三十七条　集体合同草案或专项集体合同草案经职工代表大会或者职工大会通过后，由集体协商双方首席代表签字。

第三十八条　集体合同或专项集体合同期限一般为1至3年，期满或双方约定的终止条件出现，即行终止。

集体合同或专项集体合同期满前3个月内，任何一方均可向对方提出重新签订或续订的要求。

第三十九条　双方协商代表协商一致，可以变更或解除集体合同或专项集体合同。

第四十条　有下列情形之一的，可以变更或解除集体合同或专项集体合同：

（一）用人单位因被兼并、解散、破产等原因，致使集体合同或专项集体合同无法履行的；

（二）因不可抗力等原因致使集体合同或专项集体合同无法履行或部分无法履行的；

（三）集体合同或专项集体合同约定的变更或解除条件出现的；

（四）法律、法规、规章规定的其他情形。

◎《劳动和社会保障部、国家经济贸易委员会、中华全国总工会、中国企业联合会、中国企业家协会关于进一步推行平等协商和集体合同制度的通知》（2001年11月14日公布）

三、进一步完善集体合同制度。企业依法经过平等协商所签订的集体合同是协调劳动关系的重要依据。要在普遍开展平等协商的基础上，积极推动不同类型的企业建立和完善集体合同制度，指导企业从各自的实际出发，因企制宜，合理确定集体合同具体内容和标准，增强实效性和可操作性。对暂不具备条件签订综合性集体合同的企业，可以就工资分配等问题签订单项集体合同或协议。对于外商投资企业、私营企业、乡镇企业尤其是小企业相对集中的地区，由工会组织代表职工与相应的企业组织代表或企业进行平等协商，签订集体合同。要处理好集体合同和劳动合同的关系，劳动合同中劳动条件和劳动报酬等标准不得低于集体合同的规定。

《工资集体协商试行办法》（2000 年 11 月 8 日公布）

第三条 本办法所称工资集体协商，是指职工代表与企业代表依法就企业内部工资分配制度、工资分配形式、工资收入水平等事项进行平等协商，在协商一致的基础上签订工资协议的行为。

本办法所称工资协议，是指专门就工资事项签订的专项集体合同。已订立集体合同的，工资协议作为集体合同的附件，并与集体合同具有同等效力。

第七条 工资集体协商一般包括以下内容：

（一）工资协议的期限；

（二）工资分配制度、工资标准和工资分配形式；

（三）职工年度平均工资水平及其调整幅度；

（四）奖金、津贴、补贴等分配办法；

（五）工资支付办法；

（六）变更、解除工资协议的程序；

（七）工资协议的终止条件；

（八）工资协议的违约责任；

（九）双方认为应当协商约定的其他事项。

第八条 协商确定职工年度工资水平应符合国家有关工资分配的宏观调控政策，并综合参考下列因素：

（一）地区、行业、企业的人工成本水平；

（二）地区、行业的职工平均工资水平；

（三）当地政府发布的工资指导线、劳动力市场工资指导价位；

（四）本地区城镇居民消费价格指数；

（五）企业劳动生产率和经济效益；

（六）国有资产保值增值；

（七）上年度企业职工工资总额和职工平均工资水平；

（八）其他与工资集体协商有关的情况。

第十七条 职工和企业任何一方均可提出进行工资集体协商的要求。工资集体协商的提出方应向另一方提出书面的协商意向书，明确协商的时间、地点、内容等。另一方接到协商意向书后，应于 20 日内予以书面答复，并与提出方共同进行工资集体协商。

第十八条 在不违反有关法律、法规的前提下，协商双方有义务按照对方要求，在协商开始前5日内，提供与工资集体协商有关的真实情况和资料。

第十九条　工资协议草案应提交职工代表大会或职工大会讨论审议。

第二十条　工资集体协商双方达成一致意见后，由企业行政方制作工资协议文本。工资协议经双方首席代表签字盖章后成立。

【其他规定】

《工会参加平等协商和签订集体合同试行办法》（1995年8月17日公布）

第十五条　集体合同包括以下内容：

（一）企业劳动标准；

（二）集体合同的期限，变更、解除与终止，监督、检查；

（三）争议处理；

（四）违约责任；

（五）双方约定的其他事项。

第十六条　集体合同所规定的企业劳动标准包括：

（一）劳动报酬：包括工资分配方式，工资支付办法，工资增减幅度，最低工资，计件工资标准，延长工作时间付酬标准，特殊情况下工资标准等；

（二）工作时间：包括日工作时间，周工作时间，延长工作时间和夜班工作时间，劳动定额的确定，轮班岗位的轮班形式及时间等；

（三）休息休假：包括日休息时间，周休息日安排，法定休假日，年休假标准，不能实行标准工时的职工休息休假等；

（四）保险：包括职工工伤、医疗、养老、失业、生育等依法参加社会保险，企业补充保险的设立项目、资金来源及享受的条件和标准，职工死亡后遗属的待遇和企业补贴或救济等；

（五）福利待遇：包括企业集体福利设施的修建，职工文化和体育活动的经费来源，职工生活条件和住房条件的改善，职工补贴和津贴标准，困难职工救济，职工疗养、休养等；

（六）职业培训：包括职工上岗前和工作中的培训，转岗培训，培训的周期和时间及培训期间的工资及福利待遇等；

（七）劳动安全卫生：包括劳动安全卫生的目标，劳动保护的具体措施，劳动条件和作业环境改善的具体标准和实施项目，新建、改建、扩建工程的设计、施工中的劳动安全卫生设施与主体工程配套的内容，有职业危害作业劳动者的健康检查，劳动保护用品发放，特殊作业的抢险救护办法，以及劳动安全卫生监督检查等；

（八）企业富余职工的安置办法；

（九）女职工和未成年工特殊保护；

（十）其他经双方商定的事项。

第十七条 集体合同规定的企业劳动标准，不得低于劳动法律、法规和当地政府规定的最低标准。

第四章 集体合同的签订程序

第十八条 签订集体合同之前工会应当收集职工和企业有关部门的意见，单独或与企业共同拟定集体合同草案。

第十九条 工会拟定集体合同草案，可以参照下列资料：

（一）有关法律、法规和政策；

（二）与本企业有关的国家宏观调控的政策措施；

（三）同行业和具有可比性企业的劳动标准；

（四）企业生产经营情况及有关的计划、指标；

（五）政府部门公布的有关物价指数等数据资料；

（六）本地区就业状况资料；

（七）集体合同范本；

（八）其他与签订集体合同有关的资料。

第二十条 工会根据拟定的集体合同草案按照本办法第二章的有关规定与企业进行平等协商。

第二十一条 经协商达成一致的集体合同草案文本应当提交职工代表大会或全体职工审议，工会代表应当就草案的产生过程、主要劳动标准条件的确定依据及各自承担的主要义务作出说明。

第二十二条 集体合同草案经职工代表大会或全体职工审议通过后，由企业法定代表人与企业工会主席签字。

集体合同草案经审议未获通过的，由双方重新协商，进行修改。

第二十三条 集体合同签字后，在报送劳动行政部门的同时，企业工会应当将集体合同文本、附件及说明报送上一级工会。

第二十四条 集体合同生效后，应依法向全体职工公布。

第五章　集体合同的变更、解除和终止

第二十五条　在集体合同有效期内，由于环境和条件发生变化，致使集体合同难以履行时，双方均有权要求就变更或解除集体合同进行协商。

当一方就集体合同的变更或解除提出协商要求时，双方应当在7日内进行协商。

第二十六条　变更或解除集体合同，应当经双方协商一致，并制作《变更（解除）集体合同说明书》。

第二十七条　发生下列情况之一，集体合同的相应条款可以变更或解除：

（一）订立集体合同所依据的法律、法规和政策被修改或废止；

（二）订立集体合同所依据的国家宏观调控的政策措施被修改或取消；

（三）因不可抗力的原因使集体合同全部不能履行或部分不能履行；

（四）企业破产、停产、兼并、转产，使集体合同全部不能履行或部分不能履行；

（五）双方约定的变更或解除集体合同的条件出现；

（六）其他需要变更或解除集体合同的情况出现。

第二十八条　变更或解除集体合同的程序：

（一）一方提出建议，向对方说明需要变更或解除的集体合同的条款和理由；

（二）双方就变更或解除的集体合同条款经协商一致，达成书面协议；

（三）协议书应当提交职工代表大会或全体职工审议通过，并报送集体合同管理机关登记备案，审议未获通过，由双方重新协商；

（四）变更或解除集体合同的协议书，在报送劳动行政部门的同时，企业工会报送上一级工会。

第二十九条　集体合同期限届满或双方约定的终止条件出现，集体合同即行终止。

集体合同期满前，企业工会应当会同企业商定续订下期集体合同事项。

知识点

一、集体合同的内容

集体合同，又称团体协约、集体协议、团体协议、团体契约等，是集体协商双方代表根据法律、法规的规定就劳动报酬、工作时间、休息休假、劳动安全卫生、保险福利等事项在平等协商一致的基础上签订的书面协议。内容包括：有关工资制度和奖励制度的问题；有关加强劳动保护、改善安全卫生状况的问题；有关劳动纪律的问题，制定本企业的规章制度，确定对违反劳动纪律的职工给予处分的措施和制度；有关职工技术培训的各种制度，举办技术培训班、技工学校等促进职工不断提高业务、技术水平的措施；有关提高职工生活水平和举办集体福利事业的具体措施，以及实施补充保险的办法等。

二、集体合同的订立程序和主体

集体合同草案应当提交职工代表大会或者全体职工讨论通过，要体现职工在集体合同订立过程中的决定权。通常程序如下：(1) 深入进行调查研究，广泛征求各方面的意见和要求，提出集体合同的初步草案。(2) 组织全体职工充分协商讨论集体合同草案。集体合同草案制定出来以后，应当组织全体职工或在职工代表大会上对集体合同草案进行讨论、修改和补充，使集体合同充分反映企业方和广大职工的意见和要求。(3) 修改并正式通过集体合同。根据全体职工的意见，对集体合同草案进行修改，并提交职工代表大会或者全体职工大会通过。(4) 集体协商双方代表在集体合同草案上签字，就表示集体合同订立。

为了保证集体合同内容的公平、合法，加强政府对集体劳动关系的指导，根据《集体合同规定》，集体合同在双方首席代表签字之日起 10 日内应当由用人单位将文本提交劳动保障行政部门进行合法性审查。劳动保障行政部门在收到文本之日起 15 日内未提出异议的，集体合同即行生效。①

---

① 关怀、郑爱青主编：《劳动合同法及其实施条例解读》，人民法院出版社 2009 年版，第 123~125 页。

第三十四条　集体合同签订后应当报送劳动行政部门；劳动行政部门自收到集体合同文本之日起十五日内未提出异议的，集体合同即行生效。

相关规定

【法律】

《中华人民共和国劳动合同法》（2012 年 12 月 28 日修正）

第五十一条　企业职工一方与用人单位通过平等协商，可以就劳动报酬、工作时间、休息休假、劳动安全卫生、保险福利等事项订立集体合同。集体合同草案应当提交职工代表大会或者全体职工讨论通过。

集体合同由工会代表企业职工一方与用人单位订立；尚未建立工会的用人单位，由上级工会指导劳动者推举的代表与用人单位订立。

第五十四条　集体合同订立后，应当报送劳动行政部门；劳动行政部门自收到集体合同文本之日起十五日内未提出异议的，集体合同即行生效。

依法订立的集体合同对用人单位和劳动者具有约束力。行业性、区域性集体合同对当地本行业、本区域的用人单位和劳动者具有约束力。

【部门规章与规范性文件】

《集体合同规定》（2004 年 1 月 20 日公布）

第七条　县级以上劳动保障行政部门对本行政区域内用人单位与本单位职工开展集体协商、签订、履行集体合同的情况进行监督，并负责审查集体合同或专项集体合同。

第四十二条　集体合同或专项集体合同签订或变更后，应当自双方首席代表签字之日起 10 日内，由用人单位一方将文本一式三份报送劳动保障行政部门审查。

劳动保障行政部门对报送的集体合同或专项集体合同应当办理登记手续。

第四十三条　集体合同或专项集体合同审查实行属地管辖，具体管辖范围由省级劳动保障行政部门规定。

中央管辖的企业以及跨省、自治区、直辖市的用人单位的集体合同应当报送劳动保障部或劳动保障部指定的省级劳动保障行政部门。

第四十四条 劳动保障行政部门应当对报送的集体合同或专项集体合同的下列事项进行合法性审查：

（一）集体协商双方的主体资格是否符合法律、法规和规章规定；

（二）集体协商程序是否违反法律、法规、规章规定；

（三）集体合同或专项集体合同内容是否与国家规定相抵触。

第四十五条 劳动保障行政部门对集体合同或专项集体合同有异议的，应当自收到文本之日起15日内将《审查意见书》送达双方协商代表。《审查意见书》应当载明以下内容：

（一）集体合同或专项集体合同当事人双方的名称、地址；

（二）劳动保障行政部门收到集体合同或专项集体合同的时间；

（三）审查意见；

（四）作出审查意见的时间。

《审查意见书》应当加盖劳动保障行政部门印章。

第四十六条 用人单位与本单位职工就劳动保障行政部门提出异议的事项经集体协商重新签订集体合同或专项集体合同的，用人单位一方应当根据本规定第四十二条的规定将文本报送劳动保障行政部门审查。

第四十七条 劳动保障行政部门自收到文本之日起15日内未提出异议的，集体合同或专项集体合同即行生效。

第四十八条 生效的集体合同或专项集体合同，应当自其生效之日起由协商代表及时以适当的形式向本方全体人员公布。

◎《工资集体协商试行办法》（2000年11月8日公布）

第六条 县级以上劳动保障行政部门依法对工资协议进行审查，对协议的履行情况进行监督检查。

第二十一条 工资协议签订后，应于7日内由企业将工资协议一式三份及说明，报送劳动保障行政部门审查。

第二十二条 劳动保障行政部门应在收到工资协议15日内，对工资集体协商双方代表资格、工资协议的条款内容和签订程序等进行审查。

劳动保障行政部门经审查对工资协议无异议，应及时向协商双方送达《工资协议审查意见书》，工资协议即行生效。

劳动保障行政部门对工资协议有修改意见，应将修改意见在《工资协议审查意见书》中通知协商双方。双方应就修改意见及时协商，修改工资协议，并重新报送劳动保障行政部门。

工资协议向劳动保障行政部门报送经过 15 日后，协议双方未收到劳动保障行政部门的《工资协议审查意见书》，视为已经劳动保障行政部门同意，该工资协议即行生效。

《劳动部关于加强集体合同审核管理工作的通知》（1996 年 11 月 4 日公布）

二、集体合同的报送

根据劳动部《集体合同规定》（劳部发〔1994〕485 号）的规定，集体合同签订后，应在 7 日内将集体合同文本及有关说明材料报送劳动行政部门。这是劳动行政部门依法对集体合同进行登记审核的前提条件。应当报送的说明材料包括：企业的所有制性质、职工人数、《企业法人营业执照》复印件、工会社团法人证明材料；双方首席代表、协商代表或委托人的身份证复印件；授权委托书；职工一方协商代表劳动合同书复印件；协商情况及集体合同条款征求职工意见的记录；职工代表大会或全体职工大会审议通过集体合同草案的决议；集体合同条款的说明。

……

三、集体合同审核程序

集体合同的审核程序包括：

第一，集体合同管理机构收到报送的集体合同及有关材料后，进行编号、登记并及时告知报送单位收到的时间。

第二，集体合同管理机构对代表资格、签订程序等进行初审。

第三，集体合同管理机构将初审合格后的集体合同分送劳动部门内集体合同审核的有关机构，对相关条款进行专审，经该机构主管负责人签字后返回集体合同管理机构。

第四，集体合同管理机构综合各方面意见制作《集体合同审核意见书》，内容包括：集体合同名称、单位地址、双方代表人姓名；收到集体合同的时间；经确认的集体合同有效条款；无效条款及原因；《集体合同审核意见书》的签发日期；劳动行政部门集体合同审核印章。

第五，集体合同管理机构应将审核后的集体合同书、企业报送的材料、《集体合同审核意见书》（复印件）一并存档，并将审核有效的集体合同名单报上级劳动行政部门备案。

四、集体合同审核的内容

第一，资格审核。主要包括企业法人资格、工会社团法人资格、职工协商代表是否与企业存在劳动关系等内容。

具备企业法人资格、跨省市的大型企业或集团公司的法定代表人可以委托所属下一级企业或子公司的负责人与工会集体协商签订集体合同，但只能委托一级，不得层层委托。

第二，程序审核。主要包括签订集体合同是否经过集体协商、职工大会或职工代表大会审议、代表签字等程序。

第三，内容审核。主要包括合同条款是否符合国家法律、法规规定，是否符合国家或地方宏观调控政策，合同条款是否公平等。

对集体合同中无效或部分无效的条款，劳动行政部门可以提出修改建议，供双方参考，不应直接在集体合同书上进行修改或强求企业按审核意见修改或执行。

资格、程序、内容不符合法律、法规规定的，应及时退回报送单位并加以说明。

五、集体合同生效日期

根据《劳动法》第三十四条的规定，集体合同报送劳动行政部门后，十五日内未提出异议的，生效日期自第十六日起计算；在十五日内经审核登记，劳动行政部门制作《集体合同审核意见书》送达集体合同签订双方代表的，生效日期为《集体合同审核意见书》确认的生效日期。

凡未履行其法定报送程序的集体合同不具有法律效力，应视为无效。

【其他规定】

◘《工会参加平等协商和签订集体合同试行办法》（1995 年 8 月 17 日公布）

第六章　集体合同的监督检查

第三十条　企业工会应当定期组织有关人员对集体合同的履行情况进行监督检查，发现问题后，及时与企业协商解决。

第三十一条　企业工会可以与企业协商，建立集体合同履行的联合监督检查制度，定期或不定期对履行集体合同的情况进行监督检查。

第三十二条　工会小组和车间工会应当及时向企业工会报告集体合同在本班组和车间的履行情况。

第三十三条　职工代表大会有权对集体合同的履行实行民主监督。

企业工会应当定期向职工代表大会或全体职工通报集体合同的履行情况，组织职工代表对集体合同的履行进行监督检查。

第七章　上级工会的职责

第三十四条　上级工会对企业工会与企业进行平等协商和签订集体合同负有帮助、指导和监督检查的责任。

上级工会根据企业工会的要求，可以派工作人员作为顾问参与平等协商，帮助企业工会签订集体合同。

第三十五条　上级工会收到企业工会报送的集体合同文本，应当进行审查、登记、备案。

第三十六条　上级工会在审查集体合同时，如发现问题，应当及时通知企业工会，并协同同级劳动行政部门协调解决。

第三十七条　上级工会应当参与处理平等协商和签订集体合同中出现的争议。

第三十八条　对尚未建立工会的企业，上级工会在组织职工依法组建工会的同时，帮助、指导职工与企业进行平等协商、签订集体合同。

知识点

根据《集体合同规定》（2004 年）的规定，集体合同或专项集体合同签订或变更后，应当自双方首席代表签字之日起 10 日内，由用人单位一方将文本一式三份报送劳动保障行政部门审查。劳动保障行政部门对报送的集体合同或专项集体合同应当办理登记手续。

一、审查管辖

集体合同或专项集体合同审查实行属地管辖，具体管辖范围由省级劳动保障行政部门规定。中央管辖的企业以及跨省、自治区、直辖市的用人单位的集体合同应当报送劳动保障部或劳动保障部指定的省级劳动保障行政部门。

二、审查内容

劳动保障行政部门应当对报送的集体合同或专项集体合同的下列事项进行合法性审查：

1. 集体协商双方的主体资格是否符合法律、法规和规章规定；

2. 集体协商程序是否违反法律、法规、规章规定；

3. 集体合同或专项集体合同内容是否与国家规定相抵触。

三、劳动保障行政部门逾期提出异议的后果

劳动保障行政部门自收到文本之日起15日内未提出异议的，集体合同或专项集体合同即行生效。

四、重新审查

用人单位与本单位职工就劳动保障行政部门提出异议的事项经集体协商重新签订集体合同或专项集体合同的，用人单位一方应当根据规定将文本报送劳动保障行政部门审查。

五、公布

生效的集体合同或专项集体合同，应当自其生效之日起由协商代表及时以适当的形式向本方全体人员公布。①

> **第三十五条** 依法签订的集体合同对企业和企业全体职工具有约束力。职工个人与企业订立的劳动合同中劳动条件和劳动报酬等标准不得低于集体合同的规定。

》相关规定

【法律】

《中华人民共和国劳动合同法》（2012年12月28日修正）

第五十五条 集体合同中劳动报酬和劳动条件等标准不得低于当地人民政府规定的最低标准；用人单位与劳动者订立的劳动合同中劳动报酬和劳动条件等标准不得低于集体合同规定的标准。

【部门规章与规范性文件】

《集体合同规定》（2004年1月20日公布）

第六条 符合本规定的集体合同或专项集体合同，对用人单位和本单位的全体职工具有法律约束力。

用人单位与职工个人签订的劳动合同约定的劳动条件和劳动报酬等标

---

① 回沪明、高圣平主编：《劳动法及配套规定新释新解（上）》，人民法院出版社2004年版。

准，不得低于集体合同或专项集体合同的规定。

第三十八条 集体合同或专项集体合同期限一般为1至3年，期满或双方约定的终止条件出现，即行终止。

集体合同或专项集体合同期满前3个月内，任何一方均可向对方提出重新签订或续订的要求。

第三十九条 双方协商代表协商一致，可以变更或解除集体合同或专项集体合同。

第四十条 有下列情形之一的，可以变更或解除集体合同或专项集体合同：

（一）用人单位因被兼并、解散、破产等原因，致使集体合同或专项集体合同无法履行的；

（二）因不可抗力等原因致使集体合同或专项集体合同无法履行或部分无法履行的；

（三）集体合同或专项集体合同约定的变更或解除条件出现的；

（四）法律、法规、规章规定的其他情形。

第四十一条 变更或解除集体合同或专项集体合同适用本规定的集体协商程序。

《工资集体协商试行办法》（2000年11月8日公布）

第四条 依法订立的工资协议对企业和职工双方具有同等约束力。双方必须全面履行工资协议规定的义务，任何一方不得擅自变更或解除工资协议。

第五条 职工个人与企业订立的劳动合同中关于工资报酬的标准，不得低于工资协议规定的最低标准。

第二十三条 协商双方应于5日内将已经生效的工资协议以适当形式向本方全体人员公布。

知识点

集体合同的效力是指集体合同成立之后所具有的约束力。

1. 集体合同中劳动报酬和劳动条件等标准不得低于当地人民政府规定的最低标准。这里有两种情况：（1）集体合同订立之初，劳动条件和劳动报酬标准等低于当地人民政府制定的最低标准的，在报送劳动行政部门审查的时候就会提出异议，从而无法生效。(2) 集体合同生效以后，当地人民政府制定的最低劳动条件和劳动报酬标准提高的，高于集体合同约定标准的，集体合同中的相关标准应当变更、予以提高，否则也确认为无效。

2. 用人单位与劳动者订立的劳动合同中劳动报酬和劳动条件等标准不得低于集体合同规定的标准。我国《劳动合同法》和《劳动法》对劳动条件和各项劳动标准作了规定，而集体合同则根据各企业的自身条件又作出了更为具体的规定，这些规定成为企业处理劳动关系的准则。集体合同中对于劳动报酬、工作时间、休息休假、保险、福利待遇、职工培训、劳动安全卫生、企业富余职工的安置办法、女职工和未成年工的特殊保护等所规定的企业劳动标准，不低于劳动法律、法规和当地政府规定的最低标准，经过协商、审批等程序，而成为约束企业劳动行为的基本标准，在其与职工个人签订的劳动合同中约定的劳动标准不得低于集体合同的规定，集体合同的法律效力高于劳动合同。

3. 企业与企业职工应严格履行集体合同所规定的义务。集体合同在约定期限内有效。在此期限内，如企业或工会组织要求变更集体合同的内容，或者提前解除集体合同，应当由双方进行协商，在取得一致意见的情况下，修改集体合同的条款或者终止集体合同的效力。

集体合同订立、生效后，对签订集体合同双方所代表的人员都具有约束力。任何一方不得擅自变更或解除集体合同。如果集体合同的当事人违反集体合同的规定，就要承担相应的法律责任。对于劳动者来说，除集体合同有特别规定外，集体合同的全部内容适用于企业内部全体职工。①

---

① 回沪明、高圣平主编：《劳动法及配套规定新释新解（上）》，人民法院出版社 2004 年版。

第四章 工作时间和休息休假

> **第三十六条** 国家实行劳动者每日工作时间不超过八小时、平均每周工作时间不超过四十四小时的工时制度。

相关规定

【法律】

《中华人民共和国工会法》（2021 年 12 月 24 日修正）

第三十九条 企业、事业单位、社会组织研究经营管理和发展的重大问题应当听取工会的意见；召开会议讨论有关工资、福利、劳动安全卫生、工作时间、休息休假、女职工保护和社会保险等涉及职工切身利益的问题，必须有工会代表参加。

企业、事业单位、社会组织应当支持工会依法开展工作，工会应当支持企业、事业单位、社会组织依法行使经营管理权。

《中华人民共和国劳动合同法》（2012 年 12 月 28 日修正）

第六十八条 非全日制用工，是指以小时计酬为主，劳动者在同一用人单位一般平均每日工作时间不超过四小时，每周工作时间累计不超过二十四小时的用工形式。

【行政法规与国务院规范性文件】

《国务院关于职工工作时间的规定》（1995 年 3 月 25 日修订）

第三条 职工每日工作八小时、每周工作四十小时。

第四条 在特殊条件下从事劳动和有特殊情况，需要适当缩短工作时间的，按照国家有关规定执行。

【部门规章与规范性文件】

《劳动部关于〈劳动法〉若干条文的说明》（1994 年 9 月 5 日公布）

根据《国务院关于职工工作时间的规定》，目前，职工的标准工作时间为每日工作八小时，平均每周工作四十四小时。但企业可以根据实际情况，在标准工作时间范围内合理安排生产和劳动时间。但每日不能超过八小时，平均每周不能超过四十四小时（编者注：国务院 1995 年修改为四十小时）。

《劳动部关于贯彻执行〈中华人民共和国劳动法〉若干问题的意见》（1995 年 8 月 4 日公布）

68. 实行标准工时制度的企业，延长工作时间应严格按劳动法第四十一条的规定执行，不能按季、年综合计算延长工作时间。

《劳动部关于职工工作时间有关问题的复函》（1997 年 9 月 10 日公布）

一、企业和部分不能实行统一工作时间的事业单位，可否不实行“双休日”而安排每周工作六天，每天工作不超过 6 小时 40 分钟？

根据《劳动法》和《国务院关于职工工作时间的规定》（国务院令第 174 号）的规定，我国目前实行劳动者每日工作 8 小时，每周工作 40 小时这一标准工时制度。有条件的企业应实行标准工时制度。有些企业因工作性质和生产特点不能实行标准工时制度，应保证劳动者每天工作不超过 8 小时、每周工作不超过 40 小时、每周至少休息一天。此外，根据一些企业的生产实际情况还可实行不定时工作制和综合计算工时工作制。实行不定时工作制综合计算工时工作制的企业应按劳动部《关于企业实行不定时工作制和综合计算工时工作制的审批办法》（劳部发〔1994〕503 号）的规定办理审批手续。

二、用人单位要求劳动者每周工作超过 40 小时但不超过 44 小时，且不作延长工作时间处理，劳动行政机关可否认定其违法并依据《劳动法》第九十、九十一条和劳部发〔1994〕489、532 号文件的规定予以处罚？

《国务院关于职工工作时间的规定》（国务院令第 174 号）是依据《劳动法》第三十六条的规定，按照我国经济和社会发展的需要，在标准工时制度方面进一步作出的规定。如果用人单位要求劳动者每周工作超过 40 小时但不超过 44 小时，且不作延长工作时间处理，劳动行政机关有权要求其改正。

《〈国务院关于职工工作时间的规定〉问题解答》（1995 年 4 月 22 日公布）

一、问：1995 年 2 月 17 日《国务院关于职工工作时间的规定》（以下简称《规定》）发布后，企业职工每周工作时间不超过 40 小时，是否一定要每周休息两天？

答：有条件的企业应尽可能实行职工每日工作 8 小时、每周工作 40 小时这一标准工时制度。有些企业因工作性质和生产特点不能实行标准工时制度的，应将贯彻《规定》和贯彻《劳动法》结合起来，保证职工每周工作时间不超过 40 小时，每周至少休息 1 天；有些企业还可以实行不定时工作制、综合计算工时工作制等其他工作和休息办法。

《劳动部贯彻〈国务院关于职工工作时间的规定〉的实施办法》（1995 年 3 月 26 日公布）

第二条　本办法适用于中华人民共和国境内的企业的职工和个体经济组织的劳动者（以下统称职工）。

第三条　职工每日工作 8 小时、每周工作 40 小时。实行这一工时制度，应保证完成生产和工作任务，不减少职工的收入。

第四条　在特殊条件下从事劳动和有特殊情况，需要在每周工作 40 小时的基础上再适当缩短工作时间的，应在保证完成生产和工作任务的前提下，根据《中华人民共和国劳动法》第三十六条的规定，由企业根据实际情况决定。

第五条　因工作性质或生产特点的限制，不能实行每日工作 8 小时、每周工作 40 小时标准工时制度的，可以实行不定时工作制或综合计算工时工作制等其他工作和休息办法，并按照劳动部《关于企业实行不定时工作制和综合计算工时工作制的审批办法》执行。

第六条　任何单位和个人不得擅自延长职工工作时间。企业由于生产经营需要而延长职工工作时间的，应按《中华人民共和国劳动法》第四十一条的规定执行。

知识点

《劳动法》第三十六条规定的是**标准工作时间**。所谓**标准工作时间**，是指由国家法律规定的，在正常情况下，一般职工从事工作或劳动的时间。标准工作时间是最常见、适用最广泛的一种工作形式。它通常随国家经济发展水平的变化而变化。因此，标准工作时间的长短，往往标志着一个国家经济实力的强弱和文明程度的高低。我国自新中国成立后，标准工作时间随着我国生产力的不断提高而运行出不断缩短的轨迹。首先在1949年我国在具有临时宪法性质的《共同纲领》中规定，我国实行8~10小时工作制。在相当长的时期内，我国一直实行每日8小时、每周工作48小时即每周工作6天的标准工作时间。至1994年3月1日起根据《国务院关于职工工作时间的规定》第三条的规定，我国开始实行职工每日工作8小时，平均每周工作44小时、平均每周工作5天半的标准工作时间。即平均每周标准工作时间比原来缩短4个小时。1995年3月25日国务院发布了《国务院关于修改〈国务院关于职工工作时间的规定〉的规定》（以下简称《规定》），修改后的该《规定》第三条规定："职工每日工作8小时，每周工作40小时。"即从1995年5月1日起，我国标准工作时间为每日工作8小时、每周工作40小时的5日工作周。同时，考虑到我国企业生产率水平的不平衡性和多层次性，修改后的该《规定》第九条规定："本规定自1995年5月1日起施行。1995年5月1日施行有困难的企业、事业单位，可以适当延期；但是，事业单位最迟应当自1996年1月1日起施行，企业最迟应当自1997年5月1日起施行。"上述规定完全符合本条关于标准工作时间（每日工作时间不超过8小时，平均每周工作时间不超过44小时）的概括性和原则性规定。①

第三十七条 对实行计件工作的劳动者，用人单位应当根据本法第三十六条规定的工时制度合理确定其劳动定额和计件报酬标准。

相关规定

【部门规章与规范性文件】

《劳动部关于〈劳动法〉若干条文的说明》（1994年9月5日公布）

本条应理解为：

（一）对于实行计件工资的用人单位，在实行新的工时制度下应既能保证劳动者享受缩短工时的待遇，又尽量保证劳动者的计件工资收入不减少。

---

① 回沪明、高圣平主编：《劳动法及配套规定新释新解（上）》，人民法院出版社2004年版。

（二）如果适当调整劳动定额，在保证劳动者计件工资收入不降低的前提下，计件单价可以不作调整；如果调整劳动定额有困难，就应该考虑适当调整劳动者计件单价，以保证收入不减少。

知识点

所谓**计件工作时间**指以劳动者完成一定劳动定额为标准的工作时间。依本条规定，实行计件工作的用人单位，必须以劳动者在一个标准工作日（一昼夜工作8小时）和一个标准工作周（一周工作40小时，每周工作5天）的工作时间内能够完成的计件数量为标准，确定劳动者日或周的劳动定额。超过这个标准就等于延长了职工的工作时间，侵犯了职工的合法权益。由此可见，计件工作时间实际上是标准工作时间的特殊转化形式，但又比标准工作时间具有更大的灵活性。实行计件工作时间的劳动者，在8小时工作时间内完成了当日的劳动定额，则可以把剩余时间作为休息时间，也可以多做定额以取得相应的延长时间的劳动报酬；相反，如果劳动者未能在8小时内完成定额，则可以在8小时外加点用以完成规定的劳动定额。

本条所称**劳动定额**，是指在一定的生产技术和生产组织条件下，为生产一定量合格产品或完成一定量的工作所预先规定的劳动消耗标准，或是在单位时间内预先规定的完成合格产品数量的标准。劳动定额包括两种形式：

1. 时间定额，是指生产单位合格产品或完成一定工作所需要的时间。
2. 产量定额，是指单位时间内应完成的合格产品的数量。

本条所称**计件报酬标准**，是指预先规定的用以计算劳动者劳动报酬的计件单位。计件报酬标准体现了劳动成果与劳动报酬的关系，直接影响职工的工资水平和企业的经济核算，因此，确定计件报酬标准，也必须以标准工时制为基础，根据科学的方法，使劳动报酬能够准确地反映出劳动者付出的劳动量，真正体现按劳分配原则。

在实行计件工作时间时应注意：（1）对于实行计件工资的用人单位，在实行新的工时制度下，应既能保证劳动者享受缩短工时的待遇，又尽量保证劳动者的计件工资收入不减少。（2）如果适当调整劳动定额，在保证劳动者计件工资收入不降低的前提下，计件单位可以不作调整；如果调整劳动定额有困难，就应该考虑适当调整劳动者计件单价，以保证收入不减少。①

第三十八条 用人单位应当保证劳动者每周至少休息一日。

相关规定

【行政法规与国务院规范性文件】

《国务院关于职工工作时间的规定》（1995 年 3 月 25 日修订）

第七条 国家机关、事业单位实行统一的工作时间，星期六和星期日为周休息日。

企业和不能实行前款规定的统一工作时间的事业单位，可以根据实际情况灵活安排周休息日。

【部门规章与规范性文件】

《劳动部关于〈劳动法〉若干条文的说明》（1994 年 9 月 5 日公布）

本条应理解为：用人单位必须保证劳动者每周至少有一次 24 小时不间断的休息。

《〈国务院关于职工工作时间的规定〉问题解答》（1995 年 4 月 22 日公布）

一、问：1995 年 2 月 17 日《国务院关于职工工作时间的规定》（以下简称《规定》）发布后，企业职工每周工作时间不超过四十小时，是否一定要每周休息两天？

答：有条件的企业应尽可能实行职工每日工作八小时、每周工作四十小时这一标准工时制度。有些企业因工作性质和生产特点不能实行标准工时制度的，应将贯彻《规定》和贯彻《劳动法》结合起来，保证职工每周工作时间不超过四十小时，每周至少休息一天；有些企业还可以实行不定时工作制、综合计算工时工作制等其他工作和休息办法。

---

① 回沪明、高圣平主编：《劳动法及配套规定新释新解（上）》，人民法院出版社 2004 年版。

《劳动部贯彻〈国务院关于职工工作时间的规定〉的实施办法》（1995年3月26日公布）

第九条　企业根据所在地的供电、供水和交通等实际情况，经与工会和职工协商后，可以灵活安排周休息日。

知识点

一、休息时间

休息时间是指劳动者在国家规定的法定工作时间以外，不履行劳动义务而自己支配的时间。

我国职工休息时间的种类和时间的长短是由法律、法规规定的。目前我国职工的休息时间可分为工作日内的间歇时间、周末休假日、法定节假日、职工探亲假、年休假等。

1. 工作日的间歇时间

一般来讲，实行一班制或两班制的企业、事业单位，其间歇时间应当在职工开始工作以后4小时左右开始，间歇时间不应当少于半小时。实行三班制的企事业单位，如两班工作时间各为8小时，夜班工作时间为7小时，则每班的间歇时间为20分钟。实行轮班制的，其班次经平均调换，一般应在休息日之后调换，在调换班次后，不得使职工连续工作两班。

2. 工作日的休息时间

工作日的休息时间是指两个邻近工作日间的间隔时间。职工从下班以后至再次上班之间的时间间隔一般不应少于15~16小时。

二、周休日

周休日，即每周休假日，是职工根据国家规定在每周内法定休息的时间。依本条规定，劳动者的周休日至少为一天，即至少有一次24小时不间断的休息。

根据国务院1995年发布的《国务院关于修改〈国务院关于职工工作时间的规定〉的规定》，每周休假日为星期六和星期日。企业和不能实行上述规定的统一的工作时间的事业单位，可以根据实际情况灵活安排周休息日。由于生产和工作的需要，企业职工根据本企业的规定，每周休假日要轮休、倒休。对于出差人员的每周休息日，可以在出差地点享用。如果出差期间未能享用，可从实际情况出发，给予补休。对于从事有毒有害工作的职工可以给予更多的休息时间。①

第三十九条 企业因生产特点不能实行本法第三十六条、第三十八条规定的，经劳动行政部门批准，可以实行其他工作和休息办法。

相关规定

【行政法规与国务院规范性文件】

《国务院关于职工工作时间的规定》（1995年3月25日修订）

第四条 在特殊条件下从事劳动和有特殊情况，需要适当缩短工作时间的，按照国家有关规定执行。

第五条 因工作性质或者生产特点的限制，不能实行每日工作八小时、每周工作四十小时标准工作制度的，按照国家有关规定，可以实行其他工作和休息办法。

【部门规章与规范性文件】

《劳动部关于〈劳动法〉若干条文的说明》（1994年9月5日公布）

劳动部、人事部颁发的《国务院关于职工工作时间的规定实施办法》中规定："由于工作性质和职责的限制，不宜实行定时工作制的职工，由国务院行业系统主管部门提出意见，报国务院劳动、人事行政主管部门批准，可以实行不定时工作制。"如：出租车驾驶员、森林巡视员等。

《劳动部关于贯彻执行〈中华人民共和国劳动法〉若干问题的意见》（1995年8月4日公布）

65. 经批准实行综合计算工作时间的用人单位，分别以周、月、季、年等为周期综合计算工作时间，但其平均日工作时间和平均周工作时间应与法定标准工作时间基本相同。

66. 对于那些在市场竞争中，由于外界因素的影响，生产任务不均衡的企业的部分职工，经劳动行政部门严格审批后，可以参照综合计算工时

---

① 回沪明、高圣平主编：《劳动法及配套规定新释新解（上）》，人民法院出版社2004年版。

工作制的办法实施，但用人单位应采取适当方式确保职工的休息休假权利和生产、工作任务的完成。

67. 经批准实行不定时工作制的职工，不受劳动法第四十一条规定的日延长工作时间标准和月延长工作时间标准的限制，但用人单位应采用弹性工作时间等适当的工作和休息方式，确保职工的休息休假权利和生产、工作任务的完成。

69. 中央直属企业、企业化管理的事业单位实行不定时工作制和综合计算工时工作制等其他工作和休息办法的，须经国务院行业主管部门审核，报国务院劳动行政部门批准。地方企业实行不定时工作制和综合计算工时工作制等其他工作和休息办法的审批办法，由省、自治区、直辖市人民政府劳动行政部门制定，报国务院劳动行政部门备案。

《劳动部关于职工工作时间有关问题的复函》（1997年9月10日公布）

八、实行不定时工作制的工资如何计发？其休息休假如何确定？

对于实行不定时工作制的劳动者，企业应当根据标准工时制度合理确定劳动者的劳动定额或其他考核标准，以便安排劳动者休息。其工资由企业按照本单位的工资制度和工资分配办法，根据劳动者的实际工作时间和完成劳动定额情况计发。对于符合带薪年休假条件的劳动者，企业可安排其享受带薪年休假。

九、本市拟在审批综合计算工时过程中强制性地附加“保证劳动者每周至少休息一天”和“每日实际工作时间不得超过11小时”两个条件，是否妥当？

实行综合计算工时工作制是从部分企业生产实际出发，允许实行相对集中工作、集中休息的工作制度，以保证生产的正常进行和劳动者的合法权益。因此，在审批综合计算工时工作制过程中不宜再要求企业实行符合标准工时工作制的规定。但是，在审批综合计算工时工作制过程中应要求企业做到以下两点：

1. 企业实行综合计算工时工作制以及在实行综合计算工时工作中采取何种工作方式，一定要与工会和劳动者协商。

2. 对于第三级以上（含第三级）体力劳动强度的工作岗位，劳动者每日连续工作时间不得超过11小时，而且每周至少休息一天。

《〈国务院关于职工工作时间的规定〉问题解答》（1995年4月22日公布）

五、问：哪些企业职工可实行不定时工作制？

答：不定时工作制是针对因生产特点、工作特殊需要或职责范围的关系，无法按标准工作时间衡量或需要机动作业的职工所采用的一种工时制度。例如：企业中从事高级管理、推销、货运、装卸、长途运输驾驶、押运、非生产性值班和特殊工作形式的个体工作岗位的职工，出租车驾驶员等，可实行不定时工作制。鉴于每个企业的情况不同，企业可依据上述原则结合企业的实际情况进行研究，并按有关规定报批。

六、问：哪些企业职工可实行综合计算工时工作制？

答：综合计算工时工作制是针对因工作性质特殊，需连续作业或受季节及自然条件限制的企业的部分职工，采用的以周、月、季、年等为周期综合计算工作时间的一种工时制度，但其平均日工作时间和平均周工作时间应与法定标准工作时间基本相同。主要是指：交通、铁路、邮电、水运、航空、渔业等行业中因工作性质特殊，需要连续作业的职工；地质、石油及资源勘探、建筑、制盐、制糖、旅游等受季节和自然条件限制的行业的部分职工；亦工亦农或由于受能源、原材料供应等条件限制难以均衡生产的乡镇企业的职工等。另外，对于那些在市场竞争中，由于外界因素影响，生产任务不均衡的企业的部分职工也可以参照综合计算工时工作制的办法实施。

对于因工作性质或生产特点的限制，实行不定时工作制或综合计算工时工作制等其他工作和休息办法的职工，企业都应根据《中华人民共和国劳动法》和《规定》的有关条款，在保障职工身体健康并充分听取职工意见的基础上，采取集中工作、集中休息、轮休调休、弹性工作时间等适当的工作和休息方式，确保职工的休息休假权利和生产、工作任务的完成。同时，各企业主管部门也应积极创造条件，尽可能使企业的生产任务均衡合理，帮助企业解决贯彻《规定》中的实际问题。

七、问：在特殊条件下从事劳动和有特殊情况的，是否可以进一步缩短工作时间？

答：在特殊条件下从事劳动和有特殊情况，需要在每周工作四十小时的基础上再适当缩短工作时间的，应在保证完成生产和工作任务的前提下，根据《中华人民共和国劳动法》第三十六条的规定，由企业根据实际情况决定。

《劳动部贯彻〈国务院关于职工工作时间的规定〉的实施办法》（1995 年 3 月 26 日公布）

第四条　在特殊条件下从事劳动和有特殊情况，需要在每周工作四十小时的基础上再适当缩短工作时间的，应在保证完成生产和工作任务的前提下，根据《中华人民共和国劳动法》第三十六条的规定，由企业根据实际情况决定。

第五条　因工作性质或生产特点的限制，不能实行每日工作八小时、每周工作四十小时标准工时制度的，可以实行不定时工作制或综合计算工时工作制等其他工作和休息办法，并按照劳动部《关于企业实行不定时工作制和综合计算工时工作制的审批办法》执行。

《劳动部关于企业实行不定时工作制和综合计算工时工作制的审批办法》（1994 年 12 月 14 日公布）

第三条　企业因生产特点不能实行《中华人民共和国劳动法》第三十六条、第三十八条规定的，可以实行不定时工作制或综合计算工时工作制等其他工作和休息办法。

第四条　企业对符合下列条件之一的职工，可以实行不定时工作制。

（一）企业中的高级管理人员、外勤人员、推销人员、部分值班人员和其他因工作无法按标准工作时间衡量的职工；

（二）企业中的长途运输人员、出租汽车司机和铁路、港口、仓库的部分装卸人员以及因工作性质特殊，需机动作业的职工；

（三）其他因生产特点、工作特殊需要或职责范围的关系，适合实行不定时工作制的职工。

第五条　企业对符合下列条件之一的职工，可实行综合计算工时工作制，即分别以周、月、季、年等为周期，综合计算工作时间，但其平均日工作时间和平均周工作时间应与法定标准工作时间基本相同。

（一）交通、铁路、邮电、水运、航空、渔业等行业中因工作性质特殊，需连续作业的职工；

（二）地质及资源勘探、建筑、制盐、制糖、旅游等受季节和自然条件限制的行业的部分职工；

（三）其他适合实行综合计算工时工作制的职工。

第六条　对于实行不定时工作制和综合计算工时工作制等其他工作和

休息办法的职工，企业应根据《中华人民共和国劳动法》第一章、第四章有关规定，在保障职工身体健康并充分听取职工意见的基础上，采用集中工作、集中休息、轮休调休、弹性工作时间等适当方式，确保职工的休息休假权利和生产、工作任务的完成。

第七条 中央直属企业实行不定时工作制和综合计算工时工作制等其他工作和休息办法的，经国务院行业主管部门审核，报国务院劳动行政部门批准。

地方企业实行不定时工作制和综合计算工时工作制等其他工作和休息办法的审批办法，由各省、自治区、直辖市人民政府劳动行政部门制定，报国务院劳动行政部门备案。

知识点

除了《劳动法》第三十六条规定的标准工作时间制度、第三十八条规定的计件工作时间制度外，尚有以下几种工时制度：

一、缩短工作时间

是指在特殊情况下劳动者实行的少于标准工作时间长度的工时形式。《国务院关于职工工作时间的规定》第四条规定："在特殊条件下从事劳动和有特殊情况，需要缩短工作时间的，按照国家规定执行。"目前我国实行缩短工作时间的劳动有以下几种：

（一）从事矿山、井下、高山、高温、低温、有毒有害，特别繁重或过度紧张的劳动的职工，实行每日工作少于8小时的工作时间；

（二）从事夜班工作的劳动者，实行缩短工作时间；

（三）在哺乳期工作的女职工，实行缩短工作时间；

（四）其他依法可以缩短工作日工作制的职工。

二、综合计算工作时间

是指因用人单位生产或工作的特点，劳动者的工作时间不宜以日计算，需要分别以周、月、季、年等为周期综合计算工作时间长度（小时数）的一种工时形式。《关于企业实行不定时工作制和综合计算工时工作制的审批办法》对我国综合计算工时工作制的实行条件、方式和审批办法都作了明确的规定。

三、不定时工作时间

是指每日没有固定工作时数的工时形式。由于企业的生产特点、职责范围关系等原因，有许多岗位上的劳动者的日工作时间无法以固定的时数来确定，对这些劳动者应适用不定时工作时间工作制。

与综合计算工时工作制一样，实行不定时工作制的企业在履行了法定的审批手续（具体审批办法与综合计算工时工作制相同）后，可选用集中工作、集中休息、轮休调休、弹性工作等适当方式进行，确保职工的休息权和工作任务的完成。①

第四十条　用人单位在下列节日期间应当依法安排劳动者休假：

（一）元旦；

（二）春节；

（三）国际劳动节；

（四）国庆节；

（五）法律、法规规定的其他休假节日。

相关规定

【行政法规与国务院规范性文件】

《全国年节及纪念日放假办法》（2013年12月11日修订）

第二条　全体公民放假的节日：

（一）新年，放假1天（1月1日）；

（二）春节，放假3天（农历正月初一、初二、初三）；

（三）清明节，放假1天（农历清明当日）；

（四）劳动节，放假1天（5月1日）；

（五）端午节，放假1天（农历端午当日）；

（六）中秋节，放假1天（农历中秋当日）；

（七）国庆节，放假3天（10月1日、2日、3日）。

---

① 回沪明、高圣平主编：《劳动法及配套规定新释新解（上）》，人民法院出版社2004年版。

第三条 部分公民放假的节日及纪念日：

（一）妇女节（3月8日），妇女放假半天；

（二）青年节（5月4日），14周岁以上的青年放假半天；

（三）儿童节（6月1日），不满14周岁的少年儿童放假1天；

（四）中国人民解放军建军纪念日（8月1日），现役军人放假半天。

第四条 少数民族习惯的节日，由各少数民族聚居地区的地方人民政府，按照各该民族习惯，规定放假日期。

第五条 二七纪念日、五卅纪念日、七七抗战纪念日、九三抗战胜利纪念日、九一八纪念日、教师节、护士节、记者节、植树节等其他节日、纪念日，均不放假。

第六条 全体公民放假的假日，如果适逢星期六、星期日，应当在工作日补假。部分公民放假的假日，如果适逢星期六、星期日，则不补假。

《国务院关于职工探亲待遇的规定》（1981年3月14日公布）

第二条 凡在国家机关、人民团体和全民所有制企业、事业单位工作满一年的固定职工，与配偶不住在一起，又不能在公休假日团聚的，可以享受本规定探望配偶的待遇；与父亲、母亲都不住在一起，又不能在公休假日团聚的，可以享受本规定探望父母的待遇。但是，职工与父亲或与母亲一方能够在公休假日团聚的，不能享受本规定探望父母的待遇。

第三条 职工探亲假期：

（一）职工探望配偶的，每年给予一方探亲假一次，假期为三十天。

（二）未婚职工探望父母，原则上每年给假一次，假期为二十天。如果因为工作需要，本单位当年不能给予假期，或者职工自愿两年探亲一次，可以两年给假一次，假期为四十五天。

（三）已婚职工探望父母的，每四年给假一次，假期为二十天。

探亲假期是指职工与配偶、父、母团聚的时间，另外，根据实际需要给予路程假。上述假期均包括公休假日和法定节日在内。

第四条 凡实行休假制度的职工（例如学校的教职工），应该在休假期间探亲；如果休假期较短，可由本单位适当安排，补足其探亲假的天数。

第五条 职工在规定的探亲假期和路程假期内，按照本人的标准工资发给工资。

第六条 职工探望配偶和未婚职工探望父母的往返路费，由所在单位负担。已婚职工探望父母的往返路费，在本人月标准工资百分之三十以内的，由本人自理，超过部分由所在单位负担。

【部门规章与规范性文件】

《劳动部关于〈劳动法〉若干条文的说明》（1994年9月5日公布）

本条第（五）项具体指：妇女节，放假半天；少数民族习惯的假日，由少数民族集居地区的地区人民政府，规定放假日期。其他纪念日，不放假，属于全国人民的假日，如适逢星期日，应在次日补假；凡属于部分人民的假日，如适逢星期日不补假。休假节日不包括职工的带薪年休假。

知识点

法定休假节日，又称法定节假日，是指法律规定用以开展纪念、庆祝等活动的休息时间，包括政治性节日、职业性节日、传统习惯性节日、全民节日、宗教节日等。

根据本法及其他劳动法规的规定，用人单位在下列节日期间应当依法安排劳动者休假：

（一）新年，放假1天（1月1日）；

（二）春节，放假3天（农历正月初一、初二、初三）；

（三）清明节，放假1天（农历清明当日）；

（四）劳动节，放假1天（5月1日）；

（五）端午节，放假1天（农历端午当日）；

（六）中秋节，放假1天（农历中秋当日）；

（七）国庆节，放假3天（10月1日、2日、3日）。

少数民族习惯的节日，由各少数民族聚居地区的地方人民政府，按照各该民族习惯，规定放假日期。

以上节假日凡属于全体公民的假日，如适逢星期六、星期日，应在次日补假；凡属于部分公民之假日，如适逢星期六、星期日，则不补假。①

---

① 回沪明、高圣平主编：《劳动法及配套规定新释新解（上）》，人民法院出版社2004年版。

第四十一条 用人单位由于生产经营需要，经与工会和劳动者协商后可以延长工作时间，一般每日不得超过一小时；因特殊原因需要延长工作时间的，在保障劳动者身体健康的条件下延长工作时间每日不得超过三小时，但是每月不得超过三十六小时。

相关规定

【行政法规与国务院规范性文件】

《劳动保障监察条例》（2004年11月1日公布）

第二十五条 用人单位违反劳动保障法律、法规或者规章延长劳动者工作时间的，由劳动保障行政部门给予警告，责令限期改正，并可以按照受侵害的劳动者每人100元以上500元以下的标准计算，处以罚款。

【部门规章与规范性文件】

《劳动部关于〈劳动法〉若干条文的说明》（1994年9月5日公布）

本条中的“延长工作时间”是指在企业执行的工作时间制度的基础上的加班加点。本条中的“生产经营需要”是指来料加工、商业企业在旺季完成收购、运输、加工农副产品紧急任务等情况。

《劳动部关于贯彻执行〈中华人民共和国劳动法〉若干问题的意见》（1995年8月4日公布）

71. 协商是企业决定延长工作时间的程序（劳动法第四十二条和《劳动部贯彻〈国务院关于职工工作时间的规定〉的实施办法》第七条规定除外），企业确因生产经营需要，必须延长工作时间时，应与工会和劳动者协商。协商后，企业可以在劳动法限定的延长工作时数内决定延长工作时间，对企业违反法律、法规强迫劳动者延长工作时间的，劳动者有权拒绝。若由此发生劳动争议，可以提请劳动争议处理机构予以处理。

《劳动部关于职工工作时间有关问题的复函》（1997年9月10日公布）

三、《劳动法》第四十一、四十四条中的“延长工作时间”是否仅指加点，而不包括休息日或节日等法定休假日的加班（即是否加班不受《劳动法》的第四十一条限制）？

《劳动法》第四十一条有关延长工作时间的限制包括正常工作日的加

点、休息日和法定休假日的加班。即每月工作日的加点、休息日和法定休假日的加班的总时数不得超过 36 小时。在国家立法部门没有作出立法解释前，应按此精神执行。

五、经批准实施综合计算工时工作制的用人单位，在计算周期内若日（或周）的平均工作时间没超过法定标准工作时间，但某一具体日（或周）的实际工作时间工作超过 8 小时（或 40 小时），‘超过’部分是否视为加点（或加班）且受《劳动法》第四十一条的限制？

依据劳动部《关于企业实行不定时工作制和综合计算工时工作制的审批办法》第五条的规定，综合计算工时工作制采用的是以周、月、季、年等为周期综合计算工作时间，但其平均日工作时间和平均周工作时间应与法定标准工作时间基本相同。也就是说，在综合计算周期内，某一具体日（或周）的实际工作时间可以超过 8 小时（或 40 小时），但综合计算周期内的总实际工作时间不应超过总法定标准工作时间，超过部分应视为延长工作时间并按《劳动法》第四十四条第一款的规定支付工资报酬，其中法定休假日安排劳动者工作的，按《劳动法》第四十四条第三款的规定支付工资报酬。而且，延长工作时间的小时数平均每月不得超过 36 小时。

七、劳部发〔1994〕489 号文第十三条中“其综合工作时间超过法定标准工作时间部分”是指日（或周）平均工作时间超过，还是指某一具体日（或周）实际工作时间超过？

实行综合计算工时工作制的企业，在综合计算周期内，如果劳动者的实际工作时间总数超过该周期的法定标准工作时间总数，超过部分应视为延长工作时间。如果在整个综合计算周期内的实际工作时间总数不超过该周期的法定标准工作时间总数，只是该综合计算周期内的某一具体日（或周、或月、或季）超过法定标准工作时间，其超过部分不应视为延长工作时间。

◎《〈国务院关于职工工作时间的规定〉问题解答》（1995 年 4 月 22 日公布）

四、问：如果有些企业只因极少数技术骨干轮换不过来而影响《规定》的贯彻实施，能不能用加班加点的办法予以解决？

答：为了使更多的企业职工能够实施新工时制度，企业首先要抓紧进行业务、技术骨干的培养，以便有足够的技术力量轮换顶班。只有这样才能既保证全体职工的健康和休息权利，也能保证正常的生产和工作秩序。在抓紧培养技术骨干的同时，为使企业绝大多数职工能尽早实行新工时制度，可以采取一些过渡性措施，即对极少数技术骨干发加班工资或补休。但是，一要与工会和劳动者本人协商，做好工作；二要保障技术骨干的身体健康；三不能无限期地延续下去，必须尽快招聘合格人才或抓紧培养合格人才。

《劳动部贯彻〈国务院关于职工工作时间的规定〉的实施办法》（1995 年 3 月 26 日公布）

第六条 任何单位和个人不得擅自延长职工工作时间。企业由于生产经营需要而延长职工工作时间的，应按《中华人民共和国劳动法》第四十一条的规定执行。

第七条 有下列特殊情形和紧急任务之一的，延长工作时间不受本办法第六条规定的限制：

（一）发生自然灾害、事故或者因其他原因，使人民的安全健康和国家资财遭到严重威胁，需要紧急处理的；

（二）生产设备、交通运输线路、公共设施发生故障，影响生产和公众利益，必须及时抢修的；

（三）必须利用法定节日或公休假日的停产期间进行设备检修、保养的；

（四）为完成国防紧急任务，或者完成上级在国家计划外安排的其他紧急生产任务，以及商业、供销企业在旺季完成收购、运输、加工农副产品紧急任务的。

第八条 根据本办法第六条、第七条延长工作时间的，企业应当按照《中华人民共和国劳动法》第四十四条的规定，给职工支付工资报酬或安排补休。

知识点

一、用人单位延长工作时间的实体义务

1. 加班的时间必须符合法律规定。《劳动法》第四十一条对用人单位安排加班的时间予以限制，用人单位必须在此法定的限制内，安排劳动者的加班时间。

2. 必须支付加班费。加班费是指劳动者按照用人单位生产和工作的需要，在规定工作时间之外继续生产劳动或者工作所获得的劳动报酬。对于

劳动者而言，加班费是对其休息权被剥夺的补偿；对于用人单位而言，支付给劳动者加班费这一惩罚性措施，是对其随意安排加班行为的抑制，强化用人单位的守法意识，督促其遵守劳动者的休息权，从而减少加班现象。

二、用人单位违法延长工作时间的法律责任

用人单位违法安排劳动者加班的，承担相应的法律责任。法律责任分为行政责任和民事责任。《劳动保障监察条例》第二十五条规定了用人单位违法延长工作时间的行政责任，即劳动保障行政部门可以按照受侵害的劳动者每人100元以上500元以下的标准，对用人单位处以罚款。《劳动合同法》第八十五条规定了用人单位安排加班不支付加班费的行政责任和民事责任，即由劳动行政部门责令用人单位限期支付加班费，逾期不支付的，责令用人单位按应付金额50%以上100%以下的标准向劳动者加付赔偿金。根据上述规定，当用人单位不支付加班费时，劳动者可以向劳动行政部门申请，要求用人单位履行支付加班费的义务，同时还可要求用人单位支付加付赔偿金，这些规定在一定程度上为劳动者提供了权利救济的保证。①

第四十二条　有下列情形之一的，延长工作时间不受本法第四十一条规定的限制：

（一）发生自然灾害、事故或者因其他原因，威胁劳动者生命健康和财产安全，需要紧急处理的；

（二）生产设备、交通运输线路、公共设施发生故障，影响生产和公众利益，必须及时抢修的；

（三）法律、行政法规规定的其他情形。

相关规定

【部门规章与规范性文件】

《劳动部关于〈劳动法〉若干条文的说明》（1994年9月5日公布）

本条第（三）项中的“法律、行政法规”，既包括现行的，也包括以

① 最高人民法院民事审判第一庭编：《民事审判指导与参考》（总第46辑），人民法院出版社2011年版。

后颁布实行的。当前主要指国务院《关于职工工作时间的规定的实施办法》规定的四种其他情形：

（一）在法定节日和公休假日内工作不能间断，必须连续生产、运输或者营业的；

（二）必须利用法定节日或公休假日的停产期间进行设备检修、保养的；

（三）为完成国防紧急任务的；

（四）为完成国家下达的其他紧急生产任务的。

《劳动部贯彻〈国务院关于职工工作时间的规定〉的实施办法》（1995年3月26日公布）

第七条 有下列特殊情形和紧急任务之一的，延长工作时间不受本办法第六条规定的限制：

（一）发生自然灾害、事故或者因其他原因，使人民的安全健康和国家资财遭到严重威胁，需要紧急处理的；

（二）生产设备、交通运输线路、公共设施发生故障，影响生产和公众利益，必须及时抢修的；

（三）必须利用法定节日或公休假日的停产期间进行设备检修、保养的；

（四）为完成国防紧急任务，或者完成上级在国家计划外安排的其他紧急生产任务，以及商业、供销企业在旺季完成收购、运输、加工农副产品紧急任务的。

第八条 根据本办法第六条、第七条延长工作时间的，企业应当按照《中华人民共和国劳动法》第四十四条的规定，给职工支付工资报酬或安排补休。

知识点

在正常情况下，用人单位应在规定的工作时间内完成生产任务或工作任务，不得任意安排加班加点。但当出现了危及国家、集体财产安全及人民生命健康的紧急事件时，从保护国家利益、集体利益和劳动者的整体利益出发，《劳动法》对允许延长工作时间的情形作了规定。根据本条的规定，有下列情形之一的，允许**延长工作时间**：

1. 发生自然灾害、事故或者因其他原因，威胁劳动者生命健康和财产安全，需要紧急处理的。例如，发生了地震、洪水、抢险、交通事故等情况。

2. 生产设备、交通运输线路、公共设施发生故障，影响生产和公众利益，必须及时抢修的。例如，发生了自来水管道、煤气管道、下水管道泄漏或者堵塞，需要及时处理等情况。

3. 法律、行政法规规定的其他情形。劳动部、人事部（现合并为人力资源和社会保障部）分别在其《贯彻〈国务院关于职工工作时间的规定〉的实施办法》第七条、第八条对延长工作时间的情形作了进一步的规定。①

第四十三条 用人单位不得违反本法规定延长劳动者的工作时间。

相关规定

【法律】

《中华人民共和国劳动合同法》（2012年12月28日修正）

第三十一条 用人单位应当严格执行劳动定额标准，不得强迫或者变相强迫劳动者加班。用人单位安排加班的，应当按照国家有关规定向劳动者支付加班费。

【行政法规与国务院规范性文件】

《国务院关于职工工作时间的规定》（1995年3月25日修订）

第六条 任何单位和个人不得擅自延长职工工作时间。因特殊情况和紧急任务确需延长工作时间的，按照国家有关规定执行。

① 回沪明、高圣平主编：《劳动法及配套规定新释新解（上）》，人民法院出版社2004年版。

【部门规章与规范性文件】

《劳动部贯彻〈国务院关于职工工作时间的规定〉的实施办法》（1994年3月26日公布）

第六条 任何单位和个人不得擅自延长职工工作时间。企业由于生产经营需要而延长职工工作时间的，应按《中华人民共和国劳动法》第四十一条的规定执行。

第八条 根据本办法第六条、第七条延长工作时间的，企业应当按照《中华人民共和国劳动法》第四十四条的规定，给职工支付工资报酬或安排补休。

知识点

本条规定用人单位**延长工作时间的禁止**。

劳动者的休息权为我国宪法和相关法律、法规所明定，应为用人单位所普遍遵守。

用人单位对每天的生产和工作任务的安排应当比较均衡，不畸多畸少，任意安排加班加点和延长工作时间。生产和工作的不均衡安排，会使劳动者得不到正常的休息，脑力和体力得不到恢复，会使劳动生产率降低，影响劳动者的健康，甚至会发生意外事故。加班加点、延长工作时间是不得已的事情，因此，用人单位不得随意延长工作时间或者强迫劳动者延长工作时间。

为了防止目前用人单位恣意延长劳动者工作时间的现象，本法在规定了延长劳动者工作时间的条件及限制后，作此条规定。①

---

① 回沪明、高圣平主编：《劳动法及配套规定新释新解（上）》，人民法院出版社2004年版。

第四十四条　有下列情形之一的，用人单位应当按照下列标准支付高于劳动者正常工作时间工资的工资报酬：

（一）安排劳动者延长工作时间的，支付不低于工资的百分之一百五十的工资报酬；

（二）休息日安排劳动者工作又不能安排补休的，支付不低于工资的百分之二百的工资报酬；

（三）法定休假日安排劳动者工作的，支付不低于工资的百分之三百的工资报酬。

相关规定

【法律】

《中华人民共和国劳动合同法》（2012年12月28日修正）

第三十一条　用人单位应当严格执行劳动定额标准，不得强迫或者变相强迫劳动者加班。用人单位安排加班的，应当按照国家有关规定向劳动者支付加班费。

【部门规章与规范性文件】

《劳动部关于〈劳动法〉若干条文的说明》（1994年9月5日公布）

本条的“工资”，实行计时工资的用人单位，指的是用人单位规定的其本人的基本工资，其计算方法是：用月基本工资除以月法定工作天数即得日工资，用日工资除以日工作时间即得小时工资；实行计件工资的用人单位，指的是劳动者在加班加点的工作时间内应得的计件工资。

《劳动部关于贯彻执行〈中华人民共和国劳动法〉若干问题的意见》（1995年8月4日公布）

55. 劳动法第四十四条中的“劳动者正常工作时间工资”是指劳动合同规定的劳动者本人所在工作岗位（职位）相对应的工资。鉴定当前劳动合同制度尚处于推进过程中，按上述规定执行确有困难的用人单位，地方或行业劳动部门可在不违反劳动部《关于〈工资支付暂行规定〉有关问题的补充规定》（劳部发〔1995〕226号）文件所确定的总的原则的基础上，制定过渡办法。

60. 实行每天不超过8小时，每周不超过44小时或40小时标准工作时间制度的企业，以及经批准实行综合计算工时工作制的企业，应当按照劳动法的规定支付劳动者延长工作时间的工资报酬。全体职工已实行劳动合同制度的企业，一般管理人员（实行不定时工作制人员除外）经批准延长工作时间的，可以支付延长工作时间的工资报酬。

62. 实行综合计算工时工作制的企业职工，工作日正好是周休息日的，属于正常工作；工作日正好是法定节假日时，要依照劳动法第四十四条第（三）项的规定支付职工的工资报酬。

70. 休息日安排劳动者工作的，应先按同等时间安排其补休，不能安排补休的应按劳动法第四十四条第（二）项的规定支付劳动者延长工作时间的工资报酬。法定节假日（元旦、春节、劳动节、国庆节）安排劳动者工作的，应按劳动法第四十四条第（三）项支付劳动者延长工作时间的工资报酬。

《劳动部关于职工工作时间有关问题的复函》（1997年9月10日公布）

三、《劳动法》第四十一、四十四条中的“延长工作时间”是否仅指加点，而不包括休息日或节日等法定休假日的加班（即是否加班不受《劳动法》的第四十一条限制）？

《劳动法》第四十一条有关延长工作时间的限制包括正常工作日的加点、休息日和法定休假日的加班。即每月工作日的加点、休息日和法定休假日的加班的总时数不得超过36小时。在国家立法部门没有作出立法解释前，应按此精神执行。

四、休息日或法定休假日加班，用人单位可否不支付加班费而给予补休？补休的标准如何确定？

依据《劳动法》第四十四条规定，休息日安排劳动者加班工作的，应首先安排补休，不能补休时，则应支付不低于工资的百分之二百的工资报酬。补休时间应等同于加班时间。法定休假日安排劳动者加班工作的，应另外支付不低于工资的百分之三百的工资报酬，一般不安排补休。

五、经批准实施综合计算工时工作制的用人单位，在计算周期内若日（或周）的平均工作时间没超过法定标准工作时间，但某一具体日（或周）的实际工作时间工作超过8小时（或40小时），“超过”部分是否视为加点（或加班）且受《劳动法》第四十一条的限制？

依据劳动部《关于企业实行不定时工作制和综合计算工时工作制的审

批办法》第五条的规定，综合计算工时工作制采用的是以周、月、季、年等为周期综合计算工作时间，但其平均日工作时间和平均周工作时间应与法定标准工作时间基本相同。也就是说，在综合计算周期内，某一具体日（或周）的实际工作时间可以超过8小时（或40小时），但综合计算周期内的总实际工作时间不应超过总法定标准工作时间，超过部分应视为延长工作时间并按《劳动法》第四十四条第一款的规定支付工资报酬，其中法定休假日安排劳动者工作的，按《劳动法》第四十四条第三款的规定支付工资报酬。而且，延长工作时间的小时数平均每月不得超过36小时。

六、若甲企业经批准以季为周期综合计算工时（总工时应为40时/周×12周/季=480时/季）。若乙职工在该季的第一、二月份刚好完成了480小时的工作，第三个月整月休息。甲企业这样做是否合法且不存在着延长工作时间问题，该季各月的工资及加班费（若认定为延长工作时间的话）应如何计发？

某企业经劳动行政部门批准以季为周期综合计算工时（总工时应为508小时/季）。该企业因生产任务需要，经商工会和劳动者同意，安排劳动者在该季的第一、二月份刚好完成了508小时的工作，第三个月整月休息。该企业这样做应视为合法且没有延长工作时间。对于这种打破常规的工作时间安排，一定要取得工会和劳动者的同意，并且注意劳逸结合，切实保障劳动者身体健康。

2. 工作小时数的计算

以每周、月、季、年的工作日乘以每日的8小时。

八、实行不定时工作制的工资如何计发？其休息休假如何确定？

对于实行不定时工作制的劳动者，企业应当根据标准工时制度合理确定劳动者的劳动定额或其他考核标准，以便安排劳动者休息。其工资由企业按照本单位的工资制度和工资分配办法，根据劳动者的实际工作时间和完成劳动定额情况计发。对于符合带薪年休假条件的劳动者，企业可安排其享受带薪年休假。

《对〈工资支付暂行规定〉有关问题的补充规定》（1995年5月12日公布）

二、关于加班加点的工资支付问题

1.《规定》第十三条第（一）、（二）、（三）款规定的符合法定标准工作时间的制度工时以外延长工作时间及安排休息日和法定休假节日工作应支付的工资，是根据加班加点的多少，以劳动合同确定的正常工作时间工资标准的一定倍数所支付的劳动报酬，即凡是安排劳动者在法定工作日延长工作时间或安排在休息日工作而又不能补休的，均应支付给劳动者不低于劳动合同规定的劳动者本人小时或日工资标准百分之一百五十、百分之二百的工资；安排在法定休假节日工作的，应另外支付给劳动者不低于劳动合同规定的劳动者本人小时或日工资标准百分之三百的工资。

《工资支付暂行规定》（1994 年 12 月 6 日公布）

第十三条 用人单位在劳动者完成劳动定额或规定的工作任务后，根据实际需要安排劳动者在法定标准工作时间以外工作的，应按以下标准支付工资：

（一）用人单位依法安排劳动者在日法定标准工作时间以外延长工作时间的，按照不低于劳动合同规定的劳动者本人小时工资标准的百分之一百五十支付劳动者工资；

（二）用人单位依法安排劳动者在休息日工作，而又不能安排补休的，按照不低于劳动合同规定的劳动者本人日或小时工资标准的百分之二百支付劳动者工资；

（三）用人单位依法安排劳动者在法定休假节日工作的，按照不低于劳动合同规定的劳动者本人日或小时工资标准的百分之三百支付劳动者工资。

实行计件工资的劳动者，在完成计件定额任务后，由用人单位安排延长工作时间的，应根据上述规定的原则，分别按照不低于其本人法定工作时间计件单价的百分之一百五十、百分之二百、百分之三百支付其工资。

经劳动行政部门批准实行综合计算工时工作制的，其综合计算工作时间超过法定标准工作时间的部分，应视为延长工作时间，并应按本规定支付劳动者延长工作时间的工资。

实行不定时工时制度的劳动者，不执行上述规定。

知识点

加班费是指劳动者按照用人单位生产和工作的需要在规定工作时间之外继续生产劳动或者工作所获得的劳动报酬。劳动者加班，延长了工作时间，增加了额外的劳动量，应当得到合理的报酬。对劳动者而言，加班费是一种补偿，因为其付出了过量的劳动；对于用人单位而言，支付加班费能够有效地抑制用人单位随意地延长工作时间，保护劳动者的合法权益。根据《劳动法》和国家的有关规定，用人单位在延长劳动者工作时间的情况下应当支付高于劳动者正常工作时间工资的工资报酬，即加班费。

按照《劳动法》第四十四条的规定，支付加班费的具体标准是：在标准工作日内安排劳动者延长工作时间的，支付不低于工资的150%的工资报酬；休息日安排劳动者工作又不能安排补休的，支付不低于工资的200%的工资报酬；法定休假日安排劳动者工作的，支付不低于300%的工资报酬。

根据《劳动合同法》第八十五条的规定，用人单位安排加班不支付加班费的，劳动行政部门可以责令其支付，逾期未支付的，责令用人单位按照应付金额的50%以上100%以下的标准向劳动者支付赔偿金。

实行**计件工资**的劳动者，在完成计件定额任务后，由用人单位安排延长工作时间或者经劳动行政部门批准实行综合计算工时工作制的，其综合计算工时工作时间超过法定标准工作时间的，应视为延长工作时间，均按照上述原则支付劳动者延长工作时间的工资报酬。①

> **第四十五条**　国家实行带薪年休假制度。
>
> 劳动者连续工作一年以上的，享受带薪年休假。具体办法由国务院规定。

》相关规定

【行政法规与国务院规范性文件】

《职工带薪年休假条例》（2007年12月14日公布）

第二条　机关、团体、企业、事业单位、民办非企业单位、有雇工的个体工商户等单位的职工连续工作1年以上的，享受带薪年休假（以下简称年休假）。单位应当保证职工享受年休假。职工在年休假期间享受与正常工作期间相同的工资收入。

第三条　职工累计工作已满1年不满10年的，年休假5天；已满10年不满20年的，年休假10天；已满20年的，年休假15天。

---

① 王永起：《劳动争议类案裁判规则与法律适用》，人民法院出版社2011年版。

国家法定休假日、休息日不计入年休假的假期。

第四条 职工有下列情形之一的，不享受当年的年休假：

（一）职工依法享受寒暑假，其休假天数多于年休假天数的；

（二）职工请事假累计 20 天以上且单位按照规定不扣工资的；

（三）累计工作满 1 年不满 10 年的职工，请病假累计 2 个月以上的；

（四）累计工作满 10 年不满 20 年的职工，请病假累计 3 个月以上的；

（五）累计工作满 20 年以上的职工，请病假累计 4 个月以上的。

第五条 单位根据生产、工作的具体情况，并考虑职工本人意愿，统筹安排职工年休假。

年休假在 1 个年度内可以集中安排，也可以分段安排，一般不跨年度安排。单位因生产、工作特点确有必要跨年度安排职工年休假的，可以跨 1 个年度安排。

单位确因工作需要不能安排职工休年休假的，经职工本人同意，可以不安排职工休年休假。对职工应休未休的年休假天数，单位应当按照该职工日工资收入的 300%支付年休假工资报酬。

第六条 县级以上地方人民政府人事部门、劳动保障部门应当依据职权对单位执行本条例的情况主动进行监督检查。

工会组织依法维护职工的年休假权利。

第七条 单位不安排职工休年休假又不依照本条例规定给予年休假工资报酬的，由县级以上地方人民政府人事部门或者劳动保障部门依据职权责令限期改正；对逾期不改正的，除责令该单位支付年休假工资报酬外，单位还应当按照年休假工资报酬的数额向职工加付赔偿金；对拒不支付年休假工资报酬、赔偿金的，属于公务员和参照公务员法管理的人员所在单位的，对直接负责的主管人员以及其他直接责任人员依法给予处分；属于其他单位的，由劳动保障部门、人事部门或者职工申请人民法院强制执行。

第八条 职工与单位因年休假发生的争议，依照国家有关法律、行政法规的规定处理。

第九条 国务院人事部门、国务院劳动保障部门依据职权，分别制定本条例的实施办法。

【部门规章与规范性文件】

◎《人力资源和社会保障部办公厅关于〈企业职工带薪年休假实施办法〉有关问题的复函》（2009 年 4 月 15 日公布）

一、关于带薪年休假的享受条件《企业职工带薪年休假实施办法》第三条中的“职工连续工作满 12 个月以上”，既包括职工在同一用人单位连续工作满 12 个月以上的情形，也包括职工在不同用人单位连续工作满 12 个月以上的情形。

二、关于累计工作时间的确定《企业职工带薪年休假实施办法》第四条中的“累计工作时间”，包括职工在机关、团体、企业、事业单位、民办非企业单位、有雇工的个体工商户等单位从事全日制工作期间，以及依法服兵役和其他按照国家法律、行政法规和国务院规定可以计算为工龄的期间（视同工作期间）。职工的累计工作时间可以根据档案记载、单位缴纳社保费记录、劳动合同或者其他具有法律效力的证明材料确定。

◎《企业职工带薪年休假实施办法》（2008 年 9 月 18 日公布）

第二条　中华人民共和国境内的企业、民办非企业单位、有雇工的个体工商户等单位（以下称用人单位）和与其建立劳动关系的职工，适用本办法。

第三条　职工连续工作满 12 个月以上的，享受带薪年休假（以下简称年休假）。

第四条　年休假天数根据职工累计工作时间确定。职工在同一或者不同用人单位工作期间，以及依照法律、行政法规或者国务院规定视同工作期间，应当计为累计工作时间。

第五条　职工新进用人单位且符合本办法第三条规定的，当年度年休假天数，按照在本单位剩余日历天数折算确定，折算后不足 1 整天的部分不享受年休假。

前款规定的折算方法为：（当年度在本单位剩余日历天数÷365 天）×职工本人全年应当享受的年休假天数。

第六条　职工依法享受的探亲假、婚丧假、产假等国家规定的假期以及因工伤停工留薪期间不计入年休假假期。

第七条　职工享受寒暑假天数多于其年休假天数的，不享受当年的年休假。确因工作需要，职工享受的寒暑假天数少于其年休假天数的，用人单位应当安排补足年休假天数。

第八条 职工已享受当年的年休假，年度内又出现条例第四条第（二）、（三）、（四）、（五）项规定情形之一的，不享受下一年度的年休假。

第九条 用人单位根据生产、工作的具体情况，并考虑职工本人意愿，统筹安排年休假。用人单位确因工作需要不能安排职工年休假或者跨1个年度安排年休假的，应征得职工本人同意。

第十条 用人单位经职工同意不安排年休假或者安排职工年休假天数少于应休年休假天数，应当在本年度内对职工应休未休年休假天数，按照其日工资收入的300%支付未休年休假工资报酬，其中包含用人单位支付职工正常工作期间的工资收入。

用人单位安排职工休年休假，但是职工因本人原因且书面提出不休年休假的，用人单位可以只支付其正常工作期间的工资收入。

第十一条 计算未休年休假工资报酬的日工资收入按照职工本人的月工资除以月计薪天数（21.75天）进行折算。

前款所称月工资是指职工在用人单位支付其未休年休假工资报酬前12个月剔除加班工资后的月平均工资。在本用人单位工作时间不满12个月的，按实际月份计算月平均工资。

职工在年休假期间享受与正常工作期间相同的工资收入。实行计件工资、提成工资或者其他绩效工资制的职工，日工资收入的计发办法按照本条第一款、第二款的规定执行。

第十二条 用人单位与职工解除或者终止劳动合同时，当年度未安排职工休满应休年休假的，应当按照职工当年已工作时间折算应休未休年休假天数并支付未休年休假工资报酬，但折算后不足1整天的部分不支付未休年休假工资报酬。

前款规定的折算方法为：（当年度在本单位已过日历天数÷365天）×职工本人全年应当享受的年休假天数－当年度已安排年休假天数。

用人单位当年已安排职工年休假的，多于折算应休年休假的天数不再扣回。

第十三条 劳动合同、集体合同约定的或者用人单位规章制度规定的年休假天数、未休年休假工资报酬高于法定标准的，用人单位应当按照有关约定或者规定执行。

第十四条 劳务派遣单位的职工符合本办法第三条规定条件的，享受年休假。

被派遣职工在劳动合同期限内无工作期间由劳务派遣单位依法支付劳动报酬的天数多于其全年应当享受的年休假天数的，不享受当年的年休假；少于其全年应当享受的年休假天数的，劳务派遣单位、用工单位应当协商安排补足被派遣职工年休假天数。

第十五条　县级以上地方人民政府劳动行政部门应当依法监督检查用人单位执行条例及本办法的情况。

用人单位不安排职工休年休假又不依照条例及本办法规定支付未休年休假工资报酬的，由县级以上地方人民政府劳动行政部门依据职权责令限期改正；对逾期不改正的，除责令该用人单位支付未休年休假工资报酬外，用人单位还应当按照未休年休假工资报酬的数额向职工加付赔偿金；对拒不执行支付未休年休假工资报酬、赔偿金行政处理决定的，由劳动行政部门申请人民法院强制执行。

第十六条　职工与用人单位因年休假发生劳动争议的，依照劳动争议处理的规定处理。

第十七条　除法律、行政法规或者国务院另有规定外，机关、事业单位、社会团体和与其建立劳动关系的职工，依照本办法执行。

船员的年休假按《中华人民共和国船员条例》执行。

第十八条　本办法中的“年度”是指公历年度。

【其他规定】

◎《国务院法制办对〈关于《职工带薪年休假条例》有关问题的请示〉的复函》（2009 年 1 月 6 日公布）

一、《职工带薪年休假条例》（以下简称条例）第二条规定的“职工连续工作 1 年以上”，没有限定必须是同一单位，因此，既包括职工在同一单位连续工作 1 年以上的情形，也包括职工在不同单位连续工作 1 年以上的情形。

二、条例第三条规定的“累计工作”时间，是指条例第二条规定的“机关、团体、企业、事业单位、民办非企业单位、有雇工的个体工商户等单位”的职工从事全日制工作的时间。

◎《国务院法制办公室负责人就〈职工带薪年休假条例〉答记者问》（2007 年 12 月 14 日）

2007 年 12 月 14 日，国务院总理温家宝签署国务院令公布《职工带薪年休假条例》(以下简称条例),条例将于2008年1月1日起施行。针对职工带薪年休假这一广大职工非常关心的问题,记者近日采访了国务院法制办负责人。

问:条例出台的背景是什么?

实行职工带薪年休假(以下简称年休假)制度,是世界各国劳动制度的普遍做法。党和国家高度重视我国的年休假制度建设。1991年6月,中共中央、国务院下发了《关于职工休假问题的通知》,规定各级党政机关、人民团体和企事业单位,在确保完成工作、生产任务,不另增加编制和定员的前提下,可以安排职工的年休假,职工年休假的天数要根据各类人员的资历、岗位等不同情况有所区别,最多不得超过两周。全国人大常委会1994年7月制定的劳动法和2005年4月制定的公务员法,都对职工休假事项作了原则规定,职工的休息权利已经得到一定程度的保障。同时,从近年来的实践看,也还存在一些问题,主要是:目前已经实行年休假制度的仅是机关、事业单位和一部分团体、企业,还有相当一部分企业、团体以及有雇工的个体工商户没有实行年休假;在已经实行年休假制度的单位,由于工作繁忙等原因,许多职工实际上多年享受不到年休假待遇;职工因单位工作需要未能享受年休假的,也没有得到相应的经济补偿。随着我国经济社会的发展,广大职工和社会各界普遍呼吁尽快健全我国的职工年休假制度。2007年8月,法制办根据国务院常务会议精神,约请有关部门共同研究,起草了《职工带薪年休假条例(草案)》,通过报纸、网络等新闻媒体将草案征求意见稿全文公布,广泛征求社会公众的意见。从反馈的意见看,各地、各部门和社会各界普遍认为,党的十七大闭幕不久国务院就着手健全年休假制度,并公开征求社会各界的意见,这是国务院认真践行科学发展观、高度关注民生、科学民主决策的又一重要举措。各方面对通过行政法规规范年休假制度给予了充分肯定,对征求意见稿的主要内容表示赞同。同时也提出一些意见和建议。我们根据这些意见和建议对《职工带薪年休假条例(草案)》作了修改完善,报经国务院常务会议审议通过予以公布,自明年元旦起施行。这里需要特别说明的是,条例的起草得到了各地、各部门和社会各界的大力支持。对此,我们表示衷心的感谢。

问:哪些人可以享受年休假?

休息权是我国宪法规定的公民权利,劳动者应当平等享有。为了平等保护各类职工的休息休假权利,充分调动广大职工的工作积极性,条例对各类用人单位实行广覆盖，规定：机关、团体、企业、事业单位、民办非企业单位、有雇工的个体工商户等单位的职工连续工作 1 年以上的，享受带薪年休假。单位应当保证职工享受年休假。

问：年休假的天数是多少？

在征求意见过程中，一些地方、部门和网民希望将年休假天数由最多 15 天增加为 20 天或者 25 天。我们会同有关部门反复研究后认为，要求增加休假天数的心情完全可以理解，但是年休假天数应当与我国现阶段的经济社会发展水平和企业等单位的承受能力相适应。因此，条例规定：职工累计工作已满 1 年不满 10 年的，年休假 5 天；已满 10 年不满 20 年的，年休假 10 天；已满 20 年的，年休假 15 天。同时，条例还规定：国家法定休假日、休息日不计入年休假假期。

问：职工因工作原因不能休年休假的怎么办？

目前，确有部分职工因工作需要不能休年休假。为了保障这部分职工的权益，条例规定职工因工作原因未能享受年休假的，单位除正常支付工资收入外，还要支付相应的补偿。对于补偿的标准，在征求意见过程中，有不少意见认为，应当符合劳动法关于“法定休假日安排劳动者工作的，支付不低于工资的 300%的工资报酬”的规定。据此，条例规定：单位确因工作需要不能安排职工休年休假的，经职工本人同意，可以不安排职工休年休假。对职工应休未休的年休假天数，单位应当按照该职工日工资收入的 300%支付年休假工资报酬。

问：年休假与其他休假的关系是什么？

目前，我国职工可以享受的其他休假主要有：寒暑假、探亲假、病假、事假等。条例对年休假与这些休假的关系作了明确规定：

第一，年休假与寒暑假。在我国，学校一直实行寒暑假制度，教职员工享受的寒暑假天数（寒假 2 至 3 周，暑假 5 至 6 周）远远超过条例规定的年休假天数。因此，条例规定：职工依法享受寒暑假，其休假天数多于年休假天数的，不享受当年的年休假。

第二，年休假与病、事假。征求意见过程中，一些部门、地方和网民提出，在保障职工年休假权利的同时，也要保证单位正常的工作秩序，对于较长时间休病假、请事假的职工，不应当再享受年休假待遇。我们经与人事部、劳动保障部、全国总工会反复研究，采纳了上述意见，条例规定：职工请事假累计 20 天以上且单位按照规定不扣工资的，不享受当年的年休假；累计工作满1年不满10年的职工请病假累计2个月以上的，累计工作满10年不满20年的职工请病假累计3个月以上的，累计工作满20年以上的职工请病假累计4个月以上的，不享受当年的年休假。

第三，年休假与探亲假。征求意见过程中，一些部门、地方和网民提出，探亲假与年休假是两种功能不同的休假制度，不应互相冲抵。我们经与有关部门研究，认为这种意见有道理。据此，条例删去了征求意见稿中关于探亲假冲抵年休假的规定。

问：为了保证条例的贯彻落实，条例作了哪些规定？

在征求意见过程中，许多意见认为，职工相对于用人单位来说处于弱势地位，如果监督措施过于原则、可操作性不强，年休假制度在许多单位特别是企业可能难以落实。据此，条例对年休假的监督机制作了3个方面的规定：一是，县级以上地方人民政府人事部门、劳动保障部门应当依据职权对单位执行本条例的情况主动进行监督检查。二是，工会组织依法维护职工的年休假权利。三是，单位不安排职工休年休假又不依照本条例规定给予年休假工资报酬的，由县级以上地方人民政府人事部门或者劳动保障部门依据职权责令限期改正；对逾期不改正的，除责令该单位支付年休假工资报酬外，单位还应当按照年休假工资报酬的数额向职工加付赔偿金；对拒不支付年休假工资报酬、赔偿金的，属于公务员和参照公务员法管理的人员所在单位的，对直接负责的主管人员以及其他直接责任人员依法给予处分；属于其他单位的，由劳动保障部门、人事部门或者职工申请人民法院强制执行。

第五章　工　资

第四十六条　工资分配应当遵循按劳分配原则，实行同工同酬。

工资水平在经济发展的基础上逐步提高。国家对工资总量实行宏观调控。

相关规定

【法律】

《中华人民共和国劳动合同法》（2012年12月28日修正）

第六十三条　被派遣劳动者享有与用工单位的劳动者同工同酬的权利。用工单位应当按照同工同酬原则，对被派遣劳动者与本单位同类岗位的劳动者实行相同的劳动报酬分配办法。用工单位无同类岗位劳动者的，参照用工单位所在地相同或者相近岗位劳动者的劳动报酬确定。

【部门规章与规范性文件】

《劳动部关于〈劳动法〉若干条文的说明》（1994年9月5日公布）

本条中的"同工同酬"是指用人单位对于从事相同工作，付出等量劳动且取得相同劳绩的劳动者，应支付同等的劳动报酬。

本条中的"工资水平"是指一定区域一定时期内平均工资的高低程度。

本条中的"工资总量"是指一定时期内国民生产总值用于工资分配的总数量。

本条中的"宏观调控"的具体办法，可执行《关于加强企业工资总额宏观调控的实施意见》（劳部发〔1993〕299号）。

《劳动部关于贯彻执行〈中华人民共和国劳动法〉若干问题的意见》（1995年8月4日公布）

53. 劳动法中的"工资"是指用人单位依据国家有关规定或劳动合同

的约定，以货币形式直接支付给本单位劳动者的劳动报酬，一般包括计时工资、计件工资、奖金、津贴和补贴、延长工作时间的工资报酬以及特殊情况下支付的工资等。“工资”是劳动者劳动收入的主要组成部分。劳动者的以下劳动收入不属于工资范围：(1) 单位支付给劳动者个人的社会保险福利费用，如丧葬抚恤救济费、生活困难补助费、计划生育补贴等；(2) 劳动保护方面的费用，如用人单位支付给劳动者的工作服、解毒剂、清凉饮料费用等；(3) 按规定未列入工资总额的各种劳动报酬及其他劳动收入，如根据国家规定发放的创造发明奖、国家星火奖、自然科学奖、科学技术进步奖、合理化建议和技术改进奖、中华技能大奖等，以及稿费、讲课费、翻译费等。

◎《劳动和社会保障部关于建立劳动力市场工资指导价位制度的通知》（1999 年 10 月 25 日公布）

一、高度重视建立劳动力市场工资指导价位制度的工作

根据党的十五届四中全会精神，要建立与现代企业制度相适应的企业工资收入分配制度，充分发挥劳动力市场对企业工资分配的基础性调节作用，由企业根据社会平均工资水平和本企业经济效益自主决定工资水平，国家对企业工资水平进行宏观指导和调节。劳动力市场工资指导价位制度就是企业工资宏观调控体系的重要组成部分。

劳动力市场工资指导价位制度主要内容是，劳动保障行政部门按照国家统一规范和制度要求，定期对各类企业中的不同职业（工种）的工资水平进行调查、分析、汇总、加工，形成各类职业（工种）的工资价位，向社会发布，用以指导企业合理确定职工工资水平和工资关系，调节劳动力市场价格。

建立劳动力市场工资指导价位制度，有利于政府劳动工资管理部门转变职能，由直接的行政管理，转为充分利用劳动力市场价格信号指导企业合理进行工资分配，将市场机制引入企业内部分配，为企业合理确定工资水平和各类人员工资关系，开展工资集体协商提供重要依据；有利于促进劳动力市场形成合理的价格水平，为劳动力供求双方协商确定工资水平提供客观的市场参考标准，减少供求双方的盲目性，提高劳动者求职的成功率和劳动力市场运作的整体效率；有利于引导劳动力的合理、有序流动，调节地区、行业之间的就业结构，使劳动力价格机制与劳动力供求机制紧密结合，构建完整的劳动力市场体系。各级劳动保障部门要充分认识建立劳动力市场工资指导价位制度的重要意义，下大力气把这项工作抓紧抓好。

二、工作目标

总的目标是，建立以中心城市为依托，广泛覆盖各类职业（工种），国家、省（自治区）、市多层次汇总发布的劳动力市场工资指导价位制度，使之成为科学化、规范化、现代化的劳动力市场的有机组成部分。具体目标是：（1）建立规范化的信息采集制度，保证统计调查资料的及时性、准确性；（2）建立科学化的工资指导价位制订方法，保证工资指导价位能真实反映劳动力价格，并体现政府宏观指导意图；（3）建立现代化的信息发布手段，使工资指导价位直接、及时、便捷地服务于企业和劳动者。

◎《工资支付暂行规定》（1994 年 12 月 6 日公布）

第一条　为维护劳动者通过劳动获得劳动报酬的权利，规范用人单位的工资支付行为，根据《中华人民共和国劳动法》有关规定，制定本规定。

第二条　本规定适用于在中华人民共和国境内的企业、个体经济组织（以下统称用人单位）和与之形成劳动关系的劳动者。

国家机关、事业组织、社会团体和与之建立劳动合同关系的劳动者，依照本规定执行。

第三条　本规定所称工资是指用人单位依据劳动合同的规定，以各种形式支付给劳动者的工资报酬。

第四条　工资支付主要包括：工资支付项目、工资支付水平、工资支付形式、工资支付对象、工资支付时间以及特殊情况下的工资支付。

第五条　工资应当以法定货币支付。不得以实物及有价证券替代货币支付。

第六条　用人单位应将工资支付给劳动者本人。劳动者本人因故不能领取工资时，可由其亲属或委托他人代领。

用人单位可委托银行代发工资。

用人单位必须书面记录支付劳动者工资的数额、时间、领取者的姓名以及签字，并保存两年以上备查。用人单位在支付工资时应向劳动者提供一份其个人的工资清单。

第七条　工资必须在用人单位与劳动者约定的日期支付。如遇节假日或休息日，则应提前在最近的工作日支付。工资至少每月支付一次，实行周、日、小时工资制的可按周、日、小时支付工资。

第八条　对完成一次性临时劳动或某项具体工作的劳动者，用人单位应按有关协议或合同规定在其完成劳动任务后即支付工资。

第九条 劳动关系双方依法解除或终止劳动合同时，用人单位应在解除或终止劳动合同时一次付清劳动者工资。

第十条 劳动者在法定工作时间内依法参加社会活动期间，用人单位应视同其提供了正常劳动而支付工资。社会活动包括：依法行使选举权或被选举权；当选代表出席乡（镇）、区以上政府、党派、工会、青年团、妇女联合会等组织召开的会议；出任人民法庭证明人；出席劳动模范、先进工作者大会；《工会法》规定的不脱产工会基层委员会委员因工会活动占用的生产或工作时间；其它依法参加的社会活动。

第十一条 劳动者依法享受年休假、探亲假、婚假、丧假期间，用人单位应按劳动合同规定的标准支付劳动者工资。

第十二条 非因劳动者原因造成单位停工、停产在一个工资支付周期内的，用人单位应按劳动合同规定的标准支付劳动者工资。超过一个工资支付周期的，若劳动者提供了正常劳动，则支付给劳动者的劳动报酬不得低于当地的最低工资标准；若劳动者没有提供正常劳动，应按国家有关规定办理。

第十三条 用人单位在劳动者完成劳动定额或规定的工作任务后，根据实际需要安排劳动者在法定标准工作时间以外工作的，应按以下标准支付工资：

（一）用人单位依法安排劳动者在日法定标准工作时间以外延长工作时间的，按照不低于劳动合同规定的劳动者本人小时工资标准的150%支付劳动者工资；

（二）用人单位依法安排劳动者在休息日工作，而又不能安排补休的，按照不低于劳动合同规定的劳动者本人日或小时工资标准的200%支付劳动者工资；

（三）用人单位依法安排劳动者在法定休假节日工作的，按照不低于劳动合同规定的劳动者本人日或小时工资标准的300%支付劳动者工资。

实行计件工资的劳动者，在完成计件定额任务后，由用人单位安排延长工作时间的，应根据上述规定的原则，分别按照不低于其本人法定工作时间计件单价的150%、200%、300%支付其工资。

经劳动行政部门批准实行综合计算工时工作制的，其综合计算工作时间超过法定标准工作时间的部分，应视为延长工作时间，并应按本规定支付劳动者延长工作时间的工资。

实行不定时工时制度的劳动者，不执行上述规定。

第十四条　用人单位依法破产时，劳动者有权获得其工资。在破产清偿中用人单位应按《中华人民共和国企业破产法》规定的清偿顺序，首先支付欠付本单位劳动者的工资。

第十五条　用人单位不得克扣劳动者工资。有下列情况之一的，用人单位可以代扣劳动者工资：

（一）用人单位代扣代缴的个人所得税；

（二）用人单位代扣代缴的应由劳动者个人负担的各项社会保险费用；

（三）法院判决、裁定中要求代扣的抚养费、赡养费；

（四）法律、法规规定可以从劳动者工资中扣除的其他费用。

第十六条　因劳动者本人原因给用人单位造成经济损失的，用人单位可按照劳动合同的约定要求其赔偿经济损失。经济损失的赔偿，可从劳动者本人的工资中扣除。但每月扣除的部分不得超过劳动者当月工资的20%。若扣除后的剩余工资部分低于当地月最低工资标准，则按最低工资标准支付。

第十七条　用人单位应根据本规定，通过与职工大会、职工代表大会或者其他形式协商制定内部的工资支付制度，并告知本单位全体劳动者，同时抄报当地劳动行政部门备案。

第十八条　各级劳动行政部门有权监察用人单位工资支付的情况。用人单位有下列侵害劳动者合法权益行为的，由劳动行政部门责令其支付劳动者工资和经济补偿，并可责令其支付赔偿金：

（一）克扣或者无故拖欠劳动者工资的；

（二）拒不支付劳动者延长工作时间工资的；

（三）低于当地最低工资标准支付劳动者工资的。

经济补偿和赔偿金的标准，按国家有关规定执行。

知 识 点

劳动法上的**工资**又可分为广义和狭义两类。狭义上的工资仅指职工劳动报酬中的基础部分，如国家机关、事业单位实行新工资制度中的基础工资和职务工资。广义上的工资，即一般意义上的工资，除基本工资外，还包括奖励工资、各种津贴和补助、劳动分红等。奖励工资是指固定奖金；津贴一般用来补偿额外的和特殊的劳动消耗，如井下补贴、高温补贴、医疗津贴等；实物补助是用人单位免费为其职工提供的实物消费。劳动分红和佣金，一般局限于部分职工，如集体企业中的劳动者等。

“工资”是劳动者劳动收入的主要组成部分。劳动者的以下劳动收入不属于工资范围：(1) 保险福利费用；(2) 劳动保护方面的费用；(3) 按规定未列入工资总额的各种劳动报酬；(4) 实物折款；(5) 财产性收入；(6) 转移性收入；(7) 其他。

工资分配的基本原则包括按劳分配原则和同工同酬原则。

按劳分配本身意味着等量劳动获得等量的利润，同工同酬是按劳分配原则的必然表现和应有内涵。另外还包括在经济发展的基础上逐步提高工资水平原则与国家对工资总量实行宏观调控原则。①

第四十七条 用人单位根据本单位的生产经营特点和经济效益，依法自主确定本单位的工资分配方式和工资水平。

相关规定

【部门规章与规范性文件】

《劳动部关于〈劳动法〉若干条文的说明》（1994年9月5日公布）

本条中的“经济效益”包含了劳动生产率和就业状况两个重要的因素。

本条中的“依法”，指依照法律和法规。目前主要指《全民所有制工业企业转换经营机制条例》等。

本条中的“工资分配方式”是指单位内部的工资制度，包括工资构成、工资标准、工资形式、工资增长机制等。“工资水平”是指本单位在一定时期内的职工平均工资。

《工资集体协商试行办法》（2000年11月8日公布）

第三条 本办法所称工资集体协商，是指职工代表与企业代表依法就

① 回沪明、高圣平主编：《劳动法及配套规定新释新解（上）》，人民法院出版社2004年版。

企业内部工资分配制度、工资分配形式、工资收入水平等事项进行平等协商，在协商一致的基础上签订工资协议的行为。

本办法所称工资协议，是指专门就工资事项签订的专项集体合同。已订立集体合同的，工资协议作为集体合同的附件，并与集体合同具有同等效力。

第七条　工资集体协商一般包括以下内容：

（一）工资协议的期限；

（二）工资分配制度、工资标准和工资分配形式；

（三）职工年度平均工资水平及其调整幅度；

（四）奖金、津贴、补贴等分配办法；

（五）工资支付办法；

（六）变更、解除工资协议的程序；

（七）工资协议的终止条件；

（八）工资协议的违约责任；

（九）双方认为应当协商约定的其他事项。

第八条　协商确定职工年度工资水平应符合国家有关工资分配的宏观调控政策，并综合参考下列因素：

（一）地区、行业、企业的人工成本水平；

（二）地区、行业的职工平均工资水平；

（三）当地政府发布的工资指导线、劳动力市场工资指导价位；

（四）本地区城镇居民消费价格指数；

（五）企业劳动生产率和经济效益；

（六）国有资产保值增值；

（七）上年度企业职工工资总额和职工平均工资水平；

（八）其他与工资集体协商有关的情况。

典型案例要旨

周某与某汽车服务公司劳动争议纠纷案［劳动人事争议典型案例（第二批），人力资源社会保障部、最高人民法院2021年6月30日发布］

包薪制是指在劳动合同中打包约定法定标准工作时间工资和加班费的一种工资分配方式，在部分加班安排较多且时间相对固定的行业中比较普遍。虽然用人单位有依法制定内部薪酬分配制度的自主权，但内部薪酬分配制度的制定和执行须符合相关法律的规定。实践中，部分用人单位存在以实行包薪制规避或者减少承担支付加班费法定责任的情况。实行包薪制的用人单位应严格按照不低于最低工资标准支付劳动者法定标准工作时间的工资，同时按照国家关于加班费的有关法律规定足额支付加班费。

◎ 刘某泉等十一人与内蒙古东部电力有限公司兴安电业局劳动争议案

（摘自《最高人民法院公报》2015 年卷）

本案在如何准确认定企业改革时出现的哪些纠纷属于劳动争议，劳动关系双方均可通过诉讼方式寻求自己合法权益的保护，具有较强的典型意义。我国社会主义市场经济发展过程中，国务院制定的重要改革措施需要严格执行。离岗退养协议中就有贯彻执行国有企业改革政策性质的内容，这些方面的问题确实需要由有关部门按照企业改制的政策统筹解决；但协议中也有用人单位和劳动者之间通过协议确定工资待遇的内容，如离岗退养职工享受普调性工资待遇的约定。工资是劳动合同的重要组成部分，确定工资标准的内容具有劳动合同的性质，当事人对于是否按照劳动合同约定支付了工资发生争议，经过法定程序起诉之后，人民法院应当受理。

本案对于用人单位以法律规定其享有自主确定职工工资权利来抗辩职工关于工资的诉讼请求时，应如何妥善处理同样具有典型意义。离岗退养协议中，刘某泉等十一人享受普调性工资待遇的约定，虽然没有直接确定明确的工资数额，却是双方当事人通过协商确定下来的工资标准，这同样是单位确定工资的一种具体方式，也符合《劳动法》关于用人单位有权自主确定职工工资的精神，其实两者并不矛盾。工资标准确定了，在没有约定或者法律规定可以改变的情形发生时，就必须按照约定的工资标准履行。刘某泉等十一人为使国有企业减轻负担、增加活力，顾全大局，以离岗退养的方式为企业的发展作出了奉献和牺牲。他们在离岗退养之后长期领取基本生活费，生活存在困难，诉讼请求中大部分仅仅是协议中所约定的工资内容。在企业经营转好的情况下，应当使这些依法主张权利的职工与在岗职工共同分享改革成果，除了协议中明确约定不能享有的工资待遇外，满足其合理要求。

知识点

根据本条的规定，用人单位有权自主确定**工资分配形式和工资水平**。这是国家通过法律形式对企业享有工资分配自主权的确认。企业作为独立的经济组织，享有充分的经济管理自主权，工资分配自主权是其重要组成部分。这也是市场经济体制对现代企业制度的必然要求。企业工资分配自主权具体表现为以下内容：

1. 有权根据生产经营状况和劳动力供求关系确定本企业的工资水平。
2. 有权根据生产、工作特点，采用适用本企业的工资形式和分配办法。
3. 有权根据实际需要，调整本企业职工之间的劳动关系。
4. 有权在国家法律、政策允许的范围内，通过增加生产、扩大经营、降低物耗等合法途径取得资金来源增加职工的工资。赋予企业自主分配权，是市场经济的内在要求。

基于上述法律规定，企业可以根据自己生产经营特点和需要，建立科学合理的工资制度。例如，等级工资制、岗位技能工资制、岗位工资制等。工资的分配形式也可以是多种多样的，如实行计时工资、计件工资、定额工资、浮动工资、奖金、津贴等。无论实行何种工资制度，劳动者的工资都应当主要根据其劳动技能、劳动强度、劳动条件、劳动贡献四个基本要素来确定，充分发挥工资的激励功能；同时，调整劳动者收入结构，使劳动者收入货币化、规范化，逐步形成行业和企业工资标准。

我国目前大多数企业多采用计时工资和计件工资，奖金和津贴是作为辅助性工资进行分配的。所谓计时工资，是根据劳动者的工作时间来支付的工资形式。其具体形式有小时工资、日工资、周工资、月工资。我国常见的是月工资和日工资。所谓计件工资，是根据劳动者完成合格产品的数量或合乎要求的作业量，以预先规定的计件单价为标准来计算工资的一种工资形式。所谓奖金，是对劳动者提供超额劳动计发工资的一种工资形式。是工资的重要辅助形式。所谓津贴，是补偿劳动者额外或特殊的劳动消耗，以及为保证劳动者的工资水平不受特殊条件（如物价）影响，支付给劳动者的附加工资形式，如保健津贴、地区津贴、降温津贴等。①

---

① 回沪明、高圣平主编：《劳动法及配套规定新释新解（上）》，人民法院出版社2004年版。

第四十八条 国家实行最低工资保障制度。最低工资的具体标准由省、自治区、直辖市人民政府规定，报国务院备案。

用人单位支付劳动者的工资不得低于当地最低工资标准。

相关规定

【法律】

《中华人民共和国劳动合同法》（2012年12月28日修正）

第六十一条 劳务派遣单位跨地区派遣劳动者的，被派遣劳动者享有的劳动报酬和劳动条件，按照用工单位所在地的标准执行。

第七十二条 非全日制用工小时计酬标准不得低于用人单位所在地人民政府规定的最低小时工资标准。

非全日制用工劳动报酬结算支付周期最长不得超过十五日。

【司法解释】

《最高人民法院关于审理劳动争议案件适用法律问题的解释（一）》（2020年12月29日公布）

第四十五条第五项 用人单位有下列情形之一，迫使劳动者提出解除劳动合同的，用人单位应当支付劳动者的劳动报酬和经济补偿，并可支付赔偿金：

（五）低于当地最低工资标准支付劳动者工资的。

【行政法规与国务院规范性文件】

《最低工资规定》（2004年1月20日公布）

第二条 本规定适用于在中华人民共和国境内的企业、民办非企业单位、有雇工的个体工商户（以下统称用人单位）和与之形成劳动关系的劳动者。

国家机关、事业单位、社会团体和与之建立劳动合同关系的劳动者，依照本规定执行。

第三条 本规定所称最低工资标准，是指劳动者在法定工作时间或依法签订的劳动合同约定的工作时间内提供了正常劳动的前提下，用人单位依法应支付的最低劳动报酬。

本规定所称正常劳动，是指劳动者按依法签订的劳动合同约定，在法定工作时间或劳动合同约定的工作时间内从事的劳动。劳动者依法享受带薪年休假、探亲假、婚丧假、生育（产）假、节育手术假等国家规定的假期间，以及法定工作时间内依法参加社会活动期间，视为提供了正常劳动。

第四条　县级以上地方人民政府劳动保障行政部门负责对本行政区域内用人单位执行本规定情况进行监督检查。

各级工会组织依法对本规定执行情况进行监督，发现用人单位支付劳动者工资违反本规定的，有权要求当地劳动保障行政部门处理。

第十二条　在劳动者提供正常劳动的情况下，用人单位应支付给劳动者的工资在剔除下列各项以后，不得低于当地最低工资标准：

（一）延长工作时间工资；

（二）中班、夜班、高温、低温、井下、有毒有害等特殊工作环境、条件下的津贴；

（三）法律、法规和国家规定的劳动者福利待遇等。

实行计件工资或提成工资等工资形式的用人单位，在科学合理的劳动定额基础上，其支付劳动者的工资不得低于相应的最低工资标准。

劳动者由于本人原因造成在法定工作时间内或依法签订的劳动合同约定的工作时间内未提供正常劳动的，不适用于本条规定。

知识点

最低工资是指劳动者在法定工作时间内履行了正常劳动义务的前提下，由其所在单位支付的最低劳动报酬。根据有关规定，下列各项不得作为最低工资组成部分：(1) 加班加点工资；(2) 中班、夜班、高温、低温、井下、有毒有害等特殊工资环境、条件下的津贴；(3) 我国各地法规、地方政策规定的劳动保险、福利待遇等。

最低工资作为工资保障制度的重要内容，是法定的保障职工工资足以成为其生活主要来源和维持其基本生活的最低限额。劳动合同约定的劳动报酬低于当地最低工资标准的，该约定无效。这种情形包括以下几种类型：第一，全日制用工的劳动者试用期内的工资低于劳动合同履行地的最低工资标准的，因违反了《劳动合同法》第二十条和《劳动合同法实施条例》第十五条的效力性强制性规定，应认定为无效；第二，全日制用工试用期满后约定的工资标准低于最低工资标准的，按照《劳动法》第四十八条第二款的效力性强制性规定，该约定为无效；第三，全日制用工的劳动者与用人单位签订的解除或终止劳动合同后的权利义务协议中，关于支付工资报酬（主要是未付工资）的约定低于最低工资标准的，也系违反《劳动合同法》和《劳动法》的效力性强制性规定，该约定为无效；第四，非全日制用工小时计酬标准低于用人单位所在地人民政府规定的最低小时工资标准的，违反《劳动合同法》第七十二条第一款的强制性规定，应当认定为无效。①

第四十九条 确定和调整最低工资标准应当综合参考下列因素：
（一）劳动者本人及平均赡养人口的最低生活费用；
（二）社会平均工资水平；
（三）劳动生产率；
（四）就业状况；
（五）地区之间经济发展水平的差异。

相关规定

【行政法规与国务院规范性文件】

《最低工资规定》（2004 年 1 月 20 日公布）

第五条 最低工资标准一般采取月最低工资标准和小时最低工资标准的形式。月最低工资标准适用于全日制就业劳动者，小时最低工资标准适用于非全日制就业劳动者。

第六条 确定和调整月最低工资标准，应参考当地就业者及其赡养人口的最低生活费用、城镇居民消费价格指数、职工个人缴纳的社会保险费和住房公积金、职工平均工资、经济发展水平、就业状况等因素。

确定和调整小时最低工资标准，应在颁布的月最低工资标准的基础上，考虑单位应缴纳的基本养老保险费和基本医疗保险费因素，同时还应适当

① 孙瑞玺：《劳动纠纷裁判依据新释新解》，人民法院出版社 2014 年版，第 166 页。

考虑非全日制劳动者在工作稳定性、劳动条件和劳动强度、福利等方面与全日制就业人员之间的差异。月最低工资标准和小时最低工资标准具体测算方法见附件。

第七条 省、自治区、直辖市范围内的不同行政区域可以有不同的最低工资标准。

第八条 最低工资标准的确定和调整方案，由省、自治区、直辖市人民政府劳动保障行政部门会同同级工会、企业联合会/企业家协会研究拟订，并将拟订的方案报送劳动保障部。方案内容包括最低工资确定和调整的依据、适用范围、拟订标准和说明。劳动保障部在收到拟订方案后，应征求全国总工会、中国企业联合会/企业家协会的意见。

劳动保障部对方案可以提出修订意见，若在方案收到后14日内未提出修订意见的，视为同意。

第九条 省、自治区、直辖市劳动保障行政部门应将本地区最低工资标准方案报省、自治区、直辖市人民政府批准，并在批准后7日内在当地政府公报上和至少一种全地区性报纸上发布。省、自治区、直辖市劳动保障行政部门应在发布后10日内将最低工资标准报劳动保障部。

第十条 最低工资标准发布实施后，如本规定第六条所规定的相关因素发生变化，应当适时调整。最低工资标准每两年至少调整一次。

第十一条 用人单位应在最低工资标准发布后10日内将该标准向本单位全体劳动者公示。

【部门规章与规范性文件】

◎《劳动部关于〈劳动法〉若干条文的说明》（1994年9月5日公布）

本条中的“最低生活费用”，应为劳动者本人及其赡养人口为维持最低生活需要而必须支付的费用，包括吃、穿、住、行等方面。一般可采取参照国家统计部门家计调查中对调查户数的10%最低收入户的人均生活费用支出额乘以赡养人口系数来计算最低工资额，再根据其他因素作适当调整并确定。

◎《劳动和社会保障部办公厅关于最低工资问题的复函》（2001年11月5日公布）

按照建立企业最低工资保障制度的原则，为保障职工基本生活和保证社会保险费征缴工作顺利进行，各地在制定和调整最低工资标准时，应考虑职工个人缴纳社会保险费因素。

知识点

根据《劳动法》第四十九条及配套规范的规定，**确定和调整最低工资标准参考的因素**如下：

一、劳动者本人平均赡养人口的最低生活费用

所谓“平均赡养人口”，按照国家1991年确定的1.75计算。所谓“最低生活费用”，应为劳动者本人及其赡养人口为维持最低生活需要而必须支付的费用，包括吃、穿、住、行等方面。一般可采取参照国家统计部门统计调查中对调查户数的10%最低收入户的人均生活费用支出额乘以赡养人口系数来计算最低工资额，再根据其他因素作适当调整并确定。

二、社会平均工资水平

社会平均工资水平是指在当时情况下整个社会工人平均工资的标准。最低工资标准应当低于社会平均工资水平，但应当高于职业保险金、社会救济金的标准。在两者之间为最低工资找一个平衡点。但是还应看到，在工资水平较低的地区，最低工资制的实行会使整个社会的工资水平上升。

三、劳动生产率

劳动生产率即单位时间内劳动者为社会工作的效率，即有效劳动量与劳动时间之比。

四、就业状况

即整个社会劳动者的就业率和就业行业和部门的情况。就业状况与整个部门和地区的工资支付水平有一定关系。最低工资制应当尽量保证更多的人就业。在就业状况较差的情况下，最低工资标准就可以定得稍低一些。反之，则可以较高一点。

五、地区之间经济发展水平的差异

在经济发展水平不同的地区，其工资标准应当有适当的差异。经济发展水平高，意味着企业经济效益好，能支付得起较高的工资；社会消费水平也高，劳动者就要用更多的钱维持最低生活消费。这时，最低工资标准就可以定得高一些。反之，在经济发展水平较低的地区，最低工资标准就要定得较低一点。

六、城镇居民费用价格指数

在最低工资率发布实施后，如果上述因素发生变化，或者本地区职工生活费用价格指数累计变动较大时，应当适时进行调整，但每年不得超过一次。①

第五十条　工资应当以货币形式按月支付给劳动者本人。不得克扣或者无故拖欠劳动者的工资。

相关规定

【法律】

《中华人民共和国劳动合同法》（2012年12月28日修正）

第三十条　用人单位应当按照劳动合同约定和国家规定，向劳动者及时足额支付劳动报酬。

用人单位拖欠或者未足额支付劳动报酬的，劳动者可以依法向当地人民法院申请支付令，人民法院应当依法发出支付令。

【司法解释】

《最高人民法院关于审理劳动争议案件适用法律问题的解释（一）》（2020年12月29日公布）

第十五条　劳动者以用人单位的工资欠条为证据直接提起诉讼，诉讼请求不涉及劳动关系其他争议的，视为拖欠劳动报酬争议，人民法院按照普通民事纠纷受理。

第四十五条　用人单位有下列情形之一，迫使劳动者提出解除劳动合同的，用人单位应当支付劳动者的劳动报酬和经济补偿，并可支付赔偿金：

（一）以暴力、威胁或者非法限制人身自由的手段强迫劳动的；

（二）未按照劳动合同约定支付劳动报酬或者提供劳动条件的；

（三）克扣或者无故拖欠劳动者工资的；

（四）拒不支付劳动者延长工作时间工资报酬的；

（五）低于当地最低工资标准支付劳动者工资的。

---

①　回沪明、高圣平主编：《劳动法及配套规定新释新解（上）》，人民法院出版社2004年版。

【行政法规与国务院规范性文件】

◎《劳动保障监察条例》（2004年11月1日公布）

第二十六条 用人单位有下列行为之一的，由劳动保障行政部门分别责令限期支付劳动者的工资报酬、劳动者工资低于当地最低工资标准的差额或者解除劳动合同的经济补偿；逾期不支付的，责令用人单位按照应付金额50%以上1倍以下的标准计算，向劳动者加付赔偿金：

（一）克扣或者无故拖欠劳动者工资报酬的；

（二）支付劳动者的工资低于当地最低工资标准的；

（三）解除劳动合同未依法给予劳动者经济补偿的。

【部门规章与规范性文件】

◎《劳动部关于〈劳动法〉若干条文的说明》（1994年9月5日公布）

本条中的“货币形式”排除发放实物、发放有价证券等形式。“按月支付”应理解为每月至少发放一次工资，实行月薪制的单位，工资必须每月发放，超过企业与职工约定或劳动合同规定的每月支付工资的时间发放工资即为不按月支付。实行小时工资制、日工资制、周工资制的单位工资也可以按日或按周发放，并且要足额发放。“克扣”是指用人单位对履行了劳动合同规定的义务和责任，保质保量完成生产工作任务的劳动者，不支付或未足额支付其工资。“无故拖欠”应理解为，用人单位无正当理由在规定时间内故意不支付劳动者工资。

◎《劳动部关于贯彻执行〈中华人民共和国劳动法〉若干问题的意见》（1995年8月4日公布）

63. 企业克扣或无故拖欠劳动者工资的，劳动监察部门应根据劳动法第九十一条、劳动部《违反和解除劳动合同的经济补偿办法》第三条、《违反〈中华人民共和国劳动法〉行政处罚办法》第六条予以处理。

64. 经济困难的企业执行劳动部《工资支付暂行规定》（劳部发〔1994〕489号）确有困难，应根据以下规定执行：

（1）《关于做好国有企业职工和离退休人员基本生活保障工作的通知》（国发〔1993〕76号）的规定，“企业发放工资确有困难时，应发给职工基本生活费，具体标准由各地区、各部门根据实际情况确定”；

（2）《关于国有企业流动资金贷款的紧急通知》（银传〔1994〕34号）的规定，“地方政府通过财政补贴，企业主管部门有可能也要拿出一部分资金，银行要拿出一部分贷款，共同保证职工基本生活和社会的稳定”；

（3）《国有企业富余职工安置规定》（国务院令第111号，1993年发布）的规定："企业可以对职工实行有限期的放假。职工放假期间，由企业发给生活费"。

《对〈工资支付暂行规定〉有关问题的补充规定》（1995年5月12日公布）

三、《规定》第十五条中所称"克扣"系指用人单位无正当理由扣减劳动者应得工资（即在劳动者已提供正常劳动的前提下用人单位按劳动合同规定的标准应当支付给劳动者的全部劳动报酬）。不包括以下减发工资的情况：（1）国家的法律、法规中有明确规定的；（2）依法签订的劳动合同中有明确规定的；（3）用人单位依法制定并经职代会批准的厂规、厂纪中有明确规定的；（4）企业工资总额与经济效益相联系，经济效益下浮时，工资必须下浮的（但支付给劳动者工资不得低于当地的最低工资标准）；（5）因劳动者请事假等相应减发工资等。

四、《规定》第十八条所称"无故拖欠"系指用人单位无正当理由超过规定付薪时间未支付劳动者工资。不包括：（1）用人单位遇到非人力所能抗拒的自然灾害、战争等原因、无法按时支付工资；（2）用人单位确因生产经营困难、资金周转受到影响，在征得本单位工会同意后，可暂时延期支付劳动者工资，延期时间的最长限制可由各省、自治区、直辖市劳动行政部门根据各地情况确定。其他情况下拖欠工资均属无故拖欠。

五、关于特殊人员的工资支付问题

1. 劳动者受处分后的工资支付：（1）劳动者受行政处分后仍在原单位工作（如留用察看、降级等）或受刑事处分后重新就业的，应主要由用人单位根据具体情况自主确定其工资报酬；（2）劳动者受刑事处分期间，如收容审查、拘留（羁押）、缓刑、监外执行或劳动教养期间，其待遇按国家有关规定执行。

2. 学徒工、熟练工、大中专毕业生在学徒期、熟练期、见习期、试用期及转正定级后的工资待遇由用人单位自主确定。

3. 新就业复员军人的工资待遇由用人单位自主确定；分配到企业的军队转业干部的工资待遇，按国家有关规定执行。

《工资支付暂行规定》（1994年12月6日公布）

第三条　本规定所称工资是指用人单位依据劳动合同的规定，以各种形式支付给劳动者的工资报酬。

第四条 工资支付主要包括：工资支付项目、工资支付水平、工资支付形式、工资支付对象、工资支付时间以及特殊情况下的工资支付。

第五条 工资应当以法定货币支付。不得以实物及有价证券替代货币支付。

第六条 用人单位应将工资支付给劳动者本人。劳动者本人因故不能领取工资时，可由其亲属或委托他人代领。

用人单位可委托银行代发工资。

用人单位必须书面记录支付劳动者工资的数额、时间、领取者的姓名以及签字，并保存两年以上备查。用人单位在支付工资时应向劳动者提供一份其个人的工资清单。

第七条 工资必须在用人单位与劳动者约定的日期支付。如遇节假日或休息日，则应提前在最近的工作日支付。工资至少每月支付一次，实行周、日、小时工资制的可按周、日、小时支付工资。

第八条 对完成一次性临时劳动或某项具体工作的劳动者，用人单位应按有关协议或合同规定在其完成劳动任务后即支付工资。

第九条 劳动关系双方依法解除或终止劳动合同时，用人单位应在解除或终止劳动合同时一次付清劳动者工资。

第十四条 用人单位依法破产时，劳动者有权获得其工资。在破产清偿中用人单位应按《中华人民共和国企业破产法》规定的清偿顺序，首先支付欠付本单位劳动者的工资。

第十五条 用人单位不得克扣劳动者工资。有下列情况之一的，用人单位可以代扣劳动者工资：

（一）用人单位代扣代缴的个人所得税；

（二）用人单位代扣代缴的应由劳动者个人负担的各项社会保险费用；

（三）法院判决、裁定中要求代扣的抚养费、赡养费；

（四）法律、法规规定可以从劳动者工资中扣除的其他费用。

第十六条 因劳动者本人原因给用人单位造成经济损失的，用人单位可按照劳动合同的约定要求其赔偿经济损失。经济损失的赔偿，可从劳动者本人的工资中扣除。但每月扣除的部分不得超过劳动者当月工资的百分之二十。若扣除后的剩余工资部分低于当地月最低工资标准，则按最低工资标准支付。

第十七条 用人单位应根据本规定，通过与职工大会、职工代表大会或者其他形式协商制定内部的工资支付制度，并告知本单位全体劳动者，同时抄报当地劳动行政部门备案。

第十八条 各级劳动行政部门有权监察用人单位工资支付的情况。用人单位有下列侵害劳动者合法权益行为的，由劳动行政部门责令其支付劳动者工资和经济补偿，并可责令其支付赔偿金：

（一）克扣或者无故拖欠劳动者工资的；

（二）拒不支付劳动者延长工作时间工资的；

（三）低于当地最低工资标准支付劳动者工资的。

经济补偿和赔偿金的标准，按国家有关规定执行。

知识点

工资支付保障，是对劳动者应得工资的取得及对所得工资的支配权的保障。《劳动法》第五十条规定："工资应当以货币形式按月支付给劳动者本人。不得克扣或者无故拖欠劳动者的工资。"我国工资支付规则主要有：(1) 工资应以法定货币支付，不得以实物及有价证券替代货币支付；(2) 按约定的日期支付，至少每月支付1次；(3) 劳动者依法享受年休假、探亲假、婚假、丧假期间，以及依法参加社会活动期间，应按劳动合同规定的标准支付工资；(4) 工资应支付给劳动者本人，也可由劳动者家属或委托他人代领，用人单位可委托银行代发工资。用人单位不得克扣劳动者工资。有下列情况之一的，用人单位可以代扣劳动者工资：(1) 用人单位代扣代缴的个人所得税；(2) 用人单位代扣代缴的应由劳动者个人负担的各项社会保险费用；(3) 法院判决、裁定中要求代扣的抚养费、赡养费；(4) 法律、法规规定可以从劳动者工资中扣除的其他费用。

因劳动者本人原因给用人单位造成经济损失的，用人单位可以按照劳动合同的约定要求其赔偿损失。经济损失的赔偿，可从劳动者本人的工资中扣除。但每月扣除的部分不得超过劳动者当月工资的20%。①

① 冯宪芬主编：《经济法》，西安交通大学出版社2009年版，第391页。

第五十一条 劳动者在法定休假日和婚丧假期间以及依法参加社会活动期间，用人单位应当依法支付工资。

相关规定

【部门规章与规范性文件】

《劳动部关于〈劳动法〉若干条文的说明》（1994年9月5日公布）

法定休假日，是指法律、法规规定的劳动者休假的时间，包括法定节日（即元旦、春节、国际劳动节、国庆节及其他节假日）以及法定带薪休假。

婚丧假，是指劳动者本人结婚以及其直系亲属死亡时依法享受的假期。

依法参加社会活动是指：行使选举权；当选代表，出席政府、党派、工会、青年团、妇女联合会等组织召开的会议；担任人民法庭的人民陪审员、证明人、辩护人；出席劳动模范、先进工作者大会；《工会法》规定的不脱产工会基层委员会委员因工会活动占用的生产时间等。

《工资支付暂行规定》（1994年12月6日公布）

第十条 劳动者在法定工作时间内依法参加社会活动期间，用人单位应视同其提供了正常劳动而支付工资。社会活动包括：依法行使选举权或被选举权；当选代表出席乡（镇）、区以上政府、党派、工会、青年团、妇女联合会等组织召开的会议；出任人民法庭证明人；出席劳动模范、先进工作者大会；《工会法》规定的不脱产工会基层委员会委员因工作活动占用的生产或工作时间；其他依法参加的社会活动。

第十一条 劳动者依法享受年休假、探亲假、婚假、丧假期间，用人单位应按劳动合同规定的标准支付劳动者工资。

第十二条 非因劳动者原因造成单位停工、停产在一个工资支付周期内的，用人单位应按劳动合同规定的标准支付劳动者工资。超过一个工资支付周期的，若劳动者提供了正常劳动，则支付给劳动者的劳动报酬不得低于当地的最低工资标准；若劳动者没有提供正常劳动，应按国家有关规定办理。

【司法指导性文件】

◎《最高人民法院关于人民陪审员管理办法（试行）》（2005 年 1 月 6 日公布）

第三十九条　人民陪审员因参加审判活动、培训而支出的公共交通、就餐等费用，由所在法院，参照当地差旅费支付标准给予补助。

无固定收入的人民陪审员参加审判活动、培训期间，由所在法院，参照当地职工上年度平均货币工资水平，按照实际工作日给予补助。

人民陪审员参加中级人民法院、高级人民法院审判活动的，由随机抽取人民陪审员参加审判活动的中级人民法院、高级人民法院按照前两款规定，给予人民陪审员各项补助。

第四十条　有工作单位的人民陪审员因参加培训、审判活动，被所在单位克扣或者变相克扣工资、奖金及其他福利待遇的，基层人民法院应及时向其所在单位，或所在单位的主管部门，或所在单位的上级部门提出纠正意见。

第六章　劳动安全卫生

第五十二条　用人单位必须建立、健全劳动安全卫生制度，严格执行国家劳动安全卫生规程和标准，对劳动者进行劳动安全卫生教育，防止劳动过程中的事故，减少职业危害。

相关规定

【法律】

《中华人民共和国安全生产法》（2021年6月10日修正）

第三条　安全生产工作坚持中国共产党的领导。

安全生产工作应当以人为本，坚持人民至上、生命至上，把保护人民生命安全摆在首位，树牢安全发展理念，坚持安全第一、预防为主、综合治理的方针，从源头上防范化解重大安全风险。

安全生产工作实行管行业必须管安全、管业务必须管安全、管生产经营必须管安全，强化和落实生产经营单位主体责任与政府监管责任，建立生产经营单位负责、职工参与、政府监管、行业自律和社会监督的机制。

第四条　生产经营单位必须遵守本法和其他有关安全生产的法律、法规，加强安全生产管理，建立健全全员安全生产责任制和安全生产规章制度，加大对安全生产资金、物资、技术、人员的投入保障力度，改善安全生产条件，加强安全生产标准化、信息化建设，构建安全风险分级管控和隐患排查治理双重预防机制，健全风险防范化解机制，提高安全生产水平，确保安全生产。

平台经济等新兴行业、领域的生产经营单位应当根据本行业、领域的特点，建立健全并落实全员安全生产责任制，加强从业人员安全生产教育和培训，履行本法和其他法律、法规规定的有关安全生产义务。

第五条　生产经营单位的主要负责人是本单位安全生产第一责任人，对本单位的安全生产工作全面负责。其他负责人对职责范围内的安全生产工作负责。

第六条　生产经营单位的从业人员有依法获得安全生产保障的权利，并应当依法履行安全生产方面的义务。

第七条　工会依法对安全生产工作进行监督。

生产经营单位的工会依法组织职工参加本单位安全生产工作的民主管理和民主监督，维护职工在安全生产方面的合法权益。生产经营单位制定或者修改有关安全生产的规章制度，应当听取工会的意见。

第二十条　生产经营单位应当具备本法和有关法律、行政法规和国家标准或者行业标准规定的安全生产条件；不具备安全生产条件的，不得从事生产经营活动。

第二十一条　生产经营单位的主要负责人对本单位安全生产工作负有下列职责：

（一）建立健全并落实本单位全员安全生产责任制，加强安全生产标准化建设；

（二）组织制定并实施本单位安全生产规章制度和操作规程；

（三）组织制定并实施本单位安全生产教育和培训计划；

（四）保证本单位安全生产投入的有效实施；

（五）组织建立并落实安全风险分级管控和隐患排查治理双重预防工作机制，督促、检查本单位的安全生产工作，及时消除生产安全事故隐患；

（六）组织制定并实施本单位的生产安全事故应急救援预案；

（七）及时、如实报告生产安全事故。

第二十二条　生产经营单位的全员安全生产责任制应当明确各岗位的责任人员、责任范围和考核标准等内容。

生产经营单位应当建立相应的机制，加强对全员安全生产责任制落实情况的监督考核，保证全员安全生产责任制的落实。

第二十三条　生产经营单位应当具备的安全生产条件所必需的资金投入，由生产经营单位的决策机构、主要负责人或者个人经营的投资人予以保证，并对由于安全生产所必需的资金投入不足导致的后果承担责任。

有关生产经营单位应当按照规定提取和使用安全生产费用，专门用于改善安全生产条件。安全生产费用在成本中据实列支。安全生产费用提取、使用和监督管理的具体办法由国务院财政部门会同国务院应急管理部门征求国务院有关部门意见后制定。

第二十四条 矿山、金属冶炼、建筑施工、运输单位和危险物品的生产、经营、储存、装卸单位，应当设置安全生产管理机构或者配备专职安全生产管理人员。

前款规定以外的其他生产经营单位，从业人员超过一百人的，应当设置安全生产管理机构或者配备专职安全生产管理人员；从业人员在一百人以下的，应当配备专职或者兼职的安全生产管理人员。

第二十五条 生产经营单位的安全生产管理机构以及安全生产管理人员履行下列职责：

（一）组织或者参与拟订本单位安全生产规章制度、操作规程和生产安全事故应急救援预案；

（二）组织或者参与本单位安全生产教育和培训，如实记录安全生产教育和培训情况；

（三）组织开展危险源辨识和评估，督促落实本单位重大危险源的安全管理措施；

（四）组织或者参与本单位应急救援演练；

（五）检查本单位的安全生产状况，及时排查生产安全事故隐患，提出改进安全生产管理的建议；

（六）制止和纠正违章指挥、强令冒险作业、违反操作规程的行为；

（七）督促落实本单位安全生产整改措施。

生产经营单位可以设置专职安全生产分管负责人，协助本单位主要负责人履行安全生产管理职责。

第二十六条 生产经营单位的安全生产管理机构以及安全生产管理人员应当恪尽职守，依法履行职责。

生产经营单位作出涉及安全生产的经营决策，应当听取安全生产管理机构以及安全生产管理人员的意见。

生产经营单位不得因安全生产管理人员依法履行职责而降低其工资、福利等待遇或者解除与其订立的劳动合同。

危险物品的生产、储存单位以及矿山、金属冶炼单位的安全生产管理人员的任免，应当告知主管的负有安全生产监督管理职责的部门。

第二十七条 生产经营单位的主要负责人和安全生产管理人员必须具

备与本单位所从事的生产经营活动相应的安全生产知识和管理能力。

危险物品的生产、经营、储存、装卸单位以及矿山、金属冶炼、建筑施工、运输单位的主要负责人和安全生产管理人员，应当由主管的负有安全生产监督管理职责的部门对其安全生产知识和管理能力考核合格。考核不得收费。

危险物品的生产、储存、装卸单位以及矿山、金属冶炼单位应当有注册安全工程师从事安全生产管理工作。鼓励其他生产经营单位聘用注册安全工程师从事安全生产管理工作。注册安全工程师按专业分类管理，具体办法由国务院人力资源和社会保障部门、国务院应急管理部门会同国务院有关部门制定。

第二十八条 生产经营单位应当对从业人员进行安全生产教育和培训，保证从业人员具备必要的安全生产知识，熟悉有关的安全生产规章制度和安全操作规程，掌握本岗位的安全操作技能，了解事故应急处理措施，知悉自身在安全生产方面的权利和义务。未经安全生产教育和培训合格的从业人员，不得上岗作业。

生产经营单位使用被派遣劳动者的，应当将被派遣劳动者纳入本单位从业人员统一管理，对被派遣劳动者进行岗位安全操作规程和安全操作技能的教育和培训。劳务派遣单位应当对被派遣劳动者进行必要的安全生产教育和培训。

生产经营单位接收中等职业学校、高等学校学生实习的，应当对实习学生进行相应的安全生产教育和培训，提供必要的劳动防护用品。学校应当协助生产经营单位对实习学生进行安全生产教育和培训。

生产经营单位应当建立安全生产教育和培训档案，如实记录安全生产教育和培训的时间、内容、参加人员以及考核结果等情况。

第二十九条 生产经营单位采用新工艺、新技术、新材料或者使用新设备，必须了解、掌握其安全技术特性，采取有效的安全防护措施，并对从业人员进行专门的安全生产教育和培训。

第四十四条 生产经营单位应当教育和督促从业人员严格执行本单位的安全生产规章制度和安全操作规程；并向从业人员如实告知作业场所和工作岗位存在的危险因素、防范措施以及事故应急措施。

生产经营单位应当关注从业人员的身体、心理状况和行为习惯，加强对从业人员的心理疏导、精神慰藉，严格落实岗位安全生产责任，防范从业人员行为异常导致事故发生。

第四十五条 生产经营单位必须为从业人员提供符合国家标准或者行业标准的劳动防护用品，并监督、教育从业人员按照使用规则佩戴、使用。

第四十六条 生产经营单位的安全生产管理人员应当根据本单位的生产经营特点，对安全生产状况进行经常性检查；对检查中发现的安全问题，应当立即处理；不能处理的，应当及时报告本单位有关负责人，有关负责人应当及时处理。检查及处理情况应当如实记录在案。

生产经营单位的安全生产管理人员在检查中发现重大事故隐患，依照前款规定向本单位有关负责人报告，有关负责人不及时处理的，安全生产管理人员可以向主管的负有安全生产监督管理职责的部门报告，接到报告的部门应当依法及时处理。

第四十七条 生产经营单位应当安排用于配备劳动防护用品、进行安全生产培训的经费。

第五十二条 生产经营单位与从业人员订立的劳动合同，应当载明有关保障从业人员劳动安全、防止职业危害的事项，以及依法为从业人员办理工伤保险的事项。

生产经营单位不得以任何形式与从业人员订立协议，免除或者减轻其对从业人员因生产安全事故伤亡依法应承担的责任。

第五十三条 生产经营单位的从业人员有权了解其作业场所和工作岗位存在的危险因素、防范措施及事故应急措施，有权对本单位的安全生产工作提出建议。

第九十七条 生产经营单位有下列行为之一的，责令限期改正，处十万元以下的罚款；逾期未改正的，责令停产停业整顿，并处十万元以上二十万元以下的罚款，对其直接负责的主管人员和其他直接责任人员处二万元以上五万元以下的罚款：

（一）未按照规定设置安全生产管理机构或者配备安全生产管理人员、注册安全工程师的；

（二）危险物品的生产、经营、储存、装卸单位以及矿山、金属冶炼、建筑施工、运输单位的主要负责人和安全生产管理人员未按照规定经考核合格的；

（三）未按照规定对从业人员、被派遣劳动者、实习学生进行安全生产教育和培训，或者未按照规定如实告知有关的安全生产事项的；

（四）未如实记录安全生产教育和培训情况的；

（五）未将事故隐患排查治理情况如实记录或者未向从业人员通报的；

（六）未按照规定制定生产安全事故应急救援预案或者未定期组织演练的；

（七）特种作业人员未按照规定经专门的安全作业培训并取得相应资格，上岗作业的。

《中华人民共和国乡镇企业法》（1997年1月1日公布）

第三十七条　乡镇企业必须遵守有关劳动保护、劳动安全的法律、法规，认真贯彻执行安全第一、预防为主的方针，采取有效的劳动卫生技术措施和管理措施，防止生产伤亡事故和职业病的发生；对危害职工安全的事故隐患，应当限期解决或者停产整顿。严禁管理者违章指挥，强令职工冒险作业。发生生产伤亡事故，应当采取积极抢救措施，依法妥善处理，并向有关部门报告。

【行政法规与国务院规范性文件】

《安全生产许可证条例》（2014年7月29日修订）

第一条　为了严格规范安全生产条件，进一步加强安全生产监督管理，防止和减少生产安全事故，根据《中华人民共和国安全生产法》的有关规定，制定本条例。

第二条　国家对矿山企业、建筑施工企业和危险化学品、烟花爆竹、民用爆炸物品生产企业（以下统称企业）实行安全生产许可制度。

企业未取得安全生产许可证的，不得从事生产活动。

第三条　国务院安全生产监督管理部门负责中央管理的非煤矿矿山企业和危险化学品、烟花爆竹生产企业安全生产许可证的颁发和管理。

省、自治区、直辖市人民政府安全生产监督管理部门负责前款规定以外的非煤矿矿山企业和危险化学品、烟花爆竹生产企业安全生产许可证的颁发和管理，并接受国务院安全生产监督管理部门的指导和监督。

国家煤矿安全监察机构负责中央管理的煤矿企业安全生产许可证的颁发和管理。

在省、自治区、直辖市设立的煤矿安全监察机构负责前款规定以外的其他煤矿企业安全生产许可证的颁发和管理，并接受国家煤矿安全监察机构的指导和监督。

第四条　省、自治区、直辖市人民政府建设主管部门负责建筑施工企业安全生产许可证的颁发和管理，并接受国务院建设主管部门的指导和监督。

第五条 省、自治区、直辖市人民政府民用爆炸物品行业主管部门负责民用爆炸物品生产企业安全生产许可证的颁发和管理，并接受国务院民用爆炸物品行业主管部门的指导和监督。

《中华人民共和国乡村集体所有制企业条例》（2011年1月8日修订）

第十三条 设立企业应当具备下列条件：

（一）产品和提供的服务为社会所需要，并符合国家法律、法规和政策规定；

（二）有自己的名称、组织机构和生产经营场所；

（三）有确定的经营范围；

（四）有与生产经营和服务规模相适应的资金、设备、从业人员和必要的原材料条件；

（五）有必要的劳动卫生、安全生产条件和环境保护措施；

（六）符合当地乡村建设规划，合理利用土地。

《使用有毒物品作业场所劳动保护条例》（2002年5月12日公布）

第四条 从事使用有毒物品作业的用人单位（以下简称用人单位）应当使用符合国家标准的有毒物品，不得在作业场所使用国家明令禁止使用的有毒物品或者使用不符合国家标准的有毒物品。

用人单位应当尽可能使用无毒物品；需要使用有毒物品的，应当优先选择使用低毒物品。

第五条 用人单位应当依照本条例和其他有关法律、行政法规的规定，采取有效的防护措施，预防职业中毒事故的发生，依法参加工伤保险，保障劳动者的生命安全和身体健康。

第七条 禁止使用童工。

用人单位不得安排未成年人和孕期、哺乳期的女职工从事使用有毒物品的作业。

第八条 工会组织应当督促并协助用人单位开展职业卫生宣传教育和培训，对用人单位的职业卫生工作提出意见和建议，与用人单位就劳动者反映的职业病防治问题进行协调并督促解决。

工会组织对用人单位违反法律、法规，侵犯劳动者合法权益的行为，有权要求纠正；产生严重职业中毒危害时，有权要求用人单位采取防护措施，或者向政府有关部门建议采取强制性措施；发生职业中毒事故时，有权参与事故调查处理；发现危及劳动者生命、健康的情形时，有权建议用人单位组织劳动者撤离危险现场，用人单位应当立即作出处理。

《中华人民共和国尘肺病防治条例》（1987 年 12 月 3 日公布）

第七条 凡有粉尘作业的企业、事业单位应采取综合防尘措施和无尘或低尘的新技术、新工艺、新设备，使作业场所的粉尘浓度不超过国家卫生标准。

【部门规章与规范性文件】

《劳动部关于〈劳动法〉若干条文的说明》（1994 年 9 月 5 日公布）

本条中的“劳动安全卫生制度”，主要指：安全生产责任制、安全教育制度、安全检查制度、伤亡事故和职业病调查处理制度。

本条中的“劳动安全卫生规程和标准”，是指关于消除、限制或预防劳动过程中的危险和有害因素，保护职工安全与健康，保障设备、生产正常运行而制定的统一规定。劳动安全卫生标准分三级，即国家标准、行业标准和地方标准。

《安全生产培训管理办法》（2015 年 5 月 29 日修正）

第九条 对从业人员的安全培训，具备安全培训条件的生产经营单位应当以自主培训为主，也可以委托具备安全培训条件的机构进行安全培训。

不具备安全培训条件的生产经营单位，应当委托具有安全培训条件的机构对从业人员进行安全培训。

生产经营单位委托其他机构进行安全培训的，保证安全培训的责任仍由本单位负责。

第十条 生产经营单位应当建立安全培训管理制度，保障从业人员安全培训所需经费，对从业人员进行与其所从事岗位相应的安全教育培训；从业人员调整工作岗位或者采用新工艺、新技术、新设备、新材料的，应当对其进行专门的安全教育和培训。未经安全教育和培训合格的从业人员，不得上岗作业。

生产经营单位使用被派遣劳动者的，应当将被派遣劳动者纳入本单位从业人员统一管理，对被派遣劳动者进行岗位安全操作规程和安全操作技能的教育和培训。劳务派遣单位应当对被派遣劳动者进行必要的安全生产教育和培训。

生产经营单位接收中等职业学校、高等学校学生实习的，应当对实习学生进行相应的安全生产教育和培训，提供必要的劳动防护用品。学校应当协助生产经营单位对实习学生进行安全生产教育和培训。

从业人员安全培训的时间、内容、参加人员以及考核结果等情况，生产经营单位应当如实记录并建档备查。

第三十六条 生产经营单位有下列情形之一的，责令改正，处 3 万元以下的罚款：

（一）从业人员安全培训的时间少于《生产经营单位安全培训规定》或者有关标准规定的；

（二）矿山新招的井下作业人员和危险物品生产经营单位新招的危险工艺操作岗位人员，未经实习期满独立上岗作业的；

（三）相关人员未按照本办法第十二条规定重新参加安全培训的。

第三十七条 生产经营单位存在违反有关法律、法规中安全生产教育培训的其他行为的，依照相关法律、法规的规定予以处罚。

知识点

劳动安全卫生制度主要指：安全生产责任制度、安全教育制度、安全检查制度、伤亡事故和职业病调查处理制度。其中，最主要的是要建立劳动安全卫生责任制度。

劳动安全卫生责任制度是企业最基本的安全管理制度，是所有安全卫生规章制度的核心。安全卫生责任制度是按照安全生产方针和“管生产的同时必须管安全”的原则，将企业各级负责人员、各职能部门及其工作人员和各岗位生产工人在安全生产方面应做的事情及应负的责任加以明确规定的一种制度。

劳动安全技术规程是以防止和消除劳动过程中伤亡事故的技术规则为基础内容，旨在保护劳动者安全的法规。由于各行业的特点，工艺过程不同，需要解决的安全技术也不同，规定的劳动安全卫生技术规程就不一样，按产业性质分为煤矿、冶金、化工、建筑、机器制造等安全技术规程；按机器设备性质分为电器起重、锅炉和压力容器、焊接、机床等安全技术规程。①

---

① 回沪明、高圣平主编：《劳动法及配套规定新释新解（上）》，人民法院出版社 2004 年版。

第五十三条　劳动安全卫生设施必须符合国家规定的标准。

新建、改建、扩建工程的劳动安全卫生设施必须与主体工程同时设计、同时施工、同时投入生产和使用。

相关规定

【法律】

《中华人民共和国安全生产法》（2021年6月10日修正）

第三十一条　生产经营单位新建、改建、扩建工程项目（以下统称建设项目）的安全设施，必须与主体工程同时设计、同时施工、同时投入生产和使用。安全设施投资应当纳入建设项目概算。

第三十三条　建设项目安全设施的设计人、设计单位应当对安全设施设计负责。

矿山、金属冶炼建设项目和用于生产、储存、装卸危险物品的建设项目的安全设施设计应当按照国家有关规定报经有关部门审查，审查部门及其负责审查的人员对审查结果负责。

第三十四条　矿山、金属冶炼建设项目和用于生产、储存、装卸危险物品的建设项目的施工单位必须按照批准的安全设施设计施工，并对安全设施的工程质量负责。

矿山、金属冶炼建设项目和用于生产、储存、装卸危险物品的建设项目竣工投入生产或者使用前，应当由建设单位负责组织对安全设施进行验收；验收合格后，方可投入生产和使用。负有安全生产监督管理职责的部门应当加强对建设单位验收活动和验收结果的监督核查。

第六十条　工会有权对建设项目的安全设施与主体工程同时设计、同时施工、同时投入生产和使用进行监督，提出意见。

工会对生产经营单位违反安全生产法律、法规，侵犯从业人员合法权益的行为，有权要求纠正；发现生产经营单位违章指挥、强令冒险作业或者发现事故隐患时，有权提出解决的建议，生产经营单位应当及时研究答复；发现危及从业人员生命安全的情况时，有权向生产经营单位建议组织从业人员撤离危险场所，生产经营单位必须立即作出处理。

工会有权依法参加事故调查，向有关部门提出处理意见，并要求追究有关人员的责任。

《中华人民共和国职业病防治法》（2018年12月29日修正）

第五条 用人单位应当建立、健全职业病防治责任制，加强对职业病防治的管理，提高职业病防治水平，对本单位产生的职业病危害承担责任。

第十五条 产生职业病危害的用人单位的设立除应当符合法律、行政法规规定的设立条件外，其工作场所还应当符合下列职业卫生要求：

（一）职业病危害因素的强度或者浓度符合国家职业卫生标准；

（二）有与职业病危害防护相适应的设施；

（三）生产布局合理，符合有害与无害作业分开的原则；

（四）有配套的更衣间、洗浴间、孕妇休息间等卫生设施；

（五）设备、工具、用具等设施符合保护劳动者生理、心理健康的要求；

（六）法律、行政法规和国务院卫生行政部门关于保护劳动者健康的其他要求。

第十六条 国家建立职业病危害项目申报制度。

用人单位工作场所存在职业病目录所列职业病的危害因素的，应当及时、如实向所在地卫生行政部门申报危害项目，接受监督。

职业病危害因素分类目录由国务院卫生行政部门制定、调整并公布。职业病危害项目申报的具体办法由国务院卫生行政部门制定。

第十七条 新建、扩建、改建建设项目和技术改造、技术引进项目（以下统称建设项目）可能产生职业病危害的，建设单位在可行性论证阶段应当进行职业病危害预评价。

医疗机构建设项目可能产生放射性职业病危害的，建设单位应当向卫生行政部门提交放射性职业病危害预评价报告。卫生行政部门应当自收到预评价报告之日起三十日内，作出审核决定并书面通知建设单位。未提交预评价报告或者预评价报告未经卫生行政部门审核同意的，不得开工建设。

职业病危害预评价报告应当对建设项目可能产生的职业病危害因素及其对工作场所和劳动者健康的影响作出评价，确定危害类别和职业病防护措施。

建设项目职业病危害分类管理办法由国务院卫生行政部门制定。

第十八条　建设项目的职业病防护设施所需费用应当纳入建设项目工程预算，并与主体工程同时设计，同时施工，同时投入生产和使用。

建设项目的职业病防护设施设计应当符合国家职业卫生标准和卫生要求；其中，医疗机构放射性职业病危害严重的建设项目的防护设施设计，应当经卫生行政部门审查同意后，方可施工。

建设项目在竣工验收前，建设单位应当进行职业病危害控制效果评价。

医疗机构可能产生放射性职业病危害的建设项目竣工验收时，其放射性职业病防护设施经卫生行政部门验收合格后，方可投入使用；其他建设项目的职业病防护设施应当由建设单位负责依法组织验收，验收合格后，方可投入生产和使用。卫生行政部门应当加强对建设单位组织的验收活动和验收结果的监督核查。

第十九条　国家对从事放射性、高毒、高危粉尘等作业实行特殊管理。具体管理办法由国务院制定。

【行政法规与国务院规范性文件】

《安全生产许可证条例》（2014 年 7 月 29 日修订）

第六条　企业取得安全生产许可证，应当具备下列安全生产条件：

（一）建立、健全安全生产责任制，制定完备的安全生产规章制度和操作规程；

（二）安全投入符合安全生产要求；

（三）设置安全生产管理机构，配备专职安全生产管理人员；

（四）主要负责人和安全生产管理人员经考核合格；

（五）特种作业人员经有关业务主管部门考核合格，取得特种作业操作资格证书；

（六）从业人员经安全生产教育和培训合格；

（七）依法参加工伤保险，为从业人员缴纳保险费；

（八）厂房、作业场所和安全设施、设备、工艺符合有关安全生产法律、法规、标准和规程的要求；

（九）有职业危害防治措施，并为从业人员配备符合国家标准或者行业标准的劳动防护用品；

（十）依法进行安全评价；

（十一）有重大危险源检测、评估、监控措施和应急预案；

（十二）有生产安全事故应急救援预案、应急救援组织或者应急救援人员，配备必要的应急救援器材、设备；

（十三）法律、法规规定的其他条件。

第七条 企业进行生产前，应当依照本条例的规定向安全生产许可证颁发管理机关申请领取安全生产许可证，并提供本条例第六条规定的相关文件、资料。安全生产许可证颁发管理机关应当自收到申请之日起45日内审查完毕，经审查符合本条例规定的安全生产条件的，颁发安全生产许可证；不符合本条例规定的安全生产条件的，不予颁发安全生产许可证，书面通知企业并说明理由。

煤矿企业应当以矿（井）为单位，依照本条例的规定取得安全生产许可证。

《使用有毒物品作业场所劳动保护条例》（2002年5月12日公布）

第十一条 用人单位的设立，应当符合有关法律、行政法规规定的设立条件，并依法办理有关手续，取得营业执照。用人单位的使用有毒物品作业场所，除应当符合职业病防治法规定的职业卫生要求外，还必须符合下列要求：

（一）作业场所与生活场所分开，作业场所不得住人；

（二）有害作业与无害作业分开，高毒作业场所与其他作业场所隔离；

（三）设置有效的通风装置；可能突然泄漏大量有毒物品或者易造成急性中毒的作业场所，设置自动报警装置和事故通风设施；

（四）高毒作业场所设置应急撤离通道和必要的泄险区。

用人单位及其作业场所符合前两款规定的，由卫生行政部门发给职业卫生安全许可证，方可从事使用有毒物品的作业。

第十二条 使用有毒物品作业场所应当设置黄色区域警示线、警示标识和中文警示说明。警示说明应当载明产生职业中毒危害的种类、后果、预防以及应急救治措施等内容。

高毒作业场所应当设置红色区域警示线、警示标识和中文警示说明，并设置通讯报警设备。

第十三条 新建、扩建、改建的建设项目和技术改造、技术引进项目（以下统称建设项目），可能产生职业中毒危害的，应当依照职业病防治法的规定进行职业中毒危害预评价，并经卫生行政部门审核同意；可能产生职业中毒危害的建设项目的职业中毒危害防护设施应当与主体工程同时设计，同时施工，同时投入生产和使用；建设项目竣工，应当进行职业中毒危害控制效果评价，并经卫生行政部门验收合格。

存在高毒作业的建设项目的职业中毒危害防护设施设计，应当经卫生行政部门进行卫生审查；经审查，符合国家职业卫生标准和卫生要求的，方可施工。

第十四条　用人单位应当按照国务院卫生行政部门的规定，向卫生行政部门及时、如实申报存在职业中毒危害项目。

从事使用高毒物品作业的用人单位，在申报使用高毒物品作业项目时，应当向卫生行政部门提交下列有关资料：

（一）职业中毒危害控制效果评价报告；

（二）职业卫生管理制度和操作规程等材料；

（三）职业中毒事故应急救援预案。

从事使用高毒物品作业的用人单位变更所使用的高毒物品品种的，应当依照前款规定向原受理申报的卫生行政部门重新申报。

《中华人民共和国尘肺病防治条例》（1987 年 12 月 3 日公布）

第十三条　新建、改建、扩建、续建有粉尘作业的工程项目，防尘设施必须与主体工程同时设计、同时施工、同时投产。设计任务书，必须经当地卫生行政部门、劳动部门和工会组织审查同意后，方可施工，竣工验收，应由当地卫生行政部门、劳动部门和工会组织参加，凡不符合要求的，不得投产。

【部门规章与规范性文件】

《劳动部关于〈劳动法〉若干条文的说明》（1994 年 9 月 5 日公布）

本条中的“劳动安全卫生设施”，主要指安全技术方面的设施、劳动卫生方面的设施、生产性辅助设施（如：女工卫生室、更衣室、饮水设施等）。

本条中的“国家规定的标准”主要指劳动部门和各行业主管部门制定的一系列技术标准。

本条第（二）款被称为“三同时”，《矿山安全法》、《尘肺病防治条例》、1984 年国务院《关于加强防尘防毒工作的决定》、1988 年劳动部颁发的《关于生产性建设工程项目职业安全卫生监察的规定》和 1992 年颁发的《建设项目（工程）职业安全卫生设施和技术措施验收办法》，对“三同时”制度作了具体规定。

知识点

劳动安全卫生设施是指为了防止伤亡事故和职业病的发生，而采取的消除职业危害因素的设备、装置、防护用具及其他防范技术措施的总称。劳动安全卫生设施必须符合国家规定的标准。所谓“国家规定的标准”主要指劳动部门和各行业主管部门制定的一系列技术标准。劳动安全卫生设施主要包括：

一、劳动卫生设施

劳动卫生设施指防止和减少有毒有害物质造成的职业损害而采取的技术措施。其主要有：（1）噪声、噪音的防范措施。（2）强光下的防范措施。（3）防辐射措施。（4）防暑、抗低温措施。（5）防尘、防毒设施。（6）消毒设施。（7）通风、照明设施。

二、劳动安全设施

劳动安全设施指防止和减少伤亡事故的发生而采取的技术措施。其主要有：设置安全装置，包括防护装置、保险装置、信号装置、危险牌示和识别标志；预防性的机械强度试验，是指机器设备、装置、主要部件具有一定强度，才能保持最佳状态，发挥最好功能；电器绝缘检验，电器绝缘与否直接关系着劳动者安全状况，所以应定期检查电器绝缘情况，预防发生电器事故和触电；机器设备的维修保养，经常对机器设备维修和注意保养，可使机器处于良好功能状态，保证生产顺利进行，减少设备事故和人身事故的发生。

三、个人防护设施

个人防护设施是保证劳动者安全健康的一种辅助措施。《劳动法》第五十四条明确规定：用人单位必须为劳动者提供必要的劳动防护用品。防护用品品种很多，按其防护部位不同，有安全帽类、呼吸护具类、眼部防护用具、耳听力防护用具、手的防护用具、鞋防护用具、护肤用品等。

四、生产辅助设施

生产辅助设施指为生产服务的辅助设施，是间接地保护劳动者安全和健康的措施。如为劳动者设置的饮水设施、淋洗设备、盥洗设备、更衣室、存衣箱、工作服洗涤及消毒、食物加热设备、倒班休息室、为女工准备的卫生室及洗涤设备等。①

第五十四条 用人单位必须为劳动者提供符合国家规定的劳动安全卫生条件和必要的劳动防护用品，对从事有职业危害作业的劳动者应当定期进行健康检查。

相关规定

【法律】

《中华人民共和国噪声污染防治法》（2021年12月24日公布）

第三条 噪声污染的防治，适用本法。

因从事本职生产经营工作受到噪声危害的防治，适用劳动保护等其他有关法律的规定。

《中华人民共和国安全生产法》（2021年6月10日修正）

第三十五条 生产经营单位应当在有较大危险因素的生产经营场所和有关设施、设备上，设置明显的安全警示标志。

第三十六条 安全设备的设计、制造、安装、使用、检测、维修、改造和报废，应当符合国家标准或者行业标准。

生产经营单位必须对安全设备进行经常性维护、保养，并定期检测，保证正常运转。维护、保养、检测应当作好记录，并由有关人员签字。

生产经营单位不得关闭、破坏直接关系生产安全的监控、报警、防护、救生设备、设施，或者篡改、隐瞒、销毁其相关数据、信息。

餐饮等行业的生产经营单位使用燃气的，应当安装可燃气体报警装置，并保障其正常使用。

第三十七条 生产经营单位使用的危险物品的容器、运输工具，以及涉及人身安全、危险性较大的海洋石油开采特种设备和矿山井下特种设备，必须按照国家有关规定，由专业生产单位生产，并经具有专业资质的检测、检验机构检测、检验合格，取得安全使用证或者安全标志，方可投入使用。

① 回沪明、高圣平主编：《劳动法及配套规定新释新解（上）》，人民法院出版社2004年版。

检测、检验机构对检测、检验结果负责。

第三十八条 国家对严重危及生产安全的工艺、设备实行淘汰制度，具体目录由国务院应急管理部门会同国务院有关部门制定并公布。法律、行政法规对目录的制定另有规定的，适用其规定。

省、自治区、直辖市人民政府可以根据本地区实际情况制定并公布具体目录，对前款规定以外的危及生产安全的工艺、设备予以淘汰。

生产经营单位不得使用应当淘汰的危及生产安全的工艺、设备。

第三十九条 生产、经营、运输、储存、使用危险物品或者处置废弃危险物品的，由有关主管部门依照有关法律、法规的规定和国家标准或者行业标准审批并实施监督管理。

生产经营单位生产、经营、运输、储存、使用危险物品或者处置废弃危险物品，必须执行有关法律、法规和国家标准或者行业标准，建立专门的安全管理制度，采取可靠的安全措施，接受有关主管部门依法实施的监督管理。

第四十条 生产经营单位对重大危险源应当登记建档，进行定期检测、评估、监控，并制定应急预案，告知从业人员和相关人员在紧急情况下应当采取的应急措施。

生产经营单位应当按照国家有关规定将本单位重大危险源及有关安全措施、应急措施报有关地方人民政府应急管理部门和有关部门备案。有关地方人民政府应急管理部门和有关部门应当通过相关信息系统实现信息共享。

第四十一条 生产经营单位应当建立安全风险分级管控制度，按照安全风险分级采取相应的管控措施。

生产经营单位应当建立健全并落实生产安全事故隐患排查治理制度，采取技术、管理措施，及时发现并消除事故隐患。事故隐患排查治理情况应当如实记录，并通过职工大会或者职工代表大会、信息公示栏等方式向从业人员通报。其中，重大事故隐患排查治理情况应当及时向负有安全生产监督管理职责的部门和职工大会或者职工代表大会报告。

县级以上地方各级人民政府负有安全生产监督管理职责的部门应当将重大事故隐患纳入相关信息系统，建立健全重大事故隐患治理督办制度，督促生产经营单位消除重大事故隐患。

第四十二条 生产、经营、储存、使用危险物品的车间、商店、仓库不得与员工宿舍在同一座建筑物内，并应当与员工宿舍保持安全距离。

生产经营场所和员工宿舍应当设有符合紧急疏散要求、标志明显、保持畅通的出口、疏散通道。禁止占用、锁闭、封堵生产经营场所或者员工宿舍的出口、疏散通道。

第四十三条　生产经营单位进行爆破、吊装、动火、临时用电以及国务院应急管理部门会同国务院有关部门规定的其他危险作业，应当安排专门人员进行现场安全管理，确保操作规程的遵守和安全措施的落实。

第四十四条　生产经营单位应当教育和督促从业人员严格执行本单位的安全生产规章制度和安全操作规程；并向从业人员如实告知作业场所和工作岗位存在的危险因素、防范措施以及事故应急措施。

生产经营单位应当关注从业人员的身体、心理状况和行为习惯，加强对从业人员的心理疏导、精神慰藉，严格落实岗位安全生产责任，防范从业人员行为异常导致事故发生。

第四十五条　生产经营单位必须为从业人员提供符合国家标准或者行业标准的劳动防护用品，并监督、教育从业人员按照使用规则佩戴、使用。

第四十六条　生产经营单位的安全生产管理人员应当根据本单位的生产经营特点，对安全生产状况进行经常性检查；对检查中发现的安全问题，应当立即处理；不能处理的，应当及时报告本单位有关负责人，有关负责人应当及时处理。检查及处理情况应当如实记录在案。

生产经营单位的安全生产管理人员在检查中发现重大事故隐患，依照前款规定向本单位有关负责人报告，有关负责人不及时处理的，安全生产管理人员可以向主管的负有安全生产监督管理职责的部门报告，接到报告的部门应当依法及时处理。

第四十七条　生产经营单位应当安排用于配备劳动防护用品、进行安全生产培训的经费。

《中华人民共和国职业病防治法》（2018 年 12 月 29 日修正）

第二十条　用人单位应当采取下列职业病防治管理措施：

（一）设置或者指定职业卫生管理机构或者组织，配备专职或者兼职的职业卫生管理人员，负责本单位的职业病防治工作；

（二）制定职业病防治计划和实施方案；

（三）建立、健全职业卫生管理制度和操作规程；

（四）建立、健全职业卫生档案和劳动者健康监护档案；

（五）建立、健全工作场所职业病危害因素监测及评价制度；

（六）建立、健全职业病危害事故应急救援预案。

第二十二条 用人单位必须采用有效的职业病防护设施，并为劳动者提供个人使用的职业病防护用品。

用人单位为劳动者个人提供的职业病防护用品必须符合防治职业病的要求；不符合要求的，不得使用。

第二十三条 用人单位应当优先采用有利于防治职业病和保护劳动者健康的新技术、新工艺、新设备、新材料，逐步替代职业病危害严重的技术、工艺、设备、材料。

第二十四条 产生职业病危害的用人单位，应当在醒目位置设置公告栏，公布有关职业病防治的规章制度、操作规程、职业病危害事故应急救援措施和工作场所职业病危害因素检测结果。

对产生严重职业病危害的作业岗位，应当在其醒目位置，设置警示标识和中文警示说明。警示说明应当载明产生职业病危害的种类、后果、预防以及应急救治措施等内容。

第二十五条 对可能发生急性职业损伤的有毒、有害工作场所，用人单位应当设置报警装置，配置现场急救用品、冲洗设备、应急撤离通道和必要的泄险区。

对放射工作场所和放射性同位素的运输、贮存，用人单位必须配置防护设备和报警装置，保证接触放射线的工作人员佩戴个人剂量计。

对职业病防护设备、应急救援设施和个人使用的职业病防护用品，用人单位应当进行经常性的维护、检修，定期检测其性能和效果，确保其处于正常状态，不得擅自拆除或者停止使用。

第二十六条 用人单位应当实施由专人负责的职业病危害因素日常监测，并确保监测系统处于正常运行状态。

用人单位应当按照国务院卫生行政部门的规定，定期对工作场所进行职业病危害因素检测、评价。检测、评价结果存入用人单位职业卫生档案，定期向所在地卫生行政部门报告并向劳动者公布。

职业病危害因素检测、评价由依法设立的取得国务院卫生行政部门或者设区的市级以上地方人民政府卫生行政部门按照职责分工给予资质认可的职业卫生技术服务机构进行。职业卫生技术服务机构所作检测、评价应当客观、真实。

发现工作场所职业病危害因素不符合国家职业卫生标准和卫生要求时，用人单位应当立即采取相应治理措施，仍然达不到国家职业卫生标准和卫生要求的，必须停止存在职业病危害因素的作业；职业病危害因素经治理后，符合国家职业卫生标准和卫生要求的，方可重新作业。

第二十八条　向用人单位提供可能产生职业病危害的设备的，应当提供中文说明书，并在设备的醒目位置设置警示标识和中文警示说明。警示说明应当载明设备性能、可能产生的职业病危害、安全操作和维护注意事项、职业病防护以及应急救治措施等内容。

第二十九条　向用人单位提供可能产生职业病危害的化学品、放射性同位素和含有放射性物质的材料的，应当提供中文说明书。说明书应当载明产品特性、主要成份、存在的有害因素、可能产生的危害后果、安全使用注意事项、职业病防护以及应急救治措施等内容。产品包装应当有醒目的警示标识和中文警示说明。贮存上述材料的场所应当在规定的部位设置危险物品标识或者放射性警示标识。

国内首次使用或者首次进口与职业病危害有关的化学材料，使用单位或者进口单位按照国家规定经国务院有关部门批准后，应当向国务院卫生行政部门报送该化学材料的毒性鉴定以及经有关部门登记注册或者批准进口的文件等资料。

进口放射性同位素、射线装置和含有放射性物质的物品的，按照国家有关规定办理。

第三十条　任何单位和个人不得生产、经营、进口和使用国家明令禁止使用的可能产生职业病危害的设备或者材料。

第三十一条　任何单位和个人不得将产生职业病危害的作业转移给不具备职业病防护条件的单位和个人。不具备职业病防护条件的单位和个人不得接受产生职业病危害的作业。

第三十二条　用人单位对采用的技术、工艺、设备、材料，应当知悉其产生的职业病危害，对有职业病危害的技术、工艺、设备、材料隐瞒其危害而采用的，对所造成的职业病危害后果承担责任。

第三十六条　用人单位应当为劳动者建立职业健康监护档案，并按照规定的期限妥善保存。

职业健康监护档案应当包括劳动者的职业史、职业病危害接触史、职业健康检查结果和职业病诊疗等有关个人健康资料。

劳动者离开用人单位时，有权索取本人职业健康监护档案复印件，用人单位应当如实、无偿提供，并在所提供的复印件上签章。

《中华人民共和国公司法》（2018 年 10 月 26 日修正）

第十七条 公司必须保护职工的合法权益，依法与职工签订劳动合同，参加社会保险，加强劳动保护，实现安全生产。

公司应当采用多种形式，加强公司职工的职业教育和岗位培训，提高职工素质。

《中华人民共和国残疾人保障法》（2018 年 10 月 26 日修正）

第三十八条 国家保护残疾人福利性单位的财产所有权和经营自主权，其合法权益不受侵犯。

在职工的招用、转正、晋级、职称评定、劳动报酬、生活福利、休息休假、社会保险等方面，不得歧视残疾人。

残疾职工所在单位应当根据残疾职工的特点，提供适当的劳动条件和劳动保护，并根据实际需要对劳动场所、劳动设备和生活设施进行改造。

国家采取措施，保障盲人保健和医疗按摩人员从业的合法权益。

【行政法规与国务院规范性文件】

《安全生产许可证条例》（2014 年 7 月 29 日修订）

第六条 企业取得安全生产许可证，应当具备下列安全生产条件：

（一）建立、健全安全生产责任制，制定完备的安全生产规章制度和操作规程；

（二）安全投入符合安全生产要求；

（三）设置安全生产管理机构，配备专职安全生产管理人员；

（四）主要负责人和安全生产管理人员经考核合格；

（五）特种作业人员经有关业务主管部门考核合格，取得特种作业操作资格证书；

（六）从业人员经安全生产教育和培训合格；

（七）依法参加工伤保险，为从业人员缴纳保险费；

（八）厂房、作业场所和安全设施、设备、工艺符合有关安全生产法律、法规、标准和规程的要求；

（九）有职业危害防治措施，并为从业人员配备符合国家标准或者行业标准的劳动防护用品；

（十）依法进行安全评价；

（十一）有重大危险源检测、评估、监控措施和应急预案；

（十二）有生产安全事故应急救援预案、应急救援组织或者应急救援人员，配备必要的应急救援器材、设备；

（十三）法律、法规规定的其他条件。

《使用有毒物品作业场所劳动保护条例》（2002年5月12日公布）

第十七条 用人单位应当依照职业病防治法的有关规定，采取有效的职业卫生防护管理措施，加强劳动过程中的防护与管理。

从事使用高毒物品作业的用人单位，应当配备专职的或者兼职的职业卫生医师和护士；不具备配备专职的或者兼职的职业卫生医师和护士条件的，应当与依法取得资质认证的职业卫生技术服务机构签订合同，由其提供职业卫生服务。

第十九条 用人单位有关管理人员应当熟悉有关职业病防治的法律、法规以及确保劳动者安全使用有毒物品作业的知识。

用人单位应当对劳动者进行上岗前的职业卫生培训和在岗期间的定期职业卫生培训，普及有关职业卫生知识，督促劳动者遵守有关法律、法规和操作规程，指导劳动者正确使用职业中毒危害防护设备和个人使用的职业中毒危害防护用品。

劳动者经培训考核合格，方可上岗作业。

第二十条 用人单位应当确保职业中毒危害防护设备、应急救援设施、通讯报警装置处于正常适用状态，不得擅自拆除或者停止运行。

用人单位应当对前款所列设施进行经常性的维护、检修，定期检测其性能和效果，确保其处于良好运行状态。

职业中毒危害防护设备、应急救援设施和通讯报警装置处于不正常状态时，用人单位应当立即停止使用有毒物品作业；恢复正常状态后，方可重新作业。

第二十一条 用人单位应当为从事使用有毒物品作业的劳动者提供符合国家职业卫生标准的防护用品，并确保劳动者正确使用。

第二十二条 有毒物品必须附具说明书，如实载明产品特性、主要成分、存在的职业中毒危害因素、可能产生的危害后果、安全使用注意事项、职业中毒危害防护以及应急救治措施等内容；没有说明书或者说明书不符合要求的，不得向用人单位销售。

用人单位有权向生产、经营有毒物品的单位索取说明书。

第二十三条 有毒物品的包装应当符合国家标准，并以易于劳动者理解的方式加贴或者拴挂有毒物品安全标签。有毒物品的包装必须有醒目的警示标识和中文警示说明。

经营、使用有毒物品的单位，不得经营、使用没有安全标签、警示标识和中文警示说明的有毒物品。

第二十四条 用人单位维护、检修存在高毒物品的生产装置，必须事先制订维护、检修方案，明确职业中毒危害防护措施，确保维护、检修人员的生命安全和身体健康。

维护、检修存在高毒物品的生产装置，必须严格按照维护、检修方案和操作规程进行。维护、检修现场应当有专人监护，并设置警示标志。

第二十五条 需要进入存在高毒物品的设备、容器或者狭窄封闭场所作业时，用人单位应当事先采取下列措施：

（一）保持作业场所良好的通风状态，确保作业场所职业中毒危害因素浓度符合国家职业卫生标准；

（二）为劳动者配备符合国家职业卫生标准的防护用品；

（三）设置现场监护人员和现场救援设备。

未采取前款规定措施或者采取的措施不符合要求的，用人单位不得安排劳动者进入存在高毒物品的设备、容器或者狭窄封闭场所作业。

第二十六条 用人单位应当按照国务院卫生行政部门的规定，定期对使用有毒物品作业场所职业中毒危害因素进行检测、评价。检测、评价结果存入用人单位职业卫生档案，定期向所在地卫生行政部门报告并向劳动者公布。

从事使用高毒物品作业的用人单位应当至少每一个月对高毒作业场所进行一次职业中毒危害因素检测；至少每半年进行一次职业中毒危害控制效果评价。

高毒作业场所职业中毒危害因素不符合国家职业卫生标准和卫生要求时，用人单位必须立即停止高毒作业，并采取相应的治理措施；经治理，职业中毒危害因素符合国家职业卫生标准和卫生要求的，方可重新作业。

第二十七条 从事使用高毒物品作业的用人单位应当设置淋浴间和更衣室，并设置清洗、存放或者处理从事使用高毒物品作业劳动者的工作服、工作鞋帽等物品的专用间。

劳动者结束作业时，其使用的工作服、工作鞋帽等物品必须存放在高毒作业区域内，不得穿戴到非高毒作业区域。

第二十八条　用人单位应当按照规定对从事使用高毒物品作业的劳动者进行岗位轮换。

用人单位应当为从事使用高毒物品作业的劳动者提供岗位津贴。

第二十九条　用人单位转产、停产、停业或者解散、破产的，应当采取有效措施，妥善处理留存或者残留有毒物品的设备、包装物和容器。

第三十条　用人单位应当对本单位执行本条例规定的情况进行经常性的监督检查；发现问题，应当及时依照本条例规定的要求进行处理。

第四章　职业健康监护

第三十一条　用人单位应当组织从事使用有毒物品作业的劳动者进行上岗前职业健康检查。

用人单位不得安排未经上岗前职业健康检查的劳动者从事使用有毒物品的作业，不得安排有职业禁忌的劳动者从事其所禁忌的作业。

第三十二条　用人单位应当对从事使用有毒物品作业的劳动者进行定期职业健康检查。

用人单位发现有职业禁忌或者有与所从事职业相关的健康损害的劳动者，应当将其及时调离原工作岗位，并妥善安置。

用人单位对需要复查和医学观察的劳动者，应当按照体检机构的要求安排其复查和医学观察。

第三十三条　用人单位应当对从事使用有毒物品作业的劳动者进行离岗时的职业健康检查；对离岗时未进行职业健康检查的劳动者，不得解除或者终止与其订立的劳动合同。

用人单位发生分立、合并、解散、破产等情形的，应当对从事使用有毒物品作业的劳动者进行健康检查，并按照国家有关规定妥善安置职业病病人。

第三十四条　用人单位对受到或者可能受到急性职业中毒危害的劳动者，应当及时组织进行健康检查和医学观察。

第三十五条　劳动者职业健康检查和医学观察的费用，由用人单位承担。

第三十六条　用人单位应当建立职业健康监护档案。

职业健康监护档案应当包括下列内容：

（一）劳动者的职业史和职业中毒危害接触史；

（二）相应作业场所职业中毒危害因素监测结果；

（三）职业健康检查结果及处理情况；

（四）职业病诊疗等劳动者健康资料。

第四十六条 劳动者应当学习和掌握相关职业卫生知识，遵守有关劳动保护的法律、法规和操作规程，正确使用和维护职业中毒危害防护设施及其用品；发现职业中毒事故隐患时，应当及时报告。

作业场所出现使用有毒物品产生的危险时，劳动者应当采取必要措施，按照规定正确使用防护设施，将危险加以消除或者减少到最低限度。

《中华人民共和国尘肺病防治条例》（1987年12月3日公布）

第十二条 职工使用的防止粉尘危害的防护用品，必须符合国家的有关标准。企业、事业单位应当建立严格的管理制度，并教育职工按规定和要求使用。

对初次从事粉尘作业的职工，由其所在单位进行防尘知识教育和考核，考试合格后方可从事粉尘作业。

不满十八周岁的未成年人，禁止从事粉尘作业。

【部门规章与规范性文件】

《劳动部关于〈劳动法〉若干条文的说明》（1994年9月5日公布）

本条中的“国家规定”主要指：《工厂安全卫生规程》《建筑安装工程安全技术规程》《工业企业设计卫生标准》及一些国家标准，如：《工业企业厂内运输安全规程》《生产过程安全卫生要求总则》等。

本条要求企业提供的劳动安全卫生条件，主要包括工作场所和生产设备。工作场所的光线应当充足，噪声、有毒有害气体和粉尘浓度不得超过国家规定的标准，建筑施工、易燃易爆和有毒有害等危险作业场所应当设置相应的防护设施、报警装置、通讯装置、安全标志等。对危险性大的生产设备设施，如锅炉、压力容器、起重机械、电梯、企业内机动车辆、客运架空索道等，必须经过安全评价认可，取得劳动部门颁发的安全使用许可证后，方可投入运行。企业提供的劳动防护用品，必须是经过政府劳动部门安全认证合格的劳动防护用品。

知识点

劳动安全卫生条件，主要包括工作场所和生产设备的劳动安全卫生条件。工作场所的光线应当充足，噪声、有毒有害气体和粉尘浓度不得超过国家规定的标准，建筑施工、易燃易爆和有毒有害等危险作业场所应当设置相应的防护设施、报警装置、通讯装置、安全标志等。对危险性大的生产设备设施，如锅炉、压力容器、起重机械、电梯、企业内机动车辆、客运架空索道等，必须经过安全评价认可，取得劳动部门颁发的安全使用许可证后，方可投入运行。

劳动防护用品是在生产过程中，由于作业环境条件异常而超过人体耐受力，防护装备缺乏或缺陷以及其他突然发生的原因，往往容易造成尘、毒、噪声、强磁、辐射、触电、静电感应、爆炸、烧烫、冻伤、淹溺、腐蚀、打击、坠落、绞碾和刺割等急慢性危害和工伤事故，严重的甚至危及生命，为保护劳动者的安全健康，而给劳动者个人所采取的防护用具。这不仅是必不可少的预防性辅助措施，而且也是一项不可缺少的生产设备。①

第五十五条　从事特种作业的劳动者必须经过专门培训并取得特种作业资格。

相关规定

【法律】

《中华人民共和国职业教育法》（2022年4月20日修订）

第二十四条　企业应当根据本单位实际，有计划地对本单位的职工和准备招用的人员实施职业教育，并可以设置专职或者兼职实施职业教育的岗位。

企业应当按照国家有关规定实行培训上岗制度。企业招用的从事技术工种的劳动者，上岗前必须进行安全生产教育和技术培训；招用的从事涉

① 回沪明、高圣平主编：《劳动法及配套规定新释新解（上）》，人民法院出版社2004年版。

及公共安全、人身健康、生命财产安全等特定职业（工种）的劳动者，必须经过培训并依法取得职业资格或者特种作业资格。

企业开展职业教育的情况应当纳入企业社会责任报告。

《中华人民共和国安全生产法》（2021 年 6 月 10 日修正）

第三十条 生产经营单位的特种作业人员必须按照国家有关规定经专门的安全作业培训，取得相应资格，方可上岗作业。

特种作业人员的范围由国务院应急管理部门会同国务院有关部门确定。

《中华人民共和国职业病防治法》（2018 年 12 月 29 日修正）

第三十四条 用人单位的主要负责人和职业卫生管理人员应当接受职业卫生培训，遵守职业病防治法律、法规，依法组织本单位的职业病防治工作。

用人单位应当对劳动者进行上岗前的职业卫生培训和在岗期间的定期职业卫生培训，普及职业卫生知识，督促劳动者遵守职业病防治法律、法规、规章和操作规程，指导劳动者正确使用职业病防护设备和个人使用的职业病防护用品。

劳动者应当学习和掌握相关的职业卫生知识，增强职业病防范意识，遵守职业病防治法律、法规、规章和操作规程，正确使用、维护职业病防护设备和个人使用的职业病防护用品，发现职业病危害事故隐患应当及时报告。

劳动者不履行前款规定义务的，用人单位应当对其进行教育。

《中华人民共和国矿山安全法》（2009 年 8 月 27 日修正）

第二十六条 矿山企业必须对职工进行安全教育、培训；未经安全教育、培训的，不得上岗作业。

矿山企业安全生产的特种作业人员必须接受专门培训，经考核合格取得操作资格证书的，方可上岗作业。

【行政法规与国务院规范性文件】

《安全生产许可证条例》（2014 年 7 月 29 日修订）

第六条 企业取得安全生产许可证，应当具备下列安全生产条件：

（一）建立、健全安全生产责任制，制定完备的安全生产规章制度和操作规程；

（二）安全投入符合安全生产要求；

（三）设置安全生产管理机构，配备专职安全生产管理人员；

（四）主要负责人和安全生产管理人员经考核合格；

（五）特种作业人员经有关业务主管部门考核合格，取得特种作业操作资格证书；

（六）从业人员经安全生产教育和培训合格；

（七）依法参加工伤保险，为从业人员缴纳保险费；

（八）厂房、作业场所和安全设施、设备、工艺符合有关安全生产法律、法规、标准和规程的要求；

（九）有职业危害防治措施，并为从业人员配备符合国家标准或者行业标准的劳动防护用品；

（十）依法进行安全评价；

（十一）有重大危险源检测、评估、监控措施和应急预案；

（十二）有生产安全事故应急救援预案、应急救援组织或者应急救援人员，配备必要的应急救援器材、设备；

（十三）法律、法规规定的其他条件。

《建设工程安全生产管理条例》（2003 年 11 月 24 日公布）

第二十五条　垂直运输机械作业人员、安装拆卸工、爆破作业人员、起重信号工、登高架设作业人员等特种作业人员，必须按照国家有关规定经过专门的安全作业培训，并取得特种作业操作资格证书后，方可上岗作业。

【部门规章与规范性文件】

《劳动部关于〈劳动法〉若干条文的说明》（1994 年 9 月 5 日公布）

本条中的“特种作业”指对操作者本人及他人和周围设施的安全有重大危害因素的作业。特种作业的范围有十类：（1）电工作业；（2）锅炉司炉；（3）压力容器操作；（4）起重机械作业；（5）爆破作业；（6）金属焊接（气割）作业；（7）煤矿井下瓦斯检验；（8）机动车辆驾驶；（9）机动船舶驾驶、轮机操作；（10）建筑登高架设作业。国家标准《特种作业人员安全技术考核管理规则》（GB5306-85）和劳动部颁发的《特种作业人员安全技术培训考核管理规定》（劳安字〔1991〕31 号），对特种作业的范围和特种作业人员条件、培训、考核、发证等都作了明确规定。

“特种作业资格”是指特种作业人员在独立上岗之前，必须进行安全技术培训，并经过安全技术理论考试和实际操作技能考核，考核成绩合格者由劳动部门和有关部门发给《特种作业人员操作证》，它是国家职业资格证书的一种。

《特种作业人员安全技术培训考核管理规定》（2015年5月29日修正）

第三条 本规定所称特种作业，是指容易发生事故，对操作者本人、他人的安全健康及设备、设施的安全可能造成重大危害的作业。特种作业的范围由特种作业目录规定。

本规定所称特种作业人员，是指直接从事特种作业的从业人员。

第四条 特种作业人员应当符合下列条件：

（一）年满18周岁，且不超过国家法定退休年龄；

（二）经社区或者县级以上医疗机构体检健康合格，并无妨碍从事相应特种作业的器质性心脏病、癫痫病、美尼尔氏症、眩晕症、癔病、震颤麻痹症、精神病、痴呆症以及其他疾病和生理缺陷；

（三）具有初中及以上文化程度；

（四）具备必要的安全技术知识与技能；

（五）相应特种作业规定的其他条件。

危险化学品特种作业人员除符合前款第一项、第二项、第四项和第五项规定的条件外，应当具备高中或者相当于高中及以上文化程度。

第五条 特种作业人员必须经专门的安全技术培训并考核合格，取得《中华人民共和国特种作业操作证》（以下简称特种作业操作证）后，方可上岗作业。

第六条 特种作业人员的安全技术培训、考核、发证、复审工作实行统一监管、分级实施、教考分离的原则。

第七条 国家安全生产监督管理总局（以下简称安全监管总局）指导、监督全国特种作业人员的安全技术培训、考核、发证、复审工作；省、自治区、直辖市人民政府安全生产监督管理部门指导、监督本行政区域特种作业人员的安全技术培训工作，负责本行政区域特种作业人员的考核、发证、复审工作；县级以上地方人民政府安全生产监督管理部门负责监督检查本行政区域特种作业人员的安全技术培训和持证上岗工作。

国家煤矿安全监察局（以下简称煤矿安监局）指导、监督全国煤矿特种作业人员（含煤矿矿井使用的特种设备作业人员）的安全技术培训、考核、发证、复审工作；省、自治区、直辖市人民政府负责煤矿特种作业人员考核发证工作的部门或者指定的机构指导、监督本行政区域煤矿特种作业人员的安全技术培训工作，负责本行政区域煤矿特种作业人员的考核、发证、复审工作。

省、自治区、直辖市人民政府安全生产监督管理部门和负责煤矿特种作业人员考核发证工作的部门或者指定的机构（以下统称考核发证机关）可以委托设区的市人民政府安全生产监督管理部门和负责煤矿特种作业人员考核发证工作的部门或者指定的机构实施特种作业人员的考核、发证、复审工作。

第九条 特种作业人员应当接受与其所从事的特种作业相应的安全技术理论培训和实际操作培训。

已经取得职业高中、技工学校及中专以上学历的毕业生从事与其所学专业相应的特种作业，持学历证明经考核发证机关同意，可以免予相关专业的培训。

跨省、自治区、直辖市从业的特种作业人员，可以在户籍所在地或者从业所在地参加培训。

第十条 对特种作业人员的安全技术培训，具备安全培训条件的生产经营单位应当以自主培训为主，也可以委托具备安全培训条件的机构进行培训。

不具备安全培训条件的生产经营单位，应当委托具备安全培训条件的机构进行培训。

生产经营单位委托其他机构进行特种作业人员安全技术培训的，保证安全技术培训的责任仍由本单位负责。

第十一条 从事特种作业人员安全技术培训的机构（以下统称培训机构），应当制定相应的培训计划、教学安排，并按照安全监管总局、煤矿安监局制定的特种作业人员培训大纲和煤矿特种作业人员培训大纲进行特种作业人员的安全技术培训。

第三章 考核发证

第十二条 特种作业人员的考核包括考试和审核两部分。考试由考核发证机关或其委托的单位负责；审核由考核发证机关负责。

安全监管总局、煤矿安监局分别制定特种作业人员、煤矿特种作业人员的考核标准，并建立相应的考试题库。

考核发证机关或其委托的单位应当按照安全监管总局、煤矿安监局统一制定的考核标准进行考核。

第十三条 参加特种作业操作资格考试的人员，应当填写考试申请表，由申请人或者申请人的用人单位持学历证明或者培训机构出具的培训证明向申请人户籍所在地或者从业所在地的考核发证机关或其委托的单位提出申请。

考核发证机关或其委托的单位收到申请后，应当在60日内组织考试。

特种作业操作资格考试包括安全技术理论考试和实际操作考试两部分。考试不及格的，允许补考1次。经补考仍不及格的，重新参加相应的安全技术培训。

第十四条 考核发证机关委托承担特种作业操作资格考试的单位应当具备相应的场所、设施、设备等条件，建立相应的管理制度，并公布收费标准等信息。

第十五条 考核发证机关或其委托承担特种作业操作资格考试的单位，应当在考试结束后10个工作日内公布考试成绩。

第十六条 符合本规定第四条规定并经考试合格的特种作业人员，应当向其户籍所在地或者从业所在地的考核发证机关申请办理特种作业操作证，并提交身份证复印件、学历证书复印件、体检证明、考试合格证明等材料。

第十七条 收到申请的考核发证机关应当在5个工作日内完成对特种作业人员所提交申请材料的审查，作出受理或者不予受理的决定。能够当场作出受理决定的，应当当场作出受理决定；申请材料不齐全或者不符合要求的，应当当场或者在5个工作日内一次告知申请人需要补正的全部内容，逾期不告知的，视为自收到申请材料之日起即已被受理。

第十八条 对已经受理的申请，考核发证机关应当在20个工作日内完成审核工作。符合条件的，颁发特种作业操作证；不符合条件的，应当说明理由。

第十九条 特种作业操作证有效期为6年，在全国范围内有效。

特种作业操作证由安全监管总局统一式样、标准及编号。

第二十条 特种作业操作证遗失的，应当向原考核发证机关提出书面申请，经原考核发证机关审查同意后，予以补发。

特种作业操作证所记载的信息发生变化或者损毁的，应当向原考核发证机关提出书面申请，经原考核发证机关审查确认后，予以更换或者更新。

第四章 复 审

第二十一条 特种作业操作证每3年复审1次。

特种作业人员在特种作业操作证有效期内，连续从事本工种 10 年以上，严格遵守有关安全生产法律法规的，经原考核发证机关或者从业所在地考核发证机关同意，特种作业操作证的复审时间可以延长至每 6 年 1 次。

第二十二条　特种作业操作证需要复审的，应当在期满前 60 日内，由申请人或者申请人的用人单位向原考核发证机关或者从业所在地考核发证机关提出申请，并提交下列材料：

（一）社区或者县级以上医疗机构出具的健康证明；

（二）从事特种作业的情况；

（三）安全培训考试合格记录。

特种作业操作证有效期届满需要延期换证的，应当按照前款的规定申请延期复审。

第二十三条　特种作业操作证申请复审或者延期复审前，特种作业人员应当参加必要的安全培训并考试合格。

安全培训时间不少于 8 个学时，主要培训法律、法规、标准、事故案例和有关新工艺、新技术、新装备等知识。

第二十四条　申请复审的，考核发证机关应当在收到申请之日起 20 个工作日内完成复审工作。复审合格的，由考核发证机关签章、登记，予以确认；不合格的，说明理由。

申请延期复审的，经复审合格后，由考核发证机关重新颁发特种作业操作证。

第二十五条　特种作业人员有下列情形之一的，复审或者延期复审不予通过：

（一）健康体检不合格的；

（二）违章操作造成严重后果或者有 2 次以上违章行为，并经查证确实的；

（三）有安全生产违法行为，并给予行政处罚的；

（四）拒绝、阻碍安全生产监管监察部门监督检查的；

（五）未按规定参加安全培训，或者考试不合格的；

（六）具有本规定第三十条、第三十一条规定情形的。

第二十六条　特种作业操作证复审或者延期复审符合本规定第二十五条第二项、第三项、第四项、第五项情形的，按照本规定经重新安全培训考试合格后，再办理复审或者延期复审手续。

再复审、延期复审仍不合格，或者未按期复审的，特种作业操作证失效。

第二十七条 申请人对复审或者延期复审有异议的，可以依法申请行政复议或者提起行政诉讼。

第五章 监督管理

第三十条 有下列情形之一的，考核发证机关应当撤销特种作业操作证：

（一）超过特种作业操作证有效期未延期复审的；

（二）特种作业人员的身体条件已不适合继续从事特种作业的；

（三）对发生生产安全事故负有责任的；

（四）特种作业操作证记载虚假信息的；

（五）以欺骗、贿赂等不正当手段取得特种作业操作证的。

特种作业人员违反前款第四项、第五项规定的，3 年内不得再次申请特种作业操作证。

第三十一条 有下列情形之一的，考核发证机关应当注销特种作业操作证：

（一）特种作业人员死亡的；

（二）特种作业人员提出注销申请的；

（三）特种作业操作证被依法撤销的。

第三十二条 离开特种作业岗位 6 个月以上的特种作业人员，应当重新进行实际操作考试，经确认合格后方可上岗作业。

第三十三条 省、自治区、直辖市人民政府安全生产监督管理部门和负责煤矿特种作业人员考核发证工作的部门或者指定的机构应当每年分别向安全监管总局、煤矿安监局报告特种作业人员的考核发证情况。

第三十四条 生产经营单位应当加强对本单位特种作业人员的管理，建立健全特种作业人员培训、复审档案，做好申报、培训、考核、复审的组织工作和日常的检查工作。

第三十五条 特种作业人员在劳动合同期满后变动工作单位的，原工作单位不得以任何理由扣押其特种作业操作证。

跨省、自治区、直辖市从业的特种作业人员应当接受从业所在地考核发证机关的监督管理。

知 识 点

特种作业，是指容易发生人员伤亡事故，对操作者本人、他人及周围设施的安全有重大危害的作业。根据现行有关规定，特种作业大致包括：(1) 电工作业；(2) 金属焊接切割作业；(3) 起重机械（含电梯）作业；(4) 企业内机动车辆驾驶；(5) 登高架设作业；(6) 锅炉作业（含水质化验）；(7) 压力容器操作；(8) 制冷作业；(9) 爆破作业；(10) 矿山通风作业（含瓦斯检验）；(11) 矿山排水作业（含尾矿坝作业）；(12) 国务院有关主管部门确定的其他特种作业。直接从事以上特种作业的人员，就是特种作业人员。

特种作业人员所从事的工作，在安全程度上与单位内的其他工作有较大差别。他们在工作中接触的危险因素较多，危险性较大，很容易发生生产安全事故，而一旦发生事故，不仅对作业人员本人，而且还会对他人和周围设施造成很大伤害。因此，对特种作业人员进行专门的培训教育，实行严格的管理，减少他们的失误，对防止和减少生产安全事故具有重要意义。所以，本条规定，特种作业人员必须按照国家有关规定经过专门的安全作业培训，取得特种作业操作资格证书，方可上岗作业；没有特种作业操作资格证书的，不得上岗从事特种作业。①

第五十六条　劳动者在劳动过程中必须严格遵守安全操作规程。

劳动者对用人单位管理人员违章指挥、强令冒险作业，有权拒绝执行；对危害生命安全和身体健康的行为，有权提出批评、检举和控告。

相 关 规 定

【法律】

《中华人民共和国工会法》（2021 年 12 月 24 日修正）

第二十五条　工会发现企业违章指挥、强令工人冒险作业，或者生产

① 回沪明、高圣平主编：《劳动法及配套规定新释新解（上）》，人民法院出版社 2004 年版。

过程中发现明显重大事故隐患和职业危害，有权提出解决的建议，企业应当及时研究答复；发现危及职工生命安全的情况时，工会有权向企业建议组织职工撤离危险现场，企业必须及时作出处理决定。

《中华人民共和国安全生产法》（2021 年 6 月 10 日修正）

第四条 生产经营单位必须遵守本法和其他有关安全生产的法律、法规，加强安全生产管理，建立健全全员安全生产责任制和安全生产规章制度，加大对安全生产资金、物资、技术、人员的投入保障力度，改善安全生产条件，加强安全生产标准化、信息化建设，构建安全风险分级管控和隐患排查治理双重预防机制，健全风险防范化解机制，提高安全生产水平，确保安全生产。

第六条 生产经营单位的从业人员有依法获得安全生产保障的权利，并应当依法履行安全生产方面的义务。

第七条 工会依法对安全生产工作进行监督。

生产经营单位的工会依法组织职工参加本单位安全生产工作的民主管理和民主监督，维护职工在安全生产方面的合法权益。生产经营单位制定或者修改有关安全生产的规章制度，应当听取工会的意见。

第二十八条 生产经营单位应当对从业人员进行安全生产教育和培训，保证从业人员具备必要的安全生产知识，熟悉有关的安全生产规章制度和安全操作规程，掌握本岗位的安全操作技能，了解事故应急处理措施，知悉自身在安全生产方面的权利和义务。未经安全生产教育和培训合格的从业人员，不得上岗作业。

生产经营单位使用被派遣劳动者的，应当将被派遣劳动者纳入本单位从业人员统一管理，对被派遣劳动者进行岗位安全操作规程和安全操作技能的教育和培训。劳务派遣单位应当对被派遣劳动者进行必要的安全生产教育和培训。

生产经营单位接收中等职业学校、高等学校学生实习的，应当对实习学生进行相应的安全生产教育和培训，提供必要的劳动防护用品。学校应当协助生产经营单位对实习学生进行安全生产教育和培训。

生产经营单位应当建立安全生产教育和培训档案，如实记录安全生产教育和培训的时间、内容、参加人员以及考核结果等情况。

第五十二条 生产经营单位与从业人员订立的劳动合同，应当载明有关保障从业人员劳动安全、防止职业危害的事项，以及依法为从业人员办理工伤保险的事项。

生产经营单位不得以任何形式与从业人员订立协议，免除或者减轻其对从业人员因生产安全事故伤亡依法应承担的责任。

第五十三条　生产经营单位的从业人员有权了解其作业场所和工作岗位存在的危险因素、防范措施及事故应急措施，有权对本单位的安全生产工作提出建议。

第五十四条　从业人员有权对本单位安全生产工作中存在的问题提出批评、检举、控告；有权拒绝违章指挥和强令冒险作业。

生产经营单位不得因从业人员对本单位安全生产工作提出批评、检举、控告或者拒绝违章指挥、强令冒险作业而降低其工资、福利等待遇或者解除与其订立的劳动合同。

第五十五条　从业人员发现直接危及人身安全的紧急情况时，有权停止作业或者在采取可能的应急措施后撤离作业场所。

生产经营单位不得因从业人员在前款紧急情况下停止作业或者采取紧急撤离措施而降低其工资、福利等待遇或者解除与其订立的劳动合同。

第五十六条　生产经营单位发生生产安全事故后，应当及时采取措施救治有关人员。

因生产安全事故受到损害的从业人员，除依法享有工伤保险外，依照有关民事法律尚有获得赔偿的权利的，有权提出赔偿要求。

第五十七条　从业人员在作业过程中，应当严格落实岗位安全责任，遵守本单位的安全生产规章制度和操作规程，服从管理，正确佩戴和使用劳动防护用品。

第五十八条　从业人员应当接受安全生产教育和培训，掌握本职工作所需的安全生产知识，提高安全生产技能，增强事故预防和应急处理能力。

第五十九条　从业人员发现事故隐患或者其他不安全因素，应当立即向现场安全生产管理人员或者本单位负责人报告；接到报告的人员应当及时予以处理。

第六十条　工会有权对建设项目的安全设施与主体工程同时设计、同时施工、同时投入生产和使用进行监督，提出意见。

工会对生产经营单位违反安全生产法律、法规，侵犯从业人员合法权益的行为，有权要求纠正；发现生产经营单位违章指挥、强令冒险作业或者发现事故隐患时，有权提出解决的建议，生产经营单位应当及时研究答复；发现危及从业人员生命安全的情况时，有权向生产经营单位建议组织从业人员撤离危险场所，生产经营单位必须立即作出处理。

工会有权依法参加事故调查，向有关部门提出处理意见，并要求追究有关人员的责任。

第六十一条 生产经营单位使用被派遣劳动者的，被派遣劳动者享有本法规定的从业人员的权利，并应当履行本法规定的从业人员的义务。

《中华人民共和国职业病防治法》（2018 年 12 月 29 日修正）

第四条 劳动者依法享有职业卫生保护的权利。

用人单位应当为劳动者创造符合国家职业卫生标准和卫生要求的工作环境和条件，并采取措施保障劳动者获得职业卫生保护。

工会组织依法对职业病防治工作进行监督，维护劳动者的合法权益。用人单位制定或者修改有关职业病防治的规章制度，应当听取工会组织的意见。

第三十八条 用人单位不得安排未成年工从事接触职业病危害的作业；不得安排孕期、哺乳期的女职工从事对本人和胎儿、婴儿有危害的作业。

第三十九条 劳动者享有下列职业卫生保护权利：

（一）获得职业卫生教育、培训；

（二）获得职业健康检查、职业病诊疗、康复等职业病防治服务；

（三）了解工作场所产生或者可能产生的职业病危害因素、危害后果和应当采取的职业病防护措施；

（四）要求用人单位提供符合防治职业病要求的职业病防护设施和个人使用的职业病防护用品，改善工作条件；

（五）对违反职业病防治法律、法规以及危及生命健康的行为提出批评、检举和控告；

（六）拒绝违章指挥和强令进行没有职业病防护措施的作业；

（七）参与用人单位职业卫生工作的民主管理，对职业病防治工作提出意见和建议。

用人单位应当保障劳动者行使前款所列权利。因劳动者依法行使正当权利而降低其工资、福利等待遇或者解除、终止与其订立的劳动合同的，其行为无效。

第四十条 工会组织应当督促并协助用人单位开展职业卫生宣传教育和培训，有权对用人单位的职业病防治工作提出意见和建议，依法代表劳动者与用人单位签订劳动安全卫生专项集体合同，与用人单位就劳动者反映的有关职业病防治的问题进行协调并督促解决。

工会组织对用人单位违反职业病防治法律、法规，侵犯劳动者合法权益的行为，有权要求纠正；产生严重职业病危害时，有权要求采取防护措施，或者向政府有关部门建议采取强制性措施；发生职业病危害事故时，有权参与事故调查处理；发现危及劳动者生命健康的情形时，有权向用人单位建议组织劳动者撤离危险现场，用人单位应当立即作出处理。

《中华人民共和国劳动合同法》（2012年12月28日修正）

第三十二条　劳动者拒绝用人单位管理人员违章指挥、强令冒险作业的，不视为违反劳动合同。

劳动者对危害生命安全和身体健康的劳动条件，有权对用人单位提出批评、检举和控告。

《中华人民共和国矿山安全法》（2009年8月27日修正）

第二十二条　矿山企业职工必须遵守有关矿山安全的法律、法规和企业规章制度。

矿山企业职工有权对危害安全的行为，提出批评、检举和控告。

第二十三条　矿山企业工会依法维护职工生产安全的合法权益，组织职工对矿山安全工作进行监督。

第二十四条　矿山企业违反有关安全的法律、法规，工会有权要求企业行政方面或者有关部门认真处理。

矿山企业召开讨论有关安全生产的会议，应当有工会代表参加，工会有权提出意见和建议。

第二十五条　矿山企业工会发现企业行政方面违章指挥、强令工人冒险作业或者生产过程中发现明显重大事故隐患和职业危害，有权提出解决的建议；发现危及职工生命安全的情况时，有权向矿山企业行政方面建议组织职工撤离危险现场，矿山企业行政方面必须及时作出处理决定。

【行政法规与国务院规范性文件】

《使用有毒物品作业场所劳动保护条例》（2002年5月12日公布）

第八条　工会组织应当督促并协助用人单位开展职业卫生宣传教育和培训，对用人单位的职业卫生工作提出意见和建议，与用人单位就劳动者反映的职业病防治问题进行协调并督促解决。

工会组织对用人单位违反法律、法规，侵犯劳动者合法权益的行为，有权要求纠正；产生严重职业中毒危害时，有权要求用人单位采取防护措施，或者向政府有关部门建议采取强制性措施；发生职业中毒事故时，有权参与事故调查处理；发现危及劳动者生命、健康的情形时，有权建议用人单位组织劳动者撤离危险现场，用人单位应当立即作出处理。

第三十七条 从事使用有毒物品作业的劳动者在存在威胁生命安全或者身体健康危险的情况下，有权通知用人单位并从使用有毒物品造成的危险现场撤离。

用人单位不得因劳动者依据前款规定行使权利，而取消或者减少劳动者在正常工作时享有的工资、福利待遇。

第三十八条 劳动者享有下列职业卫生保护权利：

（一）获得职业卫生教育、培训；

（二）获得职业健康检查、职业病诊疗、康复等职业病防治服务；

（三）了解工作场所产生或者可能产生的职业中毒危害因素、危害后果和应当采取的职业中毒危害防护措施；

（四）要求用人单位提供符合防治职业病要求的职业中毒危害防护设施和个人使用的职业中毒危害防护用品，改善工作条件；

（五）对违反职业病防治法律、法规，危及生命、健康的行为提出批评、检举和控告；

（六）拒绝违章指挥和强令进行没有职业中毒危害防护措施的作业；

（七）参与用人单位职业卫生工作的民主管理，对职业病防治工作提出意见和建议。

用人单位应当保障劳动者行使前款所列权利。禁止因劳动者依法行使正当权利而降低其工资、福利等待遇或者解除、终止与其订立的劳动合同。

第三十九条 劳动者有权在正式上岗前从用人单位获得下列资料：

（一）作业场所使用的有毒物品的特性、有害成分、预防措施、教育和培训资料；

（二）有毒物品的标签、标识及有关资料；

（三）有毒物品安全使用说明书；

（四）可能影响安全使用有毒物品的其他有关资料。

第四十条 劳动者有权查阅、复印其本人职业健康监护档案。

劳动者离开用人单位时，有权索取本人健康监护档案复印件；用人单位应当如实、无偿提供，并在所提供的复印件上签章。

❑ **《中华人民共和国尘肺病防治条例》**（1987 年 12 月 3 日公布）

第十四条　作业场所的粉尘浓度超过国家卫生标准，又未积极治理，严重影响职工安全健康时，职工有权拒绝操作。

知识点

一、劳动者对用人单位的劳动安全卫生法规的执行情况有监督的权利

其目的是实现劳动安全卫生法规的主旨，即保护劳动者的合法权益。这种监督是一种合法的监督形式，是劳动法制的重要环节，它有利于增强用人单位的法制观念，尤其是其用工观念；有利于维护劳动力市场秩序和劳动秩序，有利于避免或减少违反劳动安全卫生法规现象的发生。

二、劳动者对用人单位管理人员违章指挥强令冒险作业，有拒绝执行的权利；对危害生命安全和健康的行为，有权提出批评、检举和控告

劳动者是劳动过程中的主要参加者，与劳动过程有着直接联系，而用人单位管理人员违章指挥，强令冒险作业常危及劳动者安全和健康，故劳动者有权拒绝。劳动者是国家的主人，是财富的创造者也是承受者，因此，对危害生命安全和身体健康的行为，有批评、检举和控告的权利，对劳动者造成经济上、精神上、生活上的损失由违法者给予补偿的权利。

三、劳动者有要求对其进行劳动安全卫生教育的权利

劳动者在劳动过程中，经常会遇到一些对身体有害和有危险的物体，而这些不利因素就要求劳动者避免和减少与这些有害物的接触，减少不必要的人身安全损害，这就要求对其进行劳动安全教育，如安全技术常识、安全技术法制观念及特殊工人的岗前培训等。根据《劳动法》第五十二条规定，用人单位对劳动者进行劳动安全卫生教育，防止劳动过程中的事故，减少职业危害，进行安全卫生教育是用人单位为对劳动者所尽的义务，而对劳动者本身则是一项权利。

四、劳动者在劳动过程中有遵守操作规程的义务

操作规程是经前人或科学地总结出的一套安全、迅速的工作程序，只有安全地遵守，才会减少有害物对劳动者安全健康的影响，从而减少事故的发生，避免不必要的经济损失和身心损害，因之《劳动法》于本条对此予以明定。①

第五十七条 国家建立伤亡事故和职业病统计报告和处理制度。县级以上各级人民政府劳动行政部门、有关部门和用人单位应当依法对劳动者在劳动过程中发生的伤亡事故和劳动者的职业病状况，进行统计、报告和处理。

相关规定

【法律】

《中华人民共和国工会法》（2021年12月24日修正）

第二十七条 职工因工伤亡事故和其他严重危害职工健康问题的调查处理，必须有工会参加。工会应当向有关部门提出处理意见，并有权要求追究直接负责的主管人员和有关责任人员的责任。对工会提出的意见，应当及时研究，给予答复。

《中华人民共和国安全生产法》（2021年6月10日修正）

第六十二条 县级以上地方各级人民政府应当根据本行政区域内的安全生产状况，组织有关部门按照职责分工，对本行政区域内容易发生重大生产安全事故的生产经营单位进行严格检查。

应急管理部门应当按照分类分级监督管理的要求，制定安全生产年度监督检查计划，并按照年度监督检查计划进行监督检查，发现事故隐患，应当及时处理。

第七十九条 国家加强生产安全事故应急能力建设，在重点行业、领域建立应急救援基地和应急救援队伍，并由国家安全生产应急救援机构统一协调指挥；鼓励生产经营单位和其他社会力量建立应急救援队伍，配备相应的应急救援装备和物资，提高应急救援的专业化水平。

国务院应急管理部门牵头建立全国统一的生产安全事故应急救援信息

---

① 回沪明、高圣平主编：《劳动法及配套规定新释新解（上）》，人民法院出版社2004年版。

系统，国务院交通运输、住房和城乡建设、水利、民航等有关部门和县级以上地方人民政府建立健全相关行业、领域、地区的生产安全事故应急救援信息系统，实现互联互通、信息共享，通过推行网上安全信息采集、安全监管和监测预警，提升监管的精准化、智能化水平。

第八十条　县级以上地方各级人民政府应当组织有关部门制定本行政区域内生产安全事故应急救援预案，建立应急救援体系。

乡镇人民政府和街道办事处，以及开发区、工业园区、港区、风景区等应当制定相应的生产安全事故应急救援预案，协助人民政府有关部门或者按照授权依法履行生产安全事故应急救援工作职责。

第八十一条　生产经营单位应当制定本单位生产安全事故应急救援预案，与所在地县级以上地方人民政府组织制定的生产安全事故应急救援预案相衔接，并定期组织演练。

第八十二条　危险物品的生产、经营、储存单位以及矿山、金属冶炼、城市轨道交通运营、建筑施工单位应当建立应急救援组织；生产经营规模较小的，可以不建立应急救援组织，但应当指定兼职的应急救援人员。

危险物品的生产、经营、储存、运输单位以及矿山、金属冶炼、城市轨道交通运营、建筑施工单位应当配备必要的应急救援器材、设备和物资，并进行经常性维护、保养，保证正常运转。

第八十三条　生产经营单位发生生产安全事故后，事故现场有关人员应当立即报告本单位负责人。

单位负责人接到事故报告后，应当迅速采取有效措施，组织抢救，防止事故扩大，减少人员伤亡和财产损失，并按照国家有关规定立即如实报告当地负有安全生产监督管理职责的部门，不得隐瞒不报、谎报或者迟报，不得故意破坏事故现场、毁灭有关证据。

第八十四条　负有安全生产监督管理职责的部门接到事故报告后，应当立即按照国家有关规定上报事故情况。负有安全生产监督管理职责的部门和有关地方人民政府对事故情况不得隐瞒不报、谎报或者迟报。

第八十五条　有关地方人民政府和负有安全生产监督管理职责的部门的负责人接到生产安全事故报告后，应当按照生产安全事故应急救援预案的要求立即赶到事故现场，组织事故抢救。

参与事故抢救的部门和单位应当服从统一指挥，加强协同联动，采取有效的应急救援措施，并根据事故救援的需要采取警戒、疏散等措施，防止事故扩大和次生灾害的发生，减少人员伤亡和财产损失。

事故抢救过程中应当采取必要措施，避免或者减少对环境造成的危害。

任何单位和个人都应当支持、配合事故抢救，并提供一切便利条件。

第八十六条 事故调查处理应当按照科学严谨、依法依规、实事求是、注重实效的原则，及时、准确地查清事故原因，查明事故性质和责任，评估应急处置工作，总结事故教训，提出整改措施，并对事故责任单位和人员提出处理建议。事故调查报告应当依法及时向社会公布。事故调查和处理的具体办法由国务院制定。

事故发生单位应当及时全面落实整改措施，负有安全生产监督管理职责的部门应当加强监督检查。

负责事故调查处理的国务院有关部门和地方人民政府应当在批复事故调查报告后一年内，组织有关部门对事故整改和防范措施落实情况进行评估，并及时向社会公开评估结果；对不履行职责导致事故整改和防范措施没有落实的有关单位和人员，应当按照有关规定追究责任。

第八十七条 生产经营单位发生生产安全事故，经调查确定为责任事故的，除了应当查明事故单位的责任并依法予以追究外，还应当查明对安全生产的有关事项负有审查批准和监督职责的行政部门的责任，对有失职、渎职行为的，依照本法第九十条的规定追究法律责任。

第八十八条 任何单位和个人不得阻挠和干涉对事故的依法调查处理。

第八十九条 县级以上地方各级人民政府应急管理部门应当定期统计分析本行政区域内发生生产安全事故的情况，并定期向社会公布。

《中华人民共和国建筑法》（2019年4月23日修正）

第四十四条 建筑施工企业必须依法加强对建筑安全生产的管理，执行安全生产责任制度，采取有效措施，防止伤亡和其他安全生产事故的发生。

建筑施工企业的法定代表人对本企业的安全生产负责。

第五十一条 施工中发生事故时，建筑施工企业应当采取紧急措施减少人员伤亡和事故损失，并按照国家有关规定及时向有关部门报告。

第七十一条 建筑施工企业违反本法规定，对建筑安全事故隐患不采取措施予以消除的，责令改正，可以处以罚款；情节严重的，责令停业整顿，降低资质等级或者吊销资质证书；构成犯罪的，依法追究刑事责任。

建筑施工企业的管理人员违章指挥、强令职工冒险作业，因而发生重大伤亡事故或者造成其他严重后果的，依法追究刑事责任。

◎《中华人民共和国职业病防治法》（2018 年 12 月 29 日修正）

第三十七条　发生或者可能发生急性职业病危害事故时，用人单位应当立即采取应急救援和控制措施，并及时报告所在地卫生行政部门和有关部门。卫生行政部门接到报告后，应当及时会同有关部门组织调查处理；必要时，可以采取临时控制措施。卫生行政部门应当组织做好医疗救治工作。

对遭受或者可能遭受急性职业病危害的劳动者，用人单位应当及时组织救治、进行健康检查和医学观察，所需费用由用人单位承担。

◎《中华人民共和国乡镇企业法》（1996 年 10 月 29 日公布）

第三十七条　乡镇企业必须遵守有关劳动保护、劳动安全的法律、法规，认真贯彻执行安全第一、预防为主的方针，采取有效的劳动卫生技术措施和管理措施，防止生产伤亡事故和职业病的发生；对危害职工安全的事故隐患，应当限期解决或者停产整顿。严禁管理者违章指挥，强令职工冒险作业。发生生产伤亡事故，应当采取积极抢救措施，依法妥善处理，并向有关部门报告。

【行政法规与国务院规范性文件】

◎《生产安全事故报告和调查处理条例》（2007 年 4 月 9 日公布）

第二条　生产经营活动中发生的造成人身伤亡或者直接经济损失的生产安全事故的报告和调查处理，适用本条例；环境污染事故、核设施事故、国防科研生产事故的报告和调查处理不适用本条例。

第四条　事故报告应当及时、准确、完整，任何单位和个人对事故不得迟报、漏报、谎报或者瞒报。

事故调查处理应当坚持实事求是、尊重科学的原则，及时、准确地查清事故经过、事故原因和事故损失，查明事故性质，认定事故责任，总结事故教训，提出整改措施，并对事故责任者依法追究责任。

第九条事故发生后，事故现场有关人员应当立即向本单位负责人报告；单位负责人接到报告后，应当于 1 小时内向事故发生地县级以上人民政府安全生产监督管理部门和负有安全生产监督管理职责的有关部门报告。

情况紧急时，事故现场有关人员可以直接向事故发生地县级以上人民政府安全生产监督管理部门和负有安全生产监督管理职责的有关部门报告。

第十条　安全生产监督管理部门和负有安全生产监督管理职责的有关

部门接到事故报告后，应当依照下列规定上报事故情况，并通知公安机关、劳动保障行政部门、工会和人民检察院：

（一）特别重大事故、重大事故逐级上报至国务院安全生产监督管理部门和负有安全生产监督管理职责的有关部门；

（二）较大事故逐级上报至省、自治区、直辖市人民政府安全生产监督管理部门和负有安全生产监督管理职责的有关部门；

（三）一般事故上报至设区的市级人民政府安全生产监督管理部门和负有安全生产监督管理职责的有关部门。

安全生产监督管理部门和负有安全生产监督管理职责的有关部门依照前款规定上报事故情况，应当同时报告本级人民政府。国务院安全生产监督管理部门和负有安全生产监督管理职责的有关部门以及省级人民政府接到发生特别重大事故、重大事故的报告后，应当立即报告国务院。

必要时，安全生产监督管理部门和负有安全生产监督管理职责的有关部门可以越级上报事故情况。

第十一条 安全生产监督管理部门和负有安全生产监督管理职责的有关部门逐级上报事故情况，每级上报的时间不得超过2小时。

第十二条 报告事故应当包括下列内容：

（一）事故发生单位概况；

（二）事故发生的时间、地点以及事故现场情况；

（三）事故的简要经过；

（四）事故已经造成或者可能造成的伤亡人数（包括下落不明的人数）和初步估计的直接经济损失；

（五）已经采取的措施；

（六）其他应当报告的情况。

第十三条 事故报告后出现新情况的，应当及时补报。

自事故发生之日起30日内，事故造成的伤亡人数发生变化的，应当及时补报。道路交通事故、火灾事故自发生之日起7日内，事故造成的伤亡人数发生变化的，应当及时补报。

第十四条 事故发生单位负责人接到事故报告后，应当立即启动事故相应应急预案，或者采取有效措施，组织抢救，防止事故扩大，减少人员伤亡和财产损失。

第三十二条 重大事故、较大事故、一般事故，负责事故调查的人民政府应当自收到事故调查报告之日起15日内做出批复；特别重大事故，30日内做出批复，特殊情况下，批复时间可以适当延长，但延长的时间最长不超过30日。

有关机关应当按照人民政府的批复，依照法律、行政法规规定的权限和程序，对事故发生单位和有关人员进行行政处罚，对负有事故责任的国家工作人员进行处分。

事故发生单位应当按照负责事故调查的人民政府的批复，对本单位负有事故责任的人员进行处理。

负有事故责任的人员涉嫌犯罪的，依法追究刑事责任。

第三十三条 事故发生单位应当认真吸取事故教训，落实防范和整改措施，防止事故再次发生。防范和整改措施的落实情况应当接受工会和职工的监督。

安全生产监督管理部门和负有安全生产监督管理职责的有关部门应当对事故发生单位落实防范和整改措施的情况进行监督检查。

第三十四条 事故处理的情况由负责事故调查的人民政府或者其授权的有关部门、机构向社会公布，依法应当保密的除外。

【部门规章与规范性文件】

《劳动部关于〈劳动法〉若干条文的说明》（1994年9月5日公布）

本条中的“依法”，主要指《矿山安全法》、《企业职工伤亡事故报告和处理规定》、《特别重大事故调查程序暂行规定》，以及劳动部发布的《企业职工伤亡事故报告和处理规定的有关问题的解释》、《特别重大事故调查程序暂行规定有关条文的解释》、《企业职工伤亡事故统计报表制度》、《职业病报告办法》等。

《企业职工伤亡事故报告统计问题解答》（1993年9月17日公布）

1. 什么是企业职工伤亡事故？

答：是指职工在劳动过程中发生的人身伤害、急性中毒事故。即职工在本岗位劳动，或虽不在本岗位劳动，但由于企业的设备和设施不安全、劳动条件和作业环境不良、管理不善，以及企业领导指派到企业外从事本企业活动，所发生的人身伤害（即轻伤、重伤、死亡）和急性中毒事故。

2. 什么是轻伤及轻伤事故？

答：轻伤是指造成职工肢体伤残，或某些器官功能性或器质性轻度损伤，表现为劳动能力轻度或暂时丧失的伤害。一般指受伤职工歇工在一个工作日以上，但够不上重伤者。

轻伤事故是指一次事故中只发生轻伤的事故。

3. 什么是重伤及重伤事故？

答：重伤是指造成职工肢体残缺或视觉、听觉等器官受到严重损伤，一般能引起人体长期存在功能障碍，或劳动能力有重大损失的伤害。

重伤事故是指一次事故中发生重伤（包括伴有轻伤）、无死亡的事故。

4. 什么是死亡事故和重大死亡事故？

答：死亡事故是指一次事故中死亡职工1—2人的事故。重大死亡事故是指一次事故中死亡3人以上（含3人）的事故。

5. 什么是急性中毒故事？

答：急性中毒是指生产性毒物一次或短期内通过人的呼吸道、皮肤或消化道大量进入体内，使人体在短时间内发生病变，导致职工立即中断工作，并须进行急救或死亡的事故。

急性中毒的特点是发病快，一般不超过一个工作日，有的毒物因毒性有一定的潜伏期，可在下班后数小时发病。

27. 企业发生轻伤事故应如何报告统计？

答：企业发生轻伤事故后，应由负伤者或事故现场有关人员将事故发生的时间、地点、经过、原因等，立即报告车间主任（工段长），由车间主任（工段长）在当日（或当班）下班前报告企业负责人和厂安技部门。

单纯的轻伤事故暂不填报《企业职工伤亡事故月（年）报表》。

《矿山企业因工伤亡事故统计报告办法》（1990年3月23日公布）

第三条 企业发生下列伤亡事故必须按本办法统计报告：

（一）职工（包括固定工、合同工、协议工、农民轮换工、临时工、计划外用工等，下同）在生产区域从事生产（工作）时所发生的人身伤亡事故和急性中毒、窒息事故；

（二）在工作时间、生产区域，职工虽不是正在从事生产或工作，但由于企业的设备、设施、劳动条件、工作环境不良所造成的伤亡事故；

（三）职工从入井至升井期间因误入盲巷而发生的中毒、窒息事故；

（四）矿山企业的尾矿坝（库）由于质量和管理原因发生溃决，致使职工和其他人员伤亡的事故；

（五）在矿山企业实习或勤工俭学的学生，在生产区域从事生产或工作时发生的伤亡事故；

（六）到矿山企业的生产区域参观、检查工作、进行科研和其他公务活动的非矿山企业人员，由于企业的设备、设施、工作环境不良所发生的伤亡事故；

（七）矿山企业的炸药库发生爆炸，致使职工和企业以外人员伤亡的事故；

（八）矿山企业发生灾害或险情时，本企业职工（救护队）和外来救护队在抢险救灾时发生的伤亡事故；

（九）其他与矿山采掘生产有直接关系的伤亡事故。

第四条　下列事故不列入矿山事故统计范围：

（一）工厂企业附属的非独立核算的矿山发生的伤亡事故；

（二）矿山企业以外人员非法入矿偷采矿石或盗窃物资时发生的伤亡事故；

（三）农民在矿山排土场、矸石山和废旧坑道内自行捡矿发生的伤亡事故。

第五条　矿山伤亡事故按企业职工伤亡和非企业职工伤亡分表内表外统计。企业职工伤亡作为表内统计；本办法第三条第五、六款所指事故和第四、七、八款所指事故中伤亡的企业以外人员作为表外统计。

第六条　矿山伤亡事故按全民所有制企业、集体所有制企业、个体企业和其他所有制企业进行分类统计。

知识点

职业病的统计报告制度是在劳动过程中，对职业病的病因、发生率、处理及防治所作的统计，并向上级国家机关报告的制度。

本条建立职业病统计报告和处理制度。县级以上各级人民政府劳动行政部门、有关部门和用人单位应当依法对劳动者在劳动过程中发生的伤亡事故和劳动者的职业病状况，进行统计、报告和处理。这条规定提出了职业病统计报告处理所遵循的程序。这项制度是我国劳动保护方面的一项重要制度，制定的目的在于及时了解职业病的发生情况，研究分析找出发病原因，并采取有关预防措施，同时通过对职业病治疗方面的统计，可找出一些好的治疗方案，更好地解决职业病病人痛苦。这项制度的建立，还总结和吸取了劳动保护、安全生产的经验教训，为改善劳动条件，减少职业病危害提供依据，进一步提高用人单位和劳动者的劳动保护意识和安全生产的责任感。

伤亡事故的报告处理制度是我国劳动安全卫生工作的一项基本制度。这项制度的内容包括事故的报告、事故的统计、事故的调查和事故的处理。实行这项制度的目的是及时掌握职工在生产过程中的伤亡事故情况，研究事故发生的规律，总结经验教训，采取积极的措施，防止事故的重复发生。伤亡事故的报告、统计、调查和处理必须坚持实事求是、尊重科学的原则。①

---

① 回沪明、高圣平主编：《劳动法及配套规定新释新解（上）》，人民法院出版社2004年版。

第七章　女职工和未成年工特殊保护

第五十八条　国家对女职工和未成年工实行特殊劳动保护。

未成年工是指年满十六周岁未满十八周岁的劳动者。

相关规定

【法律】

《中华人民共和国妇女权益保障法》（2022年10月30日修订）

第四十条　国家机关、社会团体和企业事业单位应当执行国家有关规定，保障妇女从事科学、技术、文学、艺术和其他文化活动，享有与男子平等的权利。

第四十一条　国家保障妇女享有与男子平等的劳动权利和社会保障权利。

第四十二条　各级人民政府和有关部门应当完善就业保障政策措施，防止和纠正就业性别歧视，为妇女创造公平的就业创业环境，为就业困难的妇女提供必要的扶持和援助。

第四十三条　用人单位在招录（聘）过程中，除国家另有规定外，不得实施下列行为：

（一）限定为男性或者规定男性优先；

（二）除个人基本信息外，进一步询问或者调查女性求职者的婚育情况；

（三）将妊娠测试作为入职体检项目；

（四）将限制结婚、生育或者婚姻、生育状况作为录（聘）用条件；

（五）其他以性别为由拒绝录（聘）用妇女或者差别化地提高对妇女录（聘）用标准的行为。

第四十四条 用人单位在录（聘）用女职工时，应当依法与其签订劳动（聘用）合同或者服务协议，劳动（聘用）合同或者服务协议中应当具备女职工特殊保护条款，并不得规定限制女职工结婚、生育等内容。

职工一方与用人单位订立的集体合同中应当包含男女平等和女职工权益保护相关内容，也可以就相关内容制定专章、附件或者单独订立女职工权益保护专项集体合同。

第四十五条 实行男女同工同酬。妇女在享受福利待遇方面享有与男子平等的权利。

第四十六条 在晋职、晋级、评聘专业技术职称和职务、培训等方面，应当坚持男女平等的原则，不得歧视妇女。

第四十七条 用人单位应当根据妇女的特点，依法保护妇女在工作和劳动时的安全、健康以及休息的权利。

妇女在经期、孕期、产期、哺乳期受特殊保护。

第四十八条 用人单位不得因结婚、怀孕、产假、哺乳等情形，降低女职工的工资和福利待遇，限制女职工晋职、晋级、评聘专业技术职称和职务，辞退女职工，单方解除劳动（聘用）合同或者服务协议。

女职工在怀孕以及依法享受产假期间，劳动（聘用）合同或者服务协议期满的，劳动（聘用）合同或者服务协议期限自动延续至产假结束。但是，用人单位依法解除、终止劳动（聘用）合同、服务协议，或者女职工依法要求解除、终止劳动（聘用）合同、服务协议的除外。

用人单位在执行国家退休制度时，不得以性别为由歧视妇女。

第四十九条 人力资源和社会保障部门应当将招聘、录取、晋职、晋级、评聘专业技术职称和职务、培训、辞退等过程中的性别歧视行为纳入劳动保障监察范围。

第五十条 国家发展社会保障事业，保障妇女享有社会保险、社会救助和社会福利等权益。

国家提倡和鼓励为帮助妇女而开展的社会公益活动。

第五十一条 国家实行生育保险制度，建立健全婴幼儿托育服务等与生育相关的其他保障制度。

国家建立健全职工生育休假制度，保障孕产期女职工依法享有休息休假权益。

地方各级人民政府和有关部门应当按照国家有关规定，为符合条件的困难妇女提供必要的生育救助。

《中华人民共和国未成年人保护法》（2020 年 10 月 17 日修订）

第五十二条　各级人民政府和有关部门应当采取必要措施，加强贫困妇女、老龄妇女、残疾妇女等困难妇女的权益保障，按照有关规定为其提供生活帮扶、就业创业支持等关爱服务。

第六十一条　任何组织或者个人不得招用未满十六周岁未成年人，国家另有规定的除外。

营业性娱乐场所、酒吧、互联网上网服务营业场所等不适宜未成年人活动的场所不得招用已满十六周岁的未成年人。

招用已满十六周岁未成年人的单位和个人应当执行国家在工种、劳动时间、劳动强度和保护措施等方面的规定，不得安排其从事过重、有毒、有害等危害未成年人身心健康的劳动或者危险作业。

任何组织或者个人不得组织未成年人进行危害其身心健康的表演等活动。经未成年人的父母或者其他监护人同意，未成年人参与演出、节目制作等活动，活动组织方应当根据国家有关规定，保障未成年人合法权益。

【行政法规与国务院规范性文件】

《女职工劳动保护特别规定》（2012 年 4 月 28 日公布）

第一条　为了减少和解决女职工在劳动中因生理特点造成的特殊困难，保护女职工健康，制定本规定。

第二条　中华人民共和国境内的国家机关、企业、事业单位、社会团体、个体经济组织以及其他社会组织等用人单位及其女职工，适用本规定。

第五条　用人单位不得因女职工怀孕、生育、哺乳降低其工资、予以辞退、与其解除劳动或者聘用合同。

第十四条　用人单位违反本规定，侵害女职工合法权益的，女职工可以依法投诉、举报、申诉，依法向劳动人事争议调解仲裁机构申请调解仲裁，对仲裁裁决不服的，依法向人民法院提起诉讼。

第十五条　用人单位违反本规定，侵害女职工合法权益，造成女职工损害的，依法给予赔偿；用人单位及其直接负责的主管人员和其他直接责任人员构成犯罪的，依法追究刑事责任。

《禁止使用童工规定》（2002 年 10 月 1 日公布）

第二条　国家机关、社会团体、企业事业单位、民办非企业单位或者个体工商户（以下统称用人单位）均不得招用不满 16 周岁的未成年人

(招用不满16周岁的未成年人，以下统称使用童工)。

禁止任何单位或者个人为不满16周岁的未成年人介绍就业。

禁止不满16周岁的未成年人开业从事个体经营活动。

第三条 不满16周岁的未成年人的父母或者其他监护人应当保护其身心健康，保障其接受义务教育的权利，不得允许其被用人单位非法招用。

不满16周岁的未成年人的父母或者其他监护人允许其被用人单位非法招用的，所在地的乡（镇）人民政府、城市街道办事处以及村民委员会、居民委员会应当给予批评教育。

第四条 用人单位招用人员时，必须核查被招用人员的身份证；对不满16周岁的未成年人，一律不得录用。用人单位录用人员的录用登记、核查材料应当妥善保管。

第五条 县级以上各级人民政府劳动保障行政部门负责本规定执行情况的监督检查。

县级以上各级人民政府公安、工商行政管理、教育、卫生等行政部门在各自职责范围内对本规定的执行情况进行监督检查，并对劳动保障行政部门的监督检查给予配合。

工会、共青团、妇联等群众组织应当依法维护未成年人的合法权益。

任何单位或者个人发现使用童工的，均有权向县级以上人民政府劳动保障行政部门举报。

【部门规章与规范性文件】

《集体合同规定》(2004年1月20日公布)

第十四条 女职工和未成年工的特殊保护主要包括：

(一) 女职工和未成年工禁忌从事的劳动；

(二) 女职工的经期、孕期、产期和哺乳期的劳动保护；

(三) 女职工、未成年工定期健康检查；

(四) 未成年工的使用和登记制度。

《未成年工特殊保护规定》(1994年12月9日公布)

第二条 未成年工是指年满十六周岁，未满十八周岁的劳动者。

未成年工的特殊保护是针对未成年工处于生长发育期的特点，以及接受义务教育的需要，采取的特殊劳动保护措施。

第九条 对未成年工的使用和特殊保护实行登记制度。

(一) 用人单位招收使用未成年工，除符合一般用工要求外，还须向所在地的县级以上劳动行政部门办理登记。劳动行政部门根据《未成年工健康检查表》、《未成年工登记表》，核发《未成年工登记证》。

（二）各级劳动行政部门须按本规定第三、四、五、七条的有关规定，审核体检情况和拟安排的劳动范围。

（三）未成年工须持《未成年工登记证》上岗。

（四）《未成年工登记证》由国务院劳动行政部门统一印制。

《女职工保健工作规定》（1993 年 11 月 26 日公布）

第二条　女职工保健工作必须贯彻预防为主的方针，注意女性生理和职业特点，认真执行国家有关保护女职工的各项政策和法规。

第十三条　更年期保健

1. 宣传更年期生理卫生知识，使进入更年期的女职工得到社会广泛的关怀。

2. 经县（区）以上，（含县、区）的医疗或妇幼保健机构诊断为更年期综合症者，以治疗效果仍不是显著，且不适应原工作的，应暂时安排适宜的工作。

3. 进入更年期的女职工应每 1 到 2 年进行一次妇科疾病的查治。

第十四条　对女职工定期进行妇科疾病及乳腺疾病的查治。

第十五条　女职工浴室要淋浴化，厕所要求蹲位。

第十六条　建立健全职工保健工作统计制度。

第二十条　女职工违反国家的有关计划生育规定的，其女职工的保健应当按照国家有关计划生育规定办理。

知识点

对于未成年工的保护。按照《劳动法》的规定，国家对未成年工实行特殊劳动保护。未成年工，是指年满 16 周岁未满 18 周岁的劳动者。按照未成年人保护法的规定，任何组织和个人不得招用未满 16 周岁的未成年人，国家另有规定的除外。任何组织和个人依照国家有关规定招收已满 16 周岁未满 18 周岁的未成年人的，应当在工种、劳动时间、劳动强度和保护措施等方面执行国家有关规定，不得安排其从事过重、有毒、有害的劳动或者危险作业。

对女职工的特殊保护。按照《劳动法》的规定，国家对女职工实行特殊劳动保护。对女职工实行特殊保护，是由女职工的身体结构和生理机能决定的。男性对于外界环境的适应能力要高于女性。特别是女职工在孕期和哺乳期，必须实行特殊保护，否则，不仅影响女职工自身的身体健康，还会影响下一代的身体健康。国家规定女职工禁忌从事某些有害健康的工种，这并不是对女职工劳动就业条件的限制，而是以保护女职工本身的健康及其子女的正常发育和成长为出发点的，是对女职工身心健康的关心。①

第五十九条 禁止安排女职工从事矿山井下、国家规定的第四级体力劳动强度的劳动和其他禁忌从事的劳动。

相关规定

【法律】

《中华人民共和国职业病防治法》（2018年12月29日修正）

第三十八条 用人单位不得安排未成年工从事接触职业病危害的作业；不得安排孕期、哺乳期的女职工从事对本人和胎儿、婴儿有危害的作业。

【行政法规与国务院规范性文件】

《女职工劳动保护特别规定》（2012年4月28日公布）

附录

一、女职工禁忌从事的劳动范围：

（一）矿山井下作业；

（二）体力劳动强度分级标准中规定的第四级体力劳动强度的作业；

（三）每小时负重6次以上、每次负重超过20公斤的作业，或者间断负重、每次负重超过25公斤的作业。

《劳动保障监察条例》（2004年11月1日公布）

第二十三条 用人单位有下列行为之一的，由劳动保障行政部门责令改正，按照受侵害的劳动者每人1000元以上5000元以下的标准计算，处

① 参见：《劳动过程中的防护与管理》，载中国人大网，www.npc.gov.cn，最后访问时间：2020年4月9日。

以罚款：

（一）安排女职工从事矿山井下劳动、国家规定的第四级体力劳动强度的劳动或者其他禁忌从事的劳动的；

（二）安排女职工在经期从事高处、低温、冷水作业或者国家规定的第三级体力劳动强度的劳动的；

（三）安排女职工在怀孕期间从事国家规定的第三级体力劳动强度的劳动或者孕期禁忌从事的劳动的；

（四）安排怀孕7个月以上的女职工夜班劳动或者延长其工作时间的；

（五）女职工生育享受产假少于90天的；

（六）安排女职工在哺乳未满1周岁的婴儿期间从事国家规定的第三级体力劳动强度的劳动或者哺乳期禁忌从事的其他劳动，以及延长其工作时间或者安排其夜班劳动的；

（七）安排未成年工从事矿山井下、有毒有害、国家规定的第四级体力劳动强度的劳动或者其他禁忌从事的劳动的；

（八）未对未成年工定期进行健康检查的。

◎《使用有毒物品作业场所劳动保护条例》（2002年5月12日公布）

第七条　禁止使用童工。

用人单位不得安排未成年人和孕期、哺乳期的女职工从事使用有毒物品的作业。

【部门规章与规范性文件】

◎《劳动部关于〈劳动法〉若干条文的说明》（1994年9月5日公布）

本条中的“第四级体力劳动强度”和“禁忌从事的劳动”，可以按照《女职工禁忌劳动范围的规定》（劳安字〔1990〕2号）和国家标准《体力劳动强度分级》（GB3869-83）等规定执行。

◎《工作场所职业卫生管理规定》（2020年12月31日公布）

第三十三条　用人单位不得安排未成年工从事接触职业病危害的作业，不得安排有职业禁忌的劳动者从事其所禁忌的作业，不得安排孕期、哺乳期女职工从事对本人和胎儿、婴儿有危害的作业。

◎《用人单位职业健康监护监督管理办法》（2012年4月27日公布）

第十二条　用人单位不得安排未经上岗前职业健康检查的劳动者从事接触职业病危害的作业，不得安排有职业禁忌的劳动者从事其所禁忌的作业。

用人单位不得安排未成年工从事接触职业病危害的作业，不得安排孕期、哺乳期的女职工从事对本人和胎儿、婴儿有危害的作业。

《劳动部关于〈女职工劳动保护规定〉问题解答》（1989年1月20日公布）

4. 如何理解“不得在女职工怀孕期、产期、哺乳期解除劳动合同”？

答：实行劳动合同制的女职工，在合同期未满的情况下，任何企业和个人都不得以怀孕、生育和、哺乳为由，解除其劳动合同。

5. 如何理解“矿山井下作业”？

答：矿山井下作业系指常年在矿山井下从事各种劳动。不包括临时性的工作，如医务人员下矿井进行治疗和抢救等。

6. 什么是国家规定的第三级、第四级体力劳动强度？

答：是指国家标准《体力劳动强度分级》（GB3869-83）中规定的第Ⅲ、Ⅳ级的体力劳动强度。体力劳动强度的大小是以劳动强度指数来衡量的，劳动强度指数是由该工种的平均劳动时间率，平均能量代谢率两个因素构成的。劳动强度指数越大，体力劳动强度也越大。反之，体力劳动强度就越小。标准中规定：劳动强度指数小于15，体力劳动强度为Ⅰ级；大于15，小于20，为Ⅱ级；大于20，小于25，为Ⅲ级；大于25，为Ⅳ级。若需了解某工种劳动强度的大小，可请当地劳动部门劳动安全卫生检测站实地测量和计算。

7. 什么是夜班劳动？

答：夜班劳动系指在当日22点至次日6点时间从事劳动或工作。

8. 如何理解“一般不得安排其从事夜班劳动”？

答：一般都应执行本规定。对于女职工比较集中的企业，不安排其从事夜班劳动确有困难的，请当地劳动部门批准，可以暂时放宽执行，但要在较短时间内积极创造条件实施本规定的要求。

第六十条　不得安排女职工在经期从事高处、低温、冷水作业和国家规定的第三级体力劳动强度的劳动。

相关规定

【法律】

《中华人民共和国妇女权益保障法》（2022年10月30日修订）

第四十七条　用人单位应当根据妇女的特点，依法保护妇女在工作和劳动时的安全、健康以及休息的权利。

妇女在经期、孕期、产期、哺乳期受特殊保护。

【行政法规与国务院规范性文件】

《女职工劳动保护特别规定》（2012年4月28日公布）

附录

二、女职工在经期禁忌从事的劳动范围：

（一）冷水作业分级标准中规定的第二级、第三级、第四级冷水作业；

（二）低温作业分级标准中规定的第二级、第三级、第四级低温作业；

（三）体力劳动强度分级标准中规定的第三级、第四级体力劳动强度的作业；

（四）高处作业分级标准中规定的第三级、第四级高处作业。

【部门规章与规范性文件】

《劳动部关于〈劳动法〉若干条文的说明》（1994年9月5日公布）

本条中的“高处作业”是指二级高处作业，即凡在坠落高度基准面5米以上（含5米）有可能坠落的高处进行的作业。“低温作业”是指在劳动生产过程中，其工作地点平均气温等于或低于5℃的作业。“冷水作业”是指在劳动生产过程中，操作人员接触冷水温度等于或小于12℃的作业。

《女职工保健工作规定》（1993年11月26日公布）

第七条　月经期保健

1. 宣传普及月经期卫生知识。

2. 女职工在100人以上的单位，应逐步建立女职工卫生室，健全相应的制度并设专人管理，对卫生室管理人员应进行专业培训。女职工每班在100人以下的单位，应设置简易的温水箱及冲洗器。对流动，分散工作的单位的女职工发放单人自用冲洗器。

3. 女职工在月经期间不得从事《女职工禁忌劳动范围的规定》中第四条所规定的作业。

4. 患有重度痛经过多的女职工，经医疗或妇幼保健机构确诊后，月经期间可适当给予1至2天的休假。

《〈女职工劳动保护规定〉问题解答》（1989年1月20日公布）

9. 如何理解“孕妇产前检查算作劳动时间”？

答：为了保证孕妇和胎儿的健康，应按卫生部门的要求做产前检查。女职工产前检查应按出勤对待，不能按病假、事假、旷工处理。对在生产第一线的女职工，要相应地减少生产定额，以保证产前检查时间。

知识点

女职工在月经期间，除了不得安排其参加禁忌从事的劳动外，在女职工集中的单位，还要建立有冲洗设备的女工卫生室，尤其是要为从事巡回作业和长时间站立作业的女职工设立卫生室和冲洗设备。《工业企业设计卫生标准》第七十四条规定：“最大班女工在100人以上的工业企业，应设女工卫生室，且不得与其他室合并设置。”女工卫生室由等候间和处理间组成。等候间应设洗手设备及洗涤池。处理间应设温水箱及冲洗器。冲洗器的数量应根据设计数据来确定。按最大班女工人数，100~200名时，应设一具，大于200名时，每增200名时增设一具。“最大数量女工在40~100名的工业企业，亦本着勤俭节约的原则，设置简易温水箱及冲洗器，对流动分散的工作，单位可发给女工单人自用外阴冲洗器。”①

第六十一条 不得安排女职工在怀孕期间从事国家规定的第三级体力劳动强度的劳动和孕期禁忌从事的劳动。对怀孕七个月以上的女职工，不得安排其延长工作时间和夜班劳动。

① 汪琼枝：《妇女权益保障法条文释义》，人民法院出版社2006年版，第189~190页。

相关规定

【行政法规与国务院规范性文件】

《女职工劳动保护特别规定》（2012年4月28日公布）

附录

三、女职工在孕期禁忌从事的劳动范围：

（一）作业场所空气中铅及其化合物、汞及其化合物、苯、镉、铍、砷、氰化物、氮氧化物、一氧化碳、二硫化碳、氯、已内酰胺、氯丁二烯、氯乙烯、环氧乙烷、苯胺、甲醛等有毒物质浓度超过国家职业卫生标准的作业；

（二）从事抗癌药物、已烯雌酚生产，接触麻醉剂气体等的作业；

（三）非密封源放射性物质的操作，核事故与放射事故的应急处置；

（四）高处作业分级标准中规定的高处作业；

（五）冷水作业分级标准中规定的冷水作业；

（六）低温作业分级标准中规定的低温作业；

（七）高温作业分级标准中规定的第三级、第四级的作业；

（八）噪声作业分级标准中规定的第三级、第四级的作业；

（九）体力劳动强度分级标准中规定的第三级、第四级体力劳动强度的作业；

（十）在密闭空间、高压室作业或者潜水作业，伴有强烈振动的作业，或者需要频繁弯腰、攀高、下蹲的作业。

《劳动保障监察条例》（2004年11月1日公布）

第二十三条　用人单位有下列行为之一的，由劳动保障行政部门责令改正，按照受侵害的劳动者每人1000元以上5000元以下的标准计算，处以罚款：

（一）安排女职工从事矿山井下劳动、国家规定的第四级体力劳动强度的劳动或者其他禁忌从事的劳动的；

（二）安排女职工在经期从事高处、低温、冷水作业或者国家规定的第三级体力劳动强度的劳动的；

（三）安排女职工在怀孕期间从事国家规定的第三级体力劳动强度的劳动或者孕期禁忌从事的劳动的；

（四）安排怀孕7个月以上的女职工夜班劳动或者延长其工作时间的；

（五）女职工生育享受产假少于90天的；

（六）安排女职工在哺乳未满1周岁的婴儿期间从事国家规定的第三级体力劳动强度的劳动或者哺乳期禁忌从事的其他劳动，以及延长其工作时间或者安排其夜班劳动的；

（七）安排未成年工从事矿山井下、有毒有害、国家规定的第四级体力劳动强度的劳动或者其他禁忌从事的劳动的；

（八）未对未成年工定期进行健康检查的。

【部门规章与规范性文件】

《工作场所职业卫生管理规定》（2020年12月31日公布）

第三十三条 用人单位不得安排未成年工从事接触职业病危害的作业，不得安排有职业禁忌的劳动者从事其所禁忌的作业，不得安排孕期、哺乳期女职工从事对本人和胎儿、婴儿有危害的作业。

《女职工保健工作规定》（1993年11月26日公布）

第九条 孕前保健

1. 已婚待孕女职工禁忌从事铅、汞、苯、铬等作业场所属于《有毒作业分级》标准中第Ⅲ－Ⅳ级的作业。

2. 积极开展优生宣传和咨询。

3. 对女职工应进行妊娠知识的健康教育，使她们在月经超期时主动接受检查。

4. 患有射线病、慢性职业中毒、近期内有过急性中毒史及其它有碍于母体和胎儿健康疾病者，暂时不宜妊娠。

5. 对有过两次以上自然流产史，现又无子女的女职工，应暂时调离有可能直接或间接导致流产的作业岗位。

第十条 孕期保健

1. 自确立妊娠之日起，应建立孕产妇保健卡（册），进行血压、体重、血、尿常规等基础检查。对接触铅、汞的孕妇。应进行尿中铅、汞含量的测定。

2. 定期进行产前检查、孕期保健和营养指导。

3. 推广孕妇家庭自我监护，系统观察胎动、胎心、宫底高度及体重等。

4. 实行高危孕妇专案管理，无诊疗条件的单位应及时转院就诊，并配合上级医疗和保健机构严密观察和监护。

5. 女职工较多的单位应建立孕妇休息室。妊娠满7个月后，应给予工间休息或适当减轻工作。

6. 妊娠女职工不应加班加点。妊娠7个月以上含（含7个月）一般不得上夜班。

7. 女职工妊娠期间不得从事劳动部颁布的《女职工禁忌劳动范围的规定》第六条所规定的作业。

8. 从事立位作业的女职工，妊娠满7个月后，其工作场所应设立工间休息座位。

典型案例要旨

解某某孕期劳动权益保护案（妇女儿童权益保护十大典型案例，最高人民法院2020年发布）

用人单位作为劳动关系中管理者一方，有权根据公司的经营状况、劳动者的工作情况等对劳动者的工作地点进行调整，但用人单位的相应行为不得严重侵犯劳动者的正当权益或对劳动者产生重大不利影响，如对劳动者产生重大不利影响，用人单位应采取合理的弥补措施。本案中，用人单位故意对劳动者的工作地点作模糊、宽泛约定，并据此对处于孕期的女职工实施"恶意调整劳动者的工作地点""滥用惩戒权"的行为，严重侵害了孕期女职工的合法权益。本案由法院高效、公正、合法作出判决，依法维护了怀孕女职工的合法权益。

知识点

用人单位不得安排怀孕女职工接触超过卫生防护要求的有害射线，不得让其接触工业毒物和有急性中毒危险的作业，不得安排怀孕女职工加班加点。怀孕7个月后，不得安排女职工上夜班；对不能胜任原岗位工作的，应根据医务部的证明，予以减轻劳动量或调换岗位安排适当的工作。为怀孕7个月以上的女职工设工间休息室，在劳动时间内安排一定的休息时间，允许怀孕女职工在预产期前休息15天。并规定女职工产前检查应当算作劳动时间。①

---

① 汪琼枝：《妇女权益保障法条文释义》，人民法院出版社2006年版，第189~190页。

第六十二条 女职工生育享受不少于九十天的产假。

相关规定

【法律】

《中华人民共和国妇女权益保障法》（2022年10月30日修订）

第四十八条 用人单位不得因结婚、怀孕、产假、哺乳等情形，降低女职工的工资和福利待遇，限制女职工晋职、晋级、评聘专业技术职称和职务，辞退女职工，单方解除劳动（聘用）合同或者服务协议。

女职工在怀孕以及依法享受产假期间，劳动（聘用）合同或者服务协议期满的，劳动（聘用）合同或者服务协议期限自动延续至产假结束。但是，用人单位依法解除、终止劳动（聘用）合同、服务协议，或者女职工依法要求解除、终止劳动（聘用）合同、服务协议的除外。

用人单位在执行国家退休制度时，不得以性别为由歧视妇女。

【行政法规与国务院规范性文件】

《中华人民共和国母婴保健法实施办法》（2022年3月29日修订）

第三十条 妇女享有国家规定的产假。有不满1周岁婴儿的妇女，所在单位应当在劳动时间内为其安排一定的哺乳时间。

《女职工劳动保护特别规定》（2012年4月28日公布）

第七条 女职工生育享受98天产假，其中产前可以休假15天；难产的，增加产假15天；生育多胞胎的，每多生育1个婴儿，增加产假15天。

女职工怀孕未满4个月流产的，享受15天产假；怀孕满4个月流产的，享受42天产假。

【部门规章与规范性文件】

《企业职工带薪年休假实施办法》（2008年9月18日公布）

第六条 职工依法享受的探亲假、婚丧假、产假等国家规定的假期以及因工伤停工留薪期间不计入年休假假期。

《女职工保健工作规定》（1993年11月26日公布）

第十一条 产后保健

1. 进行产后访视及母乳喂养指导。

2. 产后的42天对母子进行健康检查。

3. 产假期满恢复工作时，应允许有1至2周时间逐渐恢复原工作量。

《〈女职工劳动保护规定〉问题解答》（1989年1月20日公布）

10. 如何理解产前休假十五天的规定？

答：女职工产假九十天，分为产前假、产后假两部分。即产前假十五天，产后假七十五天。所谓产前假十五天，系指预产期前十五天的休假。产前假一般不得放到产后使用，若孕妇提前生产，可将不足的天数和产后假合并使用；若孕妇推迟生产，可将超出的天数按病假处理。

11. 休产假能否提前或推后？教师产假正值寒暑假期间，是否能延长寒暑假休假时间？

答：国家规定产假九十天，是为了能保证产妇恢复身体健康。因此，休产假不能提前或推后。至于教师产假正值寒暑假期间，能否延长寒暑假的时期，则由主管部门确定。

13. 女职工流产应休息多长时间？

答：女职工流产休假按劳险字〔1988〕2号《关于女职工生育待遇若干问题的通知》执行，即"女职工怀孕不满四个月流产时，应当根据医务部门的意见，给予十五天至二十天的产假；怀孕满四个月以上流产者，给予四十二天产假。产假期间，工资照发"。

典型案例要旨

陈某某与北京某咨询公司劳动争议纠纷案（第四届"依法维护妇女儿童权益十大案例"，全国妇联2021年12月28日发布）

本案是一起用人单位以非过错性理由与"三期"女职工单方违法解除劳动关系、克扣女职工生育津贴的典型案例。《妇女权益保障法》《劳动合同法》《社会保险法》和《女职工劳动保护特别规定》等国家法律法规规定，女职工怀孕、生育、哺乳的，用人单位不能单方与其解除劳动合同，具有《劳动合同法》第三十九条规定的情形除外；女职工合法生育产假期间，应当享受生育津贴。另外，按照《劳动合同法》规定，用人单位应当在解除或者终止劳动合同时向劳动者出具证明。本案中，公司业务经营调整不是单方与"三期"女职工解除劳动合同的合法理由，明显属于违法解除劳动合同的行为；拒绝出具解除劳动合同证明的行为违反了法律法规，也给陈某某造成了无法申领失业保险的损失。公司不仅应当承担违法解除劳动合同赔偿金，也应对女职工生育津贴、失业期间的相关损失承担赔偿责任。本案中工会及时为当事人提供法律援助，切实发挥了在维护职工合法权益方面的重要作用，广大女职工遇到此类案件时，应当积极寻求工会组织的帮助。

知识点

产假是指国家法律、法规规定，给予职工在生育过程中休息的期限。具体解释为女职工在分娩前和分娩后的一定时间内所享有的假期。产假的主要作用是使女职工在生育时期得到适当的休息，使其逐步恢复体力，并使婴儿得以受到母亲的精心照顾和哺育。我国在20世纪80年代以前，把怀孕、生育和产后照料婴儿的假期规定为56天。2012年公布《女职工劳动保护特别规定》后，对原规定作了很大的修改。现法定正常产假为98天，其中产前假期为15天。难产的，增加产假15天。若系多胞胎生育，每多生育一个婴儿增加产假15天。流产产假以4个月划界，其中不满4个月流产的，根据医务部门的证明给予15天的产假；满4个月以上流产的，产假为42天。很多地区还采取了对晚婚、晚育的职工给予奖励政策，假期延长到180天。①

第六十三条 不得安排女职工在哺乳未满一周岁的婴儿期间从事国家规定的第三级体力劳动强度的劳动和哺乳期禁忌从事的其他劳动，不得安排其延长工作时间和夜班劳动。

① 全国人大常委会法制工作委员行政法室编：《中华人民共和国社会保险法解读》，中国法制出版社2010年版。

相关规定

【行政法规与国务院规范性文件】

《中华人民共和国母婴保健法实施办法》（2022年3月29日修订）

第三十条　妇女享有国家规定的产假。有不满1周岁婴儿的妇女，所在单位应当在劳动时间内为其安排一定的哺乳时间。

《女职工劳动保护特别规定》（2012年4月28日公布）

第九条　对哺乳未满1周岁婴儿的女职工，用人单位不得延长劳动时间或者安排夜班劳动。

用人单位应当在每天的劳动时间内为哺乳期女职工安排1小时哺乳时间；女职工生育多胞胎的，每多哺乳1个婴儿每天增加1小时哺乳时间。

第十条　女职工比较多的用人单位应当根据女职工的需要，建立女职工卫生室、孕妇休息室、哺乳室等设施，妥善解决女职工在生理卫生、哺乳方面的困难。

【部门规章与规范性文件】

《女职工保健工作规定》（1993年11月26日公布）

第十二条　哺乳期保健

1. 宣传科学育儿知识，提倡4个月内纯母乳喂养。

2. 对有未满1周岁婴儿的女工，应保证其授乳时间。

3. 婴儿满周岁时，经县（区）以上（含县、区）医疗或保健机构确诊为体弱儿，可适合延长授乳时间，但不得超过6个月。

4. 有未满1周岁婴儿的女职工，一般不得安排上夜班及加班、加点。

5. 有哺乳婴儿5名以上的单位，应逐步建立哺乳室。

6. 不得安排哺乳女职工从事《女职工劳动保护规定》和《女职工禁忌劳动范围的规定》所指出的作业。

《〈女职工劳动保护规定〉问题解答》（1989年1月20日公布）

14. 本规定发布前哺乳期有十个月的，也有十八个月的，是否都应按本规定执行？

答：凡哺乳（包括人工喂养）一周岁以内婴儿的女职工，应按本规定执行。企、事业单位有条件的，也可适当延长哺乳期。

15. 哺乳期满，有的婴儿身体特别虚弱，或正值夏季，可否适当延长哺乳期？

答：女职工哺乳婴儿满周岁后，一般不再延长哺乳期。如果婴儿身体特别虚弱，经医务部门证明，可将哺乳期酌情延长。如果哺乳期满时正值夏季，也可延长一二个月。

知识点

女职工哺乳期的劳动保护，主要是保证女职工按时哺育婴儿，保证婴儿健康成长。《女职工劳动保护特别规定》第九条规定，有不满1周岁婴儿的女职工，其所在单位应当在每班劳动时间内给予其1小时的哺乳时间。多胞胎生育的，每多哺乳一个婴儿，每天增加1小时哺乳时间。女职工每班劳动时间内的两次哺乳时间，可以合并使用。哺乳时间和在本单位内哺乳往返途中的时间，算作劳动时间。《女职工保健工作规定》中要求“有哺乳婴儿5名以上的单位，应逐步建立哺乳室”①。

第六十四条　不得安排未成年工从事矿山井下、有毒有害、国家规定的第四级体力劳动强度的劳动和其他禁忌从事的劳动。

相关规定

【法律】

《中华人民共和国未成年人保护法》（2020年10月17日修订）

第六十一条　任何组织或者个人不得招用未满十六周岁未成年人，国家另有规定的除外。

营业性娱乐场所、酒吧、互联网上网服务营业场所等不适宜未成年人活动的场所不得招用已满十六周岁的未成年人。

招用已满十六周岁未成年人的单位和个人应当执行国家在工种、劳动时间、劳动强度和保护措施等方面的规定，不得安排其从事过重、有毒、

---

① 汪琼枝：《妇女权益保障法条文释义》，人民法院出版社2006年版，第189~190页。

有害等危害未成年人身心健康的劳动或者危险作业。

任何组织或者个人不得组织未成年人进行危害其身心健康的表演等活动。经未成年人的父母或者其他监护人同意，未成年人参与演出、节目制作等活动，活动组织方应当根据国家有关规定，保障未成年人合法权益。

《中华人民共和国职业病防治法》（2018 年 12 月 29 日修正）

第三十八条　用人单位不得安排未成年工从事接触职业病危害的作业；不得安排孕期、哺乳期的女职工从事对本人和胎儿、婴儿有危害的作业。

【部门规章与规范性文件】

《人力资源和社会保障部关于实施〈劳动保障监察条例〉若干规定》（2022 年 1 月 7 日修订）

第十六条　下列因用人单位违反劳动保障法律行为对劳动者造成损害，劳动者与用人单位就赔偿发生争议的，依照国家有关劳动争议处理的规定处理：

（一）因用人单位制定的劳动规章制度违反法律、法规规定，对劳动者造成损害的；

（二）因用人单位违反对女职工和未成年工的保护规定，对女职工和未成年工造成损害的；

（三）因用人单位原因订立无效合同，对劳动者造成损害的；

（四）因用人单位违法解除劳动合同或者故意拖延不订立劳动合同，对劳动者造成损害的；

（五）法律、法规和规章规定的其他因用人单位违反劳动保障法律的行为，对劳动者造成损害的。

《劳动部关于〈劳动法〉若干条文的说明》（1994 年 9 月 5 日公布）

本条中的“其他禁忌从事的劳动”是指：

（一）森林业伐木、归堺及流放作业；

（二）凡在坠落高度基准面 5 米以上（含 5 米）有可能坠落的高处进行的作业。即二级高处作业；

（三）作业场所放射性物质超过《放射防护规定》中规定剂量的作业；

（四）其他对未成年工的发育成长有影响的作业。

《未成年工特殊保护规定》（1994 年 12 月 9 日公布）

第三条　用人单位不得安排未成年工从事以下范围的劳动：

（一）《生产性粉尘作业危害程度分级》国家标准中第一级以上的接尘

作业；

（二）《有毒作业分级》国家标准中第一级以上的有毒作业；

（三）《高处作业分级》国家标准中第二级以上的高处作业；

（四）《冷水作业分级》国家标准中第二级以上的冷水作业；

（五）《高温作业分级》国家标准中第三级以上的高温作业；

（六）《低温作业分级》国家标准中第三级以上的低温作业；

（七）《体力劳动强度分级》国家标准中第四级体力劳动强度的作业；

（八）矿山井下及矿山地面采石作业；

（九）森林业中的伐木、流放及守林作业；

（十）工作场所接触放射性物质的作业；

（十一）有易燃易爆、化学性烧伤和热烧伤等危险性大的作业；

（十二）地质勘探和资源勘探的野外作业；

（十三）潜水、涵洞、涵道作业和海拔三千米以上的高原作业（不包括世居高原者）；

（十四）连续负重每小时在六次以上并每次超过二十公斤，间断负重每次超过二十五公斤的作业；

（十五）使用凿岩机、捣固机、气镐、气铲、铆钉机、电锤的作业；

（十六）工作中需要长时间保持低头、弯腰、上举、下蹲等强迫体位和动作频率每分钟大于五十次的流水线作业；

（十七）锅炉司炉。

第四条 未成年工患有某种疾病或具有某些生理缺陷（非残疾型）时，用人单位不得安排其从事以下范围的劳动：

（一）《高处作业分级》国家标准中第一级以上的高处作业；

（二）《低温作业分级》国家标准中第二级以上的低温作业；

（三）《高温作业分级》国家标准中第二级以上的高温作业；

（四）《体力劳动强度分级》国家标准中第三级以上体力劳动强度的作业；

（五）接触铅、苯、汞、甲醛、二硫化碳等易引起过敏反应的作业。

第五条 患有某种疾病或具有某些生理缺陷（非残疾型）的未成年工，是指有以下一种或一种以上情况者：

（一）心血管系统

1. 先天性心脏病；

2. 克山病；

3. 收缩期或舒张期二级以上心脏杂音。

（二）呼吸系统

1. 中度以上气管炎或支气管哮喘；

2. 呼吸音明显减弱；

3. 各类结核病；

4. 体弱儿，呼吸道反复感染者。

（三）消化系统

1. 各类肝炎；

2. 肝、脾肿大；

3. 胃、十二指肠溃疡；

4. 各种消化道疝。

（四）泌尿系统

1. 急、慢性肾炎；

2. 泌尿系感染。

（五）内分泌系统

1. 甲状腺机能亢进；

2. 中度以上糖尿病。

（六）精神神经系统

1. 智力明显低下；

2. 精神忧郁或狂暴。

（七）肌肉、骨骼运动系统

1. 身高和体重低于同龄人标准；

2. 一个及一个以上肢体存在明显功能障碍；

3. 躯干四分之一以上部位活动受限，包括强直或不能旋转。

（八）其它

1. 结核性胸膜炎；

2. 各类重度关节炎；

3. 血吸虫病；

4. 严重贫血，其血色素每升低于九十五克（〈9. 5g/dL）。

第六条　用人单位应按下列要求对未成年工定期进行健康检查：

（一）安排工作岗位之前；

（二）工作满一年；
（三）年满十八周岁，距前一次的体检时间已超过半年。

第六十五条 用人单位应当对未成年工定期进行健康检查。

相关规定

【部门规章与规范性文件】

《集体合同规定》（2004 年 1 月 20 日公布）

第十二条 劳动安全卫生主要包括：
（一）劳动安全卫生责任制；
（二）劳动条件和安全技术措施；
（三）安全操作规程；
（四）劳保用品发放标准；
（五）定期健康检查和职业健康体检。

《未成年工特殊保护规定》（1994 年 12 月 9 日公布）

第六条 用人单位应按下列要求对未成年工定期进行健康检查：
（一）安排工作岗位之前；
（二）工作满一年；
（三）年满十八周岁，距前一次的体检时间已超过半年。

第七条 未成年工的健康检查，应按本规定所附《未成年工健康检查表》列出的项目进行。

第八条 用人单位应根据未成年工的健康检查结果安排其从事适合的劳动，对不能胜任原劳动岗位的，应根据医务部门的证明，予以减轻劳动量或安排其他劳动。

知识点

用人单位招收使用**未成年工**，除符合一般用工要求外，还须向所在地的县级以上劳动行政部门办理登记。劳动行政部门根据《未成年工健康检查表》《未成年工登记表》，核发《未成年工登记证》；各级劳动行政部门须按我国《未成年工特殊保护规定》，审核体检情况和拟安排的劳动范围。未成年工须持《未成年工登记证》上岗。《未成年工登记证》由国务院劳动行政部门统一印制。未成年工上岗前，用人单位应对其进行有关的职业安全卫生教育、培训。未成年工体检和登记，由用人单位统一办理和承担费用。①

① 唐德华、高圣平主编：《公司法及配套规定新释新解（上）》，人民法院出版社2005年版，第177页。

第八章　职业培训

第六十六条　国家通过各种途径，采取各种措施，发展职业培训事业，开发劳动者的职业技能，提高劳动者素质，增强劳动者的就业能力和工作能力。

相关规定

【法律】

《中华人民共和国职业教育法》（2022 年 4 月 20 日修订）

第二条　本法所称职业教育，是指为了培养高素质技术技能人才，使受教育者具备从事某种职业或者实现职业发展所需要的职业道德、科学文化与专业知识、技术技能等职业综合素质和行动能力而实施的教育，包括职业学校教育和职业培训。

机关、事业单位对其工作人员实施的专门培训由法律、行政法规另行规定。

第十四条　国家建立健全适应经济社会发展需要，产教深度融合，职业学校教育和职业培训并重，职业教育与普通教育相互融通，不同层次职业教育有效贯通，服务全民终身学习的现代职业教育体系。

国家优化教育结构，科学配置教育资源，在义务教育后的不同阶段因地制宜、统筹推进职业教育与普通教育协调发展。

第十六条　职业培训包括就业前培训、在职培训、再就业培训及其他职业性培训，可以根据实际情况分级分类实施。

职业培训可以由相应的职业培训机构、职业学校实施。

其他学校或者教育机构以及企业、社会组织可以根据办学能力、社会需求，依法开展面向社会的、多种形式的职业培训。

第二十七条　对深度参与产教融合、校企合作，在提升技术技能人才培养质量、促进就业中发挥重要主体作用的企业，按照规定给予奖励；对符合条件认定为产教融合型企业的，按照规定给予金融、财政、土地等支持，落实教育费附加、地方教育附加减免及其他税费优惠。

第三十九条　职业学校应当建立健全就业创业促进机制，采取多种形式为学生提供职业规划、职业体验、求职指导等就业创业服务，增强学生就业创业能力。

第四十三条　职业学校、职业培训机构应当建立健全教育质量评价制度，吸纳行业组织、企业等参与评价，并及时公开相关信息，接受教育督导和社会监督。

县级以上人民政府教育行政部门应当会同有关部门、行业组织建立符合职业教育特点的质量评价体系，组织或者委托行业组织、企业和第三方专业机构，对职业学校的办学质量进行评估，并将评估结果及时公开。

职业教育质量评价应当突出就业导向，把受教育者的职业道德、技术技能水平、就业质量作为重要指标，引导职业学校培养高素质技术技能人才。

有关部门应当按照各自职责，加强对职业学校、职业培训机构的监督管理。

【行政法规与国务院规范性文件】

《中华人民共和国民办教育促进法实施条例》（2021 年 4 月 7 日修订）

第二十九条　民办学校依照法律、行政法规和国家有关规定，自主开展教育教学活动；使用境外教材的，应当符合国家有关规定。

实施高等教育和中等职业技术学历教育的民办学校，可以按照办学宗旨和培养目标自主设置专业、开设课程、选用教材。

实施普通高中教育、义务教育的民办学校可以基于国家课程标准自主开设有特色的课程，实施教育教学创新，自主设置的课程应当报主管教育行政部门备案。实施义务教育的民办学校不得使用境外教材。

实施学前教育的民办学校开展保育和教育活动，应当遵循儿童身心发展规律，设置、开发以游戏、活动为主要形式的课程。

实施以职业技能为主的职业资格培训、职业技能培训的民办学校可以按照与培训专业（职业、工种）相对应的国家职业标准及相关职业培训要求开展培训活动，不得教唆、组织学员规避监管，以不正当手段获取职业资格证书、成绩证明等。

◎《国务院关于加强职业培训促进就业的意见》（2010 年 10 月 20 日公布）

一、充分认识加强职业培训的重要性和紧迫性

（一）加强职业培训是促进就业和经济发展的重大举措。职业培训是提高劳动者技能水平和就业创业能力的主要途径。大力加强职业培训工作，建立健全面向全体劳动者的职业培训制度，是实施扩大就业的发展战略，解决就业总量矛盾和结构性矛盾，促进就业和稳定就业的根本措施；是贯彻落实人才强国战略，加快技能人才队伍建设，建设人力资源强国的重要任务；是加快经济发展方式转变，促进产业结构调整，提高企业自主创新能力和核心竞争力的必然要求；也是推进城乡统筹发展，加快工业化和城镇化进程的有效手段。

（二）明确职业培训工作的指导思想和目标任务。职业培训工作的指导思想是：深入贯彻落实科学发展观，以服务就业和经济发展为宗旨，坚持城乡统筹、就业导向、技能为本、终身培训的原则，建立覆盖对象广泛、培训形式多样、管理运作规范、保障措施健全的职业培训工作新机制，健全面向全体劳动者的职业培训制度，加快培养数以亿计的高素质技能劳动者。

当前和今后一个时期，职业培训工作的主要任务是：适应扩大就业规模、提高就业质量和增强企业竞争力的需要，完善制度、创新机制、加大投入，大规模开展就业技能培训、岗位技能提升培训和创业培训，切实提高职业培训的针对性和有效性，努力实现“培训一人、就业一人”和“就业一人、培训一人”的目标，为促进就业和经济社会发展提供强有力的技能人才支持。“十二五”期间，力争使新进入人力资源市场的劳动者都有机会接受相应的职业培训，使企业技能岗位的职工得到至少一次技能提升培训，使每个有培训愿望的创业者都参加一次创业培训，使高技能人才培训满足产业结构优化升级和企业发展需求。

二、大力开展各种形式的职业培训

（三）健全职业培训制度。适应城乡全体劳动者就业需要和职业生涯发展要求，健全职业培训制度。要统筹利用各类职业培训资源，建立以职业院校、企业和各类职业培训机构为载体的职业培训体系，大力开展就业技能培训、岗位技能提升培训和创业培训，贯通技能劳动者从初级工、中级工、高级工到技师、高级技师的成长通道。

（四）大力开展就业技能培训。要面向城乡各类有就业要求和培训愿望的劳动者开展多种形式就业技能培训。坚持以就业为导向，强化实际操作技能训练和职业素质培养，使他们达到上岗要求或掌握初级以上职业技能，着力提高培训后的就业率。对农村转移就业劳动者和城镇登记失业人员，要重点开展初级技能培训，使其掌握就业的一技之长；对城乡未继续升学的应届初高中毕业生等新成长劳动力，鼓励其参加1-2个学期的劳动预备制培训，提升技能水平和就业能力；对企业新录用的人员，要结合就业岗位的实际要求，通过师傅带徒弟、集中培训等形式开展岗前培训；对退役士兵要积极开展免费职业技能培训；对职业院校学生要强化职业技能和从业素质培养，使他们掌握中级以上职业技能。鼓励高等院校大力开展职业技能和就业能力培训，加强就业创业教育和就业指导服务，促进高校毕业生就业。

（五）切实加强岗位技能提升培训。适应企业产业升级和技术进步的要求，进一步健全企业职工培训制度，充分发挥企业在职业培训工作中的重要作用。鼓励企业通过多种方式广泛开展在岗职工技能提升培训和高技能人才培训。要结合技术进步和产业升级对职工技能水平的要求，通过在岗培训、脱产培训、业务研修、技能竞赛等多种形式，加快提升企业在岗职工的技能水平。鼓励企业通过建立技能大师工作室和技师研修制度、自办培训机构或与职业院校联合办学等方式，结合企业技术创新、技术改造和技术项目引进，大力培养高技能人才。鼓励有条件的企业积极承担社会培训任务，为参加职业培训人员提供实训实习条件。

（六）积极推进创业培训。依托有资质的教育培训机构，针对创业者特点和创业不同阶段的需求，开展多种形式的创业培训。要扩大创业培训范围，鼓励有创业要求和培训愿望、具备一定创业条件的城乡各类劳动者以及处于创业初期的创业者参加创业培训。要通过规范培训标准、提高师资水平、完善培训模式，不断提高创业培训质量；要结合当地产业发展和创业项目，根据不同培训对象特点，重点开展创业意识教育、创业项目指导和企业经营管理培训，通过案例剖析、考察观摩、企业家现身说法等方式，提高受培训者的创业能力。要强化创业培训与小额担保贷款、税费减免等扶持政策及创业咨询、创业孵化等服务手段的衔接，健全政策扶持、创业培训、创业服务相结合的工作体系，提高创业成功率。

《劳动保障监察条例》（2004年11月1日公布）

第二十八条 职业介绍机构、职业技能培训机构或者职业技能考核鉴定机构违反国家有关职业介绍、职业技能培训或者职业技能考核鉴定的规定的，由劳动保障行政部门责令改正，没收违法所得，并处1万元以上5万元以下的罚款；情节严重的，吊销许可证。

未经劳动保障行政部门许可，从事职业介绍、职业技能培训或者职业技能考核鉴定的组织或者个人，由劳动保障行政部门、工商行政管理部门依照国家有关无照经营查处取缔的规定查处取缔。

【部门规章与规范性文件】

《劳动预备制培训实施办法》（2000年4月7日公布）

一、培训对象

（一）有劳动能力和就业愿意的城镇未能继续升学的初、高中毕业生。

（二）农村未能继续升学并准备从事非农产业工作或进城务工的初、高中毕业生。

（三）各地可以结合实际，引导组织准备从事农业生产劳动的初、高中毕业生以及城镇失业人员、企业下岗职工参加劳动预备制培训。

知识点

发展职业培训，进行职业技能开发，全面提高劳动者素质是劳动力资源开发利用的核心，是经济发展的一项战略性任务。国家以劳动基本法的形式把这一根本性任务肯定下来，体现了国家对职业培训事业的重视。根据有关法律、法规的规定，国家在职业培训上的基本职责主要包括：

（一）开辟各种途径发展职业培训事业

1. 多方办学。中央、地方、行业、企业、事业、社会团体及个人，都可以按照国家规定开办职业培训实体。

2. 多形式多层次开展职业培训。可以举办各类专业学校，如职业技术学校、技工学校、职业高中等进行职业培训；也可以举办各种就业训练中心、专业技术培训班、进修班进行培训；还可以通过学徒培训、在职培训、岗位培训以及利用电大、夜大、函大、职工夜校等形式开展培训。

3. 开展职业技术开发，推广应用的咨询服务，举办业务知识讲座、职业技能竞赛、岗位练兵操作、观察表演等活动。

4. 积极开展外向型职业技能培训，加强国际职业技能开发研究的合作与交流等。

（二）采用各种措施发展职业培训事业

1. 尽快制定职业培训法，完善我国职业培训体制，使职业培训制度化、规范化。

2. 建立科学的国家职业分类、职业资格和职业技能标准体系使劳动者职业培训标准化。

3. 建立国家职业资格证书制度，完善国家职业技能鉴定网络，实行在政府指导下职业证书和职业技能鉴定的社会化管理。

4. 建立职业技能开发，需要预测信息网络，科学调整劳动力的职业技能开发和劳动力市场流动。

5. 改革和完善职业培训经费筹措办法，多渠道筹资办培训，并逐步扩大职业技能开发范围。总之，通过国家各种立法和政策，逐步实现职业技能开发的科学化和管理社会化，以适应市场经济对劳动力的需求。①

第六十七条　各级人民政府应当把发展职业培训纳入社会经济发展的规划，鼓励和支持有条件的企业、事业组织、社会团体和个人进行各种形式的职业培训。

相关规定

【法律】

《中华人民共和国职业教育法》（2022 年 4 月 20 日修订）

第七条　各级人民政府应当将发展职业教育纳入国民经济和社会发展规划，与促进就业创业和推动发展方式转变、产业结构调整、技术优化升级等整体部署、统筹实施。

第十九条　县级以上人民政府教育行政部门应当鼓励和支持普通中小学、普通高等学校，根据实际需要增加职业教育相关教学内容，进行职业启蒙、职业认知、职业体验，开展职业规划指导、劳动教育，并组织、引导职业学校、职业培训机构、企业和行业组织等提供条件和支持。

---

① 回沪明、高圣平主编：《劳动法及配套规定新释新解（上）》，人民法院出版社 2004 年版。

第二十条 国务院教育行政部门会同有关部门根据经济社会发展需要和职业教育特点，组织制定、修订职业教育专业目录，完善职业教育教学等标准，宏观管理指导职业学校教材建设。

第二十一条 县级以上地方人民政府应当举办或者参与举办发挥骨干和示范作用的职业学校、职业培训机构，对社会力量依法举办的职业学校和职业培训机构给予指导和扶持。

国家根据产业布局和行业发展需要，采取措施，大力发展先进制造等产业需要的新兴专业，支持高水平职业学校、专业建设。

国家采取措施，加快培养托育、护理、康养、家政等方面技术技能人才。

第二十二条 县级人民政府可以根据县域经济社会发展的需要，设立职业教育中心学校，开展多种形式的职业教育，实施实用技术培训。

教育行政部门可以委托职业教育中心学校承担教育教学指导、教育质量评价、教师培训等职业教育公共管理和服务工作。

第二十三条 行业主管部门按照行业、产业人才需求加强对职业教育的指导，定期发布人才需求信息。

行业主管部门、工会和中华职业教育社等群团组织、行业组织可以根据需要，参与制定职业教育专业目录和相关职业教育标准，开展人才需求预测、职业生涯发展研究及信息咨询，培育供需匹配的产教融合服务组织，举办或者联合举办职业学校、职业培训机构，组织、协调、指导相关企业、事业单位、社会组织举办职业学校、职业培训机构。

第二十六条 国家鼓励、指导、支持企业和其他社会力量依法举办职业学校、职业培训机构。

地方各级人民政府采取购买服务，向学生提供助学贷款、奖助学金等措施，对企业和其他社会力量依法举办的职业学校和职业培训机构予以扶持；对其中的非营利性职业学校和职业培训机构还可以采取政府补贴、基金奖励、捐资激励等扶持措施，参照同级同类公办学校生均经费等相关经费标准和支持政策给予适当补助。

第二十九条 县级以上人民政府应当加强职业教育实习实训基地建设，组织行业主管部门、工会等群团组织、行业组织、企业等根据区域或者行业职业教育的需要建设高水平、专业化、开放共享的产教融合实习实训基地，为职业学校、职业培训机构开展实习实训和企业开展培训提供条件和支持。

第三十一条　国家鼓励行业组织、企业等参与职业教育专业教材开发，将新技术、新工艺、新理念纳入职业学校教材，并可以通过活页式教材等多种方式进行动态更新；支持运用信息技术和其他现代化教学方式，开发职业教育网络课程等学习资源，创新教学方式和学校管理方式，推动职业教育信息化建设与融合应用。

第六十一条　国家鼓励和支持开展职业教育的科学技术研究、教材和教学资源开发，推进职业教育资源跨区域、跨行业、跨部门共建共享。

国家逐步建立反映职业教育特点和功能的信息统计和管理体系。

县级以上人民政府及其有关部门应当建立健全职业教育服务和保障体系，组织、引导工会等群团组织、行业组织、企业、学校等开展职业教育研究、宣传推广、人才供需对接等活动。

知识点

职业培训规划是各级人民政府对全国或本地区职业培训的组织管理、发展方向、中长期目标等进行的统一规划。它对于发展全国或本地区的职业培训事业，统筹管理各地职业培训工作，发挥各级管理机构的组织协调作用，是十分必要和重要的。我国《宪法》规定，劳动是公民的权利和义务，国家通过各种途径，创造劳动就业条件，同时对劳动者进行必要的劳动就业训练。《职业培训七年规划》和《关于建立社会主义市场经济时期劳动体制改革总体设想》等规定对未来职业培训的发展制定了宏观的目标。

我国职业培训形式多种多样，主要有：

学徒（培训生）培训、就业训练中心培训和学校培训三种。其中，学徒（培训生）培训，是指用人单位招收学徒工（培训生），通过以师带徒的方式，在劳动过程中培训新技术工人。就业训练中心培训是指劳动行政部门通过就业训练中心培训将城镇失业人员和其他求职人员培养成为具有初级技术业务水平的工人和其他专业人才。我国的职业学校培训主要包括技工学校、职业中学和成人高等学校教育。①

---

① 回沪明、高圣平主编：《劳动法及配套规定新释新解（上）》，人民法院出版社 2004 年版。

第六十八条 用人单位应当建立职业培训制度，按照国家规定提取和使用职业培训经费，根据本单位实际，计划地对劳动者进行职业培训。

从事技术工种的劳动者，上岗前必须经过培训。

相关规定

【法律】

《中华人民共和国职业教育法》（2022年4月20日公布）

第二十四条 企业应当根据本单位实际，有计划地对本单位的职工和准备招用的人员实施职业教育，并可以设置专职或者兼职实施职业教育的岗位。

企业应当按照国家有关规定实行培训上岗制度。企业招用的从事技术工种的劳动者，上岗前必须进行安全生产教育和技术培训；招用的从事涉及公共安全、人身健康、生命财产安全等特定职业（工种）的劳动者，必须经过培训并依法取得职业资格或者特种作业资格。

企业开展职业教育的情况应当纳入企业社会责任报告。

第二十五条 企业可以利用资本、技术、知识、设施、设备、场地和管理等要素，举办或者联合举办职业学校、职业培训机构。

第五十条 国家鼓励企业、事业单位安排实习岗位，接纳职业学校和职业培训机构的学生实习。接纳实习的单位应当保障学生在实习期间按照规定享受休息休假、获得劳动安全卫生保护、参加相关保险、接受职业技能指导等权利；对上岗实习的，应当签订实习协议，给予适当的劳动报酬。

职业学校和职业培训机构应当加强对实习实训学生的指导，加强安全生产教育，协商实习单位安排与学生所学专业相匹配的岗位，明确实习实训内容和标准，不得安排学生从事与所学专业无关的实习实训，不得违反相关规定通过人力资源服务机构、劳务派遣单位，或者通过非法从事人力资源服务、劳务派遣业务的单位或个人组织、安排、管理学生实习实训。

第五十八条 企业应当根据国务院规定的标准，按照职工工资总额一定比例提取和使用职工教育经费。职工教育经费可以用于举办职业教育机构、对本单位的职工和准备招用人员进行职业教育等合理用途，其中用于企业一线职工职业教育的经费应当达到国家规定的比例。用人单位安排职工到职业学校或者职业培训机构接受职业教育的，应当在其接受职业教育期间依法支付工资，保障相关待遇。

企业设立具备生产与教学功能的产教融合实习实训基地所发生的费用，可以参照职业学校享受相应的用地、公用事业费等优惠。

第六十四条 企业未依照本法规定对本单位的职工和准备招用的人员实施职业教育、提取和使用职工教育经费的，由有关部门责令改正；拒不改正的，由县级以上人民政府收取其应当承担的职工教育经费，用于职业教育。

《中华人民共和国劳动合同法》（2012年12月28日修正）

第二十二条 用人单位为劳动者提供专项培训费用，对其进行专业技术培训的，可以与该劳动者订立协议，约定服务期。

劳动者违反服务期约定的，应当按照约定向用人单位支付违约金。违约金的数额不得超过用人单位提供的培训费用。用人单位要求劳动者支付的违约金不得超过服务期尚未履行部分所应分摊的培训费用。

用人单位与劳动者约定服务期的，不影响按照正常的工资调整机制提高劳动者在服务期期间的劳动报酬。

【行政法规与国务院规范性文件】

《国务院关于加快发展现代职业教育的决定》（2014年5月2日公布）

三、激发职业教育办学活力

（九）引导支持社会力量兴办职业教育。创新民办职业教育办学模式，积极支持各类办学主体通过独资、合资、合作等多种形式举办民办职业教育；探索发展股份制、混合所有制职业院校，允许以资本、知识、技术、管理等要素参与办学并享有相应权利。探索公办和社会力量举办的职业院校相互委托管理和购买服务的机制。引导社会力量参与教学过程，共同开发课程和教材等教育资源。社会力量举办的职业院校与公办职业院校具有同等法律地位，依法享受相关教育、财税、土地、金融等政策。健全政府补贴、购买服务、助学贷款、基金奖励、捐资激励等制度，鼓励社会力量参与职业教育办学、管理和评价。

（十）健全企业参与制度。研究制定促进校企合作办学有关法规和激励政策，深化产教融合，鼓励行业和企业举办或参与举办职业教育，发挥企业重要办学主体作用。规模以上企业要有机构或人员组织实施职工教育培训、对接职业院校，设立学生实习和教师实践岗位。企业因接受实习生所实际发生的与取得收入有关的、合理的支出，按现行税收法律规定在计算应纳税所得额时扣除。多种形式支持企业建设兼具生产与教学功能的公共实训基地。对举办职业院校的企业，其办学符合职业教育发展规划要求的，各地可通过政府购买服务等方式给予支持。对职业院校自办的、以服务学生实习实训为主要目的的企业或经营活动，按照国家有关规定享受税收等优惠。支持企业通过校企合作共同培养培训人才，不断提升企业价值。企业开展职业教育的情况纳入企业社会责任报告。

五、提升发展保障水平

（二十）完善经费稳定投入机制。各级人民政府要建立与办学规模和培养要求相适应的财政投入制度，地方人民政府要依法制定并落实职业院校生均经费标准或公用经费标准，改善职业院校基本办学条件。地方教育附加费用于职业教育的比例不低于 30%。加大地方人民政府经费统筹力度，发挥好企业职工教育培训经费以及就业经费、扶贫和移民安置资金等各类资金在职业培训中的作用，提高资金使用效益。县级以上人民政府要建立职业教育经费绩效评价制度、审计监督公告制度、预决算公开制度。

（二十一）健全社会力量投入的激励政策。鼓励社会力量捐资、出资兴办职业教育，拓宽办学筹资渠道。通过公益性社会团体或者县级以上人民政府及其部门向职业院校进行捐赠的，其捐赠按照现行税收法律规定在税前扣除。完善财政贴息贷款等政策，健全民办职业院校融资机制。企业要依法履行职工教育培训和足额提取教育培训经费的责任，一般企业按照职工工资总额的 1.5%足额提取教育培训经费，从业人员技能要求高、实训耗材多、培训任务重、经济效益较好的企业可按 2.5%提取，其中用于一线职工教育培训的比例不低于 60%。除国务院财政、税务主管部门另有规定外，企业发生的职工教育经费支出，不超过工资薪金总额 2.5%的部分，准予扣除；超过部分，准予在以后纳税年度结转扣除。对不按规定提取和使用教育培训经费并拒不改正的企业，由县级以上地方人民政府依法收取企业应当承担的职业教育经费，统筹用于本地区的职业教育。探索利用国（境）外资金发展职业教育的途径和机制。

《国务院关于加强职业培训促进就业的意见》（2010 年 10 月 20 日公布）

改革开放以来，我国职业培训工作取得了显著成效，职业培训体系初步建立，政策措施逐步完善，培训规模不断扩大，劳动者职业素质和就业能力得到不断提高，对促进就业和经济社会发展发挥了重要作用。与此同时，职业培训工作仍不适应社会经济发展、产业结构调整和劳动者素质提高的需要，职业培训的制度需要进一步健全、工作力度需要进一步加大、针对性和有效性需要进一步增强。为认真落实《国家中长期人才发展规划纲要（2010-2020 年）》、《国家中长期教育改革和发展规划纲要（2010-2020 年）》要求，全面提高劳动者职业技能水平，加快技能人才队伍建设，现就加强职业培训促进就业提出如下意见：

一、充分认识加强职业培训的重要性和紧迫性

（一）加强职业培训是促进就业和经济发展的重大举措。职业培训是提高劳动者技能水平和就业创业能力的主要途径。大力加强职业培训工作，建立健全面向全体劳动者的职业培训制度，是实施扩大就业的发展战略，解决就业总量矛盾和结构性矛盾，促进就业和稳定就业的根本措施；是贯彻落实人才强国战略，加快技能人才队伍建设，建设人力资源强国的重要任务；是加快经济发展方式转变，促进产业结构调整，提高企业自主创新能力和核心竞争力的必然要求；也是推进城乡统筹发展，加快工业化和城镇化进程的有效手段。

（二）明确职业培训工作的指导思想和目标任务。职业培训工作的指导思想是：深入贯彻落实科学发展观，以服务就业和经济发展为宗旨，坚持城乡统筹、就业导向、技能为本、终身培训的原则，建立覆盖对象广泛、培训形式多样、管理运作规范、保障措施健全的职业培训工作新机制，健全面向全体劳动者的职业培训制度，加快培养数以亿计的高素质技能劳动者。

当前和今后一个时期，职业培训工作的主要任务是：适应扩大就业规模、提高就业质量和增强企业竞争力的需要，完善制度、创新机制、加大投入，大规模开展就业技能培训、岗位技能提升培训和创业培训，切实提高职业培训的针对性和有效性，努力实现“培训一人、就业一人”和“就业一人、培训一人”的目标，为促进就业和经济社会发展提供强有力的技能人才支持。“十二五”期间，力争使新进入人力资源市场的劳动者都有机会接受相应的职业培训，使企业技能岗位的职工得到至少一次技能提升培训，使每个有培训愿望的创业者都参加一次创业培训，使高技能人才培训满足产业结构优化升级和企业发展需求。

二、大力开展各种形式的职业培训

（三）健全职业培训制度。适应城乡全体劳动者就业需要和职业生涯发展要求，健全职业培训制度。要统筹利用各类职业培训资源，建立以职业院校、企业和各类职业培训机构为载体的职业培训体系，大力开展就业技能培训、岗位技能提升培训和创业培训，贯通技能劳动者从初级工、中级工、高级工到技师、高级技师的成长通道。

（四）大力开展就业技能培训。要面向城乡各类有就业要求和培训愿望的劳动者开展多种形式就业技能培训。坚持以就业为导向，强化实际操作技能训练和职业素质培养，使他们达到上岗要求或掌握初级以上职业技能，着力提高培训后的就业率。对农村转移就业劳动者和城镇登记失业人员，要重点开展初级技能培训，使其掌握就业的一技之长；对城乡未继续升学的应届初高中毕业生等新成长劳动力，鼓励其参加1-2个学期的劳动预备制培训，提升技能水平和就业能力；对企业新录用的人员，要结合就业岗位的实际要求，通过师傅带徒弟、集中培训等形式开展岗前培训；对退役士兵要积极开展免费职业技能培训；对职业院校学生要强化职业技能和从业素质培养，使他们掌握中级以上职业技能。鼓励高等院校大力开展职业技能和就业能力培训，加强就业创业教育和就业指导服务，促进高校毕业生就业。

（五）切实加强岗位技能提升培训。适应企业产业升级和技术进步的要求，进一步健全企业职工培训制度，充分发挥企业在职业培训工作中的重要作用。鼓励企业通过多种方式广泛开展在岗职工技能提升培训和高技能人才培训。要结合技术进步和产业升级对职工技能水平的要求，通过在岗培训、脱产培训、业务研修、技能竞赛等多种形式，加快提升企业在岗职工的技能水平。鼓励企业通过建立技能大师工作室和技师研修制度、自办培训机构或与职业院校联合办学等方式，结合企业技术创新、技术改造和技术项目引进，大力培养高技能人才。鼓励有条件的企业积极承担社会培训任务，为参加职业培训人员提供实训实习条件。

（六）积极推进创业培训。依托有资质的教育培训机构，针对创业者特点和创业不同阶段的需求，开展多种形式的创业培训。要扩大创业培训范围，鼓励有创业要求和培训愿望、具备一定创业条件的城乡各类劳动者以及处于创业初期的创业者参加创业培训。要通过规范培训标准、提高师资水平、完善培训模式，不断提高创业培训质量；要结合当地产业发展和创业项目，根据不同培训对象特点，重点开展创业意识教育、创业项目指导和企业经营管理培训，通过案例剖析、考察观摩、企业家现身说法等方式，提高受培训者的创业能力。要强化创业培训与小额担保贷款、税费减免等扶持政策及创业咨询、创业孵化等服务手段的衔接，健全政策扶持、创业培训、创业服务相结合的工作体系，提高创业成功率。

三、切实提高职业培训质量

（七）大力推行就业导向的培训模式。根据就业需要和职业技能标准要求，深化职业培训模式改革，大力推行与就业紧密联系的培训模式，增强培训针对性和有效性。在强化职业技能训练的同时，要加强职业道德、法律意识等职业素质的培养，提高劳动者的技能水平和综合职业素养。全面实行校企合作，改革培训课程，创新培训方法，引导职业院校、企业和职业培训机构大力开展订单式培训、定向培训、定岗培训。面向有就业要求和培训愿望城乡劳动者的初级技能培训和岗前培训，应根据就业市场需求和企业岗位实际要求，开展订单式培训或定岗培训；面向城乡未继续升学的应届初高中毕业生等新成长劳动力的劳动预备制培训，应结合产业发展对后备技能人才需求，开展定向培训。

（八）加强职业技能考核评价和竞赛选拔。各地要切实加强职业技能鉴定工作，按统一要求建立健全技能人才培养评价标准，充分发挥职业技能鉴定在职业培训中的引导作用。各级职业技能鉴定机构要按照国家职业技能鉴定有关规定和要求，为劳动者提供及时、方便、快捷的职业技能鉴定服务。完善企业技能人才评价制度，指导企业结合国家职业标准和企业岗位要求，开展企业内职业技能评价工作。在职业院校中积极推行学历证书与职业资格证书“双证书”制度。充分发挥技能竞赛在技能人才培养中的积极作用，选择技术含量高、通用性广、从业人员多、社会影响大的职业广泛开展多层次的职业技能竞赛，为发现和选拔高技能人才创造条件。

（九）强化职业培训基础能力建设。依托现有各类职业培训机构及培训设施，加大职业培训资源整合力度，加强职业培训体系建设，提高职业培训机构的培训能力。在产业集中度高的区域性中心城市，提升改造一批以高级技能培训为主的职业技能实训基地；在地级城市，提升改造一批以中、高级技能培训为主的职业技能实训基地；在经济较发达的县市，提升改造一批以初、中级技能培训为主的职业技能实训基地，面向社会提供示范性技能训练和鉴定服务。完善职业分类制度，加快国家职业技能标准和鉴定题库的开发与更新，为职业培训和鉴定提供技术支持。加强职业培训师资队伍建设，依托有条件的大中型企业和职业院校，开展师资培训，加快培养既能讲授专业知识又能传授操作技能的教师队伍。实行专兼职教师制度，建立和完善职业培训教师在职培训和到企业实践制度。根据职业培训规律和特点，加强职业培训特别是高技能人才培训的课程体系、培训计划大纲以及培训教材的开发。

（十）切实加强就业服务工作。加强覆盖城乡的公共就业服务体系建设，为各类劳动者提供完善的职业培训政策信息咨询、职业指导和职业介绍等服务，定期公布人力资源市场供求信息，引导各类劳动者根据市场需求，选择适合自身需要的职业培训。基层劳动就业和社会保障公共服务平台要了解、掌握培训需求，收集、发布培训信息，积极动员组织辖区内各类劳动者参加职业培训和职业技能鉴定，及时提供就业信息和就业指导，协助落实相关就业扶持政策，促进其实现就业。

（十一）鼓励社会力量开展职业培训工作。各地要根据国家有关法律法规规定，明确民办职业培训机构的师资、设备、场地等基本条件，鼓励和引导社会力量开展职业培训，在师资培养、技能鉴定、就业信息服务、政府购买培训成果等方面与其他职业培训机构同等对待。同时，要依法加强对各类民办职业培训机构招生、收费、培训等环节的指导与监管，进一步提高民办职业培训机构办学质量，推动民办职业培训健康发展。

（十二）完善政府购买培训成果机制。各地要建立培训项目管理制度，完善政府购买培训成果机制，按照“条件公开、自愿申请、择优认定、社会公示”的原则，制定承担政府补贴培训任务的培训机构的基本条件、认定程序和管理办法，组织专家进行严格评审，对符合条件的向社会公示。要严格执行开班申请、过程检查、结业审核三项制度。鼓励地方探索第三方监督机制，委托有资质的社会中介组织对培训机构的培训质量及资金使用情况进行评估。

四、加大职业培训资金支持力度

（十三）完善职业培训补贴政策。城乡有就业要求和培训愿望的劳动者参加就业技能培训或创业培训，培训合格并通过技能鉴定取得初级以上职业资格证书（未颁布国家职业技能标准的职业应取得专项职业能力证书或培训合格证书），根据其获得职业资格证书或就业情况，按规定给予培训费补贴；企业新录用的符合职业培训补贴条件的劳动者，由企业依托所属培训机构或政府认定培训机构开展岗前培训的，按规定给予企业一定的培训费补贴。对通过初次职业技能鉴定并取得职业资格证书或专项职业能力证书的，按规定给予一次性职业技能鉴定补贴。对城乡未继续升学的应届初高中毕业生参加劳动预备制培训，按规定给予培训费补贴的同时，对其中农村学员和城市家庭经济困难学员给予一定生活费补贴。

（十四）加大职业培训资金投入。各级政府对用于职业培训的各项补贴资金要加大整合力度，具备条件的地区，统一纳入就业专项资金，统筹使用，提高效益。各级财政要加大投入，调整就业专项资金支出结构，逐步提高职业培训支出比重。有条件的地区要安排经费，对职业培训教材开发、师资培训、职业技能竞赛、评选表彰等基础工作给予支持。由失业保险基金支付的各项培训补贴按相关规定执行。

（十五）落实企业职工教育经费。企业要按规定足额提取并合理使用企业职工教育经费，职工教育经费的60%以上应用于一线职工的教育和培训，企业职工在岗技能提升培训和高技能人才培训所需费用从职工教育经费列支。企业应将职工教育经费的提取与使用情况列为厂务公开的内容，定期或不定期进行公开，接受职工代表的质询和全体职工的监督。对自身没有能力开展职工培训，以及未开展高技能人才培训的企业，县级以上地方人民政府可依法对其职工教育经费实行统筹，人力资源社会保障部门会同有关部门统一组织培训服务。

（十六）加强职业培训资金监管。各地人力资源社会保障部门要会同财政部门加强对职业培训补贴资金的管理，明确资金用途、申领拨付程序和监管措施。2012年底前，各省（区、市）地级以上城市要依托公共就业服务信息系统建立统一的职业培训信息管理平台，对承担培训任务的培训机构进行动态管理，对参训人员实行实名制管理，不断提高地区之间信息共享程度。要根据当地产业发展规划、就业状况以及企业用人需要，合理确定并向社会公布政府补贴培训的职业（工种），每人每年只能享受一次职业培训补贴。要按照同一地区、同一工种补贴标准统一的原则，根据难易程度、时间长短和培训成本，以职业资格培训期限为基础，科学合理地确定培训补贴标准。根据培训对象特点和培训组织形式，在现有补贴培训机构方式的基础上，积极推进直补个人、直补企业等职业培训补贴方式，有条件的地区可以探索发放培训券（卡）的方式。要采取切实措施，对补贴对象审核、资金拨付等重点环节实行公开透明的办法，定期向全社会公开资金使用情况，审计部门依法加强对职业培训补贴资金的审计，防止骗取、挪用、以权谋私等问题的发生，确保资金安全，审计结果依法向社会公告。监察部门对重大违纪违规问题的责任人进行责任追究，涉及违法的移交司法机关处理。

五、加强组织领导

（十七）完善工作机制。地方各级人民政府、各有关部门要进一步提高对职业培训工作重要性的认识，进一步增强责任感和紧迫感，从全局和战略的高度，切实加强职业培训工作。要把职业培训工作作为促进就业工作的一项重要内容，列入重要议事日程，定期研究解决工作中存在的问题。要建立在政府统一领导下，人力资源社会保障部门统筹协调，发展改革、教育、科技、财政、住房城乡建设、农业等部门各司其职、密切配合，工会、共青团、妇联等人民团体广泛参与的工作机制，共同推动职业培训工作健康协调可持续发展。

（十八）科学制定培训规划。各地要根据促进就业和稳定就业的要求，在综合考虑当地劳动者职业培训实际需求、社会培训资源和能力的基础上，制定中长期职业培训规划和年度实施计划，并纳入本地区经济社会和人才发展总体规划。各地人力资源社会保障部门要结合本地区产业结构调整和发展状况、企业用工情况，对劳动力资源供求和培训需求信息等进行统计分析，并定期向社会发布。充分发挥行业主管部门和行业组织在职业培训工作中的作用，做好本行业技能人才需求预测，指导本行业企业完善职工培训制度，落实职业培训政策措施。

（十九）加大宣传表彰力度。进一步完善高技能人才评选表彰制度，并对在职业培训工作中作出突出贡献的机构和个人给予表彰。充分运用新闻媒体，广泛开展主题宣传活动，大力宣传各级党委、政府关于加强职业培训工作的方针政策，宣传技能成才和成功创业的典型事迹，宣传优秀职业院校和职业培训机构在职业培训方面的特色做法和显著成效，营造尊重劳动、崇尚技能、鼓励创造的良好氛围。

《国务院关于大力发展职业教育的决定》（2005年10月28日公布）

（二十）企业要强化职工培训，提高职工素质。要继续办好已有职业院校，企业可以联合举办职业院校，也可以与职业院校合作办学。企业有责任接受职业院校学生实习和教师实践。对支付实习学生报酬的企业，给予相应税收优惠。

（二十一）要认真落实“一般企业按照职工工资总额的1.5%足额提取教育培训经费，从业人员技术要求高、培训任务重、经济效益较好的企业，可按2.5%提取”的规定，足额提取教育培训经费，主要用于企业职工特别是一线职工的教育和培训。企业新上项目都要安排员工技术培训经费。

国家通过税收优惠政策支持社会保险事业。

《工人考核条例》（1990年7月12日公布）

第五条 工人考核分为录用考核、转正定级考核、上岗转岗考核、本等级考核、升级考核，以及技师、高级技师（以下统称技师）任职资格的考评。

第七条 学徒（培训生）学习期满和工人见习、试用期满时，须经转正定级考核。经考核合格发给相应的《技术等级证书》或者《岗位合格证书》或者《特种作业人员操作证》之后，方能上生产工作岗位独立操作，并根据其思想政治表现、生产工作成绩和实际技能按照国家有关规定确定工资等级。考核不合格者准予延期补考。补考仍不合格者应当解除劳动合同或者调换其他工作。学徒、见习、试用期各方面表现优秀的，可以提前进行转正定级考核。

第八条 工人改变工种，调换新的岗位，或者操作新的先进设备时，应经过技术业务培训和上岗转岗考核合格后方能上岗。在精密稀有设备上工作和从事特种作业的工人，离开生产工作岗位一年以上，重新回到原岗位，应有一定的熟悉期，期满经技术业务考核合格后方能上岗，并按考核成绩，重新确定技术等级。

第十一条 优秀的高级技术工人，可以按照国家有关规定申请参加技师任职资格的考评。有突出贡献的技师，可以按照国家有关规定参加高级技师任职资格的考评。考评合格，分别发给相应的《技师合格证书》，作为应聘职务的凭证。

知识点

在职培训是为提高已就业的劳动者的知识技术水平和操作技能，使其适应生产和技术发展的需要而进行的专业技术培训。用人单位根据自己的生产需要、工种专业的特点、劳动者的文化程度和技术水平以及本单位的发展规划与目标，制定和修改培训计划方案，并成立专门机构和落实具体工作人员。除对新上岗的劳动者有计划地进行培训外，还要对已上岗的劳动者定期进行技术提高培训，使他们能够接受新知识、掌握新技能，从而提高用人单位的劳动生产率，达到发展生产的目的。各种在职培训形式都应制定教学计划，明确培训目标与达到目标的具体标准，要根据需要设置课程和确定教学时数，建立严格的考试制度。

待岗转业培训是用人单位对本单位富余的劳动者进行新岗位和新工种的技术训练，以便重新安排他们的就业岗位的一种培训方法。1993 年国务院发布的《国有企业富余职工安置规定》确定了待岗转业培训制度，对企业富余人员实行待岗转业培训，培训期间内企业确定发给一定的生活费。待岗转业训练与对失业者进行的转业培训不同，它是在企业内部对未离开工作单位的劳动者进行新专业、新技术的培训，以使他们能够适应新工作岗位的需要。

技术工种培训是针对具有特殊作业要求的劳动者进行的安全技术和操作技能的训练。本条第二款规定："从事技术工种的劳动者，上岗前必须经过培训。"所以说技术工种培训是一种义务性培训，用人单位必须对将上岗的技术工种劳动者进行专业培训。《劳动法》第五十五条还规定："从事特种作业的劳动者必须经过专门培训并取得特种作业资格。"我国将逐步推行职业资格证书制度，对未经培训、没有取得职业资格证书而上岗的劳动者，应依法处理；对于不对技术工种劳动者进行培训，而安排他们上岗的用人单位，应依法追究有关部门和用人单位负责人及直接责任者的法律责任。①

第六十九条 国家确定职业分类，对规定的职业制定职业技能标准，实行职业资格证书制度，由经备案的考核鉴定机构负责对劳动者实施职业技能考核鉴定。

---

① 回沪明、高圣平主编：《劳动法及配套规定新释新解（上）》，人民法院出版社 2004 年版。

相关规定

【法律】

《中华人民共和国职业教育法》（2022 年 4 月 20 日修订）

第十一条　实施职业教育应当根据经济社会发展需要，结合职业分类、职业标准、职业发展需求，制定教育标准或者培训方案，实行学历证书及其他学业证书、培训证书、职业资格证书和职业技能等级证书制度。

国家实行劳动者在就业前或者上岗前接受必要的职业教育的制度。

第二十四条　企业应当根据本单位实际，有计划地对本单位的职工和准备招用的人员实施职业教育，并可以设置专职或者兼职实施职业教育的岗位。

企业应当按照国家有关规定实行培训上岗制度。企业招用的从事技术工种的劳动者，上岗前必须进行安全生产教育和技术培训；招用的从事涉及公共安全、人身健康、生命财产安全等特定职业（工种）的劳动者，必须经过培训并依法取得职业资格或者特种作业资格。

企业开展职业教育的情况应当纳入企业社会责任报告。

第五十一条　接受职业学校教育，达到相应学业要求，经学校考核合格的，取得相应的学业证书；接受职业培训，经职业培训机构或者职业学校考核合格的，取得相应的培训证书；经符合国家规定的专门机构考核合格的，取得相应的职业资格证书或者职业技能等级证书。

学业证书、培训证书、职业资格证书和职业技能等级证书，按照国家有关规定，作为受教育者从业的凭证。

接受职业培训取得的职业技能等级证书、培训证书等学习成果，经职业学校认定，可以转化为相应的学历教育学分；达到相应职业学校学业要求的，可以取得相应的学业证书。

接受高等职业学校教育，学业水平达到国家规定的学位标准的，可以依法申请相应学位。

【行政法规与国务院规范性文件】

《国务院关于印发国家职业教育改革实施方案的通知》（2019 年 1 月 24 日公布）

（十四）做优职业教育培训评价组织。

职业教育包括职业学校教育和职业培训，职业院校和应用型本科高校按照国家教学标准和规定职责完成教学任务和职业技能人才培养。同时，也必须调动社会力量，补充校园不足，助力校园办学。能够依据国家有关法规和职业标准、教学标准完成的职业技能培训，要更多通过职业教育培训评价组织（以下简称培训评价组织）等参与实施。政府通过放宽准入，严格末端监督执法，严格控制数量，扶优、扶大、扶强，保证培训质量和学生能力水平。要按照在已成熟的品牌中遴选一批、在成长中的品牌中培育一批、在有需要但还没有建立项目的领域中规划一批的原则，以社会化机制公开招募并择优遴选培训评价组织，优先从制订过国家职业标准并完成标准教材编写，具有专家、师资团队、资金实力和5年以上优秀培训业绩的机构中选择。培训评价组织应对接职业标准，与国际先进标准接轨，按有关规定开发职业技能等级标准，负责实施职业技能考核、评价和证书发放。政府部门要加强监管，防止出现乱培训、滥发证现象。行业协会要积极配合政府，为培训评价组织提供好服务环境支持，不得以任何方式收取费用或干预企业办学行为。

◎《国务院关于大力发展职业教育的决定》（2005年10月28日公布）

（二十三）用人单位招录职工必须严格执行“先培训、后就业”、“先培训、后上岗”的规定，从取得职业学校学历证书、职业资格证书和职业培训合格证书的人员中优先录用。要进一步完善涉及人民生命财产安全的相关职业的准入办法。劳动保障、人事和工商等部门要加大对就业准入制度执行情况的监察力度。对违反规定、随意招录未经职业教育或培训人员的用人单位给予处罚，并责令其限期对相关人员进行培训。有关部门要抓紧制定完善就业准入的法规和政策。

（二十四）全面推进和规范职业资格证书制度。加强对职业技能鉴定、专业技术人员职业资格评价、职业资格证书颁发工作的指导与管理。要尽快建立能够反映经济发展和劳动力市场需要的职业资格标准体系。

【部门规章与规范性文件】

◎《劳动和社会保障部、教育部、人事部关于进一步推动职业学校实施职业资格证书制度的意见》（2002年11月29日公布）

三、各地劳动保障、人事和教育行政部门要依据国家职业标准，结合职业学校的特点、培养目标、专业设置、教学要求，研究确定职业学校毕业生参加职业资格考核鉴定的具体办法。职业学校毕业生申请职业技能鉴定和专业技术职业资格考试，应分别按《中华人民共和国职业分类大典》

规范的职业名称和专业技术职业资格类别进行。同时，鼓励职业学校学生在校学习多种职业技能，实现一专多能，拓宽就业渠道。

四、各地劳动保障行政部门要按照职业技能鉴定的有关规定，积极做好职业学校毕业生职业技能鉴定工作。经劳动保障和教育行政部门认定，职业学校所设专业的教学内容与国家职业标准要求相符合的，其毕业生申请参加中级以下（含中级）职业技能鉴定时，理论课考试成绩合格者可视为鉴定理论考核合格，按照职业技能鉴定有关规定只进行操作技能考核。对于培养学生复合技能的专业，除考核所需的基本职业理论和技能外，应增加应用能力、核心能力等方面综合能力的考核。

国家级重点职业学校以及少数教学质量高、社会声誉好的省级重点中等职业学校和高等职业学校的主体专业，经劳动保障和教育行政部门认定，其毕业生参加理论和技能操作考核合格并取得职业学校学历证书者，可视同为职业技能鉴定合格，发给相应的中级职业资格证书。

七、大力推进劳动预备制度的实施。各级各类职业学校要面向城乡未能升学的初、高中毕业生广泛开展职业教育和培训。要加强对农村准备从事非农产业工作或进城务工的人员开展各种形式的职业教育和培训，努力提高他们的职业技能水平和职业道德、法制观念等综合素质，实行先培训后上岗。同时，要积极面向下岗失业人员和已经在城市务工的农村青年开展职业教育和培训，引导和组织他们参加职业技能鉴定，对学习和培训合格者颁发相应的学历证书或培训合格证书，对技能鉴定合格者发给相应的职业资格证书，帮助他们提高就业能力和工作能力。

《职业资格证书规定》（1994年2月22日公布）

第二条　职业资格是对从事某一职业所必备的学识、技术和能力的基本要求。

职业资格包括从业资格和执业资格。从业资格是指从事某一专业（工种）学识、技术和能力的起点标准。执业资格是指政府对某些责任较大，社会通用性强，关系公共利益的专业（工种）实行准入控制，是依法独立开业或从事某一特定专业（工种）学识、技术和能力的必备标准。

第三条　职业资格分别由国务院劳动、人事行政部门通过学历认定、资格考试、专家评定、职业技能鉴定等方式进行评价，对合格者授予国家职业资格证书。

第四条　职业资格证书是国家对申请人专业（工种）学识、技术、能力的认可，是求职、任职、独立开业和单位录用的主要依据。

第五条 职业资格证书制度遵循申请自愿，费用自理，客观公正的原则。凡中华人民共和国公民和获准在我国境内就业的其他国籍的人员都可按照国家有关政策规定和程序申请相应的职业资格。

《职业技能鉴定规定》（1993 年 7 月 9 日公布）

第二条 本规定所称职业技能鉴定是指对劳动者进行技术等级的考核和技师、高级技师（以下统称技师）资格的考评。

第十五条 职业技能鉴定的对象：

（一）各类职业技术学校和培训机构毕（结）业生，凡属技术等级考核的工种，逐步实行职业技能鉴定；

（二）企业、事业单位学徒期满的学徒工，必须进行职业技能鉴定；

（三）企业、事业单位的职工以及社会各类人员，根据需要，自愿申请职业技能鉴定。

第十六条 申报职业技能鉴定的单位或个人，可向当地职业技能鉴定站（所）提出申请，由职业技能鉴定站（所）签发准考证，按规定的时间、方式进行考核或考评。

第十七条 国家实行职业技能鉴定证书制度。

（一）对技术等级考核合格的劳动者，发给相应的《技术等级证书》；对技师资格考评合格者，发给相应的《技师合格证书》或《高级技师合格证书》；

（二）《技术等级证书》、《技师合格证书》和《高级技师合格证书》是劳动者职业技能水平的凭证，同时，按照劳动部、司法部劳培字〔1992〕1 号《对出国工人技术等级、技术职务证书公证的规定》，是我国公民境外就业、劳务输出法律公证的有效证件；

（三）上述证书由劳动部统一印制，劳动行政部门按规定核发。

知识点

职业技能鉴定是指对劳动者进行技术等级的考核和技师、高级技师资格的考评。职业技能鉴定实行政府指导下的社会化管理体制。

职业资格证书是一定的职业培训活动结束，经考试考核及格，由劳动行政机关核发的，证明其职业技术能力等级的证明文件，具有法律效力。

职业技能证书的社会功能由国家法律赋予。依规定，我国现行技术证书只具有客观证明的效力，即证书所载只表明持证人所具有的技术等级或学历，供用人单位参考。它不涉及证书对使用和待遇的效力，即不具有权利凭证的性质。

新的职业技能鉴定体制，是在政府（通过其劳动职能部门）指导下，充分发挥和依靠行业的力量实行社会化管理，将考核发证工作从培训体制中分离出来，建立独立的鉴定机构，承担此项任务。

专门的职业技能鉴定机构分两级设置：设全国性和行业的职业技能鉴定指导中心，分别负责全国的或本地区本行业的职业技能鉴定工作。设职业技能鉴定站或所，具体承担各类人员的技能鉴定工作；同时，设职业技能鉴定考评员，由鉴定站从取得考评员资格证书的人员中聘任若干名组成专业考评小组，具体从事考评工作。其中，中国就业培训技术指导中心（人力资源和社会保障部职业技能鉴定中心）负责全国职业技能鉴定技术指导和组织实施工作。①

---

① 回沪明、高圣平主编：《劳动法及配套规定新释新解（上）》，人民法院出版社 2004 年版。

第九章 社会保险和福利

第七十条 国家发展社会保险事业，建立社会保险制度，设立社会保险基金，使劳动者在年老、患病、工伤、失业、生育等情况下获得帮助和补偿。

相关规定

【法律】

《中华人民共和国社会保险法》（2018年12月29日修正）

第二条 国家建立基本养老保险、基本医疗保险、工伤保险、失业保险、生育保险等社会保险制度，保障公民在年老、疾病、工伤、失业、生育等情况下依法从国家和社会获得物质帮助的权利。

第三条 社会保险制度坚持广覆盖、保基本、多层次、可持续的方针，社会保险水平应当与经济社会发展水平相适应。

第五条 县级以上人民政府将社会保险事业纳入国民经济和社会发展规划。

国家多渠道筹集社会保险资金。县级以上人民政府对社会保险事业给予必要的经费支持。

国家通过税收优惠政策支持社会保险事业。

《中华人民共和国劳动合同法》（2012年12月28日修正）

第四十九条 国家采取措施，建立健全劳动者社会保险关系跨地区转移接续制度。

【行政法规与国务院规范性文件】

《社会保险经办条例》（2023年8月16日公布，自2023年12月1日起实施）

第二条 经办基本养老保险、基本医疗保险、工伤保险、失业保险、生育保险等国家规定的社会保险，适用本条例。

第三条 社会保险经办工作坚持中国共产党的领导，坚持以人民为中心，遵循合法、便民、及时、公开、安全的原则。

第四条 国务院人力资源社会保障行政部门主管全国基本养老保险、工伤保险、失业保险等社会保险经办工作。国务院医疗保障行政部门主管全国基本医疗保险、生育保险等社会保险经办工作。

县级以上地方人民政府人力资源社会保障行政部门按照统筹层次主管基本养老保险、工伤保险、失业保险等社会保险经办工作。县级以上地方人民政府医疗保障行政部门按照统筹层次主管基本医疗保险、生育保险等社会保险经办工作。

第五条 国务院人力资源社会保障行政部门、医疗保障行政部门以及其他有关部门按照各自职责，密切配合、相互协作，共同做好社会保险经办工作。

县级以上地方人民政府应当加强对本行政区域社会保险经办工作的领导，加强社会保险经办能力建设，为社会保险经办工作提供保障。

《国务院关于建立企业职工基本养老保险基金中央调剂制度的通知》（2018年5月30日公布）

根据党中央、国务院决策部署和《中华人民共和国社会保险法》有关要求，为深入贯彻习近平新时代中国特色社会主义思想和党的十九大精神，均衡地区间企业职工基本养老保险基金（以下简称养老保险基金）负担，实现基本养老保险制度可持续发展，国务院决定建立养老保险基金中央调剂制度，自2018年7月1日起实施。现就有关事项通知如下：

一、总体要求

（一）指导思想。

全面贯彻党的十九大和十九届二中、三中全会精神，以习近平新时代中国特色社会主义思想为指导，坚持党的基本理论、基本路线、基本方略，牢固树立和贯彻落实新发展理念，统筹推进“五位一体”总体布局和协调推进“四个全面”战略布局，紧扣满足人民日益增长的美好生活需要，着力解决发展不平衡不充分的突出问题，围绕建立健全更加公平更可持续养老保险制度目标，从基本国情和养老保险制度建设实际出发，遵循社会保险大数法则，建立养老保险基金中央调剂制度，作为实现养老保险全国统筹的第一步。加快统一养老保险政策、明确各级政府责任、理顺基金管理体制、健全激励约束机制，不断加大调剂力度，尽快实现养老保险全国统筹。

二、主要内容

在现行企业职工基本养老保险省级统筹基础上，建立中央调剂基金，对各省份养老保险基金进行适度调剂，确保基本养老金按时足额发放。

（一）中央调剂基金筹集。

中央调剂基金由各省份养老保险基金上解的资金构成。按照各省份职工平均工资的90%和在职应参保人数作为计算上解额的基数，上解比例从3%起步，逐步提高。

某省份上解额=（某省份职工平均工资×90%）×某省份在职应参保人数×上解比例。

各省份职工平均工资，为统计部门提供的城镇非私营单位和私营单位就业人员加权平均工资。

各省份在职应参保人数，暂以在职参保人数和国家统计局公布的企业就业人数二者的平均值为基数核定。将来条件成熟时，以覆盖常住人口的全民参保计划数据为基础确定在职应参保人数。

（二）中央调剂基金拨付。

中央调剂基金实行以收定支，当年筹集的资金全部拨付地方。中央调剂基金按照人均定额拨付，根据人力资源社会保障部、财政部核定的各省份离退休人数确定拨付资金数额。

某省份拨付额=核定的某省份离退休人数×全国人均拨付额。

其中：全国人均拨付额=筹集的中央调剂基金/核定的全国离退休人数。

（三）中央调剂基金管理。

中央调剂基金是养老保险基金的组成部分，纳入中央级社会保障基金财政专户，实行收支两条线管理，专款专用，不得用于平衡财政预算。中央调剂基金采取先预缴预拨后清算的办法，资金按季度上解下拨，年终统一清算。

各地在实施养老保险基金中央调剂制度之前累计结余基金原则上留存地方，用于本省（自治区、直辖市）范围内养老保险基金余缺调剂。

（四）中央财政补助。

现行中央财政补助政策和补助方式保持不变。中央政府在下达中央财政补助资金和拨付中央调剂基金后，各省份养老保险基金缺口由地方政府承担。省级政府要切实承担确保基本养老金按时足额发放和弥补养老保险基金缺口的主体责任。

《工伤保险条例》（2010 年 12 月 20 日修订）

第二章　工伤保险基金

第七条　工伤保险基金由用人单位缴纳的工伤保险费、工伤保险基金的利息和依法纳入工伤保险基金的其他资金构成。

第八条　工伤保险费根据以支定收、收支平衡的原则，确定费率。

国家根据不同行业的工伤风险程度确定行业的差别费率，并根据工伤保险费使用、工伤发生率等情况在每个行业内确定若干费率档次。行业差别费率及行业内费率档次由国务院社会保险行政部门制定，报国务院批准后公布施行。

统筹地区经办机构根据用人单位工伤保险费使用、工伤发生率等情况，适用所属行业内相应的费率档次确定单位缴费费率。

第十条　用人单位应当按时缴纳工伤保险费。职工个人不缴纳工伤保险费。

用人单位缴纳工伤保险费的数额为本单位职工工资总额乘以单位缴费费率之积。

对难以按照工资总额缴纳工伤保险费的行业，其缴纳工伤保险费的具体方式，由国务院社会保险行政部门规定。

第十一条　工伤保险基金逐步实行省级统筹。

跨地区、生产流动性较大的行业，可以采取相对集中的方式异地参加统筹地区的工伤保险。具体办法由国务院社会保险行政部门会同有关行业的主管部门制定。

第十二条　工伤保险基金存入社会保障基金财政专户，用于本条例规定的工伤保险待遇，劳动能力鉴定，工伤预防的宣传、培训等费用，以及法律、法规规定的用于工伤保险的其他费用的支付。

工伤预防费用的提取比例、使用和管理的具体办法，由国务院社会保险行政部门会同国务院财政、卫生行政、安全生产监督管理等部门规定。

任何单位或者个人不得将工伤保险基金用于投资运营、兴建或者改建办公场所、发放奖金，或者挪作其他用途。

第十三条 工伤保险基金应当留有一定比例的储备金，用于统筹地区重大事故的工伤保险待遇支付；储备金不足支付的，由统筹地区的人民政府垫付。储备金占基金总额的具体比例和储备金的使用办法，由省、自治区、直辖市人民政府规定。

《国务院关于完善企业职工基本养老保险制度的决定》（2005年12月3日公布）

二、确保基本养老金按时足额发放。要继续把确保企业离退休人员基本养老金按时足额发放作为首要任务，进一步完善各项政策和工作机制，确保离退休人员基本养老金按时足额发放，不得发生新的基本养老金拖欠，切实保障离退休人员的合法权益。对过去拖欠的基本养老金，各地要根据《中共中央办公厅、国务院办公厅关于进一步做好补发拖欠基本养老金和企业调整工资工作的通知》要求，认真加以解决。

三、扩大基本养老保险覆盖范围。城镇各类企业职工、个体工商户和灵活就业人员都要参加企业职工基本养老保险。当前及今后一个时期，要以非公有制企业、城镇个体工商户和灵活就业人员参保工作为重点，扩大基本养老保险覆盖范围。要进一步落实国家有关社会保险补贴政策，帮助就业困难人员参保缴费。城镇个体工商户和灵活就业人员参加基本养老保险的缴费基数为当地上年度在岗职工平均工资，缴费比例为20%，其中8%记入个人账户，退休后按企业职工基本养老金计发办法计发基本养老金。

四、逐步做实个人账户。做实个人账户，积累基本养老保险基金，是应对人口老龄化的重要举措，也是实现企业职工基本养老保险制度可持续发展的重要保证。要继续抓好东北三省做实个人账户试点工作，抓紧研究制订其他地区扩大做实个人账户试点的具体方案，报国务院批准后实施。国家制订个人账户基金管理和投资运营办法，实现保值增值。

《国务院关于切实做好企业离退休人员基本养老金按时足额发放和国有企业下岗职工基本生活保障工作的通知》（2000年5月28日公布）

三、进一步扩大社会保险覆盖范围，加强社会保险费征缴工作。今年内，各地要积极扩大社会保险覆盖面，将外商投资企业、港澳台商投资企业、集体企业、城镇私营企业及事业单位，按规定全部纳入覆盖范围。对于尚未参加社会保险统筹的农垦、森工等企业，有关部门要研究制定相应政策，保障其离退休人员和下岗职工的基本生活。城镇集体企业已参加社会保险的离退休人员和下岗职工，按规定享受社会保险待遇；未参加社会保险而又停产多年的，其退休人员和下岗职工直接纳入城市居民最低生活保障范围，按规定享受最低生活保障待遇。对转制和被兼并企业的职工，社会保险经办机构要及时为其接续社会保险关系。对破产企业和与原单位解除劳动关系的职工，重新就业后由用人单位和个人按规定继续缴纳社会保险费。参加社会保险的单位和职工要按规定及时足额缴纳社会保险费，对拒缴、瞒报、少缴的要依法处理。社会保险经办机构和承担社会保险费征缴工作的税务部门，要加强征缴工作的力度，依法做到应收尽收。对企业欠缴的社会保险费，要加大清理追缴力度，尽快回收。要严格实行社会保险基金收支两条线管理，保证专款专用，严禁发生新的挤占挪用，对已被挤占挪用的基金要尽快收回。审计机关要加强对社会保险基金和重点欠费企业的专项审计，对故意欠缴社会保险费和违规动用社会保险基金的单位和个人要依法追究责任，并向社会曝光。

六、进一步完善城市居民最低生活保障制度。凡家庭人均收入低于当地最低生活保障标准的城市居民，都要纳入最低生活保障范围，实行最低生活保障。要根据当地居民生活水平和财政承受能力，合理确定最低生活保障标准，既要保障贫困居民的基本生活，又要有利于促进下岗和失业人员再就业。要准确核实保障对象的收入水平，规范申请、评审和资金发放的程序，严格审查，张榜公布，接受监督，做到公开、公平、公正。民政部门要加强工作指导和管理，各级财政要积极支持完善城市居民最低生活保障制度工作，努力增加投入，确保资金到位，对财政确有困难的地区，中央财政酌情给予支持。

《失业保险条例》（1999 年 1 月 22 日修订）

第二章　失业保险基金

第五条　失业保险基金由下列各项构成：

（一）城镇企业事业单位、城镇企业事业单位职工缴纳的失业保险费；

（二）失业保险基金的利息；

（三）财政补贴；

（四）依法纳入失业保险基金的其他资金。

第六条　城镇企业事业单位按照本单位工资总额的百分之二缴纳失业

保险费。城镇企业事业单位职工按照本人工资的百分之一缴纳失业保险费。城镇企业事业单位招用的农民合同制工人本人不缴纳失业保险费。

第七条 失业保险基金在直辖市和设区的市实行全市统筹；其他地区的统筹层次由省、自治区人民政府规定。

第八条 省、自治区可以建立失业保险调剂金。

失业保险调剂金以统筹地区依法应当征收的失业保险费为基数，按照省、自治区人民政府规定的比例筹集。

统筹地区的失业保险基金不敷使用时，由失业保险调剂金调剂、地方财政补贴。

失业保险调剂金的筹集、调剂使用以及地方财政补贴的具体办法，由省、自治区人民政府规定。

第九条 省、自治区、直辖市人民政府根据本行政区域失业人员数量和失业保险基金数额，报经国务院批准，可以适当调整本行政区域失业保险费的费率。

第十条 失业保险基金用于下列支出：

（一）失业保险金；

（二）领取失业保险金期间的医疗补助金；

（三）领取失业保险金期间死亡的失业人员的丧葬补助金和其供养的配偶、直系亲属的抚恤金；

（四）领取失业保险金期间接受职业培训、职业介绍的补贴，补贴的办法和标准由省、自治区、直辖市人民政府规定；

（五）国务院规定或者批准的与失业保险有关的其他费用。

第十一条 失业保险基金必须存入财政部门在国有商业银行开设的社会保障基金财政专户，实行收支两条线管理，由财政部门依法进行监督。

存入银行和按照国家规定购买国债的失业保险基金，分别按照城乡居民同期存款利率和国债利息计息。失业保险基金的利息并入失业保险基金。

失业保险基金专款专用，不得挪作他用，不得用于平衡财政收支。

第十二条 失业保险基金收支的预算、决算，由统筹地区社会保险经办机构编制，经同级劳动保障行政部门复核、同级财政部门审核，报同级人民政府审批。

第十三条 失业保险基金的财务制度和会计制度按照国家有关规定执行。

《国务院关于建立城镇职工基本医疗保险制度的决定》（1998 年 12 月 14 日公布）

四、健全基本医疗保险基金的管理和监督机制

基本医疗保险基金纳入财政专户管理，专款专用，不得挤占挪用。

社会保险经办机构负责基本医疗保险基金的筹集、管理和支付，并要建立健全预决算制度、财务会计制度和内部审计制度。社会保险经办机构的事业经费不得从基金中提取，由各级财政预算解决。

……

各级劳动保障和财政部门，要加强对基本医疗保险基金的监督管理。审计部门要定期对社会保险经办机构的基金收支情况和管理情况进行审计。统筹地区应设立由政府有关部门代表、用人单位代表、医疗机构代表、工会代表和有关专家参加的医疗保险基金监督组织，加强对基本医疗保险基金的社会监督。

《国务院关于建立统一的企业职工基本养老保险制度的决定》（1997 年 7 月 16 日公布）

一、到本世纪末，要基本建立起适应社会主义市场经济体制要求，适用城镇各类企业职工和个体劳动者，资金来源多渠道、保障方式多层次、社会统筹与个人账户相结合、权利与义务相对应、管理服务社会化的养老保险体系。企业职工养老保险要贯彻社会互济与自我保障相结合、公平与效率相结合、行政管理与基金管理分开等原则，保障水平要与我国社会生产力发展水平及各方面的承受能力相适应。

五、本决定实施后参加工作的职工，个人缴费年限累计满 15 年的，退休后按月发给基本养老金。基本养老金由基础养老金和个人账户养老金组成。退休时的基础养老金月标准为省、自治区、直辖市或地（市）上年度职工月平均工资的 20%，个人账户养老金月标准为本人账户储存额除以 120。个人缴费年限累计不满 15 年的，退休后不享受基础养老金待遇，其个人账户储存额一次支付给本人。

《国务院关于企业职工养老保险制度改革的决定》（1991 年 6 月 26 日公布）

二、随着经济的发展，逐步建立起基本养老保险与企业补充养老保险和职工个人储蓄性养老保险相结合的制度。改变养老保险完全由国家、企业包下来的办法，实行国家、企业、个人三方共同负担，职工个人也要缴

纳一定的费用。

三、基本养老保险基金由政府根据支付费用的实际需要和企业、职工的承受能力，按照以支定收、略有结余、留有部分积累的原则统一筹集。

【党内法规】

《中共中央、国务院关于切实做好国有企业下岗职工基本生活保障和再就业工作的通知》（1998年6月9日公布）

五、加快社会保障制度改革，完善社会保障体系

要与建立社会主义市场经济体制和现代企业制度的要求相适应，在所有企业（包括个体、私营等非国有企业）以及外商投资企业的中方职工中推行和深化养老、医疗、失业等社会保险制度及住房制度的改革，建立健全社会保障体系，为劳动力资源的合理配置和正常流动创造条件。

对于下岗职工无论以何种方式实现再就业或不再就业，过去的连续工龄和养老保险缴费年限与以后的缴费年限合并计算，达到法定退休年龄时，按规定享受相应的养老保险待遇。下岗职工分流安置和再就业后，在原企业的住房，已按房改政策购买的，应根据有关规定明确个人和原企业的产权关系；未购买的，可以继续租用，租金标准按当地政府规定执行。对生活特别困难的下岗职工子女就学，应减免学杂费。要加快建立城市居民最低生活保障制度，使下岗职工家庭的基本生活得到保证。同时，要使社会保险制度、下岗职工基本生活保障制度和城市居民最低生活保障制度相互衔接、相互补充，不断完善社会保障体系。

在做好国有企业下岗职工基本生活保障工作的同时，要继续深化企业职工养老保险制度改革，加快立法步伐。要确保离退休人员的基本生活，保证按时足额发放养老金，不得发生新的拖欠，对过去拖欠的应逐步予以补发。要扩大养老保险覆盖面，加强养老保险基金的收缴工作，努力提高收缴率。

【部门规章与规范性文件】

《民政部关于进一步加强生活困难下岗失业人员基本生活保障工作的通知》（2019年1月16日公布）

一、加强最低生活保障工作

各地要全面落实最低生活保障制度，对因下岗失业导致基本生活困难，共同生活的家庭成员人均收入低于当地最低生活保障标准，且符合当地最低生活保障家庭财产状况规定的家庭，要及时纳入最低生活保障范围，切实做到“应保尽保”。进一步健全最低生活保障对象认定办法，完善社会救助申请家庭经济状况核查机制，细化核算范围和计算方法，可根据实际情况适当考虑家庭成员因残疾、患重病等增加的刚性支出因素，综合评估家庭贫困程度。对纳入最低生活保障的下岗失业人员家庭中的老年人、未成年人、重度残疾人、重病患者等重点救助对象，要采取增发低保金等多种措施提高救助水平，保障其基本生活。对重新就业或创业后，家庭人均收入超过当地低保标准的，可实施“低保渐退”，给予一定时期的渐退期，实现稳定就业创业后再退出最低生活保障范围。

二、加大临时救助工作力度

各地要进一步发挥临时救助制度效能，按照规定加大对生活困难下岗失业人员及其家庭临时救助力度，帮助他们缓解陷入生活困境之急、解除创业就业后顾之忧，切实兜住基本生活保障底线。要根据下岗失业人员及其家庭的生活困难具体情形，区分救助类别，确定救助标准。积极开展先行救助，不断增强救助时效性。落实县、乡两级审批政策规定，逐步提高救助水平。对实施临时救助后，仍不能解决其困难的，要充分运用好“转介服务”，符合最低生活保障条件的，及时纳入最低生活保障范围；符合医疗、教育、住房、就业等专项救助条件的，积极转介相关部门协同救助；需要慈善救助帮扶的，及时转介给相关公益慈善组织，形成救助合力。对遭遇重大生活困难的下岗失业人员家庭，要在综合运用各项救助帮扶政策的基础上，充分发挥县级困难群众基本生活保障工作协调机制的作用，采取一事一议方式确定帮扶措施，提高救助额度。

三、积极引导和支持社会力量参与救助帮扶

各地要完善和落实支持社会力量参与社会救助的政策措施，引导和支持公益慈善组织，通过设立慈善项目、发动社会募捐等形式，积极参与对生活困难下岗失业人员家庭的救助帮扶，形成与政府救助的有效衔接、接续救助。充分发挥专业社会工作服务机构作用，为生活困难下岗失业人员家庭提供生活帮扶、心理疏导、资源链接、能力提升、社会融入等专业服务，帮助他们改善困难处境、增强生活信心、提升发展能力。积极探索通过政府购买服务，为生活困难下岗失业人员家庭中的老年人、残疾人提供生活照料等救助服务，为这些家庭中在劳动年龄段内、有劳动能力的成员创业和再就业解除后顾之忧，创造有利条件。

《劳动和社会保障部、民政部、财政部关于做好国有企业下岗职工基本生活保障失业保险和城市居民最低生活保障制度衔接工作的通知》（1999年4月29日公布）

二、切实做好三条保障线的相互衔接

各地劳动保障、民政、财政部门要结合当地实际，按照互相衔接、拉开距离、分清层次、整体配套的原则，科学制定国有企业下岗职工基本生活保障标准、失业保险金标准和城市居民最低生活保障标准。失业保险金标准要低于基本生活保障标准，城市居民最低生活保障标准要低于失业保险金标准。

国有企业下岗职工在再就业服务中心期满未实现再就业的，与企业解除劳动合同。原企业要及时为其出具相关证明，告知按照规定享受失业保险待遇的权利，并将失业人员名单自终止或解除劳动合同之日起7日内报失业保险经办机构。下岗职工应持相关证明，及时到指定的失业保险经办机构办理失业登记。失业保险经办机构对符合条件的失业人员，要按时足额发放失业保险金。

失业人员享受失业保险待遇期满仍未实现再就业，需要申请城市居民最低生活保障金的，由失业保险经办机构提供有关证明，并将享受失业保险待遇期满人员名单提前1个月通报民政部门。民政部门要对此类人员进行专门登记，对符合条件者及时给予救济。

对按省级人民政府规定建立了再就业服务中心的城镇集体企业下岗职工，实施基本生活保障、失业保险和城市居民最低生活保障时，参照上述办法执行。没有建立再就业服务中心的城镇集体企业的下岗职工，需要申请城市居民最低生活保障金的，由企业出具相关证明，向当地民政部门或职工所在街道办事处提出申请。

下岗职工、失业人员、企业离退休人员和在职职工，在领取基本生活费、失业保险金、养老金、职工工资期间，家庭人均收入低于当地最低生活保障标准的，可以申请城市居民最低生活保障金。各地劳动保障部门要定期将本地国有企业下岗职工基本生活费、失业保险金、离退休人员养老金的发放情况通报同级民政部门。民政部门要将本地职工家庭享受城市居民最低生活保障的情况，以及因未按时足额领取工资（最低工资）、基本生活费、失业保险金或养老金而造成家庭人均收入低于当地城市居民最低生活保障标准的情况，及时反馈给劳动保障和财政部门。

《企业职工养老保险基金管理规定》（1993年7月2日公布）

第五条　基金的来源

（一）单位和职工缴纳的基本养老保险费；

（二）单位为职工缴纳的补充养老保险费；

（三）职工自愿缴纳的个人储蓄性养老保险费；

（四）按规定收取的滞纳金；

（五）基金存款利息；

（六）基金保值增值的收入；

（七）财政给予的补贴；

（八）劳动合同制职工基金转移的收入；

（九）其他收入。

第六条　基本养老保险基金根据支付养老保险费用的实际需要和企业、职工的承受能力，按照以支定收、略有结余、留有部分积累的原则，逐步实行企业全部职工按统一比例筹集。基金应留有部分积累，积累率为工资总额的3%，以后随着经济发展再逐步调整。

第七条　企业缴纳的基本养老保险费，根据本企业职工工资总额（按照国家统计局规定的工资总额构成）和当地政府规定的比例在企业的管理费用中提取，由企业开户银行按月代为扣缴。

……

企业和职工必须同时缴纳基本养老保险费，才能计算职工缴费年限。

基本养老保险基金不敷使用时，国家给予适当补助。

第十条　参加基本养老保险的企业，因破产或关停等原因无法继续履行缴纳基本养老保险费义务时，应按国家有关规定，在清算企业财产中，优先向社会保险管理机构清偿欠缴的基本养老保险费和一次性拨付该企业离退休人员的离退休费用。一次性拨付离退休费用的具体数额，按省、自治区、直辖市人民政府的规定执行。

知识点

一、概述

社会保险制度是指国家通过立法设立社会保险基金，使劳动者在暂时或永久丧失劳动能力以及失业时获得物质帮助和补偿的社会保障制度。

二、基本养老保险制度

养老保险，是指劳动者在因年老或病残而丧失劳动能力的情况下，从国家和社会获得物质帮助，以满足其老年生活需要的一项社会保险制度。

1. 职工基本养老保险制度

基本养老保险基金由用人单位和个人缴费以及政府补贴等组成。

参加基本养老保险的个人，达到法定退休年龄时累计缴费满15年的，按月领取基本养老金。参加基本养老保险的个人，达到法定退休年龄时累计缴费不足15年的，可以缴费至满15年，按月领取基本养老金；也可以转入新型农村社会养老保险或者城镇居民社会养老保险，按照国务院的规定享受相应的养老保险待遇。

2. 城镇居民社会养老保险制度

城镇居民社会养老保险的参保范围是年满16周岁（不含在校学生）、不符合职工基本养老保险参保条件的城镇非从业居民。主要由个人缴费和政府补贴构成。

三、基本医疗保险

医疗保险，是保障劳动者及其供养亲属因工病伤后从国家和社会获得医疗帮助的一项社会保险制度。

1. 城镇职工基本医疗保险制度

城镇职工基本医疗保险制度覆盖的范围包括：①企业职工；②无雇工的个体工商户、未在用人单位参加职工基本医疗保险的非全日制从业人员以及其他灵活就业人员。城镇职工基本医疗保险由用人单位和职工按照国家规定共同缴纳基本医疗保险费，建立医疗保险基金。符合基本医疗保险药品目录、诊疗项目、医疗服务设施标准以及急诊、抢救的医疗费用，按照国家规定从基本医疗保险基金中支付，由社会保险经办机构与医疗机构、药品经营单位直接结算。

2. 城镇居民基本医疗保险制度

城镇居民基本医疗保险制度试点的参保范围是：不属于城镇职工基本医疗保险制度覆盖范围的中小学阶段的学生（包括职业高中、中专、技校学生）、少年儿童和其他非从业城镇居民。上述人员都可自愿参加城镇居民基本医疗保险。城镇居民基本医疗保险实行个人缴费和政府补贴相结合。

四、工伤保险

工伤保险，是指对在工作中或者特殊情况下遭受意外伤害或患职业病导致暂时或永久丧失劳动能力甚至死亡的劳动者或其遗属给予经济赔偿和物质帮助的一项社会保险制度。

五、失业保险

失业保险，指劳动者在失业期间，由国家和社会给予一定的物质帮助，以保障其基本生活并促进其再就业的一项社会保险制度。

失业保险保障的是在劳动年龄，具有劳动能力，可以工作，并且正在采取各种方式寻找工作，但又暂时没有工作的劳动者。失业保险覆盖的范围包括城镇事业单位、国有企业、城镇集体企业、外商投资企业、城镇私营企业以及其他城镇企业职工。

六、生育保险

生育保险，是指女职工因生育而从国家和社会获得医疗、休息等方面物质帮助和补偿的一项社会保险制度。生育保险费用由用人单位缴纳。①

第七十一条　社会保险水平应当与社会经济发展水平和社会承受能力相适应。

相关规定

【法律】

《中华人民共和国社会保险法》（2018 年 12 月 29 日修正）

第二条　国家建立基本养老保险、基本医疗保险、工伤保险、失业保险、生育保险等社会保险制度，保障公民在年老、疾病、工伤、失业、生育等情况下依法从国家和社会获得物质帮助的权利。

第三条　社会保险制度坚持广覆盖、保基本、多层次、可持续的方针，社会保险水平应当与经济社会发展水平相适应。

第五条　县级以上人民政府将社会保险事业纳入国民经济和社会发展规划。

国家多渠道筹集社会保险资金。县级以上人民政府对社会保险事业给

① 回沪明、梁书文主编：《劳动法及配套规定新释新解（下）》，人民法院出版社 2004 年版。

予必要的经费支持。

国家通过税收优惠政策支持社会保险事业。

【行政法规与国务院规范性文件】

《国务院关于建立城镇职工基本医疗保险制度的决定》（1998年12月14日公布）

一、改革的任务和原则

医疗保险制度改革的主要任务是建立城镇职工基本医疗保险制度，即适应社会主义市场经济体制，根据财政、企业和个人的承受能力，建立保障职工基本医疗需求的社会医疗保险制度。

建立城镇职工基本医疗保险制度的原则是：基本医疗保险的水平要与社会主义初级阶段生产力发展水平相适应；城镇所有用人单位及其职工都要参加基本医疗保险，实行属地管理；基本医疗保险费由用人单位和职工双方共同负担；基本医疗保险基金实行社会统筹和个人账户相结合。

《国务院关于建立统一的企业职工基本养老保险制度的决定》（1997年7月16日公布）

二、各级人民政府要把社会保险事业纳入本地区国民经济与社会发展计划，贯彻基本养老保险只能保障退休人员基本生活的原则，把改革企业职工养老保险制度与建立多层次的社会保障体系紧密结合起来，确保离退休人员基本养老金和失业人员失业救济金的发放，积极推行城市居民最低生活保障制度。为使离退休人员的生活随着经济与社会发展不断得到改善，体现按劳分配原则和地区发展水平及企业经济效益的差异，各地区和有关部门要在国家政策指导下大力发展企业补充养老保险，同时发挥商业保险的补充作用。

《国务院关于深化企业职工养老保险制度改革的通知》（1995年3月1日公布）

二、深化企业职工养老保险制度改革的原则是：保障水平要与我国社会生产力发展水平及各方面的承受能力相适应；社会互济与自我保障相结合，公平与效率相结合；政策统一，管理法制化；行政管理与保险基金管理分开。

三、基本养老保险费用由企业和个人共同负担。实行社会统筹与个人账户相结合。在理顺分配关系，加快个人收入工资化、工资货币化进程的基础上，逐步提高个人缴费比例。提高个人缴费比例的幅度，由各省、自治区、直辖市人民政府根据本地区职工工资增长等情况确定。为适应各地区的不同情况，对实行社会统筹与个人账户相结合提出两个实施办法，由地、市（不含县级市）提出选择意见报省、自治区人民政府批准，直辖市由市人民政府选择，均报劳动部备案，各地区还可以结合本地实际，对两个实施办法进行修改完善。

【党内法规】

◎《中共中央、国务院关于切实做好国有企业下岗职工基本生活保障和再就业工作的通知》（1998 年 6 月 9 日公布）

再就业服务中心用于保障下岗职工基本生活和缴纳社会保险费用的资金来源，原则上采取“三三制”的办法解决，即财政预算安排三分之一、企业负担三分之一、社会筹集（包括从失业保险基金中调剂）三分之一，具体比例各地可根据情况确定。财政承担的部分，中央企业由中央财政解决，地方企业由地方财政解决。对于困难较多的中西部地区和老工业基地，中央财政给予一定的支持。国有独资盈利企业和国有参股、控股企业保障下岗职工基本生活的资金，原则上都由本企业负担。财政承担和社会筹集的资金，由财政部门按专项资金管理。资金的安排，由再就业工作主管部门商财政部门研究提出意见，然后由财政部门统一拨付。保障下岗职工基本生活的资金，一定要加强管理和监督，保证专款专用，不得挪用于其他任何方面开支。再就业服务中心的管理费用和工作人员的工资、福利等，不得在保障下岗职工基本生活的资金中列支。

【部门规章与规范性文件】

◎《劳动部关于〈劳动法〉若干条文的说明》（1994 年 9 月 5 日公布）

本条中的“社会保险水平”是指社会保险待遇的给付标准及费率水平。

知 识 点

所谓**社会保险水平**是指保险待遇的给付标准及费率水平。

社会保险是个人消费品的分配，社会可供分配的消费品的数量，取决于生产力的发展水平，社会保险的项目和水平如果超过了生产力的发展水平，就会影响生产力的发展。反之，又会使社会保险因为缺少可靠的物质基础而陷于困境。因此，社会保险水平应与社会经济发展水平和社会承受能力相适应。社会保险水平与国力和社会承受能力相适应的原则是社会保险制度的首要原则。国家的社会经济发展水平与社会承受能力是社会保险待遇水平高低的基础和前提条件。经济实力强、各方面承受得住，毫无疑问待遇水平要相应提高，这是由社会主义生产的基本目的所决定的。①

第七十二条 社会保险基金按照保险类型确定资金来源，逐步实行社会统筹。用人单位和劳动者必须依法参加社会保险，缴纳社会保险费。

相关规定

【法律】

《中华人民共和国社会保险法》（2018 年 12 月 29 日修正）

第五条 县级以上人民政府将社会保险事业纳入国民经济和社会发展规划。

国家多渠道筹集社会保险资金。县级以上人民政府对社会保险事业给予必要的经费支持。

国家通过税收优惠政策支持社会保险事业。

【行政法规与国务院规范性文件】

《社会保险经办条例》（2023 年 8 月 16 日公布，自 2023 年 12 月 1 日起实施）

第十二条 参加职工基本养老保险的个人跨统筹地区就业，其职工基本养老保险关系随同转移。

参加职工基本养老保险的个人在机关事业单位与企业等不同性质用人单位之间流动就业，其职工基本养老保险关系随同转移。

参加城乡居民基本养老保险且未享受待遇的个人跨统筹地区迁移户籍，其城乡居民基本养老保险关系可以随同转移。

第十三条 参加职工基本医疗保险的个人跨统筹地区就业，其职工基

① 回沪明、梁书文主编：《劳动法及配套规定新释新解（下）》，人民法院出版社 2004 年版。

本医疗保险关系随同转移。

参加城乡居民基本医疗保险的个人跨统筹地区迁移户籍或者变动经常居住地，其城乡居民基本医疗保险关系可以按照规定随同转移。

职工基本医疗保险与城乡居民基本医疗保险之间的关系转移，按照规定执行。

第十四条　参加失业保险的个人跨统筹地区就业，其失业保险关系随同转移。

第十五条　参加工伤保险、生育保险的个人跨统筹地区就业，在新就业地参加工伤保险、生育保险。

第十六条　用人单位和个人办理社会保险关系转移接续手续的，社会保险经办机构应当在规定时限内办理完毕，并将结果告知用人单位和个人，或者提供办理情况查询服务。

第十七条　军事机关和社会保险经办机构，按照各自职责办理军人保险与社会保险关系转移接续手续。

社会保险经办机构应当为军人保险与社会保险关系转移接续手续办理优先提供服务。

第二十条　个人医疗费用、生育医疗费用中应当由基本医疗保险（含生育保险）基金支付的部分，由社会保险经办机构审核后与医疗机构、药品经营单位直接结算。

因特殊情况个人申请手工报销，应当向社会保险经办机构提供医疗机构、药品经营单位的收费票据、费用清单、诊断证明、病历资料。社会保险经办机构应当对收费票据、费用清单、诊断证明、病历资料进行审核，并自收到申请之日起 30 个工作日内办理完毕。

参加生育保险的个人申领生育津贴，应当向社会保险经办机构提供病历资料。社会保险经办机构应当对病历资料进行审核，并自收到申请之日起 10 个工作日内办理完毕。

第二十二条　个人治疗工伤的医疗费用、康复费用、安装配置辅助器具费用中应当由工伤保险基金支付的部分，由社会保险经办机构审核后与医疗机构、辅助器具配置机构直接结算。

因特殊情况用人单位或者个人申请手工报销，应当向社会保险经办机构提供医疗机构、辅助器具配置机构的收费票据、费用清单、诊断证明、病历资料。社会保险经办机构应当对收费票据、费用清单、诊断证明、病历资料进行审核，并自收到申请之日起20个工作日内办理完毕。

第二十四条 个人申领失业保险金，社会保险经办机构应当自收到申请之日起10个工作日内办理完毕。

个人在领取失业保险金期间，社会保险经办机构应当从失业保险基金中支付其应当缴纳的基本医疗保险（含生育保险）费。

个人申领职业培训等补贴，应当提供职业资格证书或者职业技能等级证书。社会保险经办机构应当对职业资格证书或者职业技能等级证书进行审核，并自收到申请之日起10个工作日内办理完毕。

第三十四条 医疗保障行政部门所属的社会保险经办机构应当改进基金支付和结算服务，加强服务协议管理，建立健全集体协商谈判机制。

《社会保险费征缴暂行条例》（2019年3月24日修订）

第三条 基本养老保险费的征缴范围：国有企业、城镇集体企业、外商投资企业、城镇私营企业和其他城镇企业及其职工，实行企业化管理的事业单位及其职工。

基本医疗保险费的征缴范围：国有企业、城镇集体企业、外商投资企业、城镇私营企业和其他城镇企业及其职工，国家机关及其工作人员，事业单位及其职工，民办非企业单位及其职工，社会团体及其专职人员。

失业保险费的征缴范围：国有企业、城镇集体企业、外商投资企业、城镇私营企业和其他城镇企业及其职工，事业单位及其职工。

省、自治区、直辖市人民政府根据当地实际情况，可以规定将城镇个体工商户纳入基本养老保险、基本医疗保险的范围，并可以规定将社会团体及其专职人员、民办非企业单位及其职工以及有雇工的城镇个体工商户及其雇工纳入失业保险的范围。

社会保险费的费基、费率依照有关法律、行政法规和国务院的规定执行。

第四条 缴费单位、缴费个人应当按时足额缴纳社会保险费。

征缴的社会保险费纳入社会保险基金，专款专用，任何单位和个人不得挪用。

第五条 国务院劳动保障行政部门负责全国的社会保险费征缴管理和监督检查工作。县级以上地方各级人民政府劳动保障行政部门负责本行政区域内的社会保险费征缴管理和监督检查工作。

第六条 社会保险费实行三项社会保险费集中、统一征收。社会保险费的征收机构由省、自治区、直辖市人民政府规定，可以由税务机关征收，也可以由劳动保障行政部门按照国务院规定设立的社会保险经办机构（以下简称社会保险经办机构）征收。

第二章　征缴管理

第七条　缴费单位必须向当地社会保险经办机构办理社会保险登记，参加社会保险。

登记事项包括：单位名称、住所、经营地点、单位类型、法定代表人或者负责人、开户银行账号以及国务院劳动保障行政部门规定的其他事项。

第十条　缴费单位必须按月向社会保险经办机构申报应缴纳的社会保险费数额，经社会保险经办机构核定后，在规定的期限内缴纳社会保险费。

缴费单位不按规定申报应缴纳的社会保险费数额的，由社会保险经办机构暂按该单位上月缴费数额的110%确定应缴数额；没有上月缴费数额的，由社会保险经办机构暂按该单位的经营状况、职工人数等有关情况确定应缴数额。缴费单位补办申报手续并按核定数额缴纳社会保险费后，由社会保险经办机构按照规定结算。

第十一条　省、自治区、直辖市人民政府规定由税务机关征收社会保险费的，社会保险经办机构应当及时向税务机关提供缴费单位社会保险登记、变更登记、注销登记以及缴费申报的情况。

第十二条　缴费单位和缴费个人应当以货币形式全额缴纳社会保险费。

缴费个人应当缴纳的社会保险费，由所在单位从其本人工资中代扣代缴。

社会保险费不得减免。

第十三条　缴费单位未按规定缴纳和代扣代缴社会保险费的，由劳动保障行政部门或者税务机关责令限期缴纳；逾期仍不缴纳的，除补缴欠缴数额外，从欠缴之日起，按日加收2‰的滞纳金。滞纳金并入社会保险基金。

第十七条　缴费单位应当每年向本单位职工公布本单位全年社会保险费缴纳情况，接受职工监督。

社会保险经办机构应当定期向社会公告社会保险费征收情况，接受社会监督。

▢《工伤保险条例》（2010年12月20日修订）

第三条　工伤保险费的征缴按照《社会保险费征缴暂行条例》关于基

本养老保险费、基本医疗保险费、失业保险费的征缴规定执行。

《国务院办公厅关于转发人力资源社会保障部、财政部城镇企业职工基本养老保险关系转移接续暂行办法的通知》（2009年12月28日公布）

第一条 为切实保障参加城镇企业职工基本养老保险人员（以下简称参保人员）的合法权益，促进人力资源合理配置和有序流动，保证参保人员跨省、自治区、直辖市（以下简称跨省）流动并在城镇就业时基本养老保险关系的顺畅转移接续，制定本办法。

第二条 本办法适用于参加城镇企业职工基本养老保险的所有人员，包括农民工。已经按国家规定领取基本养老保险待遇的人员，不再转移基本养老保险关系。

第三条 参保人员跨省流动就业的，由原参保所在地社会保险经办机构（以下简称社保经办机构）开具参保缴费凭证，其基本养老保险关系应随同转移到新参保地。参保人员达到基本养老保险待遇领取条件的，其在各地的参保缴费年限合并计算，个人账户储存额（含本息，下同）累计计算；未达到待遇领取年龄前，不得终止基本养老保险关系并办理退保手续；其中出国定居和到香港、澳门、台湾地区定居的，按国家有关规定执行。

第九条 农民工中断就业或返乡没有继续缴费的，由原参保地社保经办机构保留其基本养老保险关系，保存其全部参保缴费记录及个人账户，个人账户储存额继续按规定计息。农民工返回城镇就业并继续参保缴费的，无论其回到原参保地就业还是到其他城镇就业，均按前述规定累计计算其缴费年限，合并计算其个人账户储存额，符合待遇领取条件的，与城镇职工同样享受基本养老保险待遇；农民工不再返回城镇就业的，其在城镇参保缴费记录及个人账户全部有效，并根据农民工的实际情况，或在其达到规定领取条件时享受城镇职工基本养老保险待遇，或转入新型农村社会养老保险。

农民工在城镇参加企业职工基本养老保险与在农村参加新型农村社会养老保险的衔接政策，另行研究制定。

第十条 建立全国县级以上社保经办机构联系方式信息库，并向社会公布，方便参保人员查询参保缴费情况，办理基本养老保险关系转移接续手续。加快建立全国统一的基本养老保险参保缴费信息查询服务系统，发行全国通用的社会保障卡，为参保人员查询参保缴费信息提供便捷有效的技术服务。

第十一条　各地已制定的跨省基本养老保险关系转移接续相关政策与本办法规定不符的，以本办法规定为准。在省、自治区、直辖市内的基本养老保险关系转移接续办法，由各省级人民政府参照本办法制定，并报人力资源社会保障部备案。

▢《劳动保障监察条例》（2004 年 11 月 1 日公布）

第二十七条　用人单位向社会保险经办机构申报应缴纳的社会保险费数额时，瞒报工资总额或者职工人数的，由劳动保障行政部门责令改正，并处瞒报工资数额 1 倍以上 3 倍以下的罚款。

骗取社会保险待遇或者骗取社会保险基金支出的，由劳动保障行政部门责令退还，并处骗取金额 1 倍以上 3 倍以下的罚款；构成犯罪的，依法追究刑事责任。

▢《国务院关于切实做好企业离退休人员基本养老金按时足额发放和国有企业下岗职工基本生活保障工作的通知》（2000 年 5 月 28 日公布）

各地要坚持按照“三三制”的原则筹集资金，凡是有支付能力的企业和社会保险经办机构，必须保证资金到位，对困难企业自筹和社会筹集不足的部分，经劳动保障部门和财政部门审核后，由财政给予保证，以确保国有企业下岗职工基本生活费的发放。对于在企业再就业服务中心协议期满仍未实现再就业的下岗职工，要按规定终止或解除劳动合同，并按规定享受失业保险，失业保险到期仍未实现再就业的，由民政部门按规定提供最低生活保障。

▢《失业保险条例》（1999 年 1 月 22 日公布）

第二条　城镇企业事业单位、城镇企业事业单位职工依照本条例的规定，缴纳失业保险费。

城镇企业事业单位失业人员依照本条例的规定，享受失业保险待遇。

本条所称城镇企业，是指国有企业、城镇集体企业、外商投资企业、城镇私营企业以及其他城镇企业。

第四条　失业保险费按照国家有关规定征缴。

▢《国务院关于建立城镇职工基本医疗保险制度的决定》（1998 年 12 月 14 日公布）

二、覆盖范围和缴费办法

城镇所有用人单位，包括企业（国有企业、集体企业、外商投资企业、私营企业等）、机关、事业单位、社会团体、民办非企业单位及其职工，都要参加基本医疗保险。乡镇企业及其职工、城镇个体经济组织业主及其从业人员是否参加基本医疗保险，由各省、自治区、直辖市人民政府决定。

基本医疗保险原则上以地级以上行政区（包括地、市、州、盟）为统筹单位，也可以县（市）为统筹单位，北京、天津、上海3个直辖市原则上在全市范围内实行统筹（以下简称统筹地区）。所有用人单位及其职工都要按照属地管理原则参加所在统筹地区的基本医疗保险，执行统一政策，实行基本医疗保险基金的统一筹集、使用和管理。铁路、电力、远洋运输等跨地区、生产流动性较大的企业及其职工，可以相对集中的方式异地参加统筹地区的基本医疗保险。

基本医疗保险费由用人单位和职工共同缴纳。用人单位缴费率应控制在职工工资总额的6%左右，职工缴费率一般为本人工资收入的2%。随着经济发展，用人单位和职工缴费率可作相应调整。

三、建立基本医疗保险统筹基金和个人账户

要建立基本医疗保险统筹基金和个人账户。基本医疗保险基金由统筹基金和个人账户构成。职工个人缴纳的基本医疗保险费，全部计入个人账户。用人单位缴纳的基本医疗保险费分为两部分，一部分用于建立统筹基金，一部分划入个人账户。划入个人账户的比例一般为用人单位缴费的30%左右，具体比例由统筹地区根据个人账户的支付范围和职工年龄等因素确定。

统筹基金和个人账户要划定各自的支付范围，分别核算，不得互相挤占。要确定统筹基金的起付标准和最高支付限额，起付标准原则上控制在当地职工年平均工资的10%左右，最高支付限额原则上控制在当地职工年平均工资的4倍左右。起付标准以下的医疗费用，从个人账户中支付或由个人自付。起付标准以上、最高支付限额以下的医疗费用，主要从统筹基金中支付，个人也要负担一定比例。超过最高支付限额的医疗费用，可以通过商业医疗保险等途径解决。统筹基金的具体起付标准、最高支付限额以及在起付标准以上和最高支付限额以下医疗费用的个人负担比例，由统筹地区根据以收定支、收支平衡的原则确定。

《国务院关于实行企业职工基本养老保险省级统筹和行业统筹移交地方管理有关问题的通知》（1998年8月6日公布）

为了深化企业职工养老保险制度改革，加强基本养老保险基金管理和调剂力度，确保企业离退休人员基本养老金的按时足额发放，国务院决定，加快实行企业职工基本养老保险省级统筹，并将铁道部、交通部、信息产业部（原邮电部部分）、水利部、民航总局、煤炭局（原煤炭部）、有色金属局（原中国有色金属工业总公司）、国家电力公司（原电力部）、中国石油天然气集团公司和中国石油化工集体公司（原石油天然气总公司部分）、银行系统（工商银行、农业银行、中国银行、建设银行、交通银行、中保集团）、中国建筑工程总公司组织的基本养老保险行业统筹移交地方管理。

◎《国务院关于建立统一的企业职工基本养老保险制度的决定》（1997年7月16日公布）

四、按本人缴费工资11%的数额为职工建立基本养老保险个人账户，个人缴费全部记入个人账户，其余部分从企业缴费中划入。随着个人缴费比例的提高，企业划入的部分要逐步降至3%。个人账户储存额，每年参考银行同期存款利率计算利息。个人账户储存额只用于职工养老，不得提前支取。职工调动时，个人账户全部随同转移。职工或退休人员死亡，个人账户中的个人缴费部分可以继承。

◎《国务院关于企业职工养老保险制度改革的决定》（1991年6月26日公布）

三、基本养老保险基金由政府根据支付费用的实际需要和企业、职工的承受能力，按照以支定收、略有结余、留有部分积累的原则统一筹集。

五、企业和职工个人缴纳的基本养老保险费转入社会保险管理机构在银行开设的“养老保险基金专户”，实行专项储存，专款专用，任何单位和个人均不得擅自动用。银行应按规定提取“应付未付利息”；对存入银行的基金，按其存期照人民银行规定的同期城乡居民储蓄存款利率计息，所得利息并入基金。积累基金的一部分可以购买国家债券。

【司法解释性文件】

◎《最高人民法院关于在审理和执行民事、经济纠纷案件时不得查封、冻结和扣划社会保险基金的通知》（2000年2月18日公布）

社会保险基金是由社会保险机构代参保人员管理，并最终由参保人员享用的公共基金，不属于社会保险机构所有。社会保险机构对该项基金设立专户管理，专款专用，专项用于保障企业退休职工、失业人员的基本生活需要，属专项资金，不得挪作他用。因此，各地人民法院在审理和执行民事、经济纠纷案件时，不得查封、冻结或扣划社会保险基金；不得用社会保险基金偿还社会保险机构及其原下属企业的债务。

各地人民法院如发现有违反上述规定的，应当及时依法予以纠正。

【部门规章与规范性文件】

《劳动部关于〈劳动法〉若干条文的说明》（1994年9月5日公布）

本条中的“社会保险类型”是指需建立基金的养老、医疗、工伤、失业、生育五种社会保险。

《人力资源社会保障部、财政部关于进一步完善企业职工基本养老保险省级统筹制度的通知》（2017年9月14日公布）

2007年，原劳动保障部、财政部《关于推进企业职工基本养老保险省级统筹有关问题的通知》（劳社部发〔2007〕3号）下发以来，各地不断建立健全省级统筹制度，有效促进了养老保险政策统一，提高了管理水平和工作效率，增强了确保发放能力，也促进了人力资源合理流动。由于各地经济社会发展及推进工作力度存在差异，目前省级统筹工作开展尚不平衡，一些地区还存在政策不统一、管理不规范等问题。为了进一步完善省级统筹制度，推动实现全国统筹，现就有关问题通知如下：

一、各地要在基本养老保险制度、缴费政策、待遇政策、基金使用、基金预算和经办管理实现“六统一”的基础上，积极创造条件实现全省基本养老保险基金统收统支。省级统筹制度应覆盖全省（自治区、直辖市）所有地区，目前省内仍实行单独统筹的地区（含计划单列市、副省级省会城市、经济特区、各类开发园区等）要尽快将其纳入省级统筹范围，执行全省（自治区、直辖市）统一政策。

二、各地要严格按照国家统一规定执行基本养老保险费率政策，不得自行调整费率。需要调整时，须按规定报请人力资源社会保障部和财政部批复。违规自行出台费率调整政策的，要立即纠正。全省应执行统一的费率政策，目前企业职工基本养老保险费率尚未统一的省份，要制定过渡措施，最迟2020年实现全省费率统一。

三、各地要按照国家规定，统一基本养老保险单位缴费基数和个人缴费基数核定办法，并健全工作机制，夯实缴费基数。在确定个人缴费上下限基数等参数时，目前尚未使用全省在岗职工平均工资的，要制定过渡措施，尽快实现统一。

四、各地要严格执行国家统一的待遇政策，严格调控养老待遇水平，不得自行出台待遇政策或将统筹外项目纳入基本养老保险基金支付范围。企业退休人员基本养老金调整由省级人民政府按照国家规定统一部署实施，严格按照人力资源社会保障部、财政部批复的标准进行调整，全省实行统一的调整办法。

五、各地要在不断完善省级预算制度的基础上，加强对基本养老保险基金的统一调度使用。要明确省、地（市）、县各级政府的责任，进一步强化基金收支管理。要进一步建立健全省内基金缺口分担机制和基本养老保险基金管理的激励约束机制，在省级调剂制度和缺口分担机制中，进一步体现与工作绩效挂钩。

六、各地要统一全省企业职工基本养老保险业务经办规程，加强对各级经办机构的业务指导，实现规范化、统一化管理。要以实现全省统一信息系统为目标，尽快完成包括企业职工基本养老保险在内的社会保险信息系统和数据向省级集中，推动信息的纵向互通、横向共享。健全完善线上线下公共服务体系，为参保人员提供更加便捷的服务。

完善企业职工基本养老保险省级统筹制度是深化养老保险制度改革的重要内容，关系改革、发展和稳定的大局。各地要高度重视，切实加强领导，健全工作机制，认真组织实施，促进养老保险制度的健康持续发展。

◎《人力资源和社会保障部关于切实做好社会保险费申报缴纳管理规定贯彻实施工作的通知》（2013 年 10 月 31 日公布）

一、理顺管理体制，积极推进统一经办管理

（一）由社保经办机构征收社会保险费的地区，应积极整合经办管理资源，逐步实现各险种统一登记、统一核定、统一征收、统一稽核、统一处罚，以方便用人单位和个人参保缴费，提高工作效率。

（二）由其他机构征收社会保险费的地区，人力资源社会保障部门也要积极协调相关机构，落实《申报缴纳管理规定》的相关规定；社保经办机构要严格核定应缴纳社会保险费数额，加强与征收机构的协作，科学制定征收计划，做好参保人员社会保险权益记录；这些地区的社会保险欠费清理工作由社保经办机构负责的，应按照《申报缴纳管理规定》第四章规定执行。

二、认真履行职责，做好社会保险费核定工作

（三）各地区要切实执行社会保险法第五十八条关于“由社会保险经办机构核定”用人单位应当缴纳的社会保险费的规定，落实社保经办机构核定社会保险费的职能；地方现行相关规定与社会保险法不符的，人力资源社会保障部门要积极协调修改；社保经办机构不得将社会保险费核定职能委托其他部门行使。

（四）社保经办机构在核定用人单位申报的社会保险费时，要规范缴费基数的核定程序，明确按月办理缴费申报的期限，指导用人单位完整、如实填报社会保险费申报表和其他申报材料。在一个缴费年度内的初始月份，社保经办机构应对用人单位及其职工的适用险种、费率、职工名册、缴费基数、缴费数额、缴费起止时间、用人单位信息等申报事项进行全面审核。在缴费年度内的其余月份，以上规定事项未发生变动的，社保经办机构可根据实际情况不再要求用人单位办理申报手续，并按初始月份申报事项内容核定其应缴社会保险费；以上规定事项发生变动的用人单位可只申报变动情况，由社保经办机构予以审核。

（五）社保经办机构在核定应缴纳的社会保险费时，应要求用人单位提供本单位纳税申报表和经职工本人签字确认的为职工代扣代缴明细情况。要严格按照以国家统计局有关文件规定口径计算的工资收入核定缴费基数，包括计时工资、计件工资、奖金、加班加点工资、津贴、补贴以及特殊情况下支付的工资等项目。

三、规范征收程序，确保社会保险费应收尽收

（六）各地要不断完善征缴方式，大力发展委托银行或其他金融机构划缴社会保险费等方式，简化征收流程，方便用人单位缴费。社保经办机构要认真落实“至少每年一次向社会公布社会保险费征收情况”，明确公布的具体时间和方式，接受社会监督。

（七）对未按时足额缴纳社会保险费的用人单位，社保经办机构应责令限期缴纳或补足，并自欠缴之日起、至足额补缴欠费之日止加收0.5‰的滞纳金，滞纳金并入社会保险基金；逾期仍不缴纳的，由人力资源社会保障行政部门处欠缴数额1倍以上3倍以下的罚款。各级人力资源社会保障行政部门和社保经办机构要做好对用人单位责令期满前后的衔接工作，确保法规实施的严肃性、准确性。

（八）对未按时足额缴纳社会保险费并逾期未改的用人单位，社保经办机构应及时查询其在银行和其他金融机构的存款账户情况。存款账户余额不小于欠费数额的，社保经办机构应提取、整理准确、完整的材料和信息，向人力资源社会保障行政部门提出划拨申请，并对划拨工作予以协助和配合；人力资源社会保障行政部门接到划拨申请后应及时审核并发出缴纳社会保险费催告书，催告缴纳期限一般不超过3天，逾期仍未缴纳的，应及时作出划拨决定，实施划拨，避免欠费用人单位转移资金。划拨决定和执行情况要及时向社保经办机构反馈。各地区人力资源社会保障部门要充分发挥社保经办机构和劳动保障监察机构在划拨工作中的作用，明确职责分工，形成工作合力，规范工作流程。

（九）社保经办机构经查询，用人单位在银行和其他金融机构的账户余额少于应当缴纳的社会保险费数额的，或者划拨后用人单位仍未足额清偿社会保险费的，可以与其签订延期缴纳社会保险费协议，但用人单位必须提供抵押、质押担保；社保经办机构不得与用人单位签订无担保或其他担保形式的延期缴费协议，也不得在未经查询账户和未完成划拨欠费之前与用人单位签订延期缴费协议。按照协议延期缴费期间，职工个人应缴纳的社会保险费部分若已按时足额缴纳，不应算作缴费中断，可按规定享受相应的社会保险待遇。

（十）对用人单位经责令仍未补缴且符合《申报缴纳管理规定》第二十五条规定情形的，社保经办机构可以依法申请人民法院强制执行；但在未责令用人单位限期缴纳或补足、或责令限期未逾之前，社保经办机构不应申请强制划拨欠费。

《人力资源和社会保障部关于进一步提高失业保险统筹层次有关问题的通知》（2010年9月17日公布）

一、充分认识提高失业保险统筹层次的重要意义

提高失业保险统筹层次，是完善失业保险制度的重要内容，是建立失业保险预防失业、促进就业长效机制的现实需要。进一步提高失业保险统筹层次，有利于统一失业保险制度和政策，增强基金调剂功能和提高基金抵御风险的能力，有效保障参保单位和参保人员的合法权益；也有利于推动失业保险信息系统建设，提高业务经办能力，进一步规范管理和服务，加强基金监管，保障基金安全。各地要从稳定就业大局和全面推进失业保险事业发展的高度，把加快推动提高失业保险统筹层次作为当前一项重要工作抓紧抓好。

二、进一步明确提高失业保险统筹层次工作的重点

提高失业保险统筹层次，当前工作重点是在设区的市实行基金全市统筹。尚未实行市级统筹的地区，应结合本地实际，进一步明确工作目标和要求。要统一参保范围和参保对象，按规定推进各类用人单位及其职工特别是非公经济组织和农民工参加失业保险；统一确定失业保险待遇项目及标准办法；统一基金管理和使用，实行全市基金收支预算管理制度，有条件的地区要实现基金统收统支，其他地区也要统一基金财务管理制度和使用办法，逐步实现全市范围内统一调度和使用基金；统一失业保险业务经办流程和信息系统，逐步实现业务经办全程信息化。已经实行市级统筹的地区，要认真总结经验，完善统筹办法，进一步发挥市级统筹作用。鼓励有条件的地区，积极探索实施失业保险省级统筹。

三、切实做好提高失业保险统筹层次的组织实施工作

各地要切实加强组织领导，做好与相关部门的沟通协调，抓紧制定符合本地实际的具体工作计划和实施方案。实行市级统筹，要明确市、县（市、区）两级政府责任，周密制定实行市级统筹的各项管理办法和工作程序，发挥市、县（市、区）两级失业保险机构的作用，明确分工、责任到人，建立完善有效的工作运行机制，保障统筹工作顺利实施。要建立和完善省级调剂金制度，进一步发挥省级调剂金作用。要进一步扩大覆盖范围，加强基金征缴工作，并确保按时足额发放失业保险金及其他相关待遇。加大失业保险信息系统建设投入力度，提高失业保险经办能力，规范基金管理，强化监督检查，维护基金安全。2011 年底，在全国范围内基本实现失业保险市级统筹。各地要对开展提高统筹层次工作过程中遇到的新情况、新问题及时加以研究解决，并将推动工作进展情况报人力资源社会保障部。

《人力资源和社会保障部关于推进工伤保险市级统筹有关问题的通知》（2010 年 3 月 15 日公布）

各省、自治区、直辖市人力资源社会保障（劳动保障）厅（局），新疆生产建设兵团劳动保障局：

《工伤保险条例》实施以来，工伤保险覆盖范围不断扩大，参保人数快速增加，政策标准和管理服务逐步完善，工伤保险制度在维护职工权益、分散用人单位风险、促进社会和谐稳定方面日益发挥出重要作用。但由于多种原因，目前仍有相当一部分地区工伤保险实行县级统筹，统筹层次低，基金规模小，化解风险能力差，已成为制约当地工伤保险事业健康发展的突出问题。为落实《工伤保险条例》的规定，加快推进工伤保险市级统筹工作，现就有关问题通知如下：

一、充分认识建立市级统筹工作的重要意义

建立工伤保险市级统筹，是进一步贯彻落实《工伤保险条例》的要求，是完善工伤保险制度、推进工伤保险事业发展的需要。提高工伤保险统筹层次，扩大基金规模，有利于提高工伤保险基金抵御风险的能力，更安全、更有效地保障工伤职工权益；有利于进一步提高基金使用效率；有利于不断提高工伤保险保障水平，并统筹解决好老工伤等历史遗留问题；有利于加快推进预防、补偿、康复三位一体工伤保险制度体系建设，为工伤职工提供更全面、更周到的服务。各地区要从贯彻科学发展观、保障民生的全局和推进工伤保险事业全面发展的高度，将提高统筹层次作为完善工伤保险制度的一项重要任务，加大工作力度，切实加快推进工伤保险市级统筹工作。

二、进一步明确市级统筹工作的重点

建立工伤保险市级统筹，核心是实现工伤保险基金统筹，关键是基金在全市范围统筹调剂使用，基础是统一参保缴费办法、待遇支付等项政策标准和规范工伤认定、劳动能力鉴定、工伤预防、工伤医疗和工伤康复等项管理服务。

目前，尚未实现市级统筹的地区，应结合本地实际，明确工作重点。要统一参保范围和参保对象，按《工伤保险条例》和有关政策规定推进各类用人单位和职工参加工伤保险；统一费率标准，做好征缴工作；统一基金管理，实行全市基金收支预算管理制度，有条件的地区要实现基金统收统支，其他地区也要统一基金财务管理制度和使用办法，加大基金市级调剂力度，逐步实现全市范围内统一调度和使用基金；统一制定工伤认定和劳动能力鉴定办法，规范认定和鉴定程序；统一工伤保险待遇支付标准；统一经办流程和信息系统。

三、切实抓好工伤保险市级统筹的组织实施工作

实行工伤保险市级统筹是一项系统工程，各地要切实加强领导，密切配合，结合本地实际情况，制定推进工伤保险市级统筹的具体工作方案。要明确市、县（区）两级工伤保险机构职责划分，科学制定实行市级统筹的各项管理办法和工作程序，充分发挥市、县（区）两级工伤保险机构的作用，建立职责清晰、运行顺畅、服务便捷的工作机制，保障工作的顺利开展。要进一步加强基金征缴，规范基金管理，强化监督检查，确保工伤保险待遇及时足额支付，确保工伤保险基金安全。2010 年底，在全国范围内基本实现工伤保险市级统筹。在推进市级统筹工作中，有条件的省份要建立省级调剂金制度。在实行市级统筹后，仍存在统筹地区基金平衡问题的省份，可以探索建立工伤保险省级统筹。通过工伤保险统筹层次的提高，使工伤保险制度进一步完善，工伤职工的权益得到更好的保障。

《劳动和社会保障部办公厅关于对破产企业离退休人员养老保险有关问题的复函》（1999年2月24日公布）

二、已经参加养老保险社会统筹的企业，破产时，需补交欠缴的养老保险费（含差额缴拨时企业欠发离退休人员的养老金）及其利息，社会保险经办机构负责支付离退休人员的基本养老金。考虑到近年企业改革及企业破产力度较大，地方在确定企业养老保险缴费比例时没有这方面的支出因素，且破产企业职工分流需要一个吸收安置过程，对于养老保险基金确实不足，支付困难的地区，为弥补资金不足，可以从破产企业资产中划拨一定费用给社会保险经办机构，以保证离退休人员基本养老金的发放。

三、未参加养老保险社会统筹的企业，破产时，应按照支付离退休人员养老金的实际需要，一次性向社会保险经办机构划拨养老费用，社会保险经办机构负责支付该破产企业离退休人员的基本养老金。

《职工基本养老保险个人账户管理暂行办法》（1997年12月22日公布）

一、个人账户的建立

1. 个人账户用于记录参加基本养老保险社会统筹的职工缴纳的基本养老保险费和从企业缴费中划转记入的基本养老保险费，以及上述两部分的利息金额。个人账户是职工在符合国家规定的退休条件并办理了退休手续后，领取基本养老金的主要依据。

2. 个人账户的建立由职工劳动关系所在单位到当地社会保险经办机构办理，由工资发放单位向该社会保险经办机构提供个人的工资收入等基础数据。

3. 各社会保险经办机构按照国家技术监督局发布的社会保障号码（国家标准GB11643—89），为已参加基本养老保险的职工每人建立一个终身不变的个人账户。目前国家技术监督局尚未公布社会保障号码校验码，在公布之前可暂用职工身份证号码。职工身份证号码因故变更时，个人账户号码不作变动。

4. 个人账户建立时间从各地按社会统筹与个人账户相结合的原则，建立个人账户时开始；之后新参加工作的人员，从参加工作当月起建立个人账户。

5. 1998年1月1日后才建立个人账户的单位，个人账户储存额除从1998年1月1日起开始按个人缴费工资的11%记账外，对1996年前参加工作的职工还应至少包括1996、1997两年个人缴费部分累计本息；对1996、

1997年参加工作的职工，个人账户储存额应包括自参加工作之月到1997年底的个人缴费部分累计本息。

6. 个人账户主要内容包括：姓名、性别、社会保障号码、参加工作时间、视同缴费年限、个人首次缴费时间、当地上年职工平均工资、个人当年缴费工资基数、当年缴费月数、当年记账利息及个人账户储存额情况等（表式见《职工基本养老保险个人账户》）。

7. 职工本人一般以上一年度本人月平均工资为个人缴费工资基数（有条件的地区也可以本人上月工资收入为个人缴费工资基数，下同）。月平均工资按国家统计局规定列入工资总额统计的项目计算，包括工资、奖金、津贴、补贴等收入。本人月平均工资低于当地职工平均工资60%的，按当地职工月平均工资的60%缴费；超过当地职工平均工资300%的，按当地职工月平均工资的300%缴费，超过部分不计入缴费工资基数，也不记入计发养老金的基数。

8. 新招职工（包括研究生、大学生、大中专毕业生等）以起薪当月工资收入作为缴费工资基数；从第二年起，按上一年实发工资的月平均工资作为缴费工资基数。

单位派出的长期脱产学习人员、经批准请长假的职工，保留工资关系的，以脱产或请长假的上年月平均工资作为缴费工资基数。

单位派到境外、国外工作的职工，按本人出境（国）上年在本单位领取的月平均工资作为缴费工资基数；次年的缴费工资基数按上年本单位平均工资增长率进行调整。

失业后再就业的职工，以再就业起薪当月的工资收入作为缴费工资基数；从第二年起，按上一年实发工资的月平均工资作为缴费工资基数。

以上人员的月平均缴费工资的上限和下限按照第7条规定执行。

16. 社会保险经办机构在缴费年度结束后，应根据《职工基本养老保险个人账户》的记录，为每个参保职工打印《职工基本养老保险个人账户对账单》，发给职工本人，由职工审核签字后，依年粘贴在《职工养老保险手册》中妥善保存。

17. 统一制度之前各地已为职工建立的个人账户储存额，与统一制度后职工个人账户储存额合并计算。

18. 职工由于各种原因而中断工作的，不缴纳基本养老保险费用，也不计算缴费年限，其个人账户由原经办机构予以保留，个人账户继续计息。

职工调动或中断工作前后个人账户的储存额累计计算，不间断计息。

19. 个人账户储存额不能挪作他用，也不得提前支取（另有规定者除外）。

三、个人账户的转移

20. 职工在统一统筹范围内流动时，只转移养老保险关系和个人账户档案，不转移基金。

21. 职工跨统筹范围流动时，转移办法按如下规定：

（1）转移基本养老保险关系和个人账户档案。

（2）对职工转移时已建立个人账户的地区，转移基金额为个人账户中1998年1月1日之前的个人缴费部分累计本息加上从1998年1月1日起记入的个人账户全部储存额。

（3）对职工转移时仍未建立个人账户的地区，1998年1月1日之前转移的，1996年之前参加工作的职工，转移基金额为1996年1月1日起至调转月止的职工个人缴费部分累计本息；1996年、1997年参加工作的职工，基金转移额为参加工作之月起至1997年年底的个人缴费部分累计本息。1998年1月1日之后转移的，转移基金额为1998年前按前述规定计算的职工个人缴费部分累计本息，加上从1998年1月1日起按职工个人缴费工资基数11%计算的缴费额累计本息。未建个人账户期间，计算个人缴费部分的利息按中国人民银行一年期定期城乡居民储蓄存款利率计算。

（4）对年中调转职工调转当年的记账额，调出地区只转本金不转当年应计利息；职工调转后，由调入地区对职工调转当年记账额一并计息。计算方法按第15条规定执行。

（5）基金转移时，不得从转移额中扣除管理费。

（6）职工转出时，调出地社会保险经办机构应填写《参加基本养老保险人员基本情况表》（转移单）。

（7）职工转入时，调入地社会保险经办机构应依据转出地区提供的《参加基本养老保险人员基本情况表》和《职工基本养老保险个人账户》等资料，并结合本地基本养老保险办法，为职工续建个人账户，做好个人账户关系的前后衔接工作。

四、个人账户的支付

22. 当单位离退休人员发生变动时，单位应填写《离退休人员增减变化情况表》，报社会保险经办机构审核，社会保险经办机构对待遇给付情况应及时进行相应调整。

23. 按统一的基本养老保险办法办理退休的职工，其基本养老金中的基础养老金、过渡性养老金等由社会统筹基金支付；个人账户养老金由个人账户中支付。

24. 职工退休以后年度调整增加的养老金，按职工退休时个人账户养老金和基础养老金各占基本养老金的比例，分别从个人账户储存余额和社会统筹基金中支付。

25. 职工退休后，其个人账户缴费情况停止记录，个人账户在按月支付离退休金（含以后年度调整增加的部分）后的余额部分继续计息。

26. 当职工个人缴费年限（含视同缴费年限）不满 15 年而达到法定退休年龄时，退休后不享受基础养老金待遇，其个人账户全部储存额一次性支付给本人，同时终止养老保险关系。出现上述情况时，职工所在单位应及时向社会保险经办机构填报《个人账户一次性支付审批表》。社会保险经办机构核定后封存个人账户档案。

五、个人账户继承

27. 职工在职期间死亡时，其继承额为其死亡时个人账户全部储存额中的个人缴费部分本息。

28. 离退休人员死亡时，继承额按如下公式计算：

继承额=离退休人员死亡时个人账户余额×离退休时个人账户中个人缴费本息占个人账户全部储存额的比例

29. 继承额一次性支付给亡者生前指定的受益人或法定继承人。个人账户的其余部分，并入社会统筹基金。个人账户处理完后，应停止缴费或支付记录，予以封存。

30. 新安置的军队复员军人、退伍军人、转业干部及从国家机关、事业单位调入企业人员，其个人账户的建立，待国家明确规定后，再按国家规定执行。

❑《企业职工生育保险试行办法》（1994 年 12 月 14 日公布）

第三条 生育保险按属地原则组织。生育保险费用实行社会统筹。

第四条 生育保险根据“以支定收，收支基本平衡”的原则筹集资金，由企业按照其工资总额的一定比例向社会保险经办机构缴纳生育保险费，建立生育保险基金。生育保险费的提取比例由当地人民政府根据计划内生育人数和生育津贴、生育医疗费等项费用确定，并可根据费用支出情况适时调整，但最高不得超过工资总额的百分之一。企业缴纳的生育保险费作为期间费用处理，列入企业管理费用。

职工个人不缴纳生育保险费。

典型案例要旨

李某平诉苏州市东方客运有限公司等劳动合同纠纷案［摘自《民事审判指导与参考（2011年第2辑）》，人民法院出版社2011年版，第200~204页］

目前，我国的社会保险类型主要包括：养老、医疗、工伤、失业和生育五种类型。作为社会保险制度，由国家立法强制实行，保险的项目、收费标准、待遇水平等内容，不由投保人和被保险人自主选择。我国《社会保险费征缴暂行条例》明确规定了用人单位必须为劳动者依法办理社会保险，故社会保险费的缴纳属于行政法规规定的强制缴纳的范畴。现代社会保险体现为国家、用人单位与职工个人三者分担保险责任。社会保险的强制性特征要求职工必须履行缴纳社会保险费的义务，该义务的履行是通过委托用人单位来实现的，即通过用人单位代扣代缴的方式来完成的。根据社会保险的性质，用人单位与劳动者自行约定的减轻或者免除用人单位缴纳社会保险费义务的条款因违反了我国法律法规的强制性规定，应认定为无效。劳动合同部分无效的，不影响其他部分效力的，其他部分仍然有效。

知识点

社会保险基金制度是按照互助共济、保障生活的原则建立的，旨在为实施社会保险项目，保证收支平衡，专款专用的制度。

一、社会保险基金的性质

社会保险基金具有专款专用的性质，即社会保险基金只能按照特定的范围、特定的标准用于劳动者的养老、工伤、医疗、失业、生育保险等项目的支出，而不允许挪作他用，更不能用于弥补政府的财政赤字。这是各国在社会保险发展进程中一致遵循的原则。

社会保险基金的专款专用关系社会保险能否建立在可靠的物质基础之

上，能否保证各项社会保险项目支付的需要和社会保险能否持续发展的重要问题。因此，对于社会保险基金日常的收缴、支付、存放和运营，都要有严格的管理制度，接受审计和监督，避免保险基金的浪费和不合理开支，以保证基金的合理支付。这样才能做到专项基金专项使用，不挪作他用。

二、社会保险基金的积累

社会保险基金应当实行全社会统筹，否则条块分割，画地为牢，搞行业保险、部门保险或企业自我保险都是和社会保险的性质不符的。但社会保险基金的统筹也需要逐步实施，不可能一步到位。同时，社会保险基金的积累对于保障社会保险的发展具有更为重要的意义。因此，在建立社会保险基金时，要考虑到社会保险的长久性和风险高峰时的过渡，在现收现付基础上要有适量的积累。积累的比例也不能过高，要从国家的经济实力和缴费者的承受能力出发，采用低积累率的方式进行。①

第七十三条　劳动者在下列情形下，依法享受社会保险待遇：

（一）退休；

（二）患病、负伤；

（三）因工伤残或者患职业病；

（四）失业；

（五）生育。

劳动者死亡后，其遗属依法享受遗属津贴。

劳动者享受社会保险待遇的条件和标准由法律、法规规定。

劳动者享受的社会保险金必须按时足额支付。

相关规定

【法律】

《中华人民共和国社会保险法》（2018年12月29日修正）

第二条　国家建立基本养老保险、基本医疗保险、工伤保险、失业保险、生育保险等社会保险制度，保障公民在年老、疾病、工伤、失业、生

---

① 黎建飞主编：《社会保障法（第五版）》，中国人民大学出版社2015年版。

育等情况下依法从国家和社会获得物质帮助的权利。

第四条 中华人民共和国境内的用人单位和个人依法缴纳社会保险费，有权查询缴费记录、个人权益记录，要求社会保险经办机构提供社会保险咨询等相关服务。

个人依法享受社会保险待遇，有权监督本单位为其缴费情况。

【行政法规与国务院规范性文件】

《社会保险经办条例》（2023 年 8 月 16 日公布，自 2023 年 12 月 1 日起实施）

第七条 社会保障卡是个人参加基本养老保险、基本医疗保险、工伤保险、失业保险、生育保险等社会保险和享受各项社会保险待遇的凭证，包括实体社会保障卡和电子社会保障卡。

医保电子凭证是个人参加基本医疗保险、生育保险等社会保险和享受基本医疗保险、生育保险等社会保险待遇的凭证。

第十一条 社会保险经办机构应当及时、完整、准确记录下列信息：

（一）社会保险登记情况；

（二）社会保险费缴纳情况；

（三）社会保险待遇享受情况；

（四）个人账户情况；

（五）与社会保险经办相关的其他情况。

第三章 社会保险待遇核定和支付

第十八条 用人单位和个人应当按照国家规定，向社会保险经办机构提出领取基本养老金的申请。社会保险经办机构应当自收到申请之日起 20 个工作日内办理完毕。

第十九条 参加职工基本养老保险的个人死亡或者失业人员在领取失业保险金期间死亡，其遗属可以依法向社会保险经办机构申领丧葬补助金和抚恤金。社会保险经办机构应当及时核实有关情况，按照规定核定并发放丧葬补助金和抚恤金。

第二十条 个人医疗费用、生育医疗费用中应当由基本医疗保险（含生育保险）基金支付的部分，由社会保险经办机构审核后与医疗机构、药品经营单位直接结算。

因特殊情况个人申请手工报销，应当向社会保险经办机构提供医疗机构、药品经营单位的收费票据、费用清单、诊断证明、病历资料。社会保险经办机构应当对收费票据、费用清单、诊断证明、病历资料进行审核，并自收到申请之日起 30 个工作日内办理完毕。

参加生育保险的个人申领生育津贴，应当向社会保险经办机构提供病历资料。社会保险经办机构应当对病历资料进行审核，并自收到申请之日起 10 个工作日内办理完毕。

第二十一条　工伤职工及其用人单位依法申请劳动能力鉴定、辅助器具配置确认、停工留薪期延长确认、工伤旧伤复发确认，应当向社会保险经办机构提供诊断证明、病历资料。

第二十二条　个人治疗工伤的医疗费用、康复费用、安装配置辅助器具费用中应当由工伤保险基金支付的部分，由社会保险经办机构审核后与医疗机构、辅助器具配置机构直接结算。

因特殊情况用人单位或者个人申请手工报销，应当向社会保险经办机构提供医疗机构、辅助器具配置机构的收费票据、费用清单、诊断证明、病历资料。社会保险经办机构应当对收费票据、费用清单、诊断证明、病历资料进行审核，并自收到申请之日起 20 个工作日内办理完毕。

第二十三条　人力资源社会保障行政部门、医疗保障行政部门应当按照各自职责建立健全异地就医医疗费用结算制度。社会保险经办机构应当做好异地就医医疗费用结算工作。

第二十四条　个人申领失业保险金，社会保险经办机构应当自收到申请之日起 10 个工作日内办理完毕。

个人在领取失业保险金期间，社会保险经办机构应当从失业保险基金中支付其应当缴纳的基本医疗保险（含生育保险）费。

个人申领职业培训等补贴，应当提供职业资格证书或者职业技能等级证书。社会保险经办机构应当对职业资格证书或者职业技能等级证书进行审核，并自收到申请之日起 10 个工作日内办理完毕。

第二十五条　个人出现国家规定的停止享受社会保险待遇的情形，用人单位、待遇享受人员或者其亲属应当自相关情形发生之日起 20 个工作日内告知社会保险经办机构。社会保险经办机构核实后应当停止发放相应的社会保险待遇。

第二十六条　社会保险经办机构应当通过信息比对、自助认证等方式，核验社会保险待遇享受资格。通过信息比对、自助认证等方式无法确认社会保险待遇享受资格的，社会保险经办机构可以委托用人单位或者第三方机构进行核实。

对涉嫌丧失社会保险待遇享受资格后继续享受待遇的，社会保险经办机构应当调查核实。经调查确认不符合社会保险待遇享受资格的，停止发放待遇。

第三十二条 社会保险经办机构免费向用人单位和个人提供查询核对社会保险缴费和享受社会保险待遇记录、社会保险咨询等相关服务。

第四十六条 个人多享受社会保险待遇的，由社会保险经办机构责令退回；难以一次性退回的，可以签订还款协议分期退回，也可以从其后续享受的社会保险待遇或者个人账户余额中抵扣。

第五十三条 社会保险经办机构及其工作人员有下列行为之一的，由人力资源社会保障行政部门、医疗保障行政部门按照各自职责责令改正；给社会保险基金、用人单位或者个人造成损失的，依法承担赔偿责任；对负有责任的领导人员和直接责任人员依法给予处分：

（一）未履行社会保险法定职责的；

（二）违反规定要求提供证明材料的；

（三）克扣或者拒不按时支付社会保险待遇的；

（四）丢失或者篡改缴费记录、享受社会保险待遇记录等社会保险数据、个人权益记录的；

（五）违反社会保险经办内部控制制度的。

◎《工伤保险条例》（2010年12月20日修订）

第三十条 职工因工作遭受事故伤害或者患职业病进行治疗，享受工伤医疗待遇。

职工治疗工伤应当在签订服务协议的医疗机构就医，情况紧急时可以先到就近的医疗机构急救。

治疗工伤所需费用符合工伤保险诊疗项目目录、工伤保险药品目录、工伤保险住院服务标准的，从工伤保险基金支付。工伤保险诊疗项目目录、工伤保险药品目录、工伤保险住院服务标准，由国务院社会保险行政部门会同国务院卫生行政部门、食品药品监督管理部门等部门规定。

职工住院治疗工伤的伙食补助费，以及经医疗机构出具证明，报经办机构同意，工伤职工到统筹地区以外就医所需的交通、食宿费用从工伤保险基金支付，基金支付的具体标准由统筹地区人民政府规定。

工伤职工治疗非工伤引发的疾病，不享受工伤医疗待遇，按照基本医疗保险办法处理。

工伤职工到签订服务协议的医疗机构进行工伤康复的费用，符合规定的，从工伤保险基金支付。

第三十二条　工伤职工因日常生活或者就业需要，经劳动能力鉴定委员会确认，可以安装假肢、矫形器、假眼、假牙和配置轮椅等辅助器具，所需费用按照国家规定的标准从工伤保险基金支付。

第三十三条　职工因工作遭受事故伤害或者患职业病需要暂停工作接受工伤医疗的，在停工留薪期内，原工资福利待遇不变，由所在单位按月支付。

停工留薪期一般不超过12个月。伤情严重或者情况特殊，经设区的市级劳动能力鉴定委员会确认，可以适当延长，但延长不得超过12个月。工伤职工评定伤残等级后，停发原待遇，按照本章的有关规定享受伤残待遇。工伤职工在停工留薪期满后仍需治疗的，继续享受工伤医疗待遇。

生活不能自理的工伤职工在停工留薪期需要护理的，由所在单位负责。

第三十四条　工伤职工已经评定伤残等级并经劳动能力鉴定委员会确认需要生活护理的，从工伤保险基金按月支付生活护理费。

生活护理费按照生活完全不能自理、生活大部分不能自理或者生活部分不能自理3个不同等级支付，其标准分别为统筹地区上年度职工月平均工资的50%、40%或者30%。

第三十五条　职工因工致残被鉴定为一级至四级伤残的，保留劳动关系，退出工作岗位，享受以下待遇：

（一）从工伤保险基金按伤残等级支付一次性伤残补助金，标准为：一级伤残为27个月的本人工资，二级伤残为25个月的本人工资，三级伤残为23个月的本人工资，四级伤残为21个月的本人工资；

（二）从工伤保险基金按月支付伤残津贴，标准为：一级伤残为本人工资的90%，二级伤残为本人工资的85%，三级伤残为本人工资的80%，四级伤残为本人工资的75%。伤残津贴实际金额低于当地最低工资标准的，由工伤保险基金补足差额；

（三）工伤职工达到退休年龄并办理退休手续后，停发伤残津贴，按照国家有关规定享受基本养老保险待遇。基本养老保险待遇低于伤残津贴的，由工伤保险基金补足差额。

职工因工致残被鉴定为一级至四级伤残的，由用人单位和职工个人以伤残津贴为基数，缴纳基本医疗保险费。

第三十六条 职工因工致残被鉴定为五级、六级伤残的，享受以下待遇：

（一）从工伤保险基金按伤残等级支付一次性伤残补助金，标准为：五级伤残为18个月的本人工资，六级伤残为16个月的本人工资；

（二）保留与用人单位的劳动关系，由用人单位安排适当工作。难以安排工作的，由用人单位按月发给伤残津贴，标准为：五级伤残为本人工资的70%，六级伤残为本人工资的60%，并由用人单位按照规定为其缴纳应缴纳的各项社会保险费。伤残津贴实际金额低于当地最低工资标准的，由用人单位补足差额。

经工伤职工本人提出，该职工可以与用人单位解除或者终止劳动关系，由工伤保险基金支付一次性工伤医疗补助金，由用人单位支付一次性伤残就业补助金。一次性工伤医疗补助金和一次性伤残就业补助金的具体标准由省、自治区、直辖市人民政府规定。

第三十七条 职工因工致残被鉴定为七级至十级伤残的，享受以下待遇：

（一）从工伤保险基金按伤残等级支付一次性伤残补助金，标准为：七级伤残为13个月的本人工资，八级伤残为11个月的本人工资，九级伤残为9个月的本人工资，十级伤残为7个月的本人工资；

（二）劳动、聘用合同期满终止，或者职工本人提出解除劳动、聘用合同的，由工伤保险基金支付一次性工伤医疗补助金，由用人单位支付一次性伤残就业补助金。一次性工伤医疗补助金和一次性伤残就业补助金的具体标准由省、自治区、直辖市人民政府规定。

第三十八条 工伤职工工伤复发，确认需要治疗的，享受本条例第三十条、第三十二条和第三十三条规定的工伤待遇。

第三十九条 职工因工死亡，其近亲属按照下列规定从工伤保险基金领取丧葬补助金、供养亲属抚恤金和一次性工亡补助金：

（一）丧葬补助金为6个月的统筹地区上年度职工月平均工资；

（二）供养亲属抚恤金按照职工本人工资的一定比例发给由因工死亡职工生前提供主要生活来源、无劳动能力的亲属。标准为：配偶每月40%，其他亲属每人每月30%，孤寡老人或者孤儿每人每月在上述标准的基础上增加10%。核定的各供养亲属的抚恤金之和不应高于因工死亡职工生前的工资。供养亲属的具体范围由国务院社会保险行政部门规定；

（三）一次性工亡补助金标准为上一年度全国城镇居民人均可支配收入的20倍。

伤残职工在停工留薪期内因工伤导致死亡的，其近亲属享受本条第一款规定的待遇。

一级至四级伤残职工在停工留薪期满后死亡的，其近亲属可以享受本条第一款第（一）项、第（二）项规定的待遇。

第四十条　伤残津贴、供养亲属抚恤金、生活护理费由统筹地区社会保险行政部门根据职工平均工资和生活费用变化等情况适时调整。调整办法由省、自治区、直辖市人民政府规定。

第四十一条　职工因工外出期间发生事故或者在抢险救灾中下落不明的，从事故发生当月起3个月内照发工资，从第4个月起停发工资，由工伤保险基金向其供养亲属按月支付供养亲属抚恤金。生活有困难的，可以预支一次性工亡补助金的50%。职工被人民法院宣告死亡的，按照本条例第三十九条职工因工死亡的规定处理。

第四十二条　工伤职工有下列情形之一的，停止享受工伤保险待遇：

（一）丧失享受待遇条件的；

（二）拒不接受劳动能力鉴定的；

（三）拒绝治疗的。

第四十三条　用人单位分立、合并、转让的，承继单位应当承担原用人单位的工伤保险责任；原用人单位已经参加工伤保险的，承继单位应当到当地经办机构办理工伤保险变更登记。

用人单位实行承包经营的，工伤保险责任由职工劳动关系所在单位承担。

职工被借调期间受到工伤事故伤害的，由原用人单位承担工伤保险责任，但原用人单位与借调单位可以约定补偿办法。

企业破产的，在破产清算时依法拨付应当由单位支付的工伤保险待遇费用。

第四十四条　职工被派遣出境工作，依据前往国家或者地区的法律应当参加当地工伤保险的，参加当地工伤保险，其国内工伤保险关系中止；不能参加当地工伤保险的，其国内工伤保险关系不中止。

第四十五条　职工再次发生工伤，根据规定应当享受伤残津贴的，按照新认定的伤残等级享受伤残津贴待遇。

第六十五条 公务员和参照公务员法管理的事业单位、社会团体的工作人员因工作遭受事故伤害或者患职业病的，由所在单位支付费用。具体办法由国务院社会保险行政部门会同国务院财政部门规定。

第六十六条 无营业执照或者未经依法登记、备案的单位以及被依法吊销营业执照或者撤销登记、备案的单位的职工受到事故伤害或者患职业病的，由该单位向伤残职工或者死亡职工的近亲属给予一次性赔偿，赔偿标准不得低于本条例规定的工伤保险待遇；用人单位不得使用童工，用人单位使用童工造成童工伤残、死亡的，由该单位向童工或者童工的近亲属给予一次性赔偿，赔偿标准不得低于本条例规定的工伤保险待遇。具体办法由国务院社会保险行政部门规定。

前款规定的伤残职工或者死亡职工的近亲属就赔偿数额与单位发生争议的，以及前款规定的童工或者童工的近亲属就赔偿数额与单位发生争议的，按照处理劳动争议的有关规定处理。

《国务院关于完善企业职工基本养老保险制度的决定》（2005年12月3日公布）

六、改革基本养老金计发办法。为与做实个人账户相衔接，从2006年1月1日起，个人账户的规模统一由本人缴费工资的11%调整为8%，全部由个人缴费形成，单位缴费不再划入个人账户。同时，进一步完善鼓励职工参保缴费的激励约束机制，相应调整基本养老金计发办法。

《国务院关于建立统一的企业职工基本养老保险制度的决定》（国发〔1997〕26号）实施后参加工作、缴费年限（含视同缴费年限，下同）累计满15年的人员，退休后按月发给基本养老金。基本养老金由基础养老金和个人账户养老金组成。退休时的基础养老金月标准以当地上年度在岗职工月平均工资和本人指数化月平均缴费工资的平均值为基数，缴费每满1年发给1%。个人账户养老金月标准为个人账户储存额除以计发月数，计发月数根据职工退休时城镇人口平均预期寿命、本人退休年龄、利息等因素确定。

国发〔1997〕26号文件实施前参加工作，本决定实施后退休且缴费年限累计满15年的人员，在发给基础养老金和个人账户养老金的基础上，再发给过渡性养老金。各省、自治区、直辖市人民政府要按照待遇水平合理衔接、新老政策平稳过渡的原则，在认真测算的基础上，制订具体的过渡办法，并报劳动保障部、财政部备案。

本决定实施后到达退休年龄但缴费年限累计不满 15 年的人员，不发给基础养老金；个人账户储存额一次性支付给本人，终止基本养老保险关系。

本决定实施前已经离退休的人员，仍按国家原来的规定发给基本养老金，同时执行基本养老金调整办法。

七、建立基本养老金正常调整机制。根据职工工资和物价变动等情况，国务院适时调整企业退休人员基本养老金水平，调整幅度为省、自治区、直辖市当地企业在岗职工平均工资年增长率的一定比例。各地根据本地实际情况提出具体调整方案，报劳动保障部、财政部审批后实施。

《国务院办公厅关于进一步做好国有企业下岗职工基本生活保障和企业离退休人员养老金发放工作有关问题的通知》（1999 年 2 月 3 日公布）

四、坚决制止和纠正违反国家规定提前退休的行为

（二）加强企业职工退休审批工作的管理。男职工年满 60 岁、女干部年满 55 岁、女工人年满 50 岁退休的，仍由县级人民政府劳动保障部门审批；从事井下、高空、高温、特别繁重体力劳动或其他有害身体健康的工种，因病或非因工致残完成丧失劳动能力的企业职工退休，改由地级劳动保障部门审批；按照国家有关规定提前退休的，改由省级人民政府劳动保障部门审批。原行业统筹企业的职工退休，由省级人民政府劳动保障部门审批。各地区、各部门及各企业必须严格执行国家关于企业职工退休条件的规定。今后，凡是违反国家规定办理提前退休的企业，要追究有关领导人和当事人的责任，已办理提前退休的职工要清退回原企业。

（三）严格按国家规定核定提前退休人员的待遇。对因病或非因工致残退休的人员按国家有关政策提前退休的人员，其养老金按有关规定适当减发。

《失业保险条例》（1999 年 1 月 22 日公布）

第三章　失业保险待遇

第十四条　具备下列条件的失业人员，可以领取失业保险金：

（一）按照规定参加失业保险，所在单位和本人已按照规定履行缴费义务满 1 年的；

（二）非因本人意愿中断就业的；

（三）已办理失业登记，并有求职要求的。

失业人员在领取失业保险金期间，按照规定同时享受其他失业保险待遇。

第十五条 失业人员在领取失业保险金期间有下列情形之一的，停止领取失业保险金，并同时停止享受其他失业保险待遇：

（一）重新就业的；

（二）应征服兵役的；

（三）移居境外的；

（四）享受基本养老保险待遇的；

（五）被判刑收监执行或者被劳动教养的；

（六）无正当理由，拒不接受当地人民政府指定的部门或者机构介绍的工作的；

（七）有法律、行政法规规定的其他情形的。

第十六条 城镇企业事业单位应当及时为失业人员出具终止或者解除劳动关系的证明，告知其按照规定享受失业保险待遇的权利，并将失业人员的名单自终止或者解除劳动关系之日起 7 日内报社会保险经办机构备案。

城镇企业事业单位职工失业后，应当持本单位为其出具的终止或者解除劳动关系的证明，及时到指定的社会保险经办机构办理失业登记。失业保险金自办理失业登记之日起计算。

失业保险金由社会保险经办机构按月发放。社会保险经办机构为失业人员开具领取失业保险金的单证，失业人员凭单证到指定银行领取失业保险金。

第十七条 失业人员失业前所在单位和本人按照规定累计缴费时间满 1 年不足 5 年的，领取失业保险金的期限最长为 12 个月；累计缴费时间满 5 年不足 10 年的，领取失业保险金的期限最长为 18 个月；累计缴费时间 10 年以上的，领取失业保险金的期限最长为 24 个月。重新就业后，再次失业的，缴费时间重新计算，领取失业保险金的期限可以与前次失业应领取而尚未领取的失业保险金的期限合并计算，但是最长不得超过 24 个月。

第十八条 失业保险金的标准，按照低于当地最低工资标准、高于城市居民最低生活保障标准的水平，由省、自治区、直辖市人民政府确定。

第十九条 失业人员在领取失业保险金期间患病就医的，可以按照规定向社会保险经办机构申请领取医疗补助金。医疗补助金的标准由省、自治区、直辖市人民政府规定。

第二十条 失业人员在领取失业保险金期间死亡的，参照当地对在职职工的规定，对其家属一次性发给丧葬补助金和抚恤金。

第二十一条　单位招用的农民合同制工人连续工作满1年，本单位并已缴纳失业保险费，劳动合同期满未续订或者提前解除劳动合同的，由社会保险经办机构根据其工作时间长短，对其支付一次性生活补助。补助的办法和标准由省、自治区、直辖市人民政府规定。

第二十二条　城镇企业事业单位成建制跨统筹地区转移，失业人员跨统筹地区流动的，失业保险关系随之转迁。

第二十三条　失业人员符合城市居民最低生活保障条件的，按照规定享受城市居民最低生活保障待遇。

《国务院关于建立城镇职工基本医疗保险制度的决定》（1998年12月14日公布）

六、妥善解决有关人员的医疗待遇

离休人员、老红军的医疗待遇不变，医疗费用按原资金渠道解决，支付确有困难的，由同级人民政府帮助解决。离休人员、老红军的医疗管理办法由省、自治区、直辖市人民政府制定。

二等乙级以上革命伤残军人的医疗待遇不变，医疗费用按原资金渠道解决，由社会保险经办机构单独列账管理。医疗费支付不足部分，由当地人民政府帮助解决。

退休人员参加基本医疗保险，个人不缴纳基本医疗保险费。对退休人员个人账户的计入金额和个人负担医疗费的比例给予适当照顾。

国家公务员在参加基本医疗保险的基础上，享受医疗补助政策。具体办法另行制定。

为了不降低一些特定行业职工现有的医疗消费水平，在参加基本医疗保险的基础上，作为过渡措施，允许建立企业补充医疗保险。企业补充医疗保险费在工资总额4%以内的部分，从职工福利费中列支，福利费不足列支的部分，经同级财政部门核准后列入成本。

国有企业下岗职工的基本医疗保险费，包括单位缴费和个人缴费，均由再就业服务中心按照当地上年度职工平均工资的60%为基数缴纳。

《国务院关于建立统一的企业职工基本养老保险制度的决定》（1997年7月16日公布）

五、本决定实施后参加工作的职工，个人缴费年限累计满15年的，退休后按月发给基本养老金。基本养老金由基础养老金和个人账户养老金组成。退休时的基础养老金月标准为省、自治区、直辖市或地（市）上年度职工月平均工资的20%，个人账户养老金月标准为本人账户储存额除以120。个人缴费年限累计不满15年的，退休后不享受基础养老金待遇，其个人账户储存额一次支付给本人。

本决定实施前已经离退休的人员，仍按国家原来的规定发给养老金，同时执行养老金调整办法。各地区和有关部门要按照国家规定进一步完善基本养老金正常调整机制，认真抓好落实。

本决定实施前参加工作、实施后退休且个人缴费和视同缴费年限累计满15年的人员，按照新老办法平稳衔接、待遇水平基本平衡等原则，在发给基础养老金和个人账户养老金的基础上再确定过渡性养老金，过渡性养老金从养老保险基金中解决。具体办法，由劳动部会同有关部门制订并指导实施。

六、进一步扩大养老保险的覆盖范围，基本养老保险制度要逐步扩大到城镇所有企业及其职工。城镇个体劳动者也要逐步实行基本养老保险制度，其缴费比例和待遇水平由省、自治区、直辖市人民政府参照本决定精神确定。

十、实行企业化管理的事业单位，原则上按照企业养老保险制度执行。

《国务院关于工人退休、退职的暂行办法》（1978年6月2日公布）

第一条 全民所有制企业、事业单位和党政机关、群众团体的工人，符合下列条件之一的，应该退休。

（一）男年满六十周岁，女年满五十周岁，连续工龄满十年的。

（二）从事井下、高空、高温、特别繁重体力劳动或者其他有害身体健康的工作，男年满五十五周岁、女年满四十五周岁，连续工龄满十年的。

本项规定也适用于工作条件与工人相同的基层干部。

（三）男年满五十周岁，女年满四十五周岁，连续工龄满十年，由医院证明，并经劳动鉴定委员会确认，完全丧失劳动能力的。

（四）因工致残，由医院证明，并经劳动鉴定委员会确认，完全丧失劳动能力的。

第二条 工人退休以后，每月按下列标准发给退休费，直至去世为止。

（一）符合第一条第（一）、（二）、（三）项条件，抗日战争时期参加革命工作的，按本人标准工资的百分之九十发给。解放战争时期参加革命工作的，按本人标准工资的百分之八十发给。中华人民共和国成立后参加革命工作，连续工龄满二十年的，按本人标准工资的百分之七十五发给；连续工龄满十五年不满二十年的，按本人标准工资的百分之七十发给；连续工龄满十年不满十五年的，按本人标准工资的百分之六十发给。退休费低于二十五元的，按二十五元发给。

（二）符合第一条第（四）项条件，饮食起居需要人扶助的，按本人标准工资的百分之九十发给，还可以根据实际情况发给一定数额的护理费，护理费标准，一般不得超过一个普通工人的工资；饮食起居不需要人扶助的，按本人标准工资的百分之八十发给。同时具备两项以上的退休条件，应当按最高的标准发给。退休费低于三十五元的，按三十五元发给。

第三条　患二、三期矽肺病离职休养的工人，如果本人自愿，也可以退休。退休费按本人标准工资的百分之九十发给，并享受原单位矽肺病人在离职休养期间的待遇。

患二、三期矽肺病离职休养的干部，也可以按照本条的办法执行。

第四条　获得全国劳动英雄、劳动模范称号，在退休时仍然保持其荣誉的工人；省、市、自治区革命委员会认为在革命和建设中有特殊贡献的工人；部队军以上单位授予战斗英雄称号的转业、复员军人，在退休时仍保持其荣誉的，其退休费可以酌情高于本办法所定标准的百分之五至百分之十五，但提高标准后的退休费，不得超过本人原标准工资。

第五条　不具备退休条件，由医院证明，并经劳动鉴定委员会确认，完全丧失劳动能力的工人，应该退职。退职后，按月发给相当于本人标准工资百分之四十的生活费，低于二十元的，按二十元发给。

第七条　工人退休、退职的时候，本人及其供养的直系亲属前往居住地点途中所需的车船费、旅馆费、行李搬运费和伙食补助费，都按照现行的规定办理。

【部门规章与规范性文件】

《劳动部关于〈劳动法〉若干条文的说明》（1994年9月5日公布）

本条中的“依法”是指法律、法规。目前主要依照《劳动保险条例》、国务院《关于企业职工养老保险制度的决定》和地方性法规等。在没有法律规定的情况下，可继续依照有效的劳动规章及一些规范性文件执行。

本条中的“社会保险待遇”是指养老、疾病、医疗、工伤、失业、生育和死亡等保险待遇。

本条中的“法律、法规”主要指正制定中的《社会保险法》和五个保险条例。

《劳动部关于贯彻执行〈中华人民共和国劳动法〉若干问题的意见》（1995年8月4日公布）

73. 企业实施破产时，按照国家有关企业破产的规定，从其财产清产和土地转让所得中按实际需要划拨出社会保险费用和职工再就业的安置费。其划拨的养老保险费和失业保险费由当地社会保险基金经办机构和劳动部门就业服务机构接收，并负责支付离退休人员的养老保险费用和支付失业人员应享受的失业保险待遇。

74. 企业富余职工、请长假人员、请长病假人员、外借人员和带薪上学人员，其社会保险费仍按规定由原单位和个人继续缴纳，缴纳保险费期间计算为缴费年限。

75. 用人单位全部职工实行劳动合同制度后，职工在用人单位内由转制前的原工人岗位转为原干部（技术）岗位或由原干部（技术）岗位转为原工人岗位，其退休年龄和条件，按现岗位国家规定执行。

76. 依据劳动部《企业职工患病或非因工负伤医疗期的规定》（劳部发〔1994〕479号）和劳动部《关于贯彻〈企业职工患病或非因工负伤医疗期的规定〉的通知》（劳部发〔1995〕236号），职工患病或非因工负伤，根据本人实际参加工作的年限和本企业工作年限长短，享受3-24个月的医疗期。对于某些患特殊疾病（如癌症、精神病、瘫痪等）的职工，在24个月内尚不能痊愈的，经企业和当地劳动部门批准，可以适当延长医疗期。

77. 劳动者的工伤待遇在国家尚未颁布新的工伤保险法律、行政法规之前，各类企业仍要执行《劳动保险条例》及相关的政策规定，如果当地政府已实行工伤保险制度改革的，应执行当地的新规定；个体经济组织的劳动者的工伤保险参照企业职工的规定执行；国家机关、事业组织、社会团体的劳动者的工伤保险，如果包括在地方人民政府的工伤改革规定范围内的，按地方政府的规定执行。

78. 劳动者患职业病按照1987年由卫生部等部门发布的《职业病范围和职业病患者处理办法的规定》和所附的“职业病名单”（〔87〕卫防第60号）处理，经职业病诊断机构确诊并发给《职业病诊断证明书》，劳动行政部门据此确认工伤，并通知用人单位或者社会保险基金经办机构发给有关工伤保险待遇；劳动者因工负伤的，劳动行政部门根据企业的工伤事故报告和工伤者本人的申请，作出工伤认定，由社会保险基金经办机构或用人单位，发给有关工伤保险待遇。患职业病或工伤致残的，由当地劳动鉴定委员会按照劳动部《职工工伤和职业病致残程度鉴定标准》（劳险字〔1992〕6号）评定伤残等级和护理依赖程度。劳动鉴定委员会的伤残等级和护理依赖速度的结论，以医学检查、诊断结果为技术依据。

79. 劳动者因工负伤或患职业病，用人单位应按国家和地方政府的规定进行工伤事故报告，或者经职业病诊断机构确诊进行职业病报告。用人单位和劳动者有权按规定向当地劳动行政部门报告。如果用人单位瞒报、漏报工伤或职业病，工会、劳动者可以向劳动行政部门报告。经劳动行政部门确认后，用人单位或社会保险基金经办机构应补发工伤保险待遇。

80. 劳动者对劳动行政部门作出的工伤或职业病的确认意见不服，可依法提起行政复议或行政诉讼。

81. 劳动者被认定患职业病或因工负伤后，对劳动鉴定委员会作出的伤残等级和护理依赖程度鉴定结论不服，可依法提起行政复议或行政诉讼。对劳动能力鉴定结论所依据的医学检查、诊断结果有异议的，可以要求复查诊断，复查诊断按各省、自治区和直辖市劳动鉴定委员会规定的程序进行。

《失业保险金申领发放办法》（2019年12月9日修订）

第二条 参加失业保险的城镇企业事业单位职工以及按照省级人民政府规定参加失业保险的其他单位人员失业后（以下统称失业人员），申请领取失业保险金、享受其他失业保险待遇适用本办法；按照规定应参加而尚未参加失业保险的不适用本办法。

第二章 失业保险金申领

第四条 失业人员符合《条例》第十四条规定条件的，可以申请领取失业保险费，享受其他失业保险待遇。其中，非因本人愿意中断就业的是指下列人员：

（一）终止劳动合同的；

（二）被用人单位解除劳动合同的；

（三）被用人单位开除、除名和辞退的；

（四）根据《中华人民共和国劳动法》第三十二条第二、三项与用人单位解除劳动合同的；

（五）法律、行政法规另有规定的。

第五条 失业人员失业前所在单位，应将失业人员的名单自终止或者解除劳动合同之日起7日内报受理其失业保险业务的经办机构备案，并按要求提供终止或解除劳动合同证明等有关材料。

第六条 失业人员应在终止或者解除劳动合同之日起60日内到受理其单位失业保险业务的经办机构申领失业保险金。

第七条 失业人员申领失业保险金应填写《失业保险金申领表》，并出示下列证明材料：

（一）本人身份证明；

（二）所在单位出具的终止或者解除劳动合同的证明；

（三）失业登记；

（四）省级劳动保障行政部门规定的其他材料。

第八条 失业人员领取失业保险金，应由本人按月到经办机构领取，同时应向经办机构如实说明求职和接受职业指导、职业培训情况。

第九条 失业人员在领取失业保险金期间患病就医的，可以按照规定向经办机构申请领取医疗补助金。

第十条 失业人员在领取失业保险金期间死亡的，其家属可持失业人员死亡证明、领取人身份证明、与失业人员的关系证明，按规定向经办机构领取一次性丧葬补助金和其供养配偶、直系亲属的抚恤金。失业人员当月尚未领取的失业保险金可由其家属一并领取。

第十一条 失业人员在领取失业保险金期间，应积极求职，接受职业指导和职业培训。失业人员在领取失业保险金期间求职时，可以按规定享受就业服务减免费用等优惠政策。

第十二条 失业人员在领取失业保险金期间或期满后，符合享受当地城市居民最低生活保障条件的，可以按照规定申请享受城市居民最低生活保障待遇。

第十三条 失业人员在领取失业保险金期间，发生《条例》第十五条规定情形之一的，不得继续领取失业保险金和享受其他失业保险待遇。

◎《人力资源社会保障部、财政部关于建立城乡居民基本养老保险待遇确定和基础养老金正常调整机制的指导意见》（2018年3月26日公布）

一、总体要求

全面贯彻党的十九大精神，以习近平新时代中国特色社会主义思想为指导，紧紧围绕统筹推进“五位一体”总体布局和协调推进“四个全面”战略布局，牢固树立和贯彻落实新发展理念，坚持以人民为中心的发展思想，按照兜底线、织密网、建机制的要求，建立激励约束有效、筹资权责清晰、保障水平适度的城乡居民基本养老保险待遇确定和基础养老金正常调整机制，推动城乡居民基本养老保险待遇水平随经济发展而逐步提高，确保参保居民共享经济社会发展成果，促进城乡居民基本养老保险制度健康发展，不断增强参保居民的获得感、幸福感、安全感。

二、主要任务

（一）完善待遇确定机制。城乡居民基本养老保险待遇由基础养老金和个人账户养老金构成。基础养老金由中央和地方确定标准并全额支付给符合领取条件的参保人；个人账户养老金由个人账户全部储存额除以计发系数确定。明确各级人民政府、集体经济组织和参保居民等各方面的责任。中央根据全国城乡居民人均可支配收入和财力状况等因素，合理确定全国基础养老金最低标准。地方应当根据当地实际提高基础养老金标准，对65岁及以上参保城乡老年居民予以适当倾斜；对长期缴费、超过最低缴费年限的，应适当加发年限基础养老金。各地提高基础养老金和加发年限基础养老金标准所需资金由地方负担。引导激励符合条件的城乡居民早参保、多缴费，增加个人账户资金积累，优化养老保险待遇结构，提高待遇水平。

（二）建立基础养老金正常调整机制。人力资源社会保障部会同财政部，统筹考虑城乡居民收入增长、物价变动和职工基本养老保险等其他社会保障标准调整情况，适时提出城乡居民全国基础养老金最低标准调整方案，报请党中央和国务院确定。地方基础养老金的调整，应由当地人力资源社会保障部门会同财政部门提出方案，报请同级党委和政府确定。

（三）建立个人缴费档次标准调整机制。各地要根据城乡居民收入增长情况，合理确定和调整城乡居民基本养老保险缴费档次标准，供城乡居民选择。最高缴费档次标准原则上不超过当地灵活就业人员参加职工基本养老保险的年缴费额。对重度残疾人等缴费困难群体，可保留现行最低缴费档次标准。

（四）建立缴费补贴调整机制。各地要建立城乡居民基本养老保险缴费补贴动态调整机制，根据经济发展、个人缴费标准提高和财力状况，合理调整缴费补贴水平，对选择较高档次缴费的人员可适当增加缴费补贴，引导城乡居民选择高档次标准缴费。鼓励集体经济组织提高缴费补助，鼓励其他社会组织、公益慈善组织、个人为参保人缴费加大资助。

（五）实现个人账户基金保值增值。各地要按照《国务院关于印发基本养老保险基金投资管理办法的通知》（国发〔2015〕48号）要求和规定，开展城乡居民基本养老保险基金委托投资，实现基金保值增值，提高个人账户养老金水平和基金支付能力。

《人力资源社会保障部关于执行〈工伤保险条例〉若干问题的意见（二）》（2016年3月28日公布）

一、一级至四级工伤职工死亡，其近亲属同时符合领取工伤保险丧葬补助金、供养亲属抚恤金待遇和职工基本养老保险丧葬补助金、抚恤金待遇条件的，由其近亲属选择领取工伤保险或职工基本养老保险其中一种。

二、达到或超过法定退休年龄，但未办理退休手续或者未依法享受城镇职工基本养老保险待遇，继续在原用人单位工作期间受到事故伤害或患职业病的，用人单位依法承担工伤保险责任。

用人单位招用已经达到、超过法定退休年龄或已经领取城镇职工基本养老保险待遇的人员，在用工期间因工作原因受到事故伤害或患职业病的，如招用单位已按项目参保等方式为其缴纳工伤保险费的，应适用《工伤保险条例》。

三、《工伤保险条例》第六十二条规定的“新发生的费用”，是指用人单位参加工伤保险前发生工伤的职工，在参加工伤保险后新发生的费用。其中由工伤保险基金支付的费用，按不同情况予以处理：

（一）因工受伤的，支付参保后新发生的工伤医疗费、工伤康复费、住院伙食补助费、统筹地区以外就医交通食宿费、辅助器具配置费、生活护理费、一级至四级伤残职工伤残津贴，以及参保后解除劳动合同时的一次性工伤医疗补助金；

（二）因工死亡的，支付参保后新发生的符合条件的供养亲属抚恤金。

四、职工在参加用人单位组织或者受用人单位指派参加其他单位组织的活动中受到事故伤害的，应当视为工作原因，但参加与工作无关的活动除外。

五、职工因工作原因驻外，有固定的住所、有明确的作息时间，工伤认定时按照在驻在地当地正常工作的情形处理。

六、职工以上下班为目的、在合理时间内往返于工作单位和居住地之间的合理路线，视为上下班途中。

七、用人单位注册地与生产经营地不在同一统筹地区的，原则上应在注册地为职工参加工伤保险；未在注册地参加工伤保险的职工，可由用人单位在生产经营地为其参加工伤保险。

劳务派遣单位跨地区派遣劳动者，应根据《劳务派遣暂行规定》参加工伤保险。建筑施工企业按项目参保的，应在施工项目所在地参加工伤保险。

职工受到事故伤害或者患职业病后，在参保地进行工伤认定、劳动能力鉴定，并按照参保地的规定依法享受工伤保险待遇；未参加工伤保险的职工，应当在生产经营地进行工伤认定、劳动能力鉴定，并按照生产经营地的规定依法由用人单位支付工伤保险待遇。

八、有下列情形之一的，被延误的时间不计算在工伤认定申请时限内。

（一）受不可抗力影响的；

（二）职工由于被国家机关依法采取强制措施等人身自由受到限制不能申请工伤认定的；

（三）申请人正式提交了工伤认定申请，但因社会保险机构未登记或者材料遗失等原因造成申请超时限的；

（四）当事人就确认劳动关系申请劳动仲裁或提起民事诉讼的；

（五）其他符合法律法规规定的情形。

九、《工伤保险条例》第六十七条规定的“尚未完成工伤认定的”，是指在《工伤保险条例》施行前遭受事故伤害或被诊断鉴定为职业病，且在工伤认定申请法定时限内（从《工伤保险条例》施行之日起算）提出工伤认定申请，尚未做出工伤认定的情形。

十、因工伤认定申请人或者用人单位隐瞒有关情况或者提供虚假材料，导致工伤认定决定错误的，社会保险行政部门发现后，应当及时予以更正。

《人力资源和社会保障部关于执行〈工伤保险条例〉若干问题的意见》（2013年4月25日公布）

一、《工伤保险条例》（以下简称《条例》）第十四条第（五）项规定的“因工外出期间”的认定，应当考虑职工外出是否属于用人单位指派的因工作外出，遭受的事故伤害是否因工作原因所致。

二、《条例》第十四条第（六）项规定的“非本人主要责任”的认定，应当以有关机关出具的法律文书或者人民法院的生效裁决为依据。

三、《条例》第十六条第（一）项“故意犯罪”的认定，应当以司法机关的生效法律文书或者结论性意见为依据。

四、《条例》第十六条第（二）项“醉酒或者吸毒”的认定，应当以有关机关出具的法律文书或者人民法院的生效裁决为依据。无法获得上述证据的，可以结合相关证据认定。

五、社会保险行政部门受理工伤认定申请后，发现劳动关系存在争议且无法确认的，应告知当事人可以向劳动人事争议仲裁委员会申请仲裁。在此期间，作出工伤认定决定的时限中止，并书面通知申请工伤认定的当事人。劳动关系依法确认后，当事人应将有关法律文书送交受理工伤认定申请的社会保险行政部门，该部门自收到生效法律文书之日起恢复工伤认定程序。

六、符合《条例》第十五条第（一）项情形的，职工所在用人单位原则上应自职工死亡之日起 5 个工作日内向用人单位所在统筹地区社会保险行政部门报告。

七、具备用工主体资格的承包单位违反法律、法规规定，将承包业务转包、分包给不具备用工主体资格的组织或者自然人，该组织或者自然人招用的劳动者从事承包业务时因工伤亡的，由该具备用工主体资格的承包单位承担用人单位依法应承担的工伤保险责任。

八、曾经从事接触职业病危害作业、当时没有发现罹患职业病、离开工作岗位后被诊断或鉴定为职业病的符合下列条件的人员，可以自诊断、鉴定为职业病之日起一年内申请工伤认定，社会保险行政部门应当受理：

（一）办理退休手续后，未再从事接触职业病危害作业的退休人员；

（二）劳动或聘用合同期满后或者本人提出而解除劳动或聘用合同后，未再从事接触职业病危害作业的人员。

经工伤认定和劳动能力鉴定，前款第（一）项人员符合领取一次性伤残补助金条件的，按就高原则以本人退休前 12 个月平均月缴费工资或者确诊职业病前 12 个月的月平均养老金为基数计发。前款第（二）项人员被鉴定为一级至十级伤残、按《条例》规定应以本人工资作为基数享受相关待遇的，按本人终止或者解除劳动、聘用合同前 12 个月平均月缴费工资计发。

九、按照本意见第八条规定被认定为工伤的职业病人员，职业病诊断证明书（或职业病诊断鉴定书）中明确的用人单位，在该职工从业期间依法为其缴纳工伤保险费的，按《条例》的规定，分别由工伤保险基金和用人单位支付工伤保险待遇；未依法为该职工缴纳工伤保险费的，由用人单位按照《条例》规定的相关项目和标准支付待遇。

十、职工在同一用人单位连续工作期间多次发生工伤的，符合《条例》第三十六、第三十七条规定领取相关待遇时，按照其在同一用人单位发生工伤的最高伤残级别，计发一次性伤残就业补助金和一次性工伤医疗补助金。

十一、依据《条例》第四十二条的规定停止支付工伤保险待遇的，在停止支付待遇的情形消失后，自下月起恢复工伤保险待遇，停止支付的工伤保险待遇不予补发。

十二、《条例》第六十二条第三款规定的“新发生的费用”，是指用人单位职工参加工伤保险前发生工伤的，在参加工伤保险后新发生的费用。

十三、由工伤保险基金支付的各项待遇应按《条例》相关规定支付，不得采取将长期待遇改为一次性支付的办法。

十四、核定工伤职工工伤保险待遇时，若上一年度相关数据尚未公布，可暂按前一年度的全国城镇居民人均可支配收入、统筹地区职工月平均工资核定和计发，待相关数据公布后再重新核定，社会保险经办机构或者用人单位予以补发差额部分。

本意见自发文之日起执行，此前有关规定与本意见不一致的，按本意见执行。执行中有重大问题，请及时报告我部。

《国务院法制办对〈关于重新进入劳动生产领域的离休人员能否享受工伤保险待遇的请示〉的复函》（2005 年 8 月 17 日公布）

关于离退休人员重新就业后发生工伤如何处理的问题，现行法律、行政法规没有明确规定。我们认为，应当参照《中共中央办公厅国务院办公厅转发〈中央组织部、中央宣传部、中央统战部、人事部、科技部、劳动保障部、解放军总政治部、中国科协关于进一步发挥离退休专业技术人员作用的意见〉的通知》（中办发〔2005〕9 号）的规定办理。该通知规定：“离退休专业技术人员受聘工作期间，因工作发生职业伤害的，应由聘用单位参照工伤保险的相关待遇标准妥善处理；因工作发生职业伤害与聘用单位发生争议的，可通过民事诉讼处理；与聘用单位之间因履行聘用合同发生争议的，可通过人事或劳动争议仲裁渠道解决。有条件的聘用单位在符合有关规定的情况下，可为聘请的离退休专业技术人员购买聘期内的人身意外伤害保险”。

《国务院法制办对〈关于职工参加单位组织的体育活动受到伤害能否认定为工伤的请示〉的复函》（2005年8月17日公布）

作为单位的工作安排，职工参加体育熟练活动而受到伤害的，应当依照《工伤保险条例》第十四条第（一）项中关于“因工作原因受到事故伤害的”的规定，认定为工伤。

《国务院法制办对〈关于职工违反企业内部规定在下班途中受到机动车伤害能否认定为工伤的请示〉的复函》（2005年8月17日公布）

职工所受伤害只要符合《工伤保险条例》第十四条第（六）项规定的“上下班途中，受到机动车事故伤害的”规定，就应当认定为工伤。

《劳动和社会保障部关于实施〈工伤保险条例〉若干问题的意见》（2004年11月1日公布）

一、职工在两个或两个以上用人单位同时就业的，各用人单位应当分别为职工缴纳工伤保险费。职工发生工伤，由职工受到伤害时其工作的单位依法承担工伤保险责任。

二、条例第十四条规定“上下班途中，受到机动车事故伤害的，应当认定为工伤”。这里“上下班途中”既包括职工正常工作的上下班途中，也包括职工加班加点的上下班途中。“受到机动车事故伤害的”既可以是职工驾驶或乘坐的机动车发生事故造成的，也可以是职工因其他机动车事故造成的。

三、条例第十五条规定“职工在工作时间和工作岗位，突发疾病死亡或者在48小时之内经抢救无效死亡的，视同工伤”。这里“突发疾病”包括各类疾病。“48小时”的起算时间，以医疗机构的初次诊断时间作为突发疾病的起算时间。

四、条例第十七条第二款规定的有权申请工伤认定的“工会组织”包括职工所在用人单位的工会组织以及符合《中华人民共和国工会法》规定的各级工会组织。

五、用人单位未按规定为职工提出工伤认定申请，受到事故伤害或者患职业病的职工或者其直系亲属、工会组织提出工伤认定申请，职工所在单位是否同意（签字、盖章），不是必经程序。

六、条例第十七条第四款规定“用人单位未在本条第一款规定的时限内提交工伤认定申请的，在此期间发生符合本条例规定的工伤待遇等有关费用由该用人单位负担”。这里用人单位承担工伤待遇等有关费用的期间是指从事故伤害发生之日或职业病确诊之日起到劳动保障行政部门受理工伤认定申请之日止。

七、条例第三十六条规定的工伤职工旧伤复发，是否需要治疗应由治疗工伤职工的协议医疗机构提出意见，有争议的由劳动能力鉴定委员会确认。

八、职工因工死亡，其供养亲属享受抚恤金待遇的资格，按职工因工死亡时的条件核定。

《劳动和社会保障部关于农民工参加工伤保险有关问题的通知》（2004 年 6 月 21 日公布）

二、农民工参加工伤保险、依法享受工伤保险待遇是《工伤保险条例》赋予包括农民工在内的各类用人单位职工的基本权益，各类用人单位招用的农民工均有享受工伤保险待遇的权利。各地要将农民工参加工伤保险，作为今年工伤保险扩面的重要工作，明确任务，抓好落实。凡是与用人单位建立劳动关系的农民工，用人单位必须及时为他们办理参加工伤保险的手续。对用人单位为农民工先行办理工伤保险的，各地经办机构应予办理。

三、用人单位注册地与生产经营地不在同一统筹地区的，原则上在注册地参加工伤保险。未在注册地参加工伤保险的，在生产经营地参加工伤保险。农民工受到事故伤害或患职业病后，在参保地进行工伤认定、劳动能力鉴定，并按参保地的规定依法享受工伤保险待遇。用人单位在注册地和生产经营地均未参加工伤保险的，农民工受到事故伤害或者患职业病后，在生产经营地进行工伤认定、劳动能力鉴定，并按生产经营地的规定依法由用人单位支付工伤保险待遇。

四、对跨省流动的农民工，即户籍不在参加工伤保险统筹地区（生产经营地）所在省（自治区、直辖市）的农民工，1 至 4 级伤残长期待遇的支付，可试行一次性支付和长期支付两种方式，供农民工选择。在农民工选择一次性或长期支付方式时，支付其工伤保险待遇的社会保险经办机构应向其说明情况。一次性享受工伤保险长期待遇的，需由农民工本人提出，与用人单位解除或者终止劳动关系，与统筹地区社会保险经办机构签订协议，终止工伤保险关系。1 至 4 级伤残农民工一次性享受工伤保险长期待遇的具体办法和标准由省（自治区、直辖市）劳动保障行政部门制定，报省（自治区、直辖市）人民政府批准。

◎《劳动和社会保障部办公厅关于单位成建制跨统筹地区转移和职工在职期间跨统筹地区转换工作单位时失业保险关系转迁有关问题的通知》（2002 年 3 月 19 日公布）

城镇企业事业单位成建制跨统筹地区转移或职工在职期间跨统筹地区转换工作单位的，失业保险关系应随之转迁。其中，跨省、自治区、直辖市的，其在转出前单位和职工个人缴纳的失业保险费不转移；在省、自治区内跨统筹地区的，是否转移失业保险费由省级劳动保障行政部门确定。转出地失业保险经办机构应为转出单位或职工开具失业保险关系转迁证明。转出单位或职工应在开具证明后 60 日内到转入地经办机构办理失业保险关系接续手续，并自在转出地停止缴纳失业保险费的当月起，按转入地经办机构核定的缴费基数缴纳失业保险费。转出前后的缴费时间合并计算。转入地经办机构应及时办理有关手续，并提供相应服务。

◎《劳动和社会保障部关于完善城镇职工基本养老保险政策有关问题的通知》（2001 年 12 月 22 日公布）

一、参加城镇企业职工养老保险的人员，不论因何种原因变动工作单位，包括通过公司制改造、股份制改造、出售、拍卖、租赁等方式转制以后的企业和职工，以及跨统筹地区流动的人员，都应按规定继续参加养老保险并按时足额缴费。社会保险经办机构应为其妥善管理、接续养老保险关系，做好各项服务工作。

二、职工与企业解除或终止劳动关系后，职工养老保险关系应按规定保留，由社会保险经办机构负责管理。国有企业下岗职工协议期满出中心时，实行劳动合同制以前参加工作、年龄偏大且接近企业内部退养条件、再就业确有困难的，经与企业协商一致，可由企业和职工双方协商缴纳养老保险费，缴费方式、缴费期限、资金来源、担保条件及具体人员范围等按当地政府规定执行。失业人员实现再就业，新的用人单位必须与其签订劳动合同，并按规定参加养老保险。自谋职业者及采取灵活方式再就业人员应继续参加养老保险，有关办法执行省级政府的规定。

三、城镇个体工商户等自谋职业者以及采取各种灵活方式就业的人员，在其参加养老保险后，按照省级政府规定的缴费基数和比例，一般应按月缴纳养老保险费，也可按季、半年、年度合并缴纳养老保险费，缴费时间可累计折算。上述人员在男年满 60 周岁、女年满 55 周岁时，累计缴费年限满 15 年的，可按规定领取基本养老金。累计缴费年限不满 15 年的，其个人账户储存额一次性支付给本人，同时终止养老保险关系，不得以事后追补缴费的方式增加缴费年限。

四、参加养老保险的农民合同制职工，在与企业终止或解除劳动关系后，由社会保险经办机构保留其养老保险关系，保管其个人账户并计息，凡重新就业的，应接续或转移养老保险关系；也可按照省级政府的规定，根据农民合同制职工本人申请，将其个人账户个人缴费部分一次性支付给本人，同时终止养老保险关系，凡重新就业的，应重新参加养老保险。农民合同制职工在男年满 60 周岁、女年满 55 周岁时，累计缴费年限满 15 年以上的，可按规定领取基本养老金；累计缴费年限不满 15 年的，其个人账户全部储存额一次性支付给本人。

五、破产企业欠缴的养老保险费，按有关规定在资产变现收入中予以清偿；清偿欠费确有困难的企业，其欠缴的养老保险费包括长期挂账的欠费，除企业缴费中应划入职工个人账户部分外，经社会保险经办机构同意，劳动保障部门审核，财政部门复核，报省级人民政府批准后可以核销。职工按规定的个人缴费比例补足个人账户资金后，社会保险经办机构要按规定及时记录，职工的缴费年限予以承认。

六、对于因病、非因工致残，经当地劳动能力鉴定机构认定完全丧失劳动能力，并与用人单位终止劳动关系的职工，由本人申请，社会保险经办机构审核，经地级劳动保障部门批准，可以办理退职领取退职生活费。退职生活费标准根据职工缴费年限和缴费工资水平确定，具体办法和标准按省级政府规定执行。

七、城镇企业成建制跨省搬迁，应按规定办理企业和职工养老保险关系转移手续，在职职工个人账户记账额度全部转移，资金只转移个人缴费部分，转入地社保机构应按个人账户记账额度全额记账。企业转出地和转入地社会保险机构，要认真做好搬迁企业养老保险关系及个人账户的转移、接续工作，按时足额发放离退休人员基本养老金。如搬迁企业在转出地欠缴养老保险费，应在养老保险关系转出之前还清全部欠费。

八、加强对特殊工种提前退休审批工作的管理。设有特殊工种的企业，要将特殊工种岗位、人员及其变动情况，定期向地市级劳动保障部门报告登记，并建立特殊工种提前退休公示制度，实行群众监督。地市以上劳动保障行政部门，要规范特殊工种提前退休审批程序，健全审批制度。社会保险经办机构要建立特殊工种人员档案和数据库，防止发生弄虚作假骗取特殊工种身份和冒领基本养老金问题，一经发现，要立即纠正并收回冒领的养老金。

《劳动和社会保障部办公厅关于进一步规范基本养老金社会化发放工作的通知》（2001年12月21日公布）

三、各级社会保险经办机构要保证基本养老金发放的有关数据和资金及时到位。每月基本养老金开始发放的日期一般应定于5日至25日之间，具体日期由各地社会保险经办机构确定。社会保险经办机构要在基本养老金发放日的2个工作日以前，将基本养老金发放数据传至代理发放业务的银行、邮局，同时汇入相应的资金。社会保险经办机构要督促银行、邮局等社会服务机构在资金汇入以后2日内，将资金划入离退休人员的个人储蓄账户。

四、在国内异地居住或出国定居的离退休人员，经向社会保险经办机构申请并办理相关手续后，其基本养老金可以委托亲属或他人代领。在国内异地居住的，也可以委托社会保险经办机构通过邮局、银行寄汇给本人；出国定居的，若国内无亲属或他人代领，本人要求社会保险经办机构将款寄汇至国外的，汇费由其个人负担。

五、已纳入社区管理的企业离退休人员死亡后，其亲属和户籍所在地（或常年居住地）的街道社区服务组织要在7日内向负责支付其基本养老金的社会保险经办机构报告；尚未纳入社区管理的企业离退休人员死亡后，其亲属要在3日内向死亡者原单位报告，原单位应在4日内向社会保险经办机构报告；异地居住的离退休人员死亡后，其亲属要在7日内向负责支付其基本养老金的社会保险经办机构报告。社会保险经办机构在接到报告并审核死亡证明材料有效后，应及时办理支付丧葬补助等项费用的手续，同时终止死亡离退休人员的基本养老保险关系。

六、各级社会保险经办机构应当定期对参加基本养老保险的离退休人员领取基本养老金的资格进行核查。在国内异地居住的离退休人员，每年向负责支付其基本养老金的社会保险经办机构提供一次居住地公安机关出具的居住证明。出国定居的离退休人员，每年向负责支付其基本养老金的社会保险经办机构提供一次由我国驻该国使领馆出具的居住证明（未与我国建立外交关系的国家，由当地公证机关出具）。

七、离退休人员发生下列情形之一，社会保险经办机构应停发或暂时停发其基本养老金：

（一）无正当理由不按规定提供本人居住证明或其他相关证明材料的；

（二）下落不明超过6个月，其亲属或利害关系人申报失踪或户口登记机关暂时注销其户口的；

（三）被判刑收监执行或被劳动教养期间的；

（四）法律、法规规定的其他情形。

发生以上第（一）、（二）、（四）项情形的离退休人员，经社会保险经办机构确认仍具有领取基本养老金资格的，应从停发之月起补发并恢复发放基本养老金；发生以上第（三）项情形的离退休人员，服刑或劳动教养期满后可按服刑或劳动教养前最后一次领取的标准继续发给基本养老金。

八、对弄虚作假违规办理离退休手续的人员，社会保险经办机构应立即停发基本养老金，并限期收回或从其以后应领取的基本养老金中逐步扣除已经冒领的金额；离退休人员死亡后，其亲属或他人冒领基本养老金的，社会保险经办机构应责令冒领者退还冒领金额，劳动保障行政部门依法给予处罚；对拒不退还冒领金额者，社会保险经办机构可向人民法院申请强制执行。

◎《劳动和社会保障部办公厅关于取得国外永久性居民身份证回国工作人员在国内工作期间有关社会保险问题的复函》（2001年9月10日公布）

对于取得国外永久性居民身份证的人员回国工作，凡同国内企业建立劳动关系的，应按规定参加企业所在地的社会保险，缴纳社会保险费，并享受相应待遇。这些人员同国内企业解除劳动关系并离境时，社会保险经办机构应当终止其社会保险关系，并根据职工申请，对参加基本养老保险，且不符合领取基本养老金条件的，将其基本养老保险个人账户的储存额一次性支付给本人；参加基本医疗保险的，将其个人账户结余部分一次性退给本人；参加失业保险的，单位和个人此前缴纳的失业保险费不予退还。

◎《劳动和社会保障部办公厅关于破产企业职工自谋职业领取一次性安置费后能否享受失业保险待遇问题的复函》（2001年5月23日公布）

一、根据《国务院关于若干城市试行国有企业破产有关问题的通知》（国发〔1994〕59号）和《国务院关于在若干城市试行国有企业兼并破产和职工再就业有关问题的补充通知》（国发〔1997〕10号）精神，优化资本结构试点城市安置国有破产企业职工时，可以根据当地情况，对自谋职业的发放一次性安置费，以鼓励和帮助职工尽快实现重新就业。实行这项政策，应坚持职工自愿原则，规范操作。按照《失业保险条例》的规定，在业人员不享受失业保险待遇。

二、对未提出自谋职业申请或虽提出申请但未实现自谋职业，及实行劳动合同制以后参加工作的职工，企业在与其解除劳动合同时，应按规定支付经济补偿金，符合法定条件的按规定享受失业保险待遇。

◎《劳动和社会保障部办公厅关于对刑满释放或者解除劳动教养人员能否享受失业保险待遇问题的复函》（2000年9月7日公布）

按照《失业保险条例》的规定，失业人员在领取失业保险金应具备的条件是：按照规定参加失业保险，所在单位和本人已按照规定履行缴费义务满1年的；非本人意愿中断就业的；已办理失业登记，并有求职要求的。失业人员在领取失业保险金被判刑收监执行或者被劳动教养的，停止领取失业保险金。

根据上述规定，在职人员应被判刑收监执行或者被劳动教养，而被用人单位解除劳动合同的，可以在其刑满、假释、劳动教养期满或解除劳动教养后，申请领取失业保险金。失业保险金自办理失业登记之日起计算。失业人员在领取失业保险金期内因被判刑收监执行或者被劳动教养而停止领取失业保险金的，可以在其刑满、假释、劳动教养期满或解除劳动教养后恢复领取失业保险金。失业人员在领取失业保险金期间，按照规定同时享受其他失业保险待遇。失业保险金及其他失业保险待遇标准按现行规定执行。

◎《劳动和社会保障部、财政部、人事部关于事业单位参加失业保险有关问题的通知》（1999年8月30日公布）

一、事业单位应当按照两个《条例》和所在地区的有关规定，在单位所在地进行社会保险登记，按时申报并足额缴纳失业保险费。

二、事业单位缴纳失业保险费所需资金在其支出预算中列支。此项基金收支要在失业保险基金收支中单独反映，并在保证事业单位失业人员失业保险待遇的前提下统筹使用。

三、事业单位职工失业后，应到当地经办失业保险业务的社会保险经办机构办理失业登记，对符合享受失业保险待遇条件的，由经办机构按规定支付失业保险待遇。

四、在国家关于事业单位养老保险制度改革办法出台之前，事业单位职工失业期间的养老关系予以保留（失业期间不计算缴费年限或工作年限），再就业后，按照其新的工作单位的养老办法接续。新的工作单位已经实行养老保险社会统筹的，本人应随之参加，其在原单位的工作年限视同缴费年限；新的工作单位实行其他养老办法的，按该单位办法办理。

《劳动和社会保障部、国家发展计划委员会、财政部、卫生部、国家中医药管理局关于城镇职工基本医疗保险诊疗项目管理的意见》（1999年6月30日公布）

一、基本医疗保险诊疗项目是指符合以下条件的各种医疗技术劳务项目和采用医疗仪器、设备与医用材料进行的诊断、治疗项目：

（一）临床诊疗必需、安全有效、费用适宜的诊疗项目；

（二）由物价部门制定了收费标准的诊疗项目；

（三）由定点医疗机构为参保人员提供的定点医疗服务范围内的诊疗项目。

二、基本医疗保险诊疗项目通过制定基本医疗保险诊疗项目范围和目录进行管理。制定基本医疗保险诊疗项目范围和目录既要考虑临床诊断、治疗的基本需要，也要兼顾不同地区经济状况和医疗技术水平的差异，做到科学合理，方便管理。

三、劳动和社会保障部负责组织制定国家基本医疗保险诊疗项目范围（见附件），采用排除法分别规定基本医疗保险不予支付费用的诊疗项目范围和基本医疗保险支付部分费用的诊疗项目范围。

基本医疗保险不予支付费用的诊疗项目，主要是一些非临床诊疗必需、效果不确定的诊疗项目以及属于特需医疗服务的诊疗项目。

基本医疗保险支付部分费用的诊疗项目，主要是一些临床诊疗必需、效果确定但容易滥用或费用昂贵的诊疗项目。

六、参保人员发生的诊疗项目费用，属于基本医疗保险不予支付费用诊疗项目目录以内的，基本医疗保险基金不予支付。属于基本医疗保险支付部分费用诊疗项目目录以内的，先由参保人员按规定比例自付后，再按基本医疗保险的规定支付。属于按排除法制定的基本医疗保险不予支付费用和支付部分费用诊疗项目目录以外的，或属于按准入法制定的基本医疗保险准予支付费用诊疗项目目录以内的，按基本医疗保险的规定支付。

七、国家基本医疗保险诊疗项目范围要根据基本医疗保险基金的支付能力和医学技术的发展进行适时调整。各省的基本医疗保险诊疗项目目录要在国家基本医疗保险诊疗项目范围调整的基础上作相应调整。

附件

国家基本医疗保险诊疗项目范围

一、基本医疗保险不予支付费用的诊疗项目范围

（一）服务项目类

1. 挂号费、院外会诊费、病历工本费等。

2. 出诊费、检查治疗加急费、点名手术附加费、优质优价费、自请特别护士等特需医疗服务。

（二）非疾病治疗项目类

1. 各种美容、健美项目以及非功能性整容、矫形手术等。

2. 各种减肥、增胖、增高项目。

3. 各种健康体检。

4. 各种预防、保健性的诊疗项目。

5. 各种医疗咨询、医疗鉴定。

（三）诊疗设备及医用材料类

1. 应用正电子发射断层扫描装置（OET）、电子束 CT、眼科准分子激光治疗仪等大型医疗设备进行的检查、治疗项目。

2. 眼镜、义齿、义眼、义肢、助听器等康复性器具。

3. 各种自用的保健、按摩、检查和治疗器械。

4. 各省物价部门规定不可单独收费的一次性医用材料。

（四）治疗项目类

1. 各类器官或组织移植的器官源或组织源。

2. 除肾脏、心脏瓣膜、角膜、皮肤、血管、骨、骨髓移植外的其他器官或组织移植。

3. 近视眼矫形术。

4. 气功疗法、音乐疗法、保健性的营养疗法、磁疗等辅助性治疗项目。

（五）其他

1. 各种不育（孕）症、性功能障碍的诊疗项目。

2. 各种科研性、临床验证性的诊疗项目。

二、基本医疗保险支付部分费用的诊疗项目范围

（一）诊疗设备及医用材料类

1. 应用 X-射线计算机体层摄影装置（CT）、立体定向放射装置（γ-刀、X-刀）、心脏及血管造影 X 线机（含数字减影设备）、核磁共振成像装

置（MRI）、单光子发射电子计算机扫描装置（SPECT）、彩色多普勒仪、医疗直线加速器等大型医疗设备进行的检查、治疗项目。

2. 体外震波碎石与高压氧治疗。

3. 心脏起搏器、人工关节、人工晶体、血管支架等体内置换的人工器官、体内置放材料。

4. 各省物价部门规定的可单独收费的一次性医用材料。

（二）治疗项目类

1. 血液透析、腹膜透析。

2. 肾脏、心脏瓣膜、角膜、皮肤、血管、骨、骨髓移植。

3. 心脏激光打孔、抗肿瘤细胞免疫疗法和快中子治疗项目。

（三）各省劳动保障部门规定的价格昂贵的医疗仪器与设备的检查、治疗项目和医用材料。

《劳动和社会保障部、国家发展计划委员会、财政部、卫生部、国家中医药管理局关于确定城镇职工基本医疗保险医疗服务设施范围和支付标准的意见》（1999年6月30日公布）

一、基本医疗保险医疗服务设施是指由定点医疗机构提供的，参保人员在接受诊断、治疗和护理过程中必需的生活服务设施。

二、基本医疗保险医疗服务设施费用主要包括住院床位费及门（急）诊留观床位费。对已包含在住院床位费或门（急）诊留观床位费中的日常生活用品、院内运输用品和水、电等费用，基本医疗保险基金不另行支付，定点医疗机构也不得再向参保人员单独收费。

三、基本医疗保险基金不予支付的生活服务项目和服务设施费用，主要包括：

（一）就（转）诊交通费、急救车费；

（二）空调费、电视费、电话费、婴儿保温箱费、食品保温箱费、电炉费、电冰箱费及损坏公物赔偿费；

（三）陪护费、护工费、洗理费、门诊煎药费；

（四）膳食费；

（五）文娱活动费以及其他特需生活服务费用。

其他医疗服务设施项目是否纳入基本医疗保险基金支付范围，由各省（自治区、直辖市，下同）劳动保障行政部门规定。

……

五、定点医疗机构要公开床位收费标准和基本医疗保险床位费支付标准，在安排病房或门（急）诊留观床位时，应将所安排的末位收费标准告知参保人员或家属。参保人员可以根据定点医疗机构的建议，自主选择不同档次的病房或门（急）诊留观床位。由于床位紧张或其他原因，定点医疗机构必须把参保人员安排在超标准病房时，应首先征得参保人员或家属的同意。

六、参保人员的实际床位费低于基本医疗保险住院床位费支付标准的，以实际床位费按基本医疗保险的规定支付；高于基本医疗保险住院床位费支付标准的，在支付标准以内的费用，按基本医疗保险的规定支付，超出部分由参保人员自付。

《城镇职工基本医疗保险用药范围管理暂行办法》（1999 年 5 月 12 日公布）

第二条 基本医疗保险用药范围通过制定《基本医疗保险药品目录》（以下简称《药品目录》）进行管理。确定《药品目录》中药品品种时要考虑临床治疗的基本需要，也要考虑地区间的经济差异和用药习惯，中西药并重。

第三条 纳入《药品目录》的药品，应是临床必需、安全有效、价格合理、使用方便、市场能够保证供应的药品，并具备下列条件之一：

（一）《中华人民共和国药典》（现行版）收载的药品；

（二）符合国家药品监督管理部门颁发标准的药品；

（三）国家药品监督管理部门批准正式进口的药品。

第四条 以下药品不能纳入基本医疗保险用药范围：

（一）主要起营养滋补作用的药品；

（二）部分可以入药的动物及动物脏器，干（水）果类；

（三）用中药材和中药饮片泡制的各类酒制剂；

（四）各类药品中的果味制剂、口服泡腾剂；

（五）血液制品、蛋白类制品（特殊适应症与急救、抢救除外）；

（六）劳动保障部规定基本医疗保险基金不予支付的其他药品。

《劳动和社会保障部关于制止和纠正违反国家规定办理企业职工提前退休有关问题的通知》（1999 年 3 月 9 日公布）

一、要严格执行国家关于退休年龄的规定，坚决制止违反规定提前退休的行为

国家法定的企业职工退休年龄是：男年满 60 周岁，女工人年满 50 周岁，女干部年满 55 周岁。从事井下、高空、高温、特别繁重体力劳动或其他有害身体健康工作（以下称特殊工种）的，退休年龄为男年满55周岁、女年满45周岁；因病或非因工致残，由医院证明并经劳动鉴定委员会确认完全丧失劳动能力的，退休年龄为男年满55周岁、女年满45周岁。

按国家有关规定办理提前退休的范围仅限定为：国务院确定的111个“优化资本结构”试点城市的国有破产工业企业中距法定退休年龄不足5年的职工；三年内有压锭任务的国有纺织企业中，符合规定的纺纱、织布工种的挡车工。但此项规定与前款规定不能同时用于同一名职工。

对国家关于企业职工退休年龄和条件的规定，各地区、各部门和企业及职工必须认真执行，不得随意降低，严禁扩大适用范围，今后，凡是违反国家规定办理提前退休、退职的企业，要追究有关领导和当事人的责任，已办理提前退休、退职的职工要清退回企业。

二、规范退休审批程序，健全审批制度

（一）加强企业职工退休审批工作的管理。各地区要严格按《通知》规定的企业职工退休、退职审批权限，规范企业职工退休审批工作，要建立审批工作制度，规范审批程序，加强对审批工作的监督。

（二）对职工出生时间的认定，实行居民身份证与职工档案相结合的办法。当本人身份证与档案记载的出生时不一致时，以本人档案最先记载的出生时间为准。要加强对居民身份证和职工档案的管理，严禁随意更改职工出生时间和编造档案。

（三）职工因病或非因工致残完全丧失劳动能力统一由地市级劳动保障部门指定的县级以上医院负责医疗诊断，并出具证明。非指定医院出具的证明一律无效。

地市级劳动鉴定委员会负责定期审核指定医院开具的诊断证明，作出鉴定结论。职工因病或非因工致残完成丧失劳动能力的鉴定标准，暂按《职工工伤与职业病致残程度鉴定标准（GB/T16180-1996）（1-4）级》执行，省级劳动保障部门可根据本地区实际情况，做出补充规定。

（四）劳动保障部门要加强对特殊工种的管理和审批工作。设有特殊工种的企业，每年要向地市级劳动保障部门报送特殊工种名录、实际用工人数及在特殊工种岗位工作的人员名册及其从事特殊工种的时间。按特殊工种退休条件办理退休的职工，从事高空和特别繁重体力劳动的必须在该工种岗位上工作累计满10年，从事井下和高温工作的必须在该工种岗位上工作累计满9年，从事其他有害身体健康工作的必须在该工种岗位上工作累计满8年。

原劳动部和有关行业主管部门批准的特殊工种，随着科技进步和劳动条件的改善，需要进行清理和调整。新的特殊工种名录由劳动保障部会同有关部门清理审定后予以公布，公布之前暂按原特殊工种名录执行。

三、按照国家有关规定，严格核定提前退休人员的待遇

对于因病或非因工致残退休和按111个“优化资本结构”试点城市的国有破产工业企业的有关规定提前退休的人员，其养老金按《国务院关于建立统一的企业职工基本养老保险制度的决定》（国发〔1997〕26号）规定的办法计发，按新办法计发的养老金低于老办法的部分不予弥补。

◎《劳动部办公厅对〈关于职工在上下班途中发生非本人主要责任交通事故后待遇享受问题的请示〉的复函》（1997年12月12日公布）

……凡是职工在上下班必经路线途中遭受非本人主要责任的交通事故后负伤、致残或者死亡的，无论该职工及其用人单位是否参加工伤保险，该职工都应认定为工伤，并享受有关的工伤待遇。如该职工及所在用人单位已参加了工伤保险的，有关的工伤待遇按当地规定执行；如该职工及所在用人单位未参加工伤保险的，有关的工伤待遇则由该职工的用人单位支付。

◎《企业职工生育保险试行办法》（1994年12月14日公布）

第五条 女职工生育按照法律、法规的规定享受产假。产假期间的生育津贴按照本企业上年度职工月平均工资计发，由生育保险基金支付。

第六条 女职工生育的检查费、接生费、手术费、住院费和药费由生育保险基金支付。超出规定的医疗服务费和药费（含自费药品和营养药品的药费）由职工个人负担。

女职工生育出院后，因生育引起疾病的医疗费，由生育保险基金支付；其它疾病的医疗费，按照医疗保险待遇的规定办理。女职工产假期满后，因病需要休息治疗的，按照有关病假待遇和医疗保险待遇规定办理。

第七条 女职工生育或流产后，由本人或所在企业持当地计划生育部门签发的计划生育证明，婴儿出生、死亡或流产证明，到当地社会保险经办机构办理手续，领取生育津贴和报销生育医疗费。

【军事法规规章】

◎《劳动和社会保障部办公厅、人事部办公厅、解放军总后勤部司令部关于对军队机关事业单位职工参加失业保险有关问题的复函》（2002年2月22日公布）

一、人事部、劳动和社会保障部、中国人民解放军总后勤部《关于军队后勤保障社会化改革中人事和劳动保障工作有关问题的通知》（〔2000〕后司字第332号）规定，“军队机关事业单位职工，从2000年7月1日起，按国家规定参加当地失业保险，缴纳失业保险费，享受失业保险待遇”。其中，“军队机关事业单位职工”是指军队机关事业单位中无军籍的所有职工。即：列入军队队列编制员额的职工和不列入军队队列编制员额的职员、工人（含合同制）以及聘用的其他职工（不含离退休人员）。

二、军队机关事业单位参加失业保险，应按照规定如实提供职工人数、缴费工资基数等情况。失业保险经办机构应按照军队机关事业单位提供的参保人员名单和缴费工资等情况，为缴费单位和缴费个人办理参保手续、建立缴费记录。军队机关事业单位中的参保人员失业时，对符合条件的失业人员，要按时足额发放失业保险金，并提供相应的服务。

《中国人民解放军军人退役医疗保险暂行办法》（1999年12月16日公布）

二、国家实行军人退役医疗保险制度，设立军人退役医疗保险基金，对军人退出现役后的医疗费用给予补助。中国人民解放军根据国家的有关规定，为军人建立退役医疗保险个人账户。

三、师职以下现役军官、局级和专业技术四级以下文职干部、士官、义务兵和具有军籍的学员依照本办法参加军人退役医疗保险。

五、城镇职工基本医疗保险统筹地区人民政府劳动和社会保障部门负责军人退役后的医疗保险管理工作。

十三、军人退出现役后，按照国家规定不参加城镇职工基本医疗保险的，由军人所在单位后勤（联勤）机关财务部门将军人退役医疗保险金发给本人；按照国家规定应当参加城镇职工基本医疗保险的，由军人所在单位后勤（联勤）机关财务部门将军人退役医疗保险金转入军人安置地的社会保险经办机构，具体办法由中国人民解放军总后勤部会同劳动保障部等有关部门制定。

十四、从地方直接招收的军官、文职干部和士官入伍时由地方社会保险经办机构将其基本医疗保险个人账户结余部分转入接收单位后勤（联勤）机关财务部门，计入本人的退役医疗保险个人账户，并逐级上交中国人民解放军总后勤部。

十五、军人牺牲或者病故的，其退役医疗保险个人账户资金可以依法继承。

【其他规定】

◎《劳动和社会保障部、财政部、人事部、中央机构编制委员会办公室关于职工在机关事业单位与企业之间流动时社会保险关系处理意见的通知》（2001年9月20日公布）

一、养老保险关系处理

职工由机关事业单位进入企业工作之月起，参加企业职工的基本养老保险，单位和个人按规定缴纳基本养老保险费，建立基本养老保险个人账户，原有的工作年限视同缴费年限，退休时按企业的办法计发基本养老金。其中，公务员及参照和依照公务员制度管理的单位工作人员，在进入企业并按规定参加企业职工基本养老保险后，根据本人在机关（或单位）工作的年限给予一次性补贴，在其原所在单位通过当地社会保险经办机构转入本人的基本养老保险个人账户，所需资金由同级财政安排。补贴的标准为：本人离开机关上年度月平均基本工资×在机关工作年限×0.3%×120个月。

职工由企业进入机关事业单位工作之月起，执行机关事业单位的退休养老制度，其原有的连续工龄与进入机关事业单位后的工作年限合并计算，退休时按机关事业单位的办法计发养老金。已建立的个人账户继续由社会保险经办机构管理，退休时，其个人账户储存额每月按1/120计发，并相应抵减按机关事业单位办法计发的养老金。

公务员进入企业工作后再次转入机关事业单位工作的，原给予的一次性补贴的本金和利息要上缴同级财政。其个人账户管理、退休后养老金计发等，比照由企业进入机关事业单位工作职工的相关政策办理。

二、失业保险关系处理

职工由机关进入企业、事业单位工作之月起，按规定参加失业保险，其原有的工作年限视同缴费年限。职工由企业、事业单位进入机关工作，原单位及个人缴纳的失业保险费不转移，其失业保障按《人事部关于印发〈国家公务员被辞退后有关问题的暂行办法〉的通知》（人发〔1996〕64号）规定执行。

三、医疗保险关系处理

职工在机关事业单位和企业之间流动，在同一统筹地区内的基本医疗保险关系不转移，跨统筹地区的基本医疗保险关系及个人账户随同转移。职工流动后，除基本医疗保险之外，其他医疗保障待遇按当地有关政策进行调整。

典型案例要旨

重庆市涪陵志大物业管理有限公司诉重庆市涪陵区人力资源和社会保障局劳动和社会保障行政确认案（指导案例94号，最高人民法院2018年6月20日发布）

《工伤保险条例》第十五条第一款第二项规定："职工在抢险救灾等维护国家利益、公共利益活动中受到伤害的，视同工伤。"据此，虽然职工不是在工作地点、因工作原因受到伤害，但其是在维护国家利益、公共利益活动中受到伤害的，也应当按照工伤处理。公民见义勇为，跟违法犯罪行为作斗争，与抢险救灾一样，同样属于维护社会公共利益的行为，应当予以大力提倡和鼓励。因见义勇为、制止违法犯罪行为而受到伤害的，应当适用《工伤保险条例》第十五条第一款第二项的规定，即视同工伤。

孙某兴诉天津新技术产业园区劳动人事局工伤认定案（指导案例40号，最高人民法院2014年12月25日发布）

1.《工伤保险条例》第十四条第一项规定的"因工作原因"，是指职工受伤与其从事本职工作之间存在关联关系。

2.《工伤保险条例》第十四条第一项规定的"工作场所"，是指与职工工作职责相关的场所，有多个工作场所的，还包括工作时间内职工来往于多个工作场所之间的合理区域。

3. 职工在从事本职工作中存在过失，不属于《工伤保险条例》第十六条规定的故意犯罪、醉酒或者吸毒、自残或者自杀情形，不影响工伤的认定。

上海温和足部保健服务部诉上海市普陀区人力资源和社会保障局工伤认定案（摘自《最高人民法院公报》2017年第4期）

职工在工作时间和工作岗位上突发疾病，经抢救后医生虽然明确告知家属无法挽救生命，在救护车运送回家途中职工死亡的，仍应认定其未脱离治疗抢救状态。若职工自发病至死亡期间未超过48小时，应视为"48小时之内经抢救无效死亡"，视同工伤。

陈某菊不服上海市松江区人力资源和社会保障局社会保障行政确认案（摘自《最高人民法院公报》2013年第9期）

食宿在单位的职工在单位宿舍楼浴室洗澡时遇害，其工作状态和生活状态的界限相对模糊。在此情形下，对于工伤认定的时间、空间和因果关系三个要件的判断主要应考虑因果关系要件，即伤害是否因工作原因。

“因履行工作职责受到暴力伤害”应理解为职工因履行工作职责的行为而遭受暴力伤害，如职工系因个人恩怨而受到暴力伤害，即使发生于工作时间或工作地点，亦不属于此种情形。

“与工作有关的预备性或者收尾性工作”是指根据法律法规、单位规章制度的规定或者约定俗成的做法，职工为完成工作所作的准备或后续事务。职工工作若无洗澡这一必要环节，亦无相关规定将洗澡作为其工作完成后的后续性事务，则洗澡不属于“收尾性工作”。

知识点

社会保险待遇是劳动者和用人单位最为关心的，其与工资、工龄、保险费用的多少，有无特殊贡献及与当时的经济社会政策有关。

1. 工资。可作为计算社会保险待遇的工资有三种：(1) 职工个人月工资，包括法定应含项目的工资，即如果以工资缴纳保险费用的，则以这个职工个人月工资作为缴纳依据，同时它也是社会保险待遇的基数。(2) 本单位月平均工资，是指本单位实际发放的工资数额和总人数的比值，是计算某些保险待遇的基数。如丧葬费、抚恤费等。(3) 社会月平均工资，是指法定部门或机构依法确定和颁布的本地区职工的月工资．其包括在这一时期的物价上涨因素和其他因素，使保险待遇随着工资的上涨而提高。

2. 工龄。是指依法取得法定职业的收入，并以此为其生活来源的工作年限。计算社会保险待遇是以连续工龄来计算的。连续工龄是指依法能够连续计算的工龄，既包括在本单位的工龄也包括以前在其他单位可以连续计算的工龄。工龄越长，其享受的社会保险待遇就越高；反之就越低。

3. 保险费。是被保险人的义务，也是投保人的责任，劳动者享受的社会保险待遇与其缴纳保险费的多少及年限有关。保险费越多，年限越长，其享受的保险待遇就越高，反之就低。

4. 特殊贡献。是国家对劳动者计算社会保险待遇的一个依据，旨在鼓励劳动者多作贡献。特殊贡献的范围由有关的法规加以确定。

5. 经济社会政策。社会保险待遇由于国家的经济社会政策的影响，同时不同行业、不同工种的社会待遇由于国家对不同行业、不同工种的政策的不同而有差别。其差别的多少也由经济社会政策的规定决定。①

> **第七十四条** 社会保险基金经办机构依照法律规定收支、管理和运营社会保险基金，并负有使社会保险基金保值增值的责任。
>
> 社会保险基金监督机构依照法律规定，对社会保险基金的收支、管理和运营实施监督。
>
> 社会保险基金经办机构和社会保险基金监督机构的设立和职能由法律规定。
>
> 任何组织和个人不得挪用社会保险基金。

相关规定

【法律】

《中华人民共和国社会保险法》（2018年12月29日修正）

第六条 国家对社会保险基金实行严格监管。

国务院和省、自治区、直辖市人民政府建立健全社会保险基金监督管理制度，保障社会保险基金安全、有效运行。

县级以上人民政府采取措施，鼓励和支持社会各方面参与社会保险基金的监督。

第七条 国务院社会保险行政部门负责全国的社会保险管理工作，国务院其他有关部门在各自的职责范围内负责有关的社会保险工作。

县级以上地方人民政府社会保险行政部门负责本行政区域的社会保险管理工作，县级以上地方人民政府其他有关部门在各自的职责范围内负责有关的社会保险工作。

第八条 社会保险经办机构提供社会保险服务，负责社会保险登记、个人权益记录、社会保险待遇支付等工作。

---

① 回沪明、梁书文主编：《劳动法及配套规定新释新解（下）》，人民法院出版社2004年版。

【行政法规与国务院规范性文件】

《社会保险经办条例》（2023 年 8 月 16 日公布，自 2023 年 12 月 1 日起实施）

第一条 为了规范社会保险经办，优化社会保险服务，保障社会保险基金安全，维护用人单位和个人的合法权益，促进社会公平，根据《中华人民共和国社会保险法》，制定本条例。

第四章 社会保险经办服务和管理

第二十七条 社会保险经办机构应当依托社会保险公共服务平台、医疗保障信息平台等实现跨部门、跨统筹地区社会保险经办。

第二十八条 社会保险经办机构应当推动社会保险经办事项与相关政务服务事项协同办理。社会保险经办窗口应当进驻政务服务中心，为用人单位和个人提供一站式服务。

人力资源社会保障行政部门、医疗保障行政部门应当强化社会保险经办服务能力，实现省、市、县、乡镇（街道）、村（社区）全覆盖。

第二十九条 用人单位和个人办理社会保险事务，可以通过政府网站、移动终端、自助终端等服务渠道办理，也可以到社会保险经办窗口现场办理。

第三十条 社会保险经办机构应当加强无障碍环境建设，提供无障碍信息交流，完善无障碍服务设施设备，采用授权代办、上门服务等方式，为老年人、残疾人等特殊群体提供便利。

第三十一条 用人单位和个人办理社会保险事务，社会保险经办机构要求其提供身份证件以外的其他证明材料的，应当有法律、法规和国务院决定依据。

第三十二条 社会保险经办机构免费向用人单位和个人提供查询核对社会保险缴费和享受社会保险待遇记录、社会保险咨询等相关服务。

第三十三条 社会保险经办机构应当根据经办工作需要，与符合条件的机构协商签订服务协议，规范社会保险服务行为。人力资源社会保障行政部门、医疗保障行政部门应当加强对服务协议订立、履行等情况的监督。

第三十四条 医疗保障行政部门所属的社会保险经办机构应当改进基金支付和结算服务，加强服务协议管理，建立健全集体协商谈判机制。

第三十五条 社会保险经办机构应当妥善保管社会保险经办信息，确保信息完整、准确和安全。

第三十六条　社会保险经办机构应当建立健全业务、财务、安全和风险管理等内部控制制度。

社会保险经办机构应当定期对内部控制制度的制定、执行情况进行检查、评估，对发现的问题进行整改。

第三十七条　社会保险经办机构应当明确岗位权责，对重点业务、高风险业务分级审核。

第三十八条　社会保险经办机构应当加强信息系统应用管理，健全信息核验机制，记录业务经办过程。

第三十九条　社会保险经办机构具体编制下一年度社会保险基金预算草案，报本级人力资源社会保障行政部门、医疗保障行政部门审核汇总。社会保险基金收入预算草案由社会保险经办机构会同社会保险费征收机构具体编制。

第四十条　社会保险经办机构设立社会保险基金支出户，用于接受财政专户拨入基金、支付基金支出款项、上解上级经办机构基金、下拨下级经办机构基金等。

第四十一条　社会保险经办机构应当按照国家统一的会计制度对社会保险基金进行会计核算、对账。

第四十二条　社会保险经办机构应当核查下列事项：

（一）社会保险登记和待遇享受等情况；

（二）社会保险服务机构履行服务协议、执行费用结算项目和标准情况；

（三）法律、法规规定的其他事项。

第四十三条　社会保险经办机构发现社会保险服务机构违反服务协议的，可以督促其履行服务协议，按照服务协议约定暂停或者不予拨付费用、追回违规费用、中止相关责任人员或者所在部门涉及社会保险基金使用的社会保险服务，直至解除服务协议；社会保险服务机构及其相关责任人员有权进行陈述、申辩。

第四十四条　社会保险经办机构发现用人单位、个人、社会保险服务机构违反社会保险法律、法规、规章的，应当责令改正。对拒不改正或者依法应当由人力资源社会保障行政部门、医疗保障行政部门处理的，及时移交人力资源社会保障行政部门、医疗保障行政部门处理。

第四十五条　国务院人力资源社会保障行政部门、医疗保障行政部门会同有关部门建立社会保险信用管理制度，明确社会保险领域严重失信主体名单认定标准。

社会保险经办机构应当如实记录用人单位、个人和社会保险服务机构及其工作人员违反社会保险法律、法规行为等失信行为。

第四十六条 个人多享受社会保险待遇的，由社会保险经办机构责令退回；难以一次性退回的，可以签订还款协议分期退回，也可以从其后续享受的社会保险待遇或者个人账户余额中抵扣。

第五章 社会保险经办监督

第四十七条 人力资源社会保障行政部门、医疗保障行政部门按照各自职责对社会保险经办机构下列事项进行监督检查：

（一）社会保险法律、法规、规章执行情况；

（二）社会保险登记、待遇支付等经办情况；

（三）社会保险基金管理情况；

（四）与社会保险服务机构签订服务协议和服务协议履行情况；

（五）法律、法规规定的其他事项。

财政部门、审计机关按照各自职责，依法对社会保险经办机构的相关工作实施监督。

第四十八条 人力资源社会保障行政部门、医疗保障行政部门应当按照各自职责加强对社会保险服务机构、用人单位和个人遵守社会保险法律、法规、规章情况的监督检查。社会保险服务机构、用人单位和个人应当配合，如实提供与社会保险有关的资料，不得拒绝检查或者谎报、瞒报。

人力资源社会保障行政部门、医疗保障行政部门发现社会保险服务机构、用人单位违反社会保险法律、法规、规章的，应当按照各自职责提出处理意见，督促整改，并可以约谈相关负责人。

第四十九条 人力资源社会保障行政部门、医疗保障行政部门、社会保险经办机构及其工作人员依法保护用人单位和个人的信息，不得以任何形式泄露。

第五十条 人力资源社会保障行政部门、医疗保障行政部门应当畅通监督渠道，鼓励和支持社会各方面对社会保险经办进行监督。

社会保险经办机构应当定期向社会公布参加社会保险情况以及社会保险基金的收入、支出、结余和收益情况，听取用人单位和个人的意见建议，接受社会监督。

工会、企业代表组织应当及时反映用人单位和个人对社会保险经办的意见建议。

第五十一条　任何组织和个人有权对违反社会保险法律、法规、规章的行为进行举报、投诉。

人力资源社会保障行政部门、医疗保障行政部门对收到的有关社会保险的举报、投诉，应当依法进行处理。

第五十二条　用人单位和个人认为社会保险经办机构在社会保险经办工作中侵害其社会保险权益的，可以依法申请行政复议或者提起行政诉讼。

第五十三条　社会保险经办机构及其工作人员有下列行为之一的，由人力资源社会保障行政部门、医疗保障行政部门按照各自职责责令改正；给社会保险基金、用人单位或者个人造成损失的，依法承担赔偿责任；对负有责任的领导人员和直接责任人员依法给予处分：

（一）未履行社会保险法定职责的；

（二）违反规定要求提供证明材料的；

（三）克扣或者拒不按时支付社会保险待遇的；

（四）丢失或者篡改缴费记录、享受社会保险待遇记录等社会保险数据、个人权益记录的；

（五）违反社会保险经办内部控制制度的。

第五十五条　以欺诈、伪造证明材料或者其他手段骗取社会保险基金支出的，由人力资源社会保障行政部门、医疗保障行政部门按照各自职责责令退回，处骗取金额 2 倍以上 5 倍以下的罚款；属于定点医药机构的，责令其暂停相关责任部门 6 个月以上 1 年以下涉及社会保险基金使用的社会保险服务，直至由社会保险经办机构解除服务协议；属于其他社会保险服务机构的，由社会保险经办机构解除服务协议。对负有责任的领导人员和直接责任人员，有执业资格的，由有关主管部门依法吊销其执业资格。

第五十六条　隐匿、转移、侵占、挪用社会保险基金或者违规投资运营的，由人力资源社会保障行政部门、医疗保障行政部门、财政部门、审计机关按照各自职责责令追回；有违法所得的，没收违法所得；对负有责任的领导人员和直接责任人员依法给予处分。

第五十七条　社会保险服务机构拒绝人力资源社会保障行政部门、医疗保障行政部门监督检查或者谎报、瞒报有关情况的，由人力资源社会保障行政部门、医疗保障行政部门按照各自职责责令改正，并可以约谈有关负责人；拒不改正的，处1万元以上5万元以下的罚款。

第六十条 本条例所称社会保险经办机构，是指人力资源社会保障行政部门所属的经办基本养老保险、工伤保险、失业保险等社会保险的机构和医疗保障行政部门所属的经办基本医疗保险、生育保险等社会保险的机构。

第六十一条 本条例所称社会保险服务机构，是指与社会保险经办机构签订服务协议，提供社会保险服务的医疗机构、药品经营单位、辅助器具配置机构、失业保险委托培训机构等机构。

《全国社会保障基金条例》（2016年5月1日公布）

第五条 国务院财政部门、国务院社会保险行政部门负责拟订全国社会保障基金的管理运营办法，报国务院批准后施行。

全国社会保障基金理事会负责全国社会保障基金的管理运营。

第二十九条 经国务院批准，全国社会保障基金理事会可以接受省级人民政府的委托管理运营社会保险基金；受托管理运营社会保险基金，按照国务院有关社会保险基金投资管理的规定执行。

《国务院关于印发基本养老保险基金投资管理办法的通知》（2015年8月17日公布）

第一条 为了规范基本养老保险基金投资管理行为，保护基金委托人及相关当事人的合法权益，根据社会保险法、劳动法、证券投资基金法、信托法、合同法等法律法规和国务院有关规定，制定本办法。

第二条 本办法所称基本养老保险基金（以下简称养老基金），包括企业职工、机关事业单位工作人员和城乡居民养老基金。

第三条 各省、自治区、直辖市养老基金结余额，可按照本办法规定，预留一定支付费用后，确定具体投资额度，委托给国务院授权的机构进行投资运营。委托投资的资金额度、划出和划回等事项，要向人力资源社会保障部、财政部报告。

第四条 养老基金投资应当坚持市场化、多元化、专业化的原则，确保资产安全，实现保值增值。

第五条 养老基金投资委托人（以下简称委托人）与养老基金投资受托机构（以下简称受托机构）签订委托投资合同，受托机构与养老基金托管机构（以下简称托管机构）签订托管合同、与养老基金投资管理机构（以下简称投资管理机构）签订投资管理合同。

委托人、受托机构、托管机构、投资管理机构的权利义务，依照本办法在养老基金委托投资合同、托管合同和投资管理合同中约定。

第六条　养老基金资产独立于委托人、受托机构、托管机构、投资管理机构的固有财产及其管理的其他财产。委托人、受托机构、托管机构、投资管理机构不得将养老基金资产归入其固有财产。

第七条　委托人、受托机构、托管机构、投资管理机构因养老基金资产的管理、运营或者其他情形取得的财产和收益归入养老基金资产，权益归养老基金所有。

第八条　受托机构、托管机构、投资管理机构和其他为养老基金投资管理提供服务的法人或者其他组织因依法解散、被依法撤销或者被依法宣告破产等原因进行清算的，基金资产不属于其清算财产。

第九条　养老基金资产的债权，不得与委托人、受托机构、托管机构、投资管理机构和其他为养老基金投资管理提供服务的自然人、法人或者其他组织固有财产的债务相互抵销；养老基金不同投资组合基金资产的债权债务，不得相互抵销。

第十条　养老基金资产的债务由基金资产本身承担。非因养老基金资产本身承担的债务，不得对基金资产强制执行。

第十一条　养老基金投资按照国家规定享受税收优惠。具体办法由财政部会同有关部门另行制定。

第十二条　国家对养老基金投资实行严格监管。养老基金投资应当严格遵守相关法律法规，严禁从事内幕交易、利用未公开信息交易、操纵市场等违法行为，严禁通过关联交易等损害养老基金及他人利益、获取不正当利益。任何组织和个人不得贪污、侵占、挪用投资运营的养老基金。

第二十六条　本办法所称投资管理机构，是指接受受托机构委托，具有全国社会保障基金、企业年金基金投资管理经验，或者具有良好的资产管理业绩、财务状况和社会信誉，负责养老基金资产投资运营的专业机构。

第二十七条　投资管理机构应当建立良好的内部治理结构，明确股东会、董事会、监事会和高级管理人员的职责权限，确保独立投资运营；应当健全资产配置、风险管理和绩效评估等制度。

投资管理机构及其股东、董事、监事、管理人员和其他从业人员不得从事损害养老基金资产和受托机构利益的证券交易及其他活动；在行使权利或者履行职责时，应当遵循回避原则。

第二十八条 投资管理机构应当履行下列职责：

（一）按照投资管理合同，管理养老基金投资组合和项目。

（二）对所管理的不同养老基金资产分别管理、分别记账。

（三）及时与托管机构核对养老基金会计核算和估值结果。

（四）进行养老基金会计核算，编制养老基金财务会计报告。

（五）按照国家规定保存养老基金投资业务活动记录、账册、报表和其他相关资料。

（六）国家规定和合同约定的其他职责。

《工伤保险条例》（2010年12月20日修订）

第四十六条 经办机构具体承办工伤保险事务，履行下列职责：

（一）根据省、自治区、直辖市人民政府规定，征收工伤保险费；

（二）核查用人单位的工资总额和职工人数，办理工伤保险登记，并负责保存用人单位缴费和职工享受工伤保险待遇情况的记录；

（三）进行工伤保险的调查、统计；

（四）按照规定管理工伤保险基金的支出；

（五）按照规定核定工伤保险待遇；

（六）为工伤职工或者其近亲属免费提供咨询服务。

第四十七条 经办机构与医疗机构、辅助器具配置机构在平等协商的基础上签订服务协议，并公布签订服务协议的医疗机构、辅助器具配置机构的名单。具体办法由国务院社会保险行政部门分别会同国务院卫生行政部门、民政部门等部门制定。

第四十八条 经办机构按照协议和国家有关目录、标准对工伤职工医疗费用、康复费用、辅助器具费用的使用情况进行核查，并按时足额结算费用。

第四十九条 经办机构应当定期公布工伤保险基金的收支情况，及时向社会保险行政部门提出调整费率的建议。

第五十条 社会保险行政部门、经办机构应当定期听取工伤职工、医疗机构、辅助器具配置机构以及社会各界对改进工伤保险工作的意见。

第五十一条 社会保险行政部门依法对工伤保险费的征缴和工伤保险基金的支付情况进行监督检查。

财政部门和审计机关依法对工伤保险基金的收支、管理情况进行监督。

《国务院关于完善企业职工基本养老保险制度的决定》（2005 年 12 月 3 日公布）

五、加强基本养老保险基金征缴与监管。要全面落实《社会保险费征缴暂行条例》的各项规定，严格执行社会保险登记和缴费申报制度，强化社会保险稽核和劳动保障监察执法工作，努力提高征缴率。凡是参加企业职工基本养老保险的单位和个人，都必须按时足额缴纳基本养老保险费；对拒缴、瞒报少缴基本养老保险费的，要依法处理；对欠缴基本养老保险费的，要采取各种措施，加大追缴力度，确保基本养老保险基金应收尽收。各地要按照建立公共财政的要求，积极调整财政支出结构，加大对社会保障的资金投入。

基本养老保险基金要纳入财政专户，实行收支两条线管理，严禁挤占挪用。要制定和完善社会保险基金监督管理的法律法规，实现依法监督。各省、自治区、直辖市人民政府要完善工作机制，保证基金监管制度的顺利实施。要继续发挥审计监督、社会监督和舆论监督的作用，共同维护基金安全。

十、做好退休人员社会化管理服务工作。要按照建立独立于企业事业单位之外社会保障体系的要求，继续做好企业退休人员社会化管理工作。要加强街道、社区劳动保障工作平台建设，加快公共老年服务设施和服务网络建设，条件具备的地方，可开展老年护理服务，兴建退休人员公寓，为退休人员提供更多更好的服务，不断提高退休人员的生活质量。

《失业保险条例》（1999 年 1 月 22 日公布）

第二十四条　劳动保障行政部门管理失业保险工作，履行下列职责：

（一）贯彻实施失业保险法律、法规；

（二）指导社会保险经办机构的工作；

（三）对失业保险费的征收和失业保险待遇的支付进行监督检查。

第二十五条　社会保险经办机构具体承办失业保险工作，履行下列职责：

（一）负责失业人员的登记、调查、统计；

（二）按照规定负责失业保险基金的管理；

（三）按照规定核定失业保险待遇，开具失业人员在指定银行领取失业保险金和其他补助金的单证；

（四）拨付失业人员职业培训、职业介绍补贴费用；

（五）为失业人员提供免费咨询服务；

（六）国家规定由其履行的其他职责。

第二十六条 财政部门和审计部门依法对失业保险基金的收支、管理情况进行监督。

《国务院关于建立统一的企业职工基本养老保险制度的决定》（1997年7月16日公布）

九、提高社会保险管理服务的社会化水平，尽快将目前由企业发放养老金改为社会化发放，积极创造条件将离退休人员的管理服务工作逐步由企业转向社会，减轻企业的社会事务负担。各级社会保险机构要进一步加强基础建设，改进和完善服务与管理工作，不断提高工作效率和服务质量，促进养老保险制度的改革。

《国务院关于深化企业职工养老保险制度改革的通知》（1995年3月1日公布）

九、要实行社会保险行政管理与基金管理分开、执行机构与监督机构分设的管理体制。社会保险行政管理部门的主要任务是制订政策、规划，加强监督、指导。管理社会保险基金一律由社会保险经办机构负责。各地区和有关部门要设立由政府代表、企业代表、工会代表和离退休人员代表组成的社会保险监督委员会，加强对社会保险政策、法规执行情况和基金管理工作的监督。

【司法解释性文件】

《最高人民法院行政审判庭关于拖欠社会保险基金纠纷是否由法院主管的答复》（1998年3月25日公布）

根据现行的有关法律法规规定，社会保险基金经办机构是法律法规授权的组织，依法收支、管理和运营社会保险基金，并负有使社会保险基金保值增值的责任。社会保险基金经办机构与用人单位因拖欠社会保险费而发生的纠纷，属于行政争议。用人单位认为社会保险基金经办机构在收支、管理和运营社会保险基金中的具体行政行为侵犯其合法权益，可依法申请行政复议或者提起行政诉讼；既不履行义务又不依法申请复议或者起诉的，社会保险基金经办机构可以依法通知银行扣缴或者申请人民法院强制执行。

【部门规章与规范性文件】

《劳动部关于〈劳动法〉若干条文的说明》（1994年9月5日公布）

对此条的理解：《劳动法》已对社会保险基金经办机构及其职责作了规

定，即该机构及其职责都是有法律依据的。该机构的设立和具体职能将在《社会保险法》中加以规定。在该法未出台之前，依现行劳动规章和其他规范性文件执行。

本条中的“依照法律规定”是指正在制定中的《社会保险法》。

《社会保险基金监督举报工作管理办法》（2023年5月1日公布）

第二条　人力资源社会保障行政部门开展社会保险基金监督举报的受理、办理等管理工作，适用本办法。

本办法所称社会保险基金是指基本养老保险基金、工伤保险基金、失业保险基金等人力资源社会保障部门管理的社会保险基金。

第三条　人力资源社会保障部主管全国社会保险基金监督举报管理工作。县级以上地方人力资源社会保障行政部门负责本行政区域内的社会保险基金监督举报管理工作。

人力资源社会保障行政部门负责社会保险基金监督的机构具体承担社会保险基金监督举报综合管理工作。人力资源社会保障部门负责社会保险政策、经办、信息化综合管理等的机构，依据职责协同做好社会保险基金监督举报管理工作。

第四条　人力资源社会保障行政部门要加强与公安、民政、司法行政、财政、卫生健康、人民银行、审计、税务等部门和人民法院、纪检监察等机关的协同配合，做好社会保险基金监督举报管理工作，共同保障社会保险基金安全。

第七条　参保单位、个人、中介机构涉嫌有下列情形之一的，任何组织或者个人可以依照本办法举报：

（一）以提供虚假证明材料等手段虚构社会保险参保条件、违规补缴的；

（二）伪造、变造有关证件、档案、材料，骗取社会保险基金的；

（三）组织或者协助他人以伪造、变造档案、材料等手段骗取参保补缴、提前退休资格或者违规申领社会保险待遇的；

（四）个人丧失社会保险待遇享受资格后，本人或者相关受益人不按规定履行告知义务、隐瞒事实违规享受社会保险待遇的；

（五）其他欺诈骗取、套取或者挪用贪占社会保险基金的情形。

第八条　社会保险服务机构及其工作人员涉嫌有下列情形之一的，任何组织或者个人可以依照本办法举报：

（一）工伤保险协议医疗机构、工伤康复协议机构、工伤保险辅助器具配置协议机构、工伤预防项目实施单位、职业伤害保障委托承办机构及其工作人员以伪造、变造或者提供虚假证明材料及相关报销票据、冒名顶替等手段骗取或者协助、配合他人骗取社会保险基金的；

（二）享受失业保险培训补贴的培训机构及其工作人员以伪造、变造、提供虚假培训记录等手段骗取或者协助、配合他人骗取社会保险基金的；

（三）其他欺诈骗取、套取或者挪用贪占社会保险基金的情形。

第十二条 人力资源社会保障行政部门通过 12333 或者其他服务电话、传真、信函、网络、现场等渠道接收举报事项。

人力资源社会保障行政部门应当向社会公布接收举报事项的电话号码、传真号码、通信地址、邮政编码、网络举报途径、接待场所和时间等渠道信息，并在其举报接待场所或者网站公布与举报有关的法律、法规、规章，举报范围和受理、办理程序等有关事项。

第二十三条 受理举报事项后，人力资源社会保障行政部门办理举报事项以及作出行政处理、行政处罚决定的，应当按照《社会保险基金行政监督办法》等有关规定和本章的规定执行。

已经受理尚未办结的举报事项，再次举报的，可以合并办理；再次举报并提供新的有效线索的，办理期限自确定合并办理之日起重新计算。

《社会保险基金行政监督办法》（2022 年 2 月 9 日公布）

第二条 本办法所称社会保险基金行政监督，是指人力资源社会保障行政部门对基本养老保险基金、工伤保险基金、失业保险基金等人力资源社会保障部门管理的社会保险基金收支、管理情况进行的监督。

第三条 社会保险基金行政监督应当遵循合法、客观、公正、效率的原则。

第四条 人力资源社会保障部主管全国社会保险基金行政监督工作。县级以上地方各级人力资源社会保障行政部门负责本行政区域内的社会保险基金行政监督工作。

人力资源社会保障行政部门对下级人力资源社会保障行政部门管辖范围内的重大监督事项，可以直接进行监督。

第七条 人力资源社会保障行政部门负责社会保险基金监督的机构具体实施社会保险基金行政监督工作。人力资源社会保障部门负责社会保险政策、经办、信息化综合管理等机构，依据职责协同做好社会保险基金行政监督工作。

第九条 人力资源社会保障行政部门应当畅通社会监督渠道，鼓励和支持社会各方参与社会保险基金监督。

任何组织或者个人有权对涉及社会保险基金的违法违规行为进行举报。

第十四条 人力资源社会保障行政部门有权要求被监督单位提供与监督事项有关的资料，包括但不限于与社会保险基金收支、管理相关的文件、财务资料、业务资料、审计报告、会议纪要等。

被监督单位应当全面、完整提供实施监督所需资料，说明情况，并对所提供资料真实性、完整性作出书面承诺。

第四十条 本办法所称的社会保险服务机构，包括工伤保险协议医疗机构、工伤康复协议机构、工伤保险辅助器具配置协议机构、工伤预防项目实施单位、享受失业保险培训补贴的培训机构、承办社会保险经办业务的商业保险机构等。

对乡镇（街道）事务所（中心、站）等承担社会保险经办服务工作的机构的监督，参照对社会保险经办机构监督相关规定执行。

《失业保险金申领发放办法》（2019 年 12 月 9 日修订）

第三章 失业保险金发放

第十四条 经办机构自受理失业人员领取失业保险金申请之日起 10 日内，对申领者的资格进行审核认定，并将结果及有关事项告知本人。经审核合格者，从其办理失业登记之日起计发失业保险金。

第十五条 经办机构根据失业人员累计缴费时间核定其领取失业保险金的期限。失业人员累计缴费时间按照下列原则确定：

（一）实行个人缴纳失业保险费前，按国家规定计算的工龄视同缴费时间，与《条例》发布后缴纳失业保险费的时间合并计算。

（二）失业人员在领取失业保险金期间重新就业后再次失业的，缴费时间重新计算，其领取失业保险金的期限可以与前次失业应领取而尚未领取的失业保险金的期限合并计算，但是最长不得超过 24 个月。失业人员在领取失业保险金期间重新就业后不满一年再次失业的，可以继续申领其前次失业应领取而尚未领取的失业保险金。

第十六条 失业保险金以及医疗补助金、丧葬补助金、抚恤金、职业培训和职业介绍补贴等失业保险待遇的标准按照各省、自治区、直辖市人民政府的有关规定执行。

第十七条 失业保险金应按月发放，由经办机构开具单证，失业人员凭单证到指定银行领取。

第四章 失业保险关系转迁

第二十一条 对失业人员失业前所在单位与本人户籍不在同一统筹地区的，其失业保险金的发放和其他失业保险待遇的提供由两地劳动保障行政部门进行协商，明确具体办法。协商未能取得一致，由上一级劳动保险行政部门确定。

第二十二条 失业人员失业保险关系跨省、自治区、直辖市转迁的，失业保险费用应随失业保险关系相应划转。需划转的失业保险费用包括失业保险金、医疗补助金和职业培训、职业介绍补贴。其中，医疗补助金和职业培训、职业介绍补贴按失业人员应享受的失业保险金总额的一半计算。

第二十三条 失业人员失业保险关系在省、自治区范围内跨统筹地区转迁，失业保险费用的处理由省级劳动保障行政部门规定。

第二十四条 失业人员跨统筹地区转移的，凭失业保险关系迁出地经办机构出具的证明材料到迁入地经办机构领取失业保险金。

◎《劳动和社会保障部关于加强城镇职工基本医疗保险个人账户管理的通知》（2002年8月12日公布）

二、统一个人账户的基本内容，规范管理形式

实行统筹基金和个人账户相结合的统筹地区，经办机构都要按规定为参保人员建立个人账户，及时记录参保人员个人账户的收入、医药费用支出和账户结余额等相关信息。各地要努力通过计算机和信息网络对个人账户进行管理，按照《社会保险管理信息系统指标体系——业务部分（LB101-2000）》（劳社信息函〔2000〕19号）的要求，规范和健全个人账户的指标体系，并做到及时更新和维护。对个人账户实行委托管理的统筹地区，要明确委托方责任和管理权限，同时要积极创造条件，尽快实现个人账户由当地经办机构统一管理。

三、加强个人账户基金管理，严格控制资金支出和使用方向

经办机构要按照《社会保险基金财务制度》（财社字〔1999〕60号）、《社会保险基金会计制度》（财会字〔1999〕20号）规定 严格个人账户基金的管理与核算。个人账户基金必须纳入财政专户管理 按规定编制基金预算和财务决算报告。要加强个人账户基金的支出管理和监督。个人账户基金只能用于支付在定点医疗机构或定点零售药店发生的，符合基本医疗保险药品目录、诊疗项目范围、医疗服务设施标准所规定项目范围内的医药费用。个人账户原则上要实行钱账分管，个人当期的医疗消费支出可采取划账的形式，最后由经办机构定期与定点医疗机构和定点药店统一进行结算。个人账户原则上不得提取现金，禁止用于医疗保障以外的其他消费支出。各地经办机构要加强对个人账户支出情况的审核和监督，对不符合要求的项目，不得纳入个人账户基金的支付范围。

劳动保障部门要加强对医疗保险定点医疗机构和定点零售药店的监督管理，规范定点医疗机构和定点零售药店的服务行为。对违反规定向参保职工提供医疗保障以外产品或服务的定点医疗机构和定点零售药店，要按有关规定和定点协议进行处理，情节严重的要取消其定点资格。

《劳动和社会保障部关于建立失业保险个人缴费记录的通知》(2002年4月12日公布)

二、建立个人缴费记录的实施单位及记录依据

个人缴费记录由劳动保障行政部门设立的经办失业保险业务的社会保险经办机构负责建立。失业保险费由税务机关征收的地区，经办机构应积极向税务机关索取缴费凭证等相关资料。

建立个人缴费记录的主要依据是缴费单位提供的经审核的社会保险费申报表、代扣代缴明细表、缴费凭证、单位职工名册及经办机构规定的其他资料。

三、个人缴费记录的基本内容

个人缴费记录的基本内容应包括职工个人基本信息和缴费信息两部分。

职工个人基本信息的内容包括：单位编号、单位名称、单位类型、姓名、性别、出生年月、社会保障号码（或公民身份证号码）、户口所在地、用工形式、参加失业保险时间等。

缴费信息的内容包括：职工个人缴费起始时间、职工个人与单位缴费情况等，是否记载个人缴费金额，各地可根据实际需要和技术条件自行决定。对农民合同制工人，只记录单位缴费情况。缴费情况应每年度汇总一次。

四、个人缴费记录的变更及转移

缴费单位及其职工情况发生变化时，经办机构应根据经审核的社会保险费申报表、代扣代缴明细表和其他资料，对个人缴费记录及时作出调整。

缴费单位成建制跨统筹地区转移、缴费个人跨统筹地区流动时，个人缴费记录随同转移。转出地经办机构应为其办理相应的转迁手续，转入地经办机构应及时为其接续失业保险关系。

◎《社会保险行政争议处理办法》（2001 年 5 月 27 日公布）

第二条 本办法所称的社会保险行政争议，是指经办机构在依照法律、法规及有关规定经办社会保险事务过程中，与公民、法人或者其他组织之间发生的争议。

本办法所称的经办机构，是指法律、法规授权的劳动保障行政部门所属的专门办理养老保险、医疗保险、失业保险、工伤保险、生育保险等社会保险事务的工作机构。

第四条 经办机构和劳动保障行政部门的法制工作机构或者负责法制工作的机构为本单位的社会保险行政争议处理机构（以下简称保险争议处理机构），具体负责社会保险行政争议的处理工作。

第五条 经办机构和劳动保障行政部门分别采用复查和行政复议的方式处理社会保险行政争议。

第六条 有下列情形之一的，公民、法人或者其他组织可以申请行政复议：

（一）认为经办机构未依法为其办理社会保险登记、变更或者注销手续的；

（二）认为经办机构未按规定审核社会保险缴费基数的；

（三）认为经办机构未按规定记录社会保险费缴费情况或者拒绝其查询缴费记录的；

（四）认为经办机构违法收取费用或者违法要求履行义务的；

（五）对经办机构核定其社会保险待遇标准有异议的；

（六）认为经办机构不依法支付其社会保险待遇或者对经办机构停止其享受社会保险待遇有异议的；

（七）认为经办机构未依法为其调整社会保险待遇的；

（八）认为经办机构未依法为其办理社会保险关系转移或者接续手续的；

（九）认为经办机构的其他具体行政行为侵犯其合法权益的；

属于前款第（二）、（五）、（六）、（七）项情形之一的，公民、法人或者其他组织可以直接向劳动保障行政部门申请行政复议，也可以先向作出该具体行政行为的经办机构申请复查，对复查决定不服，再向劳动保障行政部门申请行政复议。

第七条　公民、法人或者其他组织认为经办机构的具体行政行为所依据的除法律、法规、规章和国务院文件以外的其他规范性文件不合法，在对具体行政行为申请行政复议时，可以向劳动保障行政部门一并提出对该规范性文件的审查申请。

第八条　公民、法人或者其他组织对经办机构作出的具体行政行为不服，可以向直接管理该经办机构的劳动保障行政部门申请行政复议。

◎《社会保险费征缴监督检查办法》（1999年3月19日公布）

第三条　劳动保障行政部门负责社会保险费征缴的监督检查工作，对违反条例和本办法规定的缴费单位及其责任人员，依法作出行政处罚决定，并可以按照条例规定委托社会保险经办机构进行与社会保险费征缴有关的检查、调查工作。

劳动保障行政部门的劳动保障监察机构具体负责社会保险费征缴监督检查和行政处罚，包括对缴费单位进行检查、调查取证、拟定行政处罚决定书、送达行政处罚决定书、拟定向人民法院申请强制执行行政处罚决定的申请书、受理群众举报等工作。

社会保险经办机构受劳动保障行政部门的委托，可以对缴费单位履行社会保险登记、缴费申报、缴费义务的情况进行调查和检查，发现缴费单位有瞒报、漏报和拖欠社会保险费等行为时，应当责令其改正。

第六条　社会保险费征缴监督检查应当包括以下内容：

（一）缴费单位向当地社会保险经办机构办理社会保险登记、变更登记或注销登记的情况；

（二）缴费单位向社会保险经办机构申报缴费的情况；

（三）缴费单位缴纳社会保险费的情况；

（四）缴费单位代扣代缴个人缴费的情况；

（五）缴费单位向职工公布本单位缴费的情况；

（六）法律、法规规定的其他内容。

第七条　劳动保障行政部门应当向社会公布举报电话，设立举报信箱，指定专人负责接待群众投诉；对符合受理条件的举报，应当于7日内立案受理，并进行调查处理，且一般应当于30日内处理结案。

◎《企业职工生育保险试行办法》（1994年12月14日公布）

第八条　生育保险基金由劳动部门所属的社会保险经办机构负责收缴、支付和管理。

生育保险基金应存入社会保险经办机构在银行开设的生育保险基金专户。银行应按照城乡居民个人储蓄同期存款利率计息，所得利息转入生育保险基金。

第十条 生育保险基金的筹集和使用，实行财务预、决算制度，由社会保险经办机构作出年度报告，并接受同级财政、审计监督。

知识点

社会保险基金的管理包括社会保险基金的运用、保值和增值。社会保险基金的运用、保值和增值有两方面的含义：其一，从劳动者享受社会保险基金待遇的角度看，是指随着社会其他成员的收入水平或生活费用的变化，特别是随着物价的变化，如何保证领取社会保险金的劳动者实际所得能够保值和增值。其二，从社会保险基金自身的角度看，是指对于一部分处于暂时闲置状态的结余基金或后备金，采用何种方式使之保值、增值和有效运用。就前者而言，主要是社会保险金待遇标准的调整问题，后者则要求结余基金或后备金必须确保其实际价值，进而使基金获得价值的增加。社会保险基金的管理主要应着眼于后者。

社会保险基金的保值、增值方式，通常有三种：一种是将基金存入银行，或是购买国家及地方政府部门发行的债券。另一种是由社会保障机构将基金直接用于兴办各种实业，如开办矿山、兴办银行或是参股合资。再有一种是将基金存入银行或委托投资公司，委托他们进行投资，所获利润按合同规定共同分享。

社会保险基金具体的管理制度有三项：一是业务管理，即审查、登记用人单位和劳动者个人的有关资料，以保证基金的及时征集和拨付。业务管理是实现基金正常运转的基础。二是会计管理。会计管理除具有正常的记账、算账、报账等功能外，要负责对基金征收和拨付的再审查，以保证社会保障基金征收和发放的准确性。三是财务管理。财务管理主要是运用财务手段对基金的收支活动实施全面的监督和检查，保证社会保障基金能够经济安全地运转，并保证基金尽可能大程度地增值。①

---

① 黎建飞：《社会保障法（第五版）》，中国人民大学出版社2015年版，第38页。

第七十五条 国家鼓励用人单位根据本单位实际情况为劳动者建立补充保险。

国家提倡劳动者个人进行储蓄性保险。

相关规定

【行政法规与国务院规范性文件】

《国务院关于完善企业职工基本养老保险制度的决定》（2005年12月3日公布）

九、发展企业年金。为建立多层次的养老保险体系，增强企业的人才竞争能力，更好地保障企业职工退休后的生活，具备条件的企业可为职工建立企业年金。企业年金基金实行完全积累，采取市场化的方式进行管理和运营。要切实做好企业年金基金监管工作，实现规范运作，切实维护企业和职工的利益。

【部门规章与规范性文件】

《企业年金办法》（2017年12月18日公布）

第二条 本办法所称企业年金，是指企业及其职工在依法参加基本养老保险的基础上，自主建立的补充养老保险制度。国家鼓励企业建立企业年金。建立企业年金，应当按照本办法的规定执行。

第三条 企业年金所需费用由企业和职工个人共同缴纳。企业年金基金实行完全积累，为每个参加企业年金的职工建立个人账户，按照国家有关规定投资运营。企业年金基金投资运营收益并入企业年金基金。

第四条 企业年金有关税收和财务管理，按照国家有关规定执行。

第五条 企业和职工建立企业年金，应当确定企业年金受托人，由企业代表委托人与受托人签订受托管理合同。受托人可以是符合国家规定的法人受托机构，也可以是企业按照国家有关规定成立的企业年金理事会。

第二章 企业年金方案的订立、变更和终止

第六条 企业和职工建立企业年金，应当依法参加基本养老保险并履行缴费义务，企业具有相应的经济负担能力。

第七条 建立企业年金，企业应当与职工一方通过集体协商确定，并

制定企业年金方案。企业年金方案应当提交职工代表大会或者全体职工讨论通过。

第八条 企业年金方案应当包括以下内容：

（一）参加人员；

（二）资金筹集与分配的比例和办法；

（三）账户管理；

（四）权益归属；

（五）基金管理；

（六）待遇计发和支付方式；

（七）方案的变更和终止；

（八）组织管理和监督方式；

（九）双方约定的其他事项。

企业年金方案适用于企业试用期满的职工。

第九条 企业应当将企业年金方案报送所在地县级以上人民政府人力资源社会保障行政部门。

中央所属企业的企业年金方案报送人力资源社会保障部。

跨省企业的企业年金方案报送其总部所在地省级人民政府人力资源社会保障行政部门。

省内跨地区企业的企业年金方案报送其总部所在地设区的市级以上人民政府人力资源社会保障行政部门。

第十条 人力资源社会保障行政部门自收到企业年金方案文本之日起15日内未提出异议的，企业年金方案即行生效。

第十一条 企业与职工一方可以根据本企业情况，按照国家政策规定，经协商一致，变更企业年金方案。变更后的企业年金方案应当经职工代表大会或者全体职工讨论通过，并重新报送人力资源社会保障行政部门。

第十二条 有下列情形之一的，企业年金方案终止：

（一）企业因依法解散、被依法撤销或者被依法宣告破产等原因，致使企业年金方案无法履行的；

（二）因不可抗力等原因致使企业年金方案无法履行的；

（三）企业年金方案约定的其他终止条件出现的。

第十三条 企业应当在企业年金方案变更或者终止后10日内报告人力资源社会保障行政部门，并通知受托人。企业应当在企业年金方案终止后，按国家有关规定对企业年金基金进行清算，并按照本办法第四章相关规定处理。

第十四条　企业年金基金由下列各项组成：

（一）企业缴费；

（二）职工个人缴费；

（三）企业年金基金投资运营收益。

第十五条　企业缴费每年不超过本企业职工工资总额的8%。企业和职工个人缴费合计不超过本企业职工工资总额的12%。具体所需费用，由企业和职工一方协商确定。

职工个人缴费由企业从职工个人工资中代扣代缴。

第十七条　企业缴费应当按照企业年金方案确定的比例和办法计入职工企业年金个人账户，职工个人缴费计入本人企业年金个人账户。

第十八条　企业应当合理确定本单位当期缴费计入职工企业年金个人账户的最高额与平均额的差距。企业当期缴费计入职工企业年金个人账户的最高额与平均额不得超过5倍。

第十九条　职工企业年金个人账户中个人缴费及其投资收益自始归属于职工个人。

职工企业年金个人账户中企业缴费及其投资收益，企业可以与职工一方约定其自始归属于职工个人，也可以约定随着职工在本企业工作年限的增加逐步归属于职工个人，完全归属于职工个人的期限最长不超过8年。

第二十条　有下列情形之一的，职工企业年金个人账户中企业缴费及其投资收益完全归属于职工个人：

（一）职工达到法定退休年龄、完全丧失劳动能力或者死亡的；

（二）有本办法第十二条规定的企业年金方案终止情形之一的；

（三）非因职工过错企业解除劳动合同的，或者因企业违反法律规定职工解除劳动合同的；

（四）劳动合同期满，由于企业原因不再续订劳动合同的；

（五）企业年金方案约定的其他情形。

第二十一条　企业年金暂时未分配至职工企业年金个人账户的企业缴费及其投资收益，以及职工企业年金个人账户中未归属于职工个人的企业缴费及其投资收益，计入企业年金企业账户。

企业年金企业账户中的企业缴费及其投资收益应当按照企业年金方案

确定的比例和办法计入职工企业年金个人账户。

第二十二条 职工变动工作单位时，新就业单位已经建立企业年金或者职业年金的，原企业年金个人账户权益应当随同转入新就业单位企业年金或者职业年金。

职工新就业单位没有建立企业年金或者职业年金的，或者职工升学、参军、失业期间，原企业年金个人账户可以暂时由原管理机构继续管理，也可以由法人受托机构发起的集合计划设置的保留账户暂时管理；原受托人是企业年金理事会的，由企业与职工协商选择法人受托机构管理。

第二十三条 企业年金方案终止后，职工原企业年金个人账户由法人受托机构发起的集合计划设置的保留账户暂时管理；原受托人是企业年金理事会的，由企业与职工一方协商选择法人受托机构管理。

第二十四条 符合下列条件之一的，可以领取企业年金：

（一）职工在达到国家规定的退休年龄或者完全丧失劳动能力时，可以从本人企业年金个人账户中按月、分次或者一次性领取企业年金，也可以将本人企业年金个人账户资金全部或者部分购买商业养老保险产品，依据保险合同领取待遇并享受相应的继承权；

（二）出国（境）定居人员的企业年金个人账户资金，可以根据本人要求一次性支付给本人；

（三）职工或者退休人员死亡后，其企业年金个人账户余额可以继承。

第二十五条 未达到上述企业年金领取条件之一的，不得从企业年金个人账户中提前提取资金。

◎《劳动和社会保障部关于企业年金方案和基金管理合同备案有关问题的通知》（2005年12月19日公布）

一、企业年金方案和基金管理合同备案的报送

（一）企业建立企业年金，应根据《企业年金试行办法》、《企业年金基金管理试行办法》及国家有关规定，结合自身的经济状况和发展战略拟订企业年金方案草案，并由集体协商双方首席代表签字后，形成拟报备案的企业年金方案。

（二）企业应将企业年金方案报送所在社会保险统筹地区县以上地方人民政府劳动保障行政部门备案。其中中央企业的企业年金方案，由集团公司统一建立的报送劳动保障部备案，并抄送子公司所在社会保险统筹地区劳动保障行政部门；由子公司单独建立的报送所在社会保险统筹地区县以上地方人民政府劳动保障行政部门备案。

（三）企业可以按企业年金方案的规定，代表集体协商双方作为委托人，或由企业及其职工作为委托人，与法人受托机构或企业年金理事会签订受托管理合同。

（四）受托管理合同签订后，受托人应将受托管理合同及与账户管理人、托管人和投资管理人签订的委托管理合同报送劳动保障行政部门备案。其中：委托人为中央企业集团公司的，报送劳动保障部备案，并抄送子公司所在省或计划单列市劳动保障行政部门；委托人为其他企业的（包括中央企业子公司），报送企业年金方案备案所在地省级或计划单列市劳动保障行政部门备案。

典型案例要旨

安某重、兰某姣诉深圳市水湾远洋渔业有限公司工伤保险待遇纠纷案（摘自《最高人民法院公报》2017 年第 12 期）

用人单位为职工购买商业性人身意外伤害保险的，不因此免除其为职工购买工伤保险的法定义务。职工获得用人单位为其购买的人身意外伤害保险赔付后，仍然有权向用人单位主张工伤保险待遇。

知识点

用人单位的补充保险是指在国家基本保障的基础上，依据本单位的实际经济能力，又为劳动者进一步获得物质帮助的社会保险。它有以下特点：(1) 保险费用的负担由用人单位承担。(2) 保险费用的数量可以随用人单位经济效益好坏而改变。当用人单位经济效益好时，其缴纳的保险费用可增多；反之可减少。(3) 当用人单位为劳动者进行补充保险时，如把保险基金记入劳动者账户的，应归劳动者个人所有；只有未记入的才可在本单位内使用。(4) 用人单位对劳动者的补充保险按劳动合同或内部劳动规则规定，当达到某一条件，用人单位才有义务去实行。国家对此作了明确的规范，即：(1) 规定用人单位实施补充保险的必经程序。(2) 规定保险基金的上限及资金列支渠道。(3) 规定经办这一保险机构的资格、义务及审查程序。

个人储蓄保险是指劳动者自愿地用自己的劳动收入进行社会保险，以储蓄形式来进行。它不同于以上两种保险，具有自愿、保险费用自己负担及其数量可自行选择的特点。但它又不同于一般的居民储蓄，因它是以社会保险为目的，由社会保险机构承办的，采用的方式是保值储蓄和其他有利于发挥社会保险作用的形式。①

第七十六条 国家发展社会福利事业，兴建公共福利设施，为劳动者休息、休养和疗养提供条件。

用人单位应当创造条件，改善集体福利，提高劳动者的福利待遇。

相关规定

【行政法规与国务院规范性文件】

《国务院关于建立城镇职工基本医疗保险制度的决定》（1998年12月14日公布）

五、加强医疗服务管理

要确定基本医疗保险的服务范围和标准。劳动保障部会同卫生部、财政部等有关部门制定基本医疗服务的范围、标准和医药费用结算办法，制定国家基本医疗保险药品目录、诊疗项目、医疗服务设施标准及相应的管理办法。各省、自治区、直辖市劳动保障行政管理部门根据国家规定，会同有关部门制定本地区相应的实施标准和办法。

知识点

社会福利是指社会机构与社会服务间的有组织联系，在于协助个人和团体，在契合其家庭和社会需求的原则下，获取生活、健康及人际关系等

① 回沪明、梁书文主编：《劳动法及配套规定新释新解（下）》，人民法院出版社2004年版。

各方面的满足，使其能充分发挥潜能并增进福祉。这是联合国给社会福利下的定义。而在我国其定义为：社会福利是作为国家的社会政策，由国家和社会立法或政策范围内的全体公民普遍提供的，旨在保证一定的生活水平和尽可能提高生活质量的资金和服务的社会保障制度。

从社会福利的定义中，可知其有以下几方面的含义：(1) 社会福利是为调解社会矛盾而由国家制定的；(2) 社会福利的享用者是在国家和社会为立法或政策范围内的全体公民，不论其性别、年龄、工种及个人收入等，均有这项权利；(3) 社会福利旨在提高全体公民的一定生活水平和尽可能提高生活质量，且常以此来衡量社会福利的好坏；(4) 社会福利是通过提供服务和设施来实现的，这与社会保险有些不同。①

用人单位除了要依法为劳动者缴纳法定强制性的基本养老保险、基本医疗保险、工伤保险、失业保险和生育保险等费用外，还可以根据自身条件和劳动者在劳动合同中就补充保险和福利待遇作出约定。这种做法实际上是单位增加自身凝聚力的重要方法，也能为劳动者提供一个更高层次的物质保障，因此，政府应当在相应的金融和税收方面提供优惠，鼓励单位为劳动者建立补充保险和福利待遇。

劳动者作为单位的一员有权依法享有法定的福利待遇，但是，在这些人人都能享有的物质条件和待遇外，单位也可以与劳动者协商给予劳动者额外的福利待遇以吸引劳动者到本单位工作，例如，提供住房或住房津贴的待遇、提供汽车和负担子女的医药费等。②

---

① 回沪明、梁书文主编：《劳动法及配套规定新释新解（下）》，人民法院出版社 2004 年版。

② 关怀、郑爱青主编：《劳动合同法及其实施条例解读》，人民法院出版社 2009 年版，第 31 页。

第十章　劳动争议

> **第七十七条**　用人单位与劳动者发生劳动争议，当事人可以依法申请调解、仲裁、提起诉讼，也可以协商解决。
>
> 调解原则适用于仲裁和诉讼程序。

相关规定

【法律】

《中华人民共和国劳动争议调解仲裁法》（2007年12月29日公布）

第二条　中华人民共和国境内的用人单位与劳动者发生的下列劳动争议，适用本法：

（一）因确认劳动关系发生的争议；

（二）因订立、履行、变更、解除和终止劳动合同发生的争议；

（三）因除名、辞退和辞职、离职发生的争议；

（四）因工作时间、休息休假、社会保险、福利、培训以及劳动保护发生的争议；

（五）因劳动报酬、工伤医疗费、经济补偿或者赔偿金等发生的争议；

（六）法律、法规规定的其他劳动争议。

第四条　发生劳动争议，劳动者可以与用人单位协商，也可以请工会或者第三方共同与用人单位协商，达成和解协议。

第五条　发生劳动争议，当事人不愿协商、协商不成或者达成和解协议后不履行的，可以向调解组织申请调解；不愿调解、调解不成或者达成调解协议后不履行的，可以向劳动争议仲裁委员会申请仲裁；对仲裁裁决不服的，除本法另有规定的外，可以向人民法院提起诉讼。

第八条　县级以上人民政府劳动行政部门会同工会和企业方面代表建

立协调劳动关系三方机制，共同研究解决劳动争议的重大问题。

第五十二条　事业单位实行聘用制的工作人员与本单位发生劳动争议的，依照本法执行；法律、行政法规或者国务院另有规定的，依照其规定。

【司法解释】

《最高人民法院关于审理劳动争议案件适用法律问题的解释（一）》（2020 年 12 月 29 日公布）

第一条　劳动者与用人单位之间发生的下列纠纷，属于劳动争议，当事人不服劳动争议仲裁机构作出的裁决，依法提起诉讼的，人民法院应予受理：

（一）劳动者与用人单位在履行劳动合同过程中发生的纠纷；

（二）劳动者与用人单位之间没有订立书面劳动合同，但已形成劳动关系后发生的纠纷；

（三）劳动者与用人单位因劳动关系是否已经解除或者终止，以及应否支付解除或者终止劳动关系经济补偿金发生的纠纷；

（四）劳动者与用人单位解除或者终止劳动关系后，请求用人单位返还其收取的劳动合同定金、保证金、抵押金、抵押物发生的纠纷，或者办理劳动者的人事档案、社会保险关系等移转手续发生的纠纷；

（五）劳动者以用人单位未为其办理社会保险手续，且社会保险经办机构不能补办导致其无法享受社会保险待遇为由，要求用人单位赔偿损失发生的纠纷；

（六）劳动者退休后，与尚未参加社会保险统筹的原用人单位因追索养老金、医疗费、工伤保险待遇和其他社会保险待遇而发生的纠纷；

（七）劳动者因为工伤、职业病，请求用人单位依法给予工伤保险待遇发生的纠纷；

（八）劳动者依据劳动合同法第八十五条规定，要求用人单位支付加付赔偿金发生的纠纷；

（九）因企业自主进行改制发生的纠纷。

第二条　下列纠纷不属于劳动争议：

（一）劳动者请求社会保险经办机构发放社会保险金的纠纷；

（二）劳动者与用人单位因住房制度改革产生的公有住房转让纠纷；

（三）劳动者对劳动能力鉴定委员会的伤残等级鉴定结论或者对职业病诊断鉴定委员会的职业病诊断鉴定结论的异议纠纷；

（四）家庭或者个人与家政服务人员之间的纠纷；

（五）个体工匠与帮工、学徒之间的纠纷；

（六）农村承包经营户与受雇人之间的纠纷。

第五条 劳动争议仲裁机构以无管辖权为由对劳动争议案件不予受理，当事人提起诉讼的，人民法院按照以下情形分别处理：

（一）经审查认为该劳动争议仲裁机构对案件确无管辖权的，应当告知当事人向有管辖权的劳动争议仲裁机构申请仲裁；

（二）经审查认为该劳动争议仲裁机构有管辖权的，应当告知当事人申请仲裁，并将审查意见书面通知该劳动争议仲裁机构；劳动争议仲裁机构仍不受理，当事人就该劳动争议事项提起诉讼的，人民法院应予受理。

第六条 劳动争议仲裁机构以当事人申请仲裁的事项不属于劳动争议为由，作出不予受理的书面裁决、决定或者通知，当事人不服依法提起诉讼的，人民法院应当分别情况予以处理：

（一）属于劳动争议案件的，应当受理；

（二）虽不属于劳动争议案件，但属于人民法院主管的其他案件，应当依法受理。

第二十一条 劳动者依据调解仲裁法第四十八条规定向基层人民法院提起诉讼，用人单位依据调解仲裁法第四十九条规定向劳动争议仲裁机构所在地的中级人民法院申请撤销仲裁裁决的，中级人民法院应当不予受理；已经受理的，应当裁定驳回申请。

被人民法院驳回起诉或者劳动者撤诉的，用人单位可以自收到裁定书之日起三十日内，向劳动争议仲裁机构所在地的中级人民法院申请撤销仲裁裁决。

第二十三条 中级人民法院审理用人单位申请撤销终局裁决的案件，应当组成合议庭开庭审理。经过阅卷、调查和询问当事人，对没有新的事实、证据或者理由，合议庭认为不需要开庭审理的，可以不开庭审理。

中级人民法院可以组织双方当事人调解。达成调解协议的，可以制作调解书。一方当事人逾期不履行调解协议的，另一方可以申请人民法院强制执行。

第五十一条 当事人在调解仲裁法第十条规定的调解组织主持下达成的具有劳动权利义务内容的调解协议，具有劳动合同的约束力，可以作为人民法院裁判的根据。

当事人在调解仲裁法第十条规定的调解组织主持下仅就劳动报酬争议达成调解协议，用人单位不履行调解协议确定的给付义务，劳动者直接提起诉讼的，人民法院可以按照普通民事纠纷受理。

【行政法规与国务院规范性文件】

◎《中华人民共和国乡村集体所有制企业条例》（2011年1月8日修订）

第三十一条　企业发生劳动争议，可以依照《中华人民共和国劳动争议调解仲裁法》处理。

◎《中华人民共和国劳动合同法实施条例》（2008年9月18日公布）

第三十七条　劳动者与用人单位因订立、履行、变更、解除或者终止劳动合同发生争议的，依照《中华人民共和国劳动争议调解仲裁法》的规定处理。

【部门规章与规范性文件】

◎《企业劳动争议协商调解规定》（2011年11月30日公布）

第二条　企业劳动争议协商、调解，适用本规定。

第六条　协商、调解劳动争议，应当根据事实和有关法律法规的规定，遵循平等、自愿、合法、公正、及时的原则。

第七条　人力资源和社会保障行政部门应当指导企业开展劳动争议预防调解工作，具体履行下列职责：

（一）指导企业遵守劳动保障法律、法规和政策；

（二）督促企业建立劳动争议预防预警机制；

（三）协调工会、企业代表组织建立企业重大集体性劳动争议应急调解协调机制，共同推动企业劳动争议预防调解工作；

（四）检查辖区内调解委员会的组织建设、制度建设和队伍建设情况。

第八条　发生劳动争议，一方当事人可以通过与另一方当事人约见、面谈等方式协商解决。

第九条　劳动者可以要求所在企业工会参与或者协助其与企业进行协商。工会也可以主动参与劳动争议的协商处理，维护劳动者合法权益。

劳动者可以委托其他组织或者个人作为其代表进行协商。

第十条　一方当事人提出协商要求后，另一方当事人应当积极做出口头或者书面回应。5日内不做出回应的，视为不愿协商。

协商的期限由当事人书面约定，在约定的期限内没有达成一致的，视为协商不成。当事人可以书面约定延长期限。

第十一条 协商达成一致，应当签订书面和解协议。和解协议对双方当事人具有约束力，当事人应当履行。

经仲裁庭审查，和解协议程序和内容合法有效的，仲裁庭可以将其作为证据使用。但是，当事人为达成和解的目的作出妥协所涉及的对争议事实的认可，不得在其后的仲裁中作为对其不利的证据。

第十二条 发生劳动争议，当事人不愿协商、协商不成或者达成和解协议后，一方当事人在约定的期限内不履行和解协议的，可以依法向调解委员会或者乡镇、街道劳动就业社会保障服务所（中心）等其他依法设立的调解组织申请调解，也可以依法向劳动人事争议仲裁委员会（以下简称仲裁委员会）申请仲裁。

第十三条 大中型企业应当依法设立调解委员会，并配备专职或者兼职工作人员。

有分公司、分店、分厂的企业，可以根据需要在分支机构设立调解委员会。总部调解委员会指导分支机构调解委员会开展劳动争议预防调解工作。

调解委员会可以根据需要在车间、工段、班组设立调解小组。

第十四条 小微型企业可以设立调解委员会，也可以由劳动者和企业共同推举人员，开展调解工作。

第十五条 调解委员会由劳动者代表和企业代表组成，人数由双方协商确定，双方人数应当对等。劳动者代表由工会委员会成员担任或者由全体劳动者推举产生，企业代表由企业负责人指定。调解委员会主任由工会委员会成员或者双方推举的人员担任。

第二十一条 发生劳动争议，当事人可以口头或者书面形式向调解委员会提出调解申请。

申请内容应当包括申请人基本情况、调解请求、事实与理由。

口头申请的，调解委员会应当当场记录。

第二十二条 调解委员会接到调解申请后，对属于劳动争议受理范围且双方当事人同意调解的，应当在3个工作日内受理。对不属于劳动争议受理范围或者一方当事人不同意调解的，应当做好记录，并书面通知申请人。

第二十三条 发生劳动争议，当事人没有提出调解申请，调解委员会可以在征得双方当事人同意后主动调解。

第三十三条 企业应当支持调解委员会开展调解工作，提供办公场所，保障工作经费。

第三十四条　企业未按照本规定成立调解委员会，劳动争议或者群体性事件频发，影响劳动关系和谐，造成重大社会影响的，由县级以上人力资源和社会保障行政部门予以通报；违反法律法规规定的，依法予以处理。

◎《劳动和社会保障部、国家经济贸易委员会、中华全国总工会、中国企业联合会、中国企业家协会等关于进一步加强劳动争议处理工作的通知》（2001 年 11 月 14 日公布）

二、建立健全劳动争议预防机制，努力减少争议的发生

要把预防劳动争议摆到重要位置，积极推动企业建立平等协商和集体合同制度，健全职工代表大会和厂务公开等民主管理制度。企业决定涉及职工切身利益的重大事项，要与职工一方平等协商，并经职工代表大会审议；未建立职工代表大会制度的要经全体职工审议，将职工民主决策、民主管理、民主监督等项权利落到实处。要指导企业严格劳动管理，建立健全规章制度，落实各项劳动标准；督促企业完善劳动合同管理制度，依法做好劳动合同签订和履行工作。要进一步加大劳动法律、法规和政策的宣传力度，提高企业经营管理者和劳动者的法律意识，增强遵纪守法的自觉性。各地区特别是中心城市要积极建立劳动关系预警机制，注意排查发生集体劳动争议和职工群体性事件的隐患，发现问题要及时妥善处理，将争议和纠纷的隐患消灭在萌芽状态。

【其他规定】

◎《工会参与劳动争议处理试行办法》（1995 年 8 月 17 日公布）

第二条　本办法适用于工会参与处理下列劳动争议：

（一）因用人单位开除、除名、辞退职工和职工辞职、自动离职发生的争议；

（二）因履行、变更、解除劳动合同发生的争议；

（三）因签订或履行集体合同发生的争议；

（四）因执行国家有关工作时间和休息休假、工资、劳动安全卫生、女职工和未成年工特殊保护、职业培训、社会保险和福利的规定发生的争议；

（五）法律、法规规定的其他劳动争议。

第六条　劳动争议协商是指劳动争议双方当事人就协调劳动关系、解决劳动争议进行商谈的行为。

第七条　发生劳动争议，工会可以接受职工及用人单位请求参与协商，促进争议解决。

第八条 工会发现劳动争议，应主动参与协商，及时化解矛盾。

第九条 劳动争议双方当事人经协商达成协议的，工会应当督促其自觉履行。

第十条 劳动争议双方当事人不愿协商或协商不成的，工会可以告知当事人依法申请调解或仲裁。

知识点

依本条规定，我国解决劳动争议适用下列途径：和解、调解、仲裁、诉讼等等。这些途径，各具不同的法律特征和法律效力。

一、和解

和解指争议当事人之间自行约定，通过协商，在法律允许的范围内相互让步或一方让步，从而求得矛盾解决的方法。其特征是：(1) 无第三者参与；(2) 不受程序约束，安全由争议双方自愿、自由协商，只要双方合意即可成立；(3) 和解成立之后，具有实体法上的效力（等同于当事人之间订立的合同），即双方争议的处于不确定状态的权利归于确定，其所放弃的权利随之消灭；(4) 双方达成的协议无程序法上的意义和效力（即不适用强制执行），当事人仍然保有申请仲裁或起诉的权利。

和解通常在争议处理的任何阶段都可进行。

二、调解

调解是由第三者居间调和，通过疏导、说服，促使当事人互谅互让，从而解决纠纷的方法。它可分为诉讼或仲裁中调解与诉讼或仲裁外调解两种，此两者具有不同的性质和法律特征，应当注意区分。

诉讼或仲裁中调解是指审判或仲裁程序已经开始，当判决或裁决作出之前，在司法、仲裁委员会及其工作人员的主持下所进行的调解，它是依法解决纠纷的一种活动。调解达成的结果，具有强制执行效力。诉讼或仲裁外调解包括调解委员会的调解以及进入仲裁、诉讼程序经说服疏导后，当事人自行达成的和解。

三、仲裁

劳动争议的仲裁是解决劳动争议的重要手段，它既具有劳动争议调解的灵活、快捷之特点，又具有可强制执行的特点，构成企业劳动的争议调解委员会调解劳动争议和法院审判劳动争议之间承上启下的重要环节。

四、诉讼

由于我国没有设立专门的劳动法院、劳动法庭，也没有劳动争议诉讼程序法，因而，劳动争议诉讼完全按照民事诉讼的程序进行。相应地，劳动争议案件的处理也应完全按照民事诉讼的程序进行。

在解决劳动争议的诸种手段中，诉讼是一种最常规、最规范，同时也最为有效的手段。在我国现阶段的劳动争议诉讼，是指人民法院在劳动者和用人单位及其他参与人的参加下解决劳动争议的活动与由此产生的关系。①

第七十八条　解决劳动争议，应当根据合法、公正、及时处理的原则，依法维护劳动争议当事人的合法权益。

相关规定

【法律】

《中华人民共和国劳动争议调解仲裁法》（2007年12月29日公布）

第三条　解决劳动争议，应当根据事实，遵循合法、公正、及时、着重调解的原则，依法保护当事人的合法权益。

【其他规定】

《工会参与劳动争议处理试行办法》（1995年8月17日公布）

第三条　工会参与处理劳动争议应当遵循下列原则：

（一）依据事实和法律，及时公正处理；

（二）当事人在适用法律上一律平等；

（三）预防为主、基层为主、调解为主；

（四）尊重当事人申请仲裁和诉讼的权利；

（五）坚持劳动争议处理的三方原则。

---

①　回沪明、梁书文主编：《劳动法及配套规定新释新解（下）》，人民法院出版社2004年版。

典型案例要旨

刘某与某人民医院人事档案纠纷案［摘自《民事审判指导与参考(2014年第2辑)》，人民法院出版社2014年版，第118~120页］

《企业职工档案管理工作规定》第十八条规定："企业职工调动、辞职、解除劳动合同或被开除、辞退等，应由职工所在单位在一个月内将其档案转交其新的工作单位或其户口所在地的街道劳动（组织人事）部门。"据此，在企业职工调动、辞职、解除劳动合同或被开除、辞退等情况下，用人单位负有将档案移转到相应部门的法定义务。性质上，这是劳动合同解除时和解除后所产生的附随义务。用人单位未履行该附随义务而发生纠纷的，属于劳动合同履行争议的延伸，性质上仍属于劳动争议，劳动仲裁机构及人民法院应当受理。劳动者诉请用人单位办理人事档案移转手续的，人民法院可依据《劳动合同法》第五十条，根据案件情况判决是否支持劳动者的请求。

知识点

劳动争议处理的原则是指劳动争议处理机构在解决劳动争议过程中应遵循的行为准则和指导思想。《劳动法》《劳动合同法》《劳动争议调解仲裁法》和《企业劳动争议协商调解规定》都对劳动争议处理的原则作了规定。这些原则包括：

一、调解原则

我国的调解原则包含两方面的内容：一是调解作为解决劳动争议的基本手段，贯穿于劳动争议处理的全过程。企业劳动争议调解委员会处理劳动争议的工作程序全部是进行调解，劳动争议仲裁委员会和人民法院在处理劳动争议时，可以先进行调解，调解不成时，即进行裁决或判决；二是指调解要在争议双方当事人自愿基础上进行，不能有丝毫的勉强和强制，否则企业调解委员会的调解协议书，仲裁委员会或人民法院的调解书将不能产生法律效力。

二、公正原则

劳动争议处理机构要坚持公正原则，保证争议双方都平等地享有法律赋予的权利，承担法律规定的义务，任何一方都没有超越另外一方的特权。同时，为确保劳动争议处理机构公正执法，根据《民事诉讼法》《劳动争议调解仲裁法》的相关规定，应当予以回避。

三、及时处理原则

劳动争议与其他争议的一个重要区别就是，劳动争议与劳动者的生活、企业生产密切相关，一旦发生争议，不仅影响生产、工作的正常进行，而且直接影响劳动者及其家人的生活，甚至影响社会的稳定。因此，对劳动争议必须及时处理，及时保护权利受侵害一方的合法权益，以协调劳动关系，维护社会和生产的正常秩序。我国有关处理劳动争议的法律法规的规定都体现了这一原则。

四、合法原则

合法原则是指劳动争议处理机构处理劳动争议的所有活动和决定都要符合法律规定。这里的"法律"包括程序法和实体法，从立法层次上包括法律、法规、地方性法规和有关政策，在不同层次的法律、法规相矛盾时，应依据高层次的法规；在相同层次的法律、法规不一致时，可采用由共同上级部门指定依据的方式确定适用的法律或法规。①

第七十九条　劳动争议发生后，当事人可以向本单位劳动争议调解委员会申请调解；调解不成，当事人一方要求仲裁的，可以向劳动争议仲裁委员会申请仲裁。当事人一方也可以直接向劳动争议仲裁委员会申请仲裁。对仲裁裁决不服的，可以向人民法院提起诉讼。

》相关规定

【法律】

《中华人民共和国劳动合同法》（2012年12月28日修正）

第二十六条　下列劳动合同无效或者部分无效：

（一）以欺诈、胁迫的手段或者乘人之危，使对方在违背真实意思的情

① 回沪明、梁书文主编：《劳动法及配套规定新释新解（下）》，人民法院出版社2004年版。

况下订立或者变更劳动合同的；

（二）用人单位免除自己的法定责任、排除劳动者权利的；

（三）违反法律、行政法规强制性规定的。

对劳动合同的无效或者部分无效有争议的，由劳动争议仲裁机构或者人民法院确认。

《中华人民共和国劳动争议调解仲裁法》（2007年12月29日公布）

第五条 发生劳动争议，当事人不愿协商、协商不成或者达成和解协议后不履行的，可以向调解组织申请调解；不愿调解、调解不成或者达成调解协议后不履行的，可以向劳动争议仲裁委员会申请仲裁；对仲裁裁决不服的，除本法另有规定的外，可以向人民法院提起诉讼。

第六条 发生劳动争议，当事人对自己提出的主张，有责任提供证据。与争议事项有关的证据属于用人单位掌握管理的，用人单位应当提供；用人单位不提供的，应当承担不利后果。

第七条 发生劳动争议的劳动者一方在十人以上，并有共同请求的，可以推举代表参加调解、仲裁或者诉讼活动。

第九条 用人单位违反国家规定，拖欠或者未足额支付劳动报酬，或者拖欠工伤医疗费、经济补偿或者赔偿金的，劳动者可以向劳动行政部门投诉，劳动行政部门应当依法处理。

【司法解释】

《最高人民法院关于审理劳动争议案件适用法律问题的解释（一）》（2020年12月29日公布）

第四条 劳动者与用人单位均不服劳动争议仲裁机构的同一裁决，向同一人民法院起诉的，人民法院应当并案审理，双方当事人互为原告和被告，对双方的诉讼请求，人民法院应当一并作出裁决。在诉讼过程中，一方当事人撤诉的，人民法院应当根据另一方当事人的诉讼请求继续审理。双方当事人就同一仲裁裁决分别向有管辖权的人民法院起诉的，后受理的人民法院应当将案件移送给先受理的人民法院。

第五条 劳动争议仲裁机构以无管辖权为由对劳动争议案件不予受理，当事人提起诉讼的，人民法院按照以下情形分别处理：

（一）经审查认为该劳动争议仲裁机构对案件确无管辖权的，应当告知当事人向有管辖权的劳动争议仲裁机构申请仲裁；

（二）经审查认为该劳动争议仲裁机构有管辖权的，应当告知当事人申请仲裁，并将审查意见书面通知该劳动争议仲裁机构；劳动争议仲裁机构仍不受理，当事人就该劳动争议事项提起诉讼的，人民法院应予受理。

第六条 劳动争议仲裁机构以当事人申请仲裁的事项不属于劳动争议为由，作出不予受理的书面裁决、决定或者通知，当事人不服依法提起诉讼的，人民法院应当分别情况予以处理：

（一）属于劳动争议案件的，应当受理；

（二）虽不属于劳动争议案件，但属于人民法院主管的其他案件，应当依法受理。

第七条 劳动争议仲裁机构以申请仲裁的主体不适格为由，作出不予受理的书面裁决、决定或者通知，当事人不服依法提起诉讼，经审查确属主体不适格的，人民法院不予受理；已经受理的，裁定驳回起诉。

第八条 劳动争议仲裁机构为纠正原仲裁裁决错误重新作出裁决，当事人不服依法提起诉讼的，人民法院应当受理。

第九条 劳动争议仲裁机构仲裁的事项不属于人民法院受理的案件范围，当事人不服依法提起诉讼的，人民法院不予受理；已经受理的，裁定驳回起诉。

第十条 当事人不服劳动争议仲裁机构作出的预先支付劳动者劳动报酬、工伤医疗费、经济补偿或者赔偿金的裁决，依法提起诉讼的，人民法院不予受理。

用人单位不履行上述裁决中的给付义务，劳动者依法申请强制执行的，人民法院应予受理。

第十一条 劳动争议仲裁机构作出的调解书已经发生法律效力，一方当事人反悔提起诉讼的，人民法院不予受理；已经受理的，裁定驳回起诉。

第十二条 劳动争议仲裁机构逾期未作出受理决定或仲裁裁决，当事人直接提起诉讼的，人民法院应予受理，但申请仲裁的案件存在下列事由的除外：

（一）移送管辖的；

（二）正在送达或者送达延误的；

（三）等待另案诉讼结果、评残结论的；

（四）正在等待劳动争议仲裁机构开庭的；

（五）启动鉴定程序或者委托其他部门调查取证的；

（六）其他正当事由。

当事人以劳动争议仲裁机构逾期未作出仲裁裁决为由提起诉讼的，应当提交该仲裁机构出具的受理通知书或者其他已接受仲裁申请的凭证、证明。

第二十四条 当事人申请人民法院执行劳动争议仲裁机构作出的发生法律效力的裁决书、调解书，被申请人提出证据证明劳动争议仲裁裁决书、调解书有下列情形之一，并经审查核实的，人民法院可以根据民事诉讼法第二百三十七条规定，裁定不予执行：

（一）裁决的事项不属于劳动争议仲裁范围，或者劳动争议仲裁机构无权仲裁的；

（二）适用法律、法规确有错误的；

（三）违反法定程序的；

（四）裁决所根据的证据是伪造的；

（五）对方当事人隐瞒了足以影响公正裁决的证据的；

（六）仲裁员在仲裁该案时有索贿受贿、徇私舞弊、枉法裁决行为的；

（七）人民法院认定执行该劳动争议仲裁裁决违背社会公共利益的。

人民法院在不予执行的裁定书中，应当告知当事人在收到裁定书之次日起三十日内，可以就该劳动争议事项向人民法院提起诉讼。

【司法解释性文件】

《人力资源社会保障部、最高人民法院关于劳动人事争议仲裁与诉讼衔接有关问题的意见（一）》（2022年2月21日公布）

一、劳动人事争议仲裁委员会对调解协议仲裁审查申请不予受理或者经仲裁审查决定不予制作调解书的，当事人可依法就协议内容中属于劳动人事争议仲裁受理范围的事项申请仲裁。当事人直接向人民法院提起诉讼的，人民法院不予受理，但下列情形除外：

（一）依据《中华人民共和国劳动争议调解仲裁法》第十六条规定申请支付令被人民法院裁定终结督促程序后，劳动者依据调解协议直接提起诉讼的；

（二）当事人在《中华人民共和国劳动争议调解仲裁法》第十条规定的调解组织主持下仅就劳动报酬争议达成调解协议，用人单位不履行调解协议约定的给付义务，劳动者直接提起诉讼的；

（三）当事人在经依法设立的调解组织主持下就支付拖欠劳动报酬、工伤医疗费、经济补偿或者赔偿金事项达成调解协议，双方当事人依据《中华人民共和国民事诉讼法》第二百零一条规定共同向人民法院申请司法确认，人民法院不予确认，劳动者依据调解协议直接提起诉讼的。

二、经依法设立的调解组织调解达成的调解协议生效后，当事人可以共同向有管辖权的人民法院申请确认调解协议效力。

三、用人单位依据《中华人民共和国劳动合同法》第九十条规定，要求劳动者承担赔偿责任的，劳动人事争议仲裁委员会应当依法受理。

四、申请人撤回仲裁申请后向人民法院起诉的，人民法院应当裁定不予受理；已经受理的，应当裁定驳回起诉。

申请人再次申请仲裁的，劳动人事争议仲裁委员会应当受理。

五、劳动者请求用人单位支付违法解除或者终止劳动合同赔偿金，劳动人事争议仲裁委员会、人民法院经审查认为用人单位系合法解除劳动合同应当支付经济补偿的，可以依法裁决或者判决用人单位支付经济补偿。

劳动者基于同一事实在仲裁辩论终结前或者人民法院一审辩论终结前将仲裁请求、诉讼请求由要求用人单位支付经济补偿变更为支付赔偿金的，劳动人事争议仲裁委员会、人民法院应予准许。

六、当事人在仲裁程序中认可的证据，经审判人员在庭审中说明后，视为质证过的证据。

七、依法负有举证责任的当事人，在诉讼期间提交仲裁中未提交的证据的，人民法院应当要求其说明理由。

八、在仲裁或者诉讼程序中，一方当事人陈述的于己不利的事实，或者对于己不利的事实明确表示承认的，另一方当事人无需举证证明，但下列情形不适用有关自认的规定：

（一）涉及可能损害国家利益、社会公共利益的；

（二）涉及身份关系的；

（三）当事人有恶意串通损害他人合法权益可能的；

（四）涉及依职权追加当事人、中止仲裁或者诉讼、终结仲裁或者诉讼、回避等程序性事项的。

当事人自认的事实与已经查明的事实不符的，劳动人事争议仲裁委员会、人民法院不予确认。

九、当事人在诉讼程序中否认在仲裁程序中自认事实的，人民法院不予支持，但下列情形除外：

（一）经对方当事人同意的；

（二）自认是在受胁迫或者重大误解情况下作出的。

十一、裁决事项涉及确认劳动关系的，劳动人事争议仲裁委员会就同一案件应当作出非终局裁决。

十二、劳动人事争议仲裁委员会按照《劳动人事争议仲裁办案规则》第五十条第四款规定对不涉及确认劳动关系的案件分别作出终局裁决和非终局裁决，劳动者对终局裁决向基层人民法院提起诉讼、用人单位向中级人民法院申请撤销终局裁决、劳动者或者用人单位对非终局裁决向基层人民法院提起诉讼的，有管辖权的人民法院应当依法受理。

审理申请撤销终局裁决案件的中级人民法院认为该案件必须以非终局裁决案件的审理结果为依据，另案尚未审结的，可以中止诉讼。

十三、劳动者不服终局裁决向基层人民法院提起诉讼，中级人民法院对用人单位撤销终局裁决的申请不予受理或者裁定驳回申请，用人单位主张终局裁决存在《中华人民共和国劳动争议调解仲裁法》第四十九条第一款规定情形的，基层人民法院应当一并审理。

十四、用人单位申请撤销终局裁决，当事人对部分终局裁决事项达成调解协议的，中级人民法院可以对达成调解协议的事项出具调解书；对未达成调解协议的事项进行审理，作出驳回申请或者撤销仲裁裁决的裁定。

十五、当事人就部分裁决事项向人民法院提起诉讼的，仲裁裁决不发生法律效力。当事人提起诉讼的裁决事项属于人民法院受理的案件范围的，人民法院应当进行审理。当事人未提起诉讼的裁决事项属于人民法院受理的案件范围的，人民法院应当在判决主文中予以确认。

十六、人民法院根据案件事实对劳动关系是否存在及相关合同效力的认定与当事人主张、劳动人事争议仲裁委员会裁决不一致的，人民法院应当将法律关系性质或者民事行为效力作为焦点问题进行审理，但法律关系性质对裁判理由及结果没有影响，或者有关问题已经当事人充分辩论的除外。

当事人根据法庭审理情况变更诉讼请求的，人民法院应当准许并可以根据案件的具体情况重新指定举证期限。

不存在劳动关系且当事人未变更诉讼请求的，人民法院应当判决驳回诉讼请求。

十七、对符合简易处理情形的案件，劳动人事争议仲裁委员会按照《劳动人事争议仲裁办案规则》第六十条规定，已经保障当事人陈述意见的权利，根据案件情况确定举证期限、开庭日期、审理程序、文书制作等事项，作出终局裁决，用人单位以违反法定程序为由申请撤销终局裁决的，人民法院不予支持。

十八、劳动人事争议仲裁委员会认为已经生效的仲裁处理结果确有错误，可以依法启动仲裁监督程序，但当事人提起诉讼，人民法院已经受理的除外。

劳动人事争议仲裁委员会重新作出处理结果后，当事人依法提起诉讼的，人民法院应当受理。

十九、用人单位因劳动者违反诚信原则，提供虚假学历证书、个人履历等与订立劳动合同直接相关的基本情况构成欺诈解除劳动合同，劳动者主张解除劳动合同经济补偿或者赔偿金的，劳动人事争议仲裁委员会、人民法院不予支持。

▢《人力资源和社会保障部、最高人民法院关于加强劳动人事争议仲裁与诉讼衔接机制建设的意见》（2017年11月8日公布）

二、统一裁审受理范围和法律适用标准

（一）逐步统一裁审受理范围。各地劳动人事争议仲裁委员会（以下简称仲裁委员会）和人民法院要按照《中华人民共和国劳动争议调解仲裁法》等法律规定，逐步统一社会保险争议、人事争议等争议的受理范围。仲裁委员会要改进完善劳动人事争议受理立案制度，依法做到有案必立，有条件的可探索实行立案登记制，切实发挥仲裁前置的功能作用。

（二）逐步统一裁审法律适用标准。各地仲裁委员会和人民法院要严格按照法律规定处理劳动人事争议。对于法律规定不明确等原因造成裁审法律适用标准不一致的突出问题，由人力资源社会保障部与最高人民法院按照《中华人民共和国立法法》有关规定，通过制定司法解释或指导意见等形式明确统一的法律适用标准。省、自治区、直辖市人力资源社会保障部门与高级人民法院要结合裁审工作实际，加强对法律适用问题的调查研究，及时提出意见建议。

三、规范裁审程序衔接

（一）规范受理程序衔接。对未经仲裁程序直接起诉到人民法院的劳动人事争议案件，人民法院应裁定不予受理；对已受理的，应驳回起诉，并告知当事人向有管辖权的仲裁委员会申请仲裁。当事人因仲裁委员会逾期未作出仲裁裁决而向人民法院提起诉讼且人民法院立案受理的，人民法院应及时将该案的受理情况告知仲裁委员会，仲裁委员会应及时决定该案件终止审理。

（二）规范保全程序衔接。仲裁委员会对在仲裁阶段可能因用人单位转移、藏匿财产等行为致使裁决难以执行的，应告知劳动者通过仲裁机构向人民法院申请保全。劳动者申请保全的，仲裁委员会应及时向人民法院转交申请书及仲裁案件受理通知书等相关材料。人民法院裁定采取保全措施或者裁定驳回申请的，应将裁定书送达申请人，并通知仲裁委员会。

（三）规范执行程序衔接。仲裁委员会依法裁决先予执行的，应向有执行权的人民法院移送先予执行裁决书、裁决书的送达回证或其他送达证明材料；接受移送的人民法院应按照《中华人民共和国民事诉讼法》和《中华人民共和国劳动争议调解仲裁法》相关规定执行。人民法院要加强对仲裁委员会裁决书、调解书的执行工作，加大对涉及劳动报酬、工伤保险待遇争议特别是集体劳动人事争议等案件的执行力度。

四、完善裁审衔接工作机制

（一）建立联席会议制度。各地人力资源社会保障部门和人民法院要定期或不定期召开联席会议，共同研究分析劳动人事争议处理形势，互相通报工作情况，沟通协调争议仲裁与诉讼中的受理范围、程序衔接、法律适用标准等问题，推进裁审工作有效衔接。

（二）建立信息共享制度。各地人力资源社会保障部门和人民法院要加强劳动人事争议处理工作信息和统计数据的交流，实现信息互通和数据共享。人力资源社会保障部门要加强争议案件处理情况追踪，做好裁审对比情况统计分析，不断改进争议仲裁工作，人民法院要积极支持和配合。要建立健全案卷借阅制度，做好案卷借阅管理工作。有条件的地区，可以实行电子案卷借阅或通过信息平台共享电子案卷，并做好信息安全和保密工作。

（三）建立疑难复杂案件办案指导制度。各地仲裁委员会和人民法院要加强对疑难复杂、重大劳动人事争议案件的研讨和交流，开展类案分析，联合筛选并发布典型案例，充分发挥典型案例在统一裁审法律适用标准、规范裁审自由裁量尺度、服务争议当事人等方面的指导作用。

（四）建立联合培训制度。各地人力资源社会保障部门和人民法院要通过举办师资培训、远程在线培训、庭审观摩等方式，联合开展业务培训，增强办案人员的素质和能力，促进提高裁审衔接水平。

五、加强组织领导

各地人力资源社会保障部门和人民法院要高度重视加强劳动人事争议裁审衔接机制建设工作，将其作为推进建立中国特色劳动人事争议处理制度的重要措施，纳入劳动人事关系领域矛盾纠纷多元处理工作布局，加强领导，统筹谋划，结合当地实际联合制定实施意见，切实抓好贯彻落实。人力资源社会保障部门要积极主动加强与人民法院的沟通协调。人民法院要明确由一个庭室统一负责裁审衔接工作，各有关庭室要积极参与配合。省、自治区、直辖市人力资源社会保障部门、高级人民法院要加强对市、县裁审衔接工作的指导和督促检查，推动裁审衔接工作顺利开展。要加大政策引导和宣传力度，增进劳动人事争议当事人和社会公众对裁审衔接工作的了解，引导当事人依法理性维权，为合法公正及时处理争议营造良好氛围。

《人力资源社会保障部、中央综治办、最高人民法院、司法部、财政部、中华全国总工会、中华全国工商业联合会、中国企业联合会/中国企业家协会关于进一步加强劳动人事争议调解仲裁完善多元处理机制的意见》（2017年3月21日公布）

劳动人事争议调解仲裁是劳动人事关系矛盾纠纷多元化解机制的重要组成部分。当前，我国正处于经济社会转型时期，劳动关系矛盾处于凸显期和多发期，劳动人事争议案件逐年增多。通过协商、调解、仲裁、诉讼等方式依法有效处理劳动人事争议，对于促进社会公平正义、维护劳动人事关系和谐与社会稳定具有重要意义。根据中共中央办公厅、国务院办公厅《关于完善矛盾纠纷多元化解机制的意见》，现就进一步加强劳动人事争议调解仲裁完善多元处理机制，提出如下意见。

一、总体要求

（一）指导思想。全面贯彻党的十八大和十八届三中、四中、五中、六中全会精神，以邓小平理论、“三个代表”重要思想、科学发展观为指导，深入贯彻习近平总书记系列重要讲话精神，主动适应经济发展新常态，积极落实加强和创新社会治理新要求，探索新时期预防化解劳动人事关系矛盾纠纷的规律，不断提高调解仲裁规范化、标准化、专业化、信息化水平，推动健全中国特色劳动人事争议处理制度，完善劳动人事争议多元处理机制，切实维护劳动人事关系和谐与社会稳定，为全面建成小康社会做出更大贡献。

（二）基本原则

1. 坚持协调联动、多方参与。在党委领导、政府主导、综治协调下，积极发挥人力资源社会保障部门牵头作用，鼓励各有关部门和单位发挥职能作用，引导社会力量积极参与，合力化解劳动人事关系矛盾纠纷。

2. 坚持源头治理、注重调解。贯彻“预防为主、基层为主、调解为主”工作方针，充分发挥协商、调解在劳动人事争议处理中的基础性作用，最大限度地把矛盾纠纷解决在基层和萌芽状态。

3. 坚持依法处理、维护公平。完善劳动人事争议调解制度和仲裁准司法制度，发挥司法的引领、推动和保障作用，运用法治思维和法治方式处理劳动人事争议，切实维护用人单位和劳动者的合法权益。

4. 坚持服务为先、高效便捷。以提高劳动人事争议处理质效为目标，把服务理念贯穿争议处理全过程，为用人单位和劳动者提供优质服务。

5. 坚持立足国情、改革创新。及时总结实践经验，借鉴国外有益做法，加强制度创新，不断完善劳动人事争议多元处理机制。

（三）主要目标。到2020年，劳动人事争议协商解决机制逐步完善，调解基础性作用充分发挥，仲裁制度优势显著增强，司法保障作用进一步加强，协商、调解、仲裁、诉讼相互协调、有序衔接的劳动人事争议多元处理格局更加健全，劳动人事争议处理工作服务社会能力明显提高。

二、健全劳动人事争议预防协商解决机制

（四）指导用人单位加强劳动人事争议源头预防。加大法律法规政策宣传力度，推动用人单位全面实行劳动合同或者聘用合同制度，完善民主管理制度，推行集体协商和集体合同制度，保障职工对用人单位重大决策和重大事项的知情权、参与权、表达权、监督权，加强对职工的人文关怀。指导企业与职工建立多种方式的对话沟通机制，完善劳动争议预警机制，特别是在分流安置职工等涉及劳动关系重大调整时，广泛听取职工意见，依法保障职工合法权益。探索建立符合事业单位和社会团体工作人员、聘任制公务员和军队文职人员管理特点的单位内部人事争议预防机制。切实发挥企业事业单位法律顾问、公司律师在预防化解劳动人事争议方面的作用。推行劳动人事争议仲裁建议书、司法建议书制度，促进用人单位有效预防化解矛盾纠纷。

（五）引导支持用人单位与职工通过协商解决劳动人事争议。推动建立劳动人事争议协商解决机制，鼓励和引导争议双方当事人在平等自愿基础上协商解决纠纷。指导用人单位完善协商规则，建立内部申诉和协商回应制度。加大工会参与协商力度。鼓励社会组织和专家接受当事人申请或委托，为其解决纠纷予以协调、提供帮助。探索开展协商咨询服务工作，督促履行和解协议。

三、完善专业性劳动人事争议调解机制

（六）建立健全多层次劳动人事争议调解组织网络。推进县（市、区）调解组织建设，加强乡镇（街道）劳动就业社会保障服务所（中心）调解组织建设。在乡镇（街道）综治中心设置劳动人事争议调解窗口，由当地劳动就业社会保障服务所（中心）调解组织负责其日常工作。积极推动企业劳动争议调解委员会建设，指导推动建立行业性、区域性调解组织，重点在争议多发的制造、餐饮、建筑、商贸服务以及民营高科技等行业和开发区、工业园区等区域建立调解组织。加强事业单位及其主管部门调解组织建设，重点推动教育、科技、文化、卫生等事业单位及其主管部门建立由人事部门代表、职工代表、工会代表、法律顾问等组成的调解组织。加强专业性劳动人事争议调解与仲裁调解、人民调解、司法调解的联动，逐步实现程序衔接、资源整合和信息共享。同时，充分发挥人民调解组织在调解劳动争议方面的作用，在劳动争议多发的乡镇（街道），人民调解委员会可设立专门的服务窗口，及时受理并调解劳动争议。各级人力资源社会保障部门要加强统筹协调，指导推动劳动人事争议调解工作，建立专业性调解组织和调解员名册制度，加强工作情况通报和人员培训。

（七）加强劳动人事争议调解规范化建设。进一步规范调解组织工作职责、工作程序和调解员行为。建立健全调解受理登记、调解处理、告知引导、回访反馈、档案管理、统计报告、工作考评等制度。建立健全集体劳动争议应急调解机制，发生集体劳动争议时，人力资源社会保障部门要会同工会、企业代表组织及时介入，第一时间进行调解，调解不成的及时引导当事人进入仲裁程序。

（八）鼓励支持社会力量参与调解。引导劳动人事争议当事人主动选择、自愿接受调解服务。通过政府购买服务等方式，鼓励和支持法学专家、律师以及退休的法官、检察官、劳动人事争议调解员仲裁员等社会力量参与劳动人事争议调解工作，有条件的可设立调解工作室。发挥社区工作者、平安志愿者、劳动关系协调员、劳动保障监察网格管理员预防化解劳动人事争议的作用。鼓励支持社会组织开展劳动人事争议调解工作。

四、创新劳动人事争议仲裁机制

（九）完善仲裁办案制度。建立仲裁办案基本制度目录清单，指导各地完善仲裁制度体系。创新仲裁调解制度，可在仲裁院设立调解庭开展调解工作。依法细化终局裁决规定，提高终局裁决比例。建立健全证据制度，制定体现劳动人事争议处理特点的仲裁证据规则。建立仲裁委员会仲裁办案监督制度，提高仲裁办案纠错能力。推行劳动人事争议仲裁委员会三方仲裁员组庭处理集体劳动争议制度。实行"阳光仲裁"，逐步实行仲裁裁决书网上公开，接受社会监督。推进法律援助参与劳动人事争议仲裁，在案件多发高发地区的仲裁机构设立法律援助窗口，依法为符合条件的农民工、工伤职工等群体提供法律援助服务。

（十）简化优化仲裁具体办案程序。实施案件分类处理，简化优化立案、庭审、调解、送达等具体程序，提高仲裁案件处理质量和效率。规范简易仲裁程序，灵活快捷处理小额简单争议案件。建立健全集体劳动争议快速仲裁特别程序，通过先行调解、优先受理、经与被申请人协商同意缩短或取消答辩期、就近就地开庭等方式，实现快调、快审、快结。深化仲裁庭审方式改革，推广以加强案前引导、优化庭审程序、简化裁决文书为核心内容的要素式办案，提高案件裁决效率。推进派驻仲裁庭、巡回仲裁庭和流动仲裁庭建设，为当事人提供便捷服务。

（十一）加强仲裁办案管理和指导。建立仲裁案件管理标准体系，制定办案程序公正评价标准、办案质量效率评价标准和办案人员工作绩效考核标准。建立仲裁办案指导制度，统一仲裁办案适用标准，重点加强对新兴行业劳动争议、集体劳动争议等重大疑难案件处理工作的指导。加强案例指导，综合运用案例汇编、案例研讨会、庭审观摩等方式，发挥典型案例在统一处理标准、规范自由裁量权等方面的作用。统一仲裁文书格式。建立区域劳动人事争议处理交流协作机制。

五、完善调解、仲裁、诉讼衔接机制

（十二）加强调解与仲裁的衔接。调解组织对调解不成的争议案件，要及时引导当事人进入仲裁程序；定期向仲裁机构通报工作情况，共同研究有关问题；邀请仲裁机构参与调处重大疑难争议案件。仲裁机构要加强对辖区内调解组织的业务指导，建立仲裁员定点联系调解组织制度，落实调解建议书、委托调解、调解协议仲裁审查确认等制度，开展调解员业务培训。在争议案件多发高发地区，仲裁机构可在调解组织设立派驻仲裁庭。

（十三）加强调解与诉讼的衔接。调解组织要主动接受人民法院的指导，协助人民法院调处劳动人事争议。健全劳动人事争议特邀调解制度，吸纳符合条件的调解组织或调解员成为特邀调解组织或特邀调解员，接受人民法院委派或委托开展调解工作。鼓励和支持调解组织在诉讼服务中心等部门设立调解工作室。依法落实调解协议司法确认制度。

（十四）加强仲裁与诉讼的衔接。建立仲裁与诉讼有效衔接的新规则、新制度，实现裁审衔接机制长效化、受理范围一致化、审理标准统一化。各级仲裁机构和同级人民法院要加强沟通联系，建立定期联席会议、案件信息交流、联合业务培训等制度。有条件的地区，人民法院可在仲裁机构设立派驻法庭。

【司法指导性文件】

◎《最高人民法院办公厅、人力资源社会保障部办公厅关于建立劳动人事争议“总对总”在线诉调对接机制的通知》（2021 年 12 月 30 日公布）

一、建立“总对总”在线诉调对接机制

最高人民法院依托人民法院调解平台（以下简称法院调解平台）、人力资源社会保障部依托劳动人事争议在线调解服务平台（以下简称人社调解平台），通过系统对接与机构、人员入驻相结合的方式，共同推进“总对总”在线诉调对接机制建设，逐步畅通线上线下调解与诉讼对接渠道，指导全国劳动人事争议调解组织（以下简称调解组织）与各级人民法院开展劳动人事争议全流程在线委派委托调解、音视频调解、在线申请司法确认调解协议等工作。

二、“总对总”在线诉调对接机制任务分工

最高人民法院立案庭统筹推进法院系统在线诉调对接工作，负责法院调解平台的研发、运维、宣传等工作。各级人民法院在“总对总”在线诉调对接机制框架下，负责与同级人力资源社会保障部门加强沟通联系，开展本级特邀调解名册确认、委派委托调解以及调解协议司法确认等工作，做好调解员培训和业务指导工作。

人力资源社会保障部统筹推进调解仲裁系统在线诉调对接工作，负责指导地方劳动人事争议调解仲裁信息系统（以下简称地方调解仲裁系统）建设以及与人社调解平台的衔接工作，指导各级人力资源社会保障部门建立调解组织和调解员名册及相关管理制度。各省级人力资源社会保障部门负责组建“省级调解专家资源库”，组织本地区各级人力资源社会保障部门、乡镇（街道）调解组织和调解员入驻法院调解平台，指导本地区各级人力资源社会保障部门做好调解组织人员管理和信息更新等工作。乡镇（街道）调解组织和调解员根据需要做好案件调解和法院委派委托案件调解等工作。

三、“总对总”在线诉调对接工作流程

（一）人民法院委派委托案件处理流程。当事人向人民法院提交纠纷调解申请后，人民法院在征得当事人同意后，向调解组织委派委托案件。对于地方调解仲裁系统与人社调解平台实现系统对接的地区，人民法院通过法院调解平台将纠纷推送至人社调解平台，由调解组织及其调解员在地方调解仲裁系统开展在线调解工作。对于地方调解仲裁系统与人社调解平台未实现系统对接的地区，可采用机构、人员入驻方式，登录法院调解平台开展在线调解工作，并逐步过渡至系统对接方式。

（二）调解组织音视频调解流程。调解组织及其调解员应当积极使用法院调解平台音视频调解功能开展人民法院委派委托案件在线调解工作。对于调解组织自身受理的调解申请，地方调解仲裁系统不支持音视频调解功能的，调解组织及其调解员可以通知、指导当事人，使用法院调解平台的音视频调解功能开展在线调解。

（三）在线申请司法确认调解协议、出具法院调解书流程。调解组织调解成功后，双方当事人可以依据法律和司法解释规定，就达成的调解协议共同向人民法院申请在线司法确认或者出具法院调解书。调解组织可以通过人社调解平台向法院调解平台提供案件办理情况，为人民法院开展司法确认或者出具法院调解书提供支持。

【其他规定】

《工会参与劳动争议处理试行办法》（1995年8月17日公布）

第四条 工会依法参加劳动争议协商、调解、仲裁工作。

职工因劳动权益受到侵犯向人民法院起诉的，工会应当给予支持和帮助。

第五条 参加劳动争议调解、仲裁工作的工会代表应当遵纪守法、公正廉洁，不得滥用职权、徇私舞弊、收受贿赂、泄露秘密和个人隐私。

知识点

劳动者与用人单位发生劳动争议之后，任何一方都可以向本单位的劳动争议调解委员会提出申请，要求劳动争议调解委员会解决劳动争议，也可以向劳动争议仲裁委员会提出申请，要求劳动争议仲裁委员会以仲裁方式解决劳动争议，也就是说，一旦发生劳动争议，作为当事人的劳动者或用人单位可以在调解和仲裁方式中任意选择一种方式，解决劳动争议。

对于当事人申请劳动争议调解委员会调解解决劳动争议的，劳动争议调解委员会应当根据自愿和合法的原则进行调解。如果经劳动争议调解委员会调解，当事人之间达不成协议，劳动争议仍未解决，那么，作为当事人一方的劳动者或者用人单位可以向劳动争议仲裁委员会申请仲裁。①

《劳动争议调解仲裁法》第二十九条规定了劳动争议仲裁机构对于劳动仲裁申请是否符合受理条件时的处理方式，即：劳动争议仲裁机构收到仲裁申请之日起5日内，认为符合受理条件的，应当受理，并通知申请人；认为不符合受理条件的，应当书面通知申请人不予受理，并说明理由。对劳动争议仲裁委员会不予受理或者逾期未作出决定的，申请人可以就该劳动争议事项向人民法院提起诉讼。根据该规定，对劳动争议仲裁机构接到当事人的仲裁申请，经审查认为申请仲裁的主体与被申请的主体之间不存在劳动关系，以一方主体不适格为由，作出不予受理的裁决、决定或者通知的，当事人如不服，依法向人民法院起诉时，人民法院应视为该争议已经过劳动仲裁的前置程序，并按照《民事诉讼法》规定的起诉条件进行全面审查。②

劳动争议仲裁属于劳动争议诉讼的前置程序，实践中经常出现当事人因不服仲裁裁决而提起民事诉讼的情况。司法实践中，在用人单位不服劳动仲裁裁决提起诉讼未获支持的情况下，认定人民法院应判决驳回其诉讼请求还是应对劳动争议事实进行全面审查的问题，应当注意以下两点：（1）当事人不服仲裁裁决提起诉讼后仲裁裁决的效力认定。《劳动争议调解仲裁法》第五十条规定："当事人对本法第四十七条规定以外的其他劳动争议案件的

---

① 回沪明、梁书文主编：《劳动法及配套规定新释新解（下）》，人民法院出版社2004年版。

② 最高人民法院民事审判第一庭编著：《最高人民法院新劳动争议司法解释（一）理解与适用》，人民法院出版社2021年版，第118页。

仲裁裁决不服的，可以自收到仲裁裁决书之日起十五日内向人民法院提起诉讼；期满不起诉的，裁决书发生法律效力。”由此可知，仲裁裁决书发生法律效力的前提是，各方当事人自收到仲裁裁决之日起满 15 日未向人民法院提起诉讼，若有一方或多方当事人对仲裁裁决内容不服提起诉讼，则仲裁裁决书因尚未发生法律效力而应认定为无效。（2）判决驳回用人单位的诉讼请求不利于保障劳动者的合法权益，也不利于减轻劳动者的诉累。如前所述，当事人提起诉讼后仲裁裁决不具有法律效力，因此，在用人单位不服劳动仲裁裁决而提起诉讼，其诉请又未能获得支持的情况下，若人民法院判决驳回用人单位的诉讼请求，则会使该纠纷处于一种悬而未决的状态，劳动者的实体权利将无法得到救济，显然不利于保障劳动者的合法权益。虽然劳动者可以在案件审理过程中提起反诉，或者在一审判决后提起上诉，但在劳动者对仲裁裁决无异议的情况下还要通过诉讼程序维护自身的合法权益，显然有悖于设置劳动仲裁这一前置程序的初衷，也增加了劳动者的诉累。因此，对于用人单位不服劳动仲裁裁决提起诉讼而未能获得支持的情况下，人民法院不应当机械地适用“不告不理”原则，判决驳回用人单位的诉讼请求，而应当对案件的基本情况进行全面的实体审查并作出判决。①

第八十条 在用人单位内，可以设立劳动争议调解委员会。劳动争议调解委员会由职工代表、用人单位代表和工会代表组成。劳动争议调解委员会主任由工会代表担任。

劳动争议经调解达成协议的，当事人应当履行。

相关规定

【法律】

《中华人民共和国劳动争议调解仲裁法》（2007 年 12 月 29 日公布）

第十条 发生劳动争议，当事人可以到下列调解组织申请调解：

---

① 人民法院出版社、《法律家》实践教学编委会编：《劳动争议裁判精要与规则适用》，人民法院出版社 2021 年版，第 300~301 页。

（一）企业劳动争议调解委员会；

（二）依法设立的基层人民调解组织；

（三）在乡镇、街道设立的具有劳动争议调解职能的组织。

企业劳动争议调解委员会由职工代表和企业代表组成。职工代表由工会成员担任或者由全体职工推举产生，企业代表由企业负责人指定。企业劳动争议调解委员会主任由工会成员或者双方推举的人员担任。

第十一条　劳动争议调解组织的调解员应当由公道正派、联系群众、热心调解工作，并具有一定法律知识、政策水平和文化水平的成年公民担任。

第十二条　当事人申请劳动争议调解可以书面申请，也可以口头申请。口头申请的，调解组织应当当场记录申请人基本情况、申请调解的争议事项、理由和时间。

第十三条　调解劳动争议，应当充分听取双方当事人对事实和理由的陈述，耐心疏导，帮助其达成协议。

第十四条　经调解达成协议的，应当制作调解协议书。

调解协议书由双方当事人签名或者盖章，经调解员签名并加盖调解组织印章后生效，对双方当事人具有约束力，当事人应当履行。

自劳动争议调解组织收到调解申请之日起十五日内未达成调解协议的，当事人可以依法申请仲裁。

第十五条　达成调解协议后，一方当事人在协议约定期限内不履行调解协议的，另一方当事人可以依法申请仲裁。

第十六条　因支付拖欠劳动报酬、工伤医疗费、经济补偿或者赔偿金事项达成调解协议，用人单位在协议约定期限内不履行的，劳动者可以持调解协议书依法向人民法院申请支付令。人民法院应当依法发出支付令。

【司法解释】

《最高人民法院关于审理劳动争议案件适用法律问题的解释（一）》（2020年12月29日公布）

第二十三条第二款　中级人民法院可以组织双方当事人调解。达成调解协议的，可以制作调解书。一方当事人逾期不履行调解协议的，另一方可以申请人民法院强制执行。

第五十一条　当事人在调解仲裁法第十条规定的调解组织主持下达成的具有劳动权利义务内容的调解协议，具有劳动合同的约束力，可以作为人民法院裁判的根据。

当事人在调解仲裁法第十条规定的调解组织主持下仅就劳动报酬争议达成调解协议，用人单位不履行调解协议确定的给付义务，劳动者直接提起诉讼的，人民法院可以按照普通民事纠纷受理。

第五十二条 当事人在人民调解委员会主持下仅就给付义务达成的调解协议，双方认为有必要的，可以共同向人民调解委员会所在地的基层人民法院申请司法确认。

【部门规章与规范性文件】

◎《劳动部关于贯彻执行〈中华人民共和国劳动法〉若干问题的意见》（1995年8月4日公布）

89. 劳动争议当事人向企业劳动争议调解委员会申请调解，从当事人提出申请之日起，仲裁申诉时效中止，企业劳动争议调解委员会应当在三十日内结束调解，即中止期间最长不得超过三十日。结束调解之日起，当事人的申诉时效继续计算。调解超过三十日的，申诉时效从三十日之后的第一天继续计算。

◎《劳动人事争议仲裁办案规则》（2017年5月8日公布）

第四章 调解程序

第一节 仲裁调解

第六十八条 仲裁委员会处理争议案件，应当坚持调解优先，引导当事人通过协商、调解方式解决争议，给予必要的法律释明以及风险提示。

第六十九条 对未经调解、当事人直接申请仲裁的争议，仲裁委员会可以向当事人发出调解建议书，引导其到调解组织进行调解。当事人同意先行调解的，应当暂缓受理；当事人不同意先行调解的，应当依法受理。

第七十条 开庭之前，经双方当事人同意，仲裁庭可以委托调解组织或者其他具有调解能力的组织、个人进行调解。

自当事人同意之日起十日内未达成调解协议的，应当开庭审理。

第七十一条 仲裁庭审理争议案件时，应当进行调解。必要时可以邀请有关单位、组织或者个人参与调解。

第七十二条 仲裁调解达成协议的，仲裁庭应当制作调解书。

调解书应当写明仲裁请求和当事人协议的结果。调解书由仲裁员签名，加盖仲裁委员会印章，送达双方当事人。调解书经双方当事人签收后，发生法律效力。

调解不成或者调解书送达前，一方当事人反悔的，仲裁庭应当及时作出裁决。

第七十三条　当事人就部分仲裁请求达成调解协议的，仲裁庭可以就该部分先行出具调解书。

《人力资源社会保障部、中央综治办关于加强专业性劳动争议调解工作的意见》（2015年6月3日公布）

一、总体要求

深入贯彻党的十八大和十八届三中、四中全会关于健全社会矛盾纠纷预防化解机制、创新劳动关系协调机制、加强劳动争议调解的精神，按照《关于构建和谐劳动关系的意见》的要求，坚持“预防为主、基层为主、调解为主”的方针，建立党委、政府领导、综治协调、人力资源社会保障行政部门主导、有关部门和单位共同参与的专业性劳动争议调解工作机制，健全调解组织，完善工作制度，强化基础保障，提升专业性劳动争议调解工作能力，发挥专业性调解在争议处理中的基础性作用，促进劳动关系和谐与社会大局稳定。

二、加强专业性劳动争议调解组织建设

建立健全专业性劳动争议调解组织。积极推动企业劳动争议调解组织建设，建立有效的劳动争议协商解决机制，提高企业自主解决争议的能力。指导和推动行业商会（协会）建立劳动争议调解组织，重点推进争议多发的制造、餐饮、建筑、商贸服务和民营高科技等行业商会（协会）建立劳动争议调解组织。进一步加强乡镇（街道）劳动就业社会保障服务所（中心）调解组织建设。加强统筹协调，在乡镇（街道）矛盾纠纷调解工作平台设置“劳动争议调解窗口”，由当地乡镇（街道）劳动就业社会保障服务所（中心）调解组织负责调解窗口的日常工作。各类专业性劳动争议调解组织的设立和人员组成情况要及时向当地人力资源社会保障行政部门备案。各地人力资源社会保障行政部门要加强工作情况通报，建立调解组织、调解员名册制度，定期向社会公开调解组织、调解员名单。

推进专业性劳动争议调解组织规范化建设。各类专业性劳动争议调解组织和“劳动争议调解窗口”要按照人力资源社会保障部关于基层调解工作规范化建设的要求，统一规范标识、名称、工作职责、工作程序和调解员行为。各地人力资源社会保障行政部门要将推进调解工作规范化建设作为加强专业性劳动争议调解工作的重要措施，加强指导推动和督促检查。

有条件的地区可通过发放劳动争议调解服务手册、联系卡，或在相关网站平台发布信息等方式，为企业、职工提供方便，提高调解组织的管理服务水平。

三、推动专业性劳动争议调解制度建设

完善劳动争议调解工作制度。对于小额、简单劳动争议案件，各类专业性劳动争议调解组织要探索符合其特点的调解制度和方法技巧，就近就地予以化解。对于重大集体劳动争议案件，各地仲裁机构要会同工会、企业代表组织及时介入，积极引导当事人双方通过调解化解争议，调解成功的要现场制作调解书，调解不成的要及时引导进入仲裁程序。各地人力资源社会保障行政部门要指导各类专业性劳动争议调解组织完善调解案件登记、调解工作记录、督促履行调解协议、档案管理、统计报告等工作制度。

完善调解与仲裁衔接机制。各地人力资源社会保障行政部门要指导仲裁机构做好调解与仲裁工作的衔接，加强对辖区内专业性劳动争议调解组织的支持。仲裁机构要落实调解建议书、委托调解、调解协议仲裁审查确认等三项工作制度，制定具体实施细则，提升调解协议的执行力。对未经调解组织调解，当事人直接申请仲裁的劳动争议案件，劳动人事争议仲裁委员会可向当事人发出调解建议书，引导其在企业、乡镇（街道）、行业调解组织进行调解。仲裁委员会对于已经立案的劳动争议案件，认为可以委托调解的，经当事人双方同意，可以委托调解组织进行调解。对当事人双方提出的审查调解协议申请，仲裁委员会受理后，应当对调解协议进行审查，对程序和内容合法有效的调解协议出具调解书。

四、加强专业性劳动争议调解的基础保障

加强调解员队伍建设。各类专业性劳动争议调解组织要合理配备专职或者兼职调解员。乡镇（街道）劳动就业社会保障服务所（中心）调解组织可通过调剂事业编制、政府购买服务、开发公益性岗位等多种途径，充实调解员队伍，争议案件易发、多发的乡镇（街道）要配备专职调解员。各地人力资源社会保障行政部门要指导各类专业性劳动争议调解组织建立和完善调解员的选聘、业务培训、工作考评等管理制度，逐步实现调解员持证上岗。加大调解员培训力度，建立调解员分级培训机制，提升调解员的法律素养和工作能力。加强调解队伍作风建设，增强服务意识，改进服务措施，提高服务能力，打造专业性劳动争议调解优质服务品牌。

改善调解工作条件。要积极协调有关方面，支持各类专业性调解组织改善工作条件。乡镇（街道）劳动就业社会保障服务所（中心）调解组织要有独立的调解室，配备必要的办案和办公设备。各地要积极协调将乡镇（街道）调解工作经费纳入当地财政预算，保证工作正常开展。根据调解案件数量和难易程度，通过政府购买服务方式，按照以案定补方式给予必要的经费支持。

五、加强对专业性劳动争议调解工作的组织领导

各地人力资源社会保障行政部门、综治组织要高度重视专业性劳动争议调解工作，将其作为构建和谐劳动关系、健全社会矛盾纠纷预防化解机制的重要任务，切实加强组织领导，密切配合，形成工作合力。

人力资源社会保障行政部门主要承担专业性劳动争议调解工作的牵头职责，负责制定劳动争议调解规章政策，会同有关部门推动各类专业性调解组织和队伍建设，建立健全集体劳动争议调解机制。

综治组织在党委、政府领导下，加强调查研究、组织协调、督导检查、考评、推动，推进矛盾纠纷排查预警、调解处置工作，研究完善群众利益协调机制，落实矛盾纠纷排查调处工作协调会议纪要月报制度。会同人力资源社会保障行政部门，将专业性劳动争议调解工作纳入综治工作（平安建设）考评。

各地人力资源社会保障行政部门、综治组织要对加强专业性劳动争议调解工作情况联合开展督促检查，推动各项任务落到实处。要建立联席会议、信息通报等制度，及时发现、定期分析工作中存在的问题和困难，共同研究对策措施。

◎《人力资源和社会保障部办公厅关于印发基层劳动人事争议调解工作规范的通知》（2014年3月5日公布）

附件1　基层劳动人事争议调解组织名称规范

一、企业劳动争议调解组织名称规范

（一）企业劳动争议调解组织名称由“企业名称”和“劳动争议调解委员会”依次组成。

（二）企业分支机构劳动争议调解组织名称由“企业名称”、“分支机构名称”和“劳动争议调解委员会”依次组成。

二、事业单位及其主管部门、社会团体劳动人事争议调解组织名称规范

事业单位及其主管部门、社会团体劳动人事争议调解组织名称由“事业单位及其主管部门、社会团体名称”和“劳动人事争议调解委员会”依次组成。

三、基层劳动就业社会保障公共服务平台劳动人事争议调解组织名称规范

街道、乡镇劳动就业社会保障服务中心（所）及社区、行政村劳动就业社会保障服务站劳动人事争议调解组织名称由“街道、乡镇名称”或者“社区、行政村名称”和“劳动人事争议调解中心”依次组成。

四、其他类型劳动人事争议调解组织名称规范

参照上述原则，其他类型劳动人事争议调解组织名称一般由“设立单位名称”和“劳动人事争议调解委员会”或者“地区名称”和“劳动人事争议调解中心”依次组成。

附件 2　劳动人事争议调解工作程序

一、申请调解。发生劳动人事争议，当事人可以口头或者书面形式向调解组织提出调解申请。

二、受理调解申请。调解组织接到调解申请后，应当及时对调解申请进行审查，在 3 个工作日内作出是否受理的决定。

三、开展调解。调解组织根据案情指定调解员或者调解小组进行调解，调解应当自收到调解申请之日起 15 日内结束。但是，双方当事人同意延期的可以延长。

四、调解协议的仲裁审查确认。达成调解协议的，双方当事人可以自调解协议生效之日起 15 日内共同向劳动人事争议仲裁委员会提出仲裁审查确认申请。

五、告知申请仲裁的权利。当事人不愿调解、调解不成或者达成调解协议后未经仲裁审查确认且不履行的，可以向劳动人事争议仲裁委员会申请仲裁。

附件 3　基层劳动人事争议调解组织工作职责（试行）

一、企业劳动争议调解组织、事业单位及其主管部门、社会团体劳动人事争议调解组织工作职责

（一）宣传人力资源社会保障法律、法规和政策；

（二）对本单位发生的劳动人事争议进行调解；

（三）监督和解协议、调解协议的履行；

（四）参与协调履行劳动合同、聘用合同、集体合同和执行单位规章制度等方面出现的问题；

（五）参与研究涉及劳动者切身利益的重大方案；

（六）协助本单位建立劳动人事争议预防预警机制。

二、基层劳动就业社会保障公共服务平台劳动人事争议调解组织工作职责

（一）宣传人力资源社会保障法律、法规和政策；

（二）调解本辖区内发生的劳动人事争议；

（三）监督和解协议、调解协议的履行；

（四）配合人力资源社会保障行政部门及调解仲裁机构开展辖区内劳动人事争议预防调解相关工作。

《企业劳动争议协商调解规定》（2011年11月30日公布）

第三章 调解

第十三条 大中型企业应当依法设立调解委员会，并配备专职或者兼职工作人员。

有分公司、分店、分厂的企业，可以根据需要在分支机构设立调解委员会。总部调解委员会指导分支机构调解委员会开展劳动争议预防调解工作。

调解委员会可以根据需要在车间、工段、班组设立调解小组。

第十四条 小微型企业可以设立调解委员会，也可以由劳动者和企业共同推举人员，开展调解工作。

第十五条 调解委员会由劳动者代表和企业代表组成，人数由双方协商确定，双方人数应当对等。劳动者代表由工会委员会成员担任或者由全体劳动者推举产生，企业代表由企业负责人指定。调解委员会主任由工会委员会成员或者双方推举的人员担任。

第十六条 调解委员会履行下列职责：

（一）宣传劳动保障法律、法规和政策；

（二）对本企业发生的劳动争议进行调解；

（三）监督和解协议、调解协议的履行；

（四）聘任、解聘和管理调解员；

（五）参与协调履行劳动合同、集体合同、执行企业劳动规章制度等方面出现的问题；

（六）参与研究涉及劳动者切身利益的重大方案；

（七）协助企业建立劳动争议预防预警机制。

第十七条 调解员履行下列职责：

（一）关注本企业劳动关系状况，及时向调解委员会报告；

（二）接受调解委员会指派，调解劳动争议案件；

（三）监督和解协议、调解协议的履行；

（四）完成调解委员会交办的其他工作。

第十八条 调解员应当公道正派、联系群众、热心调解工作，具有一定劳动保障法律政策知识和沟通协调能力。调解员由调解委员会聘任的本企业工作人员担任，调解委员会成员均为调解员。

第十九条 调解员的聘期至少为 1 年，可以续聘。调解员不能履行调解职责时，调解委员会应当及时调整。

第二十条 调解员依法履行调解职责，需要占用生产或者工作时间的，企业应当予以支持，并按照正常出勤对待。

第二十一条 发生劳动争议，当事人可以口头或者书面形式向调解委员会提出调解申请。

申请内容应当包括申请人基本情况、调解请求、事实与理由。

口头申请的，调解委员会应当当场记录。

第二十二条 调解委员会接到调解申请后，对属于劳动争议受理范围且双方当事人同意调解的，应当在 3 个工作日内受理。对不属于劳动争议受理范围或者一方当事人不同意调解的，应当做好记录，并书面通知申请人。

第二十三条 发生劳动争议，当事人没有提出调解申请，调解委员会可以在征得双方当事人同意后主动调解。

第二十四条 调解委员会调解劳动争议一般不公开进行。但是，双方当事人要求公开调解的除外。

第二十五条 调解委员会根据案件情况指定调解员或者调解小组进行调解，在征得当事人同意后，也可以邀请有关单位和个人协助调解。

调解员应当全面听取双方当事人的陈述，采取灵活多样的方式方法，开展耐心、细致的说服疏导工作，帮助当事人自愿达成调解协议。

第二十六条 经调解达成调解协议的，由调解委员会制作调解协议书。调解协议书应当写明双方当事人基本情况、调解请求事项、调解的结果和协议履行期限、履行方式等。

调解协议书由双方当事人签名或者盖章，经调解员签名并加盖调解委员会印章后生效。

调解协议书一式三份，双方当事人和调解委员会各执一份。

第二十七条　生效的调解协议对双方当事人具有约束力，当事人应当履行。

双方当事人可以自调解协议生效之日起15日内共同向仲裁委员会提出仲裁审查申请。仲裁委员会受理后，应当对调解协议进行审查，并根据《劳动人事争议仲裁办案规则》第五十四条规定，对程序和内容合法有效的调解协议，出具调解书。

第二十八条　双方当事人未按前条规定提出仲裁审查申请，一方当事人在约定的期限内不履行调解协议的，另一方当事人可以依法申请仲裁。

仲裁委员会受理仲裁申请后，应当对调解协议进行审查，调解协议合法有效且不损害公共利益或者第三人合法利益的，在没有新证据出现的情况下，仲裁委员会可以依据调解协议作出仲裁裁决。

第二十九条　调解委员会调解劳动争议，应当自受理调解申请之日起15日内结束。但是，双方当事人同意延期的可以延长。

在前款规定期限内未达成调解协议的，视为调解不成。

第三十条　当事人不愿调解、调解不成或者达成调解协议后，一方当事人在约定的期限内不履行调解协议的，调解委员会应当做好记录，由双方当事人签名或者盖章，并书面告知当事人可以向仲裁委员会申请仲裁。

第三十一条　有下列情形之一的，按照《劳动人事争议仲裁办案规则》第十条的规定属于仲裁时效中断，从中断时起，仲裁时效期间重新计算：

（一）一方当事人提出协商要求后，另一方当事人不同意协商或者在5日内不做出回应的；

（二）在约定的协商期限内，一方或者双方当事人不同意继续协商的；

（三）在约定的协商期限内未达成一致的；

（四）达成和解协议后，一方或者双方当事人在约定的期限内不履行和解协议的；

（五）一方当事人提出调解申请后，另一方当事人不同意调解的；

（六）调解委员会受理调解申请后，在第二十九条规定的期限内一方或者双方当事人不同意调解的；

（七）在第二十九条规定的期限内未达成调解协议的；

（八）达成调解协议后，一方当事人在约定期限内不履行调解协议的。

第三十二条 调解委员会应当建立健全调解登记、调解记录、督促履行、档案管理、业务培训、统计报告、工作考评等制度。

第三十三条 企业应当支持调解委员会开展调解工作，提供办公场所，保障工作经费。

第三十四条 企业未按照本规定成立调解委员会，劳动争议或者群体性事件频发，影响劳动关系和谐，造成重大社会影响的，由县级以上人力资源和社会保障行政部门予以通报；违反法律法规规定的，依法予以处理。

第三十五条 调解员在调解过程中存在严重失职或者违法违纪行为，侵害当事人合法权益的，调解委员会应当予以解聘。

◎《劳动和社会保障部、国家经济贸易委员会、中华全国总工会、中国企业联合会、中国企业家协会关于进一步加强劳动争议处理工作的通知》（2001年11月14日公布）

三、加强劳动争议调解工作，积极化解劳动争议

要继续大力加强企业劳动争议调解委员会的组织建设，逐步建立一支熟悉劳动法律法规政策、群众威信高的劳动争议调解员队伍，做到组织落实、人员落实、制度落实、经费落实。有条件的企业应配备专职调解人员，积极开展劳动争议调解工作。要认真总结经验，完善多层次的劳动争议调解制度，要重视解决新建小企业和未建工会组织企业的劳动争议。在具备条件的地区，积极建立由地方工会组织、劳动保障部门、企业代表组织组成的区域性等劳动争议调解组织，主动开展调解工作，努力将劳动争议化解在当地。

【其他规定】

◎《工会参与劳动争议处理试行办法》（1995年8月17日公布）

第十一条 工会应当督促、帮助用人单位依法建立劳动争议调解委员会。

劳动争议调解委员会由职工代表、用人单位代表和工会代表组成。职工代表和工会代表的人数不得少于调解委员会成员总数的2/3；女职工人数较多的单位，调解委员会成员中应当有女职工代表。

工会代表担任劳动争议调解委员会主任，主持劳动争议调解委员会工作。

劳动争议调解委员会的办事机构设在用人单位工会。

第十二条　调解委员会主任的职责：

（一）对劳动争议调解委员会无法决定是否受理的调解申请，决定是否受理；

（二）决定调解委员的回避；

（三）及时指派调解委员调解简单劳动争议；

（四）主持调解委员会会议，确定调解方案；

（五）召集有调解委员、劳动争议双方当事人参加的调解会议，依法主持调解。

第十三条　工会代表担任劳动争议调解委员的职责：

（一）依法调解本单位劳动争议；

（二）保证当事人实现自愿调解、申请回避和申请仲裁的权利；

（三）自争议发生之日起30日内结束调解，到期未结束的视为调解不成，告知当事人可以申请仲裁；

（四）督促劳动争议双方当事人履行调解协议；

（五）及时做好调解文书及案卷的整理归档工作；

（六）做好劳动争议预防工作。

第十四条　工会应当做好劳动争议调解委员、劳动争议调解员的培训工作，提高劳动争议调解委员会调解的法律水平和工作能力。

第十五条　劳动争议调解委员调离本单位或需要调整时，由原推选单位或组织在30日内依法推举或指定人员补齐。调解委员调离或调整超过半数以上的，应按规定程序重新组建。

第十六条　上级工会指导下级工会的劳动争议调解工作。

劳动争议调解委员会接受劳动争议仲裁委员会的业务指导。

第十七条　工会可以在城镇和乡镇企业集中的地方设立区域性劳动争议调解指导委员会。区域性劳动争议调解指导委员会可以邀请劳动行政部门的代表和社会有关人士参加。

区域性劳动争议调解指导委员会名单报上级地方总工会和劳动争议仲裁委员会备案。

第十八条　区域性劳动争议调解指导委员会指导本区域内劳动争议调解委员会的调解工作，并调解未设调解组织的用人单位的劳动争议。

知识点

劳动争议调解是指在劳动争议处理机构的主持下，依照法律、法规、政策和道德规范，在查明事实、明辨是非、分清责任的基础上，通过调和协商，劝说争议双方当事人互谅互让，达成协议，从而解决矛盾的一种方式。调解是劳动争议案件非常重要的结案方式，在许多劳动人事法律、法规中均对调解问题进行了规定。《劳动争议调解仲裁法》第四十二条规定："仲裁庭在作出裁决前，应当先行调解。调解达成协议的，仲裁庭应当制作调解书。调解书应当写明仲裁请求和当事人协议的结果。调解书由仲裁员签名，加盖劳动争议仲裁委员会印章，送达双方当事人。调解书经双方当事人签收后，发生法律效力。调解不成或者调解书送达前，一方当事人反悔的，仲裁庭应当及时作出裁决。"《人事争议处理规定》第二十二条规定："仲裁庭处理人事争议应注重调解。自受理案件到作出裁决前，都要积极促使当事人双方自愿达成调解协议。当事人经调解自愿达成书面协议的，仲裁庭应当根据调解协议的内容制作仲裁调解书。协议内容不得违反法律法规，不得侵犯社会公共利益和他人的合法权益。调解书由仲裁庭成员署名，加盖人事争议仲裁委员会印章。调解书送达后，即发生法律效力。当庭调解未达成协议或者仲裁调解书送达前当事人反悔的，仲裁庭应当及时进行仲裁裁决。"根据上述规定，不管是劳动争议仲裁程序，还是人事争议仲裁程序，都应坚持调解优先、注重调解，调解达成协议的，劳动争议仲裁机构应当根据协议内容制作调解书，调解书自送达之日起具有法律效力。

按照《劳动争议调解仲裁法》的规定，劳动争议仲裁机构作出裁决前，应当先行调解。调解达成协议的，劳动争议仲裁机构应当制作调解书，调解书经双方当事人签收后，发生法律效力。

调解书的法律效力主要表现在：(1) 使仲裁程序终结，调解书一经签收生效，仲裁程序即告结束，劳动争议仲裁机构便不再对该案进行审理，这是调解书在程序上的法律效果。(2) 纠纷当事人的权利义务关系被确定，这是调解书在实体上的法律效果。(3) 任何机构或组织都要在重新处理该案方面受调解书约束。因此，当事人已签收劳动争议仲裁机构作出的调解书，事后反悔向人民法院起诉的，人民法院不应受理。①

第八十一条　劳动争议仲裁委员会由劳动行政部门代表、同级工会代表、用人单位方面的代表组成。劳动争议仲裁委员会主任由劳动行政部门代表担任。

相关规定

【法律】

《中华人民共和国劳动争议调解仲裁法》（2007年12月29日公布）

第十七条　劳动争议仲裁委员会按照统筹规划、合理布局和适应实际需要的原则设立。省、自治区人民政府可以决定在市、县设立；直辖市人民政府可以决定在区、县设立。直辖市、设区的市也可以设立一个或者若干个劳动争议仲裁委员会。劳动争议仲裁委员会不按行政区划层层设立。

第十八条　国务院劳动行政部门依照本法有关规定制定仲裁规则。省、自治区、直辖市人民政府劳动行政部门对本行政区域的劳动争议仲裁工作进行指导。

第十九条　劳动争议仲裁委员会由劳动行政部门代表、工会代表和企业方面代表组成。劳动争议仲裁委员会组成人员应当是单数。

劳动争议仲裁委员会依法履行下列职责：

（一）聘任、解聘专职或者兼职仲裁员；

（二）受理劳动争议案件；

（三）讨论重大或者疑难的劳动争议案件；

（四）对仲裁活动进行监督。

劳动争议仲裁委员会下设办事机构，负责办理劳动争议仲裁委员会的日常工作。

第二十条　劳动争议仲裁委员会应当设仲裁员名册。

仲裁员应当公道正派并符合下列条件之一：

---

① 最高人民法院民事审判第一庭编著：《最高人民法院新劳动争议司法解释（一）理解与适用》，人民法院出版社2021年版，第152页、第154页。

（一）曾任审判员的；

（二）从事法律研究、教学工作并具有中级以上职称的；

（三）具有法律知识、从事人力资源管理或者工会等专业工作满五年的；

（四）律师执业满三年的。

第二十一条 劳动争议仲裁委员会负责管辖本区域内发生的劳动争议。

劳动争议由劳动合同履行地或者用人单位所在地的劳动争议仲裁委员会管辖。双方当事人分别向劳动合同履行地和用人单位所在地的劳动争议仲裁委员会申请仲裁的，由劳动合同履行地的劳动争议仲裁委员会管辖。

第二十二条 发生劳动争议的劳动者和用人单位为劳动争议仲裁案件的双方当事人。

劳务派遣单位或者用工单位与劳动者发生劳动争议的，劳务派遣单位和用工单位为共同当事人。

第二十三条 与劳动争议案件的处理结果有利害关系的第三人，可以申请参加仲裁活动或者由劳动争议仲裁委员会通知其参加仲裁活动。

第二十四条 当事人可以委托代理人参加仲裁活动。委托他人参加仲裁活动，应当向劳动争议仲裁委员会提交有委托人签名或者盖章的委托书，委托书应当载明委托事项和权限。

第二十五条 丧失或者部分丧失民事行为能力的劳动者，由其法定代理人代为参加仲裁活动；无法定代理人的，由劳动争议仲裁委员会为其指定代理人。劳动者死亡的，由其近亲属或者代理人参加仲裁活动。

第二十六条 劳动争议仲裁公开进行，但当事人协议不公开进行或者涉及国家秘密、商业秘密和个人隐私的除外。

第五十三条 劳动争议仲裁不收费。劳动争议仲裁委员会的经费由财政予以保障。

【部门规章与规范性文件】

《劳动部关于〈劳动法〉若干条文的说明》（1994年9月5日公布）

本条中的“用人单位方面的代表”，是指政府指定的经济综合管理部门或者有关社会团体的代表。

《劳动人事争议仲裁组织规则》（2017年5月8日公布）

第二条 劳动人事争议仲裁委员会（以下简称仲裁委员会）由人民政府依法设立，专门处理争议案件。

第三条　人力资源社会保障行政部门负责指导本行政区域的争议调解仲裁工作，组织协调处理跨地区、有影响的重大争议，负责仲裁员的管理、培训等工作。

第二章　仲裁委员会及其办事机构

第四条　仲裁委员会按照统筹规划、合理布局和适应实际需要的原则设立，由省、自治区、直辖市人民政府依法决定。

第五条　仲裁委员会由干部主管部门代表、人力资源社会保障等相关行政部门代表、军队文职人员工作管理部门代表、工会代表和用人单位方面代表等组成。

仲裁委员会组成人员应当是单数。

第六条　仲裁委员会设主任一名，副主任和委员若干名。

仲裁委员会主任由政府负责人或者人力资源社会保障行政部门主要负责人担任。

第七条　仲裁委员会依法履行下列职责：

（一）聘任、解聘专职或者兼职仲裁员；

（二）受理争议案件；

（三）讨论重大或者疑难的争议案件；

（四）监督本仲裁委员会的仲裁活动；

（五）制定本仲裁委员会的工作规则；

（六）其他依法应当履行的职责。

第八条　仲裁委员会应当每年至少召开两次全体会议，研究本仲裁委员会职责履行情况和重要工作事项。

仲裁委员会主任或者三分之一以上的仲裁委员会组成人员提议召开仲裁委员会会议的，应当召开。

仲裁委员会的决定实行少数服从多数原则。

第九条　仲裁委员会下设实体化的办事机构，具体承担争议调解仲裁等日常工作。办事机构称为劳动人事争议仲裁院（以下简称仲裁院），设在人力资源社会保障行政部门。

仲裁院对仲裁委员会负责并报告工作。

第十条　仲裁委员会的经费依法由财政予以保障。仲裁经费包括人员经费、公用经费、仲裁专项经费等。

仲裁院可以通过政府购买服务等方式聘用记录人员、安保人员等办案辅助人员。

第十一条 仲裁委员会组成单位可以派兼职仲裁员常驻仲裁院，参与争议调解仲裁活动。

第三章 仲裁庭

第十二条 仲裁委员会处理争议案件实行仲裁庭制度，实行一案一庭制。

仲裁委员会可以根据案件处理实际需要设立派驻仲裁庭、巡回仲裁庭、流动仲裁庭，就近就地处理争议案件。

第十三条 处理下列争议案件应当由三名仲裁员组成仲裁庭，设首席仲裁员：

（一）十人以上并有共同请求的争议案件；

（二）履行集体合同发生的争议案件；

（三）有重大影响或者疑难复杂的争议案件；

（四）仲裁委员会认为应当由三名仲裁员组庭处理的其他争议案件。

简单争议案件可以由一名仲裁员独任仲裁。

第十四条 记录人员负责案件庭审记录等相关工作。

记录人员不得由本庭仲裁员兼任。

第十五条 仲裁庭组成不符合规定的，仲裁委员会应当予以撤销并重新组庭。

第十六条 仲裁委员会应当有专门的仲裁场所。仲裁场所应当悬挂仲裁徽章，张贴仲裁庭纪律及注意事项等，并配备仲裁庭专业设备、档案储存设备、安全监控设备和安检设施等。

第十七条 仲裁工作人员在仲裁活动中应当统一着装，佩戴仲裁徽章。

第四章 仲裁员

第十八条 仲裁员是由仲裁委员会聘任、依法调解和仲裁争议案件的专业工作人员。

仲裁员分为专职仲裁员和兼职仲裁员。专职仲裁员和兼职仲裁员在调解仲裁活动中享有同等权利，履行同等义务。

兼职仲裁员进行仲裁活动，所在单位应当予以支持。

第十九条 仲裁委员会应当依法聘任一定数量的专职仲裁员，也可以根据办案工作需要，依法从干部主管部门、人力资源社会保障行政部门、军队文职人员工作管理部门、工会、企业组织等相关机构的人员以及专家学者、律师中聘任兼职仲裁员。

第二十条　仲裁员享有以下权利：

（一）履行职责应当具有的职权和工作条件；

（二）处理争议案件不受干涉；

（三）人身、财产安全受到保护；

（四）参加聘前培训和在职培训；

（五）法律、法规规定的其他权利。

第二十一条　仲裁员应当履行以下义务：

（一）依法处理争议案件；

（二）维护国家利益和公共利益，保护当事人合法权益；

（三）严格执行廉政规定，恪守职业道德；

（四）自觉接受监督；

（五）法律、法规规定的其他义务。

第二十二条　仲裁委员会聘任仲裁员时，应当从符合调解仲裁法第二十条规定的仲裁员条件的人员中选聘。

仲裁委员会应当根据工作需要，合理配备专职仲裁员和办案辅助人员。专职仲裁员数量不得少于三名，办案辅助人员不得少于一名。

第二十三条　仲裁委员会应当设仲裁员名册，并予以公告。

省、自治区、直辖市人力资源社会保障行政部门应当将本行政区域内仲裁委员会聘任的仲裁员名单报送人力资源社会保障部备案。

第二十四条　仲裁员聘期一般为五年。仲裁委员会负责仲裁员考核，考核结果作为解聘和续聘仲裁员的依据。

第二十五条　仲裁委员会应当制定仲裁员工作绩效考核标准，重点考核办案质量和效率、工作作风、遵纪守法情况等。考核结果分为优秀、合格、不合格。

第二十六条　仲裁员有下列情形之一的，仲裁委员会应当予以解聘：

（一）聘期届满不再续聘的；

（二）在聘期内因工作岗位变动或者其他原因不再履行仲裁员职责的；

（三）年度考核不合格的；

（四）因违纪、违法犯罪不能继续履行仲裁员职责的；

（五）其他应当解聘的情形。

第二十七条　人力资源社会保障行政部门负责对拟聘任的仲裁员进行

聘前培训。

拟聘为省、自治区、直辖市仲裁委员会仲裁员及副省级市仲裁委员会仲裁员的，参加人力资源社会保障部组织的聘前培训；拟聘为地（市）、县（区）仲裁委员会仲裁员的，参加省、自治区、直辖市人力资源社会保障行政部门组织的仲裁员聘前培训。

第二十八条 人力资源社会保障行政部门负责每年对本行政区域内的仲裁员进行政治思想、职业道德、业务能力和作风建设培训。

仲裁员每年脱产培训的时间累计不少于四十学时。

第二十九条 仲裁委员会应当加强仲裁员作风建设，培育和弘扬具有行业特色的仲裁文化。

第三十条 人力资源社会保障部负责组织制定仲裁员培训大纲，开发培训教材，建立师资库和考试题库。

第三十一条 建立仲裁员职业保障机制，拓展仲裁员职业发展空间。

第五章 仲裁监督

第三十二条 仲裁委员会应当建立仲裁监督制度，对申请受理、办案程序、处理结果、仲裁工作人员行为等进行监督。

第三十三条 仲裁员不得有下列行为：

（一）徇私枉法，偏袒一方当事人；

（二）滥用职权，侵犯当事人合法权益；

（三）利用职权为自己或者他人谋取私利；

（四）隐瞒证据或者伪造证据；

（五）私自会见当事人及其代理人，接受当事人及其代理人的请客送礼；

（六）故意拖延办案、玩忽职守；

（七）泄露案件涉及的国家秘密、商业秘密和个人隐私或者擅自透露案件处理情况；

（八）在受聘期间担任所在仲裁委员会受理案件的代理人；

（九）其他违法违纪的行为。

第三十四条 仲裁员有本规则第三十三条规定情形的，仲裁委员会视情节轻重，给予批评教育、解聘等处理；被解聘的，五年内不得再次被聘为仲裁员。仲裁员所在单位根据国家有关规定对其给予处分；构成犯罪的，依法追究刑事责任。

第三十五条　记录人员等办案辅助人员应当认真履行职责，严守工作纪律，不得有玩忽职守、偏袒一方当事人、泄露案件涉及的国家秘密、商业秘密和个人隐私或者擅自透露案件处理情况等行为。

办案辅助人员违反前款规定的，应当按照有关法律法规和本规则第三十四条的规定处理。

【其他规定】

《工会参与劳动争议处理试行办法》（1995 年 8 月 17 日公布）

第四章　参加劳动争议仲裁

第十九条　劳动争议仲裁委员会中工会代表的职责：

（一）担任劳动争议仲裁委员会副主任和委员，参与处理本委员会管辖范围内的劳动争议案件；

（二）按时参加仲裁委员会会议，遇特殊情况不能到会的，应出具委托书，委托本组织其他人员出席会议；

（三）对仲裁裁决意见依法行使表决权；

（四）参与研究处理有重大影响的案件和仲裁庭提交的重大疑难案件，参与审查、批准案情复杂，需要延期处理的案件；

（五）对应当受理未予受理的案件，有权提请仲裁委员会依法受理；

（六）对已经发生法律效力的仲裁裁决发现确有错误、需要重新处理的，应当要求仲裁委员会主任提交仲裁委员会重新处理；

（七）对受理的集体劳动争议及本地区有影响的个人劳动争议案件，及时向本级及上级工会书面报告。

第二十条　工会工作者依法取得仲裁员资格，由劳动争议仲裁委员会聘为兼职仲裁员的，所在单位应支持其参加劳动争议仲裁活动。

第二十一条　工会工作者担任兼职仲裁员，在执行仲裁公务时与专职仲裁员享有同等权利。

第二十二条　工会工作者担任兼职仲裁员，应当认真履行《劳动争议仲裁委员会组织规则》规定的仲裁员职责。

知识点

劳动争议仲裁委员会按照统筹规划、合理布局和适应实际需要的原则设立，但不按行政区划层层设立。省、自治区人民政府可以决定在市、县设立；直辖市人民政府可以决定在区、县设立。直辖市、设区的市也可设立一个或若干个劳动争议仲裁委员会。

劳动争议仲裁委员会由劳动行政部门代表、同级工会代表、用人单位方面的代表组成。劳动争议仲裁委员会主任由劳动行政部门代表担任。仲裁委员会组成人员必须是单数，仲裁委员会实行少数服从多数原则。劳动行政主管部门的劳动争议处理机构为仲裁委员会的办事机构，负责办理仲裁委员会的日常事务。

劳动争议仲裁委员会的基本职责是依法独立处理劳动争议，具体可以分为如下几项：(1) 处理本委员会管辖范围内的劳动争议案件；(2) 聘任专职和兼职仲裁员，并对仲裁员进行管理；(3) 领导和监督劳动争议仲裁委员会办事机构和仲裁庭开展工作；(4) 总结并组织交流办案经验；(5) 指导企业劳动争议调解委员会开展工作；(6) 协调与有关方面的工作关系等。①

第八十二条 提出仲裁要求的一方应当自劳动争议发生之日起六十日内向劳动争议仲裁委员会提出书面申请。仲裁裁决一般应在收到仲裁申请的六十日内作出。对仲裁裁决无异议的，当事人必须履行。

相关规定

【法律】

《中华人民共和国劳动争议调解仲裁法》（2007年12月29日公布）

第二十七条 劳动争议申请仲裁的时效期间为一年。仲裁时效期间从当事人知道或者应当知道其权利被侵害之日起计算。

前款规定的仲裁时效，因当事人一方向对方当事人主张权利，或者向有关部门请求权利救济，或者对方当事人同意履行义务而中断。从中断时起，仲裁时效期间重新计算。

---

① 唐德华、孙秀君主编：《仲裁法及配套规定新释新解》，人民法院出版社2002年版。

因不可抗力或者有其他正当理由，当事人不能在本条第一款规定的仲裁时效期间申请仲裁的，仲裁时效中止。从中止时效的原因消除之日起，仲裁时效期间继续计算。

劳动关系存续期间因拖欠劳动报酬发生争议的，劳动者申请仲裁不受本条第一款规定的仲裁时效期间的限制；但是，劳动关系终止的，应当自劳动关系终止之日起一年内提出。

第二十八条　申请人申请仲裁应当提交书面仲裁申请，并按照被申请人人数提交副本。

仲裁申请书应当载明下列事项：

（一）劳动者的姓名、性别、年龄、职业、工作单位和住所，用人单位的名称、住所和法定代表人或者主要负责人的姓名、职务；

（二）仲裁请求和所根据的事实、理由；

（三）证据和证据来源、证人姓名和住所。

书写仲裁申请确有困难的，可以口头申请，由劳动争议仲裁委员会记入笔录，并告知对方当事人。

第二十九条　劳动争议仲裁委员会收到仲裁申请之日起五日内，认为符合受理条件的，应当受理，并通知申请人；认为不符合受理条件的，应当书面通知申请人不予受理，并说明理由。对劳动争议仲裁委员会不予受理或者逾期未作出决定的，申请人可以就该劳动争议事项向人民法院提起诉讼。

第三十条　劳动争议仲裁委员会受理仲裁申请后，应当在五日内将仲裁申请书副本送达被申请人。

被申请人收到仲裁申请书副本后，应当在十日内向劳动争议仲裁委员会提交答辩书。劳动争议仲裁委员会收到答辩书后，应当在五日内将答辩书副本送达申请人。被申请人未提交答辩书的，不影响仲裁程序的进行。

第三节　开庭和裁决

第三十一条　劳动争议仲裁委员会裁决劳动争议案件实行仲裁庭制。仲裁庭由三名仲裁员组成，设首席仲裁员。简单劳动争议案件可以由一名仲裁员独任仲裁。

第三十二条　劳动争议仲裁委员会应当在受理仲裁申请之日起五日内将仲裁庭的组成情况书面通知当事人。

第三十三条　仲裁员有下列情形之一，应当回避，当事人也有权以口头或者书面方式提出回避申请：

（一）是本案当事人或者当事人、代理人的近亲属的；

（二）与本案有利害关系的；

（三）与本案当事人、代理人有其他关系，可能影响公正裁决的；

（四）私自会见当事人、代理人，或者接受当事人、代理人的请客送礼的。

劳动争议仲裁委员会对回避申请应当及时作出决定，并以口头或者书面方式通知当事人。

第三十四条 仲裁员有本法第三十三条 第四项规定情形，或者有索贿受贿、徇私舞弊、枉法裁决行为的，应当依法承担法律责任。劳动争议仲裁委员会应当将其解聘。

第三十五条 仲裁庭应当在开庭五日前，将开庭日期、地点书面通知双方当事人。当事人有正当理由的，可以在开庭三日前请求延期开庭。是否延期，由劳动争议仲裁委员会决定。

第三十六条 申请人收到书面通知，无正当理由拒不到庭或者未经仲裁庭同意中途退庭的，可以视为撤回仲裁申请。

被申请人收到书面通知，无正当理由拒不到庭或者未经仲裁庭同意中途退庭的，可以缺席裁决。

第三十七条 仲裁庭对专门性问题认为需要鉴定的，可以交由当事人约定的鉴定机构鉴定；当事人没有约定或者无法达成约定的，由仲裁庭指定的鉴定机构鉴定。

根据当事人的请求或者仲裁庭的要求，鉴定机构应当派鉴定人参加开庭。当事人经仲裁庭许可，可以向鉴定人提问。

第三十八条 当事人在仲裁过程中有权进行质证和辩论。质证和辩论终结时，首席仲裁员或者独任仲裁员应当征询当事人的最后意见。

第三十九条 当事人提供的证据经查证属实的，仲裁庭应当将其作为认定事实的根据。

劳动者无法提供由用人单位掌握管理的与仲裁请求有关的证据，仲裁庭可以要求用人单位在指定期限内提供。用人单位在指定期限内不提供的，应当承担不利后果。

第四十条 仲裁庭应当将开庭情况记入笔录。当事人和其他仲裁参加人认为对自己陈述的记录有遗漏或者差错的，有权申请补正。如果不予补正，应当记录该申请。

笔录由仲裁员、记录人员、当事人和其他仲裁参加人签名或者盖章。

第四十一条 当事人申请劳动争议仲裁后，可以自行和解。达成和解协议的，可以撤回仲裁申请。

第四十二条 仲裁庭在作出裁决前，应当先行调解。

调解达成协议的，仲裁庭应当制作调解书。

调解书应当写明仲裁请求和当事人协议的结果。调解书由仲裁员签名，加盖劳动争议仲裁委员会印章，送达双方当事人。调解书经双方当事人签收后，发生法律效力。

调解不成或者调解书送达前，一方当事人反悔的，仲裁庭应当及时作出裁决。

第四十三条 仲裁庭裁决劳动争议案件，应当自劳动争议仲裁委员会受理仲裁申请之日起四十五日内结束。案情复杂需要延期的，经劳动争议仲裁委员会主任批准，可以延期并书面通知当事人，但是延长期限不得超过十五日。逾期未作出仲裁裁决的，当事人可以就该劳动争议事项向人民法院提起诉讼。

仲裁庭裁决劳动争议案件时，其中一部分事实已经清楚，可以就该部分先行裁决。

第四十四条 仲裁庭对追索劳动报酬、工伤医疗费、经济补偿或者赔偿金的案件，根据当事人的申请，可以裁决先予执行，移送人民法院执行。

仲裁庭裁决先予执行的，应当符合下列条件：

（一）当事人之间权利义务关系明确；

（二）不先予执行将严重影响申请人的生活。

劳动者申请先予执行的，可以不提供担保。

第四十五条 裁决应当按照多数仲裁员的意见作出，少数仲裁员的不同意见应当记入笔录。仲裁庭不能形成多数意见时，裁决应当按照首席仲裁员的意见作出。

第四十六条 裁决书应当载明仲裁请求、争议事实、裁决理由、裁决结果和裁决日期。裁决书由仲裁员签名，加盖劳动争议仲裁委员会印章。对裁决持不同意见的仲裁员，可以签名，也可以不签名。

第五十条 当事人对本法第四十七条规定以外的其他劳动争议案件的仲裁裁决不服的，可以自收到仲裁裁决书之日起十五日内向人民法院提起诉讼；期满不起诉的，裁决书发生法律效力。

【司法解释】

《最高人民法院关于审理劳动争议案件适用法律问题的解释（一）》（2020年12月29日公布）

第六条 劳动争议仲裁机构以当事人申请仲裁的事项不属于劳动争议为由，作出不予受理的书面裁决、决定或者通知，当事人不服依法提起诉讼的，人民法院应当分别情况予以处理：

（一）属于劳动争议案件的，应当受理；

（二）虽不属于劳动争议案件，但属于人民法院主管的其他案件，应当依法受理。

第七条 劳动争议仲裁机构以申请仲裁的主体不适格为由，作出不予受理的书面裁决、决定或者通知，当事人不服依法提起诉讼，经审查确属主体不适格的，人民法院不予受理；已经受理的，裁定驳回起诉。

第八条 劳动争议仲裁机构为纠正原仲裁裁决错误重新作出裁决，当事人不服依法提起诉讼的，人民法院应当受理。

第九条 劳动争议仲裁机构仲裁的事项不属于人民法院受理的案件范围，当事人不服依法提起诉讼的，人民法院不予受理；已经受理的，裁定驳回起诉。

第十条 当事人不服劳动争议仲裁机构作出的预先支付劳动者劳动报酬、工伤医疗费、经济补偿或者赔偿金的裁决，依法提起诉讼的，人民法院不予受理。

用人单位不履行上述裁决中的给付义务，劳动者依法申请强制执行的，人民法院应予受理。

第十一条 劳动争议仲裁机构作出的调解书已经发生法律效力，一方当事人反悔提起诉讼的，人民法院不予受理；已经受理的，裁定驳回起诉。

第十二条 劳动争议仲裁机构逾期未作出受理决定或仲裁裁决，当事人直接提起诉讼的，人民法院应予受理，但申请仲裁的案件存在下列事由的除外：

（一）移送管辖的；

（二）正在送达或者送达延误的；

（三）等待另案诉讼结果、评残结论的；

（四）正在等待劳动争议仲裁机构开庭的；

（五）启动鉴定程序或者委托其他部门调查取证的；

（六）其他正当事由。

当事人以劳动争议仲裁机构逾期未作出仲裁裁决为由提起诉讼的，应当提交该仲裁机构出具的受理通知书或者其他已接受仲裁申请的凭证、证明。

第十六条　劳动争议仲裁机构作出仲裁裁决后，当事人对裁决中的部分事项不服，依法提起诉讼的，劳动争议仲裁裁决不发生法律效力。

第十七条　劳动争议仲裁机构对多个劳动者的劳动争议作出仲裁裁决后，部分劳动者对仲裁裁决不服，依法提起诉讼的，仲裁裁决对提起诉讼的劳动者不发生法律效力；对未提起诉讼的部分劳动者，发生法律效力，如其申请执行的，人民法院应当受理。

第十八条　仲裁裁决的类型以仲裁裁决书确定为准。仲裁裁决书未载明该裁决为终局裁决或者非终局裁决，用人单位不服该仲裁裁决向基层人民法院提起诉讼的，应当按照以下情形分别处理：

（一）经审查认为该仲裁裁决为非终局裁决的，基层人民法院应予受理；

（二）经审查认为该仲裁裁决为终局裁决的，基层人民法院不予受理，但应告知用人单位可以自收到不予受理裁定书之日起三十日内向劳动争议仲裁机构所在地的中级人民法院申请撤销该仲裁裁决；已经受理的，裁定驳回起诉。

第二十条　劳动争议仲裁机构作出的同一仲裁裁决同时包含终局裁决事项和非终局裁决事项，当事人不服该仲裁裁决向人民法院提起诉讼的，应当按照非终局裁决处理。

第三十一条　当事人不服劳动争议仲裁机构作出的仲裁裁决，依法提起诉讼，人民法院审查认为仲裁裁决遗漏了必须共同参加仲裁的当事人的，应当依法追加遗漏的人为诉讼当事人。

被追加的当事人应当承担责任的，人民法院应当一并处理。

【部门规章与规范性文件】

◎《劳动部关于〈劳动法〉若干条文的说明》（1994年9月5日公布）

本条中的“劳动争议发生之日”指当事人知道或者应当知道其权利被侵害之日。

《劳动部关于贯彻执行〈中华人民共和国劳动法〉若干问题的意见》（1995年8月4日公布）

82. 用人单位与劳动者发生劳动争议不论是否订立劳动合同，只要存在事实劳动关系，并符合劳动法的适用范围和《中华人民共和国企业劳动争议处理条例》的受案范围，劳动争议仲裁委员会均应受理。

83. 劳动合同鉴证是劳动行政部门审查、证明劳动合同的真实性、合法性的一项行政监督措施，尤其在劳动合同制度全面实施的初期有其必要性。劳动行政部门鼓励并提倡用人单位和劳动者进行劳动合同鉴证。劳动争议仲裁委员会不能以劳动合同未经鉴证为由不受理相关的劳动争议案件。

84. 国家机关、事业组织、社会团体与本单位工人以及其他与之建立劳动合同关系的劳动者之间，个体工商户与帮工、学徒之间，以及军队、武警部队的事业组织和企业与其无军籍的职工之间发生的劳动争议，只要符合劳动争议的受案范围，劳动争议仲裁委员会应予受理。

85. "劳动争议发生之日"是指当事人知道或者应当知道其权利被侵害之日。

86. 根据《中华人民共和国商业银行法》的规定，商业银行为企业法人。商业银行与其职工适用《劳动法》、《中华人民共和国企业劳动争议处理条例》等劳动法律、法规和规章。商业银行与其职工发生的争议属于劳动争议的受案范围的，劳动争议仲裁委员会应予受理。

87. 劳动法第二十五条第（三）项中的"重大损害"，应由企业内部规章来规定，不便于在全国对其作统一解释。若用人单位以此为由解除劳动合同，与劳动者发生劳动争议，当事人向劳动争议仲裁委员会申请仲裁的，由劳动争议仲裁委员会根据企业类型、规模和损害程度等情况，对企业规章中规定的"重大损害"进行认定。

88. 劳动监察是劳动法授予劳动行政部门的职责，劳动争议仲裁是劳动法授予各级劳动争议仲裁委员会的职能。用人单位或行业部门不能设立劳动监察机构和劳动争议仲裁委员会，也不能设立劳动行政部门劳动监察机构的派出机构和劳动争议仲裁委员会的派出机构。

89. 劳动争议当事人向企业劳动争议调解委员会申请调解，从当事人提出申请之日起，仲裁申诉时效中止，企业劳动争议调解委员会应当在三十日内结束调解，即中止期间最长不得超过三十日。结束调解之日起，当事人的申诉时效继续计算。调解超过三十日的，申诉时效从三十日之后的第一天继续计算。

90. 劳动争议仲裁委员会的办事机构对未予受理的仲裁申请，应逐件向仲裁委员会报告并说明情况，仲裁委员会认为应当受理的，应及时通知当事人。当事人从申请至受理的期间应视为时效中止。

《人力资源社会保障部、最高人民法院关于劳动人事争议仲裁与诉讼衔接有关问题的意见（一）》（2022年2月21日公布）

十二、劳动人事争议仲裁委员会按照《劳动人事争议仲裁办案规则》第五十条第四款规定对不涉及确认劳动关系的案件分别作出终局裁决和非终局裁决，劳动者对终局裁决向基层人民法院提起诉讼、用人单位向中级人民法院申请撤销终局裁决、劳动者或者用人单位对非终局裁决向基层人民法院提起诉讼的，有管辖权的人民法院应当依法受理。

审理申请撤销终局裁决案件的中级人民法院认为该案件必须以非终局裁决案件的审理结果为依据，另案尚未审结的，可以中止诉讼。

十三、劳动者不服终局裁决向基层人民法院提起诉讼，中级人民法院对用人单位撤销终局裁决的申请不予受理或者裁定驳回申请，用人单位主张终局裁决存在《中华人民共和国劳动争议调解仲裁法》第四十九条第一款规定情形的，基层人民法院应当一并审理。

《劳动人事争议仲裁办案规则》（2017年5月8日公布）

第一章　总　　则

第一条　为公正及时处理劳动人事争议（以下简称争议），规范仲裁办案程序，根据《中华人民共和国劳动争议调解仲裁法》（以下简称调解仲裁法）以及《中华人民共和国公务员法》（以下简称公务员法）、《事业单位人事管理条例》、《中国人民解放军文职人员条例》和有关法律、法规、国务院有关规定，制定本规则。

第二条　本规则适用下列争议的仲裁：

（一）企业、个体经济组织、民办非企业单位等组织与劳动者之间，以及机关、事业单位、社会团体与其建立劳动关系的劳动者之间，因确认劳动关系，订立、履行、变更、解除和终止劳动合同，工作时间、休息休假、社会保险、福利、培训以及劳动保护，劳动报酬、工伤医疗费、经济补偿或者赔偿金等发生的争议；

（二）实施公务员法的机关与聘任制公务员之间、参照公务员法管理的机关（单位）与聘任工作人员之间因履行聘任合同发生的争议；

（三）事业单位与其建立人事关系的工作人员之间因终止人事关系以及履行聘用合同发生的争议；

（四）社会团体与其建立人事关系的工作人员之间因终止人事关系以及履行聘用合同发生的争议；

（五）军队文职人员用人单位与聘用制文职人员之间因履行聘用合同发生的争议；

（六）法律、法规规定由劳动人事争议仲裁委员会（以下简称仲裁委员会）处理的其他争议。

第三条 仲裁委员会处理争议案件，应当遵循合法、公正的原则，先行调解，及时裁决。

第四条 仲裁委员会下设实体化的办事机构，称为劳动人事争议仲裁院（以下简称仲裁院）。

第五条 劳动者一方在十人以上并有共同请求的争议，或者因履行集体合同发生的劳动争议，仲裁委员会应当优先立案，优先审理。

第二章 一般规定

第六条 发生争议的用人单位未办理营业执照、被吊销营业执照、营业执照到期继续经营、被责令关闭、被撤销以及用人单位解散、歇业，不能承担相关责任的，应当将用人单位和其出资人、开办单位或者主管部门作为共同当事人。

第七条 劳动者与个人承包经营者发生争议，依法向仲裁委员会申请仲裁的，应当将发包的组织和个人承包经营者作为共同当事人。

第八条 劳动合同履行地为劳动者实际工作场所地，用人单位所在地为用人单位注册、登记地或者主要办事机构所在地。用人单位未经注册、登记的，其出资人、开办单位或者主管部门所在地为用人单位所在地。

双方当事人分别向劳动合同履行地和用人单位所在地的仲裁委员会申请仲裁的，由劳动合同履行地的仲裁委员会管辖。有多个劳动合同履行地的，由最先受理的仲裁委员会管辖。劳动合同履行地不明确的，由用人单位所在地的仲裁委员会管辖。

案件受理后，劳动合同履行地或者用人单位所在地发生变化的，不改变争议仲裁的管辖。

第九条 仲裁委员会发现已受理案件不属于其管辖范围的，应当移送至有管辖权的仲裁委员会，并书面通知当事人。

对上述移送案件，受移送的仲裁委员会应当依法受理。受移送的仲裁委员会认为移送的案件按照规定不属于其管辖，或者仲裁委员会之间因管辖争议协商不成的，应当报请共同的上一级仲裁委员会主管部门指定管辖。

第十条　当事人提出管辖异议的，应当在答辩期满前书面提出。仲裁委员会应当审查当事人提出的管辖异议，异议成立的，将案件移送至有管辖权的仲裁委员会并书面通知当事人；异议不成立的，应当书面决定驳回。

当事人逾期提出的，不影响仲裁程序的进行。

第三章　仲裁程序

第一节　申请和受理

第二十六条　本规则第二条第（一）、（三）、（四）、（五）项规定的争议，申请仲裁的时效期间为一年。仲裁时效期间从当事人知道或者应当知道其权利被侵害之日起计算。

本规则第二条第（二）项规定的争议，申请仲裁的时效期间适用公务员法有关规定。

劳动人事关系存续期间因拖欠劳动报酬发生争议的，劳动者申请仲裁不受本条第一款规定的仲裁时效期间的限制；但是，劳动人事关系终止的，应当自劳动人事关系终止之日起一年内提出。

第二十七条　在申请仲裁的时效期间内，有下列情形之一的，仲裁时效中断：

（一）一方当事人通过协商、申请调解等方式向对方当事人主张权利的；

（二）一方当事人通过向有关部门投诉，向仲裁委员会申请仲裁，向人民法院起诉或者申请支付令等方式请求权利救济的；

（三）对方当事人同意履行义务的。

从中断时起，仲裁时效期间重新计算。

第二十八条　因不可抗力，或者有无民事行为能力或者限制民事行为能力劳动者的法定代理人未确定等其他正当理由，当事人不能在规定的仲裁时效期间申请仲裁的，仲裁时效中止。从中止时效的原因消除之日起，仲裁时效期间继续计算。

第二十九条　申请人申请仲裁应当提交书面仲裁申请，并按照被申请人人数提交副本。

仲裁申请书应当载明下列事项：

（一）劳动者的姓名、性别、出生日期、身份证件号码、住所、通讯地址和联系电话，用人单位的名称、住所、通讯地址、联系电话和法定代表人或者主要负责人的姓名、职务；

（二）仲裁请求和所根据的事实、理由；

（三）证据和证据来源，证人姓名和住所。

书写仲裁申请确有困难的，可以口头申请，由仲裁委员会记入笔录，经申请人签名、盖章或者捺印确认。

对于仲裁申请书不规范或者材料不齐备的，仲裁委员会应当当场或者在五日内一次性告知申请人需要补正的全部材料。

仲裁委员会收取当事人提交的材料应当出具收件回执。

第三十条 仲裁委员会对符合下列条件的仲裁申请应当予以受理，并在收到仲裁申请之日起五日内向申请人出具受理通知书：

（一）属于本规则第二条规定的争议范围；

（二）有明确的仲裁请求和事实理由；

（三）申请人是与本案有直接利害关系的自然人、法人或者其他组织，有明确的被申请人；

（四）属于本仲裁委员会管辖范围。

第三十一条 对不符合本规则第三十条第（一）、（二）、（三）项规定之一的仲裁申请，仲裁委员会不予受理，并在收到仲裁申请之日起五日内向申请人出具不予受理通知书；对不符合本规则第三十条第（四）项规定的仲裁申请，仲裁委员会应当在收到仲裁申请之日起五日内，向申请人作出书面说明并告知申请人向有管辖权的仲裁委员会申请仲裁。

对仲裁委员会逾期未作出决定或者决定不予受理的，申请人可以就该争议事项向人民法院提起诉讼。

第三十二条 仲裁委员会受理案件后，发现不应当受理的，除本规则第九条规定外，应当撤销案件，并自决定撤销案件后五日内，以决定书的形式通知当事人。

第三十三条 仲裁委员会受理仲裁申请后，应当在五日内将仲裁申请书副本送达被申请人。

被申请人收到仲裁申请书副本后，应当在十日内向仲裁委员会提交答辩书。仲裁委员会收到答辩书后，应当在五日内将答辩书副本送达申请人。被申请人逾期未提交答辩书的，不影响仲裁程序的进行。

第三十四条　符合下列情形之一，申请人基于同一事实、理由和仲裁请求又申请仲裁的，仲裁委员会不予受理：

（一）仲裁委员会已经依法出具不予受理通知书的；

（二）案件已在仲裁、诉讼过程中或者调解书、裁决书、判决书已经发生法律效力的。

第三十五条　仲裁处理结果作出前，申请人可以自行撤回仲裁申请。申请人再次申请仲裁的，仲裁委员会应当受理。

第三十六条　被申请人可以在答辩期间提出反申请，仲裁委员会应当自收到被申请人反申请之日起五日内决定是否受理并通知被申请人。

决定受理的，仲裁委员会可以将反申请和申请合并处理。

反申请应当另行申请仲裁的，仲裁委员会应当书面告知被申请人另行申请仲裁；反申请不属于本规则规定应当受理的，仲裁委员会应当向被申请人出具不予受理通知书。

被申请人答辩期满后对申请人提出反申请的，应当另行申请仲裁。

第二节　开庭和裁决

第三十七条　仲裁委员会应当在受理仲裁申请之日起五日内组成仲裁庭并将仲裁庭的组成情况书面通知当事人。

第三十八条　仲裁庭应当在开庭五日前，将开庭日期、地点书面通知双方当事人。当事人有正当理由的，可以在开庭三日前请求延期开庭。是否延期，由仲裁委员会根据实际情况决定。

第三十九条　申请人收到书面开庭通知，无正当理由拒不到庭或者未经仲裁庭同意中途退庭的，可以按撤回仲裁申请处理；申请人重新申请仲裁的，仲裁委员会不予受理。被申请人收到书面开庭通知，无正当理由拒不到庭或者未经仲裁庭同意中途退庭的，仲裁庭可以继续开庭审理，并缺席裁决。

第四十条　当事人申请鉴定的，鉴定费由申请鉴定方先行垫付，案件处理终结后，由鉴定结果对其不利方负担。鉴定结果不明确的，由申请鉴定方负担。

第四十一条　开庭审理前，记录人员应当查明当事人和其他仲裁参与人是否到庭，宣布仲裁庭纪律。

开庭审理时，由仲裁员宣布开庭、案由和仲裁员、记录人员名单，核对当事人，告知当事人有关的权利义务，询问当事人是否提出回避申请。

开庭审理中，仲裁员应当听取申请人的陈述和被申请人的答辩，主持庭审调查、质证和辩论、征询当事人最后意见，并进行调解。

第四十二条 仲裁庭应当将开庭情况记入笔录。当事人或者其他仲裁参与人认为对自己陈述的记录有遗漏或者差错的，有权当庭申请补正。仲裁庭认为申请无理由或者无必要的，可以不予补正，但是应当记录该申请。

仲裁员、记录人员、当事人和其他仲裁参与人应当在庭审笔录上签名或者盖章。当事人或者其他仲裁参与人拒绝在庭审笔录上签名或者盖章的，仲裁庭应当记明情况附卷。

第四十三条 仲裁参与人和其他人应当遵守仲裁庭纪律，不得有下列行为：

（一）未经准许进行录音、录像、摄影；

（二）未经准许以移动通信等方式现场传播庭审活动；

（三）其他扰乱仲裁庭秩序、妨害审理活动进行的行为。

仲裁参与人或者其他人有前款规定的情形之一的，仲裁庭可以训诫、责令退出仲裁庭，也可以暂扣进行录音、录像、摄影、传播庭审活动的器材，并责令其删除有关内容。拒不删除的，可以采取必要手段强制删除，并将上述事实记入庭审笔录。

第四十四条 申请人在举证期限届满前可以提出增加或者变更仲裁请求；仲裁庭对申请人增加或者变更的仲裁请求审查后认为应当受理的，应当通知被申请人并给予答辩期，被申请人明确表示放弃答辩期的除外。

申请人在举证期限届满后提出增加或者变更仲裁请求的，应当另行申请仲裁。

第四十五条 仲裁庭裁决案件，应当自仲裁委员会受理仲裁申请之日起四十五日内结束。案情复杂需要延期的，经仲裁委员会主任或者其委托的仲裁院负责人书面批准，可以延期并书面通知当事人，但延长期限不得超过十五日。

第四十六条 有下列情形的，仲裁期限按照下列规定计算：

（一）仲裁庭追加当事人或者第三人的，仲裁期限从决定追加之日起重新计算；

（二）申请人需要补正材料的，仲裁委员会收到仲裁申请的时间从材料补正之日起重新计算；

（三）增加、变更仲裁请求的，仲裁期限从受理增加、变更仲裁请求之日起重新计算；

（四）仲裁申请和反申请合并处理的，仲裁期限从受理反申请之日起重新计算；

（五）案件移送管辖的，仲裁期限从接受移送之日起重新计算；

（六）中止审理期间、公告送达期间不计入仲裁期限内；

（七）法律、法规规定应当另行计算的其他情形。

第四十七条 有下列情形之一的，经仲裁委员会主任或者其委托的仲裁院负责人批准，可以中止案件审理，并书面通知当事人：

（一）劳动者一方当事人死亡，需要等待继承人表明是否参加仲裁的；

（二）劳动者一方当事人丧失民事行为能力，尚未确定法定代理人参加仲裁的；

（三）用人单位终止，尚未确定权利义务承继者的；

（四）一方当事人因不可抗拒的事由，不能参加仲裁的；

（五）案件审理需要以其他案件的审理结果为依据，且其他案件尚未审结的；

（六）案件处理需要等待工伤认定、伤残等级鉴定以及其他鉴定结论的；

（七）其他应当中止仲裁审理的情形。

中止审理的情形消除后，仲裁庭应当恢复审理。

第四十八条 当事人因仲裁庭逾期未作出仲裁裁决而向人民法院提起诉讼并立案受理的，仲裁委员会应当决定该案件终止审理；当事人未就该争议事项向人民法院提起诉讼的，仲裁委员会应当继续处理。

第四十九条 仲裁庭裁决案件时，其中一部分事实已经清楚的，可以就该部分先行裁决。当事人对先行裁决不服的，可以按照调解仲裁法有关规定处理。

第五十条 仲裁庭裁决案件时，申请人根据调解仲裁法第四十七条第（一）项规定，追索劳动报酬、工伤医疗费、经济补偿或者赔偿金，如果仲裁裁决涉及数项，对单项裁决数额不超过当地月最低工资标准十二个月金额的事项，应当适用终局裁决。

前款经济补偿包括《中华人民共和国劳动合同法》（以下简称劳动合同法）规定的竞业限制期限内给予的经济补偿、解除或者终止劳动合同的经济补偿等；赔偿金包括劳动合同法规定的未签订书面劳动合同第二倍工资、违法约定试用期的赔偿金、违法解除或者终止劳动合同的赔偿金等。

根据调解仲裁法第四十七条第（二）项的规定，因执行国家的劳动标准在工作时间、休息休假、社会保险等方面发生的争议，应当适用终局裁决。

仲裁庭裁决案件时，裁决内容同时涉及终局裁决和非终局裁决的，应当分别制作裁决书，并告知当事人相应的救济权利。

第五十一条 仲裁庭对追索劳动报酬、工伤医疗费、经济补偿或者赔偿金的案件，根据当事人的申请，可以裁决先予执行，移送人民法院执行。

仲裁庭裁决先予执行的，应当符合下列条件：

（一）当事人之间权利义务关系明确；

（二）不先予执行将严重影响申请人的生活。

劳动者申请先予执行的，可以不提供担保。

第五十二条 裁决应当按照多数仲裁员的意见作出，少数仲裁员的不同意见应当记入笔录。仲裁庭不能形成多数意见时，裁决应当按照首席仲裁员的意见作出。

第五十三条 裁决书应当载明仲裁请求、争议事实、裁决理由、裁决结果、当事人权利和裁决日期。裁决书由仲裁员签名，加盖仲裁委员会印章。对裁决持不同意见的仲裁员，可以签名，也可以不签名。

第五十四条 对裁决书中的文字、计算错误或者仲裁庭已经裁决但在裁决书中遗漏的事项，仲裁庭应当及时制作决定书予以补正并送达当事人。

第五十五条 当事人对裁决不服向人民法院提起诉讼的，按照调解仲裁法有关规定处理。

第三节 简易处理

第五十六条 争议案件符合下列情形之一的，可以简易处理：

（一）事实清楚、权利义务关系明确、争议不大的；

（二）标的额不超过本省、自治区、直辖市上年度职工年平均工资的；

（三）双方当事人同意简易处理的。

仲裁委员会决定简易处理的，可以指定一名仲裁员独任仲裁，并应当告知当事人。

第五十七条 争议案件有下列情形之一的，不得简易处理：

（一）涉及国家利益、社会公共利益的；

（二）有重大社会影响的；

（三）被申请人下落不明的；

（四）仲裁委员会认为不宜简易处理的。

第五十八条 简易处理的案件，经与被申请人协商同意，仲裁庭可以缩短或者取消答辩期。

第五十九条 简易处理的案件，仲裁庭可以用电话、短信、传真、电子邮件等简便方式送达仲裁文书，但送达调解书、裁决书除外。

以简便方式送达的开庭通知，未经当事人确认或者没有其他证据证明当事人已经收到的，仲裁庭不得按撤回仲裁申请处理或者缺席裁决。

第六十条 简易处理的案件，仲裁庭可以根据案件情况确定举证期限、开庭日期、审理程序、文书制作等事项，但应当保障当事人陈述意见的权利。

第六十一条 仲裁庭在审理过程中，发现案件不宜简易处理的，应当在仲裁期限届满前决定转为按照一般程序处理，并告知当事人。

案件转为按照一般程序处理的，仲裁期限自仲裁委员会受理仲裁申请之日起计算，双方当事人已经确认的事实，可以不再进行举证、质证。

《劳动和社会保障部办公厅关于处理工伤争议有关问题的复函》（2000年4月11日公布）

一、关于参加工伤保险的职工因领取工伤保险经办机构支付的工伤保险待遇与用人单位发生争议时，可否通知工伤保险经办机构作为第三人的问题。根据《企业职工工伤保险试行办法》（劳部发〔1996〕266号，以下简称《试行办法》）第五十六条规定："工伤职工及其亲属或者企业，对劳动行政部门作出的工伤认定和工伤保险经办机构的待遇支付决定不服的，按照行政复议和行政诉讼的有关法律、法规办理"，社会保险经办机构不在劳动争议仲裁当事人的范围内，不能作为第三人参加劳动争议仲裁。

二、关于劳动争议仲裁委员会能否裁决由工伤保险经办机构支付工伤职工各项工伤保险待遇问题。《试行办法》已对工伤保险各项保险费用的支付主体和方式作出明确规定，工伤保险经办机构因支付各项工伤保险待遇与工伤职工发生的争议不属于劳动争议仲裁委员会的受案范围，应当依法通过行政复议或者行政诉讼的方式解决。但是，工伤职工及其家属在申报工伤和处理工伤保险待遇时与用人单位发生争议的，按照劳动争议处理的有关规定办理。

《劳动部对〈关于因破产、被工商部门吊销营业执照或自行解散的企业拖欠职工工资引发的劳动争议如何确认被诉人的请示〉的复函》（1997年9月30日公布）

一、关于被吊销营业执照、解散或撤销的企业发生劳动争议，职工当事人申请仲裁，如何确认被诉人的问题。《中华人民共和国企业法人登记管理条例》第三十三条规定："企业法人被吊销《企业法人营业执照》，登记主管机关应当收缴其公章，并将注销登记情况告知其开户银行，其债权债务由主管部门或者清算组织负责清理。"最高人民法院《关于贯彻执行〈中华人民共和国民法通则〉若干问题的意见》第五十九条规定："企业法人解散或者被撤销的，应当由其主管机关组织清算小组进行清算。"最高人民法院《关于企业开办的企业被撤销或者歇业后民事责任承担问题的批复》（法复〔1994〕4号）中规定，企业开办的企业被撤销、歇业或者依照《中华人民共和国企业法人登记管理条例》第二十二条规定视同歇业后，其债务承担问题应根据以下不同情况分别处理：企业开办的企业领取了《企业法人营业执照》并在实际上具备企业法人条件的，应当以其经营管理或者所有的财产独立承担民事责任；企业开办的企业虽然领取了《企业法人营业执照》，因其实际没有投入自有资金，或投入的自有资金达不到规定数额，以及不具备企业法人其他条件的，应当认定其不具备法人资格，其民事责任由开办该企业的企业法人承担。根据上述规定精神，企业在被吊销营业执照、解散、撤销或歇业后，应当由其主管部门、或开办单位、或依法成立的清算组织作为被诉人参加仲裁活动。

二、关于破产企业发生劳动争议，职工当事人申请仲裁，如何确认被诉人的问题，应依据劳动部《对〈关于破产企业能否成为被诉人的请示〉的复函》（劳部发〔1996〕278号）的规定，由依法成立的清算组织作为被诉人参加劳动争议仲裁活动。

《劳动部办公厅关于已撤诉的劳动争议案件劳动争议仲裁委员会是否可以再受理的复函》（1997年7月8日公布）

根据《中华人民共和国民事诉讼法》第一百一十一条第五项关于"对判决、裁定已发生法律效力的案件，当事人又起诉的，告知原告按申诉处理，但人民法院准许撤诉的裁定除外"的规定，最高人民法院在《关于适用〈中华人民共和国民事诉讼法〉若干问题的意见》（法发〔1992〕22号）第一百四十四条明确规定："当事人撤诉或人民法院按撤诉处理后，当事人以同一诉讼请求再次起诉的，人民法院应予受理。”据上述规定精神，当事人撤诉或者劳动争议仲裁委员会按撤诉处理的案件，如当事人就同一仲裁请求再次申请仲裁，只要符合受理条件，劳动争议仲裁委员会应当再次立案审理，申请仲裁时效期间从撤诉之日起重新开始计算。

◎《劳动部办公厅关于实行企业化管理的事业组织与职工发生劳动争议有关问题的复函》（1996 年 8 月 13 日公布）

一、关于劳动部劳部发〔1995〕309 号文件中“实行企业化管理的事业组织”如何界定问题。根据《中华人民共和国企业法人登记管理条例》（1988 年国务院令第 1 号）第二十七条、第二十八条和财政部《关于事业单位财务管理的若干规定》（1989 年财政部令第 2 号）第五条第（五）项的规定精神，实行企业化管理的事业组织是指国家不再核拨经费，实行独立核算、自负盈亏的事业组织。

二、关于劳部发〔1995〕309 号文件中“实行企业化管理的事业组织的人员”范围及采取何种形式建立劳动关系问题。实行企业化管理的事业组织的人员包括该单位的全体职工。他们应按照《劳动法》的规定，与所在单位通过签订劳动合同建立劳动关系。

三、关于处理实行企业化管理的事业组织发生的劳动争议的依据问题。劳动争议仲裁委员会处理实行企业化管理的事业组织与其职工发生的劳动争议时，原则上应以实行企业化管理的事业组织目前所适用的法律、法规为处理依据。

◎《劳动部办公厅关于企业退休人员追索医疗费争议是否受理的复函》（1995 年 4 月 11 日公布）

职工退休后虽与原用人单位已不存在劳动关系，但其退休前在原用人单位履行的劳动义务是退休后享受医疗待遇的前提和基础条件，因此，在目前退休人员的医疗保险费仍由本单位支出的情况下，退休人员向本单位追索医疗费的争议，可视为劳动争议，劳动争议仲裁委员会应予受理。

【其他规定】

◎《工会参与劳动争议处理试行办法》（1995 年 8 月 17 日公布）

第十九条　劳动争议仲裁委员会中工会代表的职责：

（一）担任劳动争议仲裁委员会副主任和委员，参与处理本委员会管辖范围内的劳动争议案件；

（二）按时参加仲裁委员会会议，遇特殊情况不能到会的，应出具委托书，委托本组织其他人员出席会议；

（三）对仲裁裁决意见依法行使表决权；

（四）参与研究处理有重大影响的案件和仲裁庭提交的重大疑难案件，参与审查、批准案情复杂，需要延期处理的案件；

（五）对应当受理未予受理的案件，有权提请仲裁委员会依法受理；

（六）对已经发生法律效力的仲裁裁决发现确有错误、需要重新处理的，应当要求仲裁委员会主任提交仲裁委员会重新处理；

（七）对受理的集体劳动争议及本地区有影响的个人劳动争议案件，及时向本级及上级工会书面报告。

知识点

仲裁是处理劳动争议必经的法律程序，是处理劳动争议的一种主要方式。

一、仲裁管辖

仲裁委员会负责本管辖区域内发生的劳动争议。劳动争议由劳动合同履行地或者用人单位所在地的仲裁委员会管辖。如果双方当事人分别向劳动合同履行地和用人单位所在地的仲裁委员会申请仲裁的，由劳动合同履行地的仲裁委员会管辖。

二、申请和受理

1. 申请人申请劳动争议仲裁应当提交书面仲裁申请，并按照被申请人人数提交副本。书写仲裁申请确有困难的，可以口头申请，由仲裁委员会记入笔录，并告知对方当事人。

2. 仲裁委员会收到仲裁申请之日起5日内，认为符合受理条件的，应当受理，并通知申请人；认为不符合受理条件的，应当书面通知当事人不予受理，并说明理由。对仲裁委员会不予受理或逾期未作出决定的，申请人可以就该劳动争议事项向人民法院提起诉讼。

3. 仲裁委员会受理仲裁申请后，应当书面将申请书副本送达被申请人。被申请人收到申请书副本后，应当在10日内向仲裁委员会提交答辩书。仲裁委员会收到答辩书后，应当在5日内将答辩书副本送达申请人。被申请人未提交答辩书的，不影响仲裁程序的进行。

4. 劳动争议申请仲裁的时效期间为1年。仲裁时效期间从当事人知道或者应当知道权利被侵害之日起计算。劳动关系存续期间因拖欠劳动报酬发生争议的，劳动者申请仲裁不受1年仲裁时效期间的限制；但是，劳动关系终止的，应当自劳动关系终止之日起1年内提出。

根据《劳动争议调解仲裁法》第四十八条、第四十九条的规定，对终局裁决，劳动者如不服可以提起诉讼，而用人单位须有证据证明该法第四十七条规定的仲裁裁决有六种法定情形之一，可以申请撤销裁决。对于非终局裁决案件，没有特别限制，无论劳动者还是用人单位如不服均可以提起诉讼。据此，在劳动仲裁裁决中列明仲裁裁决的类型并告知当事人与之相对应的诉讼权利就显得尤其重要和必要，这不仅是贯彻一裁终局的制度性要求，更是为当事人更好行使诉权而应提供明确指引的现实需要。①

第八十三条 劳动争议当事人对仲裁裁决不服的，可以自收到仲裁裁决书之日起十五日内向人民法院提起诉讼。一方当事人在法定期限内不起诉又不履行仲裁裁决的，另一方当事人可以申请人民法院强制执行。

相关规定

【法律】

《中华人民共和国劳动争议调解仲裁法》（2007年12月29日公布）

第四十七条 下列劳动争议，除本法另有规定的外，仲裁裁决为终局裁决，裁决书自作出之日起发生法律效力：

（一）追索劳动报酬、工伤医疗费、经济补偿或者赔偿金，不超过当地月最低工资标准十二个月金额的争议；

（二）因执行国家的劳动标准在工作时间、休息休假、社会保险等方面发生的争议。

第四十八条 劳动者对本法第四十七条规定的仲裁裁决不服的，可以自收到仲裁裁决书之日起十五日内向人民法院提起诉讼。

第四十九条 用人单位有证据证明本法第四十七条规定的仲裁裁决有

① 最高人民法院民事审判第一庭编：《民事审判指导与参考（2013年第1辑）》，人民法院出版社2013年版。

下列情形之一，可以自收到仲裁裁决书之日起三十日内向劳动争议仲裁委员会所在地的中级人民法院申请撤销裁决：

（一）适用法律、法规确有错误的；

（二）劳动争议仲裁委员会无管辖权的；

（三）违反法定程序的；

（四）裁决所根据的证据是伪造的；

（五）对方当事人隐瞒了足以影响公正裁决的证据的；

（六）仲裁员在仲裁该案时有索贿受贿、徇私舞弊、枉法裁决行为的。

人民法院经组成合议庭审查核实裁决有前款规定情形之一的，应当裁定撤销。

仲裁裁决被人民法院裁定撤销的，当事人可以自收到裁定书之日起十五日内就该劳动争议事项向人民法院提起诉讼。

第五十条 当事人对本法第四十七条规定以外的其他劳动争议案件的仲裁裁决不服的，可以自收到仲裁裁决书之日起十五日内向人民法院提起诉讼；期满不起诉的，裁决书发生法律效力。

第五十一条 当事人对发生法律效力的调解书、裁决书，应当依照规定的期限履行。一方当事人逾期不履行的，另一方当事人可以依照民事诉讼法的有关规定向人民法院申请执行。受理申请的人民法院应当依法执行。

【司法解释】

◎《最高人民法院关于审理劳动争议案件适用法律问题的解释（一）》（2020年12月29日公布）

第十六条 劳动争议仲裁机构作出仲裁裁决后，当事人对裁决中的部分事项不服，依法提起诉讼的，劳动争议仲裁裁决不发生法律效力。

第十七条 劳动争议仲裁机构对多个劳动者的劳动争议作出仲裁裁决后，部分劳动者对仲裁裁决不服，依法提起诉讼的，仲裁裁决对提起诉讼的劳动者不发生法律效力；对未提起诉讼的部分劳动者，发生法律效力，如其申请执行的，人民法院应当受理。

第十八条 仲裁裁决的类型以仲裁裁决书确定为准。仲裁裁决书未载明该裁决为终局裁决或者非终局裁决，用人单位不服该仲裁裁决向基层人民法院提起诉讼的，应当按照以下情形分别处理：

（一）经审查认为该仲裁裁决为非终局裁决的，基层人民法院应予受理；

（二）经审查认为该仲裁裁决为终局裁决的，基层人民法院不予受理，但应告知用人单位可以自收到不予受理裁定书之日起三十日内向劳动争议仲裁机构所在地的中级人民法院申请撤销该仲裁裁决；已经受理的，裁定驳回起诉。

第十九条　仲裁裁决书未载明该裁决为终局裁决或者非终局裁决，劳动者依据调解仲裁法第四十七条第一项规定，追索劳动报酬、工伤医疗费、经济补偿或者赔偿金，如果仲裁裁决涉及数项，每项确定的数额均不超过当地月最低工资标准十二个月金额的，应当按照终局裁决处理。

第二十条　劳动争议仲裁机构作出的同一仲裁裁决同时包含终局裁决事项和非终局裁决事项，当事人不服该仲裁裁决向人民法院提起诉讼的，应当按照非终局裁决处理。

第二十一条　劳动者依据调解仲裁法第四十八条规定向基层人民法院提起诉讼，用人单位依据调解仲裁法第四十九条规定向劳动争议仲裁机构所在地的中级人民法院申请撤销仲裁裁决的，中级人民法院应当不予受理；已经受理的，应当裁定驳回申请。

被人民法院驳回起诉或者劳动者撤诉的，用人单位可以自收到裁定书之日起三十日内，向劳动争议仲裁机构所在地的中级人民法院申请撤销仲裁裁决。

第二十二条　用人单位依据调解仲裁法第四十九条规定向中级人民法院申请撤销仲裁裁决，中级人民法院作出的驳回申请或者撤销仲裁裁决的裁定为终审裁定。

第二十四条　当事人申请人民法院执行劳动争议仲裁机构作出的发生法律效力的裁决书、调解书，被申请人提出证据证明劳动争议仲裁裁决书、调解书有下列情形之一，并经审查核实的，人民法院可以根据民事诉讼法第二百三十七条规定，裁定不予执行：

（一）裁决的事项不属于劳动争议仲裁范围，或者劳动争议仲裁机构无权仲裁的；

（二）适用法律、法规确有错误的；

（三）违反法定程序的；

（四）裁决所根据的证据是伪造的；

（五）对方当事人隐瞒了足以影响公正裁决的证据的；

（六）仲裁员在仲裁该案时有索贿受贿、徇私舞弊、枉法裁决行为的；

（七）人民法院认定执行该劳动争议仲裁裁决违背社会公共利益的。

人民法院在不予执行的裁定书中，应当告知当事人在收到裁定书之次日起三十日内，可以就该劳动争议事项向人民法院提起诉讼。

《最高人民法院关于人民法院对经劳动争议仲裁裁决的纠纷准予撤诉或驳回起诉后劳动争议仲裁裁决从何时起生效的解释》（2000年7月19日公布）

第一条 当事人不服劳动争议仲裁裁决向人民法院起诉后又申请撤诉，经人民法院审查准予撤诉的，原仲裁裁决自人民法院裁定送达当事人之日起发生法律效力。

第二条 当事人因超过起诉期间而被人民法院裁定驳回起诉的，原仲裁裁决自起诉期间届满之次日起恢复法律效力。

第三条 因仲裁裁决确定的主体资格错误或仲裁裁决事项不属于劳动争议，被人民法院驳回起诉的，原仲裁裁决不发生法律效力。

《最高人民法院关于审理劳动争议案件诉讼当事人问题的批复》（1988年10月19日公布）

劳动争议当事人不服劳动争议仲裁委员会的仲裁决定，向人民法院起诉，争议的双方仍然是企业与职工。双方当事人在适用法律上和诉讼地位上是平等的。此类案件不是行政案件。人民法院在审理时，应以争议的双方为诉讼当事人，不应把劳动争议仲裁委员会列为被告或第三人。

【司法解释性文件】

《最高人民法院关于劳动争议仲裁委员会的复议仲裁决定书可否作为执行依据问题的批复》（1996年7月21日公布）

仲裁一裁终局制度，是指仲裁决定一经作出即发生法律效力，当事人没有提请再次裁决的权利，但这并不排除原仲裁机构发现自己作出的裁决有错误进行重新裁决的情况。劳动争议仲裁委员会发现自己作出的仲裁决定书有错误而进行重新仲裁，符合实事求是的原则，不违背一裁终局制度，不应视为违反法定程序。因此对李双凤申请执行郑州市劳动争议仲裁委员会郑劳仲复裁字（1991）第1号复议仲裁决定书一案，应予立案执行。如被执行人提出申辩称该复议仲裁决定书有其他应不予执行的情形，应按照民诉法第二百一十七条的规定，认真审查，慎重处理。

【其他规定】

《工会参与劳动争议处理试行办法》（1995年8月17日公布）

第五章　代理职工参与诉讼

第二十三条　县和县以上各级工会组织可以建立法律咨询服务机构，为保护职工和工会组织的合法权益提供服务。

第二十四条　工会法律服务机构可以接受职工当事人的委托，代理职工参与劳动争议诉讼。

工会法律服务机构接受职工当事人的代理申请后，应当指派代理人，指派的代理人应征得委托人同意。

第二十五条　工会法律服务机构代理职工参与诉讼，应当由委托人向仲裁委员会或人民法院提交由委托人签名或盖章的授权委托书。

知识点

当事人对**仲裁裁决**不服的，可以向法院起诉。向法院起诉的人可以是申诉人、被申诉人或者第三人。当事人向法院起诉必须在法定期限15日内提出。超过了这个期限，当事人没有向人民法院起诉的，裁决书即发生法律效力。在起诉期间内，因不可抗力或其他正当理由耽误期限的，在障碍消除后的10日内，可向人民法院申请顺延期限，是否准许，由人民法院审查决定。

当事人自收到裁决书之日起15日内不向法院起诉的，仲裁裁决即发生法律效力。当事人对发生法律效力的仲裁裁决，必须履行，一方当事人在法定期限内不起诉又不履行仲裁裁决的，另一方当事人可以申请人民法院强制执行。①

人民法院对于仲裁裁决应当进行司法审查。《最高人民法院关于审理劳动争议案件适用法律问题的解释（一）》第二十四条规定，当事人申请人民法院执行劳动争议仲裁机构作出的发生法律效力的裁决书、调解书，被申请人提出证据证明劳动争议仲裁裁决书、调解书有下列情形之一，并经

① 回沪明、高圣平主编：《劳动法及配套规定新释新解（下）》，人民法院出版社2004年版。

审查核实的，人民法院可以根据《民事诉讼法》的规定，裁定不予执行：(1) 裁决的事项不属于劳动争议仲裁范围，或者劳动争议仲裁机构无权仲裁的；(2) 适用法律确有错误的；(3) 仲裁员仲裁该案时，有徇私舞弊、枉法裁决行为的；(4) 人民法院认定执行该劳动争议仲裁裁决违背社会公共利益的。人民法院在不予执行的裁定书中，应当告知当事人在收到裁定书之次日起30日内，可以就该劳动争议事项向人民法院起诉。①

第八十四条 因签订集体合同发生争议，当事人协商解决不成的，当地人民政府劳动行政部门可以组织有关各方协调处理。

因履行集体合同发生争议，当事人协商解决不成的，可以向劳动争议仲裁委员会申请仲裁；对仲裁裁决不服的，可以自收到仲裁裁决书之日起十五日内向人民法院提起诉讼。

相关规定

【法律】

《中华人民共和国劳动合同法》（2012年12月28日修正）

第五十六条 用人单位违反集体合同，侵犯职工劳动权益的，工会可以依法要求用人单位承担责任；因履行集体合同发生争议，经协商解决不成的，工会可以依法申请仲裁、提起诉讼。

【部门规章与规范性文件】

《劳动人事争议仲裁办案规则》（2017年5月8日公布）

第四节 集体劳动人事争议处理

第六十二条 处理劳动者一方在十人以上并有共同请求的争议案件，或者因履行集体合同发生的劳动争议案件，适用本节规定。

符合本规则第五十六条第一款规定情形之一的集体劳动人事争议案件，可以简易处理，不受本节规定的限制。

第六十三条 发生劳动者一方在十人以上并有共同请求的争议的，劳

① 最高人民法院民事审判第一庭编：《民事审判指导与参考（2013年第1辑）》（总第53辑），人民法院出版社2013年版。

动者可以推举三至五名代表参加仲裁活动。代表人参加仲裁的行为对其所代表的当事人发生效力，但代表人变更、放弃仲裁请求或者承认对方当事人的仲裁请求，进行和解，必须经被代表的当事人同意。

因履行集体合同发生的劳动争议，经协商解决不成的，工会可以依法申请仲裁；尚未建立工会的，由上级工会指导劳动者推举产生的代表依法申请仲裁。

第六十四条　仲裁委员会应当自收到当事人集体劳动人事争议仲裁申请之日起五日内作出受理或者不予受理的决定。决定受理的，应当自受理之日起五日内将仲裁庭组成人员、答辩期限、举证期限、开庭日期和地点等事项一次性通知当事人。

第六十五条　仲裁委员会处理集体劳动人事争议案件，应当由三名仲裁员组成仲裁庭，设首席仲裁员。

仲裁委员会处理因履行集体合同发生的劳动争议，应当按照三方原则组成仲裁庭处理。

第六十六条　仲裁庭处理集体劳动人事争议，开庭前应当引导当事人自行协商，或者先行调解。

仲裁庭处理集体劳动人事争议案件，可以邀请法律工作者、律师、专家学者等第三方共同参与调解。

协商或者调解未能达成协议的，仲裁庭应当及时裁决。

第六十七条　仲裁庭开庭场所可以设在发生争议的用人单位或者其他便于及时处理争议的地点。

《集体合同规定》（2004年1月20日公布）

第四十九条　集体协商过程中发生争议，双方当事人不能协商解决的，当事人一方或双方可以书面向劳动保障行政部门提出协调处理申请；未提出申请的，劳动保障行政部门认为必要时也可以进行协调处理。

第五十条　劳动保障行政部门应当组织同级工会和企业组织等三方面的人员，共同协调处理集体协商争议。

第五十一条　集体协商争议处理实行属地管辖，具体管辖范围由省级劳动保障行政部门规定。

中央管辖的企业以及跨省、自治区、直辖市用人单位因集体协商发生的争议，由劳动保障部指定的省级劳动保障行政部门组织同级工会和企业组织等三方面的人员协调处理，必要时，劳动保障部也可以组织有关方面协调处理。

第五十二条 协调处理集体协商争议，应当自受理协调处理申请之日起 30 日内结束协调处理工作。期满未结束的，可以适当延长协调期限，但延长期限不得超过 15 日。

第五十三条 协调处理集体协商争议应当按照以下程序进行：

（一）受理协调处理申请；

（二）调查了解争议的情况；

（三）研究制定协调处理争议的方案；

（四）对争议进行协调处理；

（五）制作《协调处理协议书》。

第五十四条 《协调处理协议书》应当载明协调处理申请、争议的事实和协调结果，双方当事人就某些协商事项不能达成一致的，应将继续协商的有关事项予以载明。《协调处理协议书》由集体协商争议协调处理人员和争议双方首席代表签字盖章后生效。争议双方均应遵守生效后的《协调处理协议书》。

第五十五条 因履行集体合同发生的争议，当事人协商解决不成的，可以依法向劳动争议仲裁委员会申请仲裁。

◎《劳动和社会保障部、国家经济贸易委员会、中华全国总工会、中国企业联合会、中国企业家协会关于进一步加强劳动争议处理工作的通知》（2001 年 11 月 14 日公布）

六、及时妥善处理集体劳动争议，切实维护社会稳定

劳动争议仲裁委员会要高度重视近年来集体劳动争议案件明显上升所反映出来的新情况、新问题，加大处理工作力度。对集体劳动争议案件要优先受理，积极调解；调解不成的要及时裁决。对可能影响社会稳定的集体劳动争议案件，要在仲裁委员会集体讨论的基础上尽快形成处理意见，抓紧解决。各地劳动保障部门要积极探索建立行政调解制度，会同有关各方妥善处理因签订集体合同发生的争议。

【其他规定】

◎《工会参与劳动争议处理试行办法》（1995 年 8 月 17 日公布）

第二十六条 发生集体劳动争议，用人单位工会应当及时向上级工会报告，依法参与处理。

工会参与处理集体劳动争议，应积极反映职工的正当要求，维护职工

合法权益。

第二十七条　因集体劳动争议导致停工、怠工的，工会应当及时与有关方面协商解决，协商不成的，按集体劳动争议处理程序解决。

第二十八条　因签订和履行集体合同发生争议，用人单位工会可以就解决争议问题与用人单位平等协商。

第二十九条　因签订集体合同发生争议，当事人双方协商解决不成的，用人单位工会应当提请上级工会协同政府劳动行政部门协调处理。

《工会参加平等协商和签订集体合同试行办法》（1995 年 8 月 17 日公布）

第三十九条　工会与企业因签订集体合同发生争议，应当协商解决。协商解决不成的，提请上级工会和当地政府劳动行政部门协调处理。

第四十条　县级以上工会参加同级集体合同争议协调处理机构，及时、公正地解决争议，并监督《协调处理协议书》的执行。

第四十一条　因履行集体合同发生争议，工会代表应当与企业协商解决，协商解决不成的，可以向当地劳动争议仲裁委员会申请仲裁。对仲裁委员会的裁决不服的，可以自收到仲裁裁决书之日起 15 日内向人民法院提起诉讼。

知 识 点

集体合同争议是指集体合同的双方当事人因签订集体合同和因履行集体合同所发生的争议。

一、集体协商争议的处理

集体协商争议是指企业和工会组织或职工代表因为集体协商的开始和进行而产生的争议。根据《集体合同规定》，其处理途径主要是首先由双方当事人自行协商解决，当事人不能协商解决的，由政府劳动部门调解。

当事人在自行协商失败后，一方或双方可向劳动行政部门的劳动争议协调处理机构书面提出协调处理的申请；未提出申请的，劳动行政部门认为必要时也可视情况进行协调处理。劳动行政部门协调处理争议时，要组织同级工会代表、企业方面代表以及其他有关方面代表共同参加。

二、因履行集体合同发生争议的处理

用人单位违反集体合同，侵犯职工劳动权益的情况多种多样，只要是

集体合同有规定的，用人单位没有履行就构成了对职工劳动权益的侵犯。

在履行集体合同过程中发生的争议，首先由集体合同双方协商解决。在协商不成或者协商不能时，由当事人依据《企业劳动争议处理条例》申请劳动争议仲裁委员会仲裁，对裁决不服的，可以向人民法院提起诉讼。[①]

① 关怀、郑爱青主编：《劳动合同法及其实施条例解读》，人民法院出版社2009年版。

第十一章　监督检查

第八十五条　县级以上各级人民政府劳动行政部门依法对用人单位遵守劳动法律、法规的情况进行监督检查，对违反劳动法律、法规的行为有权制止，并责令改正。

相关规定

【法律】

《中华人民共和国就业促进法》（2015 年 4 月 24 日修正）

第五十八条　各级人民政府和有关部门应当建立促进就业的目标责任制度。县级以上人民政府按照促进就业目标责任制的要求，对所属的有关部门和下一级人民政府进行考核和监督。

第五十九条　审计机关、财政部门应当依法对就业专项资金的管理和使用情况进行监督检查。

第六十条　劳动行政部门应当对本法实施情况进行监督检查，建立举报制度，受理对违反本法行为的举报，并及时予以核实、处理。

《中华人民共和国劳动合同法》（2012 年 12 月 28 日修正）

第七十三条　国务院劳动行政部门负责全国劳动合同制度实施的监督管理。

县级以上地方人民政府劳动行政部门负责本行政区域内劳动合同制度实施的监督管理。

县级以上各级人民政府劳动行政部门在劳动合同制度实施的监督管理工作中，应当听取工会、企业方面代表以及有关行业主管部门的意见。

第七十四条　县级以上地方人民政府劳动行政部门依法对下列实施劳动合同制度的情况进行监督检查：

（一）用人单位制定直接涉及劳动者切身利益的规章制度及其执行的情况；

（二）用人单位与劳动者订立和解除劳动合同的情况；

（三）劳务派遣单位和用工单位遵守劳务派遣有关规定的情况；

（四）用人单位遵守国家关于劳动者工作时间和休息休假规定的情况；

（五）用人单位支付劳动合同约定的劳动报酬和执行最低工资标准的情况；

（六）用人单位参加各项社会保险和缴纳社会保险费的情况；

（七）法律、法规规定的其他劳动监察事项。

【行政法规与国务院规范性文件】

《中华人民共和国劳动合同法实施条例》（2008年9月18日公布）

第三十六条 对违反劳动合同法和本条例的行为的投诉、举报，县级以上地方人民政府劳动行政部门依照《劳动保障监察条例》的规定处理。

《劳动保障监察条例》（2004年11月1日公布）

第十条 劳动保障行政部门实施劳动保障监察，履行下列职责：

（一）宣传劳动保障法律、法规和规章，督促用人单位贯彻执行；

（二）检查用人单位遵守劳动保障法律、法规和规章的情况；

（三）受理对违反劳动保障法律、法规或者规章的行为的举报、投诉；

（四）依法纠正和查处违反劳动保障法律、法规或者规章的行为。

第十一条 劳动保障行政部门对下列事项实施劳动保障监察：

（一）用人单位制定内部劳动保障规章制度的情况；

（二）用人单位与劳动者订立劳动合同的情况；

（三）用人单位遵守禁止使用童工规定的情况；

（四）用人单位遵守女职工和未成年工特殊劳动保护规定的情况；

（五）用人单位遵守工作时间和休息休假规定的情况；

（六）用人单位支付劳动者工资和执行最低工资标准的情况；

（七）用人单位参加各项社会保险和缴纳社会保险费的情况；

（八）职业介绍机构、职业技能培训机构和职业技能考核鉴定机构遵守国家有关职业介绍、职业技能培训和职业技能考核鉴定的规定的情况；

（九）法律、法规规定的其他劳动保障监察事项。

第十八条 劳动保障行政部门对违反劳动保障法律、法规或者规章的行为，根据调查、检查的结果，作出以下处理：

（一）对依法应当受到行政处罚的，依法作出行政处罚决定；

（二）对应当改正未改正的，依法责令改正或者作出相应的行政处理决定；

（三）对情节轻微且已改正的，撤销立案。

发现违法案件不属于劳动保障监察事项的，应当及时移送有关部门处理；涉嫌犯罪的，应当依法移送司法机关。

第十九条 劳动保障行政部门对违反劳动保障法律、法规或者规章的行为作出行政处罚或者行政处理决定前，应当听取用人单位的陈述、申辩；作出行政处罚或者行政处理决定，应当告知用人单位依法享有申请行政复议或者提起行政诉讼的权利。

第二十条 违反劳动保障法律、法规或者规章的行为在 2 年内未被劳动保障行政部门发现，也未被举报、投诉的，劳动保障行政部门不再查处。

前款规定的期限，自违反劳动保障法律、法规或者规章的行为发生之日起计算；违反劳动保障法律、法规或者规章的行为有连续或者继续状态的，自行为终了之日起计算。

第二十一条 用人单位违反劳动保障法律、法规或者规章，对劳动者造成损害的，依法承担赔偿责任。劳动者与用人单位就赔偿发生争议的，依照国家有关劳动争议处理的规定处理。

对应当通过劳动争议处理程序解决的事项或者已经按照劳动争议处理程序申请调解、仲裁或者已经提起诉讼的事项，劳动保障行政部门应当告知投诉人依照劳动争议处理或者诉讼的程序办理。

第二十二条 劳动保障行政部门应当建立用人单位劳动保障守法诚信档案。用人单位有重大违反劳动保障法律、法规或者规章的行为的，由有关的劳动保障行政部门向社会公布。

【部门规章与规范性文件】

《劳动部关于〈劳动法〉若干条文的说明》（1994 年 9 月 5 日公布）

本条中的“依法”和“劳动法律、法规”均指现行的劳动法律、行政法规和地方法规。

对本条的理解：劳动部门依据《劳动法》行使监督检查权。依照《劳动法》、《矿山安全法》以及其他劳动法规、规章和地方性法规，对用人单位的执法情况进行检查，并处理违法行为。

《人力资源社会保障部关于实施〈劳动保障监察条例〉若干规定》
(2022年1月7日修订)

第二条 劳动保障行政部门及所属劳动保障监察机构对企业和个体工商户（以下称用人单位）遵守劳动保障法律、法规和规章（以下简称劳动保障法律）的情况进行监察，适用本规定；对职业介绍机构、职业技能培训机构和职业技能考核鉴定机构进行劳动保障监察，依照本规定执行；对国家机关、事业单位、社会团体执行劳动保障法律情况进行劳动保障监察，根据劳动保障行政部门的职责，依照本规定执行。

第三条 劳动保障监察遵循公正、公开、高效、便民的原则。

实施劳动保障行政处罚坚持以事实为依据，以法律为准绳，坚持教育与处罚相结合，接受社会监督。

第五条 县级以上劳动保障行政部门设立的劳动保障监察行政机构和劳动保障行政部门依法委托实施劳动保障监察的组织（以下统称劳动保障监察机构）具体负责劳动保障监察管理工作。

第六条 劳动保障行政部门对用人单位及其劳动场所的日常巡视检查，应当制定年度计划和中长期规划，确定重点检查范围，并按照现场检查的规定进行。

第七条 劳动保障行政部门对用人单位按照要求报送的有关遵守劳动保障法律情况的书面材料应进行审查，并对审查中发现的问题及时予以纠正和查处。

第八条 劳动保障行政部门可以针对劳动保障法律实施中存在的重点问题集中组织专项检查活动，必要时，可以联合有关部门或组织共同进行。

第九条 劳动保障行政部门应当设立举报、投诉信箱，公开举报、投诉电话，依法查处举报和投诉反映的违反劳动保障法律的行为。

第五章 案件处理

第三十一条 对用人单位存在的违反劳动保障法律的行为事实确凿并有法定处罚（处理）依据的，可以当场作出限期整改指令或依法当场作出行政处罚决定。

对用人单位存在的违反劳动保障法律的行为事实确凿并有法定处罚（处理）依据的，可以当场作出限期整改指令或依法当场作出行政处罚决定。

第三十二条 当场处以警告或罚款处罚的，应当按照下列程序进行：

（一）口头告知当事人违法行为的基本事实、拟作出的行政处罚、依据及其依法享有的权利；

（二）听取当事人的陈述和申辩；

（三）填写预定格式的处罚决定书；

（四）当场处罚决定书应当由劳动保障监察员签名或者盖章；

（五）将处罚决定书当场交付当事人，由当事人签收。

劳动保障监察员应当在两日内将当场限期整改指令和行政处罚决定书存档联交所属劳动保障行政部门存档。

第三十三条　对不能当场作出处理的违法案件，劳动保障监察员经调查取证，应当提出初步处理建议，并填写案件处理报批表。

案件处理报批表应写明被处理单位名称、案由、违反劳动保障法律行为事实、被处理单位的陈述、处理依据、建议处理意见。

第三十四条　对违反劳动保障法律的行为作出行政处罚或者行政处理决定前，应当告知用人单位，听取其陈述和申辩；法律、法规规定应当依法听证的，应当告知用人单位有权依法要求举行听证；用人单位要求听证的，劳动保障行政部门应当组织听证。

第三十五条　劳动保障行政部门对违反劳动保障法律的行为，根据调查、检查的结果，作出以下处理：

（一）对依法应当受到行政处罚的，依法作出行政处罚决定；

（二）对应当改正未改正的，依法责令改正或者作出相应的行政处理决定；

（三）对情节轻微，且已改正的，撤销立案。

经调查、检查，劳动保障行政部门认定违法事实不能成立的，也应当撤销立案。

发现违法案件不属于劳动保障监察事项的，应当及时移送有关部门处理；涉嫌犯罪的，应当依法移送司法机关。

第三十六条　劳动保障监察行政处罚（处理）决定书应载明下列事项：

（一）被处罚（处理）单位名称、法定代表人、单位地址；

（二）劳动保障行政部门认定的违法事实和主要证据；

（三）劳动保障行政处罚（处理）的种类和依据；

（四）处罚（处理）决定的履行方式和期限；

（五）不服行政处罚（处理）决定，申请行政复议或者提起行政诉讼的途径和期限；

（六）作出处罚（处理）决定的行政机关名称和作出处罚（处理）决定的日期。

劳动保障行政处罚（处理）决定书应当加盖劳动保障行政部门印章。

第三十七条 劳动保障行政部门立案调查完成，应在15个工作日内作出行政处罚（行政处理或者责令改正）或者撤销立案决定；特殊情况，经劳动保障行政部门负责人批准可以延长。

第三十八条 劳动保障监察限期整改指令书、劳动保障行政处理决定书、劳动保障行政处罚决定书应当在宣告后当场交付当事人；当事人不在场的，劳动保障行政部门应当在7日内依照《中华人民共和国民事诉讼法》的有关规定，将劳动保障监察限期整改指令书、劳动保障行政处理决定书、劳动保障行政处罚决定书送达当事人。

第三十九条 作出行政处罚、行政处理决定的劳动保障行政部门发现决定不适当的，应当予以纠正并及时告知当事人。

第四十条 劳动保障监察案件结案后应建立档案。档案资料应当至少保存3年。

第四十一条 劳动保障行政处理或处罚决定依法作出后，当事人应当在决定规定的期限内予以履行。

第四十二条 当事人对劳动保障行政处理或行政处罚决定不服申请行政复议或者提起行政诉讼的，行政处理或行政处罚决定不停止执行。法律另有规定的除外。

第四十三条 当事人确有经济困难，需要延期或者分期缴纳罚款的，经当事人申请和劳动保障行政部门批准，可以暂缓或者分期缴纳。

第四十四条 当事人对劳动保障行政部门作出的行政处罚决定、责令支付劳动者工资报酬、赔偿金或者征缴社会保险费等行政处理决定逾期不履行的，劳动保障行政部门可以申请人民法院强制执行，或者依法强制执行。

第四十五条 除依法当场收缴的罚款外，作出罚款决定的劳动保障行政部门及其劳动保障监察员不得自行收缴罚款。当事人应当自收到行政处罚决定书之日起15日内，到指定银行缴纳罚款。

第四十六条 地方各级劳动保障行政部门应当按照劳动保障部有关规定对承办的案件进行统计并填表上报。

地方各级劳动保障行政部门制作的行政处罚决定书，应当在10个工作日内报送上一级劳动保障行政部门备案。

《人力资源社会保障行政复议办法》（2010年3月16日公布）

第二十六条　行政复议机构收到行政复议申请后，应当在5日内进行审查，按照下列情况分别作出处理：

（一）对符合行政复议法实施条例第二十八条规定条件的，依法予以受理，制作《行政复议受理通知书》和《行政复议提出答复通知书》，送达申请人和被申请人；

（二）对符合本办法第七条规定的行政复议范围，但不属于本机关受理范围的，应当书面告知申请人向有关行政复议机关提出；

（三）对不符合法定受理条件的，应当作出不予受理决定，制作《行政复议不予受理决定书》，送达申请人，该决定书中应当说明不予受理的理由和依据。

对不符合前款规定的行政复议申请，行政复议机构应当将有关处理情况告知申请人。

第二十七条　人力资源社会保障行政部门的其他工作机构收到复议申请的，应当及时转送行政复议机构。

除不符合行政复议法定条件或者不属于本机关受理的行政复议申请外，行政复议申请自行政复议机构收到之日起即为受理。

第二十八条　依照行政复议法实施条例第二十九条的规定，行政复议申请材料不齐全或者表述不清楚的，行政复议机构可以向申请人发出补正通知，一次性告知申请人需要补正的事项。

补正通知应当载明下列事项：

（一）行政复议申请书中需要修改、补充的具体内容；

（二）需要补正的证明材料；

（三）合理的补正期限；

（四）逾期未补正的法律后果。

补正期限从申请人收到补正通知之日起计算。

无正当理由逾期不补正的，视为申请人放弃行政复议申请。

申请人应当在补正期限内向行政复议机构提交需要补正的材料。补正申请材料所用时间不计入行政复议审理期限。

第二十九条　申请人依法提出行政复议申请，行政复议机关无正当理由不予受理的，上一级人力资源社会保障行政部门可以根据申请人的申请或者依职权先行督促其受理；经督促仍不受理的，应当责令其限期受理，并且制作《责令受理行政复议申请通知书》；必要时，上一级人力资源社会保障行政部门也可以直接受理。

上一级人力资源社会保障行政部门经审查认为行政复议申请不符合法定受理条件的，应当告知申请人。

第三十条 劳动者与用人单位因工伤保险待遇发生争议，向劳动人事争议仲裁委员会申请仲裁期间，又对人力资源社会保障行政部门作出的工伤认定结论不服向行政复议机关申请行政复议的，如果符合法定条件，应当予以受理。

◎《劳动和社会保障部办公厅关于劳动保障监察案件撤销立案事项的通知》（2005年12月19日公布）

劳动保障行政部门劳动保障监察案件立案后经调查，对有下列情形之一的，可以撤销立案。

（一）违法事实不能成立的；

（二）违法情节轻微，且已改正的；

（三）被调查用人单位依法宣告破产、解散、关闭，没有财产进行分配，又没有相关义务承受人的；

（四）不属于立案的劳动保障行政部门管辖的；

（五）不属于劳动保障部门监察职权范围的；

（六）根据《关于实施〈劳动保障监察条例〉若干规定》第十五条应当由劳动争议处理或诉讼程序办理的；

（七）违反劳动保障法律、法规或者规章的行为发生超过2年的；

（八）其它法律法规规章规定应当撤销立案的情形。

◎《劳动和社会保障部办公厅关于转发〈最高人民法院办公厅关于对“关于请解决劳动监察决定强制执行问题的函”的答复〉的通知》（1998年7月23日公布）

一、关于《劳动监察责令改正指令书》的适用问题。在劳动和社会保障行政执法中，发现用人单位有违法行为，对违法行为轻微并能及时改正的，应口头责令其改正，对立即改正确有困难的，应下达《劳动监察限期改正指令书》，责令其限期整改，对拒不整改的，劳动和社会保障行政部门应依法给予行政处罚。对单位的违法行为，依法应给予行政处理或行政处罚的，劳动和社会保障行政部门可在责令其改正的同时，给予行政处理或行政处罚。

二、关于行政处理决定和行政处罚决定的执行问题。对用人单位违反劳动法律、法规，侵害劳动者经济权益的行为，劳动和社会保障行政部门应依照《劳动法》、《劳动监察规定》等规定作出有关用人单位履行清偿财产义务内容的行政处理决定。用人单位实施了法律、法规、规章明示规定应给予行政处罚的违法行为，劳动和社会保障行政部门应按照《劳动法》和《行政处罚法》对用人单位作出行政处罚决定。对用人单位不服行政处理决定和行政处罚决定，在法定期限内不申请行政复议或不起诉，又不履行的，劳动和社会保障行政部门可根据《行政诉讼法》和最高人民法院办公厅法办〔1998〕69号文件有关规定，申请人民法院强制执行。

三、关于申请人民法院强制执行程序问题。劳动和社会保障行政部门在申请人民法院强制执行时，必须提交申请执行书、据以申请执行的行政处理决定书或行政处罚决定书及其他材料，并按规定预交执行费，如预交执行费确有困难的，可以向执行法院提出缓交、减交或者免交的申请。

知识点

劳动行政部门监督检查是指人民政府劳动行政部门对用人单位和劳动者遵守《劳动合同法》、订立和履行劳动合同的情况进行监督检查并对违法行为予以处罚的活动。劳动行政机关的监督检查属于劳动保障监察的重要组成部分。劳动行政机关监督检查主要具有四个特征：主体的法定性、手段的行政性、内容的全面性、决定的强制性。①

劳动行政部门开展监督检查的方式主要有四种：

1. 日常巡视检查：是劳动监察机构最主要的监察方式，是保障劳动监察经常化、制度化的主要措施，是劳动行政部门对用人单位及其工作场所进行巡视检查，通过巡视检查、对用人单位规章制度和相关档案的查阅、对工作场所劳动条件的实际检查以及对劳动者代表的访谈，了解劳动合同法的实施情况。

---

① 关怀、郑爱青主编：《劳动合同法及其实施条例解读》，人民法院出版社2009年版，第161~163页。

2. 书面审查：是指劳动行政部门对用人单位按照要求报送的有关劳动合同实施情况的书面材料进行的审查，并对审查中发现的问题及时予以纠正和查处的一种检查方式。

3. 专项检查：劳动行政部门可以针对劳动合同法律实施中存在的重点问题集中组织专项检查活动，必要时，可以联合有关部门或组织共同进行。

4. 举报、投诉检查：举报检查是指劳动监察机构在劳动监察范围内处理组织和个人检举和控告的违反劳动法律法规行为而进行的专门劳动监察。为了做好举报检查工作，各级劳动行政部门应当设立举报、投诉信箱，公开举报、投诉电话，依法查处举报和投诉反映的违反劳动合同法律的行为。①

第八十六条 县级以上各级人民政府劳动行政部门监督检查人员执行公务，有权进入用人单位了解执行劳动法律、法规的情况，查阅必要的资料，并对劳动场所进行检查。

县级以上各级人民政府劳动行政部门监督检查人员执行公务，必须出示证件，秉公执法并遵守有关规定。

相关规定

【法律】

《中华人民共和国劳动合同法》（2012年12月28日修正）

第七十五条 县级以上地方人民政府劳动行政部门实施监督检查时，有权查阅与劳动合同、集体合同有关的材料，有权对劳动场所进行实地检查，用人单位和劳动者都应当如实提供有关情况和材料。

劳动行政部门的工作人员进行监督检查，应当出示证件，依法行使职权，文明执法。

① 关怀、郑爱青主编：《劳动合同法及其实施条例解读》，人民法院出版社2009年版，第166~168页。

【行政法规与国务院规范性文件】

◎《劳动保障监察条例》（2004 年 11 月 1 日公布）

第四条　县级、设区的市级人民政府劳动保障行政部门可以委托符合监察执法条件的组织实施劳动保障监察。

劳动保障行政部门和受委托实施劳动保障监察的组织中的劳动保障监察员应当经过相应的考核或者考试录用。

……

第十二条　劳动保障监察员依法履行劳动保障监察职责，受法律保护。

劳动保障监察员应当忠于职守，秉公执法，勤政廉洁，保守秘密。

任何组织或者个人对劳动保障监察员的违法违纪行为，有权向劳动保障行政部门或者有关机关检举、控告。

第十四条　劳动保障监察以日常巡视检查、审查用人单位按照要求报送的书面材料以及接受举报投诉等形式进行。

劳动保障行政部门认为用人单位有违反劳动保障法律、法规或者规章的行为，需要进行调查处理的，应当及时立案。

劳动保障行政部门或者受委托实施劳动保障监察的组织应当设立举报、投诉信箱和电话。

对因违反劳动保障法律、法规或者规章的行为引起的群体性事件，劳动保障行政部门应当根据应急预案，迅速会同有关部门处理。

第十五条　劳动保障行政部门实施劳动保障监察，有权采取下列调查、检查措施：

（一）进入用人单位的劳动场所进行检查；

（二）就调查、检查事项询问有关人员；

（三）要求用人单位提供与调查、检查事项相关的文件资料，并作出解释和说明，必要时可以发出调查询问书；

（四）采取记录、录音、录像、照相或者复制等方式收集有关情况和资料；

（五）委托会计师事务所对用人单位工资支付、缴纳社会保险费的情况进行审计；

（六）法律、法规规定可以由劳动保障行政部门采取的其他调查、检查措施。

劳动保障行政部门对事实清楚、证据确凿、可以当场处理的违反劳动保障法律、法规或者规章的行为有权当场予以纠正。

第十六条 劳动保障监察员进行调查、检查，不得少于2人，并应当佩戴劳动保障监察标志、出示劳动保障监察证件。

劳动保障监察员办理的劳动保障监察事项与本人或者其近亲属有直接利害关系的，应当回避。

第十七条 劳动保障行政部门对违反劳动保障法律、法规或者规章的行为的调查，应当自立案之日起60个工作日内完成；对情况复杂的，经劳动保障行政部门负责人批准，可以延长30个工作日。

第十八条 劳动保障行政部门对违反劳动保障法律、法规或者规章的行为，根据调查、检查的结果，作出以下处理：

（一）对依法应当受到行政处罚的，依法作出行政处罚决定；

（二）对应当改正未改正的，依法责令改正或者作出相应的行政处理决定；

（三）对情节轻微且已改正的，撤销立案。

发现违法案件不属于劳动保障监察事项的，应当及时移送有关部门处理；涉嫌犯罪的，应当依法移送司法机关。

第十九条 劳动保障行政部门对违反劳动保障法律、法规或者规章的行为作出行政处罚或者行政处理决定前，应当听取用人单位的陈述、申辩；作出行政处罚或者行政处理决定，应当告知用人单位依法享有申请行政复议或者提起行政诉讼的权利。

【部门规章与规范性文件】

《人力资源社会保障部关于实施〈劳动保障监察条例〉若干规定》（2022年1月7日修订）

第四章 调查与检查

第二十条 劳动保障监察员进行调查、检查不得少于两人。

劳动保障监察机构应指定其中1名为主办劳动保障监察员。

第二十一条 劳动保障监察员对用人单位遵守劳动保障法律情况进行监察时，应当遵循以下规定：

（一）进入用人单位时，应佩戴劳动保障监察执法标志，出示劳动保障监察证件，并说明身份；

（二）就调查事项制作笔录，应由劳动保障监察员和被调查人（或其委托代理人）签名或盖章。被调查人拒不签名、盖章的，应注明拒签情况。

第二十二条　劳动保障监察员进行调查、检查时，承担下列义务：

（一）依法履行职责，秉公执法；

（二）保守在履行职责过程中获知的商业秘密；

（三）为举报人保密。

第二十三条　劳动保障监察员在实施劳动保障监察时，有下列情形之一的，应当回避：

（一）本人是用人单位法定代表人或主要负责人的近亲属的；

（二）本人或其近亲属与承办查处的案件事项有直接利害关系的；

（三）因其他原因可能影响案件公正处理的。

第二十四条　当事人认为劳动保障监察员符合本规定第二十三条规定应当回避的，有权向劳动保障行政部门申请，要求其回避。当事人申请劳动保障监察员回避，应当采用书面形式。

第二十五条　劳动保障行政部门应当在收到回避申请之日起 3 个工作日内依法审查，并由劳动保障行政部门负责人作出回避决定。决定作出前，不停止实施劳动保障监察。回避决定应当告知申请人。

第二十六条　劳动保障行政部门实施劳动保障监察，有权采取下列措施：

（一）进入用人单位的劳动场所进行检查；

（二）就调查、检查事项询问有关人员；

（三）要求用人单位提供与调查、检查事项相关的文件资料，必要时可以发出调查询问书；

（四）采取记录、录音、录像、照像和复制等方式收集有关的情况和资料；

（五）对事实确凿、可以当场处理的违反劳动保障法律、法规或规章的行为当场予以纠正；

（六）可以委托注册会计师事务所对用人单位工资支付、缴纳社会保险费的情况进行审计；

（七）法律、法规规定可以由劳动保障行政部门采取的其他调查、检查措施。

第二十七条　劳动保障行政部门调查、检查时，有下列情形之一的可以采取证据登记保存措施：

（一）当事人可能对证据采取伪造、变造、毁灭行为的；

（二）当事人采取措施不当可能导致证据灭失的；

（三）不采取证据登记保存措施以后难以取得的；

（四）其他可能导致证据灭失的情形的。

第二十八条 采取证据登记保存措施应当按照下列程序进行：

（一）劳动保障监察机构根据本规定第二十七条的规定，提出证据登记保存申请，报劳动保障行政部门负责人批准；

（二）劳动保障监察员将证据登记保存通知书及证据登记清单交付当事人，由当事人签收。当事人拒不签名或者盖章的，由劳动保障监察员注明情况；

（三）采取证据登记保存措施后，劳动保障行政部门应当在7日内及时作出处理决定，期限届满后应当解除证据登记保存措施。

在证据登记保存期内，当事人或者有关人员不得销毁或者转移证据；劳动保障监察机构及劳动保障监察员可以随时调取证据。

第二十九条 劳动保障行政部门在实施劳动保障监察中涉及异地调查取证的，可以委托当地劳动保障行政部门协助调查。受委托方的协助调查应在双方商定的时间内完成。

第三十条 劳动保障行政部门对违反劳动保障法律的行为的调查，应当自立案之日起60个工作日内完成；情况复杂的，经劳动保障行政部门负责人批准，可以延长30个工作日。

知识点

为了规范劳动行政部门实施监督检查的行为，明确劳动行政部门可以采取的调查、检查措施以及方式，《劳动合同法》第七十五条对劳动行政部门监督检查职权和执法行为规范作了规定。

一、监督检查职权

《劳动合同法》第七十五条第一款对劳动行政部门监督检查的职权作了规定。共有两项职权：

1. 查阅与劳动合同、集体合同有关的材料

劳动行政部门实施监督检查，是针对实施劳动合同制度的情况，即企业、个体经济组织、民办非企业单位以及其他用人单位执行劳动合同法的情况。县级以上地方人民政府劳动行政部门实施监督检查时，有权查阅与

劳动合同、集体合同有关的材料，用人单位和劳动者都应当予以配合，如实提供有关情况和材料。

2. 对劳动场所进行实地检查

工作内容、工作地点、劳动保护以及劳动条件等事项，直接关系到劳动者的生命安全和人身健康，法律、行政法规作了一系列强制性规定，《劳动合同法》也将这些事项明确规定为劳动合同的必备条款。县级以上地方人民政府劳动行政部门实施监督检查时，有权对劳动场所进行实地检查，用人单位和劳动者都应当予以配合，如实提供有关情况和材料。

二、监督检查的行为规范

根据2004年11月1日国务院发布的《劳动保障监察条例》规定，劳动保障监察员应当忠于职守，秉公执法，勤政廉洁，保守秘密；任何组织或者个人对劳动保障监察员的违法违纪行为，有权向劳动保障行政部门或者有关机关检举、控告。劳动保障监察员进行调查、检查，不得少于2人，并应当佩戴劳动保障监察标志、出示劳动保障监察证件；劳动保障监察员办理的劳动保障监察事项与本人或者其近亲属有直接利害关系的，应当回避等。①

第八十七条　县级以上各级人民政府有关部门在各自职责范围内，对用人单位遵守劳动法律、法规的情况进行监督。

相关规定

【法律】

《中华人民共和国劳动合同法》（2012年12月28日修正）

第七十六条　县级以上人民政府建设、卫生、安全生产监督管理等有关主管部门在各自职责范围内，对用人单位执行劳动合同制度的情况进行监督管理。

---

① 吴高盛主编：《〈中华人民共和国劳动合同法〉条文释义与适用》，人民法院出版社2007年版，第143~145页。

知识点

劳动行政部门监督管理的内容十分广泛，如宣传劳动合同法律、法规和规章，督促用人单位贯彻执行；检查用人单位遵守劳动合同法律、法规和规章的情况；受理对违反劳动合同法律、法规或者规章的行为的举报、投诉；依法纠正和查处违反劳动合同法律、法规或者规章的行为等。国务院劳动行政部门作为国家最高行政机关的职能部门，还应当依照法律、行政法规的规定，制定劳动合同、集体合同制度的实施规范，指导地方劳动行政部门依法履行监督管理职责等。①

劳动行政部门还负责对企业贯彻执行劳动力管理、职工工资、社会保险、职工福利、职业培训等法规和政策的情况进行监督检查；劳动部门监督检查人员凭证件，有权进入所在地区的企业等单位进行检查，调阅有关资料，向有关人员了解情况；劳动部门发现企业等单位有违反劳动法规的行为，可以发出整改通知书，限期改正，或依照法规规定对有关单位及责任人员给予行政处罚。②

第八十八条　各级工会依法维护劳动者的合法权益，对用人单位遵守劳动法律、法规的情况进行监督。

任何组织和个人对于违反劳动法律、法规的行为有权检举和控告。

相关规定

【法律】

《中华人民共和国工会法》（2021年12月24日修正）

第六条第三款　工会依照法律规定通过职工代表大会或者其他形式，组织职工参与本单位的民主选举、民主协商、民主决策、民主管理和民主

---

① 吴高盛主编：《〈中华人民共和国劳动合同法〉条文释义与适用》，人民法院出版社2007年版，第140~142页。

② 回沪明、梁书文主编：《劳动法及配套规定新释新解（下）》，人民法院出版社2004年版。

监督。

第二十四条 工会依照国家规定对新建、扩建企业和技术改造工程中的劳动条件和安全卫生设施与主体工程同时设计、同时施工、同时投产使用进行监督。对工会提出的意见，企业或者主管部门应当认真处理，并将处理结果书面通知工会。

第二十五条 工会发现企业违章指挥、强令工人冒险作业，或者生产过程中发现明显重大事故隐患和职业危害，有权提出解决的建议，企业应当及时研究答复；发现危及职工生命安全的情况时，工会有权向企业建议组织职工撤离危险现场，企业必须及时作出处理决定。

第三十七条 集体企业的工会委员会，应当支持和组织职工参加民主管理和民主监督，维护职工选举和罢免管理人员、决定经营管理的重大问题的权力。

《中华人民共和国劳动合同法》（2012年12月28日修正）

第七十七条 劳动者合法权益受到侵害的，有权要求有关部门依法处理，或者依法申请仲裁、提起诉讼。

第七十八条 工会依法维护劳动者的合法权益，对用人单位履行劳动合同、集体合同的情况进行监督。用人单位违反劳动法律、法规和劳动合同、集体合同的，工会有权提出意见或者要求纠正；劳动者申请仲裁、提起诉讼的，工会依法给予支持和帮助。

第七十九条 任何组织或者个人对违反本法的行为都有权举报，县级以上人民政府劳动行政部门应当及时核实、处理，并对举报有功人员给予奖励。

【行政法规与国务院规范性文件】

《劳动保障监察条例》（2004年11月1日公布）

第七条 各级工会依法维护劳动者的合法权益，对用人单位遵守劳动保障法律、法规和规章的情况进行监督。

劳动保障行政部门在劳动保障监察工作中应当注意听取工会组织的意见和建议。

第九条 任何组织或者个人对违反劳动保障法律、法规或者规章的行为，有权向劳动保障行政部门举报。

劳动者认为用人单位侵犯其劳动保障合法权益的，有权向劳动保障行政部门投诉。

劳动保障行政部门应当为举报人保密；对举报属实，为查处重大违反劳动保障法律、法规或者规章的行为提供主要线索和证据的举报人，给予奖励。

【部门规章与规范性文件】

《人力资源社会保障部关于实施〈劳动保障监察条例〉若干规定》（2022 年 1 月 7 日修订）

第九条 劳动保障行政部门应当设立举报、投诉信箱，公开举报、投诉电话，依法查处举报和投诉反映的违反劳动保障法律的行为。

第三章 受理与立案

第十条 任何组织或个人对违反劳动保障法律的行为，有权向劳动保障行政部门举报。

第十一条 劳动保障行政部门对举报人反映的违反劳动保障法律的行为应当依法予以查处，并为举报人保密；对举报属实，为查处重大违反劳动保障法律的行为提供主要线索和证据的举报人，给予奖励。

第十二条 劳动者对用人单位违反劳动保障法律、侵犯其合法权益的行为，有权向劳动保障行政部门投诉。对因同一事由引起的集体投诉，投诉人可推荐代表投诉。

第十三条 投诉应当由投诉人向劳动保障行政部门递交投诉文书。书写投诉文书确有困难的，可以口头投诉，由劳动保障监察机构进行笔录，并由投诉人签字。

第十四条 投诉文书应当载明下列事项：

（一）投诉人的姓名、性别、年龄、职业、工作单位、住所和联系方式，被投诉用人单位的名称、住所、法定代表人或者主要负责人的姓名、职务；

（二）劳动保障合法权益受到侵害的事实和投诉请求事项。

第十五条 有下列情形之一的投诉，劳动保障行政部门应当告知投诉人依照劳动争议处理或者诉讼程序办理：

（一）应当通过劳动争议处理程序解决的；

（二）已经按照劳动争议处理程序申请调解、仲裁的；

（三）已经提起劳动争议诉讼的。

第十六条 下列因用人单位违反劳动保障法律行为对劳动者造成损害，劳动者与用人单位就赔偿发生争议的，依照国家有关劳动争议处理的规定处理：

（一）因用人单位制定的劳动规章制度违反法律、法规规定，对劳动者造成损害的；

（二）因用人单位违反对女职工和未成年工的保护规定，对女职工和未成年工造成损害的；

（三）因用人单位原因订立无效合同，对劳动者造成损害的；

（四）因用人单位违法解除劳动合同或者故意拖延不订立劳动合同，对劳动者造成损害的；

（五）法律、法规和规章规定的其他因用人单位违反劳动保障法律的行为，对劳动者造成损害的。

第十七条　劳动者或者用人单位与社会保险经办机构发生的社会保险行政争议，按照《社会保险行政争议处理办法》处理。

第十八条　对符合下列条件的投诉，劳动保障行政部门应当在接到投诉之日起 5 个工作日内依法受理，并于受理之日立案查处：

（一）违反劳动保障法律的行为发生在两年内的；

（二）有明确的被投诉用人单位，且投诉人的合法权益受到侵害是被投诉用人单位违反劳动保障法律的行为所造成的；

（三）属于劳动保障监察职权范围并由受理投诉的劳动保障行政部门管辖。

对不符合第一款第（一）项规定的投诉，劳动保障行政部门应当在接到投诉之日起 5 个工作日内决定不予受理，并书面通知投诉人。

对不符合第一款第（二）项规定的投诉，劳动保障监察机构应当告知投诉人补正投诉材料。

对不符合第一款第（三）项规定的投诉，即对不属于劳动保障监察职权范围的投诉，劳动保障监察机构应当告诉投诉人；对属于劳动保障监察职权范围但不属于受理投诉的劳动保障行政部门管辖的投诉，应当告知投诉人向有关劳动保障行政部门提出。

第十九条　劳动保障行政部门通过日常巡视检查、书面审查、举报等发现用人单位有违反劳动保障法律的行为，需要进行调查处理的，应当及时立案查处。

立案应当填写立案审批表，报劳动保障监察机构负责人审查批准。劳动保障监察机构负责人批准之日即为立案之日。

【其他规定】

《工会劳动法律监督办法》（2021年3月31日公布）

第二条 工会劳动法律监督，是工会依法对劳动法律法规执行情况进行的有组织的群众监督，是我国劳动法律监督体系的重要组成部分。

第二章 监督职责

第八条 工会开展劳动法律监督，依法享有下列权利：

（一）监督用人单位遵守劳动法律法规的情况；

（二）参与调查处理；

（三）提出意见要求依法改正；

（四）提请政府有关主管部门依法处理；

（五）支持和帮助职工依法行使劳动法律监督权利；

（六）法律法规规定的其他劳动法律监督权利。

第九条 工会对用人单位的下列情况实施监督：

（一）执行国家有关就业规定的情况；

（二）执行国家有关订立、履行、变更、解除劳动合同规定的情况；

（三）开展集体协商，签订和履行集体合同的情况；

（四）执行国家有关工作时间、休息、休假规定的情况；

（五）执行国家有关工资报酬规定的情况；

（六）执行国家有关各项劳动安全卫生及伤亡事故和职业病处理规定的情况；

（七）执行国家有关女职工和未成年工特殊保护规定的情况；

（八）执行国家有关职业培训和职业技能考核规定的情况；

（九）执行国家有关职工保险、福利待遇规定的情况；

（十）制定内部劳动规章制度的情况；

（十一）法律法规规定的其他劳动法律监督事项。

第十条 工会重点监督用人单位恶意欠薪、违法超时加班、违法裁员、未缴纳或未足额缴纳社会保险费、侮辱体罚、强迫劳动、就业歧视、使用童工、损害职工健康等问题。对发现的有关问题线索，应当调查核实，督促整改，并及时向上级工会报告；对职工申请仲裁、提起诉讼的，工会应当依法给予支持和帮助。

第十一条 工会应当加强法治宣传，引导用人单位依法用工，教育职工依法理性表达合理诉求。

第十二条　工会建立隐患排查、风险研判和预警发布等制度机制，加强劳动关系矛盾预防预警、信息报送和多方沟通协商，把劳动关系矛盾风险隐患化解在基层、消除在萌芽状态。

第十三条　县级以上工会经同级人大、政协同意，可以参加其组织的劳动法律法规执法检查、视察。

第三章　监督组织

第十四条　县级以上总工会设立工会劳动法律监督委员会，在同级工会领导下开展工会劳动法律监督工作。工会劳动法律监督委员会的日常工作由工会有关部门负责。

基层工会或职工代表大会设立劳动法律监督委员会或监督小组。工会劳动法律监督委员会受同级工会委员会领导。职工代表大会设立的劳动法律监督委员会对职工代表大会负责。

工会劳动法律监督委员会任期与本级工会任期相同。

第十五条　县级以上工会劳动法律监督委员会委员由相关业务部门的人员组成，也可以聘请社会有关人士参加。

基层工会劳动法律监督委员会委员或监督小组成员从工会工作者和职工群众中推选产生。

第十六条　工会劳动法律监督委员会可以聘任若干劳动法律监督员。工会劳动法律监督委员会成员同时为本级工会劳动法律监督员。

第十七条　工会劳动法律监督员应当具备以下条件：

（一）具有较高的政治觉悟，热爱工会工作；

（二）熟悉劳动法律法规，具备履职能力；

（三）公道正派，热心为职工群众说话办事；

（四）奉公守法，清正廉洁。

第十八条　工会劳动法律监督员实行先培训合格、后持证上岗制度。工会劳动法律监督员由县级以上总工会负责培训，对考核合格的，颁发《工会劳动法律监督员证书》。证书样式由中华全国总工会统一制定。

第十九条　各级工会应当建立有关制度和信息档案，对工会劳动法律监督员进行实名制管理，具体工作由工会有关部门负责。

第二十条　工会可以聘请人大代表、政协委员、专家学者、社会人士等作为本级工会劳动法律监督委员会顾问，也可以通过聘请律师、购买服务等方式为工会劳动法律监督委员会提供法律服务。

第四章 监督实施

第二十一条 基层工会对本单位遵守劳动法律法规的情况实行监督，对劳动过程中发生的违反劳动法律法规的问题，应当及时向生产管理人员提出改进意见；对于严重损害劳动者合法权益的行为，基层工会在向单位行政提出意见的同时，可以向上级工会和当地政府有关主管部门报告，提出查处建议。

第二十二条 职工代表大会设立的劳动法律监督委员会，对本单位执行劳动法律法规的情况进行监督检查，定期向职工代表大会报告工作，针对存在的问题提出意见或议案，经职工代表大会作出决议，督促行政方面执行。

第二十三条 工会建立健全劳动法律监督投诉制度，对实名投诉人个人信息应当予以保密。

第二十四条 上级工会收到对用人单位违反劳动法律法规行为投诉的，应当及时转交所在用人单位工会受理，所在用人单位工会应当开展调查，于三十个工作日内将结果反馈职工与上级工会。对不属于监督范围或者已经由行政机关、仲裁机构、人民法院受理的投诉事项，所在用人单位工会应当告知实名投诉人。

用人单位工会开展劳动法律监督工作有困难的，上级工会应当及时给予指导帮助。

第二十五条 工会在处理投诉或者日常监督工作中发现用人单位存在违反劳动法律法规、侵害职工合法权益行为的，可以进行现场调查，向有关人员了解情况，查阅、复制有关资料，核查事实。

第二十六条 工会劳动法律监督员对用人单位进行调查时，应当不少于2人，必要时上级工会可以派员参与调查。

工会劳动法律监督员执行任务时，应当将调查情况在现场如实记录，经用人单位核阅后，由调查人员和用人单位的有关人员共同签名或盖章。用人单位拒绝签名或盖章的，应当在记录上注明。

工会劳动法律监督员调查中应当尊重和保护个人信息，保守用人单位商业秘密。

第二十七条 工会主动监督中发现违反劳动法律法规、侵害职工合法权益行为的，应当及时代表职工与用人单位协商，要求整改。对于职工的投诉事项，经调查认为用人单位不存在违反劳动法律法规、侵害职工合法权益行为的，应当向职工说明；认为用人单位存在违反劳动法律法规、侵害职工合法权益行为的，应当代表职工协商解决。

第二十八条　工会对用人单位违反劳动法律法规、侵害职工合法权益的行为，经协商沟通解决不成或要求整改无效的，向上一级工会报告，由本级或者上一级工会根据实际情况向用人单位发出工会劳动法律监督书面意见。

用人单位收到工会劳动法律监督书面意见后，未在规定期限内答复，或者无正当理由拒不改正的，基层工会可以提请地方工会向同级人民政府有关主管部门发出书面建议，并移交相关材料。

知识点

工会是监督劳动法执行的重要组织。工会代表职工的监督属于社会监督、群众监督。**工会的民主监督**是国家监督体系的一个重要组成部分，其监督的范围和内容很广。工会是职工群众的组织，维护职工的合法权益是工会的基本任务之一。企业、事业单位违反劳动法律、法规，侵犯了职工合法权益时，工会作为职工的群众组织，有权要求企业、事业单位行政方面或者有关部门认真处理。工会对违反劳动法律、法规的行为，要了解情况，调查研究，弄清事实，及时提出意见，要求企业、事业单位行政方面或者有关部门认真纠正处理，不得敷衍了事。同时，还要将处理结果反馈给工会，使工会掌握情况。①

对违法行为进行举报，是**群众监督**、社会监督的一种重要形式。按照原劳动和社会保障部2004年12月31日发布的《关于实施〈劳动保障监察条例〉若干规定》的规定，劳动保障行政部门应当设立举报信箱，公开举报电话；对通过举报发现用人单位有违反劳动保障法律的行为，需要进行调查处理的，应当及时立案查处……经调查，认定违法事实不能成立的，应当撤销立案；违法事实成立的，应在15个工作日内作出行政处罚（行政处理或者责令改正）决定；对举报属实，为查处重大违反劳动保障法律的行为提供主要线索和证据的举报人，给予奖励。②

---

① 参见《中华人民共和国工会法释义》第三章工会的权利和义务，载中国人大网，http：//www. npc. gov. cn/，最后访问时间：2020年4月8日。

② 吴高盛主编：《〈中华人民共和国劳动合同法〉条文释义与适用》，人民法院出版社2007年版，第149~150页。

第十二章　法律责任

> **第八十九条**　用人单位制定的劳动规章制度违反法律、法规规定的，由劳动行政部门给予警告，责令改正；对劳动者造成损害的，应当承担赔偿责任。

相关规定

【法律】

《中华人民共和国就业促进法》（2015年4月24日修正）

第六十一条　违反本法规定，劳动行政等有关部门及其工作人员滥用职权、玩忽职守、徇私舞弊的，对直接负责的主管人员和其他直接责任人员依法给予处分。

第六十二条　违反本法规定，实施就业歧视的，劳动者可以向人民法院提起诉讼。

第六十七条　违反本法规定，企业未按照国家规定提取职工教育经费，或者挪用职工教育经费的，由劳动行政部门责令改正，并依法给予处罚。

第六十八条　违反本法规定，侵害劳动者合法权益，造成财产损失或者其他损害的，依法承担民事责任；构成犯罪的，依法追究刑事责任。

《中华人民共和国劳动合同法》（2012年12月28日修正）

第八十条　用人单位直接涉及劳动者切身利益的规章制度违反法律、法规规定的，由劳动行政部门责令改正，给予警告；给劳动者造成损害的，应当承担赔偿责任。

第八十一条　用人单位提供的劳动合同文本未载明本法规定的劳动合同必备条款或者用人单位未将劳动合同文本交付劳动者的，由劳动行政部门责令改正；给劳动者造成损害的，应当承担赔偿责任。

【部门规章与规范性文件】

《劳动部关于〈劳动法〉若干条文的说明》（1994年9月5日公布）

本条中的“法律、法规”主要是指劳动法律、行政法规、地方法规和国家技术标准等。

知识点

一、违法的劳动规章制度由劳动行政部门责令改正

劳动规章制度是用人单位根据本单位的生产经营情况，依法制定的确保本单位正常生产经营秩序的行为准则。劳动规章制度的范围很广，包括劳动报酬、工作时间、休息休假、劳动安全卫生、保险福利、职工培训、劳动纪律、劳动定额等。《劳动法》和《劳动合同法》的总则中明确规定，用人单位应当依法建立和完善劳动规章制度，保障劳动者享有劳动权利、履行劳动义务。用人单位制定劳动规章制度，必须依法进行，而不得违法。

二、由劳动行政部门对用人单位给予处罚

用人单位制定的劳动规章制度违反法律、法规的，不但无效，还必须予以处罚。根据《劳动合同法》第八十条的规定，对于制定违法劳动规章制度的用人单位，“由劳动行政部门责令改正，给予警告”。

三、用人单位应当对劳动者造成的损害承担赔偿责任

用人单位制定的劳动规章制度违反法律、法规，在实施过程中，对劳动者造成损害的，用人单位还必须承担赔偿责任。“赔偿责任”是一种民事责任，以损害填补为原则，即损害多少赔偿多少。

用人单位对劳动者承担赔偿责任，前提条件是用人单位制定的违法的劳动规章制度已经对劳动者造成了损害。这里的“损害”，是指实际已经产生的损害。用人单位承担赔偿责任的范围，应当包括受害的劳动者所受的全部实际损失。①

---

① 吴高盛主编：《〈中华人民共和国劳动合同法〉条文释义与适用》，人民法院出版社2007年版，第151~153页。

第九十条 用人单位违反本法规定，延长劳动者工作时间的，由劳动行政部门给予警告，责令改正，并可以处以罚款。

相关规定

【法律】

《中华人民共和国劳动合同法》（2012年12月28日修正）

第三十一条 用人单位应当严格执行劳动定额标准，不得强迫或者变相强迫劳动者加班。用人单位安排加班的，应当按照国家有关规定向劳动者支付加班费。

【行政法规与国务院规范性文件】

《劳动保障监察条例》

第二十五条 用人单位违反劳动保障法律、法规或者规章延长劳动者工作时间的，由劳动保障行政部门给予警告，责令限期改正，并可以按照受侵害的劳动者每人100元以上500元以下的标准计算，处以罚款。

知识点

用人单位违法安排劳动者加班的，承担相应的法律责任。法律责任分为行政责任和民事责任。《劳动保障监察条例》第二十五条规定了用人单位违法延长工作时间的行政责任，即劳动保障行政部门可以按照受侵害的劳动者每人100元以上500元以下的标准，对用人单位处以罚款。《劳动合同法》第八十五条规定了用人单位安排加班不支付加班费的行政责任和民事责任，即由劳动行政部门责令用人单位限期支付加班费，逾期不支付的，责令用人单位按应付金额50%以上100%以下的标准向劳动者加付赔偿金。①

---

① 最高人民法院民事审判第一庭编：《民事审判指导与参考（2011年第2辑）》（总第46辑），人民法院出版社2011年版。

第九十一条　用人单位有下列侵害劳动者合法权益情形之一的，由劳动行政部门责令支付劳动者的工资报酬、经济补偿，并可以责令支付赔偿金：

（一）克扣或者无故拖欠劳动者工资的；

（二）拒不支付劳动者延长工作时间工资报酬的；

（三）低于当地最低工资标准支付劳动者工资的；

（四）解除劳动合同后，未依照本法规定给予劳动者经济补偿的。

相关规定

【法律】

《中华人民共和国劳动合同法》（2012年12月28日修正）

第三十条　用人单位应当按照劳动合同约定和国家规定，向劳动者及时足额支付劳动报酬。

用人单位拖欠或者未足额支付劳动报酬的，劳动者可以依法向当地人民法院申请支付令，人民法院应当依法发出支付令。

第八十五条　用人单位有下列情形之一的，由劳动行政部门责令限期支付劳动报酬、加班费或者经济补偿；劳动报酬低于当地最低工资标准的，应当支付其差额部分；逾期不支付的，责令用人单位按应付金额百分之五十以上百分之一百以下的标准向劳动者加付赔偿金：

（一）未按照劳动合同的约定或者国家规定及时足额支付劳动者劳动报酬的；

（二）低于当地最低工资标准支付劳动者工资的；

（三）安排加班不支付加班费的；

（四）解除或者终止劳动合同，未依照本法规定向劳动者支付经济补偿的。

【司法解释】

《最高人民法院关于审理劳动争议案件适用法律问题的解释（一）》（2020年12月29日公布）

第二十七条　用人单位招用尚未解除劳动合同的劳动者，原用人单位与劳动者发生的劳动争议，可以列新的用人单位为第三人。

原用人单位以新的用人单位侵权为由提起诉讼的，可以列劳动者为第三人。

原用人单位以新的用人单位和劳动者共同侵权为由提起诉讼的，新的用人单位和劳动者列为共同被告。

第四十一条 劳动合同被确认为无效，劳动者已付出劳动的，用人单位应当按照劳动合同法第二十八条、第四十六条、第四十七条的规定向劳动者支付劳动报酬和经济补偿。

由于用人单位原因订立无效劳动合同，给劳动者造成损害的，用人单位应当赔偿劳动者因合同无效所造成的经济损失。

第四十四条 因用人单位作出的开除、除名、辞退、解除劳动合同、减少劳动报酬、计算劳动者工作年限等决定而发生的劳动争议，用人单位负举证责任。

第四十五条 用人单位有下列情形之一，迫使劳动者提出解除劳动合同的，用人单位应当支付劳动者的劳动报酬和经济补偿，并可支付赔偿金：

（一）以暴力、威胁或者非法限制人身自由的手段强迫劳动的；

（二）未按照劳动合同约定支付劳动报酬或者提供劳动条件的；

（三）克扣或者无故拖欠劳动者工资的；

（四）拒不支付劳动者延长工作时间工资报酬的；

（五）低于当地最低工资标准支付劳动者工资的。

第四十七条 建立了工会组织的用人单位解除劳动合同符合劳动合同法第三十九条、第四十条规定，但未按照劳动合同法第四十三条规定事先通知工会，劳动者以用人单位违法解除劳动合同为由请求用人单位支付赔偿金的，人民法院应予支持，但起诉前用人单位已经补正有关程序的除外。

◎《第八次全国法院民事商事审判工作会议（民事部分）纪要》（2016年11月21日公布）

（四）关于劳动合同解除问题

29. 用人单位在劳动合同期限内通过“末位淘汰”或“竞争上岗”等形式单方解除劳动合同，劳动者可以用人单位违法解除劳动合同为由，请求用人单位继续履行劳动合同或者支付赔偿金。

【行政法规与国务院规范性文件】

◎《劳动保障监察条例》（2004年11月1日公布）

第二十六条 用人单位有下列行为之一的，由劳动保障行政部门分别责令限期支付劳动者的工资报酬、劳动者工资低于当地最低工资标准的差额或者解除劳动合同的经济补偿；逾期不支付的，责令用人单位按照应付金额50%以上1倍以下的标准计算，向劳动者加付赔偿金：

（一）克扣或者无故拖欠劳动者工资报酬的；

（二）支付劳动者的工资低于当地最低工资标准的；

（三）解除劳动合同未依法给予劳动者经济补偿的。

【部门规章与规范性文件】

《劳动部关于〈劳动法〉若干条文的说明》（1994年9月5日公布）

本条中的“无故”同第五十条的说明相同。“工资报酬”可以理解为延长工作时间所依法应得的劳动报酬。

《劳动部关于贯彻执行〈中华人民共和国劳动法〉若干问题的意见》（1995年8月4日公布）

91. 劳动法第九十一条的含义是，如果用人单位实施了本条规定的前三项侵权行为之一的，劳动行政部门应责令用人单位支付劳动者的工资报酬和经济补偿，并可以责令支付赔偿金。如果用人单位实施了本条规定的第四项侵权行为，即解除劳动合同后未依法给予劳动者经济补偿的，因不存在支付工资报酬的问题，故劳动行政部门只责令用人单位支付劳动者经济补偿，还可以支付赔偿金。

知识点

《最高人民法院关于审理劳动争议案件适用法律问题的解释（一）》第四十五条就加付赔偿金问题作了规定，如何理解这一规定，其与《劳动合同法》第八十七条规定的“二倍赔偿金”适用有何不同？对此可作如下理解。

第一，将加付赔偿金案件纳入劳动争议案件受案范围的考量。对于加付赔偿金案件是否纳入劳动争议处理程序，《最高人民法院关于审理劳动争议案件适用法律问题的解释（一）》制定过程中有不同意见，司法实践中也有争议。一种意见认为，依照《劳动合同法》第八十五条规定，用人单位存在该条规定情形的，应当由劳动行政部门责令用人单位支付劳动报酬、加班费或者经济补偿，逾期不支付的，责令用人单位支付一定比例的赔偿金。另一种意见认为，劳动者往往在劳动关系中处于弱势，用人单位存在《劳动合同法》第八十五条或者第三十八条规定情形时，表面上是劳动者可以获得单方解除权，实质上可能是劳动者迫于前述情形提出解除合同，用人单位借此规避由其解除合同的相关责任。这种情况下，仅通过劳动者向劳动行政部门检举等，由劳动行政部门责令用人单位承担相应支付责任，保障力度不够，应当赋予劳动者请求司法保护并获得强制执行的权力。《最高人民法院关于审理劳动争议案件适用法律问题的解释（一）》原则上采纳了第二种意见。至于是否要求劳动者提供经劳动行政部门先行处理的证据，将劳动争议处理程序作为一种补充救济手段，从贯彻落实《劳动合同法》第八十五条的立法原意来看，司法实践中还可以继续探索优化。

第二，……具体案件中确定具体标准时，要因时制宜，不能追求惩罚过度，否则于用人单位不公平，应当着重考虑以下因素：一是用人单位违法行为严重性及过错程度；二是劳动者因用人单位违法行为所受损害大小；三是用人单位因违法行为获利情况；四是用人单位接受其他处罚情况。

第三，《最高人民法院关于审理劳动争议案件适用法律问题的解释（一）》第四十五条关于“加付赔偿金”规定与《劳动合同法》第八十七条关于“二倍赔偿金”规定的区别。如前所述，前者是劳动者受迫提出解除劳动合同，符合有关条件时，应当加付的赔偿金；如果用人单位按时支付劳动报酬和经济补偿，就不再加付赔偿金；另外，在《最高人民法院关于审理劳动争议案件适用法律问题的解释（一）》第四十五条规定的五种情形下，劳动者解除劳动合同符合《劳动合同法》第三十八条规定，属于合法解除，作为解除方的劳动者不承担责任。对于后者，依据《劳动合同法》第八十七条规定，用人单位违反《劳动合同法》等法律规定，解除或者终止劳动合同的，应当依照《劳动合同法》第四十七条规定经济补偿标准的二倍支付赔偿金；根据《劳动合同法实施条例》第二十五条规定，用人单位依照《劳动合同法》第八十七条规定支付了赔偿金的，不再支付经济补偿；相对于前者，后者是用人单位违法解除或者终止劳动合同，作为解除方的用人单位需要承担责任。因此，二者区别明显，不能混同。①

---

① 最高人民法院民事审判第一庭编著：《最高人民法院新劳动争议司法解释（一）理解与适用》，人民法院出版社 2021 年版。

第九十二条 用人单位的劳动安全设施和劳动卫生条件不符合国家规定或者未向劳动者提供必要的劳动防护用品和劳动保护设施的，由劳动行政部门或者有关部门责令改正，可以处以罚款；情节严重的，提请县级以上人民政府决定责令停产整顿；对事故隐患不采取措施，致使发生重大事故，造成劳动者生命和财产损失的，对责任人员依照刑法有关规定追究刑事责任。

相关规定

【法律】

《中华人民共和国安全生产法》（2021年6月10日修正）

第九十九条 生产经营单位有下列行为之一的，责令限期改正，处五万元以下的罚款；逾期未改正的，处五万元以上二十万元以下的罚款，对其直接负责的主管人员和其他直接责任人员处一万元以上二万元以下的罚款；情节严重的，责令停产停业整顿；构成犯罪的，依照刑法有关规定追究刑事责任：

（一）未在有较大危险因素的生产经营场所和有关设施、设备上设置明显的安全警示标志的；

（二）安全设备的安装、使用、检测、改造和报废不符合国家标准或者行业标准的；

（三）未对安全设备进行经常性维护、保养和定期检测的；

（四）关闭、破坏直接关系生产安全的监控、报警、防护、救生设备、设施，或者篡改、隐瞒、销毁其相关数据、信息的；

（五）未为从业人员提供符合国家标准或者行业标准的劳动防护用品的；

（六）危险物品的容器、运输工具，以及涉及人身安全、危险性较大的海洋石油开采特种设备和矿山井下特种设备未经具有专业资质的机构检测、检验合格，取得安全使用证或者安全标志，投入使用的；

（七）使用应当淘汰的危及生产安全的工艺、设备的；

（八）餐饮等行业的生产经营单位使用燃气未安装可燃气体报警装

置的。

《中华人民共和国刑法》（2020年12月26日修正）

第一百三十四条之一 在生产、作业中违反有关安全管理的规定，有下列情形之一，具有发生重大伤亡事故或者其他严重后果的现实危险的，处一年以下有期徒刑、拘役或者管制：

（一）关闭、破坏直接关系生产安全的监控、报警、防护、救生设备、设施，或者篡改、隐瞒、销毁其相关数据、信息的；

（二）因存在重大事故隐患被依法责令停产停业、停止施工、停止使用有关设备、设施、场所或者立即采取排除危险的整改措施，而拒不执行的；

（三）涉及安全生产的事项未经依法批准或者许可，擅自从事矿山开采、金属冶炼、建筑施工，以及危险物品生产、经营、储存等高度危险的生产作业活动的。

第一百三十五条 安全生产设施或者安全生产条件不符合国家规定，因而发生重大伤亡事故或者造成其他严重后果的，对直接负责的主管人员和其他直接责任人员，处三年以下有期徒刑或者拘役；情节特别恶劣的，处三年以上七年以下有期徒刑。

【部门规章与规范性文件】

《劳动部关于〈劳动法〉若干条文的说明》（1994年9月5日公布）

根据本条规定，劳动部门和有关部门在进行行政处罚时，其分工在于看其监督检查的范围是否属于劳动工作，凡属劳动工作，依本法第九条、第八十五条，由劳动部门行使监督检查权，进行处罚。反之，则应由其他部门在自己的职责范围内依法行使监督权。

刑法第一百八十条“国家工作人员由于玩忽职守，致使公共财产、国家和人民利益遭受重大损失的，处五年以下有期徒刑或者拘役”。

第九十三条 用人单位强令劳动者违章冒险作业，发生重大伤亡事故，造成严重后果的，对责任人员依法追究刑事责任。

相关规定

【法律】

《中华人民共和国刑法》（2020 年 12 月 26 日修正）

第一百三十四条 在生产、作业中违反有关安全管理的规定，因而发生重大伤亡事故或者造成其他严重后果的，处三年以下有期徒刑或者拘役；情节特别恶劣的，处三年以上七年以下有期徒刑。

强令他人违章冒险作业，或者明知存在重大事故隐患而不排除，仍冒险组织作业，因而发生重大伤亡事故或者造成其他严重后果的，处五年以下有期徒刑或者拘役；情节特别恶劣的，处五年以上有期徒刑。

《中华人民共和国劳动合同法》（2012 年 12 月 28 日修正）

第三十二条 劳动者拒绝用人单位管理人员违章指挥、强令冒险作业的，不视为违反劳动合同。

劳动者对危害生命安全和身体健康的劳动条件，有权对用人单位提出批评、检举和控告。

【司法解释】

《最高人民法院、最高人民检察院关于办理危害生产安全刑事案件适用法律若干问题的解释（二）》（2022 年 12 月 15 日公布）

第一条 明知存在事故隐患，继续作业存在危险，仍然违反有关安全管理的规定，有下列情形之一的，属于刑法第一百三十四条第二款规定的“强令他人违章冒险作业”：

（一）以威逼、胁迫、恐吓等手段，强制他人违章作业的；

（二）利用组织、指挥、管理职权，强制他人违章作业的；

（三）其他强令他人违章冒险作业的情形。

明知存在重大事故隐患，仍然违反有关安全管理的规定，不排除或者故意掩盖重大事故隐患，组织他人作业的，属于刑法第一百三十四条第二款规定的“冒险组织作业”。

《最高人民法院、最高人民检察院关于办理危害生产安全刑事案件适用法律若干问题的解释》（2015 年 12 月 14 日公布）

第五条 明知存在事故隐患、继续作业存在危险，仍然违反有关安全管理的规定，实施下列行为之一的，应当认定为刑法第一百三十四条第二款规定的“强令他人违章冒险作业”：

（一）利用组织、指挥、管理职权，强制他人违章作业的；

（二）采取威逼、胁迫、恐吓等手段，强制他人违章作业的；

（三）故意掩盖事故隐患，组织他人违章作业的；

（四）其他强令他人违章作业的行为。

第六条 实施刑法第一百三十二条、第一百三十四条第一款、第一百三十五条、第一百三十五条之一、第一百三十六条、第一百三十九条规定的行为，因而发生安全事故，具有下列情形之一的，应当认定为“造成严重后果”或者“发生重大伤亡事故或者造成其他严重后果”，对相关责任人员，处三年以下有期徒刑或者拘役：

（一）造成死亡一人以上，或者重伤三人以上的；

（二）造成直接经济损失一百万元以上的；

（三）其他造成严重后果或者重大安全事故的情形。

实施刑法第一百三十四条第二款规定的行为，因而发生安全事故，具有本条第一款规定情形的，应当认定为“发生重大伤亡事故或者造成其他严重后果”，对相关责任人员，处五年以下有期徒刑或者拘役。

实施刑法第一百三十七条规定的行为，因而发生安全事故，具有本条第一款规定情形的，应当认定为“造成重大安全事故”，对直接责任人员，处五年以下有期徒刑或者拘役，并处罚金。

实施刑法第一百三十八条规定的行为，因而发生安全事故，具有本条第一款第一项规定情形的，应当认定为“发生重大伤亡事故”，对直接责任人员，处三年以下有期徒刑或者拘役。

第七条 实施刑法第一百三十二条、第一百三十四条第一款、第一百三十五条、第一百三十五条之一、第一百三十六条、第一百三十九条规定的行为，因而发生安全事故，具有下列情形之一的，对相关责任人员，处三年以上七年以下有期徒刑：

（一）造成死亡三人以上或者重伤十人以上，负事故主要责任的；

（二）造成直接经济损失五百万元以上，负事故主要责任的；

（三）其他造成特别严重后果、情节特别恶劣或者后果特别严重的情形。

实施刑法第一百三十四条第二款规定的行为，因而发生安全事故，具有本条第一款规定情形的，对相关责任人员，处五年以上有期徒刑。

实施刑法第一百三十七条规定的行为，因而发生安全事故，具有本条第一款规定情形的，对直接责任人员，处五年以上十年以下有期徒刑，并处罚金。

实施刑法第一百三十八条规定的行为，因而发生安全事故，具有下列情形之一的，对直接责任人员，处三年以上七年以下有期徒刑：

（一）造成死亡三人以上或者重伤十人以上，负事故主要责任的；

（二）具有本解释第六条第一款第一项规定情形，同时造成直接经济损失五百万元以上并负事故主要责任的，或者同时造成恶劣社会影响的。

【行政法规与国务院规范性文件】

《国务院关于特大安全事故行政责任追究的规定》（2001 年 4 月 21 日公布）

第二条　地方人民政府主要领导人和政府有关部门正职负责人对下列特大安全事故的防范、发生，依照法律、行政法规和本规定的规定有失职、渎职情形或者负有领导责任的，依照本规定给予行政处分；构成玩忽职守罪或者其他罪的，依法追究刑事责任：

（一）特大火灾事故；

（二）特大交通安全事故；

（三）特大建筑质量安全事故；

（四）民用爆炸物品和化学危险品特大安全事故；

（五）煤矿和其他矿山特大安全事故；

（六）锅炉、压力容器、压力管道和特种设备特大安全事故；

（七）其他特大安全事故。

地方人民政府和政府有关部门对特大安全事故的防范、发生直接负责的主管人员和其他直接责任人员，比照本规定给予行政处分；构成玩忽职守罪或者其他罪的，依法追究刑事责任。

特大安全事故肇事单位和个人的刑事处罚、行政处罚和民事责任，依照有关法律、法规和规章的规定执行。

【部门规章与规范性文件】

《劳动部关于〈劳动法〉若干条文的说明》（1994 年 9 月 5 日公布）

本条中的“对责任人员追究刑事责任”，可根据刑法第一百一十四条① 处理，即“工厂、矿山、林场，建筑企业或者其他企业、事业单位的职工，

① 根据最新修正的刑法，条文序号已作修改。——编者注

由于不服管理、违反规章制度，或强令工人违章冒险作业，因而发生重大事故，造成严重后果的，处以三年以下有期徒刑或者拘役；情节特别恶劣的，处以三年以上七年以下有期徒刑”。

典型案例要旨

李某、王某华、焦某东等强令违章冒险作业、重大责任事故案（人民法院、人民检察院依法惩治危害生产安全犯罪典型案例，最高人民法院、最高人民检察院2022年12月15日发布）

对生产、作业负有组织、指挥或者管理职责的人员出于追求高额利润等目的，明知存在事故隐患，违背生产、作业人员的主观意愿，强令生产、作业人员违章冒险作业，极易导致发生重大事故，社会危害性大，应当予以从严惩处。《刑法修正案（六）》增设的《刑法》第一百三十四条第二款规定了强令违章冒险作业罪，《最高人民法院、最高人民检察院关于办理危害生产安全刑事案件适用法律若干问题的解释》第五条对强令违章冒险作业罪的行为方式作了列举式规定。《刑法修正案（十一）》对《刑法》第一百三十四条第二款规定的行为进行了扩充，罪名修改为强令、组织他人违章冒险作业罪。实践中，对生产、作业负有组织、指挥或者管理职责的人员虽未采取威逼、胁迫、恐吓等手段，但利用自己的组织、指挥、管理职权强制他人违章作业的，也可以构成强令违章冒险作业罪（强令他人违章冒险作业罪）。对于受他人强令违章冒险作业的一线生产、作业人员，应当综合考虑其所受到强令的程度、各自行为对引发事故所起作用大小，依法确定刑事责任。

知识点

根据《劳动法》第五十六条的规定，劳动者在劳动过程中必须严格遵守安全操作规程。劳动者对用人单位管理人员**违章指挥、强令冒险作业**，有权拒绝执行；对危害生命安全和身体健康的行为，有权提出批评、检举和控告。用人单位强令劳动者违章冒险作业，发生重大伤亡事故，造成严重后果的，对责任人员依法追究刑事责任。所谓重大伤亡，是指致人死亡1

人以上或者致人重伤 3 人以上的，所谓严重后果，是指除了重大伤亡之外，一般是指造成直接经济损失 5 万元以上，或者经济损失不足 5 万元，但情节严重使生产、工作受到重大损害的，对这种行为自应依法追究刑事责任。

我国《刑法》对《劳动法》第九十三条中发生的情形作出了专门规定。

重大责任事故罪，是指在生产、作业中违反有关安全管理的规定，因而发生重大伤亡事故或者造成其他严重后果的行为。①

强令违章冒险作业罪（现为强令、组织他人违章冒险作业罪），是指强令他人违章冒险作业，因而发生重大伤亡事故或者造成其他严重后果的行为。②

第九十四条　用人单位非法招用未满十六周岁的未成年人的，由劳动行政部门责令改正，处以罚款；情节严重的，由市场监督管理部门吊销营业执照。

相关规定

【行政法规与国务院规范性文件】

《禁止使用童工规定》（2002 年 10 月 1 日公布）

第六条　用人单位使用童工的，由劳动保障行政部门按照每使用一名童工每月处 5000 元罚款的标准给予处罚；在使用有毒物品的作业场所使用童工的，按照《使用有毒物品作业场所劳动保护条例》规定的罚款幅度，或者按照每使用一名童工每月处 5000 元罚款的标准，从重处罚。劳动保障行政部门并应当责令用人单位限期将童工送回原居住地交其父母或者其他监护人，所需交通和食宿费用全部由用人单位承担。

用人单位经劳动保障行政部门依照前款规定责令限期改正，逾期仍不

① 周强总主编：《中华人民共和国刑法案典（上）》，人民法院出版社 2016 年版，第 618 页。

② 周强总主编：《中华人民共和国刑法案典（上）》，人民法院出版社 2016 年版，第 619 页。

将童工送交其父母或者其他监护人的，从责令限期改正之日起，由劳动保障行政部门按照每使用一名童工每月处 1 万元罚款的标准处罚，并由工商行政管理部门吊销其营业执照或者由民政部门撤销民办非企业单位登记；用人单位是国家机关、事业单位的，由有关单位依法对直接负责的主管人员和其他直接责任人员给予降级或者撤职的行政处分或者纪律处分。

第七条 单位或者个人为不满 16 周岁的未成年人介绍就业的，由劳动保障行政部门按照每介绍一人处 5000 元罚款的标准给予处罚；职业中介机构为不满 16 周岁的未成年人介绍就业的，并由劳动保障行政部门吊销其职业介绍许可证。

第八条 用人单位未按照本规定第四条的规定保存录用登记材料，或者伪造录用登记材料的，由劳动保障行政部门处 1 万元的罚款。

第九条 无营业执照、被依法吊销营业执照的单位以及未依法登记、备案的单位使用童工或者介绍童工就业的，依照本规定第六条、第七条、第八条规定的标准加一倍罚款，该非法单位由有关的行政主管部门予以取缔。

第十条 童工患病或者受伤的，用人单位应当负责送到医疗机构治疗，并负担治疗期间的全部医疗和生活费用。

童工伤残或者死亡的，用人单位由工商行政管理部门吊销营业执照或者由民政部门撤销民办非企业单位登记；用人单位是国家机关、事业单位的，由有关单位依法对直接负责的主管人员和其他直接责任人员给予降级或者撤职的行政处分或者纪律处分；用人单位还应当一次性地对伤残的童工、死亡童工的直系亲属给予赔偿，赔偿金额按照国家工伤保险的有关规定计算。

第十一条 拐骗童工，强迫童工劳动，使用童工从事高空、井下、放射性、高毒、易燃易爆以及国家规定的第四级体力劳动强度的劳动，使用不满 14 周岁的童工，或者造成童工死亡或者严重伤残的，依照刑法关于拐卖儿童罪、强迫劳动罪或者其他罪的规定，依法追究刑事责任。

第十二条 国家行政机关工作人员有下列行为之一的，依法给予记大过或者降级的行政处分；情节严重的，依法给予撤职或者开除的行政处分；构成犯罪的，依照刑法关于滥用职权罪、玩忽职守罪或者其他罪的规定，依法追究刑事责任：

（一）劳动保障等有关部门工作人员在禁止使用童工的监督检查工作中

发现使用童工的情况，不予制止、纠正、查处的；

（二）公安机关的人民警察违反规定发放身份证或者在身份证上登录虚假出生年月的；

（三）工商行政管理部门工作人员发现申请人是不满 16 周岁的未成年人，仍然为其从事个体经营发放营业执照的。

第十三条　文艺、体育单位经未成年人的父母或者其他监护人同意，可以招用不满 16 周岁的专业文艺工作者、运动员。用人单位应当保障被招用的不满 16 周岁的未成年人的身心健康，保障其接受义务教育的权利。文艺、体育单位招用不满 16 周岁的专业文艺工作者、运动员的办法，由国务院劳动保障行政部门会同国务院文化、体育行政部门制定。

学校、其他教育机构以及职业培训机构按照国家有关规定组织不满 16 周岁的未成年人进行不影响其人身安全和身心健康的教育实践劳动、职业技能培训劳动，不属于使用童工。

知识点

《劳动法》第十五条规定，禁止用人单位招用未满 16 周岁的未成年人。文艺、体育和特种工艺单位招用未满 16 周岁的未成年人，必须依照国家有关规定，履行审批手续，并保障其接受义务教育的权利。

根据本条和《禁止使用童工规定》，非法使用童工的单位和个人应当承担以下**法律责任**：

一、民事责任

童工患病或者受伤的，用人单位应当负责送到医疗机构治疗，并负担治疗期间的全部医疗和生活费用。用人单位还应当一次性地对伤残的童工、死亡童工的直系亲属给予赔偿，赔偿金额按照国家工伤保险的有关规定计算。

二、行政责任

1. 用人单位使用童工的，由劳动保障行政部门按照每使用一名童工每月处 5000 元罚款的标准给予处罚；在使用有毒物品的作业场所使用童工的，按照《使用有毒物品作业场所劳动保护条例》规定的罚款幅度，或者按照每使用一名童工每月处 5000 元罚款的标准，从重处罚。用人单位是国家机关、事业单位的，由有关单位依法对直接负责的主管人员和其他直接责任人员给予降级或者撤职的行政处分或者纪律处分。

2. 单位或者个人为不满16周岁的未成年人介绍就业的，由劳动保障行政部门按照每介绍一人处5000元罚款的标准给予处罚；职业中介机构为不满16周岁的未成年人介绍就业的，并由劳动保障行政部门吊销其职业介绍许可证。

三、刑事责任

拐骗童工，强迫童工劳动，使用童工从事高空、井下、放射性、高毒、易燃易爆以及国家规定的第四级体力劳动强度的劳动，使用不满14周岁的童工，或者造成童工死亡或者严重伤残的，依照《刑法》及司法解释关于拐卖儿童罪、强迫劳动罪或者其他罪的规定，依法追究刑事责任。①

第九十五条　用人单位违反本法对女职工和未成年工的保护规定，侵害其合法权益的，由劳动行政部门责令改正，处以罚款；对女职工或者未成年工造成损害的，应当承担赔偿责任。

相关规定

【法律】

《中华人民共和国未成年人保护法》（2020年10月17日修订）

第六十一条　任何组织或者个人不得招用未满十六周岁未成年人，国家另有规定的除外。

营业性娱乐场所、酒吧、互联网上网服务营业场所等不适宜未成年人活动的场所不得招用已满十六周岁的未成年人。

招用已满十六周岁未成年人的单位和个人应当执行国家在工种、劳动时间、劳动强度和保护措施等方面的规定，不得安排其从事过重、有毒、有害等危害未成年人身心健康的劳动或者危险作业。

任何组织或者个人不得组织未成年人进行危害其身心健康的表演等活动。经未成年人的父母或者其他监护人同意，未成年人参与演出、节目制作等活动，活动组织方应当根据国家有关规定，保障未成年人合法权益。

① 回沪明、梁书文主编：《劳动法及配套规定新释新解（下）》，人民法院出版社2004年版。

第一百二十五条　违反本法第六十一条规定的，由文化和旅游、人力资源和社会保障、市场监督管理等部门按照职责分工责令限期改正，给予警告，没收违法所得，可以并处十万元以下罚款；拒不改正或者情节严重的，责令停产停业或者吊销营业执照、吊销相关许可证，并处十万元以上一百万元以下罚款。

《中华人民共和国妇女权益保障法》（2022年10月30日修订）

第四十三条　用人单位在招录（聘）过程中，除国家另有规定外，不得实施下列行为：

（一）限定为男性或者规定男性优先；

（二）除个人基本信息外，进一步询问或者调查女性求职者的婚育情况；

（三）将妊娠测试作为入职体检项目；

（四）将限制结婚、生育或者婚姻、生育状况作为录（聘）用条件；

（五）其他以性别为由拒绝录（聘）用妇女或者差别化地提高对妇女录（聘）用标准的行为。

第四十八条　用人单位不得因结婚、怀孕、产假、哺乳等情形，降低女职工的工资和福利待遇，限制女职工晋职、晋级、评聘专业技术职称和职务，辞退女职工，单方解除劳动（聘用）合同或者服务协议。

女职工在怀孕以及依法享受产假期间，劳动（聘用）合同或者服务协议期满的，劳动（聘用）合同或者服务协议期限自动延续至产假结束。但是，用人单位依法解除、终止劳动（聘用）合同、服务协议，或者女职工依法要求解除、终止劳动（聘用）合同、服务协议的除外。

用人单位在执行国家退休制度时，不得以性别为由歧视妇女。

第八十三条　用人单位违反本法第四十三条和第四十八条规定的，由人力资源和社会保障部门责令改正；拒不改正或者情节严重的，处一万元以上五万元以下罚款。

知识点

一、违反有关女职工规定的法律责任

用人单位有下列侵害女职工合法权益行为之一的，应责令改正，并按每侵害一名女职工罚款3000元以下的标准处罚：

1. 违反就业保护的规定，安排女职工从事矿山井下、国家规定的第四级体力劳动强度和其他禁忌从事的劳动。

2. 违反经期保护的规定，安排女职工在经期从事高处、低温、冷水作业的国家规定的第三级以上体力劳动强度的劳动。

3. 违反孕期保护的规定，安排女职工在怀孕期间从事国家规定的第三级以上体力劳动强度的劳动和孕期禁忌从事的劳动的；安排怀孕7个月以上的女职工延长工作时间和从事夜班劳动的。

4. 违反哺乳期保护的规定，安排女职工在哺乳未满1周岁的婴儿期间从事国家规定的第三级以上体力劳动强度的劳动和哺乳期禁忌从事的其他劳动及安排其延长工作时间和夜班劳动的。对于违反产期保护的规定，劳动部门作了略有差别的规定。用人单位给予女职工产假低于90天的，应责令限期改正；逾期不改的，才给予处罚，处罚标准同上。

二、违反有关未成年工规定的法律责任

1. 用人单位安排未成年工从事矿山井下、有毒有害、国家规定的第四级体力劳动强度的劳动和其他禁忌从事的劳动，劳动行政部门应责令改正，并给予处罚。

2. 用人单位未按规定对未成年工定期进行健康检查的，应责令限期改正；逾期不改的，给予处罚。处罚均按每侵害一名未成年工罚款3000元以下的标准执行。

此外，用人单位的违法行为如对女职工或未成年工造成损害的，还应承担民事赔偿责任。①

第九十六条 用人单位有下列行为之一，由公安机关对责任人员处以十五日以下拘留、罚款或者警告；构成犯罪的，对责任人员依法追究刑事责任：

（一）以暴力、威胁或者非法限制人身自由的手段强迫劳动的；

（二）侮辱、体罚、殴打、非法搜查和拘禁劳动者的。

---

① 回沪明、梁书文主编：《劳动法及配套规定新释新解（下）》，人民法院出版社2004年版。

相关规定

【法律】

《中华人民共和国刑法》（2020年12月26日修正）

第二百三十四条 故意伤害他人身体的，处三年以下有期徒刑、拘役或者管制。

犯前款罪，致人重伤的，处三年以上十年以下有期徒刑；致人死亡或者以特别残忍手段致人重伤造成严重残疾的，处十年以上有期徒刑、无期徒刑或者死刑。本法另有规定的，依照规定。

第二百三十八条第一款、第二款 非法拘禁他人或者以其他方法非法剥夺他人人身自由的，处三年以下有期徒刑、拘役、管制或者剥夺政治权利。具有殴打、侮辱情节的，从重处罚。

犯前款罪，致人重伤的，处三年以上十年以下有期徒刑；致人死亡的，处十年以上有期徒刑。使用暴力致人伤残、死亡的，依照本法第二百三十四条、第二百三十二条的规定定罪处罚。

第二百四十四条 以暴力、威胁或者限制人身自由的方法强迫他人劳动的，处三年以下有期徒刑或者拘役，并处罚金；情节严重的，处三年以上十年以下有期徒刑，并处罚金。

明知他人实施前款行为，为其招募、运送人员或者有其他协助强迫他人劳动行为的，依照前款的规定处罚。

单位犯前两款罪的，对单位判处罚金，并对其直接负责的主管人员和其他直接责任人员，依照第一款的规定处罚。

第二百四十四条之一 违反劳动管理法规，雇用未满十六周岁的未成年人从事超强度体力劳动的，或者从事高空、井下作业的，或者在爆炸性、易燃性、放射性、毒害性等危险环境下从事劳动，情节严重的，对直接责任人员，处三年以下有期徒刑或者拘役，并处罚金；情节特别严重的，处三年以上七年以下有期徒刑，并处罚金。

有前款行为，造成事故，又构成其他犯罪的，依照数罪并罚的规定处罚。

《中华人民共和国劳动合同法》（2012年12月28日修正）

第八十八条 用人单位有下列情形之一的，依法给予行政处罚；构成犯罪的，依法追究刑事责任；给劳动者造成损害的，应当承担赔偿责任：

（一）以暴力、威胁或者非法限制人身自由的手段强迫劳动的；

（二）违章指挥或者强令冒险作业危及劳动者人身安全的；

（三）侮辱、体罚、殴打、非法搜查或者拘禁劳动者的；

（四）劳动条件恶劣、环境污染严重，给劳动者身心健康造成严重损害的。

《中华人民共和国治安管理处罚法》（2012 年 10 月 26 日修正）

第四十条 有下列行为之一的，处十日以上十五日以下拘留，并处五百元以上一千元以下罚款；情节较轻的，处五日以上十日以下拘留，并处二百元以上五百元以下罚款：

（一）组织、胁迫、诱骗不满十六周岁的人或者残疾人进行恐怖、残忍表演的；

（二）以暴力、威胁或者其他手段强迫他人劳动的；

（三）非法限制他人人身自由、非法侵入他人住宅或者非法搜查他人身体的。

【部门规章与规范性文件】

《劳动部关于〈劳动法〉若干条文的说明》（1994 年 9 月 5 日公布）

对劳动者实施了本条所禁止的行为，公安机关将根据本法和《治安管理处罚条例》第 22 条等、人民法院将根据《刑法》第 134 条、第 143 条、第 144 条①等追究当事人的法律责任。

知识点

任何企业、事业组织、国家机关、社会团体、个体经济组织，如果以暴力、威胁或者非法限制人身自由的手段强迫他人进行劳动，或者侮辱、体罚、殴打、非法搜查和拘禁劳动者，给社会和劳动者带来直接的危害，扰乱了社会秩序和国家治安管理秩序，侵犯了劳动者人身权利，给劳动者人身安全带来影响和损害。责任人的行为不仅违反了《劳动法》的有关规定，还直接违反了我国《刑法》《治安管理处罚法》中的有关规定。依照

① 根据最新修正的刑法，条文序号及内容已被修改，此处指的是故意伤害罪、非法拘禁罪等。——编者注

本条的规定，对前述责任人员的行为应由公安机关对责任人员处以15日以下的拘留、罚款或者警告。所谓警告，是违反本法行为的公开谴责方式，是公安机关对犯有轻微违反治安管理行政行为人给予较轻的行政法律制裁。罚款的多少，根据违法行为人违法情节的轻重和危害的程序大小依照法律规定确定。拘留则是公安行政管理中较严厉的罚种，是指公安机关短时期剥夺犯有情节较重的违反治安管理行为的行为人的人身自由的行政法律制裁。按国家法律规定，被处罚人在拘留期间享有公民的民主权利，有选举权和被选举权，但在拘留期间伙食费由其自理。①

第九十七条　由于用人单位的原因订立的无效合同，对劳动者造成损害的，应当承担赔偿责任。

相关规定

【法律】

《中华人民共和国劳动合同法》（2012年12月28日修正）

第八十六条　劳动合同依照本法第二十六条规定被确认无效，给对方造成损害的，有过错的一方应当承担赔偿责任。

【司法解释】

《最高人民法院关于审理劳动争议案件适用法律问题的解释（一）》（2020年12月29日公布）

第四十一条　劳动合同被确认为无效，劳动者已付出劳动的，用人单位应当按照劳动合同法第二十八条、第四十六条、第四十七条的规定向劳动者支付劳动报酬和经济补偿。

由于用人单位原因订立无效劳动合同，给劳动者造成损害的，用人单位应当赔偿劳动者因合同无效所造成的经济损失。

---

① 参见回沪明、梁书文主编：《劳动法及配套规定新释新解（下）》，人民法院出版社2004年版。

【部门规章与规范性文件】

《违反〈劳动法〉有关劳动合同规定的赔偿办法》（1995年5月10日公布）

第二条 用人单位有下列情形之一，对劳动者造成损害的，应赔偿劳动者损失：

（一）用人单位故意拖延不订立劳动合同，即招用后故意不按规定订立劳动合同以及劳动合同到期后故意不及时续订劳动合同的；

（二）由于用人单位的原因订立无效劳动合同，或订立部分无效劳动合同的；

（三）用人单位违反规定或劳动合同的约定侵害女职工或未成年工合法权益的；

（四）用人单位违反规定或劳动合同的约定解除劳动合同的。

第三条 本办法第二条规定的赔偿，按下列规定执行：

（一）造成劳动者工资收入损失的，按劳动者本人应得工资收入支付给劳动者，并加付应得工资收入25%的赔偿费用；

（二）造成劳动者劳动保护待遇损失的，应按国家规定补足劳动者的劳动保护津贴和用品；

（三）造成劳动者工伤、医疗待遇损失的，除按国家规定为劳动者提供工伤、医疗待遇外，还应支付劳动者相当于医疗费用25%的赔偿费用；

（四）造成女职工和未成年工身体健康损害的，除按国家规定提供治疗期间的医疗待遇外，还应支付相当于其医疗费用25%的赔偿费用；

（五）劳动合同约定的其他赔偿费用。

知识点

无效的劳动合同自始没有法律效力，这是无效劳动合同的应有内涵，但是，无效合同不具有法律效力，并不意味着无效劳动合同不发生任何法律后果，无效劳动合同的订立和履行，也会给社会和当事人的利益造成一定影响。依照民法等价有偿、权利义务相一致的原则，从保护劳动者的利益出发，在劳动合同无效的情况下，无论劳动者对劳动合同的无效是否有过错，对劳动者付出的劳动，均应由用人单位按照订立劳动合同时所约定的劳动报酬或参照本单位同期、同工种、同岗位的工资标准支付劳动报酬。

赔偿损失，是指劳动合同被确认为无效后，因无效劳动合同给一方当事人造成实际损失时，由有过错的一方负责赔偿。在很多情况下，劳动合同无效会给订立合同的当事人一方或双方造成经济损失，如用人单位采取威胁的手段强迫劳动者订立违反劳动保护条件的合同，造成劳动者伤残的，用人单位要对劳动者的损失承担相应的赔偿责任。如果双方对劳动合同的无效都有责任的，各自承担相应的责任。①

第九十八条　用人单位违反本法规定的条件解除劳动合同或者故意拖延不订立劳动合同的，由劳动行政部门责令改正；对劳动者造成损害的，应当承担赔偿责任。

相关规定

【法律】

《中华人民共和国劳动合同法》（2012年12月28日修正）

第四十七条　经济补偿按劳动者在本单位工作的年限，每满一年支付一个月工资的标准向劳动者支付。六个月以上不满一年的，按一年计算；不满六个月的，向劳动者支付半个月工资的经济补偿。

劳动者月工资高于用人单位所在直辖市、设区的市级人民政府公布的本地区上年度职工月平均工资三倍的，向其支付经济补偿的标准按职工月平均工资三倍的数额支付，向其支付经济补偿的年限最高不超过十二年。

本条所称月工资是指劳动者在劳动合同解除或者终止前十二个月的平均工资。

第四十八条　用人单位违反本法规定解除或者终止劳动合同，劳动者要求继续履行劳动合同的，用人单位应当继续履行；劳动者不要求继续履行劳动合同或者劳动合同已经不能继续履行的，用人单位应当依照本法第八十七条规定支付赔偿金。

---

① 回沪明、高圣平主编：《劳动法及配套规定新释新解（上）》，人民法院出版社2004年版。

第八十二条 用人单位自用工之日起超过一个月不满一年未与劳动者订立书面劳动合同的，应当向劳动者每月支付二倍的工资。

用人单位违反本法规定不与劳动者订立无固定期限劳动合同的，自应当订立无固定期限劳动合同之日起向劳动者每月支付二倍的工资。

第八十七条 用人单位违反本法规定解除或者终止劳动合同的，应当依照本法第四十七条规定的经济补偿标准的二倍向劳动者支付赔偿金。

第八十九条 用人单位违反本法规定未向劳动者出具解除或者终止劳动合同的书面证明，由劳动行政部门责令改正；给劳动者造成损害的，应当承担赔偿责任。

【司法解释】

《最高人民法院关于审理劳动争议案件适用法律问题的解释（一）》（2020 年 12 月 29 日公布）

第四十五条 用人单位有下列情形之一，迫使劳动者提出解除劳动合同的，用人单位应当支付劳动者的劳动报酬和经济补偿，并可支付赔偿金：

（一）以暴力、威胁或者非法限制人身自由的手段强迫劳动的；

（二）未按照劳动合同约定支付劳动报酬或者提供劳动条件的；

（三）克扣或者无故拖欠劳动者工资的；

（四）拒不支付劳动者延长工作时间工资报酬的；

（五）低于当地最低工资标准支付劳动者工资的。

第四十七条 建立了工会组织的用人单位解除劳动合同符合劳动合同法第三十九条、第四十条规定，但未按照劳动合同法第四十三条规定事先通知工会，劳动者以用人单位违法解除劳动合同为由请求用人单位支付赔偿金的，人民法院应予支持，但起诉前用人单位已经补正有关程序的除外。

知识点

用人单位违反劳动合同法的规定解除或者终止劳动合同的，应当承担的法律责任是，依照《劳动合同法》第四十七条规定的经济补偿标准的二倍向劳动者支付赔偿金。通过提高用人单位违法解除劳动合同的成本，在一定程度上遏制用人单位违法解除或者终止劳动合同的行为，同时这也是对用人单位违反法律规定侵犯劳动者权益的一种惩罚性赔偿，体现了对劳动者权益的有力保障。①

根据《劳动法》的规定，建立劳动关系应当订立劳动合同。用人单位在与劳动者就劳动关系确立达成口头协议并实际使用劳动者后故意不及时与劳动者签订书面劳动合同的，或者劳动合同期满后继续使用劳动者而故意不及时续订劳动合同的，应支付二倍工资。

第九十九条　用人单位招用尚未解除劳动合同的劳动者，对原用人单位造成经济损失的，该用人单位应当依法承担连带赔偿责任。

相关规定

【法律】

《中华人民共和国劳动合同法》（2012年12月28日修正）

第九十一条　用人单位招用与其他用人单位尚未解除或者终止劳动合同的劳动者，给其他用人单位造成损失的，应当承担连带赔偿责任。

【司法解释】

《最高人民法院关于审理劳动争议案件适用法律问题的解释（一）》（2020年12月29日公布）

第二十七条　用人单位招用尚未解除劳动合同的劳动者，原用人单位与劳动者发生的劳动争议，可以列新的用人单位为第三人。

原用人单位以新的用人单位侵权为由提起诉讼的，可以列劳动者为第三人。

原用人单位以新的用人单位和劳动者共同侵权为由提起诉讼的，新的用人单位和劳动者列为共同被告。

---

① 吴高盛主编：《〈中华人民共和国劳动合同法〉条文释义与适用》，人民法院出版社2007年版，第162~163页。

【部门规章与规范性文件】

《违反〈劳动法〉有关劳动合同规定的赔偿办法》（1995 年 5 月 10 日公布）

第六条 用人单位招用尚未解除劳动合同的劳动者，对原用人单位造成经济损失的，除该劳动者承担直接赔偿责任外，该用人单位应当承担连带赔偿责任。其连带赔偿的份额应不低于对原用人单位造成经济损失总额的百分之七十。向原用人单位赔偿下列损失：

（一）对生产、经营和工作造成的直接经济损失；

（二）因获取商业秘密给原用人单位造成的经济损失。

赔偿本条第（二）项规定的损失，按《反不正当竞争法》第二十条①的规定执行。

知 识 点

《劳动法》第九十九条与《劳动合同法》第九十一条的规定是一致的，即用人单位招用尚未解除劳动合同的劳动者，对原用人单位造成经济损失时，**该用人单位应当依法承担连带赔偿责任**。

《最高人民法院关于审理劳动争议案件适用法律问题的解释（一）》第二十七条规定："用人单位招用尚未解除劳动合同的劳动者，原用人单位与劳动者发生的劳动争议，可以列新的用人单位为第三人。原用人单位以新的用人单位侵权为由提起诉讼的，可以列劳动者为第三人。原用人单位以新的用人单位和劳动者共同侵权为由提起诉讼的，新的用人单位和劳动者列为共同被告。"由此可见，本条规定有三种不同情形：（1）对用人单位因招用尚未解除劳动合同的劳动者，原用人单位与劳动者发生的劳动争议，原用人单位与劳动者应为劳动争议案件的当事人，新的用人单位与原用人单位因不具有任何法律关系，所以，原则上不应列为当事人。但基于原用人单位与劳动者之间的劳动争议是因新的用人单位招聘该劳动者而发生，所以，为便于诉讼和劳动争议案件的审理，法院可以视具体情况将新

---

① 根据 2019 年最新修正的《反不正当竞争法》，此处法条序号有所调整，指的是第十七条。——编者注

的用人单位列为第三人。(2) 如果原用人单位以新用人单位侵权为由而向人民法院起诉的，原用人单位和新的用人单位为当事人，但因该侵权之诉是因新的用人单位招用与原用人单位尚未解除劳动合同关系的劳动者而引起，劳动者为该侵权诉讼的诉因，所以，法院为便于审理案件，可以列劳动者为第三人。(3) 如果原用人单位以新用人单位和劳动者共同侵权为由向法院起诉的，根据《民法典》和《民事诉讼法》之规定，新的用人单位和劳动者列为共同被告。①

第一百条　用人单位无故不缴纳社会保险费的，由劳动行政部门责令其限期缴纳；逾期不缴的，可以加收滞纳金。

相关规定

【法律】

《中华人民共和国社会保险法》（2018 年 12 月 29 日修正）

第八十四条　用人单位不办理社会保险登记的，由社会保险行政部门责令限期改正；逾期不改正的，对用人单位处应缴社会保险费数额一倍以上三倍以下的罚款，对其直接负责的主管人员和其他直接责任人员处五百元以上三千元以下的罚款。

【行政法规与国务院规范性文件】

《社会保险费征缴暂行条例》（2019 年 3 月 24 日修订）

第十二条　缴费单位和缴费个人应当以货币形式全额缴纳社会保险费。

缴费个人应当缴纳的社会保险费，由所在单位从其本人工资中代扣代缴。

社会保险费不得减免。

第十三条　缴费单位未按规定缴纳和代扣代缴社会保险费的，由劳动保障行政部门或者税务机关责令限期缴纳；逾期仍不缴纳的，除补缴欠缴

① 参见回沪明、梁书文主编：《劳动法及配套规定新释新解（下）》，人民法院出版社 2004 年版。

数额外，从欠缴之日起，按日加收千分之二的滞纳金。滞纳金并入社会保险基金。

第二十六条 缴费单位逾期拒不缴纳社会保险费、滞纳金的，由劳动保障行政部门或者税务机关申请人民法院依法强制征缴。

知识点

《第八次全国法院民事商事审判工作会议（民事部分）纪要》第五十九条规定：用人单位已经为劳动者办理了社会保险手续，但因用人单位欠缴、拒缴社会保险费或者因缴费年限、缴费基数等发生争议，当事人向人民法院起诉的，人民法院告知劳动者向劳动行政部门申请解决。

调研发现，各地普遍认为人民法院审理社会保险纠纷案件难度相当大，主要表现在：一是专业性太强；二是时间跨度较大；三是判决生效后社会保险经办机构不配合执行。《社会保险法》《社会保险费征缴暂行条例》等法律法规既赋予了社会保险经办机构办理缴费登记、催促缴费等职责，同时又赋予了其调查、检查等职能，由此，对于那些已经由用人单位办理了社保手续但因用人单位欠缴、拒缴社会保险费或者因缴费年限、缴费基数等发生的争议，由社会保险经办机构处理最为适宜。而对于用人单位没有为劳动者办理社会保险手续且社会保险经办机构不能办理补缴手续导致劳动者无法享受社会保险待遇的，由此产生赔偿损失纠纷，则由人民法院处理为宜。

社会保险纠纷案件的执行离不开社保管理部门的密切配合。对于那些已经由用人单位办理了社保手续，但因用人单位欠缴、拒缴社会保险费或者因缴费年限、缴费基数等发生的争议，由社会保险经办机构处理最为适宜，即使将社会保险纠纷案件全部纳入司法程序予以处理，最终有关社会保险纠纷案件判决或裁定的执行也需要社会保险经办机构的配合。如果社会保险经办机构不予配合，会有损司法权威的建立。①

---

① 最高人民法院民事审判第一庭编著：《最高人民法院新劳动争议司法解释（一）理解与适用》，人民法院出版社 2021 年版。

第一百零一条 用人单位无理阻挠劳动行政部门、有关部门及其工作人员行使监督检查权，打击报复举报人员的，由劳动行政部门或者有关部门处以罚款；构成犯罪的，对责任人员依法追究刑事责任。

相关规定

【法律】

《中华人民共和国刑法》（2020年12月26日修正）

第二百五十四条 国家机关工作人员滥用职权、假公济私，对控告人、申诉人、批评人、举报人实行报复陷害的，处二年以下有期徒刑或者拘役；情节严重的，处二年以上七年以下有期徒刑。

第二百七十七条 以暴力、威胁方法阻碍国家机关工作人员依法执行职务的，处三年以下有期徒刑、拘役、管制或者罚金。

以暴力、威胁方法阻碍全国人民代表大会和地方各级人民代表大会代表依法执行代表职务的，依照前款的规定处罚。

在自然灾害和突发事件中，以暴力、威胁方法阻碍红十字会工作人员依法履行职责的，依照第一款的规定处罚。

故意阻碍国家安全机关、公安机关依法执行国家安全工作任务，未使用暴力、威胁方法，造成严重后果的，依照第一款的规定处罚。

暴力袭击正在依法执行职务的人民警察的，处三年以下有期徒刑、拘役或者管制；使用枪支、管制刀具，或者以驾驶机动车撞击等手段，严重危及其人身安全的，处三年以上七年以下有期徒刑。

【部门规章与规范性文件】

《劳动部关于〈劳动法〉若干条文的说明》（1994年9月5日公布）

本条中的“依法”是指人民法院依据《中华人民共和国刑法》第146条、第157条[①]的规定，追究责任人员的刑事责任。

---

① 根据最新修正的《刑法》，此处指的是条文序号及内容修改后的报复陷害罪和妨害公务罪。

《劳动部关于贯彻执行〈中华人民共和国劳动法〉若干问题的意见》（1995 年 8 月 4 日公布）

92. 用人单位实施下列行为之一的，应认定为劳动法第一百零一条中的“无理阻挠”行为：

（1）阻止劳动监督检查人员进入用人单位内（包括进入劳动现场）进行监督检查的；

（2）隐瞒事实真相，出具伪证，或者隐匿、毁灭证据的；

（3）拒绝提供有关资料的；

（4）拒绝在规定的时间和地点就劳动行政部门所提问题作出解释和说明的；

（5）法律、法规和规章规定的其他情况。

知识点

一、行政责任

1. 劳动行政处罚

根据本条规定，用人单位无理阻挠劳动行政部门行使监督检查权，可由劳动行政部门处以罚款。

2. 治安管理处罚

构成治安管理处罚的条件：首先，有无理阻挠劳动行政部门、有关部门及其工作人员依法执行职务的行为。无理阻挠的方式，可以是积极的作为，例如，阻挠检查劳动保护、安全卫生条件；也可以是消极的不作为。

二、刑事责任

妨害公务罪，是指以暴力、威胁的方法，阻碍国家机关工作人员依法执行职务的行为。

以暴力、威胁手段阻挠劳动行政部门、有关部门及其工作人员依法执行职务，构成犯罪的，依《刑法》第二百七十七条关于妨害公务罪的规定追究刑事责任。我国《刑法》第二百七十七条第一款规定：“以暴力、威胁方法阻碍国家机关工作人员依法执行职务的，处三年以下有期徒刑、拘役、管制或者罚金。”

报复陷害罪，是指国家机关工作人员滥用职权、假公济私，对控告人、申诉人、批评人、举报人实行报复陷害的行为。

群众对用人单位的违法行为进行举报，同样也是一种监督。这些监督都有利于全面贯彻执行我国劳动法律、法规和政策，对保护劳动者合法权益，维护劳动关系，深化劳动制度改革等方面有其重要作用。被监督、被检查的用人单位和个人，有积极配合的义务，并不得拒绝和阻挠。本条所称的举报人员是指向司法机关、劳动行政部门、有关部门检举揭发用人单位违反劳动法律、法规行为的人。举报是公民行使管理国家权利的重要方面，是对本法执行进行监督的重要形式，因此，对举报人必须加以保护，对打击报复举报人的，要给予法律制裁。①

第一百零二条　劳动者违反本法规定的条件解除劳动合同或者违反劳动合同中约定的保密事项，对用人单位造成经济损失的，应当依法承担赔偿责任。

相关规定

【法律】

《中华人民共和国刑法》（2020年12月26日修正）

第二百一十九条　有下列侵犯商业秘密行为之一，情节严重的，处三年以下有期徒刑，并处或者单处罚金；情节特别严重的，处三年以上十年以下有期徒刑，并处罚金：

（一）以盗窃、贿赂、欺诈、胁迫、电子侵入或者其他不正当手段获取权利人的商业秘密的；

（二）披露、使用或者允许他人使用以前项手段获取的权利人的商业秘密的；

（三）违反保密义务或者违反权利人有关保守商业秘密的要求，披露、使用或者允许他人使用其所掌握的商业秘密的。

明知前款所列行为，获取、披露、使用或者允许他人使用该商业秘密的，以侵犯商业秘密论。

---

①　回沪明、梁书文主编：《劳动法及配套规定新释新解（下）》，人民法院出版社2004年版。

本条所称权利人，是指商业秘密的所有人和经商业秘密所有人许可的商业秘密使用人。

《中华人民共和国反不正当竞争法》（2019年4月23日修正）

第二十一条 经营者以及其他自然人、法人和非法人组织违反本法第九条规定侵犯商业秘密的，由监督检查部门责令停止违法行为，没收违法所得，处十万元以上一百万元以下的罚款；情节严重的，处五十万元以上五百万元以下的罚款。

《中华人民共和国劳动合同法》（2012年12月28日修正）

第九十条 劳动者违反本法规定解除劳动合同，或者违反劳动合同中约定的保密义务或者竞业限制，给用人单位造成损失的，应当承担赔偿责任。

【司法解释】

《最高人民法院关于审理劳动争议案件适用法律问题的解释（一）》（2020年12月29日公布）

第三十六条 当事人在劳动合同或者保密协议中约定了竞业限制，但未约定解除或者终止劳动合同后给予劳动者经济补偿，劳动者履行了竞业限制义务，要求用人单位按照劳动者在劳动合同解除或者终止前十二个月平均工资的30%按月支付经济补偿的，人民法院应予支持。

前款规定的月平均工资的30%低于劳动合同履行地最低工资标准的，按照劳动合同履行地最低工资标准支付。

第三十七条 当事人在劳动合同或者保密协议中约定了竞业限制和经济补偿，当事人解除劳动合同时，除另有约定外，用人单位要求劳动者履行竞业限制义务，或者劳动者履行了竞业限制义务后要求用人单位支付经济补偿的，人民法院应予支持。

第四十条 劳动者违反竞业限制约定，向用人单位支付违约金后，用人单位要求劳动者按照约定继续履行竞业限制义务的，人民法院应予支持。

《最高人民法院关于审理侵犯商业秘密民事案件适用法律若干问题的规定》（2020年9月10日公布）

第十二条 人民法院认定员工、前员工是否有渠道或者机会获取权利人的商业秘密，可以考虑与其有关的下列因素：

（一）职务、职责、权限；

（二）承担的本职工作或者单位分配的任务；

（三）参与和商业秘密有关的生产经营活动的具体情形；

（四）是否保管、使用、存储、复制、控制或者以其他方式接触、获取商业秘密及其载体；

（五）需要考虑的其他因素。

【部门规章与规范性文件】

《劳动和社会保障部办公厅关于劳动争议案中涉及商业秘密侵权问题的函》（1999年7月7日公布）

一、《中华人民共和国反不正当竞争法》第二十条第一款规定了被侵害的经营者的损失难以计算时，确定侵权人的赔偿项目；第二款规定了被侵害的经营者的合法权益受到侵害，可以向人民法院提起诉讼。原劳动部《违反〈劳动法〉有关劳动合同规定的赔偿办法》（劳部发〔1995〕223号）第五、六条关于按《反不正当竞争法》第二十条规定执行的含义，是指适用第一款的规定。

二、劳动合同中如果明确约定了有关保守商业秘密的内容，由于劳动者未履行，造成用人单位商业秘密被侵害而发生劳动争议，当事人向劳动争议仲裁委员会申请仲裁的，仲裁委员会应当受理，并依据有关规定和劳动合同的约定作出裁决。

《违反〈劳动法〉有关劳动合同规定的赔偿办法》（1995年5月10日公布）

第四条　劳动者违反规定或劳动合同的约定解除劳动合同，对用人单位造成损失的，劳动者应赔偿用人单位下列损失：

（一）用人单位招收录用其所支付的费用；

（二）用人单位为其支付的培训费用，双方另有约定的按约定办理；

（三）对生产、经营和工作造成的直接经济损失；

（四）劳动合同约定的其他赔偿费用。

知识点

劳动者违法解除劳动合同，又可称违法辞职，是指劳动者违反法定或约定的劳动合同解除条件或程序，而单方解除劳动合同的行为。根据《劳动法》和有关法规的规定，其民事责任包括：

1. 符合劳动合同解除条件但不符合解除程序的，应当补办手续。

2. 不符合劳动合同解除条件的，如果用人单位要求继续履行劳动合同，应当继续履行劳动合同。

3. 对用人单位造成损失的，应当予以赔偿。其中的赔偿项目包括：

（1）招收录用劳动者所支付的费用；

（2）为劳动者支付的培训费用（双方另有约定的按约定办理）；

（3）对生产、经营和工作造成的直接经济损失；

（4）劳动合同约定的其他赔偿项目。

违反劳动合同约定保密条款，又称违反约定保密义务，是指劳动者违反劳动合同关于保守用人单位商业秘密的约定，在保密期内将自己在劳动过程中所掌握的商业秘密，披露给保密范围以外的人，在保密范围以外使用，或者允许保密范围以外的人使用的行为。违反约定保密义务者，既可能是与用人单位尚存的劳动关系者，也可能是已与用人单位终止劳动关系但约定保密期未满者。如果劳动合同为保守商业秘密而约定禁止劳动者从事或参与同业竞争，掌握商业秘密的劳动者在约定的劳动合同终止后一定期限内到与原用人单位生产同类产品或经营同类业务且有竞争关系的其他用人单位任职，或者自己生产或经营与原用人单位有竞争关系的同类产品或业务，也属于违反约定保密义务。对违反约定保密义务的行为，应当责令停止。违反约定保密义务，给用人单位造成经济损失的，按《反不正当竞争法》的规定和相关法律给予赔偿。违反约定保密义务给用人单位造成重大损失或者特别严重后果的，即构成侵犯商业秘密罪，应当依据《刑法》第二百一十九条追究刑事责任。①

第一百零三条　劳动行政部门或者有关部门的工作人员滥用职权、玩忽职守、徇私舞弊，构成犯罪的，依法追究刑事责任；不构成犯罪的，给予行政处分。

---

① 回沪明、梁书文主编：《劳动法及配套规定新释新解（下）》，人民法院出版社2004年版。

相关规定

【法律】

《中华人民共和国刑法》（2020年12月26日修正）

第三百九十七条　国家机关工作人员滥用职权或者玩忽职守，致使公共财产、国家和人民利益遭受重大损失的，处三年以下有期徒刑或者拘役；情节特别严重的，处三年以上七年以下有期徒刑。本法另有规定的，依照规定。

国家机关工作人员徇私舞弊，犯前款罪的，处五年以下有期徒刑或者拘役；情节特别严重的，处五年以上十年以下有期徒刑。本法另有规定的，依照规定。

《中华人民共和国公务员法》（2017年9月1日修正）

第五十九条　公务员应当遵纪守法，不得有下列行为：

（一）散布有损宪法权威、中国共产党和国家声誉的言论，组织或者参加旨在反对宪法、中国共产党领导和国家的集会、游行、示威等活动；

（二）组织或者参加非法组织，组织或者参加罢工；

（三）挑拨、破坏民族关系，参加民族分裂活动或者组织、利用宗教活动破坏民族团结和社会稳定；

（四）不担当，不作为，玩忽职守，贻误工作；

（五）拒绝执行上级依法作出的决定和命令；

（六）对批评、申诉、控告、检举进行压制或者打击报复；

（七）弄虚作假，误导、欺骗领导和公众；

（八）贪污贿赂，利用职务之便为自己或者他人谋取私利；

（九）违反财经纪律，浪费国家资财；

（十）滥用职权，侵害公民、法人或者其他组织的合法权益；

（十一）泄露国家秘密或者工作秘密；

（十二）在对外交往中损害国家荣誉和利益；

（十三）参与或者支持色情、吸毒、赌博、迷信等活动；

（十四）违反职业道德、社会公德和家庭美德；

（十五）违反有关规定参与禁止的网络传播行为或者网络活动；

（十六）违反有关规定从事或者参与营利性活动，在企业或者其他营利性组织中兼任职务；

（十七）旷工或者因公外出、请假期满无正当理由逾期不归；

（十八）违纪违法的其他行为。

第六十一条 公务员因违纪违法应当承担纪律责任的，依照本法给予处分或者由监察机关依法给予政务处分；违纪违法行为情节轻微，经批评教育后改正的，可以免予处分。

对同一违纪违法行为，监察机关已经作出政务处分决定的，公务员所在机关不再给予处分。

第六十二条 处分分为：警告、记过、记大过、降级、撤职、开除。

第六十三条 对公务员的处分，应当事实清楚、证据确凿、定性准确、处理恰当、程序合法、手续完备。

公务员违纪违法的，应当由处分决定机关决定对公务员违纪违法的情况进行调查，并将调查认定的事实以及拟给予处分的依据告知公务员本人。公务员有权进行陈述和申辩；处分决定机关不得因公务员申辩而加重处分。

处分决定机关认为对公务员应当给予处分的，应当在规定的期限内，按照管理权限和规定的程序作出处分决定。处分决定应当以书面形式通知公务员本人。

第六十四条 公务员在受处分期间不得晋升职务、职级和级别，其中受记过、记大过、降级、撤职处分的，不得晋升工资档次。

受处分的期间为：警告，六个月；记过，十二个月；记大过，十八个月；降级、撤职，二十四个月。

受撤职处分的，按照规定降低级别。

第六十五条 公务员受开除以外的处分，在受处分期间有悔改表现，并且没有再发生违纪违法行为的，处分期满后自动解除。

解除处分后，晋升工资档次、级别和职务、职级不再受原处分的影响。但是，解除降级、撤职处分的，不视为恢复原级别、原职务、原职级。

《中华人民共和国劳动合同法》（2012年12月28日修正）

第九十五条 劳动行政部门和其他有关主管部门及其工作人员玩忽职守、不履行法定职责，或者违法行使职权，给劳动者或者用人单位造成损害的，应当承担赔偿责任；对直接负责的主管人员和其他直接责任人员，依法给予行政处分；构成犯罪的，依法追究刑事责任。

知识点

一、刑事责任

劳动行政部门和其他有关主管部门工作人员不履行法定职责或者违法行使职权的行为有可能构成玩忽职守罪、滥用职权罪或者徇私舞弊罪。所谓玩忽职守罪，是指国家机关工作人员不履行职责、不正确履行职责或者放弃履行职责，致使公共财产、国家和人民利益遭受重大损失的行为。所谓滥用职权罪，是指国家机关工作人员行使职权违反法律规定，或者是超越权限行使职权，或者故意违法处理公务，致使公共财产、国家和人民利益遭受重大损失的行为。所谓徇私舞弊罪，是指国家机关工作人员为了个人或者亲友私利而弄虚作假致使公共财产、国家和人民利益遭受重大损失的行为。①

二、行政责任

行政责任包括行政纪律、行政处罚、行政补偿等。本条规定的行政责任形式是行政纪律责任，即行政处分。劳动行政部门或者有关部门的工作人员滥用职权、玩忽职守、徇私舞弊，不构成犯罪的，由该工作人员所属的劳动行政部门或者有关部门给予行政处分。②

第一百零四条　国家工作人员和社会保险基金经办机构的工作人员挪用社会保险基金，构成犯罪的，依法追究刑事责任。

相关规定

【法律】

《中华人民共和国刑法》（2020年12月26日修正）

第三百八十四条　国家工作人员利用职务上的便利，挪用公款归个人使用，进行非法活动的，或者挪用公款数额较大、进行营利活动的，或者

---

①　回沪明、梁书文主编：《劳动法及配套规定新释新解（下）》，人民法院出版社2004年版。

②　回沪明、梁书文主编：《劳动法及配套规定新释新解（下）》，人民法院出版社2004年版。

挪用公款数额较大、超过三个月未还的，是挪用公款罪，处五年以下有期徒刑或者拘役；情节严重的，处五年以上有期徒刑。挪用公款数额巨大不退还的，处十年以上有期徒刑或者无期徒刑。

挪用用于救灾、抢险、防汛、优抚、扶贫、移民、救济款物归个人使用的，从重处罚。

《中华人民共和国社会保险法》（2018年12月29日修正）

第七十九条 社会保险行政部门对社会保险基金的收支、管理和投资运营情况进行监督检查，发现存在问题的，应当提出整改建议，依法作出处理决定或者向有关行政部门提出处理建议。社会保险基金检查结果应当定期向社会公布。

社会保险行政部门对社会保险基金实施监督检查，有权采取下列措施：

（一）查阅、记录、复制与社会保险基金收支、管理和投资运营相关的资料，对可能被转移、隐匿或者灭失的资料予以封存；

（二）询问与调查事项有关的单位和个人，要求其对与调查事项有关的问题作出说明、提供有关证明材料；

（三）对隐匿、转移、侵占、挪用社会保险基金的行为予以制止并责令改正。

第九十一条 违反本法规定，隐匿、转移、侵占、挪用社会保险基金或者违规投资运营的，由社会保险行政部门、财政部门、审计机关责令追回；有违法所得的，没收违法所得；对直接负责的主管人员和其他直接责任人员依法给予处分。

【行政法规与国务院规范性文件】

《社会保险费征缴暂行条例》（2019年3月24日修订）

第二十八条 任何单位、个人挪用社会保险基金的，追回被挪用的社会保险基金；有违法所得的，没收违法所得，并入社会保险基金；构成犯罪的，依法追究刑事责任；尚不构成犯罪的，对直接负责的主管人员和其他直接责任人员依法给予行政处分。

【部门规章与规范性文件】

《劳动部关于〈劳动法〉若干条文的说明》（1994年9月5日公布）

本条中的“依法”是指《中华人民共和国刑法》和《惩治贪污贿赂罪的补充规定》等。

知识点

《社会保险法》第六十九条对隐匿、转移、侵占、挪用社会保险基金或者违规投资运营规定了相应的法律责任。《社会保险法》规定的**法律责任**有以下三种：(1) 责令追回。责令追回的目的是使被隐匿、转移、侵占、挪用社会保险基金或已经用来违规投资运营的社会保险基金恢复到原来状态。有权责令追回的主体是社会保险行政部门、财政部门和审计机关。(2) 没收违法所得。就是将违法投资运行所取得的收益收归基金所有。(3) 对直接负责的主管人员和其他直接责任人员依法给予处分。①

国家工作人员和社会保险基金经办机构的工作人员，在其执行职务的过程中，如果贪污、挪用了社会保险基金，就应当依法追究其刑事责任。对此，修订后的《刑法》对贪污贿赂罪作了专章规定。其中，第三百八十四条对挪用公款罪的定罪处刑作了专条规定。国家工作人员和社会保险基金经办机构的工作人员的行为如果符合刑法上述规定的条件，就应依照上述规定追究该工作人员的刑事责任。②

第一百零五条　违反本法规定侵害劳动者合法权益，其他法律、行政法规已规定处罚的，依照该法律、行政法规的规定处罚。

相关规定

【法律】

《中华人民共和国劳动合同法》（2012 年 12 月 28 日修正）

第八十四条　用人单位违反本法规定，扣押劳动者居民身份证等证件的，由劳动行政部门责令限期退还劳动者本人，并依照有关法律规定给予处罚。

---

① 全国人大常委会法制工作委员会行政法室编：《中华人民共和国社会保险法解读》，中国法制出版社 2010 年版，第 271 页。

② 回沪明、梁书文主编：《劳动法及配套规定新释新解（下）》，人民法院出版社 2004 年版。

用人单位违反本法规定，以担保或者其他名义向劳动者收取财物的，由劳动行政部门责令限期退还劳动者本人，并以每人五百元以上二千元以下的标准处以罚款；给劳动者造成损害的，应当承担赔偿责任。

劳动者依法解除或者终止劳动合同，用人单位扣押劳动者档案或者其他物品的，依照前款规定处罚。

第九十二条 违反本法规定，未经许可，擅自经营劳务派遣业务的，由劳动行政部门责令停止违法行为，没收违法所得，并处违法所得一倍以上五倍以下的罚款；没有违法所得的，可以处五万元以下的罚款。

劳务派遣单位、用工单位违反本法有关劳务派遣规定的，由劳动行政部门责令限期改正；逾期不改正的，以每人五千元以上一万元以下的标准处以罚款，对劳务派遣单位，吊销其劳务派遣业务经营许可证。用工单位给被派遣劳动者造成损害的，劳务派遣单位与用工单位承担连带赔偿责任。

第九十三条 对不具备合法经营资格的用人单位的违法犯罪行为，依法追究法律责任；劳动者已经付出劳动的，该单位或者其出资人应当依照本法有关规定向劳动者支付劳动报酬、经济补偿、赔偿金；给劳动者造成损害的，应当承担赔偿责任。

第九十四条 个人承包经营违反本法规定招用劳动者，给劳动者造成损害的，发包的组织与个人承包经营者承担连带赔偿责任。

第十三章　附　　则

第一百零六条　省、自治区、直辖市人民政府根据本法和本地区的实际情况，规定劳动合同制度的实施步骤，报国务院备案。

第一百零七条　本法自1995年1月1日起施行。

相关规定

【法律】

《中华人民共和国劳动合同法》（2012年12月28日修正）

第九十七条　本法施行前已依法订立且在本法施行之日存续的劳动合同，继续履行；本法第十四条第二款第三项规定连续订立固定期限劳动合同的次数，自本法施行后续订固定期限劳动合同时开始计算。

本法施行前已建立劳动关系，尚未订立书面劳动合同的，应当自本法施行之日起一个月内订立。

本法施行之日存续的劳动合同在本法施行后解除或者终止，依照本法第四十六条规定应当支付经济补偿的，经济补偿年限自本法施行之日起计算；本法施行前按照当时有关规定，用人单位应当向劳动者支付经济补偿的，按照当时有关规定执行。

附　录

一、劳动合同参考文本——《劳动合同书》

劳 动 合 同*

（通　用）

甲方（用人单位）：________________

乙方（劳 动 者）：________________

签　订　日　期：________年____月____日

---

* 参见2019年11月25日公布的《人力资源和社会保障部关于发布劳动合同示范文本的说明》。

注意事项

一、本合同文本供用人单位与建立劳动关系的劳动者签订劳动合同时使用。

二、用人单位应当与招用的劳动者自用工之日起一个月内依法订立书面劳动合同，并就劳动合同的内容协商一致。

三、用人单位应当如实告知劳动者工作内容、工作条件、工作地点、职业危害、安全生产状况、劳动报酬以及劳动者要求了解的其他情况；用人单位有权了解劳动者与劳动合同直接相关的基本情况，劳动者应当如实说明。

四、依法签订的劳动合同具有法律效力，双方应按照劳动合同的约定全面履行各自的义务。

五、劳动合同应使用蓝、黑钢笔或签字笔填写，字迹清楚，文字简练、准确，不得涂改。确需涂改的，双方应在涂改处签字或盖章确认。

六、签订劳动合同，用人单位应加盖公章，法定代表人（主要负责人）或委托代理人签字或盖章；劳动者应本人签字，不得由他人代签。劳动合同由双方各执一份，交劳动者的不得由用人单位代为保管。

甲方（用人单位）：________________________________

统一社会信用代码：________________________________

法定代表人（主要负责人）或委托代理人：________________

注 册 地：________________________________

经 营 地：________________________________

联系电话：________________________________

乙方（劳动者）：________________________________

居民身份证号码：________________________________

（或其他有效证件名称__________证件号：__________________）

户籍地址：________________________________

经常居住地（通讯地址）：________________________

联系电话：________________________________

根据《中华人民共和国劳动法》《中华人民共和国劳动合同法》等法律法规政策规定，甲乙双方遵循合法、公平、平等自愿、协商一致、诚实信用的原则订立本合同。

一、劳动合同期限

第一条 甲乙双方自用工之日起建立劳动关系，双方约定按下列第____种方式确定劳动合同期限：

1. 固定期限：自____年____月____日起至____年____月__日止，其中，试用期从用工之日起至____年____月____日止。

2. 无固定期限：自____年____月____日起至依法解除、终止劳动合同时止，其中，试用期从用工之日起至____年____月____日止。

3. 以完成一定工作任务为期限：自____年____月____日起至____工作任务完成时止。甲方应当以书面形式通知乙方工作任务完成。

二、工作内容和工作地点

第二条　乙方工作岗位是____________________，岗位职责为____。乙方的工作地点为________________________________。

乙方应爱岗敬业、诚实守信，保守甲方商业秘密，遵守甲方依法制定的劳动规章制度，认真履行岗位职责，按时保质完成工作任务。乙方违反劳动纪律，甲方可依据依法制定的劳动规章制度给予相应处理。

三、工作时间和休息休假

第三条　根据乙方工作岗位的特点，甲方安排乙方执行以下第______种工时制度：

1. 标准工时工作制。每日工作时间不超过 8 小时，每周工作时间不超过 40 小时。由于生产经营需要，经依法协商后可以延长工作时间，一般每日不得超过 1 小时，特殊原因每日不得超过 3 小时，每月不得超过 36 小时。甲方不得强迫或者变相强迫乙方加班加点。

2. 依法实行以______为周期的综合计算工时工作制。综合计算周期内的总实际工作时间不应超过总法定标准工作时间。甲方应采取适当方式保障乙方的休息休假权利。

3. 依法实行不定时工作制。甲方应采取适当方式保障乙方的休息休假权利。

第四条　甲方安排乙方加班的，应依法安排补休或支付加班工资。

第五条　乙方依法享有法定节假日、带薪年休假、婚丧假、产假等假期。

四、劳动报酬

第六条　甲方采用以下第____种方式向乙方以货币形式支付工资，于每月__日前足额支付：

1. 月工资________元。

2. 计件工资。计件单价为____________________________，甲方应合理制定劳动定额，保证乙方在提供正常劳动情况下，获得合理的劳动报酬。

3. 基本工资和绩效工资相结合的工资分配办法，乙方月基本工资________元，绩效工资计发办法为________________________。

4. 双方约定的其他方式________________________________。

第七条 乙方在试用期期间的工资计发标准为________________或________元。

第八条 甲方应合理调整乙方的工资待遇。乙方从甲方获得的工资依法承担的个人所得税由甲方从其工资中代扣代缴。

五、社会保险和福利待遇

第九条 甲乙双方依法参加社会保险，甲方为乙方办理有关社会保险手续，并承担相应社会保险义务，乙方应当缴纳的社会保险费由甲方从乙方的工资中代扣代缴。

第十条 甲方依法执行国家有关福利待遇的规定。

第十一条 乙方因工负伤或患职业病的待遇按国家有关规定执行。乙方患病或非因工负伤的，有关待遇按国家有关规定和甲方依法制定的有关规章制度执行。

六、职业培训和劳动保护

第十二条 甲方应对乙方进行工作岗位所必需的培训。乙方应主动学习，积极参加甲方组织的培训，提高职业技能。

第十三条 甲方应当严格执行劳动安全卫生相关法律法规规定，落实国家关于女职工、未成年工的特殊保护规定，建立健全劳动安全卫生制度，对乙方进行劳动安全卫生教育和操作规程培训，为乙方提供必要的安全防护设施和劳动保护用品，努力改善劳动条件，减少职业危害。乙方从事接触职业病危害作业的，甲方应依法告知乙方工作过程中可能产生的职业病危害及其后果，提供职业病防护措施，在乙方上岗前、在岗期间和离岗时对乙方进行职业健康检查。

第十四条　乙方应当严格遵守安全操作规程，不违章作业。乙方对甲方管理人员违章指挥、强令冒险作业，有权拒绝执行。

七、劳动合同的变更、解除、终止

第十五条　甲乙双方应当依法变更劳动合同，并采取书面形式。

第十六条　甲乙双方解除或终止本合同，应当按照法律法规规定执行。

第十七条　甲乙双方解除终止本合同的，乙方应当配合甲方办理工作交接手续。甲方依法应向乙方支付经济补偿的，在办结工作交接时支付。

第十八条　甲方应当在解除或终止本合同时，为乙方出具解除或者终止劳动合同的证明，并在十五日内为乙方办理档案和社会保险关系转移手续。

八、双方约定事项

第十九条　乙方工作涉及甲方商业秘密和与知识产权相关的保密事项的，甲方可以与乙方依法协商约定保守商业秘密或竞业限制的事项，并签订保守商业秘密协议或竞业限制协议。

第二十条　甲方出资对乙方进行专业技术培训，要求与乙方约定服务期的，应当征得乙方同意，并签订协议，明确双方权利义务。

第二十一条　双方约定的其他事项：________________________。

九、劳动争议处理

第二十二条　甲乙双方因本合同发生劳动争议时，可以按照法律法规的规定，进行协商、申请调解或仲裁。对仲裁裁决不服的，可以依法向有管辖权的人民法院提起诉讼。

十、其他

第二十三条　本合同中记载的乙方联系电话、通讯地址为劳动合同期内通知相关事项和送达书面文书的联系方式、送达地址。如发生变化，乙方应当及时告知甲方。

第二十四条 双方确认：均已详细阅读并理解本合同内容，清楚各自的权利、义务。本合同未尽事宜，按照有关法律法规和政策规定执行。

第二十五条 本合同双方各执一份，自双方签字（盖章）之日起生效，双方应严格遵照执行。

甲方（盖章）　　　　　　　　　　　　乙方（签字）

法定代表人（主要负责人）

或委托代理人（签字或盖章）

年　月　日　　　　　　　　　　　　年　月　日

附件 1

续订劳动合同

经甲乙双方协商同意，续订本合同。

一、甲乙双方按以下第____种方式确定续订合同期限：

1. 固定期限：自____年__月__日起至____年__月__日止。

2. 无固定期限：自____年__月__日起至依法解除或终止劳动合同时止。

二、双方就有关事项约定如下：

1. ____；

2. ____；

3. ____。

三、除以上约定事项外，其他事项仍按照双方于____年__月__日签订的劳动合同中的约定继续履行。

甲方（盖章）　　　　　　　　乙方（签字）

法定代表人（主要负责人）

或委托代理人（签字或盖章）

年　月　日　　　　　　　　年　月　日

附件 2

变 更 劳 动 合 同

一、经甲乙双方协商同意，自____年__月__日起，对本合同作如下变更：

1. ____；

2. ____；

3. ____。

二、除以上约定事项外，其他事项仍按照双方于____年__月__日签订的劳动合同中的约定继续履行。

甲方（盖章）　　　　　　　　　　乙方（签字）

法定代表人（主要负责人）

或委托代理人（签字或盖章）

年　月　日　　　　　　　　　　年　月　日

二、工伤劳动能力鉴定申请表模板

××市工伤劳动能力鉴定申请表

××市　区（　　年）劳鉴第　　号

<table>
<tr><td rowspan="7">工伤职工信息</td><td>姓名：　　　　性别：　　　　年龄：</td><td rowspan="5">近期一寸
免冠彩色
照片</td></tr>
<tr><td>身份证件类型：1. 居民身份证□　　2. 其它□</td></tr>
<tr><td>证件号码：□□□□□□□□□□□□□□□□□□</td></tr>
<tr><td>联系电话：（手机）　　　　　　（固话）</td></tr>
<tr><td>联系地址：
邮编：□□□□□□</td></tr>
<tr><td colspan="2">认定工伤决定书编号：　　　　　　工伤证号：</td></tr>
<tr><td colspan="2">受伤害部位或职业病名称：</td></tr>
<tr><td rowspan="3">用人单位信息</td><td colspan="2">单位名称：</td></tr>
<tr><td colspan="2">联系地址：
邮编：□□□□□□</td></tr>
<tr><td colspan="2">联系人：　　　联系电话：（手机）　　　　　（固话）</td></tr>
<tr><td rowspan="5">申报事项确认</td><td colspan="2">申请鉴定原因：1. 工伤评残□　　2. 延长停工留薪期确认□
3. 配置辅助器具确认□　4. 其　它□</td></tr>
<tr><td colspan="2">申请鉴定类型：1. 初次鉴定□　　2. 再次鉴定□
3. 复查鉴定□　　4. 委托鉴定□</td></tr>
<tr><td colspan="2">申请主体：1. 用人单位□　　2. 工伤职工或其近亲属□
3. 社会保险经办机构□</td></tr>
<tr><td colspan="2">诊治医疗机构：</td></tr>
<tr><td colspan="2">1. 受伤及诊治过程简述：

2. 目前状况：</td></tr>
</table>

工伤职工本人意见	签　字 年　　月　　日
用人单位意见	盖　章 年　　月　　日
备注	

【说明】

一、申请工伤劳动能力鉴定，应提交以下材料：

（一）本市工伤劳动能力鉴定申请表；

（二）《认定工伤决定书》原件和复印件；

（三）有效的医疗诊断证明，按照医疗机构病历管理有关规定复印或复制的检查、检验报告等完整的病历材料；

（四）居民身份证或者其他有效身份证明原件和复印件；

（五）申请再次鉴定的，还需提交劳动能力初次（或者复查）鉴定结论的原件和复印件；

（六）劳动能力鉴定委员会要求提供的其他材料。

二、身份证件类型、申请鉴定原因、申请鉴定类型、申请主体等栏目，请在□内打√选择。

三、申请鉴定人员本人意见一栏，应写明是否同意申请劳动能力鉴定，表中所填内容是否真实，并由本人签字。本人因身体原因不能签字由其近亲属代为签名的，应写明签名人与申请鉴定人员本人的亲属关系，并提供关系证明。

四、用人单位意见栏应写明是否同意劳动能力鉴定，表中所填内容是否真实，并加盖单位公章。

五、填表请用钢笔或签字笔，字迹工整。

三、劳动仲裁申请书模板

申　请　书

<table>
<tr><td colspan="2">申（被）请人</td><td colspan="3">被（申）请人</td></tr>
<tr><td>姓 名</td><td></td><td colspan="2" rowspan="2">单位名称
（营业执照名称）</td><td></td></tr>
<tr><td>性 别</td><td></td><td></td></tr>
<tr><td>出生日期</td><td></td><td colspan="2">企业性质</td><td></td></tr>
<tr><td>户口所在地地址</td><td></td><td colspan="2">中方主管单位</td><td></td></tr>
<tr><td>经常居住地地址</td><td></td><td rowspan="3">法定代表人（负责人）</td><td>姓名</td><td></td></tr>
<tr><td>户口性质</td><td>城镇、农村</td><td>性别</td><td></td></tr>
<tr><td>现工作单位</td><td></td><td>职务</td><td></td></tr>
<tr><td>是否签合同</td><td></td><td colspan="2" rowspan="2">住所地
（营业执照注册地）</td><td></td></tr>
<tr><td>身份证件类型</td><td></td><td></td></tr>
<tr><td rowspan="2">身份证件号码</td><td rowspan="2"></td><td colspan="2" rowspan="2">劳动合同履行地
或用工单位所在地</td><td></td></tr>
<tr><td></td></tr>
<tr><td>电　　话</td><td></td><td colspan="2">电 话</td><td></td></tr>
</table>

请求事项：

____

____

____

____

____

____

事实和理由：____

____仲裁。

申请人（签名或盖章）：

年　　月　　日

附：____

【说明】

1. 本申请书须用黑色或蓝色钢笔、签字笔填写或打印，一式三份，其中两份交劳动人事争议仲裁委员会，一份申请人自存（被申请人为共同当事人时，应填写一式四份，其中三份交劳动人事争议仲裁委员会，一份申请人自存）；
2. 申请内容填写不下时，可在申请书中间加页；
3. 填写的申请书须字迹清楚、文字简练规范；
4. 交此申请书时，须同时提交本人身份证件复印件一张（A4纸）。

四、民事起诉状（法人或者其他组织提起民事诉讼用）

民事起诉状

原告：×××，住所……

法定代表人/主要负责人：×××，……（写明职务），联系方式：……

委托诉讼代理人：×××，……

被告：×××，……

……

（以上写明当事人和其他诉讼参加人的姓名或者名称等基本信息）

诉讼请求：

……

事实和理由：

……

证据和证据来源，证人姓名和住所：

……

此致

××××人民法院

附：本起诉状副本×份

起诉人（公章和签名）

××××年××月××日

【说明】

1. 本样式根据《中华人民共和国民事诉讼法》第一百二十三条第一款、第一百二十四条制定，供法人或者其他组织提起民事诉讼用。

2. 起诉应当向人民法院递交起诉状，并按照被告人数提出副本。

3. 起诉时已经委托诉讼代理人的，应当写明委托诉讼代理人基本信息。

4. 被告是自然人的，应当写明姓名、性别、工作单位、住所等信息；被告是法人或者其他组织的，应当写明名称、住所等信息。

5. 原告在起诉状中直接列写第三人的，视为其申请人民法院追加该第三人参加诉讼。是否通知第三人参加诉讼，由人民法院审查决定。

6. 起诉状应当加盖单位印章，并由法定代表人或者主要负责人签名。

五、民事起诉状(公民提起民事诉讼用)

民事起诉状

原告：×××，男/女，××××年××月××日生，×族，……（写明工作单位和职务或职业），住……联系方式：……

法定代理人/指定代理人：×××，……

委托诉讼代理人：×××，……

被告：×××，……

……

（以上写明当事人和其他诉讼参加人的姓名或者名称等基本信息）

诉讼请求：

……

事实和理由：

……

证据和证据来源，证人姓名和住所：

……

此致

××××人民法院

附：本起诉状副本×份

起诉人（签名）

××××年××月××日

【说明】

1. 本样式根据《中华人民共和国民事诉讼法》第一百二十三条第一款、第一百二十四条制定，供公民提起民事诉讼用。

2. 起诉应当向人民法院递交起诉状，并按照被告人数提出副本。

3. 原告应当写明姓名、性别、出生日期、民族、职业、工作单位、住所、联系方式。原告是无民事行为能力或者限制民事行为能力人的，应当写明法定代理人姓名、性别、出生日期、民族、职业、工作单位、住所、联系方式，在诉讼地位后括注与原告的关系。

4. 起诉时已经委托诉讼代理人的，应当写明委托诉讼代理人基本信息。

5. 被告是自然人的，应当写明姓名、性别、工作单位、住所等信息；被告是法人或者其他组织的，应当写明名称、住所等信息。

6. 原告在起诉状中直接列写第三人的，视为其申请人民法院追加该第三人参加诉讼。是否通知第三人参加诉讼，由人民法院审查决定。

7. 起诉状应当由本人签名。

六、口头起诉登记表(公民口头提起民事诉讼用)

口头起诉登记表

原告
被告
诉讼请求：
事实和理由：
证据和证据来源、证人姓名和住所：
上述内容经法院工作人员向原告当面宣读后，原告表示该内容与其口述内容无异。 原告（签名或捺印） 年　月　日
法院工作人员（签名） 年　月　日

【说明】

1. 本样式根据《中华人民共和国民事诉讼法》第一百二十二条、第一百二十四条制定，供书写起诉状确有困难的公民口头提起民事诉讼用。

2. 原告应当写明姓名、性别、出生日期、民族、职业、工作单位、住所、联系方式。

3. 被告是自然人的，应当写明姓名、性别、工作单位、住所等信息；被告是法人或者其他组织的，应当写明名称、住所等信息。

4. 本表由人民法院工作人员记入笔录，并告知对方当事人。

七、民事裁定书（驳回撤销劳动争议仲裁裁决申请用）

×××× 人民法院
民事裁定书

（××××）……民特……号

申请人：×××，……

被申请人：×××，……

（以上写明申请人、被申请人及其代理人的姓名或者名称等基本信息）

申请人×××与被申请人×××申请撤销劳动争议仲裁裁决一案，本院于××××年××月××日立案后进行了审查。现已审查终结。

×××称，……（概述申请人的请求、事实和理由）。

×××称，……（概述被申请人的意见）。

经审查查明：××××年××月××日，××××劳动争议仲裁委员会作出（××××）……号裁决：……（写明裁决结果）。

……（写明驳回申请的事实根据）。

本院认为，……（写明驳回撤销劳动争议仲裁裁决的理由）。

依照《中华人民共和国劳动争议调解仲裁法》第四十七条第×项规定，裁定如下：

驳回×××的申请。

申请费……元，由申请人×××负担。

审　判　长　×××
审　判　员　×××
审　判　员　×××

××××年××月××日
（院印）

法官助理　×××
书　记　员　×××

八、民事裁定书（撤销劳动争议仲裁裁决用）

×××× 人民法院
民事裁定书

（××××）……民特……号

申请人：×××，……

被申请人：×××，……

（以上写明申请人、被申请人及其代理人的姓名或者名称等基本信息）

申请人×××与被申请人×××申请撤销劳动争议仲裁裁决一案，本院于××××年××月××日立案后进行了审查。现已审查终结。

×××称，……（概述申请人的请求、事实和理由）。

×××称，……（概述被申请人的意见）。

经审查查明：××××年××月××日，××××劳动争议仲裁委员会作出（××××）……号裁决：……（写明裁决结果）。

……（写明撤销裁决的事实根据）。

本院认为，申请人有证据证明……（写明撤销裁决的理由）可以申请撤销裁决。

依照《中华人民共和国劳动争议调解仲裁法》第四十七条第×项、第四十九条规定，裁定如下：

（撤销全部裁决的，写明：）撤销××××劳动争议仲裁委员会（××××）……号裁决。

申请费……元，由被申请人×××负担。

（撤销部分裁决的，写明：）撤销××××劳动争议仲裁委员会（××××）……号裁决第×项，即：……

申请费……元，由申请人×××负担……元，由被申请人×××负担……元。

当事人可以自收到裁定书之日起十五日内就该劳动争议事项向人民法院提起诉讼。

审 判 长 ×××

审　判　员　×××
审　判　员　×××

××××年××月××日
（院印）
法官助理　×××
书　记　员　×××

九、劳动争议案件要素式判决书

×××× 人民法院
民 事 判 决 书

（××××）……民初……号

原告：×××，男/女，××××年×月×日出生，×族，……（工作单位和职务或者职业），住……

法定代理人/指定代理人/法定代表人/主要负责人：×××，……

委托诉讼代理人：×××，……

被告：×××，……

法定代理人/指定代理人/法定代表人/主要负责人：×××，……

委托诉讼代理人：×××，……

（以上写明当事人和其他诉讼参加人的姓名或者名称等基本信息）

原告×××与被告×××……（写明案由）一案，本院依法适用简易程序，公开/因涉及……（写明不公开开庭的理由）不公开开庭进行了审理。原告×××、被告×××（写明当事人和其他诉讼参加人的诉讼地位和姓名或者名称）到庭参加诉讼。本案现已审理终结。

原告向本院提出诉讼请求：……

被告辩称：……

本院经审理认定事实如下：

一、原告系劳动者□用人单位□用工单位□，原告□/被告□入职时间____年____月____日。

二、是否签订书面劳动合同及次数：否□，是□：签订时间____次数____

三、最后一次签订的劳动合同起止时间：固定期限□____，无固定期限□，完成一定工作任务为期限□。

四、未签书面劳动合同工作期限：____年____月____日至____年____月____日。

五、劳动合同约定的主要内容：1. 工作岗位____2. 工作地点____

3. 月工资数____工资构成____；工时制：标准工时制□，综合工时制□，不定时工时制□。

六、实发月工资数____发放形式____发放周期____。

七、最后一次支付工资时间：____。

八、是否欠发工资及加班费：否□，是□：工资____元，加班费____元

九、是否办理社会保险：否□，是□：投缴时间自____年____月至____年____月，险种：五险□，仅工伤险□。

十、停工留薪期限时间：劳动者：____月，用人单位：____月。

十一、工伤情况：____年____月____日发生工伤，经过□/未经过□工伤认定，住院时间：____年____月____日至____年____月____日，伤残等级鉴定时间：____年____月____日，鉴定结果：一级□二级□三级□四级□五级□六级□七级□八级□九级□十级□。

十二、需支付的工伤待遇项目及数额：医疗费____假肢安装费____住院期限伙食补助费____交通费____陪护费____生活护理费____伤残津贴____一次性伤残补助金____一次性工伤医疗补助金____一次性伤残就业补助金____其他____。

十三、加班时间：正常工作日加班时间____小时，法定休息日加班时间____小时，法定节假日加班时间____小时；加班工资计算基数：____。

十四、劳动者在本单位工作年限：____。

十五、是否未休带薪年休假天数：否□，是□：应休天数____天，实休天数____天，未休天数____天。

十六、扣除加班工资后十二个月劳动者平均工资数额：____，金额计算期间____。

十七、双方发生劳动争议时间____年____月____日。

十八、双方解除或终止劳动关系的原因：劳动者提出原因____，用人单位提出原因____，解除或终止劳动关系时间____年____月____日，是□否□已办理劳动合同解除手续。

十九、申请仲裁时间：____年____月____日。

二十、其他必要情况：____。

以上事项中，双方有争议的事项为第×项、第×项，其他事项双方无争议。

综上所述，……（写明对当事人的诉讼请求及主张是否支持进行评述）。依照《中华人民共和国……法》第×条、……（写明法律文件名称及其条款项序号）规定，判决如下：

……（写明判决结果）。

如果未按本判决指定的期间履行给付金钱义务，应当依照《中华人民共和国民事诉讼法》第二百五十三条规定，加倍支付迟延履行期间的债务利息（没有给付金钱义务的，不写）。

案件受理费……元，由……负担（写明当事人姓名或者名称、负担金额）。

如不服本判决，可以在判决书送达之日起十五日内，向本院递交上诉状，并按对方当事人的人数提出副本，上诉于××××人民法院。

审　判　员　×××

××××年××月××日

书　记　员　×××

十、民事调解书（申请撤销劳动争议仲裁裁决案件用）

×××× 人民法院
民事裁定书

（××××）……民特……号

申请人：×××，……

……

被申请人：×××，……

……

（以上写明申请人、被申请人及其代理人的姓名或者名称等基本信息）

申请人×××与被申请人×××申请撤销……（写明仲裁机构名称、仲裁书的文号）劳动争议仲裁裁决一案，本院于××××年××月××日立案后，依法组成合议庭进行了审理。

×××申请称，……（概述申请人的请求、撤销裁决的事实和理由）。

×××辩称，……（概述被申请人的意见）。

……（概述案件事实，写明劳动争议仲裁裁决结果）。

本案审理过程中，经本院主持调解，当事人自愿达成如下协议/当事人自行和解达成如下协议，请求人民法院确认：

一、……

二、……

（分项写明调解协议内容）

上述协议，不违反法律规定，本院予以确认。

案件受理费……元，由……负担（写明当事人姓名或者名称、负担金额。调解协议包含诉讼费用负担的，则不写）。

本调解书经各方当事人签收后，即具有法律效力。

审　判　长　×××

审 判 员 ×××
审 判 员 ×××

××××年××月××日
（院印）
法官助理 ×××
书 记 员 ×××